D0131232

Kontakte

6e

Kontakte

A COMMUNICATIVE APPROACH

ERWIN TSCHIRNER
Herder-Institut, Universität Leipzig
University of Arizona

BRIGITTE NIKOLAI
Werner-von-Siemens-Gymnasium, Bad Harzburg

TRACY D. TERRELL
Late, University of California, San Diego

Consultant:
NIKOLAUS EUBA
University of California, Berkeley

Boston Burr Ridge, IL Dubuque, IA New York San Francisco St. Louis
Bangkok Bogotá Caracas Kuala Lumpur Lisbon London Madrid Mexico City
Milan Montreal New Delhi Santiago Seoul Singapore Sydney Taipei Toronto

McGraw-Hill Higher Education

1 2 3 4 5 6 7 8 9 0 QPD / QPD 0 9 8

ISBN: 978-0-07-353533-3
MHID: 0-07-353533-8 (Student's Edition)
ISBN: 978-0-07-335509-2
MHID: 0-07-335509-7 (Instructor's Edition)

Editor-in-chief: *Michael Ryan*
Publisher: *William R. Glass*
Executive editor: *Christa Harris*
Director of development: *Scott Tinetti*
Development editor: *Paul Listen*
Editorial coordinator: *Margaret Young*
Marketing manager: *Jorge Arbujas*
Media producer: *Allison Hawco*
Managing editor: *Christina Gimlin*
Production editor: *Anne Fuzellier*
Art director: *Jeanne M. Schreiber*
Art manager: *Robin Mouat*
Design manager: *Violeta Díaz*
Interior designer: *Lisa Buckley*
Cover designer: *Laurie Entringer*
Photo research coordinator: *Nora Agbayani*
Photo researcher: *Inge King*
Illustrators: *Sally Richardson, Erik Watson, and Dave Bohn*
Production supervisor: *Tandra Jorgensen*
Media project manager: *Ron Nelms*
Production service: *The Left Coast Group, Inc.*
Compositor: *10/12 Californian by Aptara, Inc.*
Printer: *45# Pub Matte Plus by Quebecor World Inc.*

Cover: August Macke, Leute, die sich begegnen, 1914, watercolor. Photo © Blauel/Gnamm—ARTOTHEK.

Because this page cannot legibly accommodate all the copyright notices, page C-1 constitutes an extension of the copyright page.

Library of Congress Cataloging-in-Publication Data

Tschirner, Erwin P., 1956–
Kontakte : a communicative approach / Erwin Tschirner, Brigitte Nikolai, Tracy D. Terrell; consultant, Nikolaus Euba.—6th ed.
p. cm.
ISBN-13: 978-0-07-353533-3
ISBN-10: 0-07-353533-8 (student's edition)
ISBN-13: 978-0-07-335509-2
ISBN-10: 0-07-335509-7 (instructor's edition)
1. German language—Grammar. 2. German language—Textbooks for foreign speakers—English. I. Nikolai, Brigitte. II. Terrell, Tracy D. III. Title.
PF3112.T425 2008
438.2'421—dc22 2007038249

www.mhhe.com

KAPITEL 1

Wer ich bin und was ich tue 48

KAPITEL 2

Besitz und Vergnügen 78

KAPITEL 3

Talente, Pläne, Pflichten 108

KAPITEL 4

Ereignisse und Erinnerungen 138

KAPITEL 5

Geld und Arbeit 170

KAPITEL 6

Wohnen 202

KAPITEL 9

Kindheit und Jugend 302

KAPITEL 10

Auf Reisen 336

KAPITEL 11

Gesundheit und Krankheit **372**

KAPITEL 12

Die moderne Gesellschaft **402**

To the Instructor

Keeping Pace with the Profession: From Proficiency to the National Standards

Built on the foundation of five highly successful editions, the Sixth Edition of ***Kontakte*** offers a truly communicative approach that supports functional proficiency in all language skills. We believe that competent speakers must have an appropriate background knowledge of the communicative and cultural contexts in which language occurs. ***Kontakte*** places cultural competence, as an integral part of language learning, on a par with communicative competence by providing natural contexts within which students can acquire and practice language.

Moreover, ***Kontakte*** supports the National Standards, as outlined in *Standards for Foreign Language Learning: Preparing for the 21st Century* (1996; National Standards in Foreign Language Education Project, a collaboration of the ACTFL, AATG, AATF, and AATSP). The five "Cs" of Communication, Cultures, Connections, Comparisons, and Communities describe what students should know and be able to do as a result of their language study. ***Kontakte*** provides a solid foundation for their implementation.

Communication: ***Kontakte*** emphasizes communication in meaningful contexts in the target language. Throughout, students listen to and read comprehensible German and have ample opportunities to use German in autograph, interview, information gap, role-play, writing, and other personalized activities.

Cultures: The **Dialoge,** the **Kultur ... Landeskunde ... Informationen** boxes, the **Videoblick,** the **Videoecke,** and the **Lektüre** present various perspectives on the cultures of German-speaking people. Students listen to, read, and respond to texts and—in the video—to interviews with native speakers.

Connections: Chapter themes and activities encourage students to link their study of German with their personal lives and other subjects they are studying.

Comparisons: The **Situationen,** the **Kultur ... Landeskunde ... Informationen** boxes, the **Videoblick,** and the **Videoecke** lead students to make comparisons between their world and that of German-speaking people.

Communities: Through a number of activities, such as expanded **Nach dem Lesen** exercises, students have direct contact with the German-speaking world at home and abroad. The Online Learning Center website provides additional opportunities for contact with the German-speaking world.

New to the Sixth Edition

Throughout the review process, we received valuable input from instructors and students alike. As a result, we have undertaken a number of changes in the Sixth Edition, without altering the basic concept and approach of ***Kontakte.***

- There are new and engaging vocabulary displays in many chapters.
- Chapter vocabulary has been revised with an eye to the *Frequency Dictionary of German* from Routledge (Jones and Tschirner, 2006).

- The **Kultur ... Landeskunde ... Informationen** boxes have been updated and revised as appropriate to reflect changes since the last edition.
- Several readings have been replaced with new readings that focus on contemporary German motion pictures, including *Das Leben der Anderen*, *Das Wunder von Bern*, and others.
- The page size has been increased in order to allow for a layout that is visually more pleasing and easier to read.
- Most photographs have been replaced to make the material more attractive for contemporary students.
- Several of the chapter opening paintings have been replaced with new art.
- The latest and final official spelling reform guidelines (August 1, 2006) have been implemented, with specific reference to Duden's recommendations in the 24th edition of *Die deutsche Rechtschreibung* (Dudenverlag: Mannheim, 2006).
- The ***Blickkontakte*** DVD program (formerly available on VHS) includes four new authentic video segments from German television programming.
- The ***Kontakte*** *Online Learning Center* has been thoroughly revised to reflect changes in the textbook, and now includes, free of charge, the video-based activities formerly available on the *Interactive CD-ROM*.

A Guided Tour of *Kontakte*, Sixth Edition

Each chapter has the following structure:

- **Situationen**
- **Videoecke**
- **Wortschatz**
- **Strukturen und Übungen**

Our guided tour presents an overview of the chapter structure and features of ***Kontakte.***

Situationen

Colorful illustrations or photographs introduce vocabulary. Communicative activities support the acquisition of vocabulary and structures. Grammar cross-references tie activities to specific grammar points.

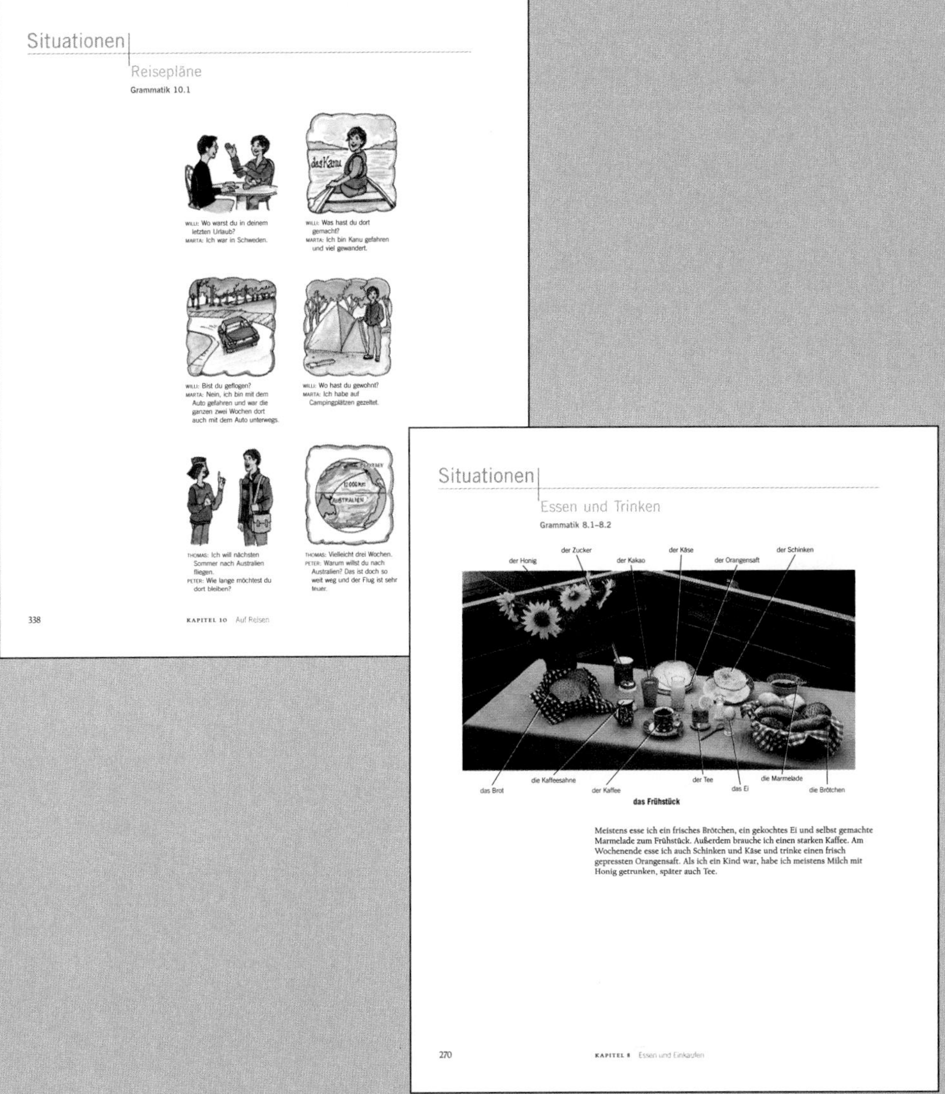

Situationen

Reisepläne

Grammatik 10.1

WILLI: Wo warst du in deinem letzten Urlaub?
MARTA: Ich war in Schweden.

WILLI: Was hast du dort gemacht?
MARTA: Ich bin Kanu gefahren und viel gewandert.

WILLI: Bist du geflogen?
MARTA: Nein, ich bin mit dem Auto gefahren und war die ganzen zwei Wochen dort auch mit dem Auto unterwegs.

WILLI: Wo hast du gewohnt?
MARTA: Ich habe auf Campingplätzen gezeltet.

THOMAS: Ich will nächsten Sommer nach Australien fliegen.
PETER: Wie lange möchtest du dort bleiben?

THOMAS: Vielleicht drei Wochen.
PETER: Warum willst du nach Australien? Das ist doch so weit weg und der Flug ist sehr teuer.

338 KAPITEL 10 Auf Reisen

Situationen

Essen und Trinken

Grammatik 8.1–8.2

das Frühstück

Meistens esse ich ein frisches Brötchen, ein gekochtes Ei und selbst gemachte Marmelade zum Frühstück. Außerdem brauche ich einen starken Kaffee. Am Wochenende esse ich auch Schinken und Käse und trinke einen frisch gepressten Orangensaft. Als ich ein Kind war, habe ich meistens Milch mit Honig getrunken, später auch Tee.

270 KAPITEL 8 Essen und Einkaufen

Situationen

Communicative activities form the core of ***Kontakte.*** Most activities are done with partners, small groups, or the whole class and incorporate both chapter vocabulary and structures.

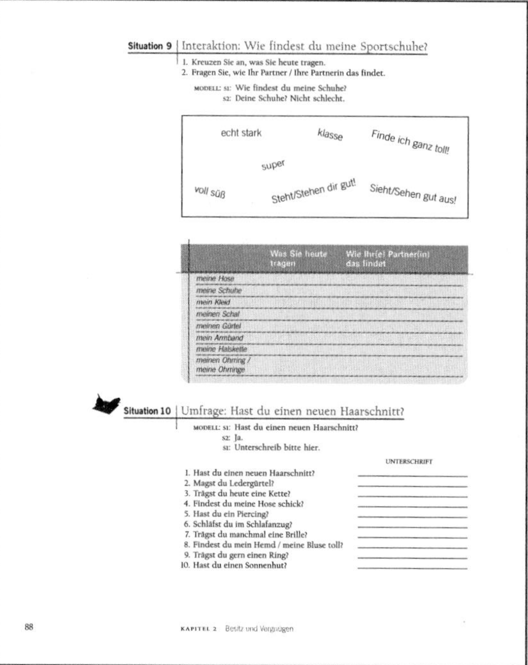

Situation 9 | Interaktion: Wie findest du meine Sportschuhe?

1. Kreuzen Sie an, was Sie heute tragen.
2. Fragen Sie, wie Ihr Partner / Ihre Partnerin das findet.

MODELL: S1: Wie findest du meine Schuhe?
S2: Deine Schuhe? Nicht schlecht.

echt stark
klasse
Finde ich ganz toll!
super
voll süß
Steht/Stehen dir gut!
Sieht/Sehen gut aus!

	Was Sie heute tragen	Wie Ihr(e) Partner(in) das findet
meine Hose		
meine Schuhe		
mein Kleid		
meinen Schal		
meinen Gürtel		
mein Armband		
meine Halskette		
meinen Ohrring / meine Ohrringe		

Situation 10 | Umfrage: Hast du einen neuen Haarschnitt?

MODELL: S1: Hast du einen neuen Haarschnitt?
S2: Ja.
S1: Unterschreib bitte hier.

UNTERSCHRIFT

1. Hast du einen neuen Haarschnitt? ____________
2. Magst du Ledergürtel? ____________
3. Trägst du heute eine Kette? ____________
4. Findest du meine Hose schick? ____________
5. Hast du ein Piercing? ____________
6. Schläfst du im Schlafanzug? ____________
7. Trägst du manchmal eine Brille? ____________
8. Findest du mein Hemd / meine Bluse toll? ____________
9. Trägst du gern einen Ring? ____________
10. Hast du einen Sonnenhut? ____________

88 KAPITEL 2 Besitz und Vergnügen

Lektüre

Beginning in **Kapitel 1,** each chapter has two readings, along with pre- and post-reading activities that provide valuable linguistic input and support the development of reading skills. The readings appear in the **Situationen** sections.

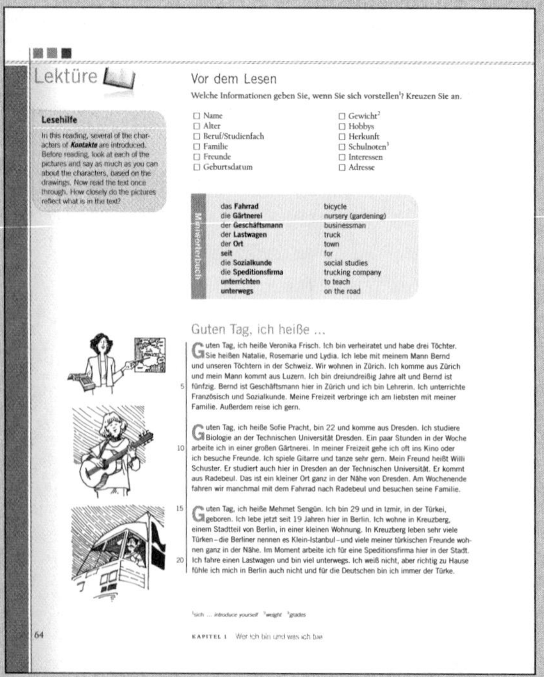

Lektüre

Lesehilfe

In this reading, several of the characters of ***Kontakte*** are introduced. Before reading, look at each of the pictures and say as much as you can about the characters, based on the drawings. Now read the text once through. How closely do the pictures reflect what is in the text?

Vor dem Lesen

Welche Informationen geben Sie, wenn Sie sich vorstellen[1]? Kreuzen Sie an.

☐ Name
☐ Alter
☐ Beruf/Studienfach
☐ Familie
☐ Freunde
☐ Geburtsdatum
☐ Gewicht[2]
☐ Hobbys
☐ Herkunft
☐ Schulnoten[3]
☐ Interessen
☐ Adresse

Miniwörterbuch

das **Fahrrad**	bicycle
die **Gärtnerei**	nursery (gardening)
der **Geschäftsmann**	businessman
der **Lastwagen**	truck
der **Ort**	town
seit	for
die **Sozialkunde**	social studies
die **Speditionsfirma**	trucking company
unterrichten	to teach
unterwegs	on the road

Guten Tag, ich heiße ...

Guten Tag, ich heiße Veronika Frisch. Ich bin verheiratet und habe drei Töchter. Sie heißen Natalie, Rosemarie und Lydia. Ich lebe mit meinem Mann Bernd und unseren Töchtern in der Schweiz. Wir wohnen in Zürich. Ich komme aus Zürich und mein Mann kommt aus Luzern. Ich bin dreiunddreißig Jahre alt und Bernd ist fünfzig. Bernd ist Geschäftsmann hier in Zürich und ich bin Lehrerin. Ich unterrichte Französisch und Sozialkunde. Meine Freizeit verbringe ich am liebsten mit meiner Familie. Außerdem reise ich gern.

Guten Tag, ich heiße Sofie Pracht, bin 22 und komme aus Dresden. Ich studiere Biologie an der Technischen Universität Dresden. Ein paar Stunden in der Woche arbeite ich in einer großen Gärtnerei. In meiner Freizeit gehe ich oft ins Kino oder ich besuche Freunde. Ich spiele Gitarre und tanze sehr gern. Mein Freund heißt Willi Schuster. Er studiert auch hier in Dresden an der Technischen Universität. Er kommt aus Radebeul. Das ist ein kleiner Ort ganz in der Nähe von Dresden. Am Wochenende fahren wir manchmal mit dem Fahrrad nach Radebeul und besuchen seine Familie.

Guten Tag, ich heiße Mehmet Sengün. Ich bin 29 und in Izmir, in der Türkei, geboren. Ich lebe jetzt seit 19 Jahren hier in Berlin. Ich wohne in Kreuzberg, einem Stadtteil von Berlin, in einer kleinen Wohnung. In Kreuzberg leben sehr viele Türken – die Berliner nennen es Klein-Istanbul – und viele meiner türkischen Freunde wohnen ganz in der Nähe. Im Moment arbeite ich für eine Speditionsfirma hier in der Stadt. Ich fahre einen Lastwagen und bin viel unterwegs. Ich weiß nicht, aber richtig zu Hause fühle ich mich in Berlin auch nicht und für die Deutschen bin ich immer der Türke.

[1]sich ... *introduce yourself* [2]*weight* [3]*grades*

64 KAPITEL 1 Wer ich bin und was ich tue

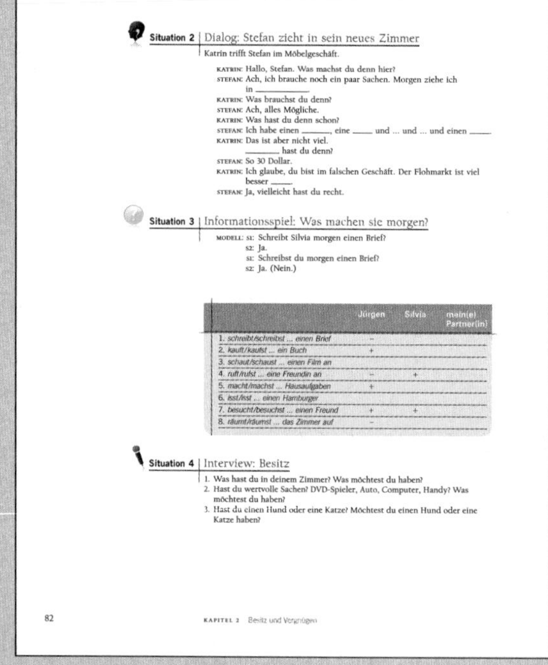

Situation 2 | Dialog: Stefan zieht in sein neues Zimmer

Katrin trifft Stefan im Möbelgeschäft.

KATRIN: Hallo, Stefan. Was machst du denn hier?
STEFAN: Ach, ich brauche noch ein paar Sachen. Morgen ziehe ich in ____________.
KATRIN: Was brauchst du denn?
STEFAN: Ach, alles Mögliche.
KATRIN: Was hast du denn schon?
STEFAN: Ich habe einen ______, eine _____ und ... und ... und einen _____.
KATRIN: Das ist aber nicht viel. ________ hast du denn?
STEFAN: So 30 Dollar.
KATRIN: Ich glaube, du bist im falschen Geschäft. Der Flohmarkt ist viel besser _____.
STEFAN: Ja, vielleicht hast du recht.

Situation 3 | Informationsspiel: Was machen sie morgen?

MODELL: S1: Schreibt Silvia morgen einen Brief?
S2: Ja.
S1: Schreibst du morgen einen Brief?
S2: Ja. (Nein.)

	Jürgen	Silvia	mein(e) Partner(in)
1. schreibt/schreibst ... einen Brief	–		
2. kauft/kaufst ... ein Buch	+		
3. schaut/schaust ... einen Film an			
4. ruft/rufst ... eine Freundin an	–	+	
5. macht/machst ... Hausaufgaben	+		
6. isst/isst ... einen Hamburger			
7. besucht/besuchst ... einen Freund	+	+	
8. räumt/räumst ... das Zimmer auf	–		

Situation 4 | Interview: Besitz

1. Was hast du in deinem Zimmer? Was möchtest du haben?
2. Hast du wertvolle Sachen? DVD-Spieler, Auto, Computer, Handy? Was möchtest du haben?
3. Hast du einen Hund oder eine Katze? Möchtest du einen Hund oder eine Katze haben?

82 KAPITEL 2 Besitz und Vergnügen

Situationen

Several recurring activity types provide for variety and stimulation: **Interaktion, Umfrage, Dialog, Informationsspiel, Interview,** and others.

Lesehilfe

This sidebar box offers background information on readings and tips to students for improving their reading skills.

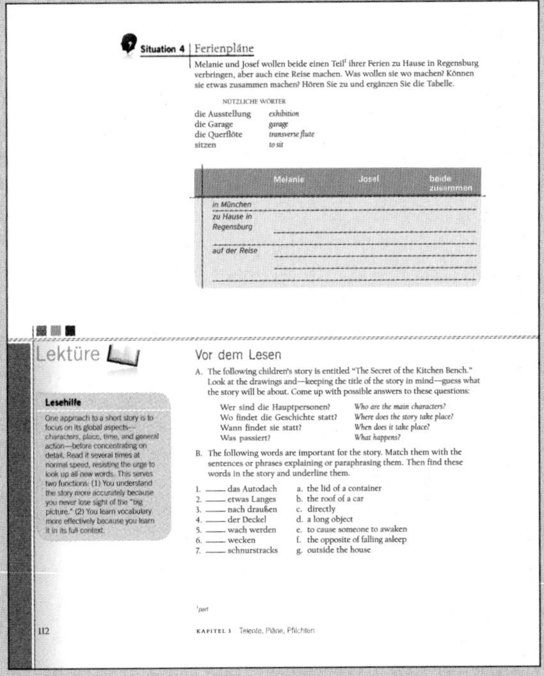

Situation 4 | Ferienpläne

Melanie und Josef wollen beide einen Teil[1] ihrer Ferien zu Hause in Regensburg verbringen, aber auch eine Reise machen. Was wollen sie wo machen? Können sie etwas zusammen machen? Hören Sie zu und ergänzen Sie die Tabelle.

NÜTZLICHE WÖRTER

die Ausstellung *exhibition*
die Garage *garage*
die Querflöte *transverse flute*
sitzen *to sit*

	Melanie	Josef	beide zusammen
in München			
zu Hause in Regensburg			
auf der Reise			

Lektüre

Lesehilfe

One approach to a short story is to focus on its global aspects—characters, place, time, and general action—before concentrating on detail. Read it several times at normal speed, resisting the urge to look up all new words. This serves two functions: (1) You understand the story more accurately because you never lose sight of the "big picture." (2) You learn vocabulary more effectively because you learn it in its full context.

Vor dem Lesen

A. The following children's story is entitled "The Secret of the Kitchen Bench." Look at the drawings and—keeping the title of the story in mind—guess what the story will be about. Come up with possible answers to these questions:

Wer sind die Hauptpersonen? *Who are the main characters?*
Wo findet die Geschichte statt? *Where does the story take place?*
Wann findet sie statt? *When does it take place?*
Was passiert? *What happens?*

B. The following words are important for the story. Match them with the sentences or phrases explaining or paraphrasing them. Then find these words in the story and underline them.

1. ____ das Autodach a. the lid of a container
2. ____ etwas Langes b. the roof of a car
3. ____ nach draußen c. directly
4. ____ der Deckel d. a long object
5. ____ wach werden e. to cause someone to awaken
6. ____ wecken f. the opposite of falling asleep
7. ____ schnurstracks g. outside the house

[1] *part*

112 KAPITEL 3 Talente, Pläne, Pflichten

Videoblick

Appearing once in each chapter, this video feature corresponds to the **Galerie** video clip found on the ***Blickkontakte*** DVD program and presents questions to activate students' background knowledge and reveal their schemata of interpretation.

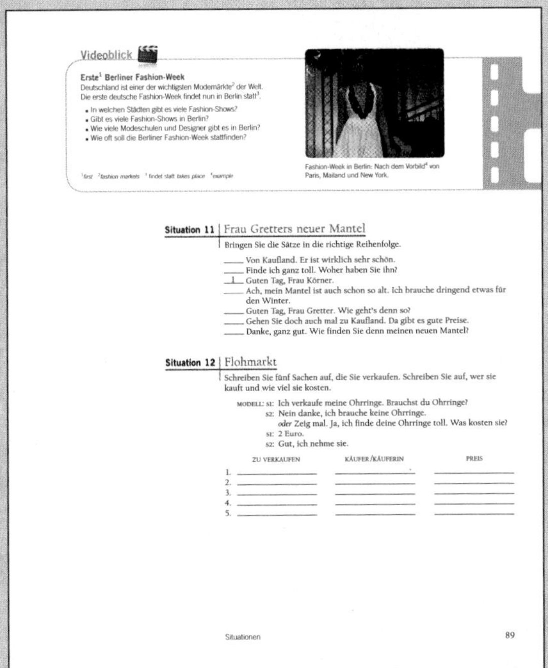

Videoblick

Erste[1] Berliner Fashion-Week

Deutschland ist einer der wichtigsten Modemärkte[2] der Welt. Die erste deutsche Fashion-Week findet nun in Berlin statt[3].

- In welchen Städten gibt es viele Fashion-Shows?
- Gibt es viele Fashion-Shows in Berlin?
- Wie viele Modeschulen und Designer gibt es in Berlin?
- Wie oft soll die Berliner Fashion-Week stattfinden?

[1] *first* [2] *fashion markets* [3] findet statt *takes place* [4] *example*

Fashion-Week in Berlin: Nach dem Vorbild[4] von Paris, Mailand und New York.

Situation 11 | Frau Gretters neuer Mantel

Bringen Sie die Sätze in die richtige Reihenfolge.

____ Von Kaufland. Er ist wirklich sehr schön.
____ Finde ich ganz toll. Woher haben Sie ihn?
__1__ Guten Tag, Frau Körner.
____ Ach, mein Mantel ist auch schon so alt. Ich brauche dringend etwas für den Winter.
____ Guten Tag, Frau Gretter. Wie geht's denn so?
____ Gehen Sie doch auch mal zu Kaufland. Da gibt es gute Preise.
____ Danke, ganz gut. Wie finden Sie denn meinen neuen Mantel?

Situation 12 | Flohmarkt

Schreiben Sie fünf Sachen auf, die Sie verkaufen. Schreiben Sie auf, wer sie kauft und wie viel sie kosten.

MODELL: S1: Ich verkaufe meine Ohrringe. Brauchst du Ohrringe?
S2: Nein danke, ich brauche keine Ohrringe.
oder Zeig mal. Ja, ich finde deine Ohrringe toll. Was kosten sie?
S1: 2 Euro.
S2: Gut, ich nehme sie.

	ZU VERKAUFEN	KÄUFER/KÄUFERIN	PREIS
1.			
2.			
3.			
4.			
5.			

Situationen 89

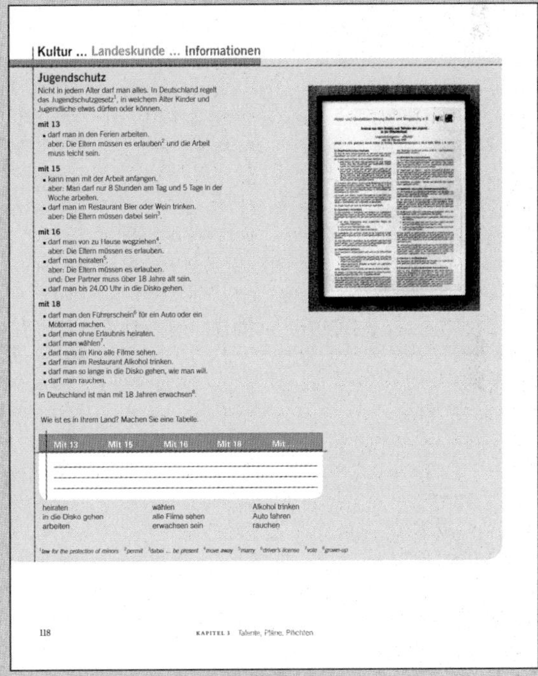

Kultur ... Landeskunde ... Informationen

Jugendschutz

Nicht in jedem Alter darf man alles. In Deutschland regelt das Jugendschutzgesetz[1], in welchem Alter Kinder und Jugendliche etwas dürfen oder können.

mit 13
- darf man in den Ferien arbeiten.
aber: Die Eltern müssen es erlauben[2] und die Arbeit muss leicht sein.

mit 15
- kann man mit der Arbeit anfangen.
aber: Man darf nur 8 Stunden am Tag und 5 Tage in der Woche arbeiten.
- darf man im Restaurant Bier oder Wein trinken.
aber: Die Eltern müssen dabei sein[3].

mit 16
- darf man von zu Hause wegziehen[4].
aber: Die Eltern müssen es erlauben.
- darf man heiraten[5].
aber: Die Eltern müssen es erlauben.
und: Der Partner muss über 18 Jahre alt sein.
- darf man bis 24.00 Uhr in die Disko gehen.

mit 18
- darf man den Führerschein[6] für ein Auto oder ein Motorrad machen.
- darf man ohne Erlaubnis heiraten.
- darf man wählen[7].
- darf man im Kino alle Filme sehen.
- darf man im Restaurant Alkohol trinken.
- darf man so lange in die Disko gehen, wie man will.
- darf man rauchen.

In Deutschland ist man mit 18 Jahren erwachsen[8].

Wie ist es in Ihrem Land? Machen Sie eine Tabelle.

Mit 13	Mit 15	Mit 16	Mit 18	Mit ...

heiraten
in die Disko gehen
arbeiten
wählen
alle Filme sehen
erwachsen sein
Alkohol trinken
Auto fahren
rauchen

[1] *law for the protection of minors* [2] *permit* [3] dabei ... *be present* [4] *move away* [5] *marry* [6] *driver's license* [7] *vote* [8] *grown-up*

118 KAPITEL 3 Talente, Pläne, Pflichten

Kultur ... Landeskunde ... Informationen

These short cultural readings offer insights into the German-speaking world. They are accompanied by activities that aid students in comparing and contrasting their own culture with that of the German-speaking countries.

Videoecke

The **Videoecke** feature corresponds directly to the interviews with native speakers of German found on the ***Blickkontakte*** DVD program, and provides activities that support listening/viewing comprehension.

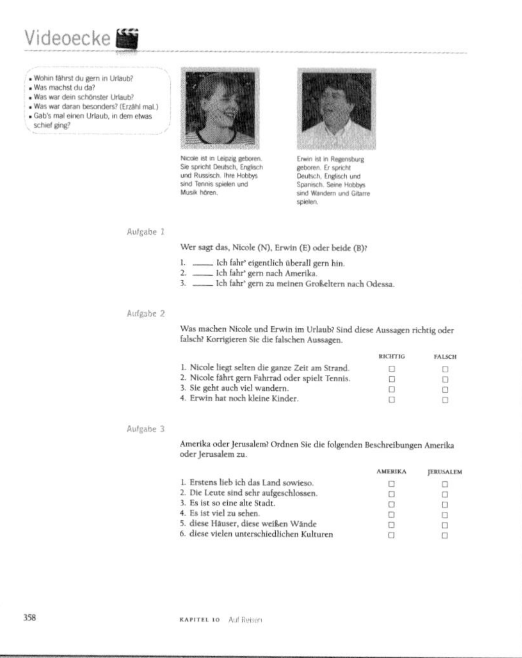

Videoecke

- Wohin fährst du gern in Urlaub?
- Was machst du da?
- Was war dein schönster Urlaub?
- Was war daran besonders? (Erzähl mal.)
- Gab's mal einen Urlaub, in dem etwas schief ging?

Nicole ist in Leipzig geboren. Sie spricht Deutsch, Englisch und Russisch. Ihre Hobbys sind Tennis spielen und Musik hören.

Erwin ist in Regensburg geboren. Er spricht Deutsch, Englisch und Spanisch. Seine Hobbys sind Wandern und Gitarre spielen.

Aufgabe 1

Wer sagt das, Nicole (N), Erwin (E) oder beide (B)?

1. ____ Ich fahr' eigentlich überall gern hin.
2. ____ Ich fahr' gern nach Amerika.
3. ____ Ich fahr' gern zu meinen Großeltern nach Odessa.

Aufgabe 2

Was machen Nicole und Erwin im Urlaub? Sind diese Aussagen richtig oder falsch? Korrigieren Sie die falschen Aussagen.

	RICHTIG	FALSCH
1. Nicole liegt selten die ganze Zeit am Strand.	☐	☐
2. Nicole fährt gern Fahrrad oder spielt Tennis.	☐	☐
3. Sie geht auch viel wandern.	☐	☐
4. Erwin hat noch kleine Kinder.	☐	☐

Aufgabe 3

Amerika oder Jerusalem? Ordnen Sie die folgenden Beschreibungen Amerika oder Jerusalem zu.

	AMERIKA	JERUSALEM
1. Erstens lieb ich das Land sowieso.	☐	☐
2. Die Leute sind sehr aufgeschlossen.	☐	☐
3. Es ist so eine alte Stadt.	☐	☐
4. Es ist viel zu sehen.	☐	☐
5. diese Häuser, diese weißen Wände	☐	☐
6. diese vielen unterschiedlichen Kulturen	☐	☐

358 KAPITEL 10 Auf Reisen

Strukturen und Übungen

Clear, concise grammar explanations and form-focused exercises provide a solid foundation for acquiring grammatical structures. Instructors may choose to assign these "blue pages" solely as homework, to incorporate them into the classroom experience, or do a combination of both.

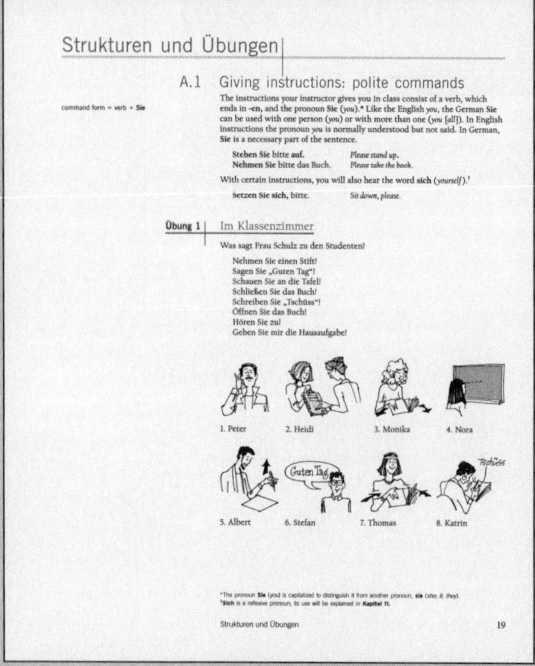

Strukturen und Übungen

A.1 Giving instructions: polite commands

command form = verb + **Sie**

The instructions your instructor gives you in class consist of a verb, which ends in **-en**, and the pronoun **Sie** (*you*).* Like the English *you*, the German **Sie** can be used with one person (*you*) or with more than one (*you [all]*). In English instructions the pronoun *you* is normally understood but not said. In German, **Sie** is a necessary part of the sentence.

Stehen Sie bitte **auf.** *Please stand up.*
Nehmen Sie bitte das Buch. *Please take the book.*

With certain instructions, you will also hear the word **sich** (*yourself*).[†]

Setzen Sie sich, bitte. *Sit down, please.*

Übung 1 Im Klassenzimmer

Was sagt Frau Schulz zu den Studenten?

Nehmen Sie einen Stift!
Sagen Sie „Guten Tag"!
Schauen Sie an die Tafel!
Schließen Sie das Buch!
Schreiben Sie „Tschüss"!
Öffnen Sie das Buch!
Hören Sie zu!
Geben Sie mir die Hausaufgabe!

1. Peter 2. Heidi 3. Monika 4. Nora

5. Albert 6. Stefan 7. Thomas 8. Katrin

*The pronoun **Sie** (*you*) is capitalized to distinguish it from another pronoun, **sie** (*she; it; they*).
[†]**Sich** is a reflexive pronoun; its use will be explained in **Kapitel 11.**

Strukturen und Übungen 19

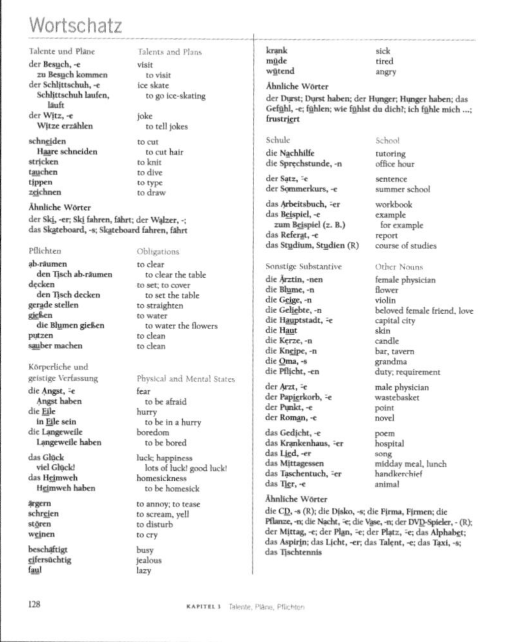

Wortschatz

Talente und Pläne	Talents and Plans
der Besuch, -e	visit
zu Besuch kommen	to visit
der Schlittschuh, -e	ice skate
Schlittschuh laufen, läuft	to go ice-skating
der Witz, -e	joke
Witze erzählen	to tell jokes
schneiden	to cut
Haare schneiden	to cut hair
stricken	to knit
tauchen	to dive
tippen	to type
zeichnen	to draw

Ähnliche Wörter

der Ski, -er; Ski fahren, fährt; der Walzer, -; das Skateboard, -s; Skateboard fahren, fährt

Pflichten	Obligations
ab·räumen	to clear
den Tisch ab·räumen	to clear the table
decken	to set; to cover
den Tisch decken	to set the table
gerade stellen	to straighten
gießen	to water
die Blumen gießen	to water the flowers
putzen	to clean
sauber machen	to clean

Körperliche und geistige Verfassung	Physical and Mental States
die Angst, ¨e	fear
Angst haben	to be afraid
die Eile	hurry
in Eile sein	to be in a hurry
die Langeweile	boredom
Langeweile haben	to be bored
das Glück	luck; happiness
viel Glück!	lots of luck! good luck!
das Heimweh	homesickness
Heimweh haben	to be homesick
ärgern	to annoy; to tease
schreien	to scream, yell
stören	to disturb
weinen	to cry
beschäftigt	busy
eifersüchtig	jealous
faul	lazy
krank	sick
müde	tired
wütend	angry

Ähnliche Wörter

der Durst; Durst haben; der Hunger; Hunger haben; das Gefühl, -e; fühlen; wie fühlst du dich?; ich fühle mich ...; frustriert

Schule	School
die Nachhilfe	tutoring
die Sprechstunde, -n	office hour
der Satz, ¨e	sentence
der Sommerkurs, -e	summer school
das Arbeitsbuch, ¨er	workbook
das Beispiel, -e	example
zum Beispiel (z. B.)	for example
das Referat, -e	report
das Studium, Studien (R)	course of studies

Sonstige Substantive	Other Nouns
die Ärztin, -nen	female physician
die Blume, -n	flower
die Geige, -n	violin
die Geliebte, -n	beloved female friend, love
die Hauptstadt, ¨e	capital city
die Haut	skin
die Kerze, -n	candle
die Kneipe, -n	bar, tavern
die Oma, -s	grandma
die Pflicht, -en	duty; requirement
der Arzt, ¨e	male physician
der Papierkorb, ¨e	wastebasket
der Punkt, -e	point
der Roman, -e	novel
das Gedicht, -e	poem
das Krankenhaus, ¨er	hospital
das Lied, -er	song
das Mittagessen	midday meal, lunch
das Taschentuch, ¨er	handkerchief
das Tier, -e	animal

Ähnliche Wörter

die CD, -s (R); die Disko, -s; die Firma, Firmen; die Pflanze, -n; die Nacht, ¨e; die Vase, -n; der DVD-Spieler, - (R); der Mittag, -e; der Plan, ¨e; der Platz, ¨e; das Alphabet; das Aspirin; das Licht, -er; das Talent, -e; das Taxi, -s; das Tischtennis

128 KAPITEL 3 Talente, Pläne, Pflichten

Wortschatz

Semantically-arranged lists contain all the newly introduced vocabulary in the chapter. Diacritical marks help students learn proper pronunciation.

Übungen

Following each of the grammar descriptions, these form-focused exercises practice the key grammatical concepts of the chapter.

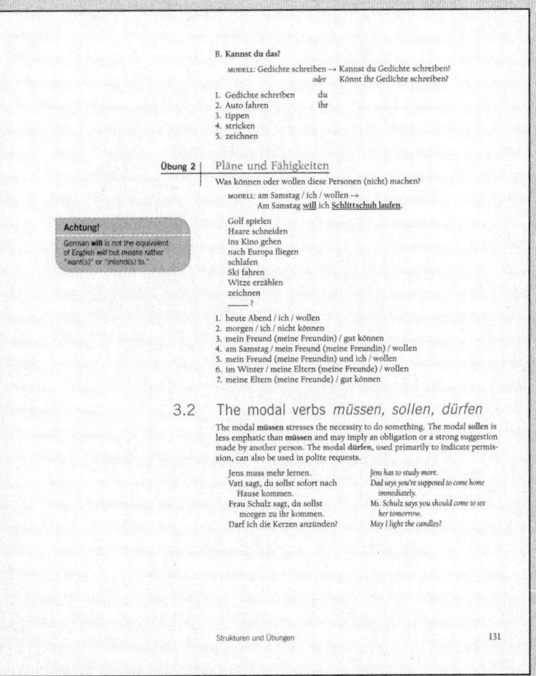

B. **Kannst du das?**

MODELL: Gedichte schreiben → Kannst du Gedichte schreiben?
oder Könnt ihr Gedichte schreiben?

1. Gedichte schreiben — du
2. Auto fahren — ihr
3. tippen
4. stricken
5. zeichnen

Übung 2 | Pläne und Fähigkeiten

Was können oder wollen diese Personen (nicht) machen?

MODELL: am Samstag / ich / wollen →
Am Samstag will ich Schlittschuh laufen.

Achtung!

German **will** is not the equivalent of English *will* but means rather "want(s)" or "intend(s) to."

Golf spielen
Haare schneiden
ins Kino gehen
nach Europa fliegen
schlafen
Ski fahren
Witze erzählen
zeichnen
_____ ?

1. heute Abend / ich / wollen
2. morgen / ich / nicht können
3. mein Freund (meine Freundin) / gut können
4. am Samstag / mein Freund (meine Freundin) / wollen
5. mein Freund (meine Freundin) und ich / wollen
6. im Winter / meine Eltern (meine Freunde) / wollen
7. meine Eltern (meine Freunde) / gut können

3.2 The modal verbs *müssen, sollen, dürfen*

The modal **müssen** stresses the necessity to do something. The modal **sollen** is less emphatic than **müssen** and may imply an obligation or a strong suggestion made by another person. The modal **dürfen**, used primarily to indicate permission, can also be used in polite requests.

Jens muss mehr lernen.	*Jens has to study more.*
Vati sagt, du sollst sofort nach Hause kommen.	*Dad says you're supposed to come home immediately.*
Frau Schulz sagt, du sollst morgen zu ihr kommen.	*Ms. Schulz says you should come to see her tomorrow.*
Darf ich die Kerzen anzünden?	*May I light the candles?*

Strukturen und Übungen 131

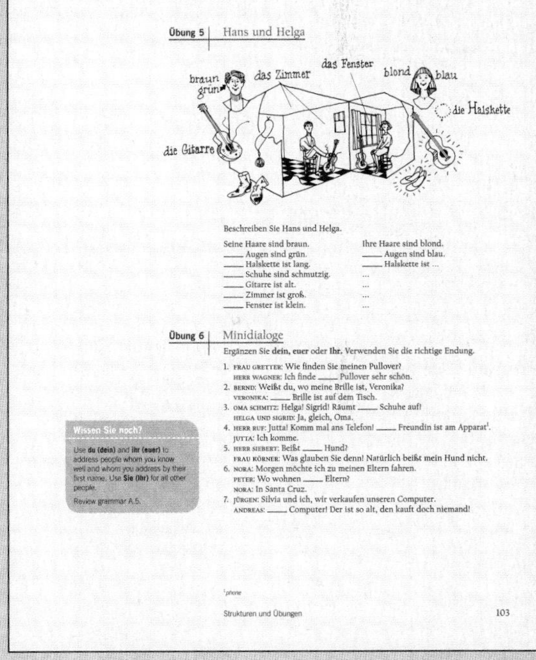

Übung 5 | Hans und Helga

Beschreiben Sie Hans und Helga.

Seine Haare sind braun.	Ihre Haare sind blond.
_____ Augen sind grün.	_____ Augen sind blau.
_____ Halskette ist lang.	_____ Halskette ist …
_____ Schuhe sind schmutzig.	…
_____ Gitarre ist alt.	…
_____ Zimmer ist groß.	…
_____ Fenster ist klein.	…

Übung 6 | Minidialoge

Ergänzen Sie **dein, euer** oder **Ihr.** Verwenden Sie die richtige Endung.

1. FRAU GRETTER: Wie finden Sie meinen Pullover?
   HERR WAGNER: Ich finde _____ Pullover sehr schön.
2. BERND: Weißt du, wo meine Brille ist, Veronika?
   VERONIKA: _____ Brille ist auf dem Tisch.
3. OMA SCHMITZ: Helga! Sigrid! Räumt _____ Schuhe auf!
   HELGA UND SIGRID: Ja, gleich, Oma.
4. HERR RUF: Jutta! Komm mal ans Telefon! _____ Freundin ist am Apparat[1].
   JUTTA: Ich komme.
5. HERR SIEBERT: Beißt _____ Hund?
   FRAU KÖRNER: Was glauben Sie denn! Natürlich beißt mein Hund nicht.
6. NORA: Morgen möchte ich zu meinen Eltern fahren.
   PETER: Wo wohnen _____ Eltern?
   NORA: In Santa Cruz.
7. JÜRGEN: Silvia und ich, wir verkaufen unseren Computer.
   ANDREAS: _____ Computer! Der ist so alt, den kauft doch niemand!

Wissen Sie noch?

Use **du (dein)** and **ihr (euer)** to address people whom you know well and whom you address by their first name. Use **Sie (Ihr)** for all other people.

Review grammar A.5.

[1]*phone*

Strukturen und Übungen 103

Wissen Sie noch?

A mini-review and cross-reference for students to key grammar points that have already been covered.

Listening

Video

Writing

Reading

Information Gap

Role Playing

Interview

Autograph

Icons

Eight different icons indicate information gap, writing, role-playing, listening, interview, autograph, video, and reading activities.

Exciting Multimedia Supplements for *Kontakte*, Sixth Edition

The Sixth Edition of ***Kontakte*** is accompanied by an array of multimedia supplements to support your instruction and your students' language learning needs.

Blickkontakte DVD Program

Available exclusively on DVD, the Sixth Edition of ***Blickkontakte*** offers the variety of authentic video materials that has won wide praise. As before, the Sixth Edition contains interviews with native speakers, filmed on location in Leipzig. Viewing and listening comprehension for the **Interview** segments are supported by the **Videoecke** feature in each chapter, consisting of photographs, interview questions, and viewing activities.

Fourteen selections from authentic German television broadcasts, called **Galerie,** correspond to the **Videoblick** feature found in each chapter of the main text. These were selected based on their accessibility, cultural and linguistic richness, and their interest to present-day students. Four selections are brand new to this edition. In addition to the **Videoblick** exercises, the *Instructor's Manual* contains overhead transparency masters and expanded activities that correspond to the **Galerie** segments.

Online Learning Center

An updated *Online Learning Center* website accompanies the Sixth Edition of ***Kontakte.*** This website offer students a wide variety of resources, including the complete *Audio Program*, additional vocabulary and grammar practice, cultural activities, the video-based activities formerly available on the *Interactive CD-ROM*, and much more. The audio, video, practice activities, and resources available on the *Online Learning Center* are offered free of charge to students.

Instructors will find digital color transparencies, the complete *Instructor's Manual*, *Test Bank*, *Audioscript*, links to professional resources, and other valuable tools on the Instructor's Center of the *Online Learning Center.* Access the ***Kontakte*** Sixth Edition *Online Learning Center* at www.mhhe.com/kontakte6.

Online *Arbeitsbuch*

The *Online* ***Arbeitsbuch*** is produced in collaboration with Quia™. This online version of the paper ***Arbeitsbuch*** offers students an integrated *Audio Program* and self-correcting and self-scoring activities. Instructors will find a sophisticated gradebook feature and tracking of student and class performance.

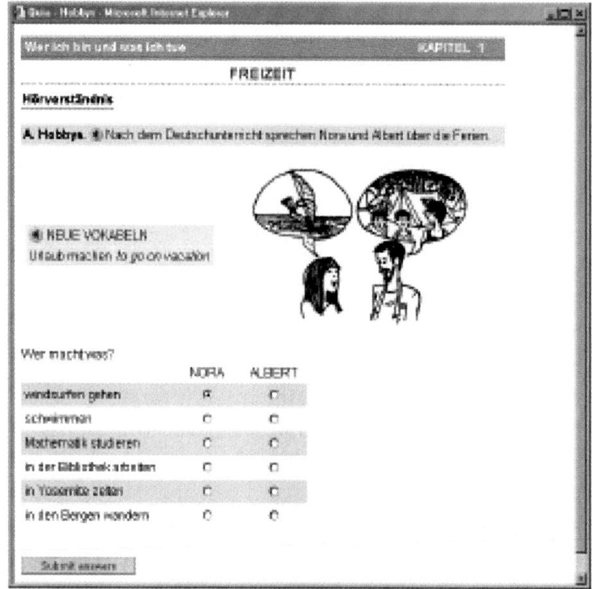

The *Kontakte* Program: Exceptional Instructional Materials

The instructional package of ***Kontakte,*** Sixth Edition, includes the following materials, designed to complement your instruction and to enhance your students' learning experience. Please contact your local McGraw-Hill sales representative for information on availability and costs of these materials. Available to adopters *and* to students:

- *Student Edition.* Full-color textbook with activities, grammar explanations and exercises, and helpful appendices.
- *Textbook Audio Program.* Corresponding to the Student Edition, this one-hour audio program contains the dialogues, selected texts from the **KLI** boxes, and readings. It is available free of charge on the *Online Learning Center.*
- ***Arbeitsbuch.*** A complete manual for further practice and acquisition of the four skills and cultural competence.
- *Online* ***Arbeitsbuch.*** This online version of the ***Arbeitsbuch***, produced in collaboration with Quia™, offers the same outstanding practice activities as the paper ***Arbeitsbuch,*** with many additional advantages such as automatic feedback and scoring, and a gradebook feature for instructors.
- *Audio Program.* This seven-hour program, corresponding to the ***Arbeitsbuch*** and available free of charge on the *Online Learning Center* or for purchase on audio CDs, contains pronunciation practice and listening comprehension texts. It also includes the dialogues and narration series from the main text.
- *DVD Program.* The ***Blickkontakte*** video, now available exclusively on DVD, offers a variety of authentic video materials including interviews with native speakers of German and selections from authentic German television broadcasts.
- *Online Learning Center.* A web-based learning center with online activities and study resources for students, as well as a variety of resources for instructors.

Available to adopters only:

- *Instructor's Edition.* The main text containing margin notes with suggestions for using and expanding on the materials in the text, additional cultural information, teaching hints, and listening comprehension texts.
- *Instructor's Manual.* Available for download or viewing on the *Online Learning Center,* the *Instructor's Manual* provides a guided walk through **Einführungen A/B** and **Kapitel 1,** presents information on Natural Approach theory and practice, and offers hints and practical guidance to instructors. Included in the *Instructor's Manual* are transparency masters of the drawings in the main text as well as video activities for the authentic television footage on the ***Blickkontakte*** video.
- *Audioscript.* A transcript containing all the material recorded in the *Audio Program* is also available on the *Online Learning Center.*

- *Test Bank.* A collection of testing materials—thoroughly revised for the Sixth Edition—for assessing listening comprehension, vocabulary, grammar, reading, writing, culture, and oral proficiency.
- *Testing Audio Program.* Available on audio CD or on the *Online Learning Center*, this audio material accompanies the *Test Bank.*
- *Picture File.* Fifty full-color, 9" × 12" photographs taken exclusively for ***Kontakte*** in Germany, Austria, and Switzerland. Please note that the Picture File has not been revised for the Sixth Edition; instructors requesting a Picture File will receive a copy of the Fifth Edition Picture File.

The Natural Approach

Kontakte is based on Tracy D. Terrell's Natural Approach, which originally drew on aspects of Stephen D. Krashen's "Monitor Model" and its five hypotheses of instructed second-language acquisition. These five hypotheses are discussed in detail in the *Instructor's Manual* that accompanies ***Kontakte.*** The following are among the most important aspects of the Natural Approach as applied in this program:

1. **Comprehension precedes production.** Students' ability to use new vocabulary and grammar is directly related to the opportunities they have to listen to and read vocabulary and grammar in a natural context.
2. **Production needs to be acquired, too.** While comprehension activities need to take up a large amount of classroom time in early chapters and considerable amounts in later chapters as well, students need to be given numerous opportunities to express their own meaning in communicative contexts. Ideally, comprehension activities are topped off by speaking and/or writing, and production activities are introduced by listening or reading.
3. **Speech emerges in stages.** ***Kontakte*** allows for three stages:

   Stage 1. Comprehension: **Einführung A**
   Stage 2. Early speech: **Einführung B**
   Stage 3. Speech emergence: **Kapitel 1**

   The activities in **Einführung A** are designed to give students an opportunity to develop good comprehension skills without being required to speak much German. The activities in **Einführung B** are designed to encourage the transition from comprehension to an ability to make natural responses with short phrases. By the end of the **Einführung,** most students are making the transition from short answers to longer phrases and short sentences, using the materials of the **Einführung.** With the new material in each chapter, students will pass through the same three stages.
4. **Speech emergence is characterized by grammatical errors.** It is to be expected that students will make many errors when they begin putting words together into sentences, because it is difficult to monitor spontaneous speech. These early errors do not become permanent, nor do they affect students' future language development. We recommend correcting errors by expanding and rephrasing students' responses into grammatically correct sentences.
5. **Group work encourages speech.** Most of the activities lend themselves to pair or small-group work, which allows for more opportunities to interact in German during a given class period and practice in a non-threatening atmosphere.
6. **Students acquire language best in a low-anxiety environment.** Students will be most successful when they are interacting in communicative activities that they enjoy. The goal is for them to express themselves as best they can and to develop a positive attitude toward their second-language experience. The Natural Approach instructor will create an accepting and enjoyable environment in which to acquire and learn German.
7. **The goal of the Natural Approach is proficiency in communication skills.** Proficiency is defined as the ability to convey information and/or feelings in a particular situation for a particular purpose. Grammatical accuracy is one part of communicative proficiency, but it is not a prerequisite.

Acknowledgments

We would like to extend our heartfelt thanks to Nikolaus Euba, who reviewed the manuscript for the Sixth Edition and provided many valuable suggestions and comments. We are very grateful to Petra Clayton (Cuesta College) for her detailed and careful revision of the Fifth Edition ***Arbeitsbuch.*** Petra's enthusiasm for the teaching and learning of German is reflected in this revision. Thanks are also due to Silke Lipinski and Katharina Kley for their contributions to the textbook, the ***Arbeitsbuch,*** and the *Test Bank*. Further thanks are owed to Ulla Hirschfeld (Universität Halle) for her excellent work on the pronunciation and orthography sections in the ***Arbeitsbuch*** and for the pronunciation and spelling appendix in the main text.

We gratefully acknowledge our debt to the many instructors who over the past years have personally shared their experiences with us, especially James P. Pusack, Sue K. Otto, and the graduate student instructors at the University of Iowa. We are also grateful to Peter Ecke and the graduate student instructors at the University of Arizona. In addition, we would like to express our gratitude to the many members of the language teaching profession whose valuable suggestions contributed to the preparation of this new edition. We have learned tremendously from the loyal users of ***Kontakte*** and are always interested in hearing what they have to say. The appearance of their names does not necessarily constitute their endorsement of the text or its methodology.

Kenneth Scott Baker, *University of Missouri, Kansas City*
John Blair, *University of West Georgia*
Madelyn Burchill, *Concordia College, Moorhead*
Troy Byler, *Indiana University, Bloomington*
Muriel Cormican, *University of West Georgia*
Catherine C. Fraser, *Indiana University, Bloomington*
Astrid Gesche, *Queensland University of Technology*
Steve Grollman, *Concordia College, Moorhead*
Susanne Gross, *Australian National University*
Derek Hillard, *Kansas State University*
Ruth R. Kath, *Luther College*
Jürgen Koppensteiner, *University of Northern Iowa*
Douglas James Lightfoot, *University of Alabama*
Denise M. Meuser, *Northwestern University*
Susanne Rott, *University of Illinois at Chicago*
Frangina Spandau, *Santa Barbara City College*
Rudolph Strahl, *College of DuPage*
Barbara Taron, *Tulsa Community College*
Cynthia Trocchio, *Kent State University*
Meike Wernicke-Heinrichs, *Capilano College*

Special thanks to Dirk Hasenpusch and Stuart Cohen for their fine photographs. Our gratitude to Arden Smith, who painstakingly compiled the German-English and English-German end vocabularies; and to Elsa Peterson, who secured reprint permissions for the realia and readings.

The updated look of the interior of ***Kontakte*** is due to the artistry of Lisa Buckley. We thank Laurie Entringer for the imaginative cover. We also thank Chris Schabow from The Left Coast Group, Inc., whose fine work made our lives so much easier, and the editing, production, and design team at McGraw-Hill whose expertise helped transform manuscript into this book: Anne Fuzellier, Tandra Jorgensen, and Nora Agbayani. Nick Agnew, Jorge Arbujas, Rachel Dornan, and the rest of the McGraw-Hill marketing and sales staff, who so actively promoted ***Kontakte*** over the past years.

We continue to thank Eirik Børve and Thalia Dorwick, who launched the first edition; our first and second edition editors, Jeanine Briggs and Eileen LeVan, whose work is still found in the pages of this edition; our splendid third edition consultant, Dierk Hoffmann, who helped us improve the culture and grammar of ***Kontakte,*** and Catherine (Katy) Fraser, our consultant on the third and fourth editions who also revised the Test Bank of the fourth and fifth editions.

We would also like to express our enduring thanks to Gregory Trauth, editor extraordinaire of the third and fourth editions and best of friends. We still miss you, Gregory. Special thanks are due to our Development Editor, Paul Listen, whose amazing attention to detail and fine editorial eye have greatly enhanced the Sixth Edition. It has been a true pleasure to work with Paul.

Finally, we express our heartfelt gratitude to the McGraw-Hill World Languages editorial staff: Margaret Young, our Editorial Coordinator; Scott Tinetti, Director of Development; Allison Hawco, Media Producer; and Christa Harris, our Executive Editor, whose support and encouragement are deeply appreciated; and William R. Glass, our Publisher, whose guidance and experience helped bring this project to its successful completion.

To the Student

The Cast of Characters

The people you will read and talk about in ***Kontakte*** reappear in activities and exercises throughout the text. Some are American students, and others are from Germany, Austria, and Switzerland.

First, there is a group of students learning German at the University of California at Berkeley. Although they all have different majors, they are all in Professor Karin Schulz's German class. You will meet eight students in the class: Steve (Stefan), Heidi, Al (Albert), Nora, Monique (Monika), Peter, Kathy (Katrin), and Thomas. Each uses the German version of his or her name.

Little by little, you will be introduced to people who live in various parts of the German-speaking world. For example, in Göttingen, Germany, you will meet Silvia Mertens and her boyfriend, Jürgen Baumann. You will also get to know the Schmitz family. Rolf Schmitz, who is studying psychology at the University of California at Berkeley and who knows many of the students in Professor Schulz's German class, lives with his parents in Göttingen over the university holidays. He was born in Krefeld, a town near Düsseldorf, where his grandmother, Helene Schmitz, still lives. Rolf has twin sisters, Helga and Sigrid.

In Germany, you will also accompany an American student, Claire Martin, on her travels. Her best friends are Melanie Staiger and Josef Bergmann from Regensburg.

In Berlin, you will meet Renate Röder, who is single and who works for a computer company. Renate travels a lot and speaks several languages in addition to German. You will also meet Mehmet Sengün. Mehmet came with his family to Berlin from Turkey when he was 10 and works as a truck driver.

In Dresden, you will meet Sofie Pracht, a student at the Technische Universität. Sofie is studying biology and wants to become a biologist. Her best friend is Willi Schuster, who is also a student at the TU Dresden. Marta Szerwinski, a friend of Sofie's and Willi's, comes from Poland but is currently working in Dresden.

In the Munich neighborhood of Schwabing, you will meet two families: The Wagners and the Rufs. In the Wagner family, you will meet Josie and Uli, their son Ernst, and their daughters, Andrea and Paula. Jens Krüger, their cousin, comes to visit quite often, so you will meet him as well.

The Wagners' neighbors are the Ruf family: Jochen Ruf, a writer who works at home and takes care of the children and household, and Margret, a businesswoman who is president of Firma Seide, which manufactures toys. They have two children: Jutta, who is a student at the Goethe Gymnasium (*high school*) with Jens Krüger, and Hans, her younger brother.

There are others in the neighborhood as well, such as Herr Günter Thelen and Herr Alexander Siebert, Frau Sybille Gretter, Frau Judith Körner, Michael Pusch—who is very taken with himself—and his girlfriend, Maria Schneider.

In Austria, you will get to know Richard Augenthaler, who is 18 and has just graduated from high school.

In Switzerland, you will meet the Frisch family, Veronika and Bernd and their three children. Veronika and Bernd live and work in Zürich, but they like to travel, and we will follow them on different occasions.

Getting Started with *Kontakte*

During your German course, you will be working primarily with two texts: The main text and the ***Arbeitsbuch.*** Both texts have been designed to provide you with ample opportunities to practice German in natural contexts. The following chart will give you an overview of these two books.

The Main Text

Book Element	What Is It?	How Will It Help?
Situationen (oral activities)	Oral activities done in class with instructor and classmates.	Give you opportunities to listen to and interact with others in German.
Lektüre, Kultur … Landeskunde … Informationen (reading, culture boxes)	Short readings and visuals on general interest or cultural topics relevant to the German-speaking world. For class or homework.	Allow you to acquire German and help you learn about the German-speaking world.
Videoblick, Videoecke (video view, video corner)	Video-based activities and exercises.	Allow you to hear and view a wide range of native speakers in authentic contexts.
Wortschatz (vocabulary list)	A list of the new words that appear in the **Situationen.**	For reference or review.
Strukturen und Übungen (grammar and exercises)	Explanations and examples of grammar rules followed by exercises, at the end of each chapter.	For self-study and for reference. Refer to the grammar when you edit your writing.
Appendices A, B	Part 2 of the **Informationsspiele and Rollenspiele.**	For use in the paired information gap and role-play activities.
Appendix C	Rules for the German Spelling Reform.	For quick reference.
Appendix D	Phonetics Summary Tables. A summary of German pronunciation and spelling.	For quick reference.
Appendix E	Grammar Summary Tables. Summaries of major grammatical points introduced.	For quick reference.
Appendix F	Verb charts: conjugation patterns of regular verbs and a list of strong and irregular weak verbs.	For quick reference.
Appendix G	Answers to single-response grammar exercises.	For checking your answers.
End vocabularies	German-English / English-German end vocabularies containing all the vocabulary used in ***Kontakte.***	For reference.

The *Arbeitsbuch* (Laboratory Manual and Workbook)

Book Element	What Is It?	How Will It Help?
Hörverständnis (listening comprehension)	Authentic listening activities with short comprehension activities.	Provide you with more opportunities to listen to and acquire German outside of class.
Aussprache und Orthografie (pronunciation and spelling)	Recorded pronunciation and spelling exercises.	Introduce you to the sound system and spelling conventions of German.
Schriftliche Aktivitäten (written work)	Writing activities, coordinated with the chapter theme, vocabulary, and grammar.	Allow you to practice vocabulary and grammatical structures and to express yourself in writing creatively.
Kulturecke (cultural corner)	Activities that review key cultural points found in the corresponding chapter of the main text.	Help you identify, review, and remember the important cultural information of the chapter.
Answer Key	Answers to many of the recorded **Hörverständnis** and **Aussprache und Orthografie** exercises as well as to some of the **Schriftliche Aktivitäten** exercises.	Give you immediate feedback on comprehension, pronunciation and spelling, and written activities.

Deutschland und Luxemburg
Einwohner
Deutschland: 82,5 Mio
Luxemburg: 480 000
Maßstab 2,0 cm = 100 km
DÄNEMARK
OSTSEE
NORDSEE
POLEN
DIE NIEDERLANDE
BELGIEN
LUXEMBURG
FRANKREICH
DIE SCHWEIZ
ÖSTERREICH
TSCHECHIEN
SCHLESWIG-HOLSTEIN
MECKLENBURG-VORPOMMERN
HAMBURG
BREMEN
NIEDERSACHSEN
BRANDENBURG
BERLIN
SACHSEN-ANHALT
NORDRHEIN-WESTFALEN
THÜRINGEN
SACHSEN
HESSEN
RHEINLAND-PFALZ
SAARLAND
BADEN-WÜRTTEMBERG
BAYERN
Flensburg
Kiel
Helgoland
Ostfriesische Inseln
Hiddensee
Rügen
Stralsund
Rostock
Greifswald
Lübeck
Güstrow
Schwerin
Neubrandenburg
Cuxhaven
Bremerhaven
Hamburg
Emden
Leer
Oldenburg
Bremen
Lüneburg
Prenzlau
LÜNEBURGER HEIDE
Wolfsburg
Hannover
Osnabrück
Brandenburg
Potsdam
Berlin
Frankfurt
Eisenhüttenstadt
Braunschweig
Magdeburg
Bielefeld
Münster
Hameln
Bad Harzburg
TEUTOBURGER WALD
Wernigerode
Brocken
HARZ
Dessau
Wittenberg
Cottbus
Essen
Dortmund
Paderborn
Göttingen
Eisleben
Halle
Leipzig
Görlitz
Dresden
Meißen
Kassel
Krefeld
Düsseldorf
Köln
Aachen
Bonn
Erfurt
Weimar
Eisenach
Jena
Gera
THÜRINGER WALD
Suhl
Chemnitz
Zwickau
ERZGEBIRGE
Marburg
Gießen
Fulda
Limburg
RHÖN
Koblenz
Wiesbaden
Frankfurt
Mainz
EIFEL
HUNSRÜCK
Trier
Luxemburg
Worms
Ludwigshafen
Mannheim
Kaiserslautern
Saarbrücken
Heidelberg
Bayreuth
Würzburg
Nürnberg
Rothenburg ob der Tauber
FRÄNKISCHE ALB
BÖHMER WALD
Regensburg
BAYERISCHER WALD
Straubing
Passau
Karlsruhe
Stuttgart
SCHWÄBISCHE ALB
Tübingen
Ulm
Augsburg
München
VOGESEN
SCHWARZWALD
Rottweil
Freiburg
Chiemsee
BAYERISCHE ALPEN
Berchtesgaden
Friedrichshafen
Konstanz
Lindau
Bodensee
Garmisch-Partenkirchen
Zugspitze
Elbe
Havel
Oder
Ems
Weser
Ruhr
Rhein
Saale
Fulda
Mosel
Main
Neckar
Donau
Isar
Inn
Neiße

Reykjavik
ISLAND
ATLANTISCHER OZEAN
NORDSEE
NORWEGEN
SCHWEDEN
FINNLAND
Helsinki
Oslo
Stockholm
Tallinn
ESTLAND
LETTLAND
Riga
OSTSEE
Kopenhagen
DÄNEMARK
LITAUEN
Wilna
Minsk
(ZU RUSSLAND)
WEISSRUSSLAN
Schottland
Nordirland
IRLAND
Dublin
England
Wales
GROSSBRITANNIEN
London
DIE NIEDERLANDE
Amsterdam
Brüssel
Der Ärmelkanal
BELGIEN
Berlin
Warschau
POLEN
Kiew
DEUTSCHLAND
Luxemburg
LUXEMBURG
Prag
TSCHECHIEN
Paris
DIE SLOWAKEI
MOLDAWIEN
Kischinjow
LIECHTENSTEIN
Wien
ÖSTERREICH
Budapest
FRANKREICH
Bern
DIE SCHWEIZ
Ljubljana
UNGARN
RUMÄNIEN
SLOWENIEN
Zagreb
SERBIEN
Belgrad
Bukarest
KROATIEN
BOSNIEN UND HERZEGOWINA
Sarajevo
MONTENEGRO
BULGARIEN
Sofia
Skopje
ANDORRA
MONACO
VATIKANSTADT
Podgorica
Korsika
Rom
Tirana
PORTUGAL
Madrid
ITALIEN
ALBANIEN
MAZEDONIEN
Lissabon
SPANIEN
Sardinien
Mallorca
GRIECHENLAND
Athen
Straße von Gibraltar
Sizilien
Algier
Tunis
MALTA
Kreta
Rabat
TUNESIEN
MITTELMEER
MAROKKO
ALGERIEN
Tripolis
LIBYEN

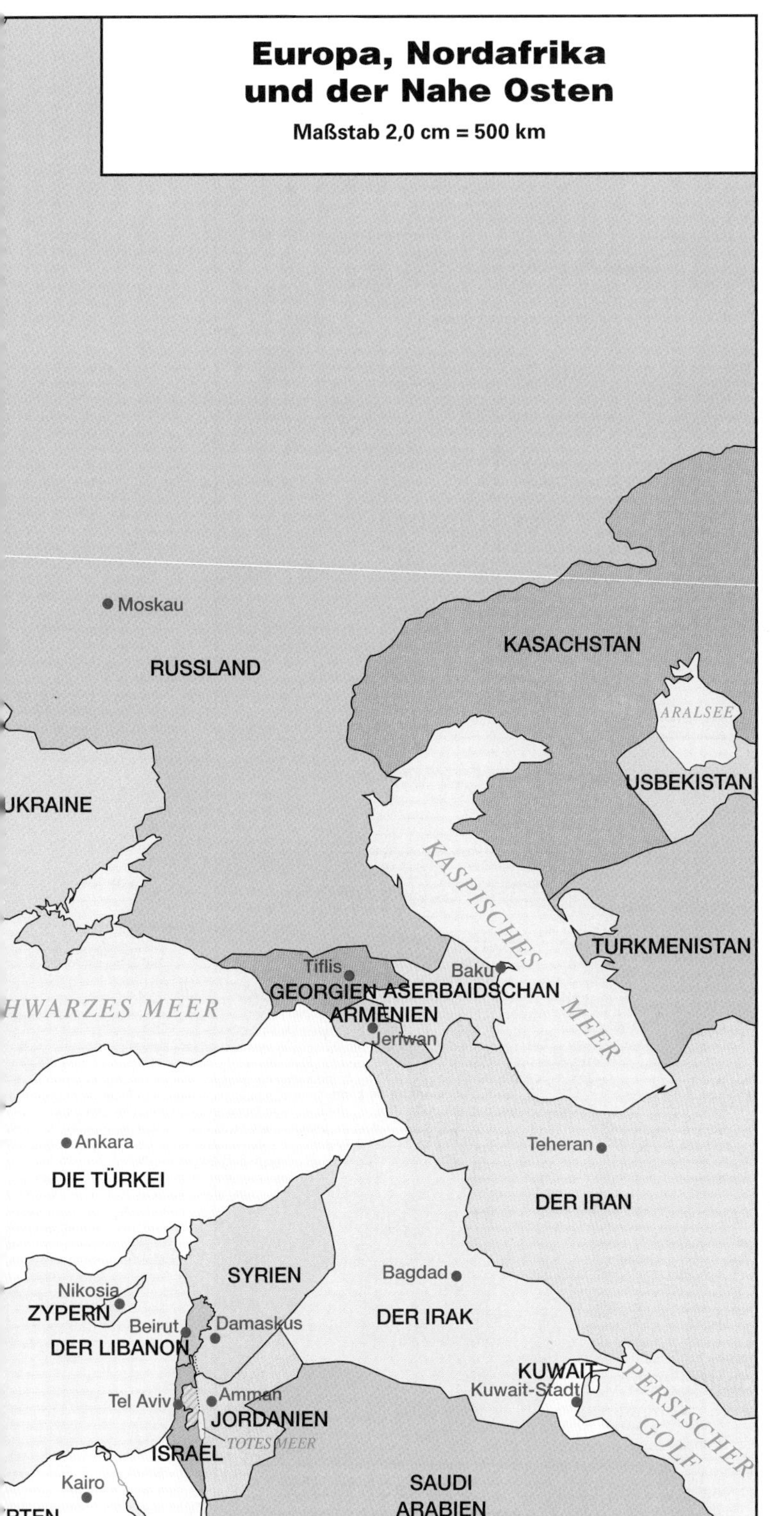

EU-LÄNDER	EINWOHNER
Belgien	10,5 Mio.
Bulgarien	7,7 Mio.
Dänemark	5,4 Mio.
Deutschland	82,5 Mio.
Estland	1,3 Mio.
Finnland	5,3 Mio.
Frankreich	60,9 Mio.
Griechenland	11,1 Mio.
Großbritannien	60,4 Mio.
Irland	4,2 Mio.
Italien	58,8 Mio.
Lettland	2,3 Mio.
Litauen	3,4 Mio.
Luxemburg	0,5 Mio.
Malta	0,4 Mio.
die Niederlande	16,3 Mio.
Österreich	8,3 Mio.
Polen	38,1 Mio.
Portugal	10,6 Mio.
Rumänien	21,6 Mio.
Schweden	9,0 Mio.
die Slowakei	5,4 Mio.
Slowenien	2,0 Mio.
Spanien	43,8 Mio.
Tschechien	10,3 Mio.
Ungarn	10,1 Mio.
Zypern	0,8 Mio.
Gesamtbevölkerungszahl	490,9 Mio.

Österreich
Einwohner: 8,3 Mio
Maßstab 1,5 cm = 50 km
TSCHECHIEN
DEUTSCHLAND
DIE SCHWEIZ
ITALIEN
SLOWENIEN
UNGARN
OBERÖSTERREICH
NIEDERÖSTERREICH
WIEN
BURGENLAND
STEIERMARK
KÄRNTEN
SALZBURG
TIROL
VORARLBERG
SÜDTIROL
Gmünd
Horn
Krems
Donau
Linz
Sankt Pölten
Wien
Melk
Amstetten
Baden
Eisenstadt
Wiener Neustadt
Mariazell
Gmunden
Salzburg
Bad Ischl
Salzkammergut
Hallstatt
Liezen
Enns
Bodensee
Bregenz
Reutte
Kufstein
Wörgl
Sankt Johann in Tirol
Kitzbühel
Bischofshofen
Zell am See
Bruck
Radstadt
Bruck an der Mur
Oberwart
Feldkirch
Arlberg
Landeck
Innsbruck
Inn
Mauterndorf
Sankt Georgen
Güssing
Graz
Mur
Osttirol (zu Tirol)
Lienz
Spittal an der Drau
Feldkirchen
Drau
Klagenfurt
Villach
Wörther See
Vintschgau
Meran
Bozen

Die Schweiz und Liechtenstein
Einwohner
Schweiz: 7,5 Mio
Liechtenstein: 34 000
Maßstab 2,0 cm = 50 km
NIDW = NIDWALDEN
OBW = OBWALDEN
FRANKREICH
DEUTSCHLAND
ÖSTERREICH
LIECHTENSTEIN
ITALIEN
SCHAFFHAUSEN
Schaffhausen
Kreuzlingen
Rhein
BASEL (STADT)
Basel
Liestal
BASEL (LAND)
Baden
THURGAU
Frauenfeld
Winterthur
Thur
ZÜRICH
Zürich
Zürichsee
Bodensee
St. Gallen
St. Margrethen
Herisau
AUSSER-RHODEN
Appenzell
INNER-RHODEN
SANKT GALLEN
Vaduz
Delemont
JURA
AARGAU
Aarau
Reuss
SOLOTHURN
Solothurn
Aare
Biel
LUZERN
Luzern
Zug
ZUG
Einsiedeln
Glarus
GLARUS
SCHWYZ
Schwyz
Vierwaldstätter See
Neuchâtel
NEUENBURG
Neuenburger See
Bern
BERNER OBERLAND
Sarnen
Stans
NIDW.
UNTERWALDEN
OBW.
Altdorf
Engelberg
Braunwald
Chur
Klosters
Davos
BERN
Brienz
Thun
Brienzer See
Thuner See
Interlaken
URI
Andermatt
Disentis
GRAUBÜNDEN
Fribourg
FREIBURG
WAADT
Jungfrau
Grindelwald
Jungfraujoch
Lausanne
Montreux
Gstaad
St. Moritz
Genfer See
Brig
TESSIN
Sion
Rhône
WALLIS
Bellinzona
Locarno
Lugano
Genf
GENF
Zermatt
Matterhorn
Langensee

Kontakte

Heinrich Campendonk: *Junges Paar* (1915), Colección Carmen Thyssen-Bornemisza, Madrid

HEINRICH CAMPENDONK

Heinrich Campendonk (1889–1957) was born in Krefeld, Germany and moved to Bavaria in 1911 to join famous artists like Franz Marc and August Macke in the group "Der Blaue Reiter." This painting is an excellent example of the artist's use of vivid colors and expressionist style. Campendonk is best known for his painted-glass windows in churches and public buildings.

EINFÜHRUNG A

Your goals in **Einführung A** should be to relax, listen to as much German as possible, and get to know your classmates. The focus of this chapter is primarily on listening skills; after you have heard German for several weeks, speaking it will come naturally to you.

Themen

- Aufforderungen
- Namen
- Kleidung
- Farben
- Begrüßen und Verabschieden
- Zahlen

Kulturelles

- Vornamen
- Farben als Symbole
- Videoblick: Guten Tag und Auf Wiedersehen
- So zählt man ... So schreibt man ...
- Videoecke: Persönliche Daten

Strukturen

- **A.1** Giving instructions: polite commands
- **A.2** What is your name? The verb **heißen**
- **A.3** The German case system
- **A.4** Grammatical gender: nouns and pronouns
- **A.5** Addressing people: **Sie** versus **du** or **ihr**

Situationen

Aufforderungen

Grammatik A.1

Situation 1 | Aufforderungen

g.

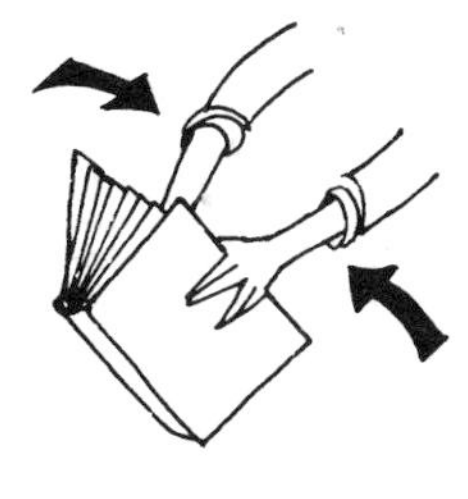

h.

1. Geben Sie mir die Hausaufgabe!
2. Öffnen Sie das Buch!
3. Schließen Sie das Buch!
4. Nehmen Sie einen Stift!
5. Gehen Sie!
6. Springen Sie!
7. Laufen Sie!
8. Schauen Sie an die Tafel!

Situation 2 | Wer macht das?

Hören Sie zu und schreiben Sie die Zahlen unter die Bilder.

a. ____

b. ____

c. ____

d. ____

e. ____

f. ____

g. ____

h. ____

Namen

Grammatik A.2–A.3

—Wie heißt du?
—Heidi.
—Wie schreibt man das?
—H-E-I-D-I. Und wie heißt du?

Heidi

Stefan

Buchstaben

Schreiben	Sprechen	Schreiben	Sprechen	Schreiben	Sprechen
A a	[aː]	J j	[jɔt]	S s	[ɛs]
Ä ä	[ɛː]	K k	[kaː]	ß	[ɛs'tsɛt]
B b	[beː]	L l	[ɛl]	T t	[teː]
C c	[tseː]	M m	[ɛm]	U u	[uː]
D d	[deː]	N n	[ɛn]	Ü ü	[yː]
E e	[eː]	O o	[oː]	V v	[fau]
F f	[ɛf]	Ö ö	[øː]	W w	[veː]
G g	[geː]	P p	[peː]	X x	[ɪks]
H h	[haː]	Q q	[kuː]	Y y	['ʏpsilɔn]
I i	[iː]	R r	[ɛr]	Z z	[tsɛt]

Kultur ... Landeskunde ... Informationen

Vornamen

- Was sind häufige[1] Vornamen in Ihrem Land für Personen über 60 Jahre? für Personen um die 40? für Personen um die 20? für Neugeborene[2]?
- Welche Vornamen gefallen Ihnen[3]?
- Welche deutschen Vornamen gibt es auch in Ihrem Kurs?
- Welche deutschen Familiennamen gibt es in Ihrem Kurs?
- Möchten Sie einen deutschen Vornamen annehmen[4]? Welchen?

Die beliebtesten[5] Vornamen in Deutschland 2006

Mädchennamen	Jungennamen
1. Marie	**1.** Leon
2. Sophie	**2.** Maximilian
3. Maria	**3.** Alexander
4. Anna/Anne	**4.** Lukas
5. Leonie	**5.** Paul
6. Lena	**6.** Luca
7. Emily	**7.** Tim
8. Johanna	**8.** Felix
9. Laura	**9.** David
10. Lea	**10.** Elias

[1]*common* [2]*newborns* [3]gefallen ... *do you like* [4]*adopt* [5]*most popular*

Quelle: Gesellschaft für deutsche Sprache, e.V. (Wiesbaden).

Situation 3 | Wie heißt ...?

1. Wie heißt die Frau mit dem Buch?
2. Wie heißt der Mann mit dem Stift?
3. Wie heißt die Frau an der Tafel?
4. Wie heißt die Frau an der Tür?
5. Wie heißt der Mann mit der Brille?
6. Wie heißt der Mann mit dem Schnurrbart?
7. Wie heißt die Frau mit dem Ball?
8. Wie heißt der Mann mit dem langen Haar?

Situation 4 | Interview: Wie schreibt man deinen Namen?

MODELL: ein Student / eine Studentin mit Brille →
S1: Wie heißt du?
S2 (*mit Brille*): Mark.
S1: Wie schreibt man das?
S2: M-A-R-K.

	NAME
1. ein Student / eine Studentin mit Brille	______________
2. ein Student / eine Studentin in Jeans	______________
3. ein Student / eine Studentin mit langem Haar	______________
4. ein Student / eine Studentin mit einem Buch	______________
5. ein Student / eine Studentin mit Ohrring	______________
6. ein Student / eine Studentin mit kurzem Haar	______________

Kleidung

Grammatik A.4

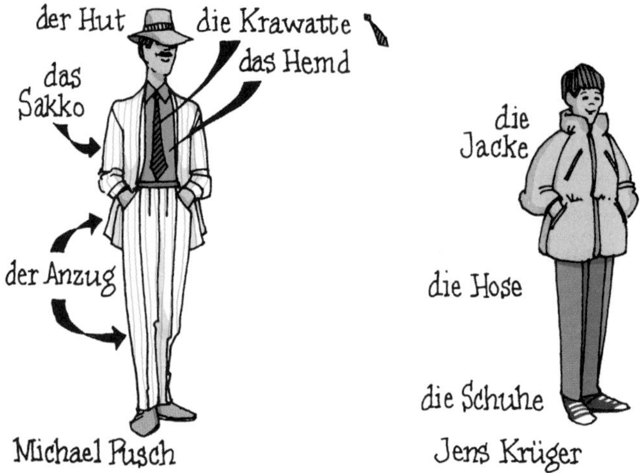

Situation 5 | Kleidung

Wer im Deutschkurs trägt _____?

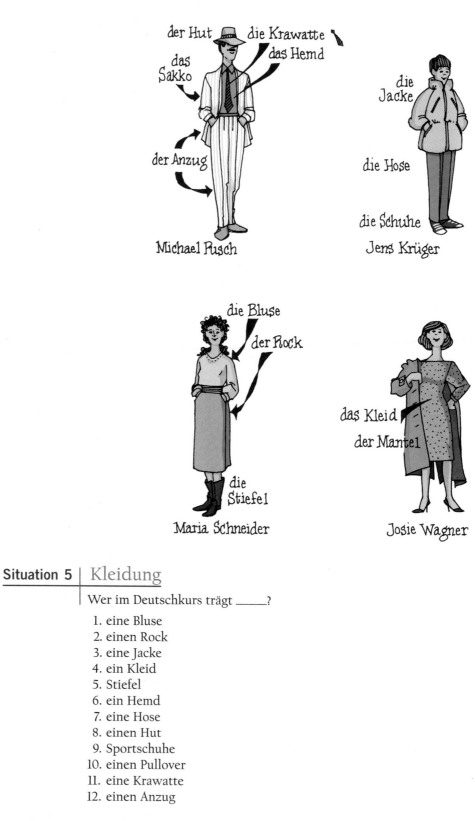

1. eine Bluse
2. einen Rock
3. eine Jacke
4. ein Kleid
5. Stiefel
6. ein Hemd
7. eine Hose
8. einen Hut
9. Sportschuhe
10. einen Pullover
11. eine Krawatte
12. einen Anzug

Situation 6* | Informationsspiel: 10 Fragen

Stellen Sie zehn Fragen. Für jedes „Ja" gibt es einen Punkt.

MODELL: S1: Trägt Thomas einen Anzug?
S2: Nein. Trägt Frau Körner einen Hut?
S1: Nein.

	THOMAS		NORA	
	JA	NEIN	JA	NEIN
einen Anzug	☐	☒	☐	☐
eine Bluse	☐	☐	☐	☐
eine Brille	☐	☐	☐	☐
ein Hemd	☐	☐	☐	☐
eine Hose	☐	☐	☐	☐
einen Hut	☐	☐	☐	☐
eine Jacke	☐	☐	☐	☐
eine Jeans	☐	☐	☐	☐
ein Kleid	☐	☐	☐	☐
eine Krawatte	☐	☐	☐	☐
einen Mantel	☐	☐	☐	☐
einen Pullover	☐	☐	☐	☐
einen Rock	☐	☐	☐	☐
ein Sakko	☐	☐	☐	☐
Schuhe	☐	☐	☐	☐
Socken	☐	☐	☐	☐
Sportschuhe	☐	☐	☐	☐
Stiefel	☐	☐	☐	☐
ein Stirnband	☐	☐	☐	☐
ein T-Shirt	☐	☐	☐	☐

? ?

Thomas Nora Herr Siebert Frau Körner

*This is the first of many information-gap activities in ***Kontakte.*** Pair up with another student. One of you will work with the pictures on this page. The other will work with different pictures in Appendix A. The goal is to complete the activity speaking only German, while not looking at your partner's pictures.

Farben

Grammatik A.4

Situation 7 | Meine Mitstudenten

Schauen Sie Ihre Mitstudenten und Mitstudentinnen an. Was tragen sie?

	NAME	KLEIDUNG	FARBE
1.	Heidi	Rock	blau
2.	________	________	________
3.	________	________	________
4.	________	________	________
5.	________	________	________

Situation 8 | Umfrage: Was ist deine Lieblingsfarbe?

MODELL: S1: Ist deine Lieblingsfarbe blau?
S2: Ja.
S1: Unterschreib bitte hier.

	UNTERSCHRIFT
1. Ist deine Lieblingsfarbe blau?	________
2. Trägst du gern schwarz?	________
3. Hast du zu Hause braune Socken?	________
4. Ist deine Lieblingsfarbe rot?	________
5. Trägst du gern gelb?	________
6. Hast du zu Hause ein grünes T-Shirt?	________
7. Ist deine Lieblingsfarbe lila?	________
8. Hast du zu Hause ein weißes Hemd?	________

Kultur ... Landeskunde ... Informationen

Farben als Symbole

_____ ist die Liebe[1]
_____ ist die Unschuld[2]
_____ ist die Trauer[3]
_____ ist die Treue[4]
_____ ist die Hoffnung[5]
_____ ist der Neid[6]

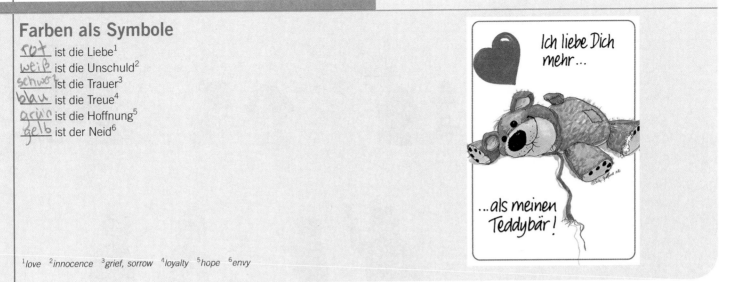

Ich liebe Dich mehr ...
... als meinen Teddybär!

[1]*love* [2]*innocence* [3]*grief, sorrow* [4]*loyalty* [5]*hope* [6]*envy*

Aprikosen
Himbeeren

Samstags in der Stadt

Begrüßen und Verabschieden

Grammatik A.5

Guten Morgen!

Guten Tag!

Guten Abend!

Auf Wiedersehen! Wiedersehen!

Tschüss! Bis bald!

Situation 9 | Dialoge

1. Jürgen Baumann spricht mit einer Studentin.

   JÜRGEN: Hallo, bist du _____ hier?
   MELANIE: _____. Du auch?
   JÜRGEN: Ja. Sag mal, _______?
   MELANIE: Melanie. Und _____?
   JÜRGEN: Jürgen.

2. Frau Frisch ruft Herrn Koch an.

   HERR KOCH: Koch.
   FRAU FRISCH: Guten Tag, Herr Koch, _____ Frisch. Unser Videorekorder ist kaputt.
   HERR KOCH: _____, ich komme morgen vorbei.
   FRAU FRISCH: Gut. Bis dann. _____.

3. Jutta trifft ihren Freund Jens.

   JUTTA: Servus, Jens.
   JENS: Ach, _____, Jutta.
   JUTTA: Wo willst _____ denn hin?
   JENS: _____ muss zum Fußballtraining.
   JUTTA: Na, dann _____!
   JENS: _____. Mach's gut, Jutta.

Videoblick

Guten Tag und Auf Wiedersehen

Sie sehen eine Reihe von Videoclips aus *Blickkontakte*, in denen sich Leute begrüßen oder voneinander verabschieden. Sehen Sie sich die Clips an, und schreiben Sie zu jedem Clip auf:

- Wer sind diese Leute: Mann oder Frau, jung oder alt?
- Begrüßen sich die Leute oder verabschieden sie sich?
- Welche Tageszeit ist es: Morgen, Mittag, Nachmittag, Abend, Nacht?
- Sagen sie **Sie** oder **du?**

Guten Tag. Quandt. Ich bin Paulines Mutter.

Situation 10* | Rollenspiel: Begrüßen

S1: Begrüßen Sie einen Mitstudenten oder eine Mitstudentin. Schütteln Sie dem Mitstudenten oder der Mitstudentin die Hand. Sagen Sie Ihren Namen. Fragen Sie, wie alt er oder sie ist. Verabschieden Sie sich.

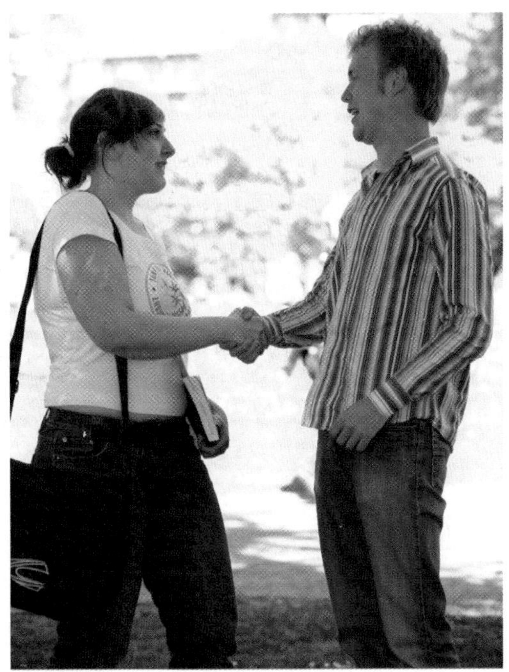

Begrüßen

*This is the first of many role-playing activities in ***Kontakte.*** Pair up with another student. One of you takes the role of S1. The corresponding role for the other person (S2) appears in Appendix B.

Zahlen

0	null	20	zwanzig
1	eins	21	einundzwanzig
2	zwei	22	zweiundzwanzig
3	drei	23	dreiundzwanzig
4	vier	24	vierundzwanzig
5	fünf	25	fünfundzwanzig
6	sechs	26	sechsundzwanzig
7	sieben	27	siebenundzwanzig
8	acht	28	achtundzwanzig
9	neun	29	neunundzwanzig
10	zehn	30	dreißig
11	elf	40	vierzig
12	zwölf	50	fünfzig
13	dreizehn	60	sechzig
14	vierzehn	70	siebzig
15	fünfzehn	80	achtzig
16	sechzehn	90	neunzig
17	siebzehn	100	hundert
18	achtzehn		
19	neunzehn		

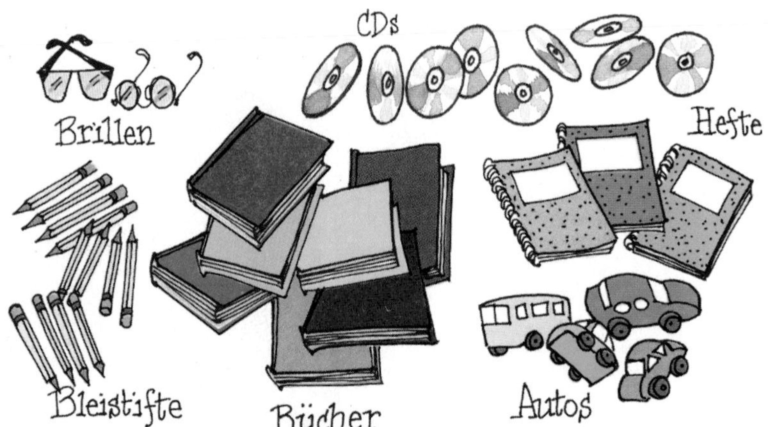

Situation 11 | Wie viele?

Wie viele Studenten/Studentinnen im Kurs tragen ...?

eine Hose ____
eine Brille ____
eine Armbanduhr ____
eine Bluse ____
einen Rock ____
Sportschuhe ____

Kultur ... Landeskunde ... Informationen

So zählt man ...

So schreibt man ...

eine Eins eine Sieben

Situation 12 | Informationsspiel: Zahlenrätsel

Verbinden Sie die Punkte. Sagen Sie Ihrem Partner oder Ihrer Partnerin, wie er oder sie die Punkte verbinden soll. Dann sagt Ihr Partner oder Ihre Partnerin Ihnen, wie Sie die Punkte verbinden sollen. Was zeigen Ihre Bilder?

S1: Start ist Nummer 1. Geh zu 18, zu 7, zu 29, zu 13, zu 60, zu 32, zu 12, zu 5, zu 14, zu 20, zu 11, zu 9, zu 3, zu 80, zu 23, zu 19, zu 4, zu 27, zu 8, zu 15, zu 35, zu 26, zu 2, und zum Schluss zu 17. Was zeigt dein Bild?

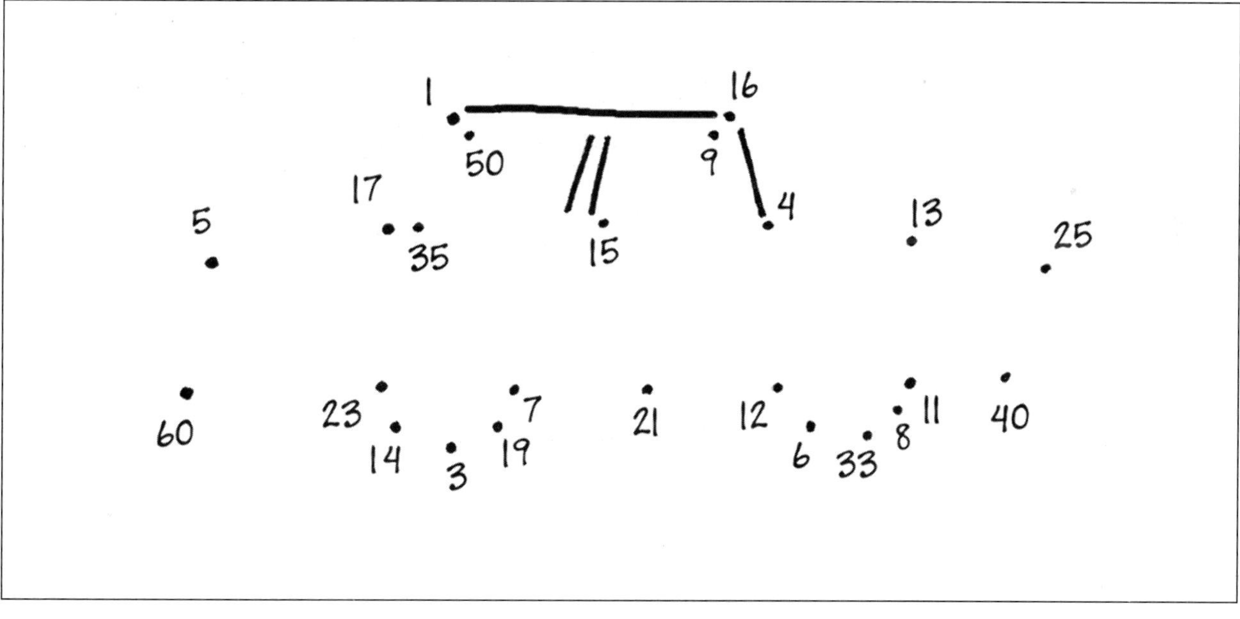

Videoecke

Aufgabe 1

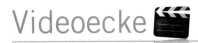

The following table was filled in incorrectly. Listen to the video interviews and decide which information goes in which column.

1.

2.

3.

4.

	A	B	C	D
Name	Niki	Sven	Ayse	Juliane
kommt aus	Dresden	Dormagen	Berlin	Graz
Fremdsprachen	Russisch, Englisch, Spanisch, Latein	Russisch, Englisch	Latein, Englisch, Türkisch	Englisch, Französisch, Spanisch, Latein, Griechisch, Hebräisch
Lieblingsfarbe	dunkelblau	gelb	gelb	blau
Glückszahl	keine	drei	sieben	keine

Aufgabe 2

Niki, Sven, Ayse, and Juliane describe where they come from in more detail. Match the place names with the additional information given in each interview.

1. _____ Dresden
2. _____ Dormagen
3. _____ Friedrichshain
4. _____ Graz

a. im Süden Österreichs
b. im Zentrum Berlins
c. die Hauptstadt von Sachsen
d. in der Nähe von Köln

Wortschatz

Aufforderungen — Instructions

arbeiten Sie mit einem Partner*	work with a partner
geben Sie mir	give me
gehen Sie	go, walk
hören Sie zu	listen
laufen Sie	go, run
lesen Sie	read
nehmen Sie	take
öffnen Sie	open
sagen Sie	say
schauen Sie	look
schließen Sie	close, shut
schreiben Sie	write; spell
setzen Sie sich	sit down
springen Sie	jump
stehen Sie auf	get up, stand up

Kleidung — Clothes

er/sie hat ...	he/she has . . .
hast du ...?	do you have . . . ?
er/sie trägt ...	he/she is wearing . . .
trägst du ...?	do you wear . . . ? / are you wearing . . . ?
eine **Armbanduhr**	a watch
eine **Brille**	glasses
eine **Hose**	pants
eine **Krawatte**	a tie
einen **Anzug**	a suit
einen **Mantel**	a coat; an overcoat
einen **Ohrring**	an earring
einen **Rock**	a skirt
ein **Hemd**	a shirt
ein **Kleid**	a dress
ein **Sakko**	a sports jacket
ein **Stirnband**	a headband
Stiefel	boots

Ähnliche Wörter†

er/sie trägt ... eine **Bluse**, eine **Jacke**; einen **Hut**; **Schuhe**, **Sportschuhe**

Farben — Colors

gelb	yellow
lila	purple
rosa	pink
schwarz	black

Ähnliche Wörter

blau, braun, grau, grün, orange [oraŋʒə], **rot, weiß**

Zahlen — Numbers

0	**null**	20	**zwanzig**
1	**eins**	21	**einundzwanzig**
2	**zwei**	22	**zweiundzwanzig**
3	**drei**	23	**dreiundzwanzig**
4	**vier**	24	**vierundzwanzig**
5	**fünf**	25	**fünfundzwanzig**
6	**sechs**	26	**sechsundzwanzig**
7	**sieben**	27	**siebenundzwanzig**
8	**acht**	28	**achtundzwanzig**
9	**neun**	29	**neunundzwanzig**
10	**zehn**	30	**dreißig**
11	**elf**	40	**vierzig**
12	**zwölf**	50	**fünfzig**
13	**dreizehn**	60	**sechzig**
14	**vierzehn**	70	**siebzig**
15	**fünfzehn**	80	**achtzig**
16	**sechzehn**	90	**neunzig**
17	**siebzehn**	100	**hundert**
18	**achtzehn**		
19	**neunzehn**		

Begrüßen und Verabschieden — Greeting and Leave-Taking

auf Wiedersehen!	good-bye
bis bald!	so long; see you soon
grüezi!	hi (*Switzerland*)
grüß Gott!	good afternoon; hello (*formal; southern Germany, Austria*)
guten Abend!	good evening
guten Morgen!	good morning
guten Tag!	good afternoon; hello (*formal*)
hallo!	hi (*informal*)
die Hand schütteln	to shake hands
mach's gut!	take care (*informal*)
servus!	hello; good-bye (*informal; southern Germany, Austria*)
tschüss!	bye (*informal*)
viel Spaß!	have fun

*The diacritic marks in the **Wortschatz** list are meant to help you learn which vowels are stressed. A dot below a single vowel indicates a short stressed vowel. An underline below a single vowel, double vowel, or diphthong (combination of two different vowels) indicates a long stressed vowel. Note that these markings are not used in written German but are provided here as an aid to pronunciation.

†**Ähnliche Wörter** (*similar words; cognates*) lists contain words that are closely related to English words in sound, form, and meaning and compound words that are composed of previously introduced vocabulary.

Personen	People
die **Frau**	woman; Mrs.; Ms.
die **Lehrerin**	female teacher, instructor
der **Herr**	gentleman; Mr.
der **Lehrer**	male teacher, instructor
die **Mitstudenten**	fellow (male) students
die **Mitstudentinnen**	fellow (female) students

Ähnliche Wörter

die **Freundin**, die **Mutter**, die **Professorin**, die **Studentin**; der **Freund**, der **Mann**, der **Professor**, der **Student**

Sonstige Substantive	Other Nouns
die **Tafel**	blackboard
die **Tür**	door
der **Stift**	pen
der **Bleistift**	pencil
Lieblings-	favorite
die **Lieblingsfarbe**	favorite color
der **Lieblingsname**	favorite name

Ähnliche Wörter

die **CD**, die **Schule**; der **Ball**, der **Fußball**, der **Kurs**, der **Deutschkurs**, der **Name**, der **Familienname**, der **Vorname**, der **Teddybär**, der **Videorekorder**; das **Auto**, das **Buch**, das **Telefon**

Fragen	Questions
heißen	to be called, be named
wie heißen Sie?	what's your name? (*formal*)
wie heißt du?	what's your name? (*informal*)
ich heiße ...	my name is . . .
was zeigen Ihre Bilder?	what do your pictures show?
welche Farbe hat ...?	what color is . . . ?
wer ...?	who . . . ?
wie schreibt man das?	how do you spell that?
wie viele ...?	how many . . .?
wo willst du denn hin?	where are you going?

Wörter im Deutschkurs	Words in German Class
die **Antwort**	answer
die **Einführung**	introduction
die **Frage**	question
die **Grammatik**	grammar
die **Hausaufgabe**	homework
die **Sprechsituation**	conversational situation
die **Übung**	exercise
der **Wortschatz**	vocabulary
das **Kapitel**	chapter
stellen Sie Fragen	ask questions
tun	to do
unterschreib bitte hier	sign here, please
verbinden	to connect

Sonstige Wörter und Ausdrücke	Other Words and Expressions
aber	but
auch	also, too; as well
bitte	please
gibt es ...?	is there . . . ? / are there . . . ?
hübsch	pretty
kaputt	broken
mein(e)	my
mit	with
mit dem kurzen Haar	with the short hair
mit dem langen Haar	with the long hair
mit dem Ohrring	with the earring
mit dem Schnurrbart	with the mustache
nein	no
nicht	not
oder	or
schmutzig	dirty
sein	to be
sondern	but (rather/on the contrary)
trägst du gern ...?	do you like to wear . . . ?
viel	a lot, much
viele	many
von	of; from
zählen	to count
zu Hause	at home

Ähnliche Wörter

alt, **danke**, **dann**, **hier**, **in**, **neu**, **oft**, **so**, **und**

Strukturen und Übungen

A.1 Giving instructions: polite commands

command form = verb + **Sie**

The instructions your instructor gives you in class consist of a verb, which ends in **-en,** and the pronoun **Sie** (*you*).* Like the English *you*, the German **Sie** can be used with one person (*you*) or with more than one (*you [all]*). In English instructions the pronoun *you* is normally understood but not said. In German, **Sie** is a necessary part of the sentence.

Stehen Sie bitte **auf.**	*Please stand up.*
Nehmen Sie bitte das Buch.	*Please take the book.*

With certain instructions, you will also hear the word **sich** (*yourself*).†

Setzen Sie sich, bitte.	*Sit down, please.*

Übung 1 | Im Klassenzimmer

Was sagt Frau Schulz zu den Studenten?

Nehmen Sie einen Stift!
Sagen Sie „Guten Tag"!
Schauen Sie an die Tafel!
Schließen Sie das Buch!
Schreiben Sie „Tschüss"!
Öffnen Sie das Buch!
Hören Sie zu!
Geben Sie mir die Hausaufgabe!

1. Peter 2. Heidi 3. Monika 4. Nora
5. Albert 6. Stefan 7. Thomas 8. Katrin

*The pronoun **Sie** (*you*) is capitalized to distinguish it from another pronoun, **sie** (*she; it; they*).
†**Sich** is a reflexive pronoun; its use will be explained in **Kapitel 11.**

A.2 What is your name? The verb *heißen*

heißen = *to be called*
Wie heißen Sie? (*formal*)
Wie heißt du? (*informal*)

Use a form of the verb **heißen** (*to be called*) to tell your name and to ask for the names of others.

Wie **heißen Sie?** / Wie **heißt du?***	*What is your name?*
Ich heiße ...	*My name is . . .*

heißen (singular forms)		
ich	heiße	*my name is*
du	heißt	*your name is*
Sie	heißen	
er	heißt	*his name is*
sie	heißt	*her name is*

Übung 2 Minidialoge

Ergänzen Sie[1] das Verb **heißen:** heiße, heißt, heißen.

1. ERNST: Hallo, wie ____[a] du?
   JUTTA: Ich ____[b] Jutta. Und du?
   ERNST: Ich ____[c] Ernst.
2. HERR THELEN: Guten Tag, wie ____[a] Sie bitte?
   HERR SIEBERT: Ich ____[b] Siebert, Alexander Siebert.
3. CLAIRE: Hallo, ich ____[a] Claire und wie heißt ihr?
   MELANIE: Ich ____[b] Melanie und er ____[c] Josef.

A.3 The German case system

Case shows how nouns function in a sentence.

German speakers use a *case system* (nominative for the subject, accusative for the direct object, and so on) to indicate the function of a particular noun in a sentence. The article[†] or adjective that precedes the noun shows its case. You will learn the correct endings in future lessons. For now, be aware that you will hear and read articles and adjectives with a variety of endings. These various forms will not prevent you from understanding German. Here are all the possibilities.

der, das, die, dem, den, des	*the*
ein, eine, einen, einem, einer, eines	*a, an*
blau, blaue, blauer, blaues, blauen, blauem	*blue*

*The difference between **Sie** (*formal*) and **du** (*informal*) will be explained in Section A.5.
[†]Articles are words such as *the*, *a*, and *an*, which precede nouns.
[1]**Ergänzen** ... *Supply*

In addition, definite articles may contract with some prepositions, just as *do* and *not* contract to *don't* in English. Here are some common contractions you will hear and read.

in + das	= ins	*into the*
in + dem	= im	*in the*
zu + der	= zur	*to the*
zu + dem	= zum	*to the*
an + das	= ans	*to/on the*
an + dem	= am	*to/at the*

A.4 Grammatical gender: nouns and pronouns

In German, all nouns are classified grammatically as masculine, neuter, or feminine. When referring to people, grammatical gender usually matches biological sex.

MASCULINE	FEMININE
der Mann	**die** Frau
der Student	**die** Studentin

masculine = **der**
neuter = **das**
feminine = **die**
plurals (all genders) = **die**

When referring to things or concepts, however, grammatical gender obviously has nothing to do with biological sex.

MASCULINE	NEUTER	FEMININE
der Rock	**das** Hemd	**die** Hose
der Hut	**das** Buch	**die** Jacke

The definite article indicates the grammatical gender of a noun. German has three nominative singular definite articles: **der** (*masculine*), **das** (*neuter*), and **die**

	Singular	Plural
Masculine	der	die
Neuter	das	die
Feminine	die	die

(*feminine*). The plural article is **die** for all genders. All mean *the*.

der → **er** = *he, it*
das → **es** = *it*
die → **sie** = *she, it*
die (*pl.*) → **sie** = *they*

The personal pronouns **er, es, sie** (*he, it, she*) reflect the gender of the nouns they replace. For example, **er** (*he, it*) refers to **der Rock** because the grammatical gender is masculine; **es** (*it*) refers to **das Hemd** (*neuter*); **sie** (*she, it*) refers to **die Jacke** (*feminine*). The personal pronoun **sie** (*they*) refers to all plural nouns.

—Welche Farbe hat **der Rock?**	*What color is the skirt?*
—**Er** ist gelb.	*It is yellow.*
—Welche Farbe hat **das Hemd?**	*What color is the shirt?*
—**Es** ist weiß.	*It is white.*
—Welche Farbe hat **die Jacke?**	*What color is the jacket?*
—**Sie** ist braun.	*It is brown.*
—Welche Farbe haben **die Bleistifte?**	*What color are the pencils?*
—**Sie** sind gelb.	*They are yellow.*

Achtung!

All German nouns are capitalized, whether they are common nouns (objects, concepts: **Jacke, Freund**) or proper nouns (names of people, countries, etc.: **Heidi, Deutschland**).

Sometimes gender can be determined from the ending of the noun; for example, nouns that end in **-e**, such as **die Jacke** or **die Bluse**, are usually feminine. The ending **-in** indicates a female person: **die Studentin, die Professorin.**

In most cases, however, gender cannot be predicted from the form of the word. It is best, therefore, to learn the corresponding definite article along with each new noun.*

Übung 3 | Kleidung

Frau Schulz spricht über die Kleidung. Ergänzen Sie **er, es, sie** oder **sie** (Plural).

Frau Schulz:

1. Hier ist die Jacke. _____ ist neu.
2. Und hier ist das Kleid. _____ ist modern.
3. Hier ist der Rock. _____ ist kurz.
4. Und hier ist die Bluse. _____ ist hübsch.
5. Hier ist das Hemd. _____ ist grün.
6. Und hier sind die Schuhe. _____ sind schmutzig.
7. Hier ist der Hut. _____ ist rot.
8. Und hier ist die Hose. _____ ist weiß.
9. Hier sind die Stiefel. _____ sind schwarz.
10. Und hier ist der Anzug. _____ ist alt.

Übung 4 | Welche Farbe?

Welche Farbe haben diese Kleidungsstücke? Ergänzen Sie **er, es, sie** oder **sie** (Plural) und die richtige Farbe.

1. A: Welche Farbe hat Marias Rock?
   B: _____ ist _____.
2. A: Welche Farbe hat Michaels Hose?
   B: _____ ist _____.
3. A: Welche Farbe hat Michaels Hemd?
   B: _____ ist _____.
4. A: Welche Farbe hat Michaels Hut?
   B: _____ ist _____ und _____.
5. A: Welche Farbe haben Marias Schuhe?
   B: _____ sind _____.
6. A: Welche Farbe haben Michaels Schuhe?
   B: _____ sind _____.
7. A: Welche Farbe hat Marias Bluse?
   B: _____ ist _____.

*Some students find the following suggestion helpful. When you hear or read new nouns you consider useful, write them down in a vocabulary notebook, using different colors for the three genders; for example, use blue for masculine, black for neuter, and red for feminine. Some students also write nouns in three separate columns according to gender.

A.5 Addressing people: *Sie* versus *du* or *ihr*

German speakers use two modes of addressing others: the formal **Sie** (*singular* and *plural*) and the informal **du** (*singular*) or **ihr** (*plural*). You usually use **Sie** with someone you don't know or when you want to show respect or social distance. Children are addressed as **du.** Students generally call one another **du.**

Use **du** and **ihr** with friends, family, and children. Use **Sie** with almost everyone else.

	Singular	Plural
Informal	du	ihr
Formal	Sie	Sie

Frau Ruf, **Sie** sind 38, nicht wahr? — *Ms. Ruf, you are 38, aren't you?*
Jens und Jutta, **ihr** seid 16, nicht wahr? — *Jens and Jutta, you are 16, aren't you?*
Hans, **du** bist 13, nicht wahr? — *Hans, you are 13, aren't you?*

Übung 5 | *Sie, du oder ihr?*

Was sagen diese Personen: **Sie, du** oder **ihr?**

1. Student → Student
2. Professor → Student
3. Freund → Freund
4. Studentin → zwei Studenten
5. Frau (40 Jahre alt) → Frau (50 Jahre alt)
6. Student → Sekretärin
7. Doktor → Patient
8. Frau → zwei Kinder

Gustav Klimt: *Margaret Stonborough-Wittgenstein* (1905), Neue Pinakothek, Munich

GUSTAV KLIMT

Gustav Klimt (1862–1918) was born in Vienna, Austria. His paintings are highly symbolic and very decorative. This painting of Margaret Stonborough-Wittgenstein nicely demonstrates the elegant—sometimes even decadent—style of *Jugendstil* art.

EINFÜHRUNG

B

In **Einführung B**, you will continue to develop your listening skills and will begin to speak more German. You will learn to talk about your classroom, the weather, and people: their character traits, family relationships, and national origins.

Themen

Das Klassenzimmer
Beschreibungen
Der Körper
Die Familie
Wetter und Jahreszeiten
Herkunft und Nationalität

Kulturelles

So sehen sich die jungen Deutschen
Wetter und Klima
Videoblick: Das Wetter
Die Lage Deutschlands in Europa
Videoecke: Familie

Strukturen

B.1 Definite and indefinite articles
B.2 Who are you? The verb **sein**
B.3 What do you have? The verb **haben**
B.4 Plural forms of nouns
B.5 Personal pronouns
B.6 Origins: **Woher kommen Sie?**
B.7 Possessive adjectives: **mein** and **dein/Ihr**

Situationen

Das Klassenzimmer

Grammatik B.1

Situation 1 | Das Klassenzimmer

Wie viele _____ sind im Klassenzimmer?

1. Studenten
2. Tische
3. Fenster
4. Lampen
5. Uhren
6. Türen
7. Bücher
8. Tafeln
9. Professoren/Professorinnen
10. Hefte

Situation 2 | Gegenstände[1] im Klassenzimmer

MODELL: S1: Was ist grün?
S2: Die Tafel und die Tür (sind grün).

1. weiß	a. der Boden
2. schmutzig	b. das Fenster
3. sauber	c. die Tafel
4. neu	d. die Uhr
5. alt	e. der Schwamm
6. klein	f. der Tisch
7. groß	g. das Buch
8. grün	h. die Tür
9. grau	i. die Decke
10. ____	j. ____

Beschreibungen

Grammatik B.2–B.3

[1] *objects*

Situation 3 | Im Deutschkurs

1. Wer ist ____?
   a. blond
   b. groß
   c. klein
   d. schlank
   e. jung
   f. alt
2. Wer hat ____?
   a. braunes Haar
   b. graues Haar
   c. kurzes Haar
   d. langes Haar
   e. einen Bart
   f. blaue Augen
   g. braune Augen

Situation 4 | Interaktion: Wie bist du?

MODELL: S1: Bist du glücklich?
S2: Ja, ich bin glücklich.
oder Nein, ich bin nicht glücklich.

	ICH	MEIN PARTNER	MEINE PARTNERIN
glücklich	□	□	□
traurig	□	□	□
konservativ	□	□	□
schüchtern	□	□	□
religiös	□	□	□
ruhig	□	□	□
freundlich	□	□	□
verrückt	□	□	□
sportlich	□	□	□

Mir geht's gut.

Ach, wie traurig!

So sehen sich die jungen Deutschen

- Wie sehen Sie sich und Ihr Leben?[1]
  - ☐ Ich möchte Spaß haben.
  - ☐ Ich bin ehrgeizig[2].
  - ☐ Ich genieße[3] das Leben.
  - ☐ Ich bin verunsichert[4].
  - ☐ Ich bin egoistisch.
  - ☐ Ich bin überfordert[5].
  - ☐ Ich bin flexibel.
  - ☐ Ich bin aggressiv.
- Schauen Sie sich die Grafik an. Was sagen junge Deutsche?
  1. Wie viel Prozent der jungen Deutschen finden sich[6] vernünftig[7]?
  2. Wie viel Prozent der jungen Deutschen finden sich verantwortungslos[8]?
  3. Wie viel Prozent der jungen Deutschen finden sich selbstbewusst[9]?
  4. Wie viel Prozent der jungen Deutschen finden sich freundschaftsbezogen[10]?

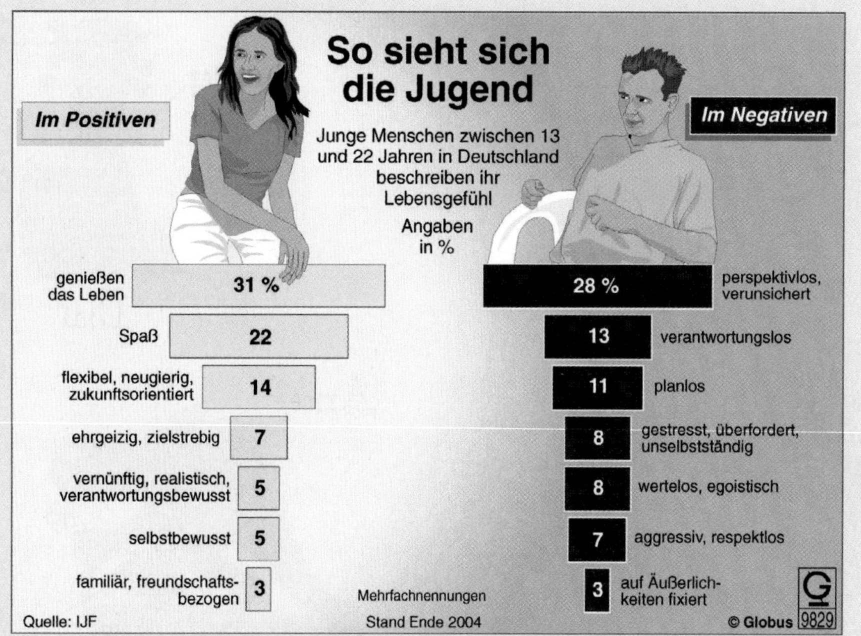

[1]Wie ... *What is your perspective on yourself and your life?* [2]*ambitious* [3]*enjoy* [4]*insecure* [5]*overwhelmed* [6]finden ... *consider themselves* [7]*sensible* [8]*irresponsible* [9]*self-assured* [10]*focused on friendships*

Der Körper

Grammatik B.4

Situation 5 | Welches Monster ist das?

MODELL: S1: Mein Monster hat fünf Beine und vier Arme.
S2: Das ist Momo.

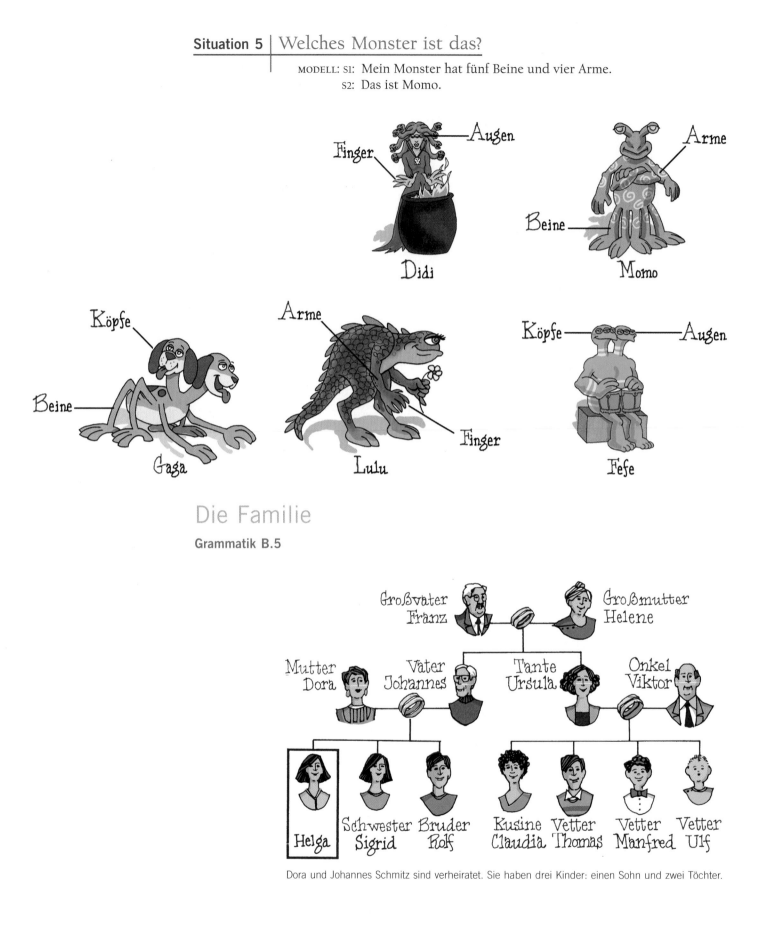

Die Familie

Grammatik B.5

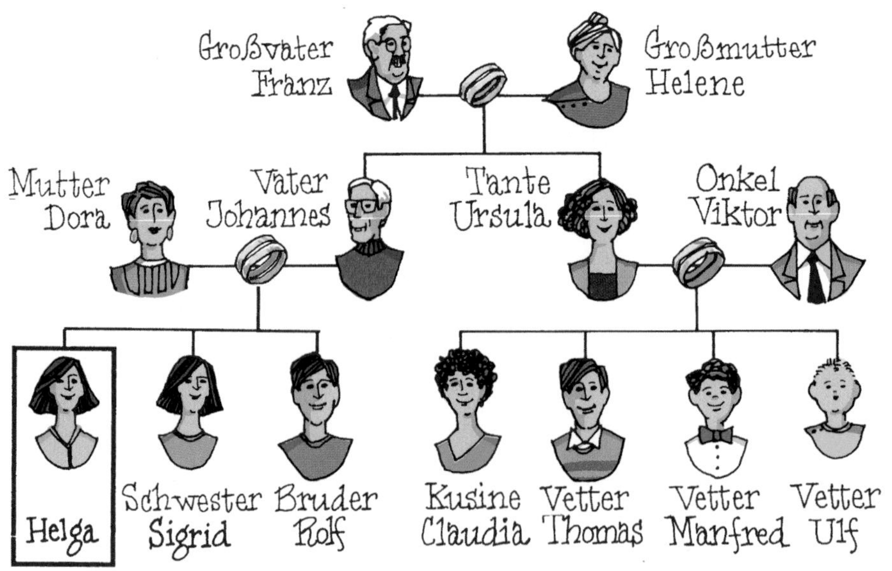

Dora und Johannes Schmitz sind verheiratet. Sie haben drei Kinder: einen Sohn und zwei Töchter.

Situation 6 | Interview: Die Familie

1. Wie heißt dein Vater/Stiefvater? Wie alt ist er? Wo wohnt er?
2. Wie heißt deine Mutter/Stiefmutter? Wie alt ist sie? Wo wohnt sie?
3. Hast du Geschwister? Wie viele? Wie heißen sie? Wie alt sind sie? Wo wohnen sie?

Situation 7* | Informationsspiel: Familie

MODELL: S2: Wie heißt Richards Vater?
S1: Er heißt Werner.
S2: Wie schreibt man das?
S1: W-E-R-N-E-R. Wie alt ist er?
S2: Er ist _____ Jahre alt. Wo wohnt er?
S1: Er wohnt in Innsbruck. Wie heißt Richards Mutter?
S2: Sie heißt _____.
S1: Wie schreibt man das?
S2: _____.

		Richard	Sofie	Mehmet
Vater	*Name*	Werner	Erwin	
	Alter		50	59
	Wohnort	Innsbruck		Izmir
Mutter	*Name*		Elfriede	Sule
	Alter			
	Wohnort	Innsbruck	Dresden	
Bruder	*Name*	Alexander		Yakup
	Alter	15	27	34
	Wohnort			
Schwester	*Name*		—	
	Alter		—	
	Wohnort	Innsbruck	—	Izmir

*This is an information-gap activity in table form. Pair up with another student. One of you will work with the following chart, the other with the corresponding chart in Appendix A. Different information is missing in each chart.

Wetter und Jahreszeiten

WIE IST DAS WETTER?

1. Es ist sonnig und warm.
2. Es ist sehr heiß.
3. Es ist kalt.
4. Es regnet.
5. Es ist kühl.
6. Es schneit.
7. Es ist windig.

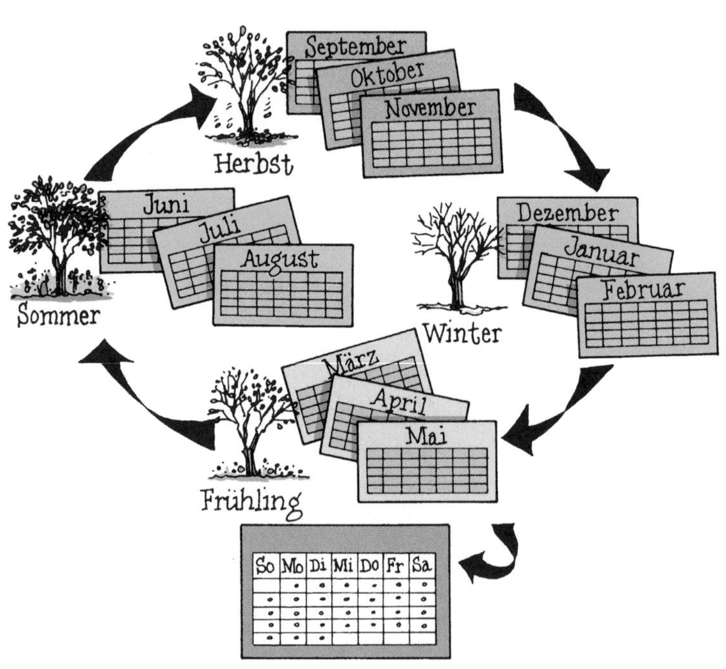

Wetter und Klima

Wie ist das Wetter in Ihrer Stadt? Kreuzen Sie an.

	IM WINTER	IM SOMMER
sonnig	☐	☐
warm	☐	☐
(sehr) heiß	☐	☐
(sehr) feucht	☐	☐
mild	☐	☐
(sehr) kalt	☐	☐
viele Niederschläge[1] (Schnee/Regen)	☐	☐
windig	☐	☐
große Temperaturunterschiede[2]	☐	☐
geringe[3] Temperaturunterschiede	☐	☐

Winterwetter in Berlin

Deutschland hat ein gemäßigtes[4] Klima mit Niederschlägen in allen Jahreszeiten. Im Nordwesten ist das Klima mehr ozeanisch mit warmen, aber selten heißen Sommern und relativ milden Wintern. Im Osten ist es eher[5] kontinental. Im Winter liegen die Temperaturen im Durchschnitt[6] zwischen 1,5 Grad Celsius (°C) im Tiefland[7] und minus 6°C im Gebirge[8], im Juli liegen sie zwischen 18 und 20°C.

Ausnahmen[9]: Am Rhein ist das Klima sehr mild, hier wächst[10] sogar Wein. Oberbayern hat einen warmen alpinen Südwind, den Föhn. Im Harz sind die Sommer oft kühl und im Winter gibt es viel Schnee.

Wie sind die Temperaturen in Deutschland? Benutzen Sie die Tabelle.

	Sommer	Winter Tiefland	Winter Gebirge
in °C			
in °F			

Welche Gebiete[11] bilden Ausnahmen?

wo ______

Klima sehr ______ warmer ______ Sommer: ______ Winter: ______

Temperaturen in Fahrenheit und Celsius

Fahrenheit → Celsius

32 subtrahieren und mit 5/9 multiplizieren

°F		°C
0		-17,8
32		0
50	~	10
70		21,1
90		32,2
98,6		37
212		100

Celsius → Fahrenheit

Mit 9/5 multiplizieren und 32 addieren

°C		°F
-10		14
0		32
10	~	50
20		68
30		86
37		98,6
100		212

[1]*precipitation* [2]*temperature variations* [3]*minor* [4]*moderate* [5]*more* [6]im ... *on average* [7]*lowlands* [8]*mountains* [9]*exceptions* [10]*grows* [11]*areas*

Videoblick 

Das Wetter

Sie sehen einen Film über das Wetter in Bayern und in Thüringen.

- Ist es Winter oder Sommer?
- Wo ist es warm?
- Wo liegt Schnee?
- Wie wird das Wetter in den nächsten[1] Tagen?

[1]here: *next few*

Es ist immer so bei uns in München.

Situation 8 | Dialog: Das Wetter in Regensburg

Josef trifft[1] Claire an der Uni.

JOSEF: Schön heute, nicht?
CLAIRE: Ja, sehr ____ und ____ - wirklich schön!
JOSEF: Leider ____ es so oft hier in Bayern - auch im ____.
CLAIRE: Ist es auch oft ____ und ____ hier?
JOSEF: Ja, im ____. Und manchmal ____ es noch im April.

Situation 9 | Informationsspiel: Temperaturen

MODELL: S1: Wie viel Grad Celsius sind 90 Grad Fahrenheit?
S2: ____ Grad Celsius.

°F	90	65	32	0	–5	–39
°C		18		–18		–39

Sommer im Voralpenland

[1]*meets*

Herkunft und Nationalität

Grammatik B.6–B.7

Situation 10 | Dialog: Woher kommst du?

Claire trifft Melanie auf einer Party.

CLAIRE: Wie heißt du?
MELANIE: Melanie. ____?
CLAIRE: Claire.
MELANIE: Bist du ____?
CLAIRE: Ja.
MELANIE: Und ____ kommst du?
CLAIRE: ____ New York. Und du?
MELANIE: Aus Regensburg. Ich ____ von hier.

Situation 11 | Herkunft

MODELL: S1: Woher kommt Silvia Mertens?
S2: Sie kommt aus ____.
S1: Wer kommt aus Dresden?
S2: ____.
S1: Kommt Bernd Frisch aus Innsbruck?
S2: Nein, er kommt aus ____.

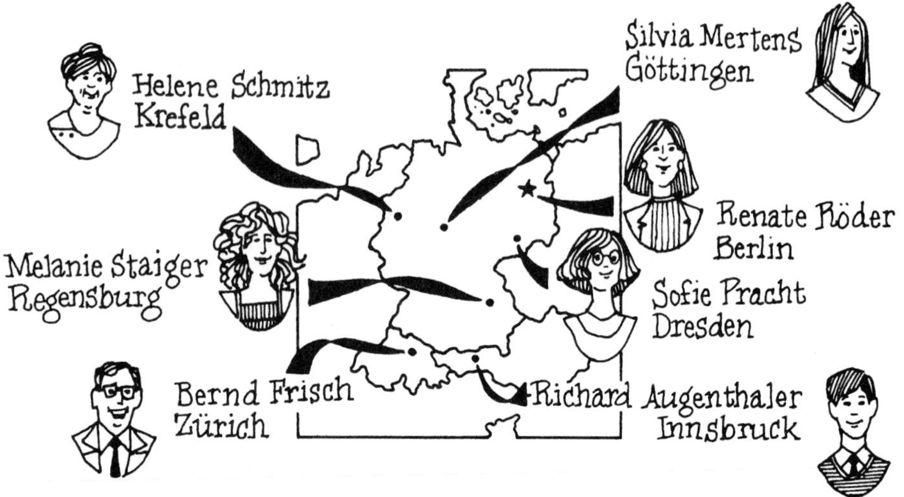

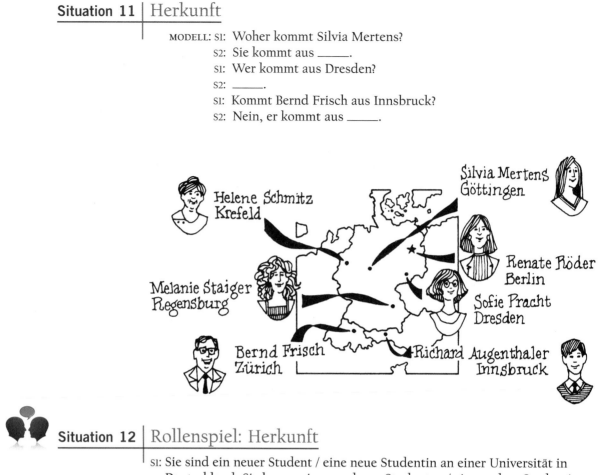

Situation 12 | Rollenspiel: Herkunft

S1: Sie sind ein neuer Student / eine neue Studentin an einer Universität in Deutschland. Sie lernen einen anderen Studenten / eine andere Studentin kennen. Fragen Sie, wie er/sie heißt und woher er/sie kommt. Fragen Sie auch, ob er/sie Freunde/Freundinnen in anderen Ländern hat und welche Sprachen sie sprechen.

Kultur ... Landeskunde ... Informationen

Die Lage Deutschlands in Europa

Deutschland liegt mitten in Europa. Es grenzt an[1] Dänemark, ____, Tschechien, Österreich, die ____, Frankreich, Luxemburg, ____ und die Niederlande. Die Grenzen[2] Deutschlands sind ____ Kilometer lang. Die längste Grenze ist die mit Österreich. Sie ist ____ Kilometer lang. Die Grenze zu Dänemark ist nur ____ Kilometer lang, die Grenze zu Polen ____, zu Tschechien 811, zur Schweiz ____, zu Frankreich 448, zu Luxemburg ____, zu Belgien 156 und zu den Niederlanden ____ Kilometer. Im Norden grenzt Deutschland an zwei Meere, die Nordsee und die ____. Deutschland gehört[3] zur Europäischen Union. Welche Länder gehören noch zur Europäischen Union? Schauen Sie auf die Karte auf Seite 35.

[1]grenzt ... *has borders with* [2]*borders* [3]*belongs*

Videoecke

Birgit, geboren in Munderdingen in der Nähe von Ulm, wohnt zur Zeit in München.

Ivo, geboren in Leipzig, macht gerade sein Abitur. Vater kommt aus Jugoslawien, Mutter aus Leipzig.

Aufgabe 1

Listen to the interview with Birgit and decide if the following statements are true **(richtig)** or false **(falsch).** Correct any false statements.

	RICHTIG	FALSCH
1. Birgit hat zwei Schwestern.	☐	☐
2. Eine Schwester wird nächste Woche 32.	☐	☐
3. Birgits Mutter ist Hausfrau.	☐	☐
4. Birgits Großeltern leben noch.	☐	☐
5. Ihre Onkel und Tanten sieht Birgit nur selten.	☐	☐
6. Birgit ist verheiratet.	☐	☐
7. Birgit hat einen Sohn.	☐	☐

Aufgabe 2

Listen to the interview with Ivo and decide which of the following answers are correct.

1. Ivo hat	☐ drei Geschwister.	☐ vier Geschwister.
2. Ivos Mutter	☐ ist in Rente.	☐ hat ihre eigene Firma.
3. Ivo	☐ hat noch Großeltern.	☐ hat keine Großeltern mehr.
4. Ivo hat Verwandte in	☐ Italien.	☐ Jugoslawien.
5. Ivo ist	☐ verlobt.	☐ verheiratet.
6. Ivo	☐ hat Kinder.	☐ hat keine Kinder.

Wortschatz

Das Klassenzimmer	The Classroom
die **Decke, -n***	ceiling
die **Kreide**	chalk
die **Tafel, -n** (R)†	blackboard
die **Uhr, -en**	clock
die **Wand, ¨e**	wall
der **Boden, ¨**	floor
der **Schwamm, ¨e**	eraser (*for blackboard*)
der **Stift, -e** (R)	pen
der **Bleistift, -e** (R)	pencil
der **Tisch, -e**	table
der **Unterricht**	class; instruction
das **Fenster, -**	window
das **Heft, -e**	notebook

Ähnliche Wörter

die **Lampe, -n**; die **Professorin, -nen** (R); die **Studentin, -nen** (R); die **Uni/Universität**; der **Professor, Professoren** (R); der **Student, -en** (R); der **Stuhl, ¨e**; das **Buch, ¨er** (R); das **Papier**

Beschreibungen	Descriptions
er/sie hat ...	he/she has . . .
einen Bart	a beard
blaue Augen	blue eyes
blondes Haar	blond hair
kurzes Haar	short hair
er/sie ist ...	he/she is . . .
dick	large, fat
ernsthaft	serious
glücklich	happy
groß	tall; big
klein	short; small
nett	nice
ruhig	quiet, calm
sauber	clean
schlank	slender, slim
schön	pretty, beautiful
schüchtern	shy
traurig	sad
verrückt	crazy

Ähnliche Wörter

blond, freundlich, intelligent, jung, konservativ, lang, nervös, optimistisch, progressiv, religiös, sportlich, tolerant

Der Körper	The Body
der **Bauch, ¨e**	belly, stomach
der **Kopf, ¨e**	head
der **Mund, ¨er**	mouth
der **Rücken, -**	back
das **Auge, -n**	eye
das **Bein, -e**	leg
das **Gesicht, -er**	face
das **Ohr, -en**	ear

Ähnliche Wörter

die **Hand, ¨e**; die **Schulter, -n**; der **Arm, -e**; der **Fuß, ¨e**; das **Haar, -e**

Die Familie	The Family
die **Frau, -en** (R)	woman; wife
die **Nichte, -n**	niece
die **Schwester, -n**	sister
die **Tante, -n**	aunt
der **Mann, ¨er** (R)	man; husband
der **Vetter, -n**	male cousin
das **Kind, -er**	child
die **Eltern**	parents
die **Großeltern**	grandparents
die **Geschwister**	siblings

Ähnliche Wörter

die **Kusine, -n**; die **Mutter, ¨** (R) die **Großmutter, ¨**; die **Tochter, ¨**; der **Bruder, ¨**; der **Neffe, -n**; der **Onkel, -**; der **Sohn, ¨e**; der **Vater, ¨** der **Großvater, ¨**

Wetter und Jahreszeiten	Weather and Seasons
der **Frühling**	spring
im Frühling	in the spring
der **Herbst**	fall, autumn
der **Monat, -e**	month
es ...	it . . .
ist 18 Grad Celsius	is 18 degrees Celsius
ist feucht	is humid
ist schön	is nice
regnet	is raining; rains
schneit	is snowing; snows

*Beginning with this chapter, the plural ending of nouns is indicated in the vocabulary lists. Refer to page 43 for explanation.

†(R) indicates words that were listed in a previous chapter and are presented again for review.

Ähnliche Wörter

der **Januar**, **im Januar**, der **Februar**, der **März**, der **April**, der **Mai**, der **Juni**, der **Juli**, der **August**, der **September**, der **Oktober**, der **November**, der **Dezember**; der **Sommer**, der **Winter**; **Fahrenheit**, **heiß**, **kalt**, **kühl**, **sonnig**, **warm**, **windig**

Länder, Kontinente, Meere	Countries, Continents, Seas
Deutschland	Germany
Frankreich	France
Griechenland	Greece
Österreich	Austria
Russland	Russia
Tschechien	Czech Republic
Ungarn	Hungary
Weißrussland	Belarus
die **Ostsee**	Baltic Sea
die **Schweiz**	Switzerland
das **Mittelmeer**	Mediterranean Sea

Ähnliche Wörter

Afrika, **Ägypten**, **Albanien**, **Algerien**, **Amerika**, **Asien**, **Australien**, **Belgien**, **Bosnien und Herzegowina**, **Brasilien**, **Bulgarien**, **China**, **Dänemark**, **England**, **Europa**, **Finnland**, **Großbritannien**, **Holland**, **Irland**, **Israel**, **Italien**, **Japan**, **Jugoslawien**, **Kanada**, **Kroatien**, **Kuba**, **Liechtenstein**, **Marokko**, **Mexiko**, **Moldawien**, **Neuseeland**, **Nordirland**, **Norwegen**, **Palästina**, **Polen**, **Portugal**, **Rumänien**, **Schweden**, **Slowenien**, **Spanien**, **Südafrika**, **Südamerika**, **Tunesien**; die **Nordsee**, die **Slowakei**, die **Türkei**, die **Ukraine**; die **Niederlande** (*pl.*), die **USA** (*pl.*)

Herkunft	Origin
der/die **Deutsche, -n**	German (person)
Ich bin Deutsche/r.	I am German.
der **Franzose, -n** / die **Französin, -nen**	French (person)
der **Österreicher, -** / die **Österreicherin, -nen**	Austrian (person)
der **Schweizer, -** / die **Schweizerin, -nen**	Swiss (person)

Ähnliche Wörter

die **Amerikanerin, -nen**; die **Australierin, -nen**; die **Engländerin, -nen**; die **Japanerin, -nen**; die **Kanadierin, -nen**; die **Mexikanerin, -nen**; der **Amerikaner, -**; der **Australier, -**; der **Engländer, -**; der **Japaner, -**; der **Kanadier, -**; der **Mexikaner, -**

Sprachen	Languages
Deutsch	German
Französisch	French

Ähnliche Wörter

Arabisch, **Chinesisch**, **Englisch**, **Italienisch**, **Japanisch**, **Portugiesisch**, **Russisch**, **Schwedisch**, **Spanisch**, **Türkisch**

Sonstige Wörter und Ausdrücke	Other Words and Expressions
das ist ...	this/that is . . .
das sind ...	these/those are . . .
dein(e)	your (*informal*)
ein bisschen	a little (bit)
genau	exactly
heute	today
Ihr(e)	your (*formal*)
kennen	to know
kommen (aus)	to come (*from*)
leider	unfortunately
manchmal	sometimes
noch	even, still
sehr	very
sonst	otherwise
sprechen	to speak
wann	when
was	what
welch-	which
wer	who
wie	how
wirklich	really
wo	where
woher	from where
wohnen (in)	to live (in)

Strukturen und Übungen

B.1 Definite and indefinite articles

Wissen Sie noch?

masculine = **der**
neuter = **das**
feminine = **die**
plural (all genders) = **die**

Review grammar section A.4.

Recall that the definite article **der, das, die** (*the*) varies by gender, number, and case.* Similarly, the indefinite article **ein, eine** (*a, an*) has various forms.

Das ist **ein** Buch. Welche Farbe hat **das** Buch? — *This is a book. What color is the book?*
Das ist **eine** Tür. Welche Farbe hat **die** Tür? — *This is a door. What color is the door?*

Here are the definite and indefinite articles for all three genders in the singular and plural, nominative case. There is only one plural definite article for all three genders: **die.** The indefinite article (*a, an*) has no plural.

der → **ein**
das → **ein**
die → **eine**
die (*pl.*) → ø

	Singular	Plural
Masculine	**der** Stift **ein** Stift	**die** Stifte Stifte
Neuter	**das** Buch **ein** Buch	**die** Bücher Bücher
Feminine	**die** Tür **eine** Tür	**die** Türen Türen

Übung 1 | Im Klassenzimmer

Frau Schulz spricht über die Gegenstände im Klassenzimmer und die Farben. Ergänzen Sie den unbestimmten[1] Artikel, den bestimmten[2] Artikel und die Farbe.

MODELL: FRAU SCHULZ: Das ist eine Lampe.
Welche Farbe hat die Lampe?
STUDENT(IN): Sie ist gelb.

1. Und das ist _____[a] Stift.
Welche Farbe hat _____[b] Stift?
Er ist _____[c].

2. Und das ist _____[a] Stuhl.
Welche Farbe hat _____[b] Stuhl?
Er ist _____[c].

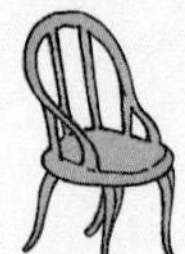

3. Und das ist _____[a] Tafel.
Welche Farbe hat _____[b] Tafel?
Sie ist _____[c].

*See Sections A.3 and A.4.
[1]*indefinite* [2]*definite*

4. Und das ist _____[a] Uhr.
Welche Farbe hat _____[b] Uhr?
Sie ist _____[c].

5. Und das ist _____[a] Buch.
Welche Farbe hat _____[b] Buch?
Es ist _____[c].

6. Und das ist _____[a] Brille.
Welche Farbe hat _____[b] Brille?
Sie ist _____[c].

Übung 2 | Was ist das?

Herr Frisch spricht mit seiner kleinen Tochter.

MODELL: Ist das eine Decke? →
Nein, das ist ein Bleistift.

1. Ist das eine Tür?

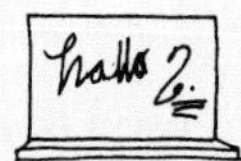

2. Ist das eine Uhr?

3. Ist das eine Lampe?

4. Ist das ein Tisch?

5. Ist das ein Stuhl?

6. Ist das eine Studentin?

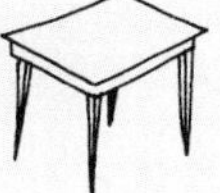

7. Ist das ein Heft?

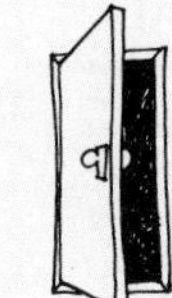

8. Ist das eine Tafel?

B.2 Who are you? The verb *sein*

sein = *to be*

Use a form of the verb **sein** (*to be*) to identify or describe people and things.

—**Sind Jutta und er** blond? — *Are Jutta and he blond?*
—Ja, **sie sind** blond. — *Yes, they are blond.*

Peter ist groß. — *Peter is tall.*
Das Fenster ist klein. — *The window is small.*

sein

Singular			Plural		
ich	bin	*I am*	wir	sind	*we are*
du Sie	bist sind	*you are*	ihr Sie	seid sind	*you are*
er sie es	ist	*he* *she* *it* } *is*	sie	sind	*they are*

Achtung!

NOT = **NICHT**

—Ist Jens groß?
—Nein, er ist **nicht** groß, er ist klein.

Übung 3 | Minidialoge

Ergänzen Sie das Verb **sein:** bin, bist, ist, sind, seid.

1. MICHAEL: Ich bin Michael. Wer _____[a] du?
   JENS: Ich _____[b] Jens. Jutta und ich, wir _____[c] gute Freunde.
2. FRAU SCHULZ: Das ist Herr Thelen. Er _____[a] alt.
   STEFAN: Herr Thelen ist alt?
   FRAU SCHULZ: Ja, Stefan. Herr Thelen ist alt, aber Maria und Michael _____[b] jung.
3. HERR THELEN: Jutta und Hans, wie alt _____[a] ihr?
   JUTTA: Ich _____[b] 16 und Hans _____[c] 13.
4. MICHAEL: Wer bist du?
   HANS: Ich _____[a] Hans.
   MICHAEL: Wie alt bist du?
   HANS: Ich _____[b] 13.

B.3 What do you have? The verb *haben*

haben = *to have*

The verb **haben** (*to have*) is often used to show possession or to describe physical characteristics.

Ich habe eine Brille.	*I have glasses.*
Hast du das Buch?	*Do you have the book?*
Nora hat braune Augen.	*Nora has brown eyes.*

haben

Singular			Plural		
ich	habe	*I have*	wir	haben	*we have*
du Sie	hast haben	*you have*	ihr Sie	habt haben	*you have*
er sie es	hat	*he* *she* *it* } *has*	sie	haben	*they have*

Übung 4 | Minidialoge

Ergänzen Sie das Verb **haben:** habe, hast, hat, habt, haben.

1. FRAU SCHULZ: Nora, _____[a] Sie viele Freunde und Freundinnen?
   NORA: Ja, ich _____[b] viele Freunde und Freundinnen.
2. MONIKA: Stefan, _____ du einen Stift?
   STEFAN: Nein.
3. PETER: Hallo, Heidi und Katrin! _____[a] ihr das Deutschbuch?
   HEIDI: Katrin _____[b] es, aber ich nicht.
   PETER: Dann _____[c] wir zwei. Ich _____[d] es auch.

B.4 Plural forms of nouns

Just as with English, there are different ways to form plurals in German.

Albert hat ein Heft. Peter hat zwei **Hefte.** — *Albert has one notebook. Peter has two notebooks.*
Heidi hat eine Kusine. Katrin hat zwei **Kusinen.** — *Heidi has one cousin. Katrin has two cousins.*

These guidelines help you to recognize and form the plural of German nouns.

1. Most feminine nouns add **-n** or **-en.** They add **-n** when the singular ends in **-e**; otherwise, they add **-en.** Nouns that end in **-in** add **-nen.**

   eine Lampe, zwei Lampen — eine Frau, zwei Frauen
   eine Tür, zwei Türen — eine Studentin, zwei Studentin**nen**

2. Masculine and neuter nouns usually add **-e** or **-er.** Those plurals that end in **-er** have an umlaut when the stem vowel is **a, o, u,** or **au.** Many masculine plural nouns ending in **-e** have an umlaut as well. Neuter plural nouns ending in **-e** do not have an umlaut.

MASCULINE **(der)**	NEUTER **(das)**
ein Rock, zwei Röcke	ein Heft, zwei Hefte
ein Mann, zwei Männer	ein Buch, zwei Bücher

3. Masculine and neuter nouns that end in **-er** either add an umlaut or change nothing at all in the plural. Many nouns with a stem vowel of **a, o, u,** or **au** add an umlaut.

MASCULINE **(der)**	NEUTER **(das)**
ein Bruder, zwei Brüder	ein Fenster, zwei Fenster

4. Nouns that end in a vowel other than unstressed **-e** and many nouns of English or French origin add **-s.**

   ein Auto, zwei Autos — ein Hotel, zwei Hotels

The following chart summarizes the guidelines provided above.

Singular	Plural	Examples
ein ____er	no ending: some words add an umlaut where possible	ein Lehrer, zwei Lehrer ein Vater, zwei V**ä**ter
ein ____	add **-e;** masculine words often add an umlaut, neuter words do not	ein Rock, zwei R**ö**ck**e** ein Haar, zwei Haar**e**
ein ____	add **-er;** add an umlaut where possible	ein Mann, zwei M**ä**nn**er** ein Buch, zwei B**ü**ch**er**
eine ____	add **-n, -en,** or **-nen,** depending on final letter of the word	eine Lampe, zwei Lampe**n** eine Tür, zwei Tür**en** eine Freundin, zwei Freundin**nen**
ein(e) ____ *(foreign words)*	add **-s**	ein Hobby, zwei Hobby**s** eine Kamera, zwei Kamera**s**

Beginning with this chapter, the plural endings of nouns are indicated in the vocabulary lists as follows.

LISTING	PLURAL FORM
das **Fenster, -**	die **Fenster**
der **Bruder, ¨**	die **Brüder**
der **Tisch, -e**	die **Tische**
der **Stuhl, ¨e**	die **Stühle**
das **Kleid, -er**	die **Kleider**
der **Mann, ¨er**	die **Männer**
die **Tante, -n**	die **Tanten**
die **Uhr, -en**	die **Uhren**
die **Studentin, -nen**	die **Studentinnen**
das **Auto, -s**	die **Autos**

Übung 5 | Der Körper

Wie viele der folgenden Körperteile hat der Mensch[1]?

MODELL: Der Mensch hat zwei Arme.

Arm
Auge
Bein
Finger
Fuß
Haar
Hand
Nase
Ohr
Schulter

Übung 6 | Das Zimmer

Wie viele der folgenden Dinge sind in Ihrem[2] Zimmer? (ein[e], zwei, ..., viele, nicht viele)

das Buch
das Fenster
die Lampe
der Stuhl
der Tisch
die Tür
die Uhr
die Wand

In meinem Zimmer ist/sind _____ Buch/Bücher, ...

[1]*person* [2]*your*

B.5 Personal pronouns

Personal pronouns refer to the speaker (first person), to the person addressed (second person), or to the person(s) or object(s) talked about (third person).

	Singular		Plural	
First person	ich	*I*	wir	*we*
Second-person informal	du	*you*	ihr	*you*
Second-person formal	Sie	*you*	Sie	*you*
Third person	er	*he, it*		
	es	*it*	sie	*they*
	sie	*she, it*		

Wissen Sie noch?

der → **er** = *he, it*
das → **es** = *it*
die → **sie** = *she, it*
die (*pl.*) → **sie** = *they*
Review grammar section A.4.

As you know, third-person singular pronouns reflect the grammatical gender of the nouns they replace.

—Welche Farbe hat **der Hut?** *What color is the hat?*
—**Er** ist braun. *It is brown.*
—Welche Farbe hat **das Kleid?** *What color is the dress?*
—**Es** ist grün. *It is green.*
—Welche Farbe hat **die Bluse?** *What color is the blouse?*
—**Sie** ist gelb. *It is yellow.*

The third-person plural pronoun is **sie** for all three genders.

—Welche Farbe haben **die Schuhe?** *What color are the shoes?*
—**Sie** sind schwarz. *They are black.*

Übung 7 | Welche Farbe?

Frau Schulz spricht über die Farbe der Kleidung. Antworten Sie!

1. Welche Farbe hat der Hut?
2. Welche Farbe hat das Hemd?
3. Welche Farbe hat die Hose?
4. Welche Farbe hat die Bluse?
5. Welche Farbe haben die Socken?
6. Welche Farbe hat das Kleid?
7. Welche Farbe hat der Rock?
8. Welche Farbe haben die Stiefel?
9. Welche Farbe hat die Jacke?
10. Welche Farbe hat der Mantel?

B.6 Origins: *Woher kommen Sie?*

kommen aus = *to come from* (a place)

To ask about someone's origins, use the question word **woher** (*from where*) followed by the verb **kommen** (*to come*). In the answer, use the preposition **aus** (*from, out of*).

—Woher kommst du / kommen Sie? *Where do you come from?*
—Ich komme aus Berlin. *I'm from Berlin.*

kommen			
ich	komme	wir	kommen
du	kommst	ihr	kommt
Sie	kommen	Sie	kommen
er / sie / es	kommt	sie	kommen

The infinitive of German verbs, that is, the basic form of the verb, ends in **-n** or **-en.** Most verbs follow a conjugation pattern similar to that of **kommen.**

Kommen Sie heute Abend? *Are you coming this evening?*
Warten Sie! **Ich komme** mit! *Wait! I'll come along.*

Übung 8 | Minidialoge

Ergänzen Sie **kommen, woher** und **aus** und die Personalpronomen.

1. MEHMET: Woher ______[a] du, Renate?
   RENATE: Ich ______[b] aus Berlin.
2. FRAU SCHULZ: Woher ______[a] Lydia?
   KATRIN: Lydia kommt ______[b] Zürich.
   FRAU SCHULZ: ______[c] kommen Josef und Melanie?
   STEFAN: Sie ______[d] aus Regensburg.
   FRAU SCHULZ: Und woher komme ______[e]?
   ALBERT: Sie, Frau Schulz, Sie kommen ______[f] Kalifornien.
3. FRAU SCHULZ: Kommt Sofie aus Regensburg?
   HEIDI: Nein, ______[a] kommt aus Dresden.
   FRAU SCHULZ: Kommen Josef und Melanie aus Innsbruck?
   STEFAN: Nein, sie ______[b] aus Regensburg.
4. ANDREAS: Silvia und Jürgen, kommt ______[a] aus Göttingen?
   SILVIA: Ja, ______[b] kommen aus Göttingen.

B.7 Possessive adjectives: *mein* and *dein/Ihr*

der → mein, dein, Ihr
das → mein, dein, Ihr
die → meine, deine, Ihre
die (*pl.*) **→ meine, deine, Ihre**

The possessive adjectives **mein** (*my*), **dein** (*informal your*), and **Ihr** (*formal your*) have the same endings as the indefinite article **ein.** In the plural, the ending is **-e.** Here are the nominative forms of these possessive adjectives.

	Onkel (*m.*)	Auto (*n.*)	Tante (*f.*)	Eltern (*pl.*)
ich	mein	mein	meine	meine
du	dein	dein	deine	deine
Sie	Ihr	Ihr	Ihre	Ihre

Achtung!

Note that the forms of **Ihr** are capitalized, just as **Sie** is, when they mean *your.*

—Woher kommen **deine** Eltern, Albert? *Where are your parents from, Albert?*
—**Meine** Eltern kommen aus Mexiko. *My parents are from Mexico.*

Wie heißt **Ihr** Vater, Frau Schulz? *What is your father's name, Ms. Schulz?*
Und **Ihre** Mutter? *And your mother's name?*

Übung 9 Minidialoge

Achtung!

Just as in English, an ***s*** added onto someone's name in German indicates possession. In German, however, there is no apostrophe before the ***s.***

Das ist Helga. Das ist Helgas Vater.
This is Helga. That is Helga's father.

Ergänzen Sie die Possessivpronomen.

1. FRAU SCHULZ: Wo sind _____ Hausaufgaben?
   PETER: Sie liegen leider zu Hause.
2. ONKEL: Ist das _____[a] Hund?
   NICHTE: Nein, das ist nicht _____[b] Hund. Ich habe keinen Hund.
3. LYDIA: He, Rosemarie! Das ist _____[a] Kleid.
   ROSEMARIE: Nein, das ist ____[b] Kleid. _____[c] Kleid ist schmutzig.
4. KATRIN: Woher kommen _____[a] Eltern, Frau Schulz?
   FRAU SCHULZ: _____[b] Mutter kommt aus Schwabing und _____[c] Vater kommt aus Germering.

Übung 10 Woher kommen sie?

Beantworten Sie die Fragen.

1. Woher kommen Sie?
2. Woher kommt Ihre Mutter?
3. Woher kommt Ihr Vater?
4. Woher kommen Ihre Großeltern?
5. Woher kommt Ihr Professor / Ihre Professorin?
6. Wie heißt ein Student aus Ihrem Deutschkurs und woher kommt er?
7. Wie heißt eine Studentin aus Ihrem Deutschkurs und woher kommt sie?

Carl Spitzweg: *Der Bücherwurm* (1850), Museum Georg Schäfer, Schweinfurt/Deutschland

CARL SPITZWEG

Carl Spitzweg (1808–1885) war ein sehr volkstümlicher[1] deutscher Maler und Autodidakt. Seine Bilder sind oft ironisch. „Der Bücherwurm" ist ein gutes Beispiel[2] für Spitzwegs humorvolle Perspektive.

[1]*popular* [2]*example*

KAPITEL 1

Wer ich bin und was ich tue

In **Kapitel 1** you will learn to talk about how you spend your time: your studies, your recreational pursuits, and what you like and don't like to do.

Themen
- Freizeit
- Schule und Universität
- Tagesablauf
- Persönliche Daten

Kulturelles
- Freizeit
- Schule
- Videoblick: Christkindl
- Videoecke: Tagesablauf

Lektüren
- Brief eines Internatsschülers
- Guten Tag, ich heiße ...

Strukturen
- **1.1** The present tense
- **1.2** Expressing likes and dislikes: **gern / nicht gern**
- **1.3** Telling time
- **1.4** Word order in statements
- **1.5** Separable-prefix verbs
- **1.6** Word order in questions

Situationen

Freizeit

Grammatik 1.1–1.2

Peter und Stefan wandern gern.

Ernst spielt gern Fußball.

Jutta und Gabi spielen gern Karten.

Melanie tanzt gern.

Michael spielt gern Gitarre.

Veronika reitet gern.

Thomas segelt gern.

Herr und Frau Ruf gehen gern spazieren.

Situation 1 | Hobbys

Sagen Sie **ja** oder **nein.**

1. In den Ferien ...
   a. reise ich gern.
   b. koche ich gern.
   c. spiele ich gern Volleyball.
   d. arbeite ich gern.
2. Im Winter ...
   a. gehe ich gern ins Museum.
   b. spiele ich gern Karten.
   c. gehe ich gern Schlitten fahren.
   d. schwimme ich gern.
3. Meine Eltern ...
   a. spielen gern Tennis.
   b. spielen gern Golf.
   c. gehen gern ins Kino.
   d. singen gern.
4. Mein Bruder / Meine Schwester ...
   a. wandert gern in den Bergen.
   b. zeltet gern.
   c. boxt gern.
   d. spielt gern Gitarre.
5. Mein Deutschlehrer / Meine Deutschlehrerin ...
   a. geht gern auf Partys.
   b. reitet gern.
   c. geht gern ins Konzert.
   d. spielt gern Fußball.

Situation 2 | Informationsspiel: Freizeit

MODELL S1: Wie alt ist Rolf?
S2: _____.
S1: Woher kommt Richard?
S2: Aus ______.
S1: Was macht Richard gern?
S2: Er _____________.
S1: Wie alt bist du?
S2: _____.
S1: Woher kommst du?
S2: _____.
S1: Was machst du gern?
S2: _____.

	Alter	Wohnort	Hobby
Richard	18		
Rolf		Berkeley	
Jürgen	21		geht gern tanzen
Sofie	22	Dresden	
Jutta			hört gern Musik
Melanie	25		besucht gern Freunde
mein Partner / meine Partnerin			

Situation 3 | Interview: Was machst du gern?

MODELL: S1: Ich spiele gern Karten. Du auch?
S2: Ja, ich spiele auch gern Karten.
Nein, ich spiele nicht gern Karten.

1. Ich spiele gern Schach.
2. Ich wandere gern.
3. Ich gehe gern spazieren.
4. Ich reite gern.
5. Ich singe gern.
6. Ich spiele gern Volleyball.
7. Ich höre gern Musik.
8. Ich koche gern.
9. Ich tanze gern.
10. Ich lerne gern Deutsch.

Kultur ... Landeskunde ... Informationen

Freizeit

- Was machen Menschen in Ihrem Land in ihrer Freizeit?
- Was machen Sie in Ihrer Freizeit? am Wochenende? abends? in den Ferien?
- Was machen Ihre Eltern in ihrer Freizeit? am Wochenende? abends? in den Ferien?
- Wie viele Stunden Freizeit haben Sie am Tag?
- Sehen Sie sich die Grafik an. Was machen Deutsche öfter[1] als Sie? Was machen sie weniger[2] oft als Sie?
- Wie viele Stunden Freizeit haben Deutsche am Tag? Raten[3] Sie!

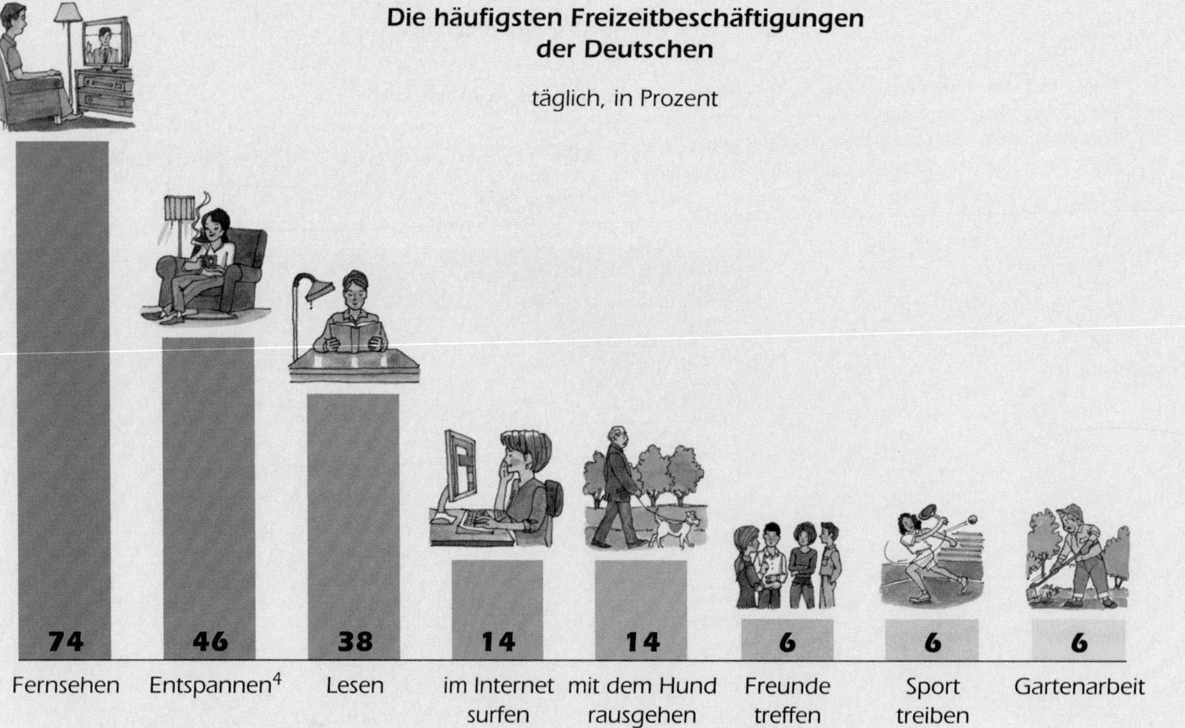

[1] *more often* [2] *less* [3] *Guess* [4] *relaxing*

Situation 4 | Umfrage

MODELL: S1: Schwimmst du gern im Meer?
S2: Ja.
S1: Unterschreib bitte hier.

	UNTERSCHRIFT
1. Schwimmst du gern im Schwimmbad?	
2. Trinkst du gern Kaffee?	
3. Spielst du gern Gitarre?	
4. Hörst du gern Musik?	
5. Gehst du gern zelten?	
6. Arbeitest du gern?	
7. Gehst du gern joggen?	
8. Tanzt du gern?	
9. Spielst du gern Golf?	
10. Machst du gern Fotos?	

Schule und Universität

Grammatik 1.3

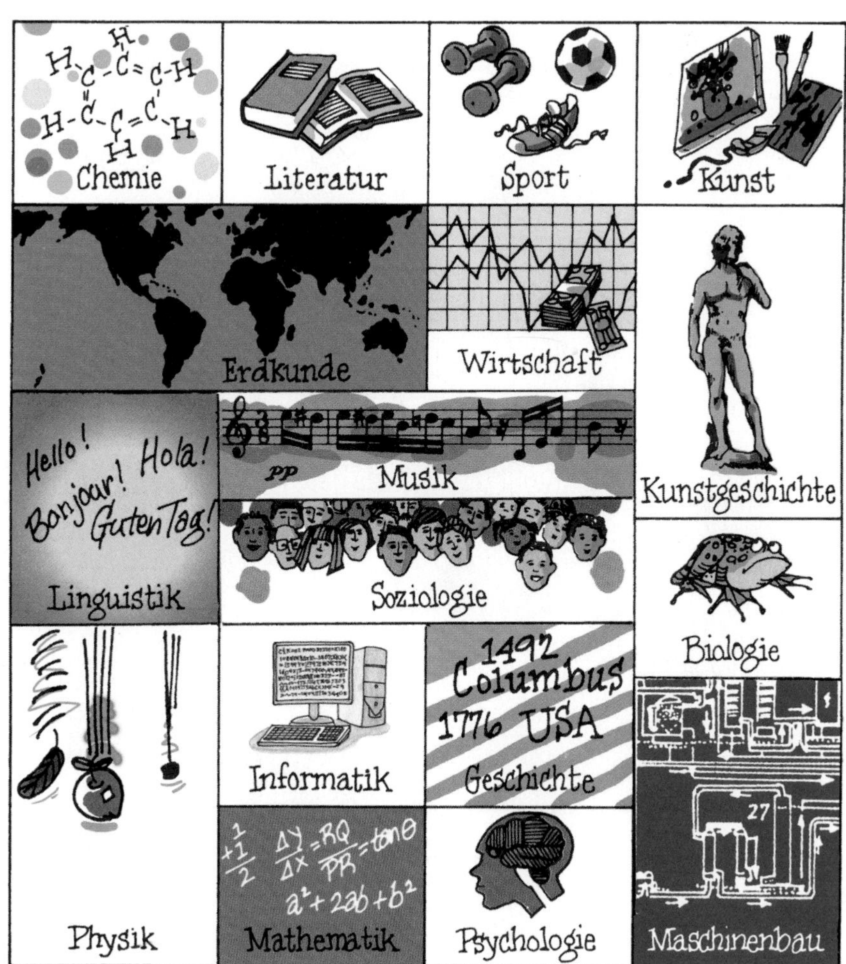

Situation 5 | Dialog: Was studierst du?

Stefan trifft Rolf in der Cafeteria der Universität Berkeley.

STEFAN: Hallo, bist du _____ hier?
ROLF: Ja, ich _____ aus Deutschland.
STEFAN: Und was machst _____ hier?
ROLF: Ich _____ Psychologie. Und du?
STEFAN: _____.

Situation 6 | Wie spät ist es?

S1: Wie spät ist es?
S2: Es ist _____.

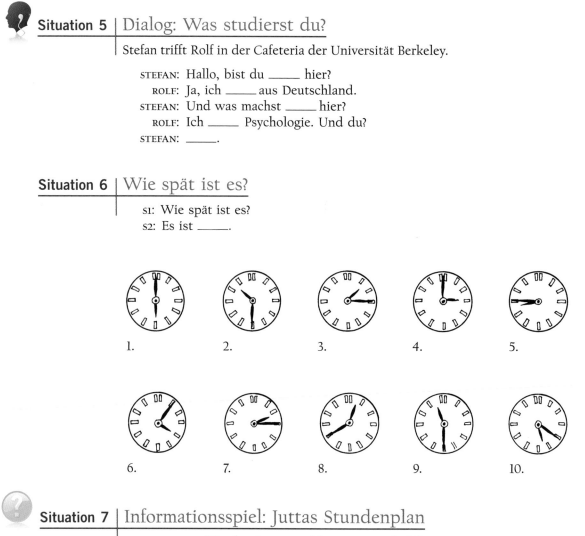

1.

2.

3.

4.

5.

6.

7.

8.

9.

10.

Situation 7 | Informationsspiel: Juttas Stundenplan

MODELL S1: Was hat Jutta am Montag um acht Uhr?
S2: Sie hat Latein.

Uhr	Montag	Dienstag	Mittwoch	Donnerstag	Freitag
8.00–8.45		Mathematik	Deutsch		Französisch
8.50–9.35	Deutsch			Latein	
9.35–9.50	←		Pause		→
9.50–10.35	Biologie	Sozialkunde		Geschichte	
10.40–11.25			Physik		Deutsch
11.25–11.35	←		Pause		→
11.35–12.20	Sport		Erdkunde		Latein
12.25–13.10		Deutsch		Sozialkunde	frei

Kultur ... Landeskunde ... Informationen

Schule

- Wann beginnt in Ihrem Land morgens die Schule?
- Wann gehen die Schüler nach Hause?
- Wann und wo machen sie Hausaufgaben?
- Wann haben sie Freizeit?
- Welche Schulfächer haben Schüler?
- Welches sind Pflichtfächer[1]?
- An welchen Tagen gehen die Schüler in die Schule?

Schauen Sie auf Juttas Stundenplan (Situation 7).

- Wann beginnt für Jutta die Schule?
- Wann geht sie nach Hause?
- Welche Fächer hat Jutta?
- Wie viele Fremdsprachen hat sie?
- An welchen Tagen geht sie in die Schule?

Was meinen Sie?

- Wann und wo macht Jutta Hausaufgaben?
- Wann hat sie Freizeit?

Große Pause an einem Gymnasium in Berlin

[1] *required subjects*

Situation 8 | Interview

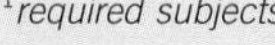

1. Welche Fächer hast du in diesem Semester? Welche Fächer magst du? Welche Fächer magst du nicht?
2. Wann beginnt am Montag dein erster (1.) Kurs? Welcher Kurs ist das? Wann gehst du am Montag nach Hause?
3. Wann beginnt am Dienstag dein erster Kurs? Welcher Kurs ist das? Wann gehst du am Dienstag nach Hause?
4. Arbeitest du? An welchen Tagen arbeitest du? Wann beginnt deine Arbeit?
5. Wann gehst du in der Woche ins Bett? Und am Wochenende?

Tagesablauf

Grammatik 1.4–1.5

Herr Wagner steht auf.

Er duscht.

Er frühstückt.

Er geht zur Arbeit.

Er geht einkaufen.

Er räumt die Wohnung auf.

Er geht im Park spazieren.

Er geht ins Bett.

Situation 9 | Interview

1. Wann stehst du auf?
2. Wann duschst du?
3. Wann frühstückst du?
4. Wann gehst du zur Uni?
5. Wann kommst du nach Hause?
6. Wann machst du das Abendessen?
7. Wann gehst du ins Bett?

Situation 10 | Am Wochenende

Was machen Sie am Wochenende sicher, wahrscheinlich, vielleicht?

S = sicher
W = wahrscheinlich
V = vielleicht

	ICH	PARTNER/PARTNERIN
1. Ich spiele Computerspiele.	S	N
2. Ich stehe spät auf.	S	S
3. Ich kaufe ein.	V	S
4. Ich lese eine Zeitung oder ein Buch.	W	W
5. Ich singe im Chor.	V	N
6. Ich höre Musik.	S	S
7. Ich arbeite fürs Studium.	V	N
8. Ich rufe Freunde oder meine Familie an.	W	S
9. Ich räume mein Zimmer oder meine Wohnung auf.	S	S
10. Ich gehe mit Freunden aus.	S	S
11. Ich gehe ins Kino.	S	S
12. Ich jobbe.	N	N

Situation 11 | Bildgeschichte: Ein Tag in Sofies Leben

Situation 12 | Informationsspiel: Diese Woche

MODELL S1: Was macht Silvia am Montag?
S2: Sie steht um 6 Uhr auf.
S1: Was machst du am Montag?
S2: Ich ______.

	Silvia Mertens	Mehmet Sengün	mein(e) Partner(in)
Montag		Er geht um 7 Uhr zur Arbeit.	
Dienstag	Sie arbeitet am Abend in einer Kneipe.		
Mittwoch		Er singt im Männerchor.	
Donnerstag		Er geht einkaufen.	
Freitag	Sie geht tanzen.		
Samstag	Sie geht mit Freunden ins Kino.		
Sonntag	Sie besucht ihre Eltern.		

Vor dem Lesen

A. Think back to when you were in the ninth grade and answer the following questions.

Welchen Tagesablauf haben Schüler in Ihrem Land in der 9. Klasse?

1. Wann stehen die Schüler und Schülerinnen während der Woche auf?
2. Wann frühstücken sie?
3. Wann beginnt der Unterricht?
4. Wann ist Mittagspause?
5. Wann ist der Unterricht zu Ende?
6. Wann essen die Schüler und Schülerinnen zu Abend?
7. Wann gehen sie ins Bett?

B. In the following text, underline the words that are English or that seem to be closely related to English. If you are unsure about a word that looks similar to an English word, look it up in the glossary in the appendices of this book. Then write it in the margin of the text next to the German word.

Lesehilfe

Before reading this text, look at its structure. Judging from the salutation at the beginning **(Liebe Ana)** and the greeting at the end **(Bis bald und alles Liebe Dein Felix)** you might guess that it is a letter. It is written by Felix to his friend Ana. Felix is a ninth-grade student at an **Internat** (boarding school). Apparently Ana has asked Felix what his day looks like, and he is telling her that in his letter.

Brief eines Internatsschülers

Liebe Ana,

du hast mich in deinem letzten Brief nach meinem Tagesablauf gefragt. Er ist wahrscheinlich[1] auch nicht viel anders[2] als bei euch. Wir stehen während der Woche morgens sehr früh auf, nämlich um 6 Uhr 55. Dann machen wir unsere Morgentoilette. Um 7 Uhr 20 versammeln wir uns zu einem kurzen Morgengebet[3].

Von 7 Uhr 20 bis 7 Uhr 40 haben wir Zeit zum Frühstücken. Ich bin meistens schon nach 10 Minuten fertig[4], weil[5] ich so früh noch gar keinen Hunger habe. Ich trinke nur eine Tasse Kakao und esse ein Brötchen oder vielleicht nur ein halbes mit Marmelade. Danach gehen wir zum Unterricht. Der Unterricht beginnt bei uns um 7 Uhr 55. Immer nach zwei Schulstunden haben wir eine Pause. Nach der sechsten Stunde gibt es Mittagessen.

Das Mittagessen dauert von 13 Uhr 10 bis 13 Uhr 40. Bis 15 Uhr 30 haben wir dann Freizeit. Manche üben Klavier[6], treiben Sport, lesen, hören Musik oder verbringen[7] die Zeit mit ihren Freunden. Fernsehen dürfen[8] wir nicht. Um 15 Uhr 30 gibt es Tee und Kuchen. Ab 16 Uhr ist „Silentium". So nennen wir die Zeit, in der wir unsere Hausaufgaben machen. Sie heißt Silentium, weil keine lauten Aktivitäten erlaubt sind, damit[9] wir ungestört unsere Hausaufgaben machen können. Wer[10] früher fertig ist, kann lesen oder mit Kopfhörer Musik hören, aber nicht laut.

Um 18 Uhr gibt es Abendessen und danach ist Abendfreizeit. Im Sommer spielen wir oft Fußball oder fahren Inliner oder mit dem Skateboard. Im Winter spielen wir Brettspiele[11] oder am Computer, schreiben Briefe so wie ich gerade oder sehen fern. Um 21 Uhr müssen wir in unsere Zimmer und um 21 Uhr 30 müssen wir das Licht ausmachen[12]. Am Wochenende dürfen wir eine Stunde länger aufbleiben.

So, jetzt müssen wir in unsere Zimmer. Ich schreibe morgen weiter.

Bis bald und alles Liebe

Dein Felix

Arbeit mit dem Text

A. You can guess the meaning of many words from context. Guessing from context is a very useful skill, especially when reading. Try to guess the meaning of the following words by looking at the sentences in which they appear. Some hints are provided.

1. **Morgentoilette** (line 5) HINT: the first things you do after getting up to get ready for the day
2. **von ... bis** (line 7) HINT: used to express time periods
3. **meistens** (line 8) HINT: used to express frequencies; related to English "most"
4. **Brötchen** (line 10) HINT: something to eat for breakfast on which you may put jam

[1]*probably* [2]*different* [3]das Gebet *prayer* [4]*finished* [5]*because* [6]*piano* [7]*pass* [8]*are allowed* [9]*so that* [10]*Whoever* [11]*board games* [12]das ... *turn off the light*

5. **Mittagessen** (line 14) HINT: what you eat after six hours of school
6. **üben** (line 16) HINT: what you do with a piano to improve proficiency
7. **ungestört** (line 21) HINT: The reason for the silence is so that students may work _____; notice the prefix **un-**.
8. **Kopfhörer** (line 23) HINT: gadget that fits on your head for listening to music
9. **ausmachen** (line 29) HINT: what you do to the lights when you go to bed

B. What is Felix's day like? What does he do, and when? Read the text and match the activity to the time.

Was macht Felix wann?

1. _____ 6.55 Uhr	a. Er macht sein Morgengebet.
2. _____ 7.20 Uhr	b. Es gibt Tee und Kuchen.
3. _____ 7.20–7.40 Uhr	c. Der Unterricht beginnt.
4. _____ 7.55 Uhr	d. Er macht das Licht aus.
5. _____ 13.10–13.40 Uhr	e. Silentium: er macht Hausaufgaben.
6. _____ 13.40–15.30 Uhr	f. Er hat Freizeit.
7. _____ 15.30 Uhr	g. Es gibt Abendessen und dann ist Abendfreizeit.
8. _____ 16.00–18.00 Uhr	h. Er steht auf.
9. _____ 18.00–21.00 Uhr	i. Er frühstückt.
10. _____ 21.30 Uhr	j. Er isst zu Mittag.

C. **Zwischen den Zeilen lesen.**[1] When reading and listening, we usually understand more than what is being said. We come to conclusions based on particular information or indications. When we do this we are drawing inferences. What are possible answers to the following questions? On what information from the text do you base your inferences?

Was glauben Sie? Was steht im Text dazu?

1. Auf welche Art[2] von Internat geht Felix?
2. Wann schreibt er den Brief?
3. Wer ist Ana?

Nach dem Lesen

Schreiben Sie einem Klassenkameraden einen Brief auf Deutsch über Ihren Tagesablauf. Schreiben Sie ca. 100 Wörter. Vergessen Sie nicht die Anrede[3] und den Abschiedsgruß.

Liebe Ana / Lieber Felix

...

Viele Grüße / Herzliche Grüße / Alles Liebe
Deine Ana / Dein Felix

[1]Zwischen ... *Reading between the lines.* [2]welche ... *what kind* [3]*salutation*

Persönliche Daten

Grammatik 1.6

Antrag auf Ausstellung eines Personalausweises

Familienname: Ruf

geborene(r): Schuler

Vornamen: Margret

Geburtstag: 13. April 1969

Geburtsort: Augsburg

Staatsangehörigkeit: deutsch

Augenfarbe: blau, grau, grün, braun — Größe 172 cm

München Sonnenstr. 11
Straße — Hausnummer

München, den 30.5.2008

Margret Ruf
Unterschrift des Antragstellers

Situation 13 | Dialog: Auf dem Rathaus

Melanie Staiger ist auf dem Rathaus in Regensburg. Sie braucht einen neuen Personalausweis.

BEAMTER: Grüß Gott!
MELANIE: Grüß Gott. Ich brauche einen neuen ________.
BEAMTER: ________ ist Ihr Name, bitte?
MELANIE: Staiger, Melanie Staiger.
BEAMTER: Und ________ wohnen Sie?
MELANIE: In Regensburg.
BEAMTER: ________ ist die genaue Adresse?
MELANIE: Gesandtenstraße 8.
BEAMTER: Haben Sie auch ________?
MELANIE: Ja, die Nummer ist 24352.
BEAMTER: ________ sind Sie geboren?
MELANIE: Am 3. ________ 1984.
BEAMTER: Was sind Sie ________?
MELANIE: Ich bin Studentin.
BEAMTER: Sind Sie verheiratet?
MELANIE: ________. Ich bin ledig.

Videoblick 

Christkindl

In Süddeutschland und in Österreich bringt das Christkindl am Heiligen Abend die Geschenke. Viele Städte haben einen Christkindlmarkt[1]. Einer der bekanntesten Christkindlmärkte ist in Nürnberg. In diesem Video lernen Sie das Nürnberger Christkindl kennen.

- Wer spielt die Rolle des Nürnberger Christkindls?
- Wie alt ist diese Person?
- Was für Fragen stellen ihr die Kinder?
- Was sind ihre Hobbys?

[1] *Christmas market*

Was braucht das Nürnberger Christkindl am dringendsten? Jawohl, warme Schuhe und gute Nerven.

Situation 14 | Interview: Auf dem Rathaus

1. Wie heißen Sie?
2. Wie alt sind Sie?
3. Wo sind Sie geboren?
4. Wo wohnen Sie?
5. Was ist Ihre genaue Adresse?
6. Was ist Ihre Telefonnummer?
7. Was studieren Sie?
8. Sind Sie verheiratet?
9. Welche Augenfarbe haben Sie?
10. Welche Haarfarbe?

Situation 15 | Rollenspiel: Auf dem Auslandsamt

S1: Sie sind Student/Studentin und möchten ein Jahr lang in Österreich studieren. Gehen Sie aufs Auslandsamt und sagen Sie, dass Sie ein Stipendium möchten. Beantworten Sie die Fragen des Beamten / der Beamtin. Sagen Sie am Ende des Gesprächs „Auf Wiedersehen".

Das Regensburger Rathaus

Situation 16 | Gesucht[1]!

Schreiben Sie die fehlenden Angaben[2] in den Steckbrief.

NÜTZLICHE WÖRTER

der Bankräuber	*bank robber*
der Spitzname	*nickname*
besonderes Kennzeichen	*distinguishing feature*
die Narbe	*scar*
das Halstuch	*bandanna*
bewaffnet	*armed*

GESUCHT

Paul Steckel

Spitzname: ________________-Paule

Alter: ________________ Jahre, sieht älter aus

Haarfarbe: mittel________________, Voll________________

________________: graublau

Besonderes Kennzeichen: ________________

unter dem rechten ________________

Größe: ________________ cm, schlank

Akzent: ________________

Kleidung: meistens ________________ Jeansjacke

und ________________, dazu ein ________________

[1] *Wanted* [2] *information*

Lektüre 

Lesehilfe

In this reading, several of the characters of ***Kontakte*** are introduced. Before reading, look at each of the pictures and say as much as you can about the characters, based on the drawings. Now read the text once through. How closely do the pictures reflect what is in the text?

Vor dem Lesen

Welche Informationen geben Sie, wenn Sie sich vorstellen[1]? Kreuzen Sie an.

- ☐ Name
- ☐ Alter
- ☐ Beruf/Studienfach
- ☐ Familie
- ☐ Freunde
- ☐ Geburtsdatum
- ☐ Gewicht[2]
- ☐ Hobbys
- ☐ Herkunft
- ☐ Schulnoten[3]
- ☐ Interessen
- ☐ Adresse

Miniwörterbuch

das **Fahrrad**	bicycle
die **Gärtnerei**	nursery (gardening)
der **Geschäftsmann**	businessman
der **Lastwagen**	truck
der **Ort**	town
seit	for
die **Sozialkunde**	social studies
die **Speditionsfirma**	trucking company
unterrichten	to teach
unterwegs	on the road

Guten Tag, ich heiße …

Guten Tag, ich heiße Veronika Frisch. Ich bin verheiratet und habe drei Töchter. Sie heißen Natalie, Rosemarie und Lydia. Ich lebe mit meinem Mann Bernd und unseren Töchtern in der Schweiz. Wir wohnen in Zürich. Ich komme aus Zürich und mein Mann kommt aus Luzern. Ich bin dreiunddreißig Jahre alt und Bernd ist fünfzig. Bernd ist Geschäftsmann hier in Zürich und ich bin Lehrerin. Ich unterrichte Französisch und Sozialkunde. Meine Freizeit verbringe ich am liebsten mit meiner Familie. Außerdem reise ich gern.

Guten Tag, ich heiße Sofie Pracht, bin 22 und komme aus Dresden. Ich studiere Biologie an der Technischen Universität Dresden. Ein paar Stunden in der Woche arbeite ich in einer großen Gärtnerei. In meiner Freizeit gehe ich oft ins Kino oder ich besuche Freunde. Ich spiele Gitarre und tanze sehr gern. Mein Freund heißt Willi Schuster. Er studiert auch hier in Dresden an der Technischen Universität. Er kommt aus Radebeul. Das ist ein kleiner Ort ganz in der Nähe von Dresden. Am Wochenende fahren wir manchmal mit dem Fahrrad nach Radebeul und besuchen seine Familie.

Guten Tag, ich heiße Mehmet Sengün. Ich bin 29 und in Izmir, in der Türkei, geboren. Ich lebe jetzt seit 19 Jahren hier in Berlin. Ich wohne in Kreuzberg, einem Stadtteil von Berlin, in einer kleinen Wohnung. In Kreuzberg leben sehr viele Türken – die Berliner nennen es Klein-Istanbul – und viele meiner türkischen Freunde wohnen ganz in der Nähe. Im Moment arbeite ich für eine Speditionsfirma hier in der Stadt. Ich fahre einen Lastwagen und bin viel unterwegs. Ich weiß nicht, aber richtig zu Hause fühle ich mich in Berlin auch nicht und für die Deutschen bin ich immer der Türke.

[1]sich … *introduce yourself* [2]*weight* [3]*grades*

Berlin-Kreuzberg, die türkische Hauptstadt Deutschlands

Arbeit mit dem Text

Was erfahren Sie über Veronika Frisch, Sofie Pracht und Mehmet Sengün? Vervollständigen Sie die Tabelle.

Name	Veronika Frisch	Sofie Pracht	Mehmet Sengün
Alter			
Geburtsort			
Familie/Freunde			
Wohnort			
Beruf			
Studienfach			
Freizeit			
Sonstiges[1]			

Nach dem Lesen

Stellen Sie sich vor.[2] Schreiben Sie einen kurzen Text. Kleben[3] Sie ein Foto auf das Papier oder zeichnen[4] Sie ein Selbstporträt. Hängen Sie Ihre Texte im Klassenzimmer an die Wand.

[1]*other information* [2]Stellen ... *Introduce yourself.* [3]*Glue* [4]*draw*

Videoecke

- Was studierst du?
- Gibt es da interessante Seminare?
- Wann beginnen deine Seminare?
- Wann stehst du da auf?
- Was machst du dann?
- Was machst du mittags?
- Was machst du in deiner Freizeit?
- Und was machst du dieses Wochenende?

Uli kommt aus Marburg (Hessen). Ihre Hobbys sind Musik, Sport, Lesen, Reisen und Briefe schreiben.

Michael kommt aus Magdeburg (Sachsen-Anhalt). Seine Hobbys sind Angeln, Basteln und Lesen.

Aufgabe

Uli oder Michael? Welche Aussagen treffen auf Michael zu, welche auf Uli? Schreiben Sie U (Uli) oder M (Michael) neben die folgenden Aussagen.

1. _____ studiert Ostslawistik und Deutsch als Fremdsprache.
2. _____ studiert Humanmedizin.
3. _____ hat keine interessanten Seminare.
4. _____ steht um halb sieben auf.
5. _____ geht ins Bad, duscht, zieht sich an und frühstückt.
6. _____ isst mittags in der Mensa.
7. _____ ruht sich aus, wenn er Zeit hat.
8. _____ singt im Chor, macht Sport und besucht Veranstaltungen in der Gemeinde.
9. _____ liest gern und geht gern angeln.
10. _____ geht dieses Wochenende mit Freunden angeln.
11. _____ geht auf eine Wochenendfreizeit mit ihrer Gemeinde.

Wortschatz

Freizeit	Leisure Time
lesen (R)	to read
er/sie liest	he/she reads
Zeitung lesen	to read the newspaper
liegen	to lie
in der Sonne liegen	to lie in the sun
reisen	to travel
segeln	to sail
spielen	to play
wandern	to hike
zelten	to camp

Ähnliche Wörter

die **Gitarre, -n**; die **Karte, -n**; die **Musik**; die **Sonnenbrille, -n**; der **Ball, ¨e** (R); der **Fußball, ¨e** (R); der **Kaffee**; der **Volleyball, ¨e**; das **Foto, -s**; das **Golf**; das **Hobby, -s**; das **Schach**; das **Squash**; das **Tennis**; **boxen**; **hören**; **kochen**; **reiten**; **schwimmen gehen**; **singen**; **tanzen**; **windsurfen gehen**

Orte	Places
die **Arbeit**	work
zur Arbeit gehen	to go to work
der **Berg, -e**	mountain
in die Berge gehen	to go to the mountains
in den Bergen wandern	to hike in the mountains
das **Kino, -s**	movie theater, cinema
ins Kino gehen	to go to the movies
das **Meer, -e**	sea
im Meer schwimmen	to swim in the sea
das **Rathaus, ¨er**	town hall
auf dem Rathaus	at the town hall
das **Schwimmbad, ¨er**	swimming pool
ins Schwimmbad fahren	to go to the swimming pool

Ähnliche Wörter

die **Party, -s**; **auf eine Party gehen**; die **Uni, -s** (R); **zur Uni gehen**; **auf der Uni sein**; der **Park, -s**; **im Park spazieren gehen**; das **Bett, -en**; **ins Bett gehen**; das **Haus, ¨er**; **zu Hause sein**; **nach Hause gehen**; das **Konzert, -e**; **ins Konzert gehen**; das **Museum, Museen**; **ins Museum gehen**

Schule und Universität	School and University
die **Erdkunde**	earth science; geography
die **Geschichte**	history
die **Kunstgeschichte**	art history
die **Informatik**	computer science
die **Kunst**	art
die **Lehrerin, -nen** (R)	female teacher, instructor
die **Prüfung, -en**	test
die **Schülerin, -nen**	female pupil
die **Sozialkunde**	social studies
die **Wirtschaft**	economics
der **Lehrer, -** (R)	male teacher, instructor
der **Maschinenbau**	mechanical engineering
der **Schüler, -**	male pupil
der **Stundenplan, ¨e**	schedule
das **Auslandsamt, ¨er**	center for study abroad
das **Fach, ¨er**	academic subject
das **Stipendium, Stipendien**	scholarship
das **Studium, Studien**	university studies
die **Ferien** (*pl.*)	vacation

Ähnliche Wörter

die **Biologie**, die **Chemie**, die **Linguistik**, die **Literatur**; die **Mathematik**; die **Musik**; die **Pause, -n**; die **Physik**; die **Religion**; die **Soziologie**; der **Kurs, -e** (R); der **Sport**; das **Latein**; das **Semester, -**; **lernen**; **studieren**

Persönliche Daten	Biographical Information
die **Farbe, -n**	color
die **Größe, -n**	height
die **Narbe, -n**	scar
die **Staatsangehörigkeit, -en**	nationality, citizenship
die **Unterschrift, -en**	signature
der **Beruf, -e**	profession
was sind Sie von Beruf?	what's your profession?
der **Familienstand**	marital status
der **Geburtstag, -e**	birthday
der **Personalausweis, -e**	(personal) ID card
der **Spitzname, -n**	nickname
der **Wohnort, -e**	residence
das **Alter**	age
ledig	unmarried
verheiratet	married

Ähnliche Wörter

die **Adresse, -n**; die **Augenfarbe**; die **Haarfarbe**; die **Nummer, -n**; die **Hausnummer, -n**; die **Telefonnummer, -n**; die **Person, -en**; die **Präferenz, -en**; der **Name, -n** (R); der **Familienname, -n** (R); der **Vorname, -n** (R); **geboren**; **wann sind Sie geboren?**

Tagesablauf	Daily Routine
die **Woche, -n**	week
in der Woche	during the week

der Abend, -e — evening
der Tag, -e — day
den ganzen Tag — all day long

der Montag — Monday
der Dienstag — Tuesday
der Mittwoch — Wednesday
der Donnerstag — Thursday
der Freitag — Friday
der Samstag — Saturday
der Sonntag — Sunday

das Wochenende, -n — weekend
am Wochenende — over the weekend

früh — early
spät(er) — late(r)

um wie viel Uhr ...? — at what time . . . ?
wann? — when?
um halb drei — at two thirty
um sechs (Uhr) — at six o'clock
um sieben Uhr zwanzig — at seven twenty
um Viertel vor vier — at a quarter to four
um zwanzig nach fünf — at twenty after/past five
welcher Tag ist heute? — what day is today?
wie spät ist es? — what time is it?
wie viel Uhr ist es? — what time is it?

Ähnliche Wörter

die **Sekunde, -n**; der **Moment, -e**; **im Moment**

Sonstige Substantive — Other Nouns

die Tasche, -n — bag; purse; pocket
die Wohnung, -en — apartment

der Brief, -e — letter
der Chor, ¨-e — choir

das Abendessen, - — supper, evening meal
das Halstuch, ¨-er — bandanna
das Motorrad, ¨-er — motorcycle
Motorrad fahren — to ride a motorcycle
das Zimmer, - — room

Verben mit trennbaren Präfixen — Verbs with Separable Prefixes

ab·holen — to pick (somebody) up (from a place)
an·kommen — to arrive
an·rufen — to call up
auf·hören (mit) — to stop (doing something)
auf·räumen — to clean (up)
auf·stehen — to get up
aus·füllen — to fill out
aus·gehen — to go out
ein·kaufen (gehen) — to (go) shop(ping)
ein·packen — to pack up
fern·sehen — to watch TV
er/sie sieht fern — he/she is watching TV
kennen·lernen — to get acquainted with

Sonstige Verben — Other Verbs

arbeiten — to work
besuchen — to visit
bleiben — to stay, remain
brauchen — to need; to use
duschen — to (take a) shower
fliegen — to fly
frühstücken — to eat breakfast
kaufen — to buy
mögen — to like
ich mag — I like
du magst — you like
spazieren gehen — to go for a walk
suchen — to look for
unterschreiben — to sign

Ähnliche Wörter

beginnen, reparieren, trinken

Sonstige Wörter und Ausdrücke — Other Words and Expressions

gern — gladly, with pleasure
wir singen gern — we like to sing
ihr(e) — her
sein(e) — his
sicher — sure
wahrscheinlich — probably

Strukturen und Übungen

1.1 The present tense

One German present-tense form expresses three different ideas in English.

Ich spiele Gitarre. — *I play the guitar.* / *I'm playing the guitar.* / *I'm going to play the guitar.*

Most German verbs form the present tense just like **kommen (Einführung B).**

Wissen Sie noch?

ich	-e
du	-st
er/sie/es	-t
wir	-en
ihr	-t
Sie, sie	-en

Review grammar B.6

spielen			
ich	spiele	wir	spielen
du	spielst	ihr	spielt
Sie	spielen	Sie	spielen
er / sie / es	spielt	sie	spielen

Gabi und Jutta **spielen** gern Karten. — *Gabi and Jutta like to play cards.*

Verbs whose stems end in an s-sound, such as **-s, -ss, -ß, -z (-ts),** or **-x (-ks),** do not add an additional -s- in the **du**-form: **du tanzt, du heißt, du reist.**

—Wie **heißt du?** — *What's your name?*
—**Ich heiße** Natalie. — *My name's Natalie.*

Verbs whose stems end in **-d** or **-t** (and a few other verbs such as **regnen** [*to rain*] and **öffnen** [*to open*]) insert an **-e-** between the stem and the **-st** or **-t** endings. This happens in the **du-, ihr-,** and **er/sie/es**-forms.

Reitest du jeden Tag? — *Do you go horseback riding every day?*

reiten			
ich	reite	wir	reiten
du	reitest	ihr	reitet
Sie	reiten	Sie	reiten
er / sie / es	reitet	sie	reiten

Übung 1 | Was machen sie?

Kombinieren Sie die Wörter. Achten Sie auf die Verbendungen.

MODELL: Ich besuche Freunde.

1. ich	lernen	Freunde
2. ihr	besuche	ins Kino
3. Jutta und Jens	studiert	Spaghetti
4. du	hört	ein Buch
5. Melanie	reisen	gut Tennis
6. ich	kochen	nach Deutschland
7. wir	lese	in Regensburg
8. Richard	spielst	Spanisch
9. Jürgen und Silvia	geht	gern Musik

Übung 2 | Minidialoge

Ergänzen Sie das Pronomen.

1. CLAIRE: Arbeitet Melanie?
   JOSEF: Nein, _____ arbeitet nicht.
2. MICHAEL: Schwimmen _____ gern im Meer?
   FRAU KÖRNER: Ja, sehr gern. Und Sie?
3. MEHMET: Was machst _____[a] im Sommer?
   RENATE: _____[b] fliege nach Spanien.
4. CLAIRE: Woher kommt _____[a]?
   HELGA UND SIGRID: _____[b] kommen aus Krefeld.
5. JÜRGEN: _____[a] studiere in Göttingen. Und _____[b]?
   KLAUS UND CHRISTINA: _____[c] studieren in Berlin.

Übung 3 | Minidialoge

Ergänzen Sie die Verbendungen.

1. CLAIRE: Du tanz_____[a] gern, nicht?
   MELANIE: Ja, ich tanz_____[b] sehr gern, aber mein Freund tanz_____[c] nicht gern.
2. FRAU SCHULZ: Richard geh_____[a] im Sommer in den Bergen wandern.
   STEFAN: Und was mach_____[b] seine Eltern?
   FRAU SCHULZ: Seine Mutter reis_____[c] nach Frankreich und sein Vater arbeit_____[d].
3. JÜRGEN: Wir koch_____[a] heute Abend. Was mach_____[b] ihr?
   KLAUS: Wir besuch_____[c] Freunde.

1.2 Expressing likes and dislikes: *gern / nicht gern*

verb + **gern** = *to like to do something*
verb + **nicht gern** = *to dislike doing something*

To say that you like doing something, use the word **gern** after the verb. To say that you don't like to do something, use **nicht gern.**

Ernst spielt **gern** Fußball.	*Ernst likes to play soccer.*
Josef spielt **nicht gern** Fußball.	*Josef doesn't like to play soccer.*

I	II	III	IV
Sofie	spielt	gern	Schach.
Willi	spielt	auch gern	Schach.
Ich	spiele	nicht gern	Schach.
Monika	spielt	auch nicht gern	Schach.

The position of **auch/nicht/gern** (in that order) is between the verb and its complement.*

Übung 4 | Was machen die Studenten gern?

Bilden Sie Sätze.

MODELL: Heidi und Nora schwimmen gern.

1.

2.

3.

4.

5.

6.

7.

8.

*The complement provides additional information and thus "completes" the meaning of the verb: **ich spiele → ich spiele Tennis; ich höre → ich höre Musik.**

Übung 5 | Und diese Personen?

Sagen Sie, was die folgenden Personen gern machen.

MODELL: Frau Ruf liegt gern in der Sonne. Jutta liegt auch gern in der Sonne, aber Herr Ruf liegt nicht gern in der Sonne.

1. Frau Ruf Jutta Herr Ruf

2. Jens Ernst Jutta

3. Jens Jutta Andrea

4. Michael Maria die Rufs die Wagners

1.3 Telling time

Ask the time in German in one of two ways.

Wie spät ist es?
Wie viel Uhr ist es?

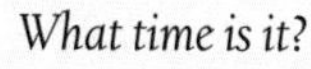
What time is it?

Es ist eins.
Es ist ein Uhr.

Es ist drei.
Es ist drei Uhr.

vor = *to*
nach = *after*

Es ist Viertel vor elf.
Es ist zehn Uhr fünfundvierzig.

Es ist Viertel nach elf.
Es ist elf Uhr fünfzehn.

Es ist zehn (Minuten) vor acht.
Es ist sieben Uhr fünfzig.

Es ist zehn (Minuten) nach acht.
Es ist acht Uhr zehn.

The expressions **Viertel, nach, vor,** and **halb** are used in everyday speech. In German, the half hour is expressed as "half before" the following hour, not as "half after" the preceding hour, as in English.

halb = *half, thirty*
halb zehn = *half past nine, nine thirty*

Es ist halb zehn. *It is nine thirty (halfway to ten).*

The 24-hour clock (0.00 to 24.00) is used when giving exact or official times, as in time announcements, schedules, programs, and the like. With the 24-hour clock only the pattern [(*number*) **Uhr** (*number of minutes*)] is used.

Ankunft	km	Abfahrt	Anschlüsse	
14.22	**Potsdam Stadt**	**14.24**		
	✝	14.43	Wildpark 14.49 Werder (Havel) 14.56	(204)
	24	*E* 15.01	Wustermark 15.39 Nauen 15.57	(204.4)
			S-Bahnanschlüsse (Taktverkehr) bestehen in Richtung: Wannsee – Westkreuz – Charlottenburg – Zool Garten (Ⓢ 3)	

Der Zug geht um vierzehn Uhr vierundzwanzig. *The train leaves at two twenty-four p.m.*

Übung 6 | Die Uhrzeit

Wie spät ist es?

MODELL: Es ist acht Uhr.

1.

2.

3.

4.

5.

6.

7.

8.

1.4 Word order in statements

In English, the verb usually follows the subject of a sentence.

SUBJECT	VERB	COMPLEMENT
Peter	takes	a walk.

Even when another word or phrase begins the sentence, the word order does not change.

	SUBJECT	VERB	COMPLEMENT
Every day,	Peter	takes	a walk.

In statements, verb second.

In German statements, the verb is always in second position. If the sentence begins with an element other than the subject, the subject follows the verb.

I	II	III	IV
SUBJECT	VERB		COMPLEMENT
Wir	spielen	heute	Tennis.
	VERB	SUBJECT	COMPLEMENT
Heute	spielen	wir	Tennis.

Übung 7 | Rolf

Unterstreichen[1] Sie das Subjekt des Satzes. Steht das konjugierte Verb vor[2] oder nach[3] dem Subjekt?

1. Rolf kommt aus Krefeld. _nach_
2. Im Moment studiert er in Berkeley. ________
3. Seine Großmutter wohnt noch in Krefeld. ________
4. Samstags geht Rolf oft ins Kino. ________
5. Am Wochenende wandert er oft in den Bergen. ________
6. Außerdem treibt er gern Sport. ________
7. Im Sommer geht er surfen. ________
8. Er geht auch ins Schwimmbad der Uni. ________

Übung 8 | Sie und Ihr Freund

Bilden Sie Sätze. Beginnen Sie die Sätze mit dem ersten Wort oder den ersten Wörtern in einer Zeile. Beachten[4] Sie die Satzstellung[5].

MODELL: Heute (ich / sein _____) → Heute bin ich fröhlich.

1. Ich (studieren _____)
2. Im Moment (ich / wohnen in _____)
3. Heute (ich / kochen _____)
4. Manchmal (ich / trinken _____)
5. Ich (spielen gern _____)
6. Mein Freund (heißen _____)
7. Jetzt (er / wohnen in _____)
8. Manchmal (wir / spielen _____)

[1] *Underline* [2] *before* [3] *after* [4] *Pay attention to* [5] *word order*

1.5 Separable-prefix verbs

Many German verbs have prefixes that change the verb's meaning. They combine with the infinitive to form a single word.

stehen	*to stand*
gehen	*to go*
kommen	*to come*
aufstehen	*to stand up*
ausgehen	*to go out*
ankommen	*to arrive*

In statements, verb second, prefix last.

When you use a present-tense form of these verbs, put the conjugated form in second position and put the prefix at the end of the sentence. The two parts of the verb form a frame or bracket, called a **Satzklammer,** that encloses the rest of the sentence.

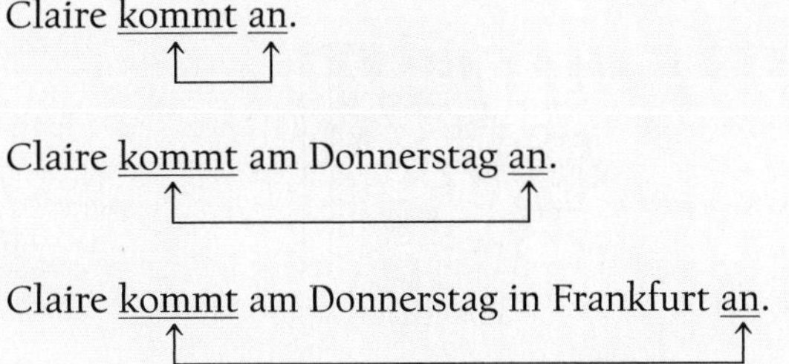

Claire kommt an.
Claire kommt am Donnerstag an.
Claire kommt am Donnerstag in Frankfurt an.

Here are some common verbs with separable prefixes.

abholen	*to pick up, fetch*
ankommen	*to arrive*
anrufen	*to call up*
aufhören	*to stop, be over*
aufräumen	*to clean up, tidy up*
aufstehen	*to get up*
ausfüllen	*to fill out*
ausgehen	*to go out*
einkaufen	*to shop*
einpacken	*to pack up*
kennenlernen	*to get acquainted with*

Übung 9 | Eine Reise in die Türkei

Mehmet fliegt morgen in die Türkei. Was macht er heute? Ergänzen Sie die folgenden Wörter: **ab, an, auf, auf, auf, aus, aus, ein, ein.**

1. Er steht um 7 Uhr _____.
2. Er räumt die Wohnung _____.
3. Er packt seine Sachen[1] _____.
4. Er ruft Renate _____.
5. Er füllt ein Formular _____.
6. Er holt seinen Reisepass _____.
7. Er kauft Essen[2] _____.
8. Abends geht er _____.
9. Er geht ins Kino. Der Film hört um 22 Uhr _____.

[1]*things* [2]*food*

Übung 10 Was machen die Leute?

Verwenden Sie die folgenden Verben.

abholen
ankommen
anrufen
aufräumen
aufstehen
ausfüllen
ausgehen
einkaufen
einpacken
kennenlernen

MODELL: Frau Schulz kauft ein paar Lebensmittel ein.

1.

2.

3.

4.

5.

6.

7.

8.

9.

1.6 Word order in questions

When you begin a question with a question word (for example, **wie, wo, wer, was, wann, woher**), the verb follows in second position. The subject of the sentence is in third position. Any further elements appear in fourth position.

In **w**-questions, verb second.

I	II	III	IV	
Wann	beginnt	das Spiel?		*When does the game start?*
Was	machst	du	heute Abend?	*What are you doing this evening?*
Wo	wohnst	du?		*Where do you live?*
Welches Fach	studierst	du?		*Which subject are you studying?*

Here are the question words you have encountered so far.

wann	*when*
was	*what*
welcher*	*which*
wer	*who*
wie	*how*
wie viel(e)	*how much (many)*
wo	*where*
woher	*from where*

Questions that can be answered by *yes* or *no* begin with the verb.

Tanzt du gern?	*Do you like to dance?*
Arbeitest du hier?	*Do you work here?*
Gehst du ins Kino?	*Are you going to the movies?*

Übung 11 | Ein Interview mit Marta Szerwinski

Schreiben Sie die Fragen.

MODELL: du + heißen + wie + ? → Wie heißt du?

1. du + sein + geboren + wann + ?
2. du + kommen + woher + ?
3. du + wohnen + wo + ?
4. du + haben + Augenfarbe + welch- + ?
5. du + sein + groß + wie + ?
6. du + studieren + ?
7. du + studieren + Fächer + welch- + ?
8. du + arbeiten + Stunden + wie viele + ?
9. du + machen + gern + was + ?

Übung 12 | Noch ein Interview

Stellen Sie die Fragen.

1. —Ich heiße Sofie.
2. —Nein, ich komme nicht aus München.
3. —Ich komme aus Dresden.
4. —Ich studiere Biologie.
5. —Er heißt Willi.
6. —Er wohnt in Dresden.
7. —Nein, ich spiele nicht Tennis.
8. —Ja, ich tanze sehr gern.
9. —Nein, ich trinke kein Bier.
10. —Ja, Willi trinkt gern Bier.

*The endings of **welcher** vary according to gender, number, and case of the following noun. They are the same endings as those of the definite article. Therefore, **welcher** is called a **der**-word.

(M)	(N)	(F)	(Pl)
welch**er** Name	welch**es** Alter	welch**e** Adresse	welch**e** Studienfächer

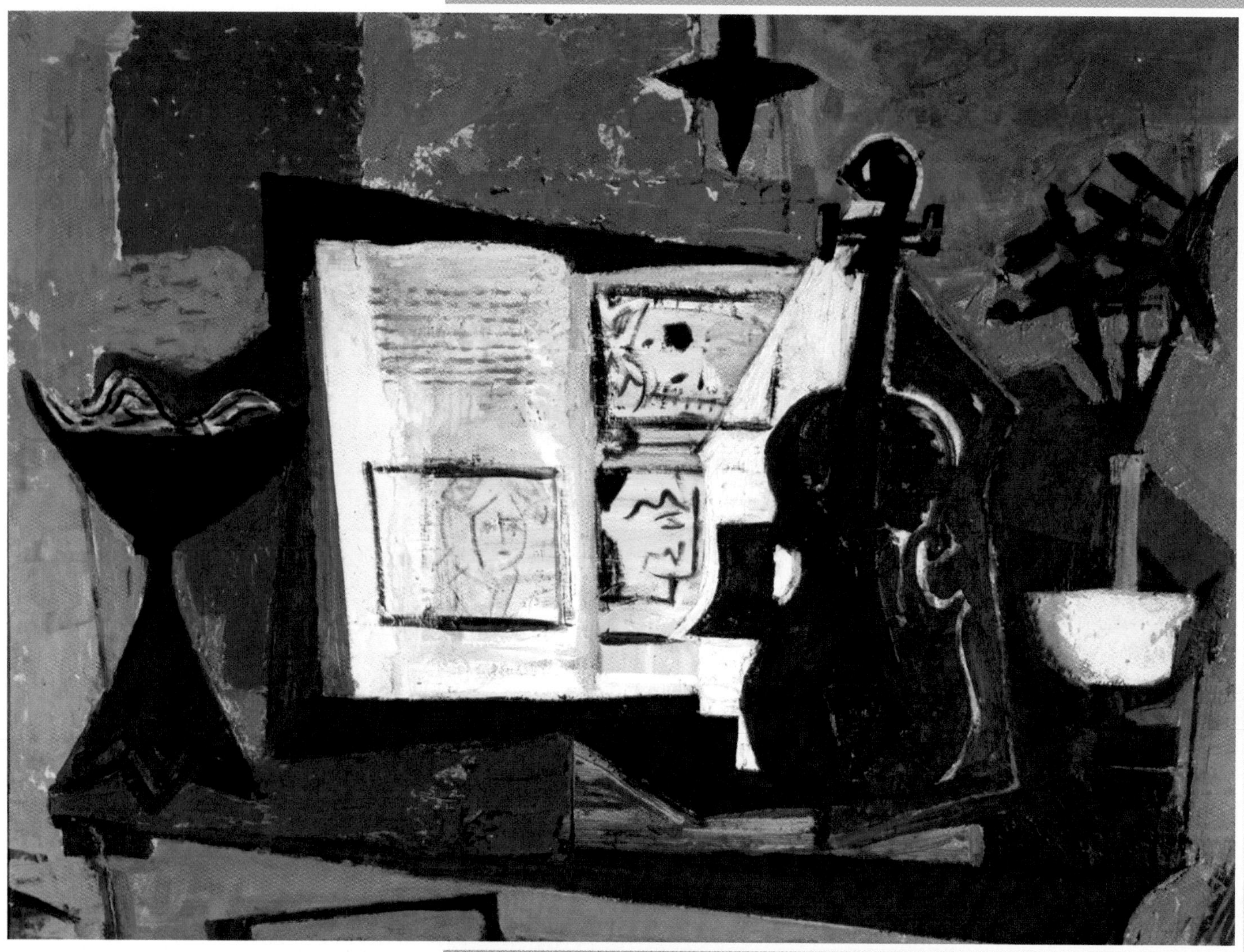

Joachim Heuer: *Die rote Geige* (ca. 1979), Kunstsammlung, Universität Leipzig

JOACHIM HEUER

Joachim Heuer (1900–1994) wurde in Dresden geboren, wo er auch bis zum Ende seines langen Lebens als Künstler[1] tätig war. Er war ein Maler, der wegen[2] seines Stils und seiner Einstellung[3] zur Kunst in der ehemaligen DDR nicht anerkannt[4] wurde.

[1]*artist* [2]*because of* [3]*attitude* [4]*recognized*

KAPITEL 2

Besitz und Vergnügen

In **Kapitel 2** you will learn to talk more about things: your own possessions and things you give others. You will also learn how to describe what you have and don't have and to give your opinion on matters of taste or style.

Themen
- Besitz
- Geschenke
- Kleidung und Aussehen
- Vergnügen

Kulturelles
- Der Euro
- Videoblick: Erste Berliner Fashion-Week
- Vergnügen
- Videoecke: Hobbys

Lektüren
- Ringe fürs Leben zu zweit
- Film: *Im Juli*

Strukturen
- **2.1** The accusative case
- **2.2** The negative article: **kein, keine**
- **2.3** What would you like? **Ich möchte ...**
- **2.4** Possessive adjectives
- **2.5** The present tense of stem-vowel changing verbs
- **2.6** Asking people to do things: the **du**-imperative

Situationen

Besitz

Grammatik 2.1–2.2

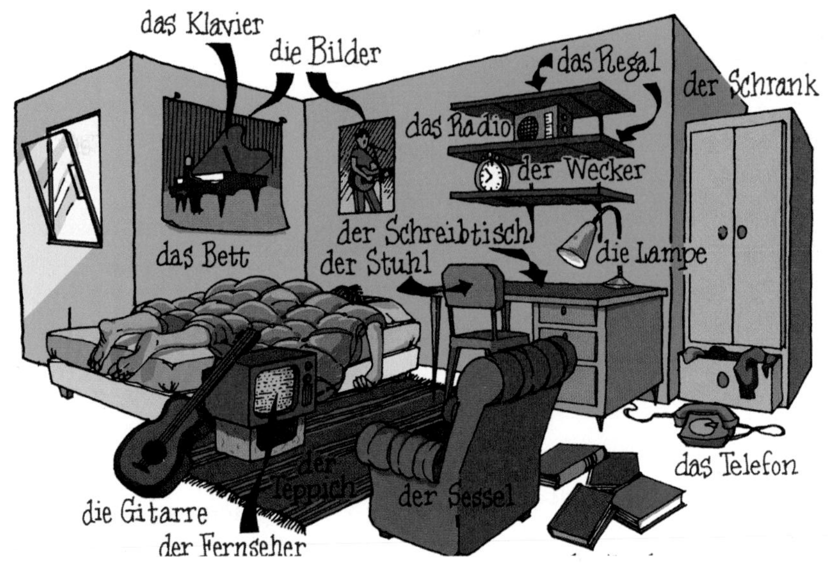

Situation 1 | Hast du einen Schlafsack?

MODELL: S1: Hast du einen Schlafsack?
S2: Ja, ich habe einen Schlafsack.
Nein, ich habe keinen Schlafsack.

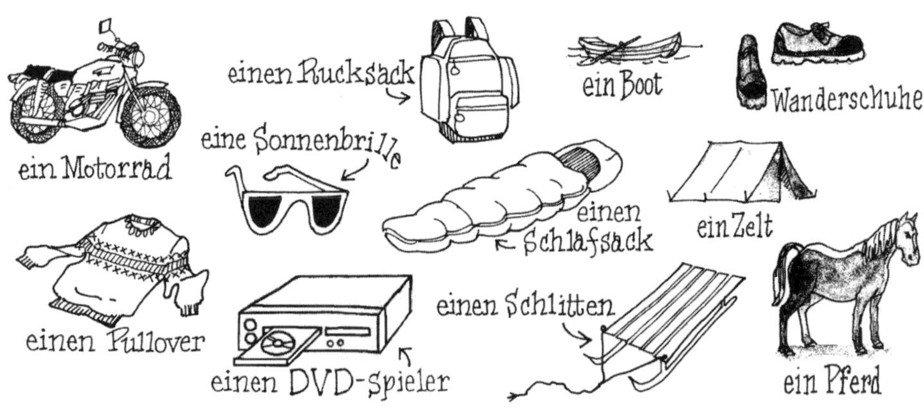

Kultur ... Landeskunde ... Informationen

Der Euro

Fragen Sie Ihren Partner oder Ihre Partnerin.

1. Wie heißt die Währung[1] in dem Land, in dem du geboren bist?
2. Welche Münzen gibt es, z. B. 1-Cent-Münzen, 2-Cent-Münzen?
3. Welche Geldscheine gibt es, z. B. 1-Dollar-Scheine, 2-Dollar-Scheine?
4. Welche Farbe haben die Geldscheine?
5. Welche Bilder und Symbole gibt es auf den Geldscheinen und Münzen?

Lesen Sie den Text zum Thema *Euro* und beantworten Sie die Fragen zum Text.

1. Wie viele Länder hat die EU? In wie vielen Ländern der EU gilt der Euro als gesetzliches Zahlungsmittel? In welchen Ländern der EU gilt er noch nicht?
2. In welchen weiteren Ländern ist der Euro gesetzliches Zahlungsmittel?
3. Welche Rolle spielt der Euro in der Schweiz?
4. Was sieht man auf den Euro-Scheinen, was auf den Euro-Münzen? Sind alle Euro-Scheine und -Münzen in allen Ländern gleich?
5. Was zeigt die deutsche und die österreichische 10-Cent-Münze und was die deutsche und österreichische 2-Euro-Münze?

Seit dem 1. Januar 2002 gibt es in Deutschland und in elf anderen Ländern der Europäischen Union (EU) den Euro. Der Euro ist gesetzliches Zahlungsmittel[2] in Deutschland, Österreich, Finnland, Belgien, Luxemburg, Italien, Frankreich, Spanien, Portugal, Irland, Griechenland und in den Niederlanden. Die EU-Länder Dänemark, Schweden, Polen und Großbritannien behalten vorerst[3] ihre alten Währungen. Neun andere EU-Länder – Estland, Litauen, Slowenien, Zypern, Lettland, Malta, die Slowakei, die Tschechische Republik und Ungarn – wollen der Eurozone beitreten[4], sobald die notwendigen Bedingungen dazu erfüllt sind[5].

Neben den 12 Ländern der Eurozone ist der Euro in 12 weiteren Ländern die offizielle Währung. In den drei europäischen Kleinstaaten Andorra, Monaco, und San Marino und im Vatikanstaat, und auch in den vier Ländern des ehemaligen[6] Jugoslawiens, nämlich im Kosovo, in Montenegro, in Kroatien und in Serbien, ist der Euro gesetzliches Zahlungsmittel, dazu in allen vier französischen Überseegebieten: Französisch-Guayana, Martinique, Guadeloupe und Réunion. Die Schweiz ist nicht Mitglied[7] der EU und auch nicht Mitglied der Eurozone. Trotzdem[8] akzeptiert man fast überall in der Schweiz neben[9] der eigenen Währung, dem Schweizer Franken, auch den Euro.

Ein Euro hat 100 Cent. Der größte Geldschein ist der 500-Euro-Schein und die kleinste Münze ist die 1-Cent-Münze. Neben 1-, 2-, 5-, 10-, 20- und 50-Cent-Münzen gibt es auch 1- und 2-Euro-Münzen. Die Scheine sind in allen Ländern gleich[10]. Sie zeigen auf einer Seite Brücken[11] und auf der anderen Seite Fenster und historisch wichtige Portale. Der 5-Euro-Schein zeigt z.B. eine Brücke und ein Portal im klassischen Stil und der 50-Euro-Schein eine Brücke und ein Fenster aus der Renaissance.

Eine Seite der Münzen ist ebenfalls in allen Ländern gleich. Sie zeigt die Länder der Eurozone. Die andere Seite ist von Land zu Land verschieden[12]. Die deutschen 10-, 20- und 50-Cent-Münzen zeigen z.B. das Brandenburger Tor und die 1- und 2-Euro-Münzen den deutschen Adler[13]. Alle acht österreichischen Münzen haben ein anderes Motiv, die österreichische 10-Cent-Münze z.B. zeigt den Stefansdom[14] und die 2-Euro-Münze die österreichische Pazifistin Bertha von Suttner.

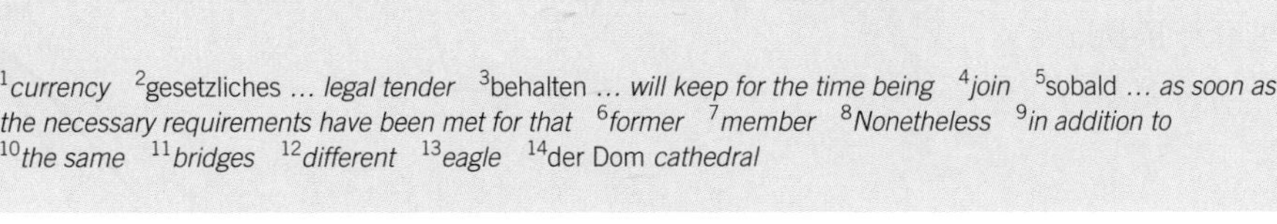

[1]*currency* [2]gesetzliches ... *legal tender* [3]behalten ... *will keep for the time being* [4]*join* [5]sobald ... *as soon as the necessary requirements have been met for that* [6]*former* [7]*member* [8]*Nonetheless* [9]*in addition to* [10]*the same* [11]*bridges* [12]*different* [13]*eagle* [14]der Dom *cathedral*

500 Euro

50 Euro

10 Euro

5 Euro

10 cent 2 Euro

10 cent (D) 2 Euro (D)

10 cent (A) 2 Euro (A)

Situation 2 | Dialog: Stefan zieht in sein neues Zimmer

Katrin trifft Stefan im Möbelgeschäft.

KATRIN: Hallo, Stefan. Was machst du denn hier?
STEFAN: Ach, ich brauche noch ein paar Sachen. Morgen ziehe ich in ________.
KATRIN: Was brauchst du denn?
STEFAN: Ach, alles Mögliche.
KATRIN: Was hast du denn schon?
STEFAN: Ich habe einen ________, eine ________ und ... und ... und einen ________.
KATRIN: Das ist aber nicht viel.
________ hast du denn?
STEFAN: So 30 Dollar.
KATRIN: Ich glaube, du bist im falschen Geschäft. Der Flohmarkt ist viel besser ________.
STEFAN: Ja, vielleicht hast du recht.

Situation 3 | Informationsspiel: Was machen sie morgen?

MODELL: S1: Schreibt Silvia morgen einen Brief?
S2: Ja.
S1: Schreibst du morgen einen Brief?
S2: Ja. (Nein.)

	Jürgen	Silvia	mein(e) Partner(in)
1. *schreibt/schreibst ... einen Brief*	–		
2. *kauft/kaufst ... ein Buch*	+		
3. *schaut/schaust ... einen Film an*			
4. *ruft/rufst ... eine Freundin an*	–	+	
5. *macht/machst ... Hausaufgaben*	+		
6. *isst/isst ... einen Hamburger*			
7. *besucht/besuchst ... einen Freund*	+	+	
8. *räumt/räumst ... das Zimmer auf*	–		

Situation 4 | Interview: Besitz

1. Was hast du in deinem Zimmer? Was möchtest du haben?
2. Hast du wertvolle Sachen? DVD-Spieler, Auto, Computer, Handy? Was möchtest du haben?
3. Hast du einen Hund oder eine Katze? Möchtest du einen Hund oder eine Katze haben?

Geschenke

Grammatik 2.3

Situation 5 | Was möchten sie?

MODELL: S1: Was möchte Herr Siebert?
S2: Er möchte _____.

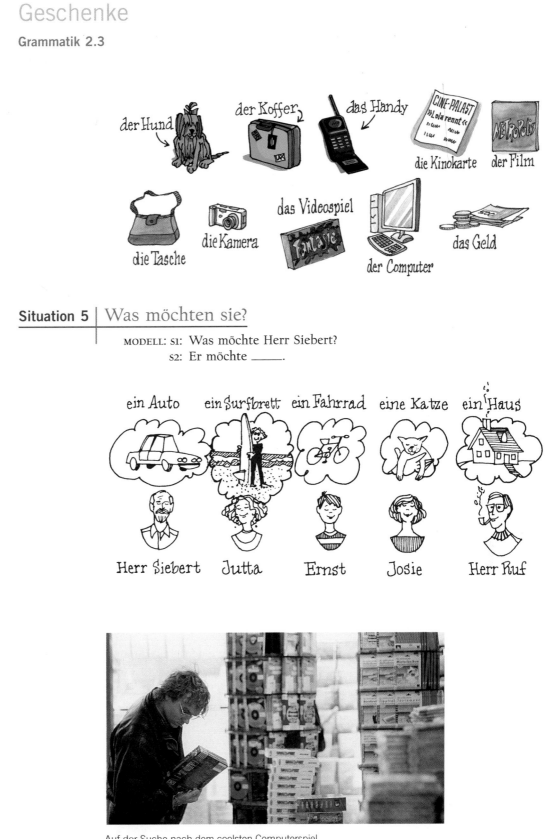

Auf der Suche nach dem coolsten Computerspiel

Situation 6 | Dialog: Ein Geschenk für Josef

Melanie trifft Claire in der Mensa.

MELANIE: Josef hat nächsten Donnerstag ______.
CLAIRE: Wirklich? Dann brauche ich ja noch ein ______ für ihn. Mensch, das ist schwierig. Hat er denn Hobbys?
MELANIE: Er ______ Gitarre und ______ gern Musik.
CLAIRE: Hast du schon ein Geschenk?
MELANIE: Ich ______ ein Songbuch kaufen. Aber es ist ziemlich ______. Kaufen wir es zusammen?
CLAIRE: Ja, klar. Welche Art Musik hat er denn ______?
MELANIE: Ich glaube, Soft-Rock und Oldies. Elton John, Céline Dion und so.

Situation 7 | Zum Schreiben: Eine Einladung

Schreiben Sie eine Einladung zu einer Party. Benutzen Sie das Modell unten und Ihre Phantasie!

CALIGULA* PARTY

Wann: Mittwoch den 11. Juni - ab 20 Uhr.
Wo: Ludwig-Thomaheim - Neubau 5. Stock.
Wie: Im Kostüm der Epoche, mit eigenem Kissen, um darauf zu ruhen.

B.D.E.A. (Bring Deinen Eigenen Alkohol)
* Der wahnsinnige römische Kaiser

Situation 8 | Rollenspiel: Am Telefon

S1: Sie rufen einen Freund / eine Freundin an. Sie machen am Samstag eine Party. Laden Sie Ihren Freund / Ihre Freundin ein.

Lektüre 

Lesehilfe

Before starting to read, it is always useful to look at the complete text, the title, and any subtitles, accompanying pictures, tables, photos, or drawings, in order to get a general idea of what the text will be about. Look at this text, its title, subtitles and its accompanying pictures. Then write down what the main topic of the text probably is and what subtopics it suggests.

Vor dem Lesen

German and English are closely related languages and share many words. Sometimes the words look almost identical, with minor spelling variations such as German **k** or **z** for English *c*. Sometimes you have to use a little guesswork to see the English word in the German one, as in the word **Ägypter** (*Egyptian*). In the following text, underline the words whose meanings you think you can guess by knowing English.

Ringe fürs Leben zu zweit

Symbole ewiger[1] Liebe

Der Ehering symbolisiert ewige Liebe: er hat keinen Anfang und kein Ende. So wie der Ring kein Ende hat, soll auch die Liebe nie aufhören. Er signalisiert aller Welt: Dieser Mann / Diese Frau ist verheiratet. Jeder Ring kann zum Ehering werden. In Deutschland ist der Ehering oft ein einfacher goldener Ring. Zum Ehering wird ein Ring durch die eingravierte Schrift. Auch auf sehr schmale Ringe kann man die Vornamen der Eheleute und das Hochzeitsdatum eingravieren.

Wenn[2] der Ring einmal am Finger ist, darf er nie[3] mehr herunter kommen. Wenn der Ring kalt wird, wird auch die Liebe kalt. Wenn der Ring zerbricht oder wenn er verloren geht, dann ist das schlecht für die Liebe.

Das Herz als Sitz der Liebe

Die alten Griechen und Ägypter trugen den Ehering am linken Ringfinger. Sie glaubten[4], dass eine Ader[5] von diesem Finger direkt zum Herzen führt. Sie glaubten, dass das Herz der Sitz der Liebe ist. Ein bekannter Kinderreim lautet:

Er (oder sie) liebt mich von Herzen,
mit Schmerzen[6],
oder gar nicht.

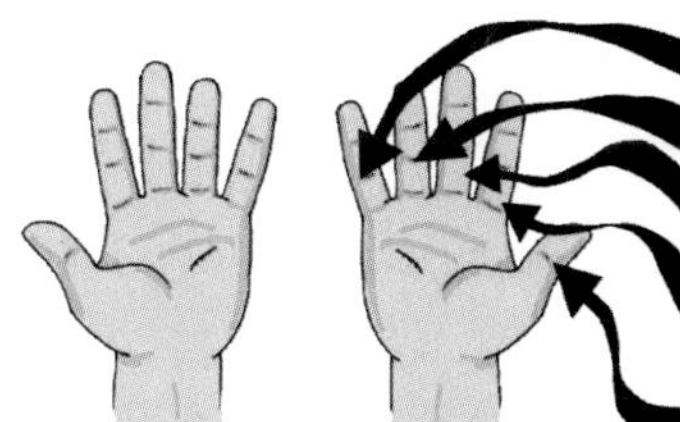

Wenn man wissen möchte, ob der Freund oder die Freundin einen[7] liebt, dann pflückt man eine Blume und reißt ihr nacheinander alle Blütenblätter ab[8]. Bei jedem Blütenblatt sagt man eine Zeile des Reims. Das, was man beim letzten Blütenblatt sagt, gilt[9].

In Italien trägt man den Ring noch heute an der linken Hand. In Deutschland trägt man nur den Verlobungsring[10] an der linken Hand. Den Ehering trägt man an der rechten Hand.

das Blütenblatt

[1]*eternal* [2]*When, If* [3]darf ... *it must never* [4]*believed* [5]*vein, artery* [6]*pain* [7]here: *you* [8]reißt ... *plucks all its petals one at a time* [9]*is valid* [10]*engagement ring*

Arbeit mit dem Text

A. Guess the meaning of the following words by looking at the context of the sentences in which they appear. Some hints are provided.

1. **Ehering** (Zeile 1) HINT: **Ehering** is a compound of **Ehe** and **Ring.** Look at the drawing. What kind of rings are they? What might **Ehe** mean?
2. **Anfang** (Zeile 1) HINT: the opposite of the noun **Ende**
3. **aufhören** (Zeile 2) HINT: a verb similar in meaning to the noun **Ende**
4. **Eheleute** (Zeile 6) HINT: You already guessed **Ehe. Leute** means people; what might the combination of these two words mean?
5. **herunter** (Zeile 7) HINT: Because the second clause contains the phrase *must never,* **herunter** is probably the opposite of **am Finger.**
6. **zerbricht** (Zeile 8) HINT: What bad things can happen to a ring? The root of this word is **brich.** German **ch** is often English *k*. What English word is spelled *br__k* and is something bad?
7. **verloren** (Zeile 8) HINT: Ignore the prefix **ver-** and the **-n** for a moment. German **r** is sometimes related to English *s*. What verb is this?
8. **Herzen/Herz** (Zeile 11) HINT: What might be called the seat of love (line 12) and be connected to other parts of the body by a vein?
9. **Kinderreim** (Zeile 12) HINT: You know what **Kinder** means. If you pronounce **Reim,** it sounds like *rhyme*, which is its meaning. What might the combination of these two words mean?

B. Beantworten Sie die folgenden Fragen.

1. Warum symbolisiert ein Ring ewige Liebe?
2. Was signalisiert ein Ehering der Welt[1]?
3. Welche Ringe trägt man in Deutschland oft als Eheringe?
4. Was ist oft in Eheringen eingraviert?
5. Was passiert, wenn der Ring vom Finger herunter kommt? Was glauben viele Leute?
6. Was macht man in Deutschland, wenn man wissen möchte, ob der Freund oder die Freundin einen liebt?
7. Was trägt man in Deutschland an der linken Hand und was an der rechten Hand?

Nach dem Lesen

A. Gibt es in Ihrer Klasse unterschiedliche Traditionen und Kulturen? Sammeln Sie in Ihrer Klasse Antworten auf die folgenden Fragen.

   1. Trägt man in Ihrer Kultur Eheringe? Wenn ja, an welchem Finger welcher Hand trägt man sie? Wenn nicht, wie signalisiert man, dass Menschen verheiratet sind? Oder signalisiert man es gar nicht?
   2. Was macht man in Ihrer Kultur, wenn man herausfinden möchte, ob jemand einen liebt?

B. Was halten Sie von Symbolen, die zeigen, dass zwei Menschen miteinander durchs Leben gehen wollen? Finden Sie sie wichtig? Warum (nicht)?

[1]der ... *to the world*

Kleidung und Aussehen

Grammatik 2.4

HELGA: Wie findest du ihren Haarschnitt?
SIGRID: Sieht gut aus!

SIGRID: Wie findest du seinen Bademantel?
HELGA: Nicht schlecht!

CLAIRE: Wie findest du ihr Nachthemd?
JOSEF: Klasse!

JUTTA: Na, wie findest du seine Socken?
JENS: Hässlich!

Situation 9 | Interaktion: Wie findest du meine Sportschuhe?

1. Kreuzen Sie an, was Sie heute tragen.
2. Fragen Sie, wie Ihr Partner / Ihre Partnerin das findet.

MODELL: S1: Wie findest du meine Schuhe?
S2: Deine Schuhe? Nicht schlecht.

echt stark
klasse
Finde ich ganz toll!
super
voll süß
Steht/Stehen dir gut!
Sieht/Sehen gut aus!

	Was Sie heute tragen	Wie Ihr(e) Partner(in) das findet
meine Hose		
meine Schuhe		
mein Kleid		
meinen Schal		
meinen Gürtel		
mein Armband		
meine Halskette		
meinen Ohrring / meine Ohrringe		

Situation 10 | Umfrage: Hast du einen neuen Haarschnitt?

MODELL: S1: Hast du einen neuen Haarschnitt?
S2: Ja.
S1: Unterschreib bitte hier.

	UNTERSCHRIFT
1. Hast du einen neuen Haarschnitt?	______
2. Magst du Ledergürtel?	______
3. Trägst du heute eine Kette?	______
4. Findest du meine Hose schick?	______
5. Hast du ein Piercing?	______
6. Schläfst du im Schlafanzug?	______
7. Trägst du manchmal eine Brille?	______
8. Findest du mein Hemd / meine Bluse toll?	______
9. Trägst du gern einen Ring?	______
10. Hast du einen Sonnenhut?	______

Videoblick

Erste[1] Berliner Fashion-Week

Deutschland ist einer der wichtigsten Modemärkte[2] der Welt. Die erste deutsche Fashion-Week findet nun in Berlin statt[3].

- In welchen Städten gibt es viele Fashion-Shows?
- Gibt es viele Fashion-Shows in Berlin?
- Wie viele Modeschulen und Designer gibt es in Berlin?
- Wie oft soll die Berliner Fashion-Week stattfinden?

Fashion-Week in Berlin: Nach dem Vorbild[4] von Paris, Mailand und New York.

[1]*first* [2]*fashion markets* [3] findet statt *takes place* [4]*example*

Situation 11 | Frau Gretters neuer Mantel

Bringen Sie die Sätze in die richtige Reihenfolge.

_____ Von Kaufland. Er ist wirklich sehr schön.
_____ Finde ich ganz toll. Woher haben Sie ihn?
__1__ Guten Tag, Frau Körner.
_____ Ach, mein Mantel ist auch schon so alt. Ich brauche dringend etwas für den Winter.
_____ Guten Tag, Frau Gretter. Wie geht's denn so?
_____ Gehen Sie doch auch mal zu Kaufland. Da gibt es gute Preise.
_____ Danke, ganz gut. Wie finden Sie denn meinen neuen Mantel?

Situation 12 | Flohmarkt

Schreiben Sie fünf Sachen auf, die Sie verkaufen. Schreiben Sie auf, wer sie kauft und wie viel sie kosten.

MODELL: S1: Ich verkaufe meine Ohrringe. Brauchst du Ohrringe?
S2: Nein danke, ich brauche keine Ohrringe.
oder Zeig mal. Ja, ich finde deine Ohrringe toll. Was kosten sie?
S1: 2 Euro.
S2: Gut, ich nehme sie.

	ZU VERKAUFEN	KÄUFER/KÄUFERIN	PREIS
1.			
2.			
3.			
4.			
5.			

Lektüre

Vor dem Lesen

A. Beantworten Sie die folgenden Fragen.

1. Was sehen Sie auf dem Foto?
2. Warum heißt der Film wohl „Im Juli"?
3. Wer ist der Regisseur?
4. Wann startete der Film im Kino?

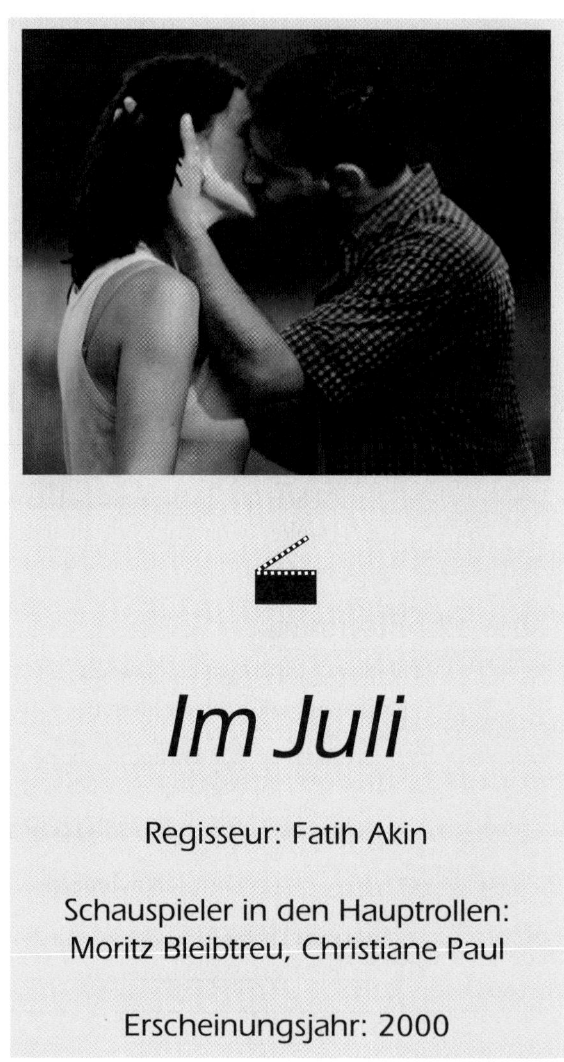

Im Juli
Regisseur: Fatih Akin
Schauspieler in den Hauptrollen:
Moritz Bleibtreu, Christiane Paul
Erscheinungsjahr: 2000

B. Lesen Sie die Wörter im Miniwörterbuch. Suchen Sie sie im Text und unterstreichen Sie sie.

Miniwörterbuch

langweilig	boring
flippig	weird, funky
das **Pech**	bad luck
fahren	to drive
der **Liebeskummer**	love problems

Film: *Im Juli*

Der junge Lehrer Daniel (Moritz Bleibtreu) lebt in Hamburg und ist ein sehr langweiliger Typ. Nur die flippige Schmuckverkäuferin Juli (Christiane Paul) interessiert sich für ihn. In den Sommerferien trifft Daniel auf einer Party die Türkin Melek (Idil Üner). Sie ist auf dem Weg nach Istanbul. Daniel verliebt sich sofort in seine „Traumfrau". Pech für Juli, die auch auf die Party kommt! Als Melek am nächsten Morgen in die Türkei fliegt, fährt Daniel seiner großen Liebe mit dem Auto nach – 2700 Kilometer bis nach Istanbul. Auf der Autobahn trifft er Juli wieder. Sie will aus Liebeskummer einfach wegtrampen. Daniel nimmt sie in seinem Auto mit. Für Juli und Daniel beginnt eine wilde Odyssee und eine Reise in ein neues Leben. Am Ende ist Daniel ein anderer Typ: nicht mehr der schüchterne und langweilige Lehrer, sondern ein cooler Lover und auch Juli ist keine traurige junge Frau mit Liebeskummer mehr.

Arbeit mit dem Text

Welche Aussagen sind falsch? Verbessern Sie die falschen Aussagen.

1. Daniel kommt aus Hamburg.
2. Auf einer Reise lernt Daniel die Türkin Melek kennen.
3. Juli liebt den langweiligen Daniel.
4. Daniel fährt mit dem Motorrad nach Istanbul.
5. Juli fliegt mit Melek in die Türkei.
6. Am Ende der Reise ist Daniel nicht mehr langweilig.

Nach dem Lesen

A. Suchen Sie weitere Informationen über den Regisseur Fatih Akin im Internet.

1. Woher kommt Fatih Akin?
2. Woher kommen seine Eltern?
3. Wie alt ist er?
4. Wie heißt sein erster Film?
5. Welche Preise haben seine Filme bekommen[1]?

B. Sehen Sie den Trailer zum Film im Internet an und gestalten Sie Ihr eigenes Filmposter.

[1] *received*

Vergnügen

Grammatik 2.5–2.6

Herr Wagner schläft gern.

Jens fährt gern Motorrad.

Sofie trägt gern Hosen.

Melanie lädt gern Freunde ein.

Mehmet läuft gern im Wald.

Ernst isst gern Eis.

Hans liest gern Bücher.

Natalie sieht gern fern.

Situation 13 | Interview: Was machst du lieber?

MODELL: S1: Schwimmst du lieber im Meer oder lieber im Schwimmbad?
S2: Lieber im Meer.

1. Isst du lieber zu Hause oder lieber im Restaurant?
2. Spielst du lieber Volleyball oder lieber Basketball?
3. Trägst du lieber ein Hemd (eine Bluse) oder lieber ein T-Shirt?
4. Fährst du lieber Fahrrad oder lieber Motorrad?
5. Schreibst du lieber Postkarten oder lieber Briefe?
6. Liest du lieber Zeitungen oder lieber Bücher?
7. Lädst du lieber Freunde oder lieber Verwandte ein?
8. Läufst du lieber im Wald oder lieber in der Stadt?
9. Fährst du lieber ans Meer oder lieber in die Berge?
10. Schläfst du lieber im Hotel oder lieber im Zelt?

Situation 14 | Umfrage: Fährst du jedes Wochenende nach Hause?

MODELL: S1: Fährst du jedes Wochenende nach Hause?
S2: Ja.
S1: Unterschreib bitte hier.

	UNTERSCHRIFT
1. Fährst du jedes Wochenende nach Hause?	___________________
2. Schläfst du manchmal im Klassenzimmer?	___________________
3. Vergisst du oft wichtige Geburtstage?	___________________

4. Siehst du mehr als vier Stunden pro Tag fern? ______________
5. Trägst du oft eine Krawatte? ______________
6. Lädst du oft Freunde ein? ______________
7. Liest du jeden Tag eine Zeitung? ______________
8. Sprichst du mehr als zwei Sprachen? ______________

Situation 15 | Informationsspiel: Was machen sie gern?

MODELL: S1: Was trägt Richard gern?
S2: Pullis.
S1: Was trägst du gern?
S2: ______

	Richard	Josef und Melanie	mein(e) Partner(in)
fahren	Motorrad		
tragen		Jeans	
essen	Wiener Schnitzel		
sehen	Fußball		
vergessen		ihr Alter	
waschen	sein Auto		
treffen	seine Freundin		
einladen	seinen Bruder		
sprechen		Englisch	

Kultur ... Landeskunde ... Informationen

Vergnügen

Was ist am Wochenende für Sie am wichtigsten[1]? Kreuzen Sie an:

- Ausschlafen ☐
- Fernsehen ☐
- Sport ☐
- Lesen ☐
- Hobbys ☐
- Freunde einladen ☐

Lesen Sie zuerst, was Deutschen am Wochenende am wichtigsten ist. Beantworten Sie dann die Fragen.

- „Glotze" ist ein anderes Wort für ______.
- In welchen vier Bereichen gibt es Unterschiede zwischen Männern und Frauen?
- Sind Hobbys wichtiger für Frauen oder für Männer?
- Wer liest lieber, Männer oder Frauen?
- Machen Sie dieselbe Umfrage in Ihrem Kurs. Wie ist das Resultat? Gibt es auch Unterschiede zwischen Männern und Frauen? Ist das Resultat typisch (repräsentativ) für Studenten?

FOCUS-FRAGE

„Was ist Ihnen am Wochenende am wichtigsten?"

GLOTZE TOTAL

von 1300 Befragten* antworteten

Fernsehen	**49%**
Familienleben	**45%**
Ausschlafen	**44%**
Ausflüge[2] machen	**37%**
Natur erleben[3]	**35%**
Hobbys	**34%**
Lesen	**32%**
Partnerschaft pflegen[4]	**27%**
Faulenzen[5]	**26%**
Ausgehen/Kneipen[6]	**23%**
In Ruhe einkaufen	**19%**
Sport	**18%**
Kultur/Kino/Konzerte	**17%**
Reparaturen erledigen[7]	**16%**

Deutliche[8] Unterschiede[9] zwischen Männern und Frauen gibt es in den Bereichen[10] „Familienleben" (38 % zu 51 %), „Hobbys" (43 % zu 26 %), „Lesen" (24 % zu 39 %) und „Reparaturen" (28 % zu 6 %). Die alten und neuen Bundesländer unterscheiden sich am meisten bei „Familienleben" (43 % zu 52 %) und „Faulenzen" (29 % zu 17 %)

* Repräsentative Umfrage des Sample-Instituts für Focus Mehrfachnennungen möglich

[1]*am ... most important* [2]*excursions, outings* [3]*to experience* [4]*to nurture* [5]*to take it easy, be lazy* [6]*bars, taverns* [7]*to take care of, handle* [8]*Significant* [9]*differences* [10]*areas*

Situation 16 | Bildgeschichte: Ein Tag in Silvias Leben

Videoecke 

- Was für Hobbys hast du?
- Gehst du gern auf Partys?
- Was gehört zu einer richtigen Party?
- Gehst du oft ins Kino?
- Welche Filme guckst du gern?
- Gehst du gern einkaufen?
- Wofür gibst du das meiste Geld aus?
- Trägst du gern Schmuck?
- Besitzt du irgendwas Besonderes?
- Wie hast du das bekommen?

Yvonne kommt aus Rochlitz (Sachsen). Sie studiert Erziehungswissenschaften und Sozialpädagogik.

Ulrike kommt aus Berlin. Sie studiert Dolmetschen und Übersetzen Englisch–Spanisch, Journalistik und Deutsch als Fremdsprache.

Aufgabe 1

Was sagt Yvonne? Verbinden Sie die beiden Satzhälften.

1. Am Wochenende, wenn ich Zeit habe, _____
2. Ich gehe sehr gern auf Partys _____
3. Ich gehe sehr gern ins Kino, _____
4. Ich gehe sehr gern einkaufen _____
5. Das meiste Geld gebe ich für Lebenshaltungskosten aus _____
6. Ich trage sehr gern Schmuck, _____
7. Das ist eine silberne Brosche _____

a. aber meist nur zu besonderen Anlässen.
b. male ich Aquarelle oder mit Ölfarben.
c. nur momentan habe ich leider nicht viel Zeit.
d. und dann bummel' ich in Leipzig durch die Innenstadt.
e. und dann natürlich für Kleidung.
f. und die stammt aus dem 19. Jahrhundert.
g. von meinen Freundinnen.

Aufgabe 2

A. Worüber spricht Ulrike? Unterstreichen Sie die Wörter, die Sie hören!

schwimmen
Fahrrad fahren
joggen
Inline skaten
tauchen
Ski fahren
Step-Aerobic
lesen
viele nette Leute
gute Stimmung
Spaß haben
Musik
tanzen
essen und trinken
Klamotten
weggehen
Action-Filme
Komödien
Krimis
Liebesfilme
Dramas
Horrorfilme
Ohrringe
Ring
Brosche
Kette
Tauchausrüstung

B. Ordnen Sie die Wörter den folgenden Kategorien zu: Hobbys, Party, Filme, Besitz.

Wortschatz

Besitz	Possessions
der **Fernseher, -**	TV set
der **Rucksack, ¨-e**	backpack
der **Schlafsack, ¨-e**	sleeping bag
der **Schlitten, -**	sled
der **Schmuck**	jewelry
der **Schreibtisch, -e**	desk
der **Wecker, -**	alarm clock
das **Bild, -er**	picture
das **Boot, -e**	boat
das **Fahrrad, ¨-er**	bicycle
das **Handy, -s** [hɛndi]	cellular phone
das **Klavier, -e**	piano
das **Pferd, -e**	horse
das **Surfbrett, -er**	surfboard

Ähnliche Wörter

die **Kamera, -s**; die **Kinokarte, -n**; der **CD-Spieler, -**; der **Computer, -**; der **DVD-Spieler, -**; das **Videospiel, -e**; der **Walkman, Walkmen**; der **Wanderschuh, -e**; das **Buch, ¨-er** (R); das **Songbuch, ¨-er**; das **Wörterbuch, ¨-er**; das **Radio, -s**; das **Telefon, -e** (R); das **Autotelefon, -e**

Haus und Wohnung	Home and Apartment
der **Schrank, ¨-e**	wardrobe
der **Sessel, -**	armchair
der **Stuhl, ¨-e** (R)	chair
der **Teppich, -e**	carpet
das **Regal, -e**	bookshelf, bookcase
das **Zimmer, -** (R)	room

Ähnliche Wörter

die **Katze, -n**; der **Hund, -e**; das **Haus, ¨-er** (R)

Kleidung und Schmuck	Clothes and Jewelry
die **Halskette, -n**	necklace
die **Sonnenbrille, -n** (R)	sunglasses
die **Sporthose, -n**	tights, sports pants
die **Unterhose, -n**	underpants
der **Bademantel, ¨-**	bathrobe
der **Gürtel, -**	belt
der **Handschuh, -e**	glove
das **Armband, ¨-er**	bracelet
das **Nachthemd, -en**	nightshirt
das **Unterhemd, -en**	undershirt

Ähnliche Wörter

die **Jeans** (*pl.*); die **Socke, -n**; der **Pullover, -**; der **Pulli, -s**; der **Ring, -e**; der **Ohrring, -e** (R); der **Schal, -s**; das **Piercing**; das **T-Shirt, -s**

Sonstige Substantive	Other Nouns
die **Art, -en**	kind, type
die **Bibliothek, -en**	library
die **Einladung, -en**	invitation
die **Lust**	desire
hast du Lust?	do you feel like it?
die **Mensa, Mensen**	student cafeteria
die **Mitbewohnerin, -nen**	female roommate, housemate
die **Reihenfolge, -n**	order, sequence
die **Sache, -n**	thing
die **Stadt, ¨-e**	city
die **Stunde, -n**	hour
die **Tasse, -n**	cup
die **Telefonzelle, -n**	telephone booth
die **Zeitung, -en**	newspaper
der **Gruselfilm, -e**	horror film
der **Haarschnitt, -e**	haircut
der **Mensch, -en**	person
Mensch!	Man! Oh boy! (*coll.*)
der **Mitbewohner, -**	male roommate, housemate
der **Wald, ¨-er**	forest, woods
im Wald laufen	to run in the woods
das **Frühstück, -e**	breakfast
das **Geld**	money
das **Geschäft, -e**	store
das **Geschenk, -e**	present
das **Jahr, -e**	year
das **Studentenheim, -e**	dorm
das **Vergnügen**	pleasure
das **Zelt, -e**	tent
die **Verwandten** (*pl.*)	relatives

Ähnliche Wörter

die **Karte, -n** (R); die **Geburtstagskarte, -n**; die **Postkarte, -n**; die **Telefonkarte, -n**; die **Party, -s** (R); die **Pizza, -s**; der **Basketball, ¨-e**; der **Bus, -se**; der **Film, -e**; der **Flohmarkt, ¨-e**; der **Geburtstag, -e** (R); der **Kilometer, -**; das **Bier, -e**; das **Ding, -e**; das **Eis**; das **Fax, -e**; das **Hotel, -s**; das **Restaurant, -s**; das **Telegramm, -e**

Verben	Verbs
an·schauen	to look at
aus·sehen, sieht ... aus	to look
es sieht gut aus	it looks good
ein·laden, lädt ... ein	to invite
essen, isst	to eat
fahren, fährt	to drive, ride
glauben	to believe
klingeln	to ring
laufen, läuft (R)	to run
lieben	to love
möchte	would like
recht haben	to be right
schicken	to send
schlafen, schläft	to sleep
Sport treiben	to do sports
stehen	to stand
das steht / die stehen dir gut!	that looks / they look good on you
treffen, trifft	to meet
treffen wir uns ...	let's meet . . .
verkaufen	to sell
wissen, weiß	to know
ziehen	to move

Ähnliche Wörter

bringen; **finden**; **gratulieren**; **kosten**; **sehen, sieht**; **vergessen, vergisst**; **waschen, wäscht**

Adjektive und Adverbien	Adjectives and Adverbs
bequem	comfortable
billig	cheap, inexpensive
dringend	urgent(ly)
echt	real(ly)
einfach	simple, simply
falsch	wrong
ganz	whole; *here:* quite
grell	gaudy, shrill; *here:* cool, neat
hässlich	ugly
hübsch (R)	pretty

langweilig	boring
richtig	right, correct
schlecht	bad
schwierig	difficult
teuer	expensive
toll	neat, great
wertvoll	valuable, expensive
wichtig	important
ziemlich	rather
ziemlich groß	pretty big

Ähnliche Wörter

besser; schick

Possessivpronomen	Possessive Adjectives
dein, deine, deinen	your (*informal sg.*)
euer, eure, euren	your (*informal pl.*)
ihr, ihre, ihren	her, its; their
Ihr, Ihre, Ihren	your (*formal*)
mein, meine, meinen	my
sein, seine, seinen	his, its
unser, unsere, unseren	our

Präpositionen	Prepositions
an	at; on; to
am Samstag	on Saturday
am Telefon	on the phone
ans Meer	to the sea
bei	with; at
bei Monika	at Monika's
bis	until
bis acht Uhr	until eight o'clock
für	for
zu	to; for (*an occasion*)
zur Uni	to the university
zum Geburtstag	for someone's birthday

Sonstige Wörter und Ausdrücke	Other Words and Expressions
alles	everything
alles Mögliche	everything possible
also	well, so, thus
da	there
dich	you (*accusative case*)
diese, diesen, dieser, dieses	this; these
ein paar	a few
etwas	something
heute Abend	this evening
ihn	him; it (*accusative case*)
kein, keine, keinen	no; none
klar!	of course!
lieber	rather
ich gehe lieber ...	I'd rather go . . .
mittags	at noon
morgen	tomorrow
natürlich	naturally
nie	never
niemand	no one, nobody
schon	already
vielleicht	perhaps
wenn	if; when
zusammen	together

Strukturen und Übungen

2.1 The accusative case

Wissen Sie noch?

Case indicates the function of a noun in a sentence.

Review grammar A.3.

nominative = subject
accusative = direct object

The nominative case designates the subject of a sentence; the accusative case commonly denotes the object of the action implied by the verb, such as what is being possessed, looked at, or acted on by the subject of the sentence.

Jutta hat einen Wecker. — *Jutta has an alarm clock.*
Jens kauft eine Lampe. — *Jens buys a lamp.*

Here are the nominative and accusative forms of the definite and indefinite articles.

	Tisch (*m.*)	Bett (*n.*)	Lampe (*f.*)	Bücher (*pl.*)
Nominative *Accusative*	der den	das	die	die
Nominative *Accusative*	ein einen	ein	eine	–

Note that only the masculine has a different form in the accusative case.

Der Teppich ist schön. Kaufst du **den** Teppich? — *The rug is beautiful. Are you going to buy the rug?*

Übung 1 | Im Kaufhaus

Was kaufen diese Leute? Was kaufen Sie?

MODELL: Jens kauft **den** Wecker, das Regal und den DVD-Spieler.

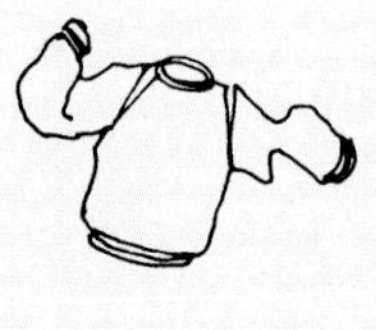

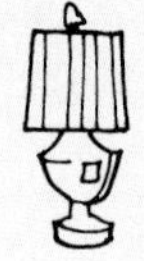

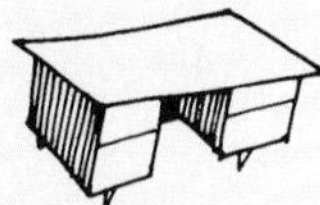

	Jens	Ernst	Melanie	Jutta	ich
der Pullover	–	–	–	+	
der Wecker	+	–	–	–	
die Tasche	–	+	+	–	
das Regal	+	–	+	–	
die Lampe	–	–	–	+	
die Stühle	–	+	–	–	
der DVD-Spieler	+	–	–	+	
der Schreibtisch	–	+	+	–	

Übung 2 Ihr Zimmer

Was haben Sie in Ihrem Zimmer?

MODELL: Ich habe einen/eine/ein/_____, ...

das Bett
das Bild / die Bilder
die Bücher
der CD-Spieler
der Fernseher
die Gitarre
das Klavier
die Lampe / die Lampen
das Radio
das Regal / die Regale
der Schrank
der Schreibtisch
der Sessel
der Stuhl / die Stühle
das Telefon
der Teppich
der Wecker
_____

2.2 The negative article: *kein, keine*

Kein and **keine** (*not a, not any, no*) are the negative forms of **ein** and **eine.**

Im Klassenzimmer sind **keine** Fenster. — *There aren't any / are no windows in the classroom.*
Stefan hat **keinen** Schreibtisch. — *Stefan doesn't have a desk.*

The negative article has the same endings as the indefinite article **ein.** It also has a plural form: **keine.**

ein → kein
einen → keinen
eine → keine
[plural] → **keine**

	Teppich (*m.*)	Regal (*n.*)	Uhr (*f.*)	Stühle (*pl.*)
Nominative/Accusative	ein/einen	ein	eine	–
Nominative/Accusative	kein/keinen	kein	keine	keine

—Hat Katrin **einen** Schrank? — *Does Katrin have a wardrobe?*
—Nein, sie hat **keinen** Schrank. — *No, she doesn't have a wardrobe.*
—Hat Katrin **Bilder** an der Wand? — *Does Katrin have pictures on the wall?*
—Nein, sie hat **keine** Bilder an der Wand. — *No, she has no pictures on the wall.*

Übung 3 | Vergleiche[1]

Wer hat was? Was haben Sie?

MODELL: Albert hat keinen Computer. Er hat einen Fernseher und eine Gitarre, aber er hat kein Fahrrad. Er hat ein Telefon und Bilder, aber er hat keinen Teppich.

	Albert	Heidi	Monika	ich
der Computer	–	+	–	
der Fernseher	+	–	–	
die Gitarre	+	+	–	
das Fahrrad	–	–	+	
das Telefon	+	+	+	
die Bilder	+	–	+	
der Teppich	–	+	+	

2.3 What would you like? *Ich möchte ...*

Use **möchte** (would like) to express that you would like to have something. The thing you want is in the accusative case.

Ich möchte **eine Tasse Kaffee,** bitte.	*I'd like a cup of coffee, please.*
Hans möchte **einen Fernseher** zum Geburtstag.	*Hans would like a TV set for his birthday.*

Möchte is particularly common in polite exchanges, for example in shops or restaurants.

KELLNER: Was möchten Sie?	WAITER: *What would you like?*
GAST: Ich möchte ein Bier.	CUSTOMER: *I'd like a beer.*

[1] *Comparisons*

möchte = *would like*

Following are the forms of **möchte.** Note that the **er/sie/es**-form does not follow the regular pattern; it does not end in **-t.**

möchte			
ich	möchte	wir	möchten
du	möchtest	ihr	möchtet
Sie	möchten	Sie	möchten
er / sie / es	möchte	sie	möchten

Wissen Sie noch?

The **Satzklammer** forms a frame or a bracket consisting of the main verb and either a separable prefix or an infinitive.

Review grammar 1.5.

To say that someone would like to do something, use **möchte** with the infinitive of the verb that expresses the action. This infinitive appears at the end of the sentence. Think of the **Satzklammer** used with separable-prefix verbs, and pattern your **möchte** sentences after it. Other verbs similar to **möchte** are explained in **Kapitel 3.**

Peter möchte einen Mantel kaufen. Sofie möchte ein Eis essen.

Übung 4 | Der Wunschzettel

Was, glauben Sie, möchten diese Personen?

MODELL: Meine beste Freundin möchte einen Ring.

das Auto	die Katze	der Ring
der Computer	der Koffer	die Rollerblades
der DVD-Spieler	das Motorrad	die Sonnenbrille
der Fernseher	die Ohrringe	die Sportschuhe
die Hose	der Pullover	der Teppich
der Hund	das Radio	der Videorekorder

1. Ich ____
2. Mein bester Freund / Meine beste Freundin ____
3. Meine Eltern ____
4. Mein Mitbewohner / Meine Mitbewohnerin und ich ____
5. Mein Nachbar / Meine Nachbarin in der Klasse ____
6. Mein Professor / Meine Professorin ____
7. Mein Bruder / Meine Schwester ____

2.4 Possessive adjectives

Use the possessive adjectives **mein, dein,** and so forth to express ownership.

—Ist das **dein** Fernseher?	*Is this your TV?*
—Nein, das ist nicht **mein** Fernseher.	*No, that's not my TV.*
—Ist das Sofies Gitarre?	*Is this Sofie's guitar?*
—Ja, das ist **ihre** Gitarre.	*Yes, that's her guitar.*

Here are the nominative neuter forms of the possessive adjectives.

Just as the personal pronoun **sie** can mean either *she* or *they*, the possessive adjective **ihr** can mean either *her* or *their*. When it is capitalized as **Ihr,** it means *your* and corresponds to the formal **Sie** (*you*).

Singular	Plural
mein Auto (*my car*)	**unser** Auto (*our car*)
dein Auto (*your car*) **Ihr** Auto (*your car*)	**euer** Auto (*your car*) **Ihr** Auto (*your car*)
sein Auto (*his/its car*) **ihr** Auto (*her/its car*)	**ihr** Auto (*their car*)

Note the three forms for English *your:* **dein** (*informal singular*), **euer** (*informal plural*), and **Ihr** (*formal singular* or *plural*).

Albert und Peter, wo sind **eure** Bücher?	*Albert and Peter, where are your books?*
Öffnen Sie **Ihre** Bücher auf Seite 133.	*Open your books to page 133.*

Possessive adjectives have the same endings as **ein** and **eine.**
ein → **mein**
eine → **meine**
einen → **meinen**
[plural] → **meine**

Possessive adjectives have the same endings as the indefinite article **ein.** They agree in case (*nominative* or *accusative*), gender (*masculine, neuter,* or *feminine*), and number (*singular* or *plural*) with the noun that they precede.

Mein Pulli ist warm. Möchtest du **meinen** Pulli tragen?	*My sweater is warm. Would you like to wear my sweater?*
Josef verkauft **seinen** Computer.	*Josef is selling his computer.*

Like **ein,** the forms of possessive adjectives are the same in the nominative and accusative cases—except for the masculine singular, which has an **-en** ending in the accusative.

Possessive Adjectives
Nominative and Accusative Cases

	Ring (*m.*)	*Armband* (*n.*)	*Halskette* (*f.*)	*Ohrringe* (*pl.*)
my	mein/meinen	mein	meine	meine
your	dein/deinen	dein	deine	deine
your	Ihr/Ihren	Ihr	Ihre	Ihre
his, its	sein/seinen	sein	seine	seine
her, its	ihr/ihren	ihr	ihre	ihre
our	unser/unseren	unser	unsere	unsere
your	euer/euren	euer	eure	eure
your	Ihr/Ihren	Ihr	Ihre	Ihre
their	ihr/ihren	ihr	ihre	ihre

Übung 5 | Hans und Helga

Beschreiben Sie Hans und Helga.

Seine Haare sind braun.
_____ Augen sind grün.
_____ Halskette ist lang.
_____ Schuhe sind schmutzig.
_____ Gitarre ist alt.
_____ Zimmer ist groß.
_____ Fenster ist klein.

Ihre Haare sind blond.
_____ Augen sind blau.
_____ Halskette ist ...
...
...
...
...

Übung 6 | Minidialoge

Ergänzen Sie **dein, euer** oder **Ihr.** Verwenden Sie die richtige Endung.

1. FRAU GRETTER: Wie finden Sie meinen Pullover?
   HERR WAGNER: Ich finde _____ Pullover sehr schön.
2. BERND: Weißt du, wo meine Brille ist, Veronika?
   VERONIKA: _____ Brille ist auf dem Tisch.
3. OMA SCHMITZ: Helga! Sigrid! Räumt _____ Schuhe auf!
   HELGA UND SIGRID: Ja, gleich, Oma.
4. HERR RUF: Jutta! Komm mal ans Telefon! _____ Freundin ist am Apparat[1].
   JUTTA: Ich komme.
5. HERR SIEBERT: Beißt _____ Hund?
   FRAU KÖRNER: Was glauben Sie denn! Natürlich beißt mein Hund nicht.
6. NORA: Morgen möchte ich zu meinen Eltern fahren.
   PETER: Wo wohnen _____ Eltern?
   NORA: In Santa Cruz.
7. JÜRGEN: Silvia und ich, wir verkaufen unseren Computer.
   ANDREAS: _____ Computer! Der ist so alt, den kauft doch niemand!

Wissen Sie noch?

Use **du (dein)** and **ihr (euer)** to address people whom you know well and whom you address by their first name. Use **Sie (Ihr)** for all other people.

Review grammar A.5.

[1] *phone*

Übung 7 | Flohmarkt

Sie und die Studenten und Studentinnen in Frau Schulz' Deutschkurs brauchen Geld und organisieren einen Flohmarkt. Schreiben Sie Sätze. Wer verkauft was?

MODELL: Monika verkauft ihre CDs.

Monika	verkaufe	ihr	Computer (der)
Thomas	verkaufen	ihre	Ohrring (der)
ich	verkaufen	ihre	Wörterbuch (das)
Katrin	verkaufen	ihren	DVD-Spieler (der)
Peter und Heidi	verkauft	ihren	CDs (*pl.*)
wir	verkauft	mein	Bücher (*pl.*)
Stefan	verkauft	seine	Gitarre (die)
Nora und Albert	verkauft	seinen	Bilder (*pl.*)
Frau Schulz	verkauft	unsere	Telefon (das)

2.5 The present tense of stem-vowel changing verbs

In some verbs, the stem vowel changes in the **du-** and the **er/sie/es-**forms.

—**Schläfst** du gern?	*Do you like to sleep?*
—Ja, ich **schlafe** sehr gern.	*Yes, I like to sleep very much.*
Ich **lese** viel, aber Ernst **liest** mehr.	*I read a lot, but Ernst reads more.*

These are the types of vowel changes you will encounter.

There are four types of stem vowel changes: **a → ä, au → äu, e → i, e → ie.**

a → ä	fahren:	du fährst	er/sie/es fährt	*to drive*
	schlafen:	du schläfst	er/sie/es schläft	*to sleep*
	tragen:	du trägst	er/sie/es trägt	*to wear*
	waschen:	du wäschst	er/sie/es wäscht	*to wash*
	einladen*:	du lädst ... ein	er/sie/es lädt ... ein	*to invite*
au → äu†	laufen:	du läufst	er/sie/es läuft	*to run*
e → i	essen:	du isst‡	er/sie/es isst	*to eat*
	geben:	du gibst	er/sie/es gibt	*to give*
	sprechen:	du sprichst	er/sie/es spricht	*to speak*
	treffen:	du triffst	er/sie/es trifft	*to meet*
	vergessen:	du vergisst‡	er/sie/es vergisst	*to forget*
e → ie§	lesen:	du liest‡	er/sie/es liest	*to read*
	sehen:	du siehst	er/sie/es sieht	*to see*
	fernsehen:	du siehst ... fern	er/sie/es sieht ... fern	*to watch TV*

Achtung!

—Läufst du **gern** in der Stadt?	*Do you like to jog in the city?*
—Nein, ich laufe **lieber** im Wald.	*No, I prefer jogging in the forest.*

Jürgen **läuft** jeden Tag 10 Kilometer.	*Jürgen runs 10 kilometers every day.*
Ernst **isst** gern Pizza.	*Ernst likes to eat pizza.*
Michael **sieht** gern **fern.**	*Michael likes to watch TV.*

*Recall that verb stems ending in **-d** or **-t** insert an **-e-** before another consonant: **ich arbeite, du arbeitest.** Verb forms that contain a vowel change do not insert an **-e-: du lädst ein.** Verb forms without this vowel change, however, do insert an **-e-: ihr ladet ein.**

†Recall that **äu** is pronounced as in English *boy.*

‡Recall that verb stems that end in **-s, -ß, -z,** or **-x** do not add **-st** in the **du-**form, but only **-t.**

§Recall that **ie** is pronounced as in English *niece.*

Übung 8 | Minidialoge

Ergänzen Sie das Pronomen.

1. OMA SCHMITZ: Seht _____[a] gern fern?
   HELGA UND SIGRID: Ja, _____[b] sehen sehr gern fern.
2. FRAU GRETTER: Lesen _____[a] die Zeitung?
   MARIA: Im Moment nicht. _____[b] lese gerade ein Buch.
3. HERR SIEBERT: Isst Ihre Tochter gern Eis?
   HERR RUF: Nein, _____[a] isst lieber Joghurt. Aber da kommt mein Sohn, _____[b] isst sehr gern Eis.
4. SILVIA: Wohin[1] fährst _____[a] im Sommer?
   ANDREAS: _____[b] fahre nach Spanien. Und wohin fahrt _____[c]?
   SILVIA: _____[d] fahren nach England.

Übung 9 | Jens und Jutta

Ergänzen Sie das Verb. Verwenden Sie die folgenden Wörter.

machen (2×)
fahren (2×)
essen (3×)
sehen
lesen
schlafen

MICHAEL: Was _____[a] Jutta und Jens gern?
ANDREA: Jutta _____[b] sehr gern Motorrad. Jens _____[c] lieber fern.
MICHAEL: Was essen sie gern? _____[d] Jens gern Chinesisch?
ERNST: Jens _____[e] gern Italienisch, aber nicht Chinesisch. Und Jutta _____[f] gern bei McDonald's.
MICHAEL: Und ihr, was _____[g] ihr gern?
ANDREA: Ich _____[h] gern Bücher und Ernst _____[i] gern. Und im Winter _____[j] wir gern Schlitten.

Übung 10 | Was machen Sie gern?

Sagen Sie, was Sie gern machen, und bilden Sie Fragen.

MODELL: ich/du: bei McDonald's essen →
Ich esse (nicht) gern bei McDonald's. Isst du auch (nicht) gern bei McDonald's?

1. wir/ihr: Deutsch sprechen
2. ich/du: Freunde einladen
3. ich/du: im Wald laufen
4. ich/du: Pullis tragen
5. wir/ihr: fernsehen
6. ich/du: Fahrrad fahren
7. wir/ihr: die Hausaufgabe vergessen
8. ich/du: schlafen

[1] *Where*

2.6 Asking people to do things: the *du*-imperative

Use the **du**-imperative when addressing people you normally address with **du,** such as friends, relatives, other students, and the like. It is formed by dropping the **-(s)t** ending from the present-tense **du**-form of the verb. The pronoun **du** is not used.

Drop the **-(s)t** from the **du**-form to get the **du**-imperative.

(du) arbeitest →	Arbeite!	*Work!*
(du) isst →	Iss!	*Eat!*
(du) kommst →	Komm!	*Come!*
(du) öffnest →	Öffne!	*Open!*
(du) siehst →	Sieh!	*See!*
(du) tanzt →	Tanz!	*Dance!*

Verbs whose stem vowel changes from **a(u)** to **ä(u)** drop the umlaut in the **du**-imperative.

(du) fährst →	Fahr!	*Drive!*
(du) läufst →	Lauf!	*Run!*

Wissen Sie noch?

To form commands for people you address with **Sie,** invert the subject and verb: **Sie kommen mit.** → **Kommen Sie mit!**

Review grammar A.1.

Imperative sentences always begin with the verb.

Trag mir bitte die Tasche.	*Please carry the bag for me.*
Öffne bitte das Fenster.	*Open the window, please.*
Reite nicht so schnell!	*Don't ride so fast!*
Sieh nicht so viel fern!	*Don't watch so much TV!*

Übung 11 | Probleme, Probleme

Peter spricht mit Heidi über seine Probleme. Heidi sagt ihm, was er machen soll.

MODELL: PETER: Ich vergesse alles. (1)
HEIDI: Schreib es dir auf! (e)

1. Ich vergesse alles.	a. Treib Sport!
2. Ich sehe den ganzen Tag fern.	b. Trink Cola!
3. Ich arbeite zu viel.	c. Lies ein Buch!
4. Ich bin zu dick.	d. Mach eine Pause!
5. Ich trinke zu viel Kaffee.	e. Schreib es dir auf!
6. Ich esse zu viel Eis.	f. Fahr Fahrrad!
7. Mein Pullover ist alt.	g. Iss lieber Joghurt!
8. Ich koche nicht gern Italienisch.	h. Lade deine Freunde ein!
9. Das Wochenende ist langweilig.	i. Kauf dir einen neuen Pullover!
10. Ich fahre nicht gern Auto.	j. Koch Chinesisch!

Wer Jemandt hie der gern welt lernen dütsch schriben und läsen
vß dem aller kürtzisten grundt den Jeman erdencken kan Do durch
ein Jeder der vor nit ein büchstaben kan der mag kürtzlich und bald
begriffen ein grundt do durch er mag von jm selbs lernen sin schuld
uff schribē und läsen und wer es nit gelernen kan so ungeschickt
were den will ich um̄ nut und vergeben gelert haben und ganz nüt
von jm zů lon nem̄en er sig wer er well burger oder hantwercks ge
sellen frouwen und junckfrouwen wer sin bedarff der kum̄ har jn der
wirt drüwlich gelert um̄ ein zimlichen lon · aber die junge knabē
und meitlin noch den fronvasten · wie gewonheit ist · 1516 ·

Ambrosius Holbein: *Ein Schulmeister und seine Frau bringen drei Knaben und einem Mädchen das Lesen bei* (1516), Kunstmuseum, Basel

AMBROSIUS HOLBEIN

Dieses Gemälde[1] von Ambrosius Holbein (1494–1519) entstand als Aushängeschild[2] eines Schulmeisters. Das Schulmeisterschild zeigt einen Lehrer und seine Frau, die drei Jungen und einem Mädchen das Lesen beibringen[3].

[1]*painting* [2]*signboard* [3]*are teaching*

KAPITEL 3

Talente, Pläne, Pflichten

In **Kapitel 3**, you will learn how to describe your talents and those of others. You will learn how to express your intentions and how to talk about obligation and necessity. You will also learn additional ways to describe how you or other people feel.

Themen

Talente und Pläne
Pflichten
Ach, wie nett!
Körperliche und geistige Verfassung

Kulturelles

Videoblick: Handys in der Schule
Jugendschutz
Schuljahr und Zeugnisse
Videoecke: Fähigkeiten und Pflichten

Lektüren

Das Geheimnis der Küchenbank (Ulrike Kaup)
Die PISA-Studie

Strukturen

3.1 The modal verbs **können, wollen, mögen**
3.2 The modal verbs **müssen, sollen, dürfen**
3.3 Accusative case: personal pronouns
3.4 Word order: dependent clauses
3.5 Dependent clauses and separable-prefix verbs

Situationen

Talente und Pläne

Grammatik 3.1

Peter kann ausgezeichnet kochen.

Rosemarie und Natalie können gut zeichnen.

Claire kann gut Deutsch.

Melanie und Josef wollen heute Abend zu Hause bleiben und lesen.

Silvia will für Jürgen einen Pullover stricken.

Sofie und Willi wollen tanzen gehen.

Situation 1 | Kochen

Bringen Sie die Sätze in die richtige Reihenfolge.

__5__ Spaghetti esse ich besonders gern.
__6__ Dann komm doch mal vorbei.
__4__ Nicht so gut. Aber ich kann sehr gut Spaghetti machen.
__3__ Kannst du Chinesisch kochen?
__1__ Kochst du gern?
__2__ Ja, ich koche sehr gern.
__7__ Ja, gern! Vielleicht Samstag?
__8__ Gut! Bis Samstag.

Situation 2 | Informationsspiel: Kann Katrin kochen?

MODELL: S1: Kann Peter kochen?
S2: Ja, fantastisch.
S1: Kannst du kochen?
S2: Ja, aber nicht so gut.

[+]	ausgezeichnet fantastisch sehr gut gut	[0]	ganz gut so so	[–]	nicht so gut nur ein bisschen gar nicht kein bisschen

	Katrin	Peter	mein(e) Partner(in)
kochen	ganz gut	fantastich	sehr gut
zeichnen	sehr gut	kein bisschen	nicht so gut
tippen	nur ein bisschen	so so	sehr gut
Witze erzählen	ganz gut	so so	nicht so gut
tanzen	fantastich	sehr gut	fantastich
stricken	gar nicht	kein bisschen	gar nicht
Skateboard fahren	ganz gut	nicht so gut	nicht so gut
Geige spielen	ausgezeichnet	nur ein bisschen	kein bisschen
schwimmen	gut	nur ein bisschen	so so
ein Auto reparieren	nicht so gut	nicht so gut	kein bisschen

Situation 3 | Interview: Kannst du das?

Was können Sie besonders gut, nicht so gut, kein bisschen?

B = besonders gut
N = nicht so gut
K = kein bisschen

MODELL: S1: Ich kann besonders gut tauchen. Kannst du das?
S2: Ich kann nicht so gut tauchen.

	Ich	Partner/Partnerin
1. *tauchen*	kein bisschen	kein bisschen
2. *Gitarre spielen*	nicht so gut	kein bisschen
3. *ein Fahrrad reparieren*	kein bisschen	kein bisschen
4. *Schlittschuh laufen*	kein bisschen	kein bisschen
5. *Französisch*	kein bisschen	kein bisschen
6. *singen*	kein bisschen	kein bisschen
7. *Haare schneiden*	kein bisschen	kein bisschen
8. *Walzer tanzen*	kein bisschen	kein bisschen
9. *Tischtennis spielen*	nicht so gut	kein bisschen

Situation 4 | Ferienpläne

Melanie und Josef wollen beide einen Teil[1] ihrer Ferien zu Hause in Regensburg verbringen, aber auch eine Reise machen. Was wollen sie wo machen? Können sie etwas zusammen machen? Hören Sie zu und ergänzen Sie die Tabelle.

NÜTZLICHE WÖRTER

die Ausstellung	*exhibition*
die Garage	*garage*
die Querflöte	*transverse flute*
sitzen	*to sit*

	Melanie	Josef	beide zusammen
in München			
zu Hause in Regensburg			
auf der Reise			

Lektüre 

Lesehilfe

One approach to a short story is to focus on its global aspects—characters, place, time, and general action—before concentrating on detail. Read it several times at normal speed, resisting the urge to look up all new words. This serves two functions: (1) You understand the story more accurately because you never lose sight of the "big picture." (2) You learn vocabulary more effectively because you learn it in its full context.

Vor dem Lesen

A. The following children's story is entitled "The Secret of the Kitchen Bench." Look at the drawings and—keeping the title of the story in mind—guess what the story will be about. Come up with possible answers to these questions:

Wer sind die Hauptpersonen?	*Who are the main characters?*
Wo findet die Geschichte statt?	*Where does the story take place?*
Wann findet sie statt?	*When does it take place?*
Was passiert?	*What happens?*

B. The following words are important for the story. Match them with the sentences or phrases explaining or paraphrasing them. Then find these words in the story and underline them.

1. B das Autodach	a. the lid of a container
2. D etwas Langes	b. the roof of a car
3. G nach draußen	c. directly
4. A der Deckel	d. a long object
5. F wach werden	e. to cause someone to awaken
6. E wecken	f. the opposite of falling asleep
7. C schnurstracks	g. outside the house

[1] *part*

Das Geheimnis der Küchenbank

Marie schaut zum Küchenfenster hinaus. Sie ist schon lange fertig mit Frühstücken. „Guck mal[1], Papa", ruft sie plötzlich. „Guck mal, was Mama und Raul vom Flohmarkt mitbringen!" Auf dem Autodach ist etwas Langes festgeschnallt[2]. Es ist aus dunklem Holz und hat vier Beine, die in die Luft ragen. „Sieht aus wie eine Küchenbank zum Aufklappen", sagt Papa und stellt seine Kaffeetasse auf die Spüle.

Papa und Marie gehen nach draußen. Mit Mama und Raul tragen sie die Bank ins Haus. Mama ist schrecklich stolz. „Die Bank war ganz billig", sagt sie. „Nur den doofen Deckel kriegen wir nicht auf." „Der klemmt[3]", sagt Raul. „Das ist kein Problem", sagt Papa. „Das repariere ich morgen, da habe ich Zeit."

In der Nacht wird Raul plötzlich wach. Da hat es doch gerade geklopft![4] Er hört es ganz deutlich. Kerzengerade sitzt er im Bett. „Marie", ruft er leise. Aber Marie hat das Klopfen auch gehört und liegt bis zur Nase unter der Decke[5]. Raul klettert aus dem Bett und weckt Papa und Mama. „Du hast bestimmt geträumt[6]", beruhigt ihn Mama. „Jetzt klopft keiner mehr!" „Doch", flüstert Raul. „Da ist es wieder." Und jetzt hören Mama und Papa auch ganz deutlich, dass da einer klopft. Es kommt aus der Küche.

Mit einem Mal sind Mama und Papa hellwach. Papa springt aus dem Bett und marschiert schnurstracks in die Küche. Mama und Raul schleichen aufgeregt hinterher. Da steht Marie auch auf. Und dann starren alle auf die Bank. Papa versucht noch einmal den Deckel hochzuklappen[7]. Doch der bewegt sich nicht. „Verdammter Mist", flucht Papa. „Vielleicht geht es damit", sagt Mama und gibt Papa einen Tortenheber[8]. Papa schiebt den Tortenheber zwischen Deckel und Bank und versucht vorsichtig den Deckel anzuheben. Das Holz ächzt und knarrt. Dann ein Ruck und der Deckel springt auf. Im selben Moment hört man ein lautes Kreischen[9].

Vor Schreck lässt Papa den Tortenheber fallen. Ein bleiches[10] Gesicht sieht Papa an, dann Mama und Raul und dann Marie. Es hat zwei funkelnde Augen, einen blassen Mund und zwei blitzende Eckzähne. „Wahnsinn", flüstert Marie. „Ein kleiner Vampir!" Langsam richtet sich der Vampir auf. Seine langen dünnen Finger umklammern eine leere Blutkonserve[11]. Er hält sie Papa unter die Nase. „Voll machen!", krächzt[12] er mit heiserer Stimme. „Pfui Teufel", sagt Papa. Aber er geht zum Kühlschrank und holt eine Flasche Kirschsaft[13]. Damit füllt er die Konserve. „Was soll das denn?", fragt Raul erstaunt. „Vampire trinken doch Blut!" „Ein Vampir, der eine Küchenbank mit einem Sarg verwechselt[14], trinkt bestimmt auch Saft", sagt Papa.

Gierig[15] setzt der Vampir die Konserve an die bleichen Lippen. Aber dann schüttelt er sich und spuckt den Saft in hohem Bogen wieder aus[16]. Direkt auf Mamas Nachthemd. „Bingo", sagt Raul. „So eine Schweinerei!", schimpft Mama. Der Vampir schüttelt sich noch einmal. „Schmeckt wie Spülwasser", sagt er böse.

[1]Guck ... *Look* [2]*fastened* [3]Der ... *It's stuck* [4]Da ... *Something was knocking!* [5]*blanket, covers* [6]*dreamt* [7]*to open up* [8]*cake server* [9]*screech* [10]*pale* [11]*blood bag* [12]*croaks* [13]*cherry juice* [14]eine ... *confuses a kitchen bench with a coffin* [15]*Greedily* [16]spuckt aus *spits out*

„Will Teufelszeug! Dalli, Dalli!" Da weiß Papa Bescheid[1]. Ist vom Abendessen nicht noch eine halbe Flasche Rotwein übrig? Die holt Papa jetzt und schenkt ein[2]. Der Vampir nimmt einen Probeschluck[3]. Mama und Raul gehen in Deckung[4]. Doch diesmal trinkt der Vampir die Konserve in einem Zug leer. „Er mag das Zeug", jubelt Raul. „Er hat nicht einen Tropfen übrig gelassen!" „So", sagt Mama, „jetzt, wo er satt ist, wird er hoffentlich Ruhe geben!"

Aus: Ulrike Kaup, *Ein Vampir vom Flohmarkt*

Arbeit mit dem Text

A. In German, there are many nouns that consist of two or more individual words. When you know the parts, it is relatively easy to guess what the compound means. What are the English equivalents of the following words?

1. die Eckzähne
2. der Flohmarkt
3. das Küchenfenster
4. der Kühlschrank
5. das Nachthemd
6. der Rotwein
7. das Spülwasser
8. das Teufelszeug
9. der Wahnsinn

NÜTZLICHE WÖRTER

die Ecke	*corner, edge*
der Floh	*flea*
die Küche	*kitchen*
der Sinn	*sense*
spülen	*to wash, rinse*
der Teufel	*devil*
der Wahn	*delusion*
das Wasser	*water*
der Wein	*wine*
die Zähne	*teeth*
das Zeug	*stuff*

B. **Die Handlung.** Die folgenden Sätze fassen die Geschichte zusammen[5]. Bringen Sie die Sätze in die richtige Reihenfolge.

____ Dann probiert Papa es mit Rotwein.
____ Der Vampir hat Hunger und möchte Blut trinken.
____ Der Vampir trinkt den Rotwein bis auf den letzten Tropfen aus.
____ Die ganze Familie geht in die Küche.
____ Doch der Vampir spuckt den Kirschsaft in hohem Bogen auf Mamas Nachthemd.
____ In der Bank sitzt ein kleiner Vampir und kreischt.
____ In der Nacht hört Raul ein Klopfen und weckt seine Eltern.
____ Mama und Raul bringen eine Küchenbank vom Flohmarkt mit.
__1__ Marie und Papa sitzen am Frühstückstisch.
____ Papa öffnet die Bank mit einem Tortenheber.
____ Zuerst probiert Papa es mit Kirschsaft.

Nach dem Lesen

The story goes on. How do you think it continues? What happens to the little vampire after having drunk all that wine? Come up with ideas on how the story might continue and then finish it.

Wie geht die Geschichte weiter? Schreiben Sie ca. 100–150 Wörter.

[1]weiß ... *Papa knows what to do* [2]schenkt ... *pours (it) in* [3]nimmt ... *here: tries a sip* [4]gehen ... *take cover*
[5]fassen ... *summarize the story*

Pflichten

Grammatik 3.2

Jens hat schlechte Noten. Er muss mehr lernen.

Er darf nicht mit seinen Freunden Skateboard fahren.

Jutta muss in der Schule besser aufpassen.

Sie darf in der Stunde nicht mit ihrer Freundin reden.

Jutta muss nach der Schule ihre Hausaufgaben machen.

Videoblick 

Handys in der Schule

Was ist in der Schule erlaubt? Was ist verboten?

- Wo gibt es Schummelhilfe[1] bei Klassenarbeiten[2]?
- Was kann man per SMS schicken[3]?
- Darf man in der Schule seinen Bauchnabel[4] zeigen?
- Wer hat mit Schulklamotten[5] keine Probleme?

[1]*cheating help* [2]*tests* [3]per ... *send as a text message* [4]*belly button* [5]*school clothes*

Verboten – Handys in der Klassenarbeit

Situation 5 | Schlechtes Zeugnis!

Jens hat drei Fünfen im Zeugnis.

- Was muss er machen? Was darf er nicht machen? Kreuzen Sie an.
- Schreiben Sie dann noch eine Sache dazu, die er machen muss, und eine, die er nicht machen darf.
- Entscheiden Sie schließlich, was am wichtigsten ist (1), was weniger wichtig (2–9) und was am unwichtigsten (10).

MUSS	DARF NICHT		WIE WICHTIG? (1–10)
☐	☐	in die Disko gehen	____
☐	☐	Latein lernen	____
☐	☐	den ganzen Tag in der Sonne liegen	____
☐	☐	seine Hausaufgaben machen	____
☐	☐	jeden Tag ins Schwimmbad gehen	____
☐	☐	eine Woche nach Italien fahren	____
☐	☐	Nachhilfe nehmen	____
☐	☐	mit seinen Lehrern sprechen	____
☐	☐	____________	____
☐	☐	____________	____

Situation 6 | Umfrage: Musst du neben dem Studium arbeiten?

MODELL: S1: Musst du neben dem Studium arbeiten?
S2: Ja.
S1: Unterschreib bitte hier.

	UNTERSCHRIFT
1. Musst du neben dem Studium arbeiten?	____________
2. Kannst du gut Auto fahren?	____________
3. Musst du mal wieder deine Eltern besuchen?	____________
4. Darfst du in deiner Wohnung Tiere haben?	____________
5. Musst du heute noch Hausaufgaben machen?	____________
6. Kannst du jeden Tag bis Mittag schlafen?	____________
7. Musst du oft einkaufen gehen?	____________
8. Darfst du schon Bier trinken?	____________

Situation 7 | Dialog

Rolf trifft Katrin in der Cafeteria.

ROLF: Hallo, Katrin, ist hier noch ______?
KATRIN: Ja, klar.
ROLF: Ich hoffe, ich störe ______ nicht beim Lernen.
KATRIN: Nein, ich muss auch mal ______ machen.
ROLF: Was machst du denn?
KATRIN: Wir haben morgen eine ______ und ich ______ noch das Arbeitsbuch machen.
ROLF: ______ ihr viel für euren Kurs arbeiten?
KATRIN: Ja, ganz schön viel. Heute Abend ______ ich bestimmt nicht fernsehen, ______ ich so viel lernen muss.
ROLF: Ich glaube, ich störe dich nicht länger. ______ für die Prüfung.
KATRIN: Danke, tschüss.

Situation 8 | Stefans Zimmer

Stefans Mutter kommt zu Besuch.

Das ist Stefans Zimmer.

So soll es sein.

Was muss Stefan machen?

den Tisch abräumen
die Kerzen anzünden
seine Kleidung aufräumen
das Bett machen
den Papierkorb ausleeren
den Boden sauber machen
die Pflanze gießen
das Bild an die Wand hängen
den Schrank zumachen
das Fenster zumachen
den Fernseher ausmachen
die Bücher gerade stellen
die Katze aus dem Zimmer werfen

Kultur ... Landeskunde ... Informationen

Jugendschutz

Nicht in jedem Alter darf man alles. In Deutschland regelt das Jugendschutzgesetz[1], in welchem Alter Kinder und Jugendliche etwas dürfen oder können.

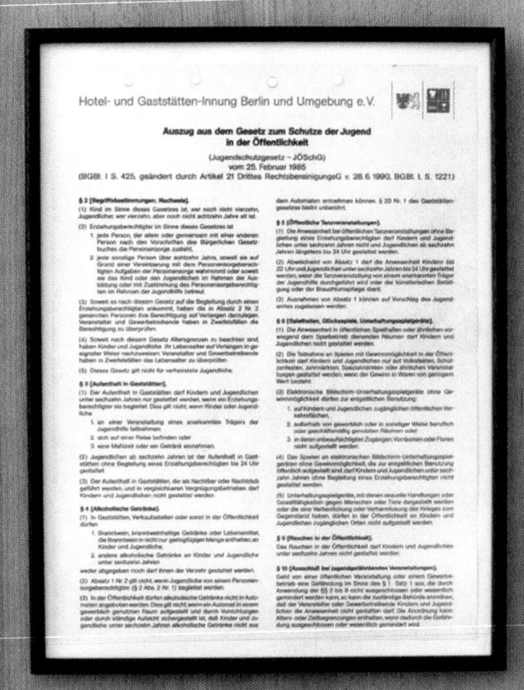

Hotel- und Gaststätten-Innung Berlin und Umgebung e.V.

Auszug aus dem Gesetz zum Schutze der Jugend in der Öffentlichkeit

(Jugendschutzgesetz – JÖSchG)
vom 25. Februar 1985
(BGBl. I S. 425, geändert durch Artikel 21 Drittes RechtsbereinigungsG v. 28.6.1990, BGBl. I. S. 1221)

mit 13

- darf man in den Ferien arbeiten.
  aber: Die Eltern müssen es erlauben[2] und die Arbeit muss leicht sein.

mit 15

- kann man mit der Arbeit anfangen.
  aber: Man darf nur 8 Stunden am Tag und 5 Tage in der Woche arbeiten.
- darf man im Restaurant Bier oder Wein trinken.
  aber: Die Eltern müssen dabei sein[3].

mit 16

- darf man von zu Hause wegziehen[4].
  aber: Die Eltern müssen es erlauben.
- darf man heiraten[5].
  aber: Die Eltern müssen es erlauben.
  und: Der Partner muss über 18 Jahre alt sein.
- darf man bis 24.00 Uhr in die Disko gehen.

mit 18

- darf man den Führerschein[6] für ein Auto oder ein Motorrad machen.
- darf man ohne Erlaubnis heiraten.
- darf man wählen[7].
- darf man im Kino alle Filme sehen.
- darf man im Restaurant Alkohol trinken.
- darf man so lange in die Disko gehen, wie man will.
- darf man rauchen.

In Deutschland ist man mit 18 Jahren erwachsen[8].

Wie ist es in Ihrem Land? Machen Sie eine Tabelle.

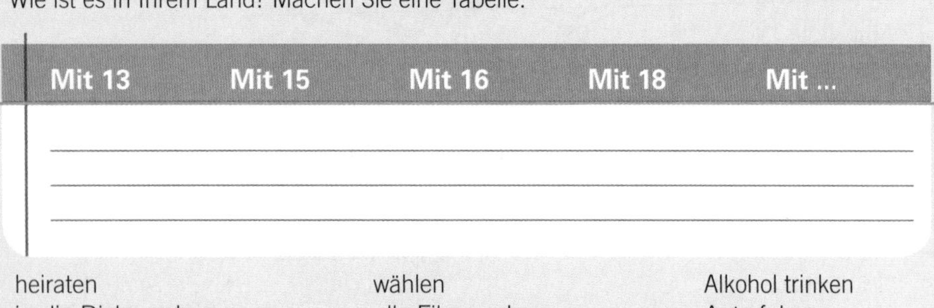

Mit 13	Mit 15	Mit 16	Mit 18	Mit ...

heiraten
in die Disko gehen
arbeiten
wählen
alle Filme sehen
erwachsen sein
Alkohol trinken
Auto fahren
rauchen

[1]*law for the protection of minors* [2]*permit* [3]dabei ... *be present* [4]*move away* [5]*marry* [6]*driver's license* [7]*vote* [8]*grown-up*

Ach, wie nett!

Grammatik 3.3

MARIA: Der Fernseher läuft ja den ganzen Tag.
MICHAEL: Soll ich ihn ausmachen?

FRAU KÖRNER: Ich finde den Mantel einfach toll!
FRAU GRETTER: Kaufen Sie ihn doch!

OMA SCHMITZ: Die Tasche ist so schwer.
HELGA: Komm, Oma, ich trage sie.

PRINZESSIN: Hier ist mein Taschentuch. Du darfst mich nie vergessen.
PRINZ: Nein, Geliebte, ich vergesse dich nie!

SILVIAS FREUNDIN: Samstag geben wir eine Party. Ich möchte euch gern einladen.

ZWEI TRAMPERINNEN: Hallo, wir wollen nach Regensburg. Nehmt ihr uns mit?

Situation 9 | Minidialoge

Was passt?

1. Es ist kalt und das Fenster ist offen! b
2. Der Wein ist gut. G
3. Du hast nächste Woche Geburtstag? E
4. Der Koffer ist so schwer. A
5. Die Suppe ist wirklich gut! D
6. Wie findest du Paul Simon?
7. Das Haus ist schmutzig. F

a. Komm, ich trage ihn.
b. Machen Sie es bitte zu.
c. Darf ich ihn probieren?
d. Ich mag sie aber nicht.
e. Ja, ich gebe eine Party und ich lade euch ein.
f. Ich mache es morgen sauber.
g. Ich mag ihn ganz gern.

Situation 10 | Dialog

Heidi sucht einen Platz in der Cafeteria.

HEIDI: Entschuldigung, ________?
STEFAN: Ja, sicher.
HEIDI: Danke.
STEFAN: ________?
HEIDI: Ja, ich glaube schon. Bist du nicht auch in dem Deutschkurs um neun?
STEFAN: Na, klar. Jetzt ____ ich's wieder. Du ____ Stefanie, nicht wahr?
HEIDI: Nein, ich heiße Heidi.
STEFAN: Ach ja, richtig ... Heidi. Ich heiße Stefan.
HEIDI: ____ kommst du eigentlich, Stefan?
STEFAN: ____ Iowa City, und du?
HEIDI: Ich bin aus Berkeley.
STEFAN: Und was studierst du?
HEIDI: ________. Vielleicht Sport, vielleicht Geschichte oder vielleicht Deutsch.
STEFAN: Ich studiere auch Deutsch, Deutsch und ____. Ich möchte in Deutschland bei einer amerikanischen Firma arbeiten.
HEIDI: Toll! Da verdienst du sicherlich viel Geld.
STEFAN: ____.

Situation 11 | Rollenspiel: In der Mensa

S1: Sie sind Student/Studentin an der Uni in Regensburg. Sie gehen in die Mensa und setzen sich zu jemand an den Tisch. Fragen Sie, wie er/sie heißt, woher er/sie kommt und was er/sie studiert.

Die Mensa der Universität Regensburg. Haben Sie Hunger?

Situation 12 | Ratespiel

Was ist das?

1. __F__ Man trägt sie im Sommer an den Füßen.	a. der Schal
2. __E__ Man trägt ihn nach dem Duschen.	b. die Ohrringe
3. __G__ Man trägt es im Bett.	c. die Handschuhe
4. __A__ Man trägt ihn im Winter um den Hals.	d. die Unterhose
5. __B__ Man trägt sie im Ohr.	e. der Bademantel
6. __D__ Man trägt sie unter der Kleidung.	f. die Sandalen
7. __C__ Man trägt sie im Winter an den Händen.	g. das Nachthemd

Lektüre 

Lesehilfe

Like most German newswriting, this text has many compound nouns and adjectives. They look daunting at first, but if you consider the meanings of the parts, it is easier to understand the whole. In this text the same parts are used over and over. Once you understand a few parts, you can understand many compounds.

NÜTZLICHE WÖRTER

fähig	*able*
Fähigkeit	*ability*
ganz	*whole*
Gewohnheit	*habit*
Grund	*basis*
Kraft	*power, force*
Leistung	*achievement*
mindestens	*at least*
Niveau	*level*
Pflicht	*requirement*
schwach	*weak*
stark	*strong*
vor	*before*
Wissen	*knowledge*
Wissenschaft	*science*
Zeit	*time*

Vor dem Lesen

For many years Germany's school system was held in high esteem, even internationally. In the following brochure on the PISA study, you will discover how dramatically things have changed.

A. Before reading the text, look at the section titles and write down the seven questions posed by the brochure.

B. Recognizing word parts. The PISA text is about scholastic achievement and contains a number of compound nouns and adjectives that refer to school and learning. Below is a list of several of those compounds. Read through the text and find them. Then use the **Nützliche Wörter** list to help you match each word with its English equivalent. Check your answers by looking them up in the glossary at the back of the book.

1. Schulleistungsstudie	a. ability to achieve
2. leistungsfähig	b. able to achieve
3. Leistungsfähigkeit	c. all-day school
4. leistungsstärkst	d. basic knowledge
5. leistungsschwächst	e. elementary school level
6. Schulleistung	f. highest achieving
7. Grundwissen	g. lowest achieving
8. Naturwissenschaft	h. minimum standard
9. Lesegewohnheit	i. natural science
10. Pflichtschulzeit	j. preschool age
11. Grundschulniveau	k. reading habit
12. Mindeststandard	l. required school time
13. Lehrkräfte	m. scholastic achievement
14. Vorschulalter	n. study of scholastic achievement
15. Ganztagsschule	o. teachers, faculty

Die PISA-Studie

Was heißt PISA? Die Abkürzung PISA steht für „Programme for International Student Assessment", eine internationale Schulleistungsstudie.

Was untersucht[1] PISA? PISA untersucht drei Bereiche[2]: Lesekompetenz, mathematisches Grundwissen und naturwissenschaftliches Grundwissen. PISA untersucht nicht nur, was die Schülerinnen und Schüler wissen, sondern auch ob[3] sie es anwenden[4] können.

Wer nimmt an der Studie teil[5]? Die Studie testet 15-jährige Schülerinnen und Schüler in ihren Schulen. 32 Länder nehmen teil. In jedem Land testet man zwischen 4.500 und 10.000 Schülerinnen und Schüler.

Welche Ziele[6] hat PISA? Die einzelnen Länder erfahren[7], wie gut ihre Schülerinnen und Schüler im internationalen Vergleich sind und wie leistungsfähig ihr Schulsystem ist.

Worum geht es bei PISA außerdem?[8] Außer der Leistungsfähigkeit der Schülerinnen und Schüler erfasst die Studie auch ihren familiären Hintergrund, ihre Einstellung zum Lernen, ihre Lernstrategien, ihre Lesegewohnheiten, ihren Umgang mit neuen Technologien und ihre schulische Karriere. Die Schulleiter beantworten Fragen zur Schule, zu ihrer finanziellen und personellen Situation, zur Klassengröße und zur Motivation von Eltern und Schülern. Aus diesen drei Elementen ergibt sich ein Profil der Schülerinnen und Schüler gegen Ende der Pflichtschulzeit.

Wie hat Deutschland abgeschnitten[9]? Bei der ersten PISA-Studie aus den Jahren 2000-02 liegt Deutschland im letzten Drittel[10] der teilnehmenden Länder. Fast jedes vierte Kind hat enorme Schwierigkeiten beim Lesen. Beim Rechnen und in den Naturwissenschaften erreicht ein Viertel[11] der Schüler höchstens Grundschulniveau. Außerdem ist Deutschland eines der Länder mit dem größten Abstand zwischen den leistungsstärksten und leistungsschwächsten Schülern. Im Gegensatz zu anderen Ländern schafft Deutschland es nicht, dass auch die schwachen Schüler ein akzeptables Leistungsniveau erreichen. Der Einfluss der sozialen Herkunft auf die Schulleistungen ist in Deutschland viel größer als in anderen Ländern. Das deutsche Schulsystem fördert nur die leistungsstärksten Schüler und selbst die nur im Mittelmaß.

Was kann man tun, damit deutsche Schüler künftig besser abschneiden[12]? Darüber wird in Deutschland heftig diskutiert. Folgende Maßnahmen[13] sind im Gespräch[14]:

- Man muss schwache Schüler mehr fördern[15].
- Man braucht Mindeststandards.
- Man muss Kinder früher einschulen.
- Man muss das Wiederholen von Klassen überdenken.
- Man braucht mehr Angebote für besonders gute Schüler.
- Man muss „schwache Leser" frühzeitig erkennen und fördern.
- Man muss die Qualifikation der Lehrkräfte verbessern[16].
- Man muss Kindern im Vorschulalter mehr Angebote zum Lernen machen.
- Man braucht in Deutschland mehr Ganztagsschulen.
- Man braucht realistische Lernziele.

Quelle: www.schulentwicklung-plus.de „Schulleistungsstudie PISA"

Arbeit mit dem Text

Beantworten Sie die folgenden Fragen zum Text.

1. Welche schulischen Bereiche untersucht PISA?
2. Welche beiden Aspekte dieser Bereiche untersucht PISA?
3. Wie alt sind die getesteten Schüler?
4. Wie viele Länder nehmen an der Studie teil?
5. Wie viele Schülerinnen und Schüler testet man in jedem Land?
6. Was erfahren die Länder aus der PISA-Studie?
7. Wie viel Prozent der deutschen Schüler haben große Probleme beim Lesen, und wie viele beim Rechnen und in den Naturwissenschaften?

[1]*analyzes* [2]*areas* [3]*whether* [4]*use* [5]nimmt teil *participates* [6]*goals* [7]*discover* [8]Worum ... *What else does PISA deal with?* [9]*fared* [10]*third* [11]*quarter* [12]*fare* [13]*measurers* [14]im ... *being discussed* [15]*encourage* [16]*improve*

Nach dem Lesen

Der Text schlägt 10 Maßnahmen[1] als Reaktion auf den PISA-Schock vor[2]. Welche dieser Maßnahmen sind am wichtigsten? Welche kosten mehr Geld? Welche Maßnahmen soll Deutschland als erstes ergreifen[3]? Nennen Sie die fünf wichtigsten Maßnahmen und bringen Sie sie in eine Rangfolge[4] von 1 bis 5.

[1]*measures* [2]vorschlagen *to propose, suggest* [3]here: *take* [4]*order of importance*

Körperliche und geistige Verfassung

Grammatik 3.4–3.5

Er ist glücklich.

Sie sind traurig.

Er ist wütend.

Sie ist krank.

Sie sind in Eile.

Sie ist müde.

Sie haben Hunger.

Er hat Langeweile.

Er hat Durst.

Er hat Angst.

Situation 13 | Informationsspiel: Was machen sie, wenn ...?

MODELL: S1: Was macht Renate, wenn sie müde ist?
S2: Sie trinkt Kaffee.
S1: Was machst du, wenn du müde bist?
S2: Ich gehe ins Bett.

	Renate	Ernst	mein(e) Partner(in)
1. *traurig ist/bist*	ruft ihre Freundin an	weint	ein Buch
2. *müde ist/bist*	Kaffee	schläft	schläft
3. *in Eile ist/bist*	Taxi	ist nie in Eile	
4. *wütend ist/bist*	wirft mit Tellern		
5. *krank ist/bist*		isst Hühnersuppe	
6. *glücklich ist/bist*	lädt Freunde ein		
7. *Hunger hat/hast*	isst einen Apfel	schreit laut „Hunger!"	
8. *Langeweile hat/hast*			
9. *Durst hat/hast*	trinkt Mineralwasser		
10. *Angst hat/hast*		läuft zu Mama	

Situation 14 | Interview: Wie fühlst du dich, wenn ...?

MODELL: S1: Wie fühlst du dich, wenn du um fünf Uhr morgens aufstehst?
S2: Ausgezeichnet!

[+]	[0]	[−]
ausgezeichnet fantastisch sehr gut gut	ganz gut	nicht besonders gut ziemlich schlecht mies total mies

1. wenn du um fünf Uhr morgens aufstehst
2. wenn du die ganze Nacht nicht schlafen kannst
3. wenn du drei Filme hintereinander ansiehst
4. wenn deine Freunde dich auf eine Party einladen
5. wenn du eine Arbeit oder einen Test zurückbekommst
6. wenn du ein Referat schreiben musst
7. wenn das Semester zu Ende ist
8. wenn du einkaufen gehen willst, aber kein Geld hast
9. wenn alle deine T-Shirts schmutzig sind
10. wenn du eine gute Note bekommst

Situation 15 | Warum fährt Frau Ruf mit dem Bus?

Kombinieren Sie!

MODELL: S1: Warum fährt Frau Ruf mit dem Bus?
S2: Weil ihr Auto kaputt ist.

1. Warum fährt Frau Ruf mit dem Bus?
2. Warum hat Hans Angst?
3. Warum geht Jutta nicht ins Kino?
4. Warum geht Jens nicht in die Schule?
5. Warum kauft Andrea Hans eine CD?

a. weil er Geburtstag hat
b. weil ihr Auto kaputt ist
c. weil er vielleicht nicht versetzt wird
d. weil sie für eine Klassenarbeit lernen muss
e. weil er blau macht (Klassenarbeit in Latein!)

6. Warum fährt Herr Wagner nach Leipzig?
7. Warum ist Ernst wütend?
8. Warum fährt Frau Gretter in die Berge?
9. Warum geht Herr Siebert um zehn Uhr ins Bett?
10. Warum ruft Maria ihre Freundin an?

f. weil er seinen Bruder besuchen will
g. weil sie wandern geht
h. weil er in Mathe so viele Hausaufgaben hat
i. weil sie sie ins Kino einladen will
j. weil er jeden Tag um sechs Uhr aufsteht

Situation 16 | Zum Schreiben: Auch in Ihnen steckt ein Dichter!

Schreiben Sie ein Gedicht!

MODELL:

Wasser	ein Nomen = Thema
kühl, nass	zwei Adjektive
schwimmen, segeln, tauchen	drei Verben
Sonne auf meiner Haut	vier Wörter, die ein Gefühl ausdrücken[1]
Sommer	ein Nomen = Zusammenfassung[2]

MÖGLICHE THEMEN

Hund
Oma
Wochenende
Uni
Deutsch ...

[1]*express* [2]*summary*

Schuljahr und Zeugnisse

Wie ist das in Ihrem Land?

1. Wann beginnt das Schuljahr? Wann endet es?
2. Welche Fächer hat man in der 9. Klasse?
3. Welche Fremdsprachen lernt man in der 9. Klasse?
4. Wie oft gibt es Zeugnisse[1]? Wann?
5. Muss jemand die Zeugnisse unterschreiben? Wer?
6. Was passiert, wenn ein Schüler in vielen Fächern sehr schlechte Noten[2] hat?

Sie hören einen Text über die deutschen Schulen. Hören Sie gut zu und beantworten Sie dann die Fragen.

- Das Schuljahr beginnt im _____ oder _______.
- Das Schuljahr ist im _____,_____ oder _____ zu Ende.
- Wann gibt es Zeugnisse? In der _____ und am _____ des Schuljahres.
- Schreiben Sie neben die Wörter die richtige Note (Zahl) und was es in Ihrem Land ist.

	IN DEUTSCHLAND	IN IHREM LAND
„sehr gut"	_______	_______
„gut"	_______	_______
„befriedigend"[3]	_______	_______
„ausreichend"[4]	_______	_______
„mangelhaft"[5]	_______	_______
„ungenügend"[6]	_______	_______

- Wann bleibt man sitzen[7]?

Miniwörterbuch

entscheiden	to decide
die **Klasse, -n**	grade, level
das **Resultat, -e**	result
die **Versetzung**	promotion into the next grade

ZEUGNIS

Schuljahr 20 07/08 — 1. Halbjahr — Klasse 9b

Jens Krüger
Vor- und Zuname des Schülers/der Schülerin

geboren am 22. 8. 93 in München

Pflichtunterricht

Deutsch	4	Mathematik (Fachleistungskurs ____)	4
Rechtschreiben	4	Physik/Chemie	5
Englisch (Fachleistungskurs ____)	5	Biologie	3
Latein	5	Musik	2
Welt- und Umweltkunde	3	Kunst	2
Religion	4	Werken	2
Werte und Normen	4	Textiles Gestalten	—
		Sport	1

Wahlpflichtunterricht und wahlfreier Unterricht

Italienisch 4

Bemerkungen

Jens ist bei seinen Mitschülern beliebt.

Goslar, den 1. Feb. 2008
Datum der Ausstellung

Kramer — Klassenlehrer(in)
K. Möller — Schulleiter(in)

gesehen: Arnd Krüger
Unterschrift eines Erziehungsberechtigten

[1]*report cards* [2]*grades* [3]*satisfactory* [4]*sufficient* [5]*poor* [6]*insufficient* [7]bleibt sitzen *flunks, is held back a grade*

Videoecke 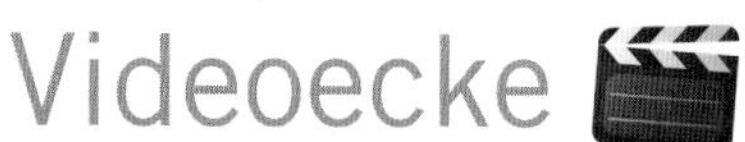

- Hast du handwerkliche oder künstlerische Fähigkeiten?
- Was kannst du nicht so gut?
- Was für Pflichten hast du?
- Was machst du heute Abend?
- Was machst du am Wochenende?

Denis ist in Leipzig geboren. Er geht ans Gymnasium und macht gerade sein Abitur. Er spricht Englisch und Französisch.

Juliane ist in Bergen auf der Insel Rügen geboren. Sie studiert Spanisch und Biologie.

Aufgabe 1

Was können Juliane und Denis gut? ☺ Was müssen sie tun? 😐 Was können sie nicht gut und was mögen sie nicht? ☹ Kreuzen Sie an.

JULIANE ☺	JULIANE 😐	JULIANE ☹		DENIS ☺	DENIS 😐	DENIS ☹
□	□	□	Porträts zeichnen	□	□	□
□	□	□	Grafiken zeichnen	□	□	□
□	□	□	Querflöte spielen	□	□	□
□	□	□	Fahrräder reparieren	□	□	□
□	□	□	bohren	□	□	□
□	□	□	Motorrad reparieren	□	□	□
□	□	□	Zimmer aufräumen	□	□	□
□	□	□	sauber machen	□	□	□
□	□	□	Müll runterbringen	□	□	□
□	□	□	Wäsche waschen	□	□	□

Aufgabe 1

Was machen Juliane und Denis heute Abend? Schreiben Sie auf.

Wortschatz

Talente und Pläne	Talents and Plans
der **Besuch, -e**	visit
zu Besuch kommen	to visit
der **Schlittschuh, -e**	ice skate
Schlittschuh laufen, läuft	to go ice-skating
der **Witz, -e**	joke
Witze erzählen	to tell jokes
schneiden	to cut
Haare schneiden	to cut hair
stricken	to knit
tauchen	to dive
tippen	to type
zeichnen	to draw

Ähnliche Wörter

der **Ski, -er; Ski fahren, fährt;** der **Walzer, -;** das **Skateboard, -s; Skateboard fahren, fährt**

Pflichten	Obligations
ab·räumen	to clear
den Tisch ab·räumen	to clear the table
decken	to set; to cover
den Tisch decken	to set the table
gerade stellen	to straighten
gießen	to water
die Blumen gießen	to water the flowers
putzen	to clean
sauber machen	to clean

Körperliche und geistige Verfassung	Physical and Mental States
die **Angst, ¨-e**	fear
Angst haben	to be afraid
die **Eile**	hurry
in Eile sein	to be in a hurry
die **Langeweile**	boredom
Langeweile haben	to be bored
das **Glück**	luck; happiness
viel Glück!	lots of luck! good luck!
das **Heimweh**	homesickness
Heimweh haben	to be homesick
ärgern	to annoy; to tease
schreien	to scream, yell
stören	to disturb
weinen	to cry
beschäftigt	busy
eifersüchtig	jealous
faul	lazy
krank	sick
müde	tired
wütend	angry

Ähnliche Wörter

der **Durst; Durst haben;** der **Hunger; Hunger haben;** das **Gefühl, -e; fühlen; wie fühlst du dich?; ich fühle mich ...; frustriert**

Schule	School
die **Nachhilfe**	tutoring
die **Sprechstunde, -n**	office hour
der **Satz, ¨-e**	sentence
der **Sommerkurs, -e**	summer school
das **Arbeitsbuch, ¨-er**	workbook
das **Beispiel, -e**	example
zum Beispiel (z. B.)	for example
das **Referat, -e**	report
das **Studium, Studien** (R)	course of studies

Sonstige Substantive	Other Nouns
die **Ärztin, -nen**	female physician
die **Blume, -n**	flower
die **Geige, -n**	violin
die **Geliebte, -n**	beloved female friend, love
die **Hauptstadt, ¨-e**	capital city
die **Haut**	skin
die **Kerze, -n**	candle
die **Kneipe, -n**	bar, tavern
die **Oma, -s**	grandma
die **Pflicht, -en**	duty; requirement
der **Arzt, ¨-e**	male physician
der **Papierkorb, ¨-e**	wastebasket
der **Punkt, -e**	point
der **Roman, -e**	novel
das **Gedicht, -e**	poem
das **Krankenhaus, ¨-er**	hospital
das **Lied, -er**	song
das **Mittagessen**	midday meal, lunch
das **Taschentuch, ¨-er**	handkerchief
das **Tier, -e**	animal

Ähnliche Wörter

die **CD, -s** (R); die **Disko, -s;** die **Firma, Firmen;** die **Pflanze, -n;** die **Nacht, ¨-e;** die **Vase, -n;** der **DVD-Spieler, -** (R); der **Mittag, -e;** der **Plan, ¨-e;** der **Platz, ¨-e;** das **Alphabet;** das **Aspirin;** das **Licht, -er;** das **Talent, -e;** das **Taxi, -s;** das **Tischtennis**

Modalverben	Modal Verbs
dürfen, darf	to be permitted (to), may
können, kann	to be able (to), can; may
mögen, mag (R)	to like, care for
möchte	would like (to)
müssen, muss	to have to, must
sollen, soll	to be supposed to
wollen, will	to want; to intend, plan (to)

Sonstige Verben	Other Verbs
an·machen	to turn on, switch on
an·sehen, sieht ... an	to look at; to watch
an·ziehen	to put on (clothes)
an·zünden	to light
auf·machen	to open
auf·passen	to pay attention
aus·geben, gibt ... aus	to spend
aus·machen	to turn off
aus·leeren	to empty
aus·ziehen	to take off (clothes)
bekommen	to get, receive
belegen	to take (a course)
ein·steigen	to board
erzählen	to tell
mit·nehmen, nimmt ... mit	to take along
probieren	to try, taste
rauchen	to smoke
stellen	to put, place (upright)
verbringen	to spend (*time*)
verreisen	to go on a trip
vorbei·kommen	to come by, visit
werfen, wirft	to throw
zu·machen	to close

Ähnliche Wörter

baden, hängen, hoffen, kämmen, kombinieren, lachen, leben, mit·bringen; das Bild an die Wand hängen

Adjektive und Adverbien	Adjectives and Adverbs
ausgezeichnet	excellent
beliebt	popular
besonders	particularly
bestimmt	definitely, certainly
eigentlich	actually
fertig	ready; finished
die ganze Nacht	all night long
ganz schön viel	quite a bit
nass	wet
schnell	quick, fast
schwer	heavy; hard, difficult
wahr	true

Sonstige Wörter und Ausdrücke	Other Words and Expressions
bei dir	at your place
blau machen	to take the day off
dreimal	three times
einander	one another, each other
hintereinander	in a row
miteinander	with each other
Entschuldigung!	excuse me
gar nicht	not a bit
immer	always
jede	each, every
jede Woche	every week
jemand	someone, somebody
jetzt	now
kein bisschen	not at all
mit mir	with me
na	well
nach	after; to
neben	beside, in addition to
nur	only
pro	per
schade!	too bad
sicherlich	certainly
sofort	immediately
versetzt	promoted
von der Arbeit	from work
warum	why
weil	because
wieder	again
schon wieder	once again
wohin	where to
zu Fuß	on foot
zum Arzt	to the doctor
zum Mittagessen	for lunch

Strukturen und Übungen

3.1 The modal verbs *können, wollen, mögen*

Wissen Sie noch?

The **Satzklammer** forms a frame or a bracket consisting of a verb and either a separable prefix or an infinitive. This same structure is used with the modal verbs.

Review grammar 1.5 and 2.3.

Modal verbs, such as **können** (*can, to be able to, know how to*), **wollen** (*to want to*), and **mögen** (*to like to*) are auxiliary verbs that modify the meaning of the main verb. The main verb appears as an infinitive at the end of the clause.

The modal **können** usually indicates an ability or talent but may also be used to ask permission. The modal **wollen** expresses a desire or an intention to do something. The modal **mögen** expresses a liking; just as its English equivalent, *to like*, it is commonly used with an accusative object.

Kannst du kochen? — *Can you cook?*
Kann ich mitkommen? — *Can I come along?*
Sofie und Willi wollen tanzen gehen. — *Sofie and Willi want to go dancing.*
Ich mag aber nicht tanzen. — *I don't like to dance.*
Magst du Spaghetti? — *Do you like spaghetti?*

Modals do not have endings in the **ich-** and **er/sie/es**-forms. Note also that these modal verbs have one stem vowel in all plural forms and in the polite **Sie**-form, and a different stem vowel in the **ich-**, **du-**, and **er/sie/es**-forms.

können = *can*
wollen = *to want to*
mögen = *to like (to)*

	können	**wollen**	**mögen**
ich	kann	will	mag
du	kannst	willst	magst
Sie	können	wollen	mögen
er/sie/es	kann	will	mag
wir	können	wollen	mögen
ihr	könnt	wollt	mögt
Sie	können	wollen	mögen
sie	können	wollen	mögen

Übung 1 | Talente

A. **Wer kann das?**

MODELL: Ich kann Deutsch.
oder Wir können Deutsch.

1. Deutsch
2. Golf spielen
3. Ski fahren
4. Klavier spielen
5. gut kochen

mein Freund / meine Freundin
meine Eltern
ich/wir
mein Bruder / meine Schwester
der Professor / die Professorin

B. **Kannst du das?**

MODELL: Gedichte schreiben → Kannst du Gedichte schreiben?
oder Könnt ihr Gedichte schreiben?

1. Gedichte schreiben — du
2. Auto fahren — ihr
3. tippen
4. stricken
5. zeichnen

Übung 2 | Pläne und Fähigkeiten

Was können oder wollen diese Personen (nicht) machen?

MODELL: am Samstag / ich / wollen →
Am Samstag will ich Schlittschuh laufen.

Achtung!

German **will** is not the equivalent of English *will* but means rather "want(s)" or "intend(s) to."

Golf spielen
Haare schneiden
ins Kino gehen
nach Europa fliegen
schlafen
Ski fahren
Witze erzählen
zeichnen
_____ ?

1. heute Abend / ich / wollen
2. morgen / ich / nicht können
3. mein Freund (meine Freundin) / gut können
4. am Samstag / mein Freund (meine Freundin) / wollen
5. mein Freund (meine Freundin) und ich / wollen
6. im Winter / meine Eltern (meine Freunde) / wollen
7. meine Eltern (meine Freunde) / gut können

3.2 The modal verbs *müssen, sollen, dürfen*

The modal **müssen** stresses the necessity to do something. The modal **sollen** is less emphatic than **müssen** and may imply an obligation or a strong suggestion made by another person. The modal **dürfen,** used primarily to indicate permission, can also be used in polite requests.

Jens muss mehr lernen.	*Jens has to study more.*
Vati sagt, du sollst sofort nach Hause kommen.	*Dad says you're supposed to come home immediately.*
Frau Schulz sagt, du sollst morgen zu ihr kommen.	*Ms. Schulz says you should come to see her tomorrow.*
Darf ich die Kerzen anzünden?	*May I light the candles?*

müssen = *must*
sollen = *to be supposed to* (should)
dürfen = *may*

	müssen	sollen	dürfen
ich	muss	soll	darf
du	musst	sollst	darfst
Sie	müssen	sollen	dürfen
er/sie/es	muss	soll	darf
wir	müssen	sollen	dürfen
ihr	müsst	sollt	dürft
Sie	müssen	sollen	dürfen
sie	müssen	sollen	dürfen

When negated, the English expressions *to have to* and *must* undergo a change in meaning. The expression *not have to* implies that there is no need to do something, while *must not* implies a strong warning. These two distinct meanings are expressed in German by **nicht müssen** and **nicht dürfen,** respectively.

nicht müssen = *not to have to, not to need to*
nicht dürfen = *mustn't*

Du musst das nicht tun. — *You don't have to do that.* or: *You don't need to do that.*

Du darfst das nicht tun. — *You mustn't do that.*

Übung 3 | Jutta hat eine Fünf in Englisch.

Was muss sie machen? Was darf sie nicht machen?

1. mit Jens zusammen lernen
2. viel fernsehen
3. in der Klasse aufpassen und mitschreiben
4. jeden Tag tanzen gehen
5. jeden Tag ihren Wortschatz lernen
6. amerikanische Filme im Original sehen
7. ihren Englischlehrer zum Abendessen einladen
8. für eine Woche nach London fahren
9. die englische Grammatik fleißig[1] lernen

Übung 4 | Minidialoge

Ergänzen Sie **können, wollen, müssen, sollen, dürfen.**

1. ALBERT: Hallo, Nora. Peter und ich gehen ins Kino. _____[a] du nicht mitkommen?
   NORA: Ich _____[b] schon, aber leider _____[c] ich nicht mitkommen. Ich _____[d] arbeiten.
2. JENS: Vati, _____[a] ich mit Hans fischen gehen?
   HERR WAGNER: Nein! Du hast eine Fünf in Physik, eine Fünf in Latein und eine Fünf in Englisch. Du _____[b] zu Hause bleiben und deine Hausaufgaben machen.
   JENS: Aber, Vati! Meine Hausaufgaben _____[c] ich doch heute Abend machen.
   HERR WAGNER: Nein, aber du _____[d] zu Hans gehen und dann _____[e] ihr eure Hausaufgaben zusammen machen.
3. HEIDI: Hallo, Stefan. Frau Schulz sagt, du _____[a] morgen in ihre Sprechstunde kommen.
   STEFAN: Morgen _____[b] ich nicht, ich habe keine Zeit.
   HEIDI: Das _____[c] du Frau Schulz schon selbst sagen. Bis bald.

Achtung!

Remember the two characteristics of modal verbs:

1. no ending in the **ich-** and **er/sie/es-**forms;
2. one stem vowel in the **ich-, du-,** and **er/sie/es-**forms and a different one in the plural, the formal **Sie,** and the infinitive. (Note, however, that **sollen** has the same stem vowel in all forms.)

[1]*diligently*

3.3 Accusative case: personal pronouns

As in English, certain German pronouns change depending on whether they are the subject or the object of a verb.

Ich bin heute Abend zu Hause. Rufst du **mich** an?	*I will be home tonight. Will you call me?*
Er kommt aus Wien. Kennst du **ihn?**	*He is from Vienna. Do you know him?*

Wissen Sie noch?

The accusative case is used to indicate direct objects of verbs.

Review grammar 2.1.

A. First- and second-person pronouns: nominative and accusative forms

Nominative	Accusative	
ich	mich	*me*
du	dich	*you*
Sie	Sie	*you*
wir	uns	*us*
ihr	euch	*you*
Sie	Sie	*you*

Wer bist **du**? Ich kenne **dich** nicht.	*Who are you? I don't know you.*
Wer seid **ihr**? Ich kenne **euch** nicht.	*Who are you (people)? I don't know you.*

B. Third-person pronouns: nominative and accusative forms

	Nominative	Accusative	
Masculine	er	ihn	*him, it*
Feminine	sie		*her, it*
Neuter	es		*it*
Plural	sie		*them*

der → er
den → ihn
das → es
die → sie

Recall that third-person pronouns reflect the grammatical gender of the noun they stand for: **der Film → er; die Gitarre → sie; das Foto → es.** This relationship also holds true for the accusative case: **den Film → ihn; die Gitarre → sie; das Foto → es.** Note that only the masculine singular pronoun has a different form in the accusative case.

Wo ist der Spiegel? Ich sehe **ihn** nicht.	*Where is the mirror? I don't see it.*
Das ist meine Schwester Jasmin. Du kennst **sie** noch nicht.	*This is my sister Jasmin. You don't know her yet.*
—Wann kaufst du die Bücher?	*—When will you buy the books?*
—Ich kaufe **sie** morgen.	*—I'll buy them tomorrow.*

Übung 5 | Minidialoge

Ergänzen Sie **mich, dich, uns, euch, Sie.**

1. KATRIN: Holst du mich heute Abend ab, wenn wir ins Kino gehen?
   THOMAS: Natürlich hole ich ______ ab!
2. STEFAN: Hallooo! Hier bin ich, Albert! Siehst du ______[a] denn nicht?
   ALBERT: Ach, *da* bist du. Ja, jetzt sehe ich ______[b].
3. SABINE: Guten Tag, Frau Schulz. Sie kennen ______ noch nicht. Wir sind neu in Ihrer Klasse. Das ist Rick, und ich bin Sabine.
   FRAU SCHULZ: Guten Tag, Rick. Guten Tag, Sabine.
4. MONIKA: Hallo, Albert. Hallo, Thomas. Katrin und ich besuchen ______ heute.
   ALBERT UND THOMAS: Toll! Bringt Kuchen mit!
5. STEFAN: Heidi, ich mag ______[a]!
   HEIDI: Das ist schön, Stefan. Ich mag ______[b] auch.
6. FRAU SCHULZ: Spreche ich laut genug? Verstehen Sie ______[a]?
   KLASSE: Ja, wir verstehen ______[b] sehr gut, Frau Schulz.
7. STEFAN UND ALBERT: Auf Wiedersehen, Frau Schulz! Schöne Ferien! Und vergessen Sie uns nicht!
   FRAU SCHULZ: Natürlich nicht! Wie kann ich ______ denn je vergessen?

Übung 6 | Der Deutschkurs

MODELL: Machst du gern **das** Arbeitsbuch für ***Kontakte***?
Ja, ich mache **es** gern. *Oder*: Nein, ich mache **es** nicht gern.

Tipp: das → es   den → ihn   die → sie

1. Machst du gern **das** Arbeitsbuch für ***Kontakte***?
2. Kannst du **das** deutsche Alphabet aufsagen?
3. Kennst du **den** beliebtesten deutschen Vornamen für Jungen?
4. Liest du gern **die** Grammatik?
5. Lernst du gern **den** Wortschatz?
6. Kennst du **die** Studenten und Studentinnen in der Klasse?
7. Vergisst du oft **die** Hausaufgaben?
8. Magst du **deinen** Lehrer oder **deine** Lehrerin?

Übung 7 | Was machen diese Personen?

Beantworten Sie die Fragen negativ.

MODELL: Kauft Michael das Buch? →
Nein, er kauft es nicht, er liest es.

Verwenden Sie diese Verben.

anrufen, ruft an
anziehen, zieht an
anzünden, zündet an
ausmachen, macht aus
essen, isst
kaufen
schreiben
trinken
verkaufen
waschen, wäscht

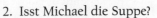

1. Liest Maria den Brief?

2. Isst Michael die Suppe?

3. Macht Maria den Fernseher an?

4. Kauft Michael das Auto?

5. Zieht Michael die Hose aus?

6. Trägt Maria den Rock?

7. Bestellt[1] Michael das Schnitzel?

8. Besucht Michael seinen Freund?

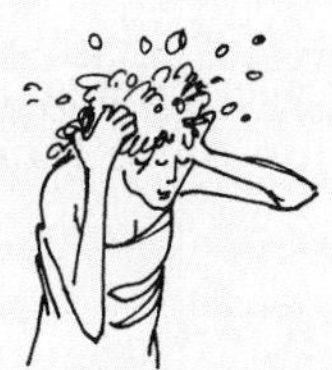

9. Kämmt Maria ihr Haar?

10. Bläst Michael die Kerzen aus[2]?

3.4 Word order: dependent clauses

Use a conjunction such as **wenn** (*when, if*) or **weil** (*because*) to add a modifying clause to a sentence.

Mehmet hört Musik, **wenn** er traurig ist.	*Mehmet listens to music whenever he is sad.*
Renate geht nach Hause, **weil** sie müde ist.	*Renate is going home because she is tired.*

In the preceding examples, the first clause is the main clause. The clause introduced by a conjunction is called a *dependent clause.* In German, the verb in a dependent clause occurs at the end of the clause.

[1]bestellen *to order* (*in a restaurant*) [2]Bläst ... aus? *Is* [*he*] *blowing out . . . ?*

MAIN CLAUSE	DEPENDENT CLAUSE
Ich bleibe im Bett,	wenn ich krank **bin.**
I stay in bed	*when I am sick.*

When **wenn** or **weil** begins a clause, the conjugated verb appears at the end of the clause.

In sentences beginning with a dependent clause, the entire clause acts as the first element in the sentence. The verb of the main clause comes directly after the dependent clause, separated by a comma. As in all German statements, the verb is in second position. The subject of the main clause follows the verb.

I DEPENDENT CLAUSE	II VERB	III SUBJECT	
Wenn ich krank bin,	bleibe	ich	im Bett.
When I'm sick, I stay in bed.			
Weil sie müde ist,	geht	Renate	nach Hause.
Because she's tired, Renate is going home.			

Übung 8 | Warum denn?

Beantworten Sie die Fragen.

MODELL: Warum gehst du nicht in die Schule? → Weil ich krank bin.

1. Warum gehst du nicht in die Schule?
2. Warum liegt dein Bruder im Bett?
3. Warum esst ihr denn schon wieder?
4. Warum kommt Nora nicht mit ins Kino?
5. Warum sieht Jutta schon wieder fern?
6. Warum sitzt du allein in deinem Zimmer?
7. Warum trinken sie Bier?
8. Warum machst du denn das Licht an?
9. Warum singt Jens den ganzen Tag?
10. Warum bleibst du zu Hause?

a. Durst haben
b. krank sein
c. traurig sein
d. Langeweile haben
e. Angst haben
f. glücklich sein
g. lernen müssen
h. müde sein
i. Hunger haben
j. keine Zeit haben

Übung 9 | Ist das immer so?

Sagen Sie, wie das für andere Personen ist und wie das für Sie ist.

MODELL: S1: Was macht Albert, wenn er müde ist?
S2: Wenn Albert müde ist, geht er nach Hause.
S1: Und du?
S2: Wenn ich müde bin, trinke ich einen Kaffee.

1. Albert ist müde.
2. Maria ist glücklich.
3. Herr Ruf hat Durst.
4. Frau Wagner ist in Eile.
5. Heidi hat Hunger.
6. Frau Schulz hat Ferien.
7. Hans hat Angst.
8. Stefan ist krank.

a. Sie trifft Michael.
b. Er geht nach Hause.
c. Sie fährt mit dem Taxi.
d. Sie kauft einen Hamburger.
e. Er trinkt eine Cola.
f. Er geht zum Arzt.
g. Er ruft: „Mama, Mama".
h. Sie fliegt nach Deutschland.

3.5 Dependent clauses and separable-prefix verbs

As you know, the prefix of a separable-prefix verb occurs at the end of an independent clause.

Rolf **steht** immer früh **auf.**	*Rolf always gets up early.*

In a dependent clause, the prefix is attached to the verb form, which is placed at the end of the clause.

Rolf ist immer müde, wenn er früh **aufsteht.**	*Rolf is always tired when he gets up early.*
Helga, bitte **mach** das Fenster nicht **auf!** Es wird kalt, wenn du es **aufmachst.**	*Helga, please don't open the window. It gets cold when you open it.*

When there are two verbs in a dependent clause, such as a modal verb and an infinitive, the modal verb comes last, following the infinitive.

INDEPENDENT CLAUSE	Rolf **muss** früh **aufstehen.**	*Rolf has to get up early.*
DEPENDENT CLAUSE	Er ist müde, wenn er früh **aufstehen muss.**	*He is tired when he has to get up early.*
INDEPENDENT CLAUSE	Helga hat kein Geld. Sie **kann** nichts **machen.**	*Helga doesn't have any money. She can't do anything.*
DEPENDENT CLAUSE	Sie hat Langeweile, weil sie nichts **machen kann.**	*She's bored because she can't do anything.*

Übung 10 Warum ist das so?

MODELL: Jürgen ist wütend, weil er immer so früh aufstehen muss.

1. Jürgen ist wütend.	a. Sie muss noch einkaufen.
2. Silvia ist froh.	b. Er muss immer so früh aufstehen.
3. Claire ist in Eile.	c. Seine Freundin nimmt ihn zur Uni mit.
4. Josef ist traurig.	d. Er sieht immer fern.
5. Thomas geht nicht zu Fuß.	e. Sie kann nicht schwimmen.
6. Willi hat selten Langeweile.	f. Er will seine Eltern besuchen.
7. Marta hat Angst vor Wasser.	g. Melanie ruft ihn nicht an.
8. Mehmet fährt in die Türkei.	h. Sie muss heute nicht arbeiten.

Kiymet Benita Bock: *Kindheitserinnerungen* (1996)

KIYMET BENITA BOCK

Die Künstlerin Kiymet Benita Bock stellte dieses Werk im Rahmen[1] eines Projektes aus[2], in dem sich behinderte[3] Menschen zum bildnerischen Gestalten[4] treffen konnten. Aus dem Projekt entstand die Künstlergruppe „Die Schlumper", benannt[5] nach dem Standort des Ateliers im Hamburger Stadthaus „Schlump".

[1]*framework* [2]stellte aus *exhibited* [3]*handicapped* [4]bildnerischen ... *creative expression* [5]*named*

KAPITEL 4

Ereignisse und Erinnerungen

In **Kapitel 4**, you will begin to talk about things that happened in the past: your own experiences and those of others. You will also talk about different kinds of memories.

Themen

- Der Alltag
- Urlaub und Freizeit
- Geburtstage und Jahrestage
- Ereignisse

Kulturelles

- Videoblick: Dresdner Bahnhof in neuem Glanz
- Feiertage und Brauchtum
- Universität und Studium
- Videoecke: Feste und Feiern

Lektüren

- Aufräumen (Martin Auer)
- Film: *Das Wunder von Bern*

Strukturen

- **4.1** Talking about the past: the perfect tense
- **4.2** Strong and weak past participles
- **4.3** Dates and ordinal numbers
- **4.4** Prepositions of time: **um, am, im**
- **4.5** Past participles with and without **ge-**

Situationen

Der Alltag

Grammatik 4.1

Ich habe geduscht.

Ich habe gefrühstückt.

Ich bin in die Uni gegangen.

Ich bin in einem Kurs gewesen.

Ich habe mit meinen Freunden Kaffee getrunken.

Ich bin nach Hause gekommen.

Ich habe zu Mittag gegessen.

Ich bin nachmittags zu Hause geblieben.

Ich habe abends gelernt.

Situation 1 | Umfrage: Letzte Woche

MODELL: S1: Hast du Pizza zum Frühstück gegessen?
S2: Ja.
S1: Unterschreib bitte hier.

	UNTERSCHRIFT
1. Hast du Pizza zum Frühstück gegessen?	______________
2. Hast du kalten Kaffee getrunken?	______________
3. Bist du mit dem Fahrrad zur Uni gefahren?	______________
4. Bist du abends zu Hause geblieben?	______________
5. Hast du im Bett Cola getrunken?	______________

6. Hast du stundenlang telefoniert? ____________
7. Hast du in der Bibliothek gearbeitet? ____________
8. Hast du viele Hausaufgaben gemacht? ____________
9. Bist du vor Mitternacht ins Bett gegangen? ____________
10. Hast du deine Freunde zum Essen eingeladen? ____________

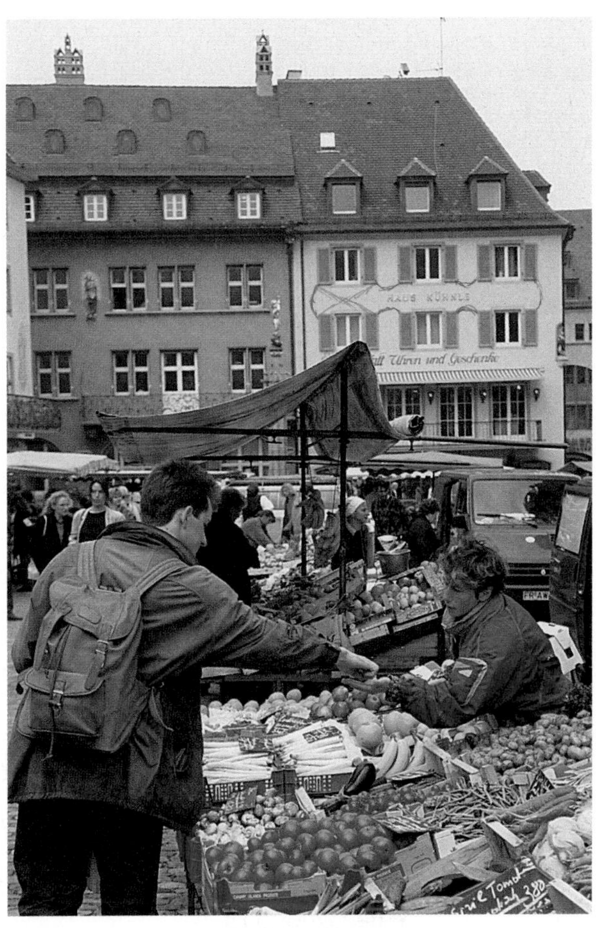

Gemüsemarkt in Freiburg. Sind Sie heute schon einkaufen gegangen?

Situation 2 | Dialog: Das Fest

Silvia und Jürgen sitzen in der Mensa und essen zu Mittag.

SILVIA: Ich bin furchtbar ______.
JÜRGEN: Bist du wieder so spät ins Bett ______?
SILVIA: Ja. Ich bin heute früh erst um vier Uhr nach Hause ______.
JÜRGEN: Wo ______ du denn so lange?
SILVIA: Auf einem Fest.
JÜRGEN: ______
SILVIA: Ja, ich habe ein paar alte Freunde ______ und wir haben uns sehr gut unterhalten.
JÜRGEN: Kein Wunder, ______!

Situation 3 | Das letzte Mal

MODELL: Wann hast du mit deiner Mutter gesprochen? →
Ich habe gestern mit meiner Mutter gesprochen.

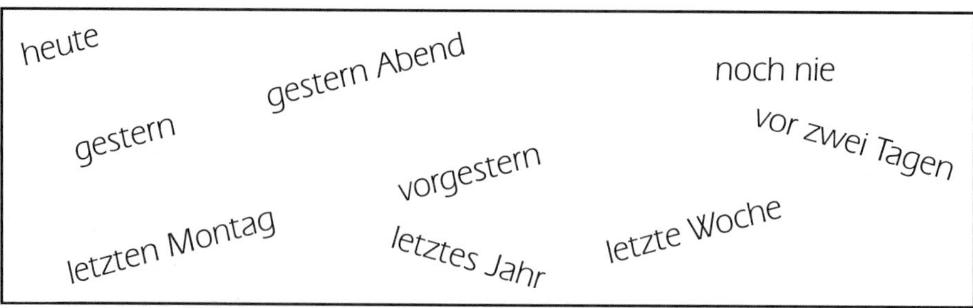

1. Wann hast du dein Auto gewaschen?
2. Wann hast du geduscht?
3. Wann bist du ins Theater gegangen?
4. Wann hast du deine beste Freundin / deinen besten Freund getroffen?
5. Wann hast du einen Film gesehen?
6. Wann bist du in die Disko gegangen?
7. Wann hast du gelernt?
8. Wann bist du einkaufen gegangen?
9. Wann hast du eine Zeitung gelesen?
10. Wann hast du das Geschirr gespült?
11. Wann bist du spät ins Bett gegangen?
12. Wann bist du den ganzen Abend zu Hause geblieben?

Situation 4 | Zum Schreiben: Ein Tagebuch

Schreiben Sie auch ein Tagebuch. Vielleicht haben Sie das früher schon einmal auf Englisch gemacht. Machen Sie sich zuerst ein paar Notizen. Was ist letzte Woche passiert? Was haben Sie gemacht? Was wollen Sie nicht vergessen?

MODELL: Letzte Woche habe/bin ich ...

28. Juli 2008

Habe einen total coolen Jungen kennengelernt! Er heißt Billy, eigentlich Paul, aber er sieht aus wie Billy Idol. Er ist total süß!! Habe gleich einen Brief an Geli geschrieben und ihr von Billy erzählt. Warte jetzt auf Gelis Antwort... Außerdem haben wir Zeugnisse bekommen. Das war nicht so gut...

Juttas Tagebuch

Lektüre

Vor dem Lesen

Der folgende Text ist eine kurze Geschichte mit dem Titel „Aufräumen"[1]. Die Hauptfigur in dieser Geschichte ist das Kind „Kim". Wir wissen nicht, wie alt Kim ist. Wir wissen nur, dass sie heute eine Entscheidung trifft[2], die ihre Eltern normalerweise treffen. Denken Sie an Ihre Kindheit[3] und beantworten Sie die folgenden Fragen:

1. In welchem Alter glaubt man, dass man erwachsen[4] ist? Mit 10 Jahren schon? Mit 12 Jahren vielleicht? Mit 16 Jahren? Warum glaubt man, dass man erwachsen ist? Nennen Sie Beispiele.
2. Wie war es für Sie mit Hausarbeit als Kind? Welche Arbeiten haben Sie zu Hause gemacht? Haben Sie sie freiwillig[5] gemacht? Was ist passiert, wenn Sie sie nicht gemacht haben?

Miniwörterbuch

auswandern	to emigrate
der **Ausweg**	way out
bis in alle Ewigkeit	for all eternity
einmal	for once
endlich	finally
keinen Spaß machen	to be no fun
merken	to notice, feel
schimpfen	to scold
schließlich	after all
sich freuen auf	to look forward to
sich umsehen	to look around

Lesehilfe

The verb phrase **werden** + *infinitive,* as in **ich werde aufräumen,** is an example of the future tense. In German, this tense indicates a firm intention, a promise, or likelihood. In this story, the future tense serves both purposes: **ich werde aufräumen** (firm intention) and **sie wird schimpfen** (likelihood). You will learn more about the future tense in **Kapitel 8.**

Aufräumen

von Martin Auer

Heute bin ich von der Schule nach Hause gekommen, bin in mein Zimmer gegangen, habe mich umgesehen und habe zu mir selber gesagt: „Also, heute räume ich einmal mein Zimmer auf. So wie das aussieht, da macht es ja wirklich keinen Spaß mehr, hier zu wohnen. Nach dem Essen werde ich gleich mein Zimmer aufräumen."

Und ich habe richtig gemerkt, wie ich mich gefreut habe auf mein aufgeräumtes Zimmer. Schließlich ist es ja mein

[1] *Cleaning Up* [2] eine Entscheidung ... *makes a decision* [3] *childhood* [4] *grown up* [5] *willingly*

Lesehilfe

In a negative context, the verb **brauchen** is like a modal verb. It means *to not have to* do something. Thus, **Niemand braucht es mir zu sagen** means *Nobody has to tell me.*

Zimmer und ich muss drin wohnen, und ich habe zu mir selber gesagt: „Siehst du", habe ich zu mir gesagt, „ich bin alt genug, dass ich selber weiß, wann ich mein Zimmer aufräumen muss, und niemand braucht es mir zu sagen!" Und ich habe gemerkt, dass ich mich gefreut habe, dass ich ganz von selber mein Zimmer aufräumen werde, ohne dass es mir jemand gesagt hat.

Beim Mittagessen hat meine Mutter dann zu mir gesagt: „Kim", hat sie gesagt, „heute räumst du endlich einmal dein Zimmer auf!"

Da war ich ganz traurig.

Und jetzt sitze ich da und kann mein Zimmer nicht freiwillig aufräumen. Und unfreiwillig mag ich es nicht aufräumen. Und wenn ich es heute nicht aufräume, dann wird die Mutter mit mir schimpfen und wird morgen wieder sagen, ich soll mein Zimmer aufräumen und dann kann ich es morgen auch nicht freiwillig aufräumen. Und so weiter, bis in alle Ewigkeit.

Und in einem so unordentlichen Zimmer mag ich auch nicht wohnen. Ich sehe keinen Ausweg. Ich glaube, ich muss auswandern.

Arbeit mit dem Text

A. **Entscheidungen und Gefühle.** In diesem Text sehen wir viele Modalverben. Ergänzen Sie die Modalverben in den folgenden Sätzen. Sehen Sie dann im Text nach, ob sie auch im Text so stehen.

mag
muss
muss
soll
mag
kann
muss
braucht

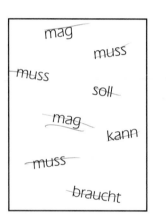

1. Schließlich ist es ja mein Zimmer und ich muss drin wohnen.
2. Ich bin alt genug, dass ich selber weiß, wann ich mein Zimmer aufräumen Muss.
3. Niemand braucht es mir zu sagen.
4. Und jetzt sitze ich da und kann mein Zimmer nicht freiwillig aufräumen.
5. Dann wird die Mutter mit mir schimpfen und wird morgen sagen, ich soll mein Zimmer aufräumen.
6. Und in einem so unordentlichen Zimmer mag ich auch nicht wohnen.
7. Ich glaube, ich muss auswandern.
8. Und unfreiwillig mag ich es nicht aufräumen.

In dieser Geschichte drücken die Modalverben Gefühle aus[1]. Welche weiteren Wörter drücken Gefühle aus? Schreiben Sie sie auf!

B. Kim erzählt die Geschichte im Perfekt. Hier sind die Infinitive der Verben. Schreiben Sie die Perfektformen dazu, die Kim mit diesen Verben verwendet.

Infinitiv	Subjekt + Hilfsverb + Partizip
sich freuen	*ich habe mich gefreut*
gehen	
kommen	
merken	
sagen	

[1]ausdrücken *to express*

C. **Wer, wo, wann, was?** Arbeiten Sie in kleinen Gruppen und beantworten Sie die folgenden Fragen. Schreiben Sie die Antworten auf.

1. Wer sind die Personen der Geschichte?
2. Was wissen wir über sie?
3. Wo spielt die Geschichte? Welche Orte gibt es?
4. Welcher Ort ist wohl der wichtigste?
5. Wann spielt die Geschichte?
6. Wie lange dauern die Ereignisse?
7. Was passiert? Erzählen Sie die Geschichte in kurzen Sätzen wieder. („Kim kommt nach Hause ...")

Nach dem Lesen

Kim hat einen Entschluss gefasst[1]. Sie möchte mit ihrer Mutter über ihr Problem sprechen. Spielen Sie diese Szene.

[1]einen ... *made a decision*

Urlaub und Freizeit

Grammatik 4.2

Jutta ist ins Schwimmbad gefahren.

Sie hat in der Sonne gelegen.

Sie ist geschwommen.

Sie hat Musik gehört.

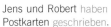

Jens und Robert haben Postkarten geschrieben.

Sie sind in den Bergen gewandert.

Sie haben Tennis gespielt.

Sie haben viel gelesen.

Situation 5 | Bildgeschichte: Familie Wagner im Urlaub am Strand

Situation 6 | Dialog: Jens' und Juttas Wochenende

Es ist Montag. Jutta und Jens treffen sich auf dem Schulhof ihrer Schule und reden über ihr Wochenende.

JENS: Hallo, Jutta!
JUTTA: Grüß dich, Jens! Was hast du am Wochenende ______?
JENS: Ach, nichts Besonders. Ich habe ________ und Musik ______. Es war langweilig. Und du?
JUTTA: Ich bin mit meinen Eltern in die Berge ______. Wir sind viel ______ und haben sogar ein Picknick gemacht. Das war ganz super.
JENS: Das hört sich wirklich toll an!
JUTTA: Ja, auf jeden Fall. Komm doch das nächste Mal mit.
JENS: Au ja, gern.

Situation 7 | Am Wochenende

Schauen Sie auf die Bilder und finden Sie die passende Antwort auf jede Frage.

1. _____ Was hat Frau Ruf am Freitag gemacht?
2. _____ Was hat Jutta am Samstag gemacht?
3. _____ Was haben Jutta und Hans am Sonntag gemacht?
4. _____ Was haben die Frischs am Sonntag gemacht?
5. _____ Was hat Michael am Samstag gemacht?
6. _____ Was hat Jens am Sonntag gemacht?
7. _____ Was hat Herr Ruf am Freitag gemacht?
8. _____ Was hat Richard am Samstag gemacht?

a. Sie haben den Hund gebadet.
b. Er hat mit Maria zu Abend gegessen.
c. Sie sind in den Bergen gewandert.
d. Er hat stundenlang ferngesehen.
e. Sie hat Billy kennengelernt.
f. Sie ist nach Augsburg gefahren.
g. Er hat für seine Familie die Wäsche gewaschen.
h. Er ist zum Strand gefahren.

Situation 8 | Umfrage: Hast du das gemacht?

Was hast du am Wochenende gemacht?

	UNTERSCHRIFT
1. Hast du bis mittags geschlafen?	______________
2. Bist du tanzen gegangen?	______________
3. Hast du mit jemandem gefrühstückt?	______________
4. Hast du Sport getrieben?	______________
5. Hast du Hausaufgaben gemacht?	______________
6. Hast du eine E-Mail geschrieben?	______________
7. Bist du ins Kino gegangen?	______________
8. Hast du ein Buch gelesen?	______________
9. Hast du Wäsche gewaschen?	______________
10. Hast du deine Wohnung geputzt?	______________

Lektüre

Vor dem Lesen

A. Beantworten Sie die folgenden Fragen.

1. Was sehen Sie auf dem Poster?
2. Wo liegt Bern?
3. Spielen Sie gern Fußball? Sehen Sie Fußballspiele im Fernsehen?
4. Ist Fußball in Ihrem Land ein beliebter Sport? Und in Deutschland?

B. Lesen Sie die Wörter im Miniwörterbuch auf der nächsten Seite. Suchen Sie sie im Text und unterstreichen Sie sie. Lesen Sie dann den Satz und versuchen Sie, ihn zu verstehen.

Miniwörterbuch

aus der Kriegsgefangenschaft entlassen	released from war captivity
verschlossen	reserved
sich eingewöhnen	to acclimate
zu Herzen gehen	to affect
wieder aufleben	to revive
die **Fußballweltmeisterschaft**	soccer world cup
das **Verständnis**	sympathy

Film: *Das Wunder von Bern*

Es ist Sommer 1954. Richard Lubanski wird aus russischer Kriegsgefangenschaft entlassen und kommt nach Hause, nach Essen, zu seiner Frau und den drei Kindern. Durch die Jahre in Gefangenschaft ist Richard verschlossen und aggressiv geworden. Er kann sich in Deutschland nicht eingewöhnen. Seinem jüngsten Sohn Matthias gehen die Probleme des Vaters besonders zu Herzen. Letztendlich ist es Matthias und seine Liebe zum Fußball, die Richards Willen zum Leben wieder aufleben lassen.

Matthias' großes Idol ist der Fußballstar Helmut Rahn vom Verein Rot-Weiß Essen. Für ihn trägt Matthias die Sporttasche. Rahn ist ein Nationalspieler und soll bei der Fußballweltmeisterschaft in Bern für Deutschland spielen. Einmal hat Helmut Rahn zu Matthias gesagt: „Ich kann nur gewinnen, wenn du zu den Spielen in die Schweiz kommst." Natürlich will Matthias dorthin, aber sein Vater hat kein Verständnis für den Traum seines Sohnes. Am Ende passiert jedoch ein Wunder: Matthias und sein Vater fahren gemeinsam nach Bern zum Endspiel–Deutschland gegen Ungarn. Und dann passiert ein zweites Wunder: Die Deutschen gewinnen die Weltmeisterschaft mit einem 3:2 gegen die Ungarn.

Arbeit mit dem Text

Was steht im Text, was nicht?

1. Richard Lubanski kommt 1945 nach Hause.
2. Richard hat Urlaub in Russland gemacht.
3. Familie Lubanski wohnt in einer Stadt namens Essen.
4. Matthias, der älteste Sohn, liebt Fußball.
5. Matthias will unbedingt[1] zur Fußballweltmeisterschaft nach Bern, aber er darf nicht.
6. Am Ende fährt die ganze Familie Lubanski nach Bern zum Endspiel.
7. Deutschland gewinnt die Fußballweltmeisterschaft gegen Ungarn.

Nach dem Lesen

Recherchieren Sie im Internet!

1. Was wissen Sie über die Fußballweltmeisterschaft? Wie oft findet sie statt?
2. Wie oft und in welchen Jahren hat Deutschland die Weltmeisterschaft gewonnen?
3. Warum ist der Sieg der Deutschen 1954 ein „Wunder"?
4. Welche Filme hat Sönke Wortmann noch gemacht?

[1] *absolutely*

Geburtstage und Jahrestage

Grammatik 4.3–4.4

Marta hat am ersten Oktober Geburtstag.
Richard hat am zwölften Oktober Geburtstag.
Frau Schmitz hat am achten Juli Hochzeitstag.
Mehmet ist am einunddreißigsten Juli geboren.
Josef ist am fünfzehnten April geboren.
Veronika hat am siebenundzwanzigsten April Geburtstag.

Situation 9 | Dialog: Welcher Tag ist heute?

Bringen Sie die Sätze in die richtige Reihenfolge.

Marta und Sofie sitzen im Café. Sofie fragt:

_____ Nein, welches Datum?
_____ Montag.
_____ Wirklich? Ich dachte, er hat im August Geburtstag.
_____ Hast du denn schon ein Geschenk?
__1__ Welcher Tag ist heute?
_____ Ach so, der dreißigste.
_____ Der dreißigste? Mann, dann ist ja heute Willis Geburtstag!
_____ Das ist es ja! Ich hab' noch nicht einmal ein Geschenk.
_____ Nein, Christian hat im August Geburtstag, aber Willi im Mai.
_____ Na, dann viel Spaß beim Geschenke kaufen!

Situation 10 | Informationsspiel: Geburtstage

MODELL: S1: Wann ist Sofie geboren?
S2: Am neunten November 1987.

Person	Geburtstag
Willi	30. Mai 1983
Sofie	
Claire	1. Dezember 1982
Melanie	
Nora	4. Juli 1990
Thomas	
Heidi	23. Juni 1987
mein(e) Partner (in)	
sein/ihr Vater	
seine/ihre Mutter	

Situation 11 | Erfindungen und Entdeckungen

MODELL: S1: Wer hat den Bleistift erfunden?
S2: ______.
S1: Wann hat er ihn erfunden?
S2: ______.

Cyril Demian
1829

Friedrich Staedtler
1662

Emil Berliner
1887

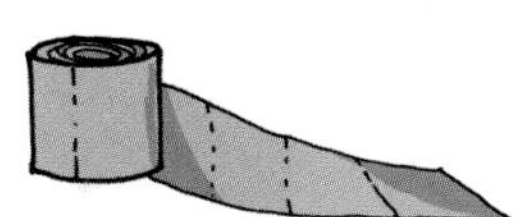
Joseph Cayetti
1857

Melitta Bentz
1908

Laszlo Biro
1938

Peter Mitterhofer
1864

das Toilettenpapier
der Kugelschreiber
die Schallplatte
der Bleistifit
der Kaffeefilter
das Akkordeon
die Schreibmaschine

MODELL: S1: Wer hat das Radium entdeckt?
S2: ______.
S1: Wann hat sie es entdeckt?
S2: ______.

Marie Curie
1898

Friedrich Herschel
1781

Alexander Fleming
1928

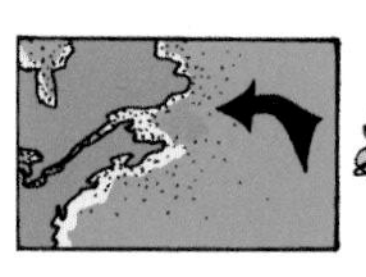
Leif Eriksson
1000

das Penizillin	Amerika	das Radium	der Uranus

Situation 12 | Interview

1. Wann bist du geboren (Tag, Monat, Jahr)? Wann ist dein Freund / deine Freundin geboren (Tag, Monat, Jahr)? Wann ist dein Vater / deine Mutter geboren (Tag, Monat, Jahr)?
2. Wann bist du in die Schule gekommen (Monat, Jahr)? Wann hast du angefangen zu studieren (Monat, Jahr)?
3. Was war der wichtigste Tag in deinem Leben? Was ist da passiert? In welchem Monat war das? In welchem Jahr?
4. In welchem Monat warst du zum ersten Mal verliebt? hast du zum ersten Mal Geld verdient? hast du einen Unfall gehabt?
5. An welchen Tagen in der Woche arbeitest du? hast du frei? gehst du ins Kino? besuchst du deine Eltern? hast du Geld? gehst du ins Sprachlabor?
6. Um wie viel Uhr stehst du auf? ist dein erster Kurs? gehst du nach Hause? gehst du ins Bett?

Videoblick

Dresdner Bahnhof in neuem Glanz[1]

Das jahrelange Chaos am Hauptbahnhof in Dresden hat nun ein Ende. Nach komplizierten Bauarbeiten wird die Eingangshalle[2] neu eröffnet.

- In welchem Bundesland[3] liegt Dresden?
- Wie alt ist der Dresdner Bahnhof?
- Wie lange haben die Bauarbeiten gedauert?
- Wie heißt der Architekt?
- Wie beschreibt man den Bahnhof jetzt?

[1] *splendor* [2] *entrance hall* [3] *federal state*

Der restaurierte Hauptbahnhof in Dresden

Feiertage und Brauchtum[1]

- Welches sind die Familienfeste in Ihrem Land?
- Was macht man an diesen Festen?
- Wer feiert[2] zusammen?
- Kennen Sie deutsche Feiertage und Bräuche[3]? Wenn ja, welche?

Auf dem Christkindlmarkt in München im Jahre 1897

Der Adventskalender: Ein deutscher Exportartikel in christlicher Tradition ist über 100 Jahre alt. Amerika ist das Importland Nummer 1.

- Weihnachten in Deutschland: An welchen Tagen feiert man?
- Welche deutschen Weihnachtstraditionen kennen Sie?
- Wie feiern die Deutschen am liebsten Weihnachten? Analysieren Sie die Umfrage.

TAG FÜR TAG: Adventskalender lassen die Erwartungen steigen

FOCUS-FRAGE

„Wo verbringen Sie Weihnachten?"

EIN FAMILIENFEST ZU HAUSE

von 1300 Befragten* antworteten

zu Hause	73 %
bei den Eltern/Kindern	21 %
bei Freunden	3 %
im Urlaub	3 %

83 Prozent der Deutschen verbringen Weihnachten im Kreis der Familie, 7 Prozent zusammen mit dem Partner, 6 Prozent mit Freunden, 4 Prozent feiern alleine.

* Repräsentative Umfrage des Sample-Instituts für FOCUS im Dezember

[1] *tradition* [2] *celebrates* [3] *customs*

Ereignisse

Grammatik 4.5

1. Wann sind Sie aufgewacht?
2. Wann sind Sie aufgestanden?
3. Wann sind Sie von zu Hause weggegangen?
4. Wann hat Ihr Kurs angefangen?
5. Wann hat Ihr Kurs aufgehört?
6. Wann sind Sie nach Hause gekommen?
7. Wann haben Sie unsere Prüfungen korrigiert?

1. Wann hast du eingekauft?
2. Wann hast du das Geschirr gespült?
3. Wann hast du mit deiner Freundin telefoniert?
4. Wann hast du ferngesehen?
5. Wann hast du dein Fahrrad repariert?
6. Wann bist du abends ausgegangen?

Situation 13 | Michaels freier Tag

Michael telefoniert mit Maria. Sie reden über Michaels freien Tag. Bringen Sie die Sätze in die richtige Reihenfolge.

_____ Tut mir leid, Maria, an dich habe ich leider nicht gedacht. Aber wenn du willst, können wir heute Abend etwas machen.
_____ Hallo Maria. Hier ist Michael. Wie geht's?
_____ Also, zuerst habe ich meinen kleinen Bruder besucht und sein Motorrad repariert.
__13__ Tschüss.
_____ Dann habe ich meinen Keller aufgeräumt. Und am Abend bin ich ausgegangen, in die Kneipe, mit zwei Arbeitskollegen.
_____ Nein, natürlich nicht. Mittags habe ich meinen neuen Nachbarn kennengelernt und wir haben zusammen Kaffee getrunken.
_____ Und dann?
__1__ Schneider, guten Tag.
_____ Und an mich hast du den ganzen Tag nicht gedacht, oder doch?
_____ Also gut. Kannst du mich um acht Uhr abholen?
_____ Ganz gut, danke. Du, sag mal, ich habe versucht, dich gestern anzurufen. Was hast du denn den ganzen Tag gemacht?
_____ Ja gern. Bis dann um acht. Tschüss.
_____ So, und das hat den ganzen Tag gedauert?

Situation 14 | Interview: Gestern

1. Wann bist du aufgestanden?
2. Was hast du gefrühstückt?
3. Wie bist du zur Uni gekommen?
4. Was war dein erster Kurs?
5. Was hast du zu Mittag gegessen?
6. Was hast du getrunken?
7. Wen hast du getroffen?
8. Was hast du nachmittags gemacht?
9. Wie war das Wetter?
10. Wo bist du um sechs Uhr abends gewesen?
11. Was hast du abends gemacht?
12. Wann bist du ins Bett gegangen?
13. Ist gestern etwas Interessantes passiert? Was?

Situation 15 | Informationsspiel: Zum ersten Mal

MODELL: S1: Wann hat Herr Thelen seinen ersten Kuss bekommen?
S2: Als er zwölf war.

	Herr Thelen	Frau Gretter	mein(e) Partner(in)
seinen/ihren/deinen ersten Kuss bekommen		als sie 13 war	
zum ersten Mal ausgegangen	als er 14 war		
seinen/ihren/deinen Führerschein gemacht		mit 25	
sein/ihr/dein erstes Bier getrunken	mit 16		
seine/ihre/deine erste Zigarette geraucht		noch nie	
zum ersten Mal nachts nicht nach Hause gekommen		mit 21	

Universität und Studium

- Wann haben Sie mit dem Studium am College oder an der Universität angefangen?
- Welche Voraussetzungen[1] (High-School-Abschluss, Prüfungen usw.) braucht man für ein Studium?
- An welchen Universitäten haben Sie sich beworben[2]?
- Studieren Sie an einer privaten oder staatlichen Hochschule[3]?
- Müssen Sie Studiengebühren[4] bezahlen?
- Wie lange dauert Ihr Studium voraussichtlich?
- Welchen Abschluss[5] haben Sie am Ende Ihres Studiums?
- Was für Kurse müssen Sie belegen?

Eine Demonstration gegen Studiengebühren in Hamburg

Die meisten Universitäten in Deutschland sind Institutionen der Bundesländer und damit öffentliche Universitäten. Es gibt nur wenige private Hochschulen. Bisher mussten Studenten für ihr erstes Studium keine Studiengebühren zahlen. Doch jetzt wird alles anders. Seit 2005 dürfen die Bundesländer Studierende zur Kasse bitten[6] und viele tun das auch. Bereits im Wintersemester 2006/2007 waren in Niedersachsen und Nordrhein-Westfalen Studiengebühren fällig, seit dem Sommersemester 2007 auch in Bayern und Baden-Württemberg und seit dem Wintersemester 2007/2008 in Hessen. Andere Bundesländer beraten[7] noch. Allerdings sind diese Studiengebühren im Vergleich zu anderen Ländern nicht besonders hoch. In den meisten Bundesländern bezahlt man 500 Euro pro Semester.

Viele Studenten arbeiten während des Semesters und in den Semesterferien. Nur ca. 20% der Studenten an deutschen Universitäten bekommen ein Stipendium oder eine finanzielle Hilfe vom Staat, das sogenannte BAföG (Bundesausbildungsförderungsgesetz)[8]. Der BAföG-Höchstsatz[9] beträgt zur Zeit knapp[10] 600 Euro im Monat.

Man braucht normalerweise das Abitur[11], um an einer Universität zu studieren. Beim Abitur nach 12 oder 13 Schuljahren sind die Studienanfänger 18 bis 20 Jahre alt. Für einige Fächer gibt es einen „Numerus clausus". Das heißt: Nur wer gute oder sehr gute Noten hat, darf studieren. Die Universitäten dürfen sich einen gewissen Prozentsatz ihrer Studenten selbst aussuchen und schauen nicht nur auf gute Schulnoten, sondern auch auf Ergebnisse von Eignungstests[12].

Die traditionellen Studienabschlüsse an der Universität sind das Diplom, das Staatsexamen und in den geisteswissenschaftlichen[13] Fächern der Magister. Doch diese Studiengänge sind bald Geschichte. Bis 2010 soll es überall in Deutschland und in Europa die neuen Bachelor- und Masterstudiengänge geben. Diese neuen Studiengänge werden eingeführt, um international vergleichbare[14] Studienabschlüsse zu haben. Ein Bachelorstudium dauert meist drei Jahre und ein Masterstudium zwei weitere Jahre.

7% der Studenten in Deutschland kommen aus dem Ausland[15], die meisten aus Osteuropa und Asien. Zum Vergleich: Der Anteil ausländischer Studenten in den USA beträgt knapp 4%. Allerdings studieren relativ wenig Deutsche im Ausland, nämlich nur knapp 3%, die meisten in Großbritannien und den USA. US-amerikanische Studenten gehen allerdings noch seltener für ein Semester oder mehr ins Ausland, nämlich nur knapp 1%.

- Vergleichen Sie das Studium in Deutschland und in Ihrem Land. Was ist anders? Was ist ähnlich?

[1]*prerequisites* [2]sich ... *applied* [3]*college, university* [4]*fees, tuition* [5]*degree; diploma* [6]Studierende ... *make students pay* [7]*are debating* [8]*federal law for the promotion of higher education* [9]*maximum amount* [10]*just under* [11]*roughly: high school diploma* [12]*aptitude tests* [13]*humanities* [14]*comparable* [15]aus ... *from abroad*

Situation 16 | Rollenspiel: Das Studentenleben

S1: Sie sind Reporter/Reporterin einer Unizeitung in Österreich und machen ein Interview zum Thema: Studentenleben in Ihrem Land. Fragen Sie, was Ihr Partner / Ihre Partnerin gestern alles gemacht hat: am Vormittag, am Mittag, am Nachmittag und am Abend.

Videoecke

- Wie hast du Pfingsten[1] verbracht?
- Was war das Interessanteste, das dir in den letzten Tagen passiert ist?
- Wann hast du Geburtstag?
- Wie feierst du deinen Geburtstag?
- Wie hast du deinen letzten Geburtstag gefeiert?
- Was war der schönste Tag in deinem Leben?

[1] *Pentecost*

Susann ist in Riesa in Sachsen geboren und als Kind mit ihrer deutschen Mutter und ihrem syrischen Vater nach Damaskus gezogen. Dort hat sie 18 Jahre gelebt, bevor sie wieder nach Deutschland gezogen ist, um in Leipzig Arabistik und Deutsch als Fremdsprache zu studieren.

Heike ist in Leipzig geboren. Sie ist mit einem Ukrainer verheiratet. Sie spricht Russisch, Weißrussisch, Ukrainisch und Polnisch und sie studiert Ostslawistik und Polonistik.

Aufgabe 1

Susann. In welcher Reihenfolge stellt man die Fragen? Welche Antworten gehören zu den Fragen?

FRAGEN	ANTWORTEN
1. ____ Was ist heute Morgen passiert?	a. Sie hat ihre Arabisch-Prüfung mit „sehr gut" bestanden.
2. ____ Was ist vor drei Wochen passiert?	b. Sie ist vom Lärm der Straße aufgewacht.
3. ____ Wie hat sie letztes Jahr ihren Geburtstag gefeiert?	c. Sie war bei ihren Eltern und hat Geburtstag gefeiert.
4. ____ Wie hat sie Pfingsten verbracht?	d. Sie war mit ihrer Schwester in der Oper.

Aufgabe 2

Heike. Welche Aussagen sind richtig, welche sind falsch? Verbessern Sie die falschen Aussagen.

	RICHTIG	FALSCH
1. Am Freitag hat sie verschlafen.	☐	☐
2. Am Sonntag und Montag war sie im Garten.	☐	☐
3. Sie hat den Rasen gemäht und Unkraut gejätet[1].	☐	☐
4. Dabei ist eine Maus draufgegangen[2].	☐	☐
5. Sie ist vom Sternzeichen[3] her ein Fisch.	☐	☐
6. Ihre Eltern wohnen in der Ukraine.	☐	☐
7. Sie feiert ihren Geburtstag immer in der Ukraine.	☐	☐

Aufgabe 3

Die Mausgeschichte. Vervollständigen Sie den Text mit den folgenden Wörtern: erschreckt[4], Garten, gehoben[5], gejätet, gestrichen[6], Maus, Platte, verschlafen[7]

Am Sonnabend habe ich _____. Am Sonntag und Montag waren wir im _____. Wir haben Unkraut _____ und den Zaun[8] _____. Als wir im Garten waren, haben wir eine Gehwegplatte[9] hoch _____ und da kam eine _____ unten vor. Wir haben uns so _____, dass wir die _____ fallen lassen haben[10] und dabei ist die Maus draufgegangen.

[1]Unkraut ... *pulled weeds* [2]ist ... *got killed* (slang) [3]*(astrological) sign* [4]*got frightened* [5]*lifted* [6]*painted* [7]*overslept* [8]*fence* [9]*stepping stone* [10]fallen ... *dropped*

Wortschatz

Unterwegs	On the Road
die **Fahrkarte, -n**	ticket
der **Bahnhof, ¨-e**	train station
der **Führerschein, -e**	driver's license
der **Schlafwagen, -**	sleeping car
der **Unfall, ¨-e**	accident
der **Urlaub, -e**	vacation

Zeit und Reihenfolge	Time and Sequence
der **Abend, -e** (R)	evening
am Abend	in the evening
der **Alltag**	daily routine
der **Nachmittag, -e**	afternoon
der **Vormittag, -e**	late morning
das **Datum, Daten**	date
welches Datum ist heute?	what is today's date?
das **Mal, -e**	time
das **letzte Mal**	the last time
zum ersten Mal	for the first time
abends	evenings, in the evening
gestern	yesterday
gestern Abend	last night
letzt-	last
letzte Woche	last week
letzten Montag	last Monday
letzten Sommer	last summer
letztes Wochenende	last weekend
nachmittags	afternoons, in the afternoon
nachts	nights, at night
vorgestern	the day before yesterday
an (R)	on; in
am Abend	in the evening
am ersten Oktober	on the first of October
an welchem Tag?	on what day?
bis (R)	until
bis um vier Uhr	until four o'clock
einmal	once
warst du schon einmal ...?	were you ever . . . ?
erst	not until
erst um vier Uhr	not until four o'clock
früh (R)	in the morning
bis um vier Uhr früh	until four in the morning

schon (R)	already
seit	since; for
seit zwei Jahren	for two years
über	over
übers Wochenende	over the weekend
vor	ago
vor zwei Tagen	two days ago

Schule und Universität — School and University

die **Aufgabe, -n**	assignment
die **Grundschule, -n**	elementary school
die **Vorlesung, -en**	lecture
der **Kugelschreiber, -**	ballpoint pen
das **Gymnasium, Gymnasien**	high school, college prep school
halten, hält, gehalten*	to hold
ein **Referat halten**	to give a paper / oral report

Feste und Feiertage — Holidays

der **Feiertag, -e**	holiday
der **Nationalfeiertag, -e**	national holiday
das **Familienfest, -e**	family celebration
(das) **Weihnachten**	Christmas

Ähnliche Wörter

die **Tradition, -en**; der **Muttertag**; der **Valentinstag**; das **Picknick, -s**

Ordinalzahlen — Ordinal Numbers

erst-	**acht-**
der erste Oktober	**neunt-**
zweit-	**zehnt-**
dritt-	**elft-**
viert-	**zwölft-**
fünft-	**dreizehnt-**
sechst-	**zwanzigst-**
siebt-	**hundertst-**

Sonstige Substantive — Other Nouns

die **Erinnerung, -en**	memory, remembrance
die **Nachbarin, -nen**	female neighbor
die **Rechnung, -en**	bill; check (in restaurant)
die **Sandburg, -en**	sandcastle
die **Umfrage, -n**	survey
die **Unizeitung, -en**	university newspaper
der **Einwanderer, -**	immigrant
der **Keller, -**	basement, cellar
der **Kuss, ¨-e**	kiss
der **Liegestuhl, ¨-e**	deck chair
der **Nachbar, -n**	male neighbor
der **Ort, -e**	place, town
der **Strand, ¨-e**	beach
das **Erlebnis, -se**	experience
das **Ferienhaus, ¨-er**	vacation house
das **Geschirr**	dishes
Geschirr spülen	to wash the dishes
das **Jahrzehnt, -e**	decade
das **Sprachlabor, -s**	language laboratory
das **Tagebuch, ¨-er**	diary

Ähnliche Wörter

die **Computerfirma, Computerfirmen**; die **Information, -en**; die **Reporterin, -nen**; die **Rolle, -n**; die **Wäsche**; die **Zigarette, -n**; der **Garten, ¨-**; der **Kaffeefilter, -**; der **Reporter, -**; der **Tee**; der **Uranus**; das **Akkordeon, -s**; das **Café, -s**; das **Interview, -s**; das **Penizillin**; das **Prozent, -e**; das **Studentenleben**; das **Theater, -**; das **Thema, Themen**; das **Toilettenpapier**; das **Wunder, -**; **kein Wunder**

Sonstige Verben — Other Verbs

ab·fahren, fährt ... ab, ist abgefahren	to depart
an·fangen, fängt ... an, angefangen	to begin
antworten[†]	to answer
auf·wachen, ist aufgewacht	to wake up
aus·wandern, ist ausgewandert	to emigrate
bezahlen	to pay (for)
dauern	to last
denken (an + *akk.*), **gedacht**	to think (of)
entdecken	to discover
erfinden, erfunden	to invent
ergänzen	to complete, fill in the blanks
los·fahren, fährt ... los, ist losgefahren	to drive off
passieren, ist passiert	to happen
spülen	to wash; to rinse
verdienen	to earn
verstehen, verstanden	to understand
versuchen	to try, attempt
war, warst, waren	was, were

*Strong and irregular verbs are listed in the **Wortschatz** with the third-person singular, if there is a stem-vowel change, and with the past participle. All verbs that use **sein** as the auxiliary in the present perfect tense are listed with **ist.**

[†]Regular weak verbs are listed only with their infinitive.

Ähnliche Wörter

diskutieren; essen, isst, gegessen (R); zu Abend essen; fotografieren; gewinnen, gewonnen; korrigieren; sitzen, gesessen; telefonieren; weg·gehen, ist weggegangen

Adjektive und Adverbien	Adjectives and Adverbs
furchtbar	terrible
geschlossen	closed
links	left
mit dem linken Fuß auf·stehen, ist aufgestanden	to get up on the wrong side of bed
pünktlich	punctual; on time
süß	sweet
verliebt	in love

Ähnliche Wörter

politisch, total

Sonstige Wörter und Ausdrücke	Other Words and Expressions
auf jeden Fall	by all means
das hört sich toll an	that sounds great
deshalb	therefore; that's why
diese, dieser, dieses (R)	this, that, these, those
doch!	yes (on the contrary)!
etwas (R)	something
etwas Interessantes/Neues	something interesting/new
genug	enough
gleich	right away
in (R)	in; at
im Garten	in the garden
im Café	at the cafe
ja	indeed
das ist es ja!	that's just it!
stimmt!	that's right!
tut mir leid	I'm sorry
wem	whom (*dative*)
wen	whom (*accusative*)
zu	too
zu schwer	too heavy
zuerst	first

Strukturen und Übungen

4.1 Talking about the past: the perfect tense

In conversation, German speakers generally use the perfect tense to describe past events. The simple past tense, which you will study in **Kapitel 9,** is used more often in writing.

Ich **habe** gestern Abend ein Glas Wein **getrunken.**	*I drank a glass of wine last night.*
Nora **hat** gestern Basketball **gespielt.**	*Nora played basketball yesterday.*

German forms the perfect tense with an auxiliary **(haben** or **sein)** and a past participle **(gewaschen)**. Participles usually begin with the prefix **ge-.**

	AUXILIARY		PARTICIPLE
Ich	**habe**	mein Auto	**gewaschen.**

Wissen Sie noch?

You've already seen how a **Satzklammer** forms a frame or a bracket consisting of a verb and either a separable prefix or an infinitive (grammar 1.5, 2.3, and 3.1). Note here how the **Satzklammer** is composed of **haben/sein** and the past participle.

The auxiliary is in first position in yes/no questions and in second position in statements and w-word questions. The past participle is at the end of the clause.

Hat Heidi gestern einen Film **gesehen?**	*Did Heidi see a movie last night?*
Ich **habe** gestern zu viel Kaffee **getrunken.**	*I drank too much coffee yesterday.*
Wann **bist** du ins Bett **gegangen?**	*When did you go to bed?*

Verbs with **sein** = no direct object; change of location or condition.

Whereas most verbs form the present perfect tense with **haben,** several others use **sein.** To use **sein,** a verb must fulfill two conditions.

1. It cannot take a direct object.
2. It must indicate change of location or condition.

sein	**haben**
Ich **bin aufgestanden.** *I got out of bed.*	Ich **habe gefrühstückt.** *I ate breakfast.*
Stefan **ist** ins Kino **gegangen.** *Stefan went to the movies.*	Er **hat** einen Film **gesehen.** *He saw a film.*

Here is a list of common verbs that take **sein** as an auxiliary. For a more complete list, see Appendix F.

ankommen	*to arrive*	ich bin angekommen
aufstehen	*to get up*	ich bin aufgestanden
einsteigen	*to board*	ich bin eingestiegen
fahren	*to go, drive*	ich bin gefahren
gehen	*to go, walk*	ich bin gegangen
kommen	*to come*	ich bin gekommen
schwimmen	*to swim*	ich bin geschwommen
wandern	*to hike*	ich bin gewandert

In addition to these verbs, **sein** itself and the verb **bleiben** (*to stay*) take **sein** as an auxiliary.

Bist du schon in China **gewesen?**	*Have you ever been to China?*
Gestern **bin** ich zu Hause **geblieben.**	*Yesterday I stayed home.*

Übung 1 | Rosemaries erster Schultag

Ergänzen Sie **haben** oder **sein.** Beantworten Sie dann die Fragen.

Rosemarie _____[a] bis sieben Uhr geschlafen. Dann _____[b] sie aufgestanden und _____[c] mit ihren Eltern und ihren Schwestern gefrühstückt. Sie _____[d] ihre Tasche genommen und _____[e] mit ihrer Mutter zur Schule gegangen. Ihre Mutter und sie _____[f] ins Klassenzimmer gegangen und ihre Mutter _____[g] noch ein bisschen dageblieben. Die Lehrerin, Frau Dehne, _____[h] alle begrüßt. Dann _____[i] Frau Dehne „Herzlich willkommen" an die Tafel geschrieben.

1. Wann ist Rosemarie aufgestanden?
2. Wohin sind Rosemarie und ihre Mutter gegangen?
3. Wer ist Frau Dehne?
4. Was hat Frau Dehne an die Tafel geschrieben?

Übung 2 | Eine Reise nach Istanbul

Ergänzen Sie **haben** oder **sein.** Beantworten Sie dann die Fragen.

JOSEF UND MELANIE:

Wir _____[a] ein Taxi genommen. Mit dem Taxi _____[b] wir zum Bahnhof gefahren. Dort _____[c] wir uns Fahrkarten gekauft. Dann _____[d] wir in den Orientexpress eingestiegen. Um 5.30 _____[e] wir abgefahren. Wir _____[f] im Speisewagen[1] gefrühstückt. Den ganzen Tag _____[g] wir Karten gespielt. Nachts _____[h] wir in den Schlafwagen gegangen. Wir _____[i] schlecht geschlafen. Aber wir _____[j] gut in Istanbul angekommen.

1. Wohin sind Josef und Melanie mit dem Taxi gefahren?
2. Wann sind sie mit dem Zug abgefahren?
3. Wo haben sie gefrühstückt?
4. Was haben sie nachts gemacht?

Übung 3 | Ein ganz normaler Tag

Ergänzen Sie das Partizip.

aufgestanden	gefrühstückt	gehört
gearbeitet	gegangen	getroffen
geduscht	gegessen	getrunken

Heute bin ich um 7.00 Uhr _____[a]. Ich habe _____[b], _____[c] und bin an die Uni _____[d]. Ich habe einen Vortrag _____[e]. Um 10 Uhr habe ich ein paar Mitstudenten _____[f] und Kaffee _____[g]. Dann habe ich bis 12.30 Uhr in der Bibliothek _____[h] und habe in der Mensa zu Mittag _____[i].

[1] *dining car*

4.2 Strong and weak past participles

weak verbs = **ge-** + verb stem + **-(e)t**

German verbs that form the past participle with **-(e)t** are called *weak verbs.*

arbeiten	gearbeitet	*work*	*worked*
spielen	gespielt	*play*	*played*

To form the regular past participle, take the present tense **er/sie/es**-form and precede it with **ge-.**

er	spielt	→	er	hat	gespielt
sie	arbeitet	→	sie	hat	gearbeitet
es	regnet	→	es	hat	geregnet

strong verbs = **ge-** + verb stem + **-en;** the verb stem may have vowel or consonant changes.

Verbs that form the past participle with **-en** are called *strong verbs.* Many verbs have the same stem vowel in the infinitive and the past participle.

kommen → gekommen

Some verbs have a change in the stem vowel.

schwimmen → geschw**o**mmen

Some also have a change in consonants.

gehen → geg**angen**

Here is a reference list of common irregular past participles.

PARTICIPLES WITH **haben**

essen, gegessen	*to eat*
halten, gehalten	*to hold*
lesen, gelesen	*to read*
liegen, gelegen	*to lie, be situated*
nehmen, genommen	*to take*
schlafen, geschlafen	*to sleep*
schreiben, geschrieben	*to write*
sehen, gesehen	*to see*
sprechen, gesprochen	*to speak*
tragen, getragen	*to wear, carry*
treffen, getroffen	*to meet*
trinken, getrunken	*to drink*
waschen, gewaschen	*to wash*

PARTICIPLES WITH **sein**

ankommen, angekommen	*to arrive*
aufstehen, aufgestanden	*to get up*
bleiben, geblieben	*to stay, remain*
einsteigen, eingestiegen	*to board*
fahren, gefahren	*to go (using a vehicle), drive*
gehen, gegangen	*to go (walk)*
kommen, gekommen	*to come*
schwimmen, geschwommen	*to swim*
sein, gewesen	*to be*

Übung 4 | Das ungezogene[1] Kind

Stellen Sie die Fragen!

MODELL: SIE: Hast du schon geduscht?
DAS KIND: Heute will ich nicht duschen.

1. Heute will ich nicht frühstücken.
2. Heute will ich nicht schwimmen.
3. Heute will ich keine Geschichte lesen.
4. Heute will ich nicht Klavier spielen.
5. Heute will ich nicht schlafen.
6. Heute will ich nicht essen.
7. Heute will ich nicht Geschirr spülen.
8. Heute will ich den Brief nicht schreiben.
9. Heute will ich nicht ins Bett gehen.

Übung 5 | Katrins Tagesablauf

Wie war Katrins Tag gestern? Schreiben Sie zu jedem Bild einen Satz. Verwenden Sie diese Ausdrücke.

MODELL: Katrin hat bis 9 Uhr im Bett gelegen.

arbeiten
abends zu Hause bleiben
ein Referat halten
nach Hause kommen
bis neun im Bett liegen
regnen
mit Frau Schulz sprechen
einen Rock tragen
Freunde treffen
ihre Wäsche waschen

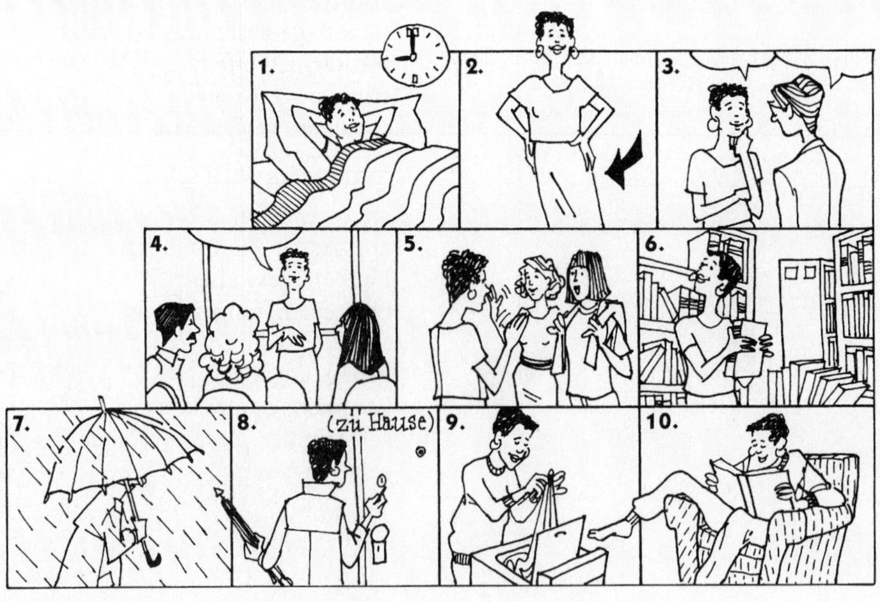

[1] *naughty*

4.3 Dates and ordinal numbers

To form ordinal numbers, add **-te** to the cardinal numbers 1 through 19 and **-ste** to the numbers 20 and above. Exceptions to this pattern are **erste** (*first*), **dritte** (*third*), **siebte** (*seventh*), and **achte** (*eighth*).

Ordinals 1–19 add **-te** to the cardinal number (but note: **erste, dritte, siebte, achte**).

eins	**erste**	*first*
zwei	zweite	*second*
drei	**dritte**	*third*
vier	vierte	*fourth*
fünf	fünfte	*fifth*
sechs	sechste	*sixth*
sieben	**siebte**	*seventh*
acht	**achte**	*eighth*
neun	neunte	*ninth*
. . .		
neunzehn	neunzehnte	*nineteenth*

Ordinals 20 and higher add **-ste** to the cardinal number.

zwanzig	zwanzigste	*twentieth*
einundzwanzig	einundzwanzigste	*twenty-first*
zweiundzwanzig	zweiundzwanzigste	*twenty-second*
. . .		
dreißig	dreißigste	*thirtieth*
vierzig	vierzigste	*fortieth*
. . .		
hundert	hundertste	*hundredth*
. . .		

Ordinal numbers usually end in **-e** or **-en.** Use the construction **der** + **-e** to answer the question **Welches Datum ...?**

All dates are masculine:
***der* zweit*e* Mai**
***am* zweit*en* Mai**

Welches Datum ist heute?	*What is today's date?*
Heute ist **der** achtzehnte Oktober.	*Today is October eighteenth.*

Use **am** + **-en** to answer the question **Wann ...?**

Wann sind Sie geboren?	*When were you born?*
Am achtzehn**ten** Juni 1983.	*On the eighteenth of June, 1983.*

Ordinal numbers in German can be written as words or figures.

am zweiten Februar	*on the second of February*
am 2. Februar	*on the 2nd of February*

Übung 6 | Wichtige Daten

Beantworten Sie die Fragen.

1. Welches Datum ist heute?
2. Welches Datum ist morgen?
3. Wann feiert man Weihnachten?
4. Wann feiert man den Nationalfeiertag in Ihrem Land?
5. Wann feiert man das neue Jahr?
6. Wann feiert man Valentinstag?
7. Wann ist dieses Jahr Muttertag?
8. Wann ist nächstes Jahr Ostern?
9. Wann beginnt der Frühling?
10. Wann beginnt der Sommer?

4.4 Prepositions of time: *um, am, im*

Use the question word **wann** to ask for a specific time. The preposition in the answer will vary depending on whether it refers to clock time, days and parts of days, months, or seasons.

um CLOCK TIME

—Wann beginnt der Unterricht?	*When does the class start?*
—**Um** neun Uhr.	*At nine o'clock.*

um 

am DAYS AND PARTS OF DAYS*

—Wann ist das Konzert?	*When is the concert?*
—**Am** Montag.	*On Monday.*
—Wann arbeitest du?	*When do you work?*
—**Am** Abend.	*In the evening.*

am 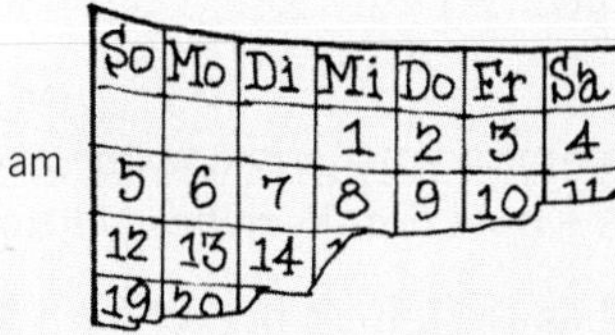

am 

im SEASONS AND MONTHS

—Wann ist das Wetter schön?	*When is the weather nice?*
—**Im** Sommer und besonders **im** August.	*In the summer and especially in August.*

im 

No preposition is used when stating the year in which something takes place.

—Wann bist du geboren?	*When were you born?*
—Ich bin 1990 geboren.	*I was born in 1990.*

*Note the exceptions: **in der Nacht** (*at night*) and **um Mitternacht** (*at midnight*).

Übung 7 | Melanies Geburtstag

Ergänzen Sie **um, am, im** oder —.

Melanie hat _____[a] Frühling Geburtstag, _____[b] April. Sie ist _____[c] 1984 geboren, _____[d] 3. April 1984. _____[e] Dienstag kommen Claire und Josef _____[f] halb vier zum Kaffee. Melanies Mutter kommt _____[g] 16 Uhr. _____[h] Abend gehen Melanie, Claire und Josef ins Kino. Josef hat auch _____[i] April Geburtstag, aber erst _____[j] 15. April.

Übung 8 | Interview

Beantworten Sie die Fragen.

1. Was machst du im Winter? im Sommer?
2. Wie ist das Wetter im Frühling? im Herbst?
3. Was machst du am Morgen? am Abend?
4. Was machst du am Freitag? am Samstag?
5. Was machst du heute um sechs Uhr abends? um zehn Uhr abends?
6. Was machst du am Sonntag um Mitternacht?

4.5 Past participles with and without *ge-*

Separable-prefix verbs form their past participles with **-ge-** before the verb stem.

WEAK VERBS

prefix + **-ge-** + stem + **-(e)t**

STRONG VERBS

prefix + **-ge-** + stem + **-en**

The verb stem may have vowel or consonant changes.

A. Participles with ge-

German past participles usually begin with **ge-**. The past participles of separable-prefix verbs begin with the prefix; the **ge-** goes between the prefix and the verb.

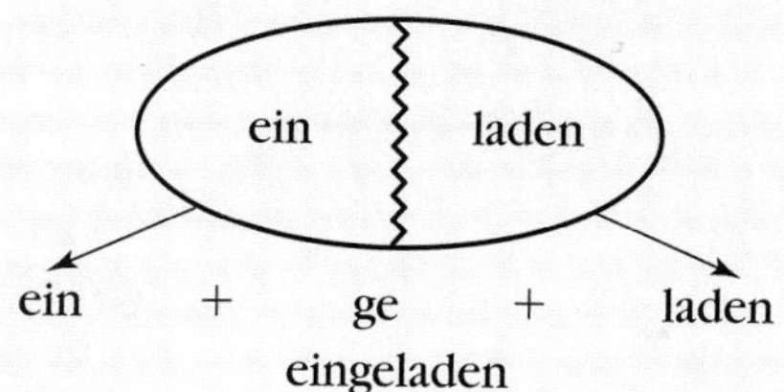

Frau Schulz **hat** Heidi und Nora zum Essen **eingeladen.** — *Frau Schulz invited Heidi and Nora for dinner.*

Here are the infinitives and past participles of some common separable-prefix verbs.

SEPARABLE PREFIXES

an
auf
aus
mit
weg
wieder
zusammen
and others

PAST PARTICIPLES WITH **haben**

anfangen	angefangen	*to start*
anrufen	angerufen	*to call up*
aufräumen	aufgeräumt	*to tidy up*
auspacken	ausgepackt	*to unpack*
fernsehen	ferngesehen	*to watch TV*

PAST PARTICIPLES WITH **sein**

ankommen	angekommen	*to arrive*
aufstehen	aufgestanden	*to get up*
ausgehen	ausgegangen	*to go out*
weggehen	weggegangen	*to go away, leave*

Verbs ending in **-ieren** are weak: verb stem + **-t.**

B. Participles without **ge-**

There are two types of verbs that do not add **ge-** to form the past participle: verbs that end in **-ieren** and verbs with inseparable prefixes.

1. Verbs ending in **-ieren** form the past participle with **-t: studieren → studiert.**

   Paula **hat** Deutsch **studiert.** *Paula studied German.*

   Here is a list of common verbs that end in **-ieren.**

diskutieren	diskutiert	*to discuss*
fotografieren	fotografiert	*to take pictures*
korrigieren	korrigiert	*to correct*
probieren	probiert	*to try, taste*
reparieren	repariert	*to repair, fix*
studieren	studiert	*to study*
telefonieren	telefoniert	*to telephone*

   Almost all verbs ending in **-ieren** form the perfect tense with **haben.** The verb **passieren** (*to happen*) requires **sein** as an auxiliary: **Was ist passiert?** (*What happened?*)

Verbs with inseparable prefixes may be weak or strong:

WEAK VERBS

verb stem + **-(e)t**

STRONG VERBS

verb stem + **-en**

The verb stem may have vowel or consonant changes.

INSEPARABLE PREFIXES

be-
ent-
er-
ge-
ver-
zer-

Separable prefixes can stand alone as whole words; inseparable prefixes are always unstressed syllables.

2. The past participles of inseparable-prefix verbs do not include **ge-**: **verstehen → verstanden.**

   Stefan **hat** nicht **verstanden.** *Stefan didn't understand.*

   Whereas separable prefixes are words that can stand alone (**auf, aus, wieder,** and so forth), inseparable prefixes are simply syllables: **be-, ent-, er-, ge-, ver-,** and **zer-.** The past participles of most inseparable-prefix verbs require **haben** as an auxiliary. Here is a list of common inseparable-prefix verbs and their past participles.

bekommen	bekommen	*to get*
besuchen	besucht	*to visit*
bezahlen	bezahlt	*to pay*
entdecken	entdeckt	*to discover*
erfinden	erfunden	*to invent*
erzählen	erzählt	*to tell*
verdienen	verdient	*to earn*
vergessen	vergessen	*to forget*
verlieren	verloren	*to lose*
verstehen	verstanden	*to understand*

Übung 9 | Ein schlechter Tag

Herr Thelen ist gestern mit dem linken Fuß aufgestanden. Zuerst hat er seinen Wecker nicht gehört und hat verschlafen. Dann ist er in die Küche gegangen und hat Kaffee gekocht. Nach dem Frühstück ist er mit seinem Auto in die Stadt zum Einkaufen gefahren. Er hat geparkt und ist erst nach zwei Stunden zurückgekommen. Herr Thelen hat einen Strafzettel[1] bekommen und 20 Euro bezahlt für falsches Parken. Er ist nach Hause gefahren, hat die Wäsche gewaschen und hat aufgeräumt. Beim Aufräumen ist eine teure Vase auf den Boden gefallen und zerbrochen[2]. Als die Wäsche fertig war, war ein Pullover eingelaufen[3]. Herr Thelen ist dann schnell ins Bett gegangen. Fünf Minuten vor Mitternacht ist das Haus abgebrannt[4].

[1]*ticket* [2]*broken* [3]*shrunk* [4]*burned down*

A. Richtig (R) oder falsch (F)?

1. _____ Herr Thelen hat gestern verschlafen.
2. _____ Vor dem Frühstück ist er in die Stadt gefahren.
3. _____ Herr Thelen hat falsch geparkt.
4. _____ Er hat seine Wohnung aufgeräumt.
5. _____ Herr Thelen braucht ein neues Haus.

B. Suchen Sie die Partizipien heraus, bilden Sie die Infinitive und schreiben Sie sie auf.

PARTIZIPIEN MIT **ge-**	INFINITIVE
__________	__________
__________	__________
⋮	⋮

PARTIZIPIEN OHNE **ge-**	INFINITIVE
__________	__________
__________	__________
⋮	⋮

Übung 10 | In der Türkei

Mehmet ist in der Türkei. Was hat er gestern gemacht? Verwenden Sie die Verben am Rand[1].

gehen
ankommen
trinken
schlafen
begrüßen

Mehmet ist in der Türkei bei seinen Eltern. Gestern _____ er um 17 Uhr _____[a]. Er _____ seine Eltern und Geschwister _____[b] und einen Tee mit ihnen _____[c]. Dann _____ er in sein Zimmer _____[d] und _____ _____[e].

gehen
trinken
fragen
sprechen
gehen

Nach einer Stunde _____ er zum Abendessen in die Küche _____[f]. Seine Eltern _____ ihn viel über sein Leben in Deutschland _____[g] und Mehmet _____ über seine Arbeit und seine Freunde _____[h]. Sie _____ noch einen Tee _____[i] und _____ um 23 Uhr ins Bett _____[j].

Übung 11 | Interview

Fragen Sie Ihren Partner / Ihre Partnerin. Schreiben Sie die Antworten auf.

MODELL: mit deinen Eltern telefonieren (wie lange?) →

s1: Hast du gestern mit deinen Eltern telefoniert?
s2: Ja.
s1: Wie lange?
s2: Eine halbe Stunde.

1. früh aufstehen (wann?)
2. jemanden fotografieren (wen?)
3. jemanden besuchen (wen?)
4. ausgehen (wohin?)
5. etwas bezahlen (was?)
6. etwas reparieren (was?)
7. etwas Neues probieren (was?)
8. fernsehen (wie lange?)
9. etwas nicht verstehen (was?)
10. dein Zimmer aufräumen (wann?)

[1] *margin*

Adolph von Menzel: *Eisenwalzwerk* (1872–75), Alte Nationalgalerie, Berlin

ADOLPH VON MENZEL

Das *Eisenwalzwerk*[1] von Adolph von Menzel (1815–1905) ist ein Bild des Realismus. Die Welt der Arbeit, besonders der Industriearbeit, als Thema der Malerei war im 19. Jahrhundert neu. In Oberschlesien[2] (im heutigen[3] Polen) arbeitete von Menzel von 1872 bis 1875 an diesem Werk.

[1]*iron rolling mill* [2]*Upper Silesia* [3]*present-day*

KAPITEL 5

Geld und Arbeit

In **Kapitel 5**, you will talk about shopping, jobs and the workplace, and daily life at home. You will expand your ability to express your likes and dislikes and learn to describe your career plans.

Themen
- Geschenke und Gefälligkeiten
- Berufe
- Arbeitsplätze
- In der Küche

Kulturelles
- Ladenschluss in Deutschland
- Videoblick: Azubibewerbung
- Ausbildung und Beruf
- Videoecke: Studium und Arbeit

Lektüren
- Schüler arbeiten
- Film: *Der Tunnel*

Strukturen
- **5.1** Dative case: articles and possessive adjectives
- **5.2** Question pronouns: **wer, wen, wem**
- **5.3** Expressing change: the verb **werden**
- **5.4** Location: **in, an, auf** + dative case
- **5.5** Dative case: personal pronouns

Situationen

Geschenke und Gefälligkeiten

Grammatik 5.1–5.2

1. Peter kauft seinem Freund Albert eine Konzertkarte.

2. Ernst gibt seinem Vater die Tageszeitung.

3. Michael schenkt seiner Freundin Maria einen Ausflug an die Ostsee.

4. Hans leiht seiner Schwester einen MP3-Spieler.

5. Oma Schmitz kocht ihrem Enkel Rolf das Abendessen.

6. Heidi verkauft ihrem Mitstudenten Stefan ein Wörterbuch.

7. Melanie erzählt ihrer Freundin Claire ein Geheimnis.

8. Claire schreibt ihrer Mutter einen Brief.

Situation 1 | Ist das normal?

Welches Bild gehört zu welchem Satz?

1. a.  b. 

___a___ Jens gießt seiner Tante die Blumen.
___b___ Jens gießt seine Tante.

2. a.  b. 

___b___ Jutta repariert ihren Bruder.
___a___ Jutta repariert ihrem Bruder das Radio.

3. a.  b. 

___b___ Silvia kauft das Kind.
___a___ Silvia kauft dem Kind die Schokolade.

4. a.  b. 

___a___ Herr Ruf kocht der Familie das Essen.
___b___ Herr Ruf kocht die Familie.

Situation 2 | Sagen Sie *ja*, *nein* oder *vielleicht*.

1. Wem geben die Studenten ihre Hausaufgaben?
   a. dem Professor
   b. ihren Eltern
   c. dem Hausmeister
   d. dem Taxifahrer
2. Wem schreibt Rolf einen Brief?
   a. seiner Katze
   b. dem Präsidenten
   c. seinem Friseur
   d. seinen Eltern
3. Wem kauft Andrea das Hundefutter?
   a. ihrer Mutter
   b. ihrem Freund Lukas
   c. ihrem Hund
   d. ihren Geschwistern
4. Wem repariert Herr Ruf das Fahrrad?
   a. seinem Hund
   b. seiner Mutter
   c. seinen Nachbarn
   d. seinem Sohn

Situation 3 | Interaktion: Was schenkst du deiner Mutter?

Sie haben in der Lotterie 2 000 Euro gewonnen. Für 500 Euro wollen Sie Ihrer Familie und Ihren Freunden Geschenke kaufen. Was schenken Sie ihnen?

MODELL: S1: Was schenkst du deiner Mutter?
S2: Einen/Ein/Eine _____.
S1: Was schenkst du deinem Vater?
S2: Einen/Ein/Eine _____.

	ich	mein(e) Partner(in)
deiner Mutter		
deinem Vater		
deiner Schwester		
deinem Bruder		
deinem Großvater		
deiner Großmutter		
deinem Freund / deiner Freundin		
deinem Professor / deiner Professorin		
deinem Mitbewohner / deiner Mitbewohnerin		

Ladenschluss in Deutschland

- Wann gehen Sie einkaufen?
- An welchen Tagen und zu welchen Zeiten können Sie in Ihrer Stadt einkaufen gehen?
- Gibt es Tage, an denen alles geschlossen ist?

Lesen Sie den Text und beantworten Sie die Fragen.

- Wann kann ein Berliner / eine Berlinerin wochentags einkaufen gehen?
- Kann man in Deutschland am Wochenende einkaufen? Wenn ja, wann?
- Wer regelt heute den Ladenschluss[1] in Deutschland?

Bis zum 1. September 2006 hat ein Gesetz[2], das Ladenschlussgesetz, sehr genau und streng geregelt, an welchen Tagen und wie lange Läden[3] überall in Deutschland geöffnet sein dürfen. Ein Ladenbesitzer[4] durfte seinen Laden von montags bis samstags von 6 bis 20 Uhr öffnen. An Sonn- und Feiertagen waren fast alle Läden geschlossen[5].

Ab September 2006 können die einzelnen Bundesländer[6] den Ladenschluss selbst regeln. Viele Länder haben schnell gehandelt und den Ladenschluss freigegeben[7] (montags bis samstags 0–24 Uhr). Zum Beispiel dürfen Läden in Berlin von Montag bis Samstag rund um die Uhr öffnen. Auch an den Adventssonntagen und bis zu sechs weiteren Sonntagen im Jahr können die Berliner von 13 bis 20 Uhr einkaufen. Bayern und das Saarland halten an der alten Regelung fest (montags bis samstags 6–20 Uhr). Sachsen und Rheinland-Pfalz erlauben 6 bis 22 Uhr. An Sonn- und Feiertagen ist bis auf[8] einige verkaufsoffene Sonntage, die individuell festgelegt[9] werden, geschlossen. Ausnahmen sind Tankstellen, Bäckereien, Bahnhofsgeschäfte und Apotheken stundenweise.

Die anderen Bundesländer, wie zum Beispiel Niedersachsen, sind noch nicht so weit, denn obwohl[10] die Geschäfte länger öffnen dürfen, heißt das nicht, dass sie das auch machen. Viele Läden machen morgens zwischen 8.30 und 9.30 Uhr, oder auch erst um 10 Uhr, auf oder schließen bereits um 18 oder 19 Uhr.

Sehen Sie sich die Tabelle an und vergleichen[11] Sie die Regelungen zum Ladenschluss in Deutschland vor und nach September 2006 mit anderen europäischen Ländern.

Ladenschluss in Europa

Land	Mo–Fr	Sa	Sonntage, Feiertage
Österreich	5–21	5–18	kein Verkauf bis auf Ausnahmen[12]
Italien	5–21	5–21	kein Verkauf bis auf Ausnahmen
Niederlande	6–22	6–22	kein Verkauf bis auf Ausnahmen
Dänemark	0–24	6–17	kein Verkauf bis auf Ausnahmen
Griechenland, Spanien	0–24	0–24	kein Verkauf bis auf Ausnahmen
Portugal	0–24	0–24	6–24
Schweden	0–24	0–24	5–24
Belgien	5–22	5–21	Öffnungsmöglichkeit nur für Selbstständige[13]
Frankreich	0–24	0–24	Öffnungsmöglichkeit nur für Selbstständige
Großbritannien, Irland, Polen	0–24	0–24	0–24

Quelle: Bundeszentrale für politische Bildung (Stand: 2004)

Der Ladenschluss ist eine alte Geschichte. Ladenschlussregelungen gibt es in Deutschland seit dem 14. Jahrhundert. Das alte Ladenschlussgesetz hat es seit 1956 gegeben. Erst in den letzten 15 Jahren hat man es Schritt für Schritt[14] liberalisiert.

- Was meinen Sie: Warum war Ladenschluss bis 2006 so wichtig in Deutschland?
- Wer ist wahrscheinlich für (pro), wer gegen (contra) Ladenschlussregelungen?
- Warum diskutiert man besonders, ob Geschäfte auch am Sonntag öffnen dürfen?

[1]*store hours* [2]*law* [3]*stores* [4]*store owner* [5]*closed* [6]*federal states* [7]*deregulated* [8]bis ... *except for* [9]*determined* [10]*although* [11]*compare* [12]*exceptions* [13]*independent proprietors* [14]Schritt für ... *step by step*

Situation 4 | Bildgeschichte: Josef kauft Weihnachtsgeschenke.

Es ist fast Weihnachten und Josef hat noch keine Geschenke.

Berufe

Grammatik 5.3

1. Der Arzt hilft kranken Menschen.

2. Der Verkäufer arbeitet in einem Laden.

3. Die Anwältin verteidigt den Angeklagten.

4. Der Pilot fliegt ein Flugzeug.

5. Der Richter arbeitet im Gericht.

6. Die Bauarbeiterin baut ein Parkhaus.

7. Die Architektin zeichnet ein Haus.

8. Die Krankenpflegerin arbeitet im Krankenhaus.

Situation 5 | Definitionen

Finden Sie den richtigen Beruf.

Anwältin	Verkäufer		Schriftsteller
Architekt(in)		Krankenpflegerin	
Ärztin	Lehrer	Pilot	

1. Dieser Mann unterrichtet an einer Schule. Er ist ______.
2. Diese Frau untersucht Patienten im Krankenhaus. Sie ist ______.
3. Dieser Mann fliegt ein Flugzeug. Er ist ______.
4. Dieser Mann verkauft Computer in einem Laden. Er ist ______.
5. Diese Person zeichnet Pläne für Häuser. Sie ist ______.
6. Diese Frau arbeitet auf dem Gericht. Sie ist ______.
7. Diese Frau pflegt kranke Menschen. Sie ist ______.
8. Dieser Mann schreibt Romane. Er ist ______.

Situation 6 | Bildgeschichte: Was Michael Pusch schon alles gemacht hat

Situation 7 | Berufe

Machen Sie Listen. Suchen Sie zu jeder Frage drei Berufe.

In welchen Berufen ...

1. verdient man sehr viel Geld?
2. verdient man nur wenig Geld?
3. gibt es mehr Männer als Frauen?
4. gibt es mehr Frauen als Männer?
5. muss man gut in Mathematik sein?
6. muss man gut in Sprachen sein?
7. muss man viel reisen?
8. muss man viel Kraft[1] haben?

Situation 8 | Interview

1. Arbeitest du? Wo? Als was? Was machst du? An welchen Tagen arbeitest du? Wann fängst du an? Wann hörst du auf?
2. Was studierst du? Wie lange dauert das Studium?
3. Was möchtest du werden? Verdient man da viel Geld? Ist das ein Beruf mit viel Prestige?
4. Was ist dein Vater von Beruf? Was hat er gelernt (studiert)?
5. Was ist deine Mutter von Beruf? Was hat sie gelernt (studiert)?

[1]*strength*

Lektüre

Vor dem Lesen

1. Haben Sie als Schüler/Schülerin gejobbt[1]? Was haben Sie gemacht?
2. Was haben Sie mit Ihrem Lohn[2] gemacht?
3. Ab welchem Alter[3] darf man in Ihrem Land arbeiten?
4. Was wissen Sie schon über Jens Krüger und Jutta Ruf? Lesen Sie im Vorwort[4] des Buches nach.
5. Lesen Sie den Titel, Untertitel und die Kurztexte zu den Fotos und tragen Sie die Informationen zu Marco und Kathrin in die Tabelle ein.

Name	Alter	Job	Stundenlohn	Geld für ...
Marco				
Kathrin				
Jens	*16*			
Jutta	*16*			

[1]*worked a part-time job* [2]*pay* [3]*Ab ... From what age* [4]*preface*

Miniwörterbuch

abschreiben	to copy (from another person)
der **Antrieb**	motivation
einräumen	to stock
erhalten	to maintain
erlaubt	permitted
der **Gymnasiast**	pupil at a Gymnasium
hüten	to look after
jeweils	in both cases
das **Jugendarbeitsschutzgesetz**	law governing working conditions for adolescents
die **Klamotten**	clothes (*slang*)
der **Klassenkamerad**	classmate
reichen	to be enough

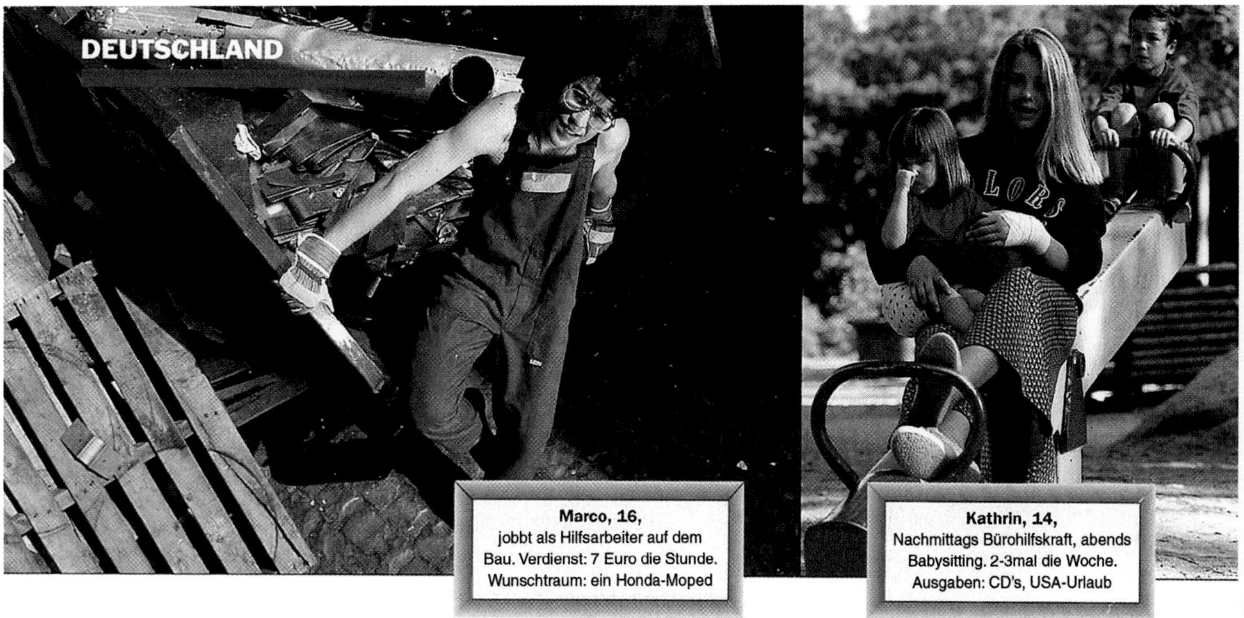

Marco, 16, jobbt als Hilfsarbeiter auf dem Bau. Verdienst: 7 Euro die Stunde. Wunschtraum: ein Honda-Moped

Kathrin, 14, Nachmittags Bürohilfskraft, abends Babysitting. 2-3mal die Woche. Ausgaben: CD's, USA-Urlaub

KINDERARBEIT

Schwitzen fürs Image

Mehr als 400 000 deutsche Schulkinder jobben, viele illegal. Ihr Antrieb fast immer: Designerklamotten, Statussymbole, mit anderen mithalten

Lesehilfe

Scanning a text is one way to find details without reading word for word. How many familiar words can you identify by scanning the text?

Schüler arbeiten

Zum Beispiel Jens Krüger aus München: Pünktlich morgens um sieben ist Jens im Supermarkt. Er räumt Regale ein und hilft hier und dort aus. Acht Stunden arbeitet er am Tag – für acht Euro pro Stunde. Samstags, während der Ferien und manchmal auch in der Woche.

Jens ist Gymnasiast in München, geht in die neunte Klasse. Im Supermarkt jobbt er seit seinem dreizehnten Lebensjahr.

Jens ist einer von vielen. Die meisten seiner Klassenkameraden und -kameradinnen jobben. Von seinem Lohn kauft sich Jens teure Turnschuhe, Jacken für 225 Euro oder die schwarzen „Levi's" für 90 Euro. „Es gefällt mir, so viel Geld für Klamotten auszugeben und es sieht einfach cool aus", sagt er. Auch da ist er nicht der einzige. 90 Prozent aller arbeitenden Schüler jobben, um sich ihren Lifestyle zu erhalten. Denn das ist wichtig in der Clique. Die richtigen Rucksack-, Jeans-, oder Mountainbike-Marken sind genauso wichtig fürs Image wie das teure Cabrio für die Eltern.

Jens' Lehrer finden seine Freizeitaktivitäten nicht so toll, denn für Lernen und Hausaufgaben hat er natürlich wenig Zeit. Genauso wie Jutta Ruf. Sie jobbt als Babysitterin und in einer Boutique. Schlimm findet sie es nicht, wenn sie einmal ihre Hausaufgaben nicht machen kann. Zweimal die Woche hütet sie zwei Kleinkinder aus der Nachbarschaft. An zwei Nachmittagen und samstagvormittags jobbt sie jeweils drei Stunden in einer Boutique – für fünf Euro die Stunde. Außerdem bekommt sie die Kleidung in der Boutique billiger. Sie braucht das Geld für Kino, Disko und CDs.

Jens bekommt 50 Euro Taschengeld im Monat von seinen Eltern. Das reicht ihm nicht. Sein Vater hat nichts dagegen, dass Jens jobbt: „Solange er arbeitet, kommt er nicht auf dumme Gedanken", sagt er.

Arbeit mit dem Text

1. Tragen Sie in die Tabelle auf Seite 178 ein, wo Jens und Jutta jobben, wie viel sie verdienen und wofür sie das Geld ausgeben.
2. Warum ist die Kleidung so wichtig für die Jugendlichen?
3. Wofür haben Jutta und Jens wenig Zeit?
4. Ist das legal, was Jutta und Jens machen? Warum (nicht)?
5. Wann hat Jens angefangen, im Supermarkt zu arbeiten? War das legal?

Nach dem Lesen

1. Machen Sie eine Umfrage im Kurs. Stellen Sie die folgenden Fragen. Welche Jobs hattest du? Wie alt warst du, als du deinen ersten Job hattest? Wie viel hast du gearbeitet? Wie viel hast du verdient? Was hast du dir von deinem Geld gekauft?
2. Sammeln Sie die Antworten und machen Sie ein Plakat mit dem Titel: *Die Jobs unserer Kursteilnehmer.* Hängen Sie das Plakat aus.

Arbeitsplätze

Grammatik 5.4

Videoblick

Azubibewerbung

Wer in Deutschland nach der Schule einen Beruf lernen möchte, wird Azubi[1]. Man bewirbt sich[2] bei einer Firma oder in einem Betrieb[3] und lernt dort einen Beruf. Der Ausschnitt aus ***Blickkontakte*** zeigt, was bei einer Bewerbung[4] wichtig ist.

- Was bezahlt das Arbeitsamt?
- Was gehört in die Bewerbungsmappe[5]?
- Woraus besteht der Auswahltest?
- Was ist wichtig im Vorstellungsgespräch[6]?

[1]=Auszubildende(r): *apprentice* [2]bewirbt ... *applies* [3]*shop* [4]*application* [5]*application package* [6]*job interview*

Rechtschreibtests bestehen meist aus Diktaten oder Aufsätzen; manchmal müssen Sie selbst falsche Wörter korrigieren.

Situation 9 | Der Arbeitsplatz

MODELL: S1: Wo arbeitet eine Anwältin?
S2: Auf dem Gericht.

im Krankenhaus
auf der Post
auf der Polizei
auf dem Gericht
im Kaufhaus
im Schwimmbad
auf der Bank
in der Kirche
auf der Universität
in der Schule

1. eine Anwältin
2. ein Arzt
3. eine Bademeisterin
4. ein Bankangestellter
5. ein Lehrer
6. eine Polizistin
7. ein Postbeamter
8. ein Priester
9. eine Professorin
10. eine Verkäuferin

Situation 10 | Minidialoge

Wo finden diese Dialoge statt?

1. —Guten Tag, ich möchte ein Konto eröffnen.
   —Füllen Sie bitte dieses Formular aus und gehen Sie zum Schalter 3.
2. —Ich hätte gern eine Fahrkarte nach Bonn.
   —Hin und zurück oder einfach?
3. —Zwei Briefmarken für Postkarten in die USA, bitte.
   —Das sind zweimal einen Euro, zwei Euro zusammen.
4. —Guten Tag, einmal volltanken und kontrollieren Sie bitte das Öl.
   —Wird gemacht.
5. —Grüß Gott, geben Sie mir bitte ein Bauernbrot.
   —Bitte sehr! Sonst noch etwas?
6. —Guten Abend, ich hätte gern ein Doppelzimmer für eine Nacht.
   —Mit oder ohne Dusche?
7. —Könnten Sie mir sagen, wo die Umkleidekabinen sind?
   —Ja, die sind gleich hier um die Ecke.
8. —Zwei Eintrittskarten für *Das Leben der Anderen*, bitte.
   —Tut mir leid, der Film ist leider schon ausverkauft.
9. —Hallo! Zahlen bitte!
   —Gerne. Zusammen oder getrennt?

Situation 11 | Zum Schreiben: Vor der Berufsberatung

Morgen haben Sie einen Termin beim Berufsberater. Bereiten Sie sich auf das Gespräch vor. Machen Sie sich Notizen zu den Stichwörtern von der Liste.

- Schulbildung
- familiärer[1] Hintergrund (Beruf der Eltern usw.)
- Interessen, Hobbys
- Lieblingsfächer, besondere Fähigkeiten
- Qualifikationen (Fremdsprachen, Computerkenntnisse usw.)
- Erwartungen[2] an den zukünftigen[3] Beruf (Geld, Arbeitszeiten, Urlaub usw.)

Situation 12 | Rollenspiel: Bei der Berufsberatung

S1: Sie arbeiten bei der Berufsberatung. Ein Student / Eine Studentin kommt in Ihre Sprechstunde. Stellen Sie ihm/ihr Fragen zu diesen Themen: Schulbildung, Interessen und Hobbys, besondere Kenntnisse, Lieblingsfächer.

[1]*family* [2]*expectations* [3]*future*

Ausbildung und Beruf

Wie ist es in Ihrem Land?

- Welchen Schulabschluss[1] braucht man für eine Berufsausbildung?
- Wie bekommt man eine Berufsausbildung?
- Wo lernt man die praktische Seite des Berufs? Wie lange dauert das?
- Wo lernt man die theoretische Seite? Wie lange dauert das?
- Macht man am Ende eine Prüfung? Was ist man dann?

Max hat keine Lust auf Schule und später Studium. Wenn er die zehnte Klasse erfolgreich[2] abschließt[3], hat er den Realschulabschluss. Er möchte am liebsten eine praktische Ausbildung machen, z. B. als Tischler oder Koch. Ein Facharbeiter[4] verdient mehr als ein ungelernter Arbeiter. Die Grafik zeigt, wie die Ausbildung für Max weitergeht.

Wie ist es in Deutschland?

- Wie lange dauert eine Ausbildung oder Lehre?
- Wo bekommt man die theoretische Ausbildung?
- Wo lernt man die praktische Seite des Berufs?
- Was bekommt man am Ende der Gesellenprüfung?
- Was ist man am Schluss[5]?

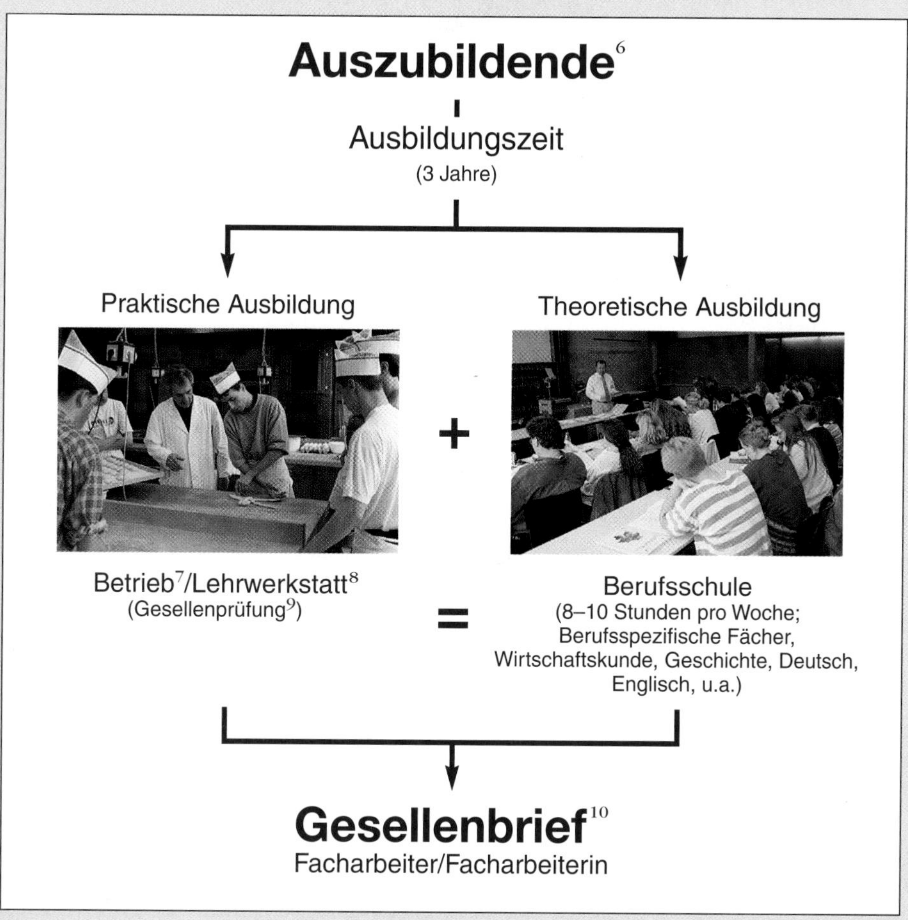

[1]*educational degree* [2]*successfully* [3]*completes* [4]*trade worker; skilled worker* [5]*am ... in the end*
[6]*those receiving a specialized education; apprentices* [7]*business* [8]*apprentice shop* [9]*trade workers' examination*
[10]*certificate of completed apprenticeship*

In der Küche

Grammatik 5.4–5.5

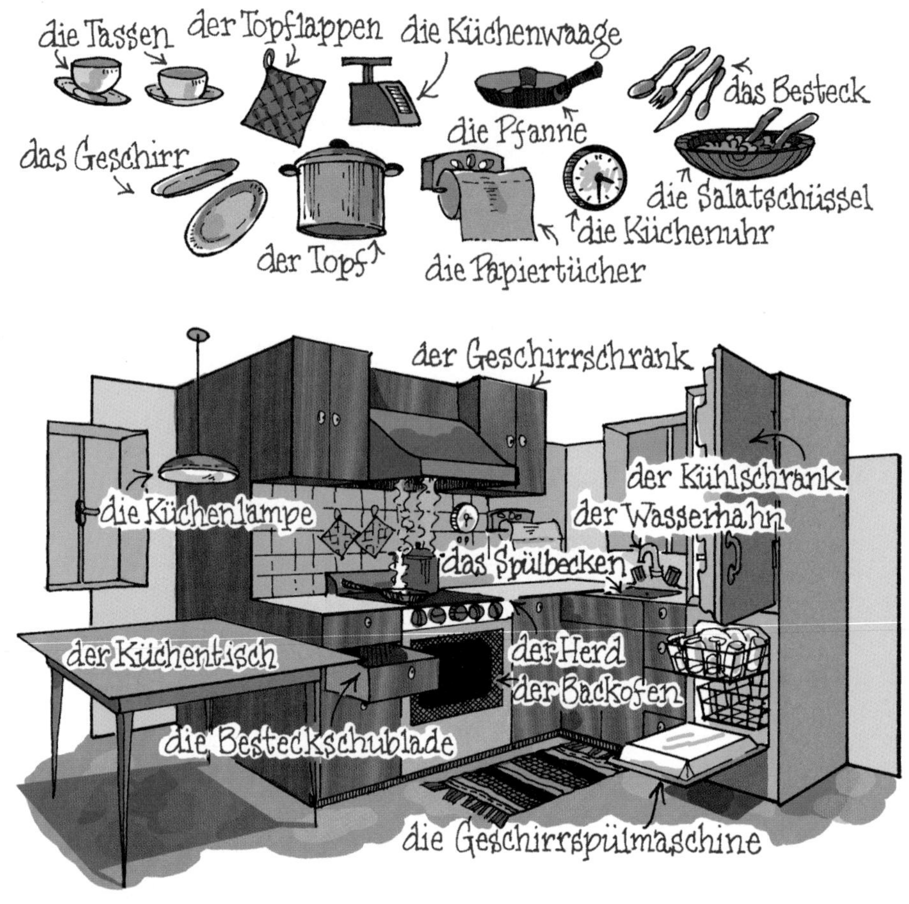

Situation 13 | Wo ist ...?

MODELL: S1: Wo ist der Küchentisch?
S2: Unter der Küchenlampe.

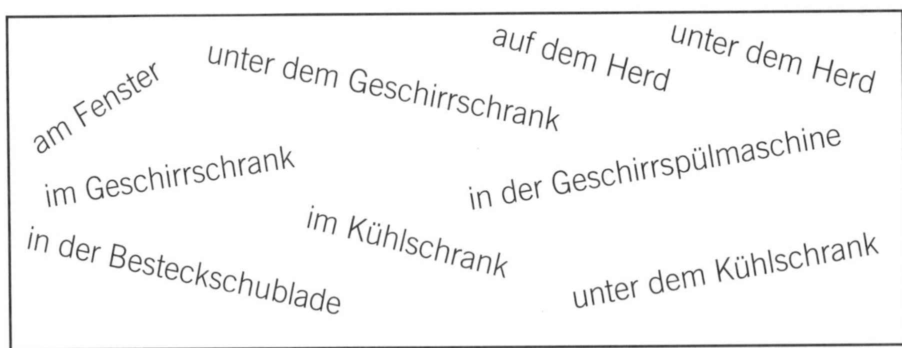

1. Wo ist die Geschirrspülmaschine?
2. Wo ist die Küchenuhr?
3. Wo ist der Backofen?
4. Wo ist das Spülbecken?
5. Wo sind die Papiertücher?
6. Wo ist die Pfanne?
7. Wo ist das Geschirr?
8. Wo ist der Topf?
9. Wo sind die Gläser?
10. Wo ist das Besteck?

Situation 14 | Interaktion: Küchenarbeit

Wie oft spülst du das Geschirr?

mehrmals am Tag
jeden Tag
fast jeden Tag
zwei- bis dreimal in der Woche
einmal in der Woche
einmal im Monat
selten
nie

Wie oft ...?	ich	mein(e) Partner(in)
gehst du einkaufen		
kochst du		
deckst du den Tisch		
spülst du das Geschirr		
stellst du das Geschirr weg		
machst du den Herd sauber		
machst du den Tisch sauber		
machst du den Kühlschrank sauber		
fegst du den Boden		
bringst du die leeren Flaschen weg		

Situation 15 | Umfrage: Kochst du mir ein Abendessen?

MODELL: S1: Kochst du mir morgen ein Abendessen?
S2: Ja.
S1: Unterschreib bitte hier.

	UNTERSCHRIFT
1. Kochst du mir morgen ein Abendessen?	________________
2. Backst du mir einen Kuchen zum Geburtstag?	________________
3. Kaufst du mir ein Eis?	________________
4. Schenkst du mir deinen Kugelschreiber?	________________
5. Hilfst du mir heute bei der Hausaufgabe?	________________
6. Kannst du mir die Grammatik erklären?	________________
7. Schreibst du mir in den Ferien eine Postkarte?	________________
8. Kannst du mir ein Lied vorsingen?	________________
9. Kannst du mir fünf Dollar leihen?	________________

Situation 16 | Dialog: Chaos in der Küche

In der Küche herrscht Chaos und Herr Ruf ist sauer.

HERR RUF: Jutta, komm mal her!
JUTTA: Ja, Papa. Warum schreist du denn so?
HERR RUF: Weil es hier aussieht wie im Schweinestall! Warum ist Marmelade ______________?
JUTTA: Ich habe mir ein Brot gemacht und das ist dann in die Schublade gefallen.
HERR RUF: Und warum ist die Kaffeemaschine ___________?
JUTTA: Hans brauchte Platz ____________ für seine Legos.
HERR RUF: Das Kochbuch liegt _______! Unglaublich!
JUTTA: Weil es da warm ist. Es war leider nass.
HERR RUF: Und warum ist der Kuchen _________?
JUTTA: Keine Ahnung!
HERR RUF: Ihr glaubt wohl, dass Aufräumen meine Lieblingsbeschäftigung ist!
JUTTA: Ach, Papa, das ist doch nicht so schlimm. Ich hole Hans und dann helfen wir dir.

Lektüre

Vor dem Lesen

A. Sehen Sie sich das Filmposter an.

1. Wie viele Leute sehen Sie?
2. Wie sehen sie aus?
3. Wie ist die Stimmung?
4. Sehen Sie Werkzeuge oder Materialien?
5. Warum bauen Menschen eigentlich Tunnel?

Der Tunnel

Regisseur: Roland Suso Richter

Schauspieler in den Hauptrollen: Nicolette Krebitz, Sebastian Koch, Heino Ferch, Mehmet Kurtulus, Felix Eitner, Alexandra Maria Lara

Erscheinungsjahr: 2001

B. Lesen Sie die Wörter im Miniwörterbuch auf der nächsten Seite. Suchen Sie sie im Text und unterstreichen Sie sie.

Miniwörterbuch

abgrenzen	to fence off
sich anschließen (schließt sich an)	to join (joins)
beschließen	to decide
durchkreuzen	to thwart
fliehen	to flee
gefährlich	dangerous
der **Geheimdienst**	secret service
graben	to dig
das **Grundwasser**	groundwater
hinter jemandem her sein	to be after someone
kriegen	to get, to catch
der **Oberst**	colonel
die **Stasi (Staatssicherheit)**	East German secret service
der **Verlobte**	fiancé
versperrt sein	to be blocked
vertrauen	to trust
zusammenbrechen	to collapse

Film: *Der Tunnel*

13. August 1961: Die DDR-Regierung baut eine Mauer durch Berlin und grenzt den Osten der Stadt vom Westen ab. Schwimmstar Harry Melchior hat genug von der DDR und will weg. Noch im Herbst, kurz nach dem Bau der Berliner Mauer, flieht er mit seinem Freund Matthis Hiller in den Westteil Berlins. Die beiden beschließen, Harrys Schwester Lotte und Matthis' Frau Carola in den Westen zu holen. Zusammen mit Fred von Klausnitz und dem Ex-GI Vittorio „Vic" Castanza wollen sie einen Tunnel von West nach Ost graben, weil alle anderen Fluchtwege versperrt sind. Im Keller einer alten Fabrik an der Bernauer Straße finden sie den idealen Ort für den Tunnel. Die junge, attraktive Friederike „Fritzi" schließt sich der Gruppe an. Sie will für ihren Verlobten Heiner die Flucht in den Westen möglich machen.

Die Gruppe um Harry rekrutiert mehr Helfer, um die schwierige Aufgabe zu schaffen. Die Frage dabei ist immer: Wem kann man vertrauen? Einfach ist das Tunnelprojekt nicht. Einmal bricht der Tunnel beinah zusammen und ein anderes Mal läuft Grundwasser ein. Auch müssen die Fluchthelfer ihre Aktion finanzieren: Sie verkaufen die Rechte ihrer Geschichte an die NBC und werden dafür bei ihrer Arbeit gefilmt. Und dann gibt es noch die Stasi, den Geheimdienst der DDR. Vor allem Stasi-Oberst Krüger ist hinter Harry und Matthis her. Er will ihren Plan durchkreuzen. Am Ende wird es gefährlich für Harry und seine Freunde, aber Krüger kriegt sie nicht!

Arbeit mit dem Text

Was gehört zusammen?

1. Harry hat genug von der DDR, ...
2. Alle Fluchtwege sind versperrt, ...
3. Harry und seine Freunde können den Tunnel nicht allein bauen, ...
4. Harry und seine Leute haben nicht genug Geld, ...
5. Kein DDR-Bürger darf das Land verlassen, ...

a. deshalb helfen mehr Menschen beim Graben.
b. deshalb verfolgt Stasi-Oberst Krüger Fluchthelfer wie Harry und seine Freunde.
c. deshalb ist der Tunnel eine der letzten Möglichkeiten, die DDR zu verlassen.
d. deshalb verkaufen sie ihre Geschichte an das amerikanische Fernsehen.
e. deshalb will er weg.

Nach dem Lesen

Kreatives Schreiben. Oberst Krüger verfolgt Harry im Tunnel. Es kommt zu einem Gespräch zwischen den beiden. Was sagen sie? Schreiben Sie sich einen Dialog zwischen Harry und Oberst Krüger.

Videoecke 

- Was studierst du?
- Was gefällt dir an deinem Studium?
- Was willst du damit mal machen?
- Wie sieht für dich ein typischer Studientag aus?
- Arbeitest du?
- Arbeitest du viel?
- Was machst du da genau?
- Wie viel Geld verdienst du?
- Gibt es etwas, worauf du sparst?

Marcus ist in Stolberg im Rheinland geboren. Er studiert Betriebswirtschaftslehre[1] und Politik. Seine Hobbys sind Sport, Lesen und Reisen.

Ayse ist in Köprübasi in der Türkei geboren. Sie studiert Kommunikations- und Medienwissenschaft, Soziologie und Politik. Ihre Hobbys sind Fotografieren und Volleyball.

Aufgabe 1

Ayse oder Marcus? Welche Aussagen treffen auf Ayse zu, welche auf Marcus? Schreiben Sie A (Ayse) oder M (Marcus) neben die folgenden Aussagen.

1. _____ Meine Nebenfächer[2] sind Soziologie und KMW.
2. _____ Ich studiere im 8. Semester.
3. _____ Mein Studium macht mir viel Spaß.
4. _____ Ich würde gern bei einer Zeitung arbeiten.
5. _____ Ich kann mir vorstellen[3], für die UNO zu arbeiten.
6. _____ Normalerweise stehe ich um acht oder neun Uhr auf.
7. _____ Ich gehe frühmorgens um neun zur Uni.
8. _____ Ich mache zur Zeit ein Praktikum.
9. _____ Ich spare auf[4] eine Reise[5] nach Lateinamerika.
10. _____ Ich würde mir gern einen Fotoapparat[6] kaufen.

[1]*business administration* [2]*minor subjects* [3]mir ... *imagine* [4]spare ... *am saving for* [5]*trip* [6]*camera*

Aufgabe 2

Studium und Beruf. Ordnen Sie jeder Frage eine passende Antwort zu.

1. Was gefällt Ayse/Marcus an ihrem/seinem Studium?
2. Wo will Ayse/Marcus mal arbeiten?
3. Als was arbeitet Ayse/Marcus jetzt?

a. Ich arbeite als Promoter bei einem Fernsehsender.
b. Ich arbeite im Bereich Internet-Marketing und E-Commerce.
c. Ich kann mir alles sehr individuell gestalten.
d. Ich möchte für eine internationale Organisation arbeiten.
e. Ich möchte in einem großen internationalen Unternehmen arbeiten.
f. Ich würde gern im Auswärtigen Amt arbeiten.
g. Ich würde gern in der Politik arbeiten.
h. Mein Studium ist sehr vielfältig.
i. Mir gefällt die internationale Ausrichtung.

Wortschatz

Berufe	Professions
der **Anwalt, ¨-e** / die **Anwältin, -nen**	lawyer
der **Arzt** (R), **¨-e** / die **Ärztin, -nen**	physician, doctor
der **Bademeister, -** / die **Bademeisterin, -nen**	swimming-pool attendant
der/die **Bankangestellte, -n**	bank employee
der **Bauarbeiter, -** / die **Bauarbeiterin, -nen**	construction worker
der **Berufsberater, -** / die **Berufsberaterin, -nen**	career counselor
der **Dirigent, -en** (*wk. masc.*) / die **Dirigentin, -nen**	(orchestra) conductor
der **Friseur, -e** / die **Friseurin, -nen**	hairdresser
der **Hausmeister, -** / die **Hausmeisterin, -nen**	custodian
der **Krankenpfleger, -** / die **Krankenpflegerin, -nen**	nurse
der/die **Postangestellte, -n**	postal employee
der **Richter, -** / die **Richterin, -nen**	judge
der **Schriftsteller, -** / die **Schriftstellerin, -nen**	writer
der **Verkäufer, -** / die **Verkäuferin, -nen**	salesperson
der **Zahnarzt, ¨-e** / die **Zahnärztin, -nen**	dentist

Ähnliche Wörter

der **Arbeiter, -** / die **Arbeiterin, -nen**; der **Architekt, -en** (*wk. masc.*) / die **Architektin, -nen**; der **Bibliothekar, -e** / die **Bibliothekarin, -nen**; der **Fernsehreporter, -** / die **Fernsehreporterin, -nen**; der **Ingenieur, -e** / die **Ingenieurin, -nen**; der **Koch, ¨-e** / die **Köchin, -nen**; der **Pilot, -en** (*wk. masc.*) / die **Pilotin, -nen**; der **Polizist, -en** (*wk. masc.*) / die **Polizistin, -nen**; der **Präsident, -en** (*wk. masc.*) / die **Präsidentin, -nen**; der **Priester, -** / die **Priesterin, -nen**; der **Sekretär, -e** / die **Sekretärin, -nen**; der **Steward, -s** / die **Stewardess, -en**; der **Taxifahrer, -** / die **Taxifahrerin, -nen**

Orte	Places
die **Ecke, -n**	corner
um die Ecke	around the corner
die **Gaststätte, -n**	restaurant
in der Gaststätte	at the restaurant
die **Kasse, -n**	ticket booth
an der Kasse	at the ticket booth
die **Kirche, -n**	church
in der Kirche	at church
die **Polizei**	police station
auf der Polizei	at the police station
die **Post**	post office
auf der Post	at the post office
die **Tankstelle, -n**	gas station
an der Tankstelle	at the gas station

der **Bahnhof, ¨-e** (R)	train station
auf dem Bahnhof	at the train station
der **Schalter, -**	ticket booth
am Schalter	at the ticket booth
das **Büro, -s**	office
im Büro	at the office
das **Gericht, -e**	courthouse
auf dem Gericht	at the courthouse
das **Kaufhaus, ¨-er**	department store
im Kaufhaus	at the department store
das **Krankenhaus, ¨-er** (R)	hospital
im Krankenhaus	in the hospital
das **Schwimmbad, ¨-er** (R)	swimming pool
im Schwimmbad	at the swimming pool

Ähnliche Wörter

die **Bäckerei, -en**; **in der Bäckerei**; die **Bank, -en**; **auf der Bank**; die **Schule, -n** (R); **in der Schule**; die **Universität, -en** (R); **auf der Universität**; der **Supermarkt, ¨-e**; **im Supermarkt**; das **Hotel, -s** (R); **im Hotel**

In der Küche — In the Kitchen

die **Fensterbank, ¨-e**	windowsill
die **Flasche, -n**	bottle
die **Geschirrspülmaschine, -n**	dishwasher
die **Küche, -n**	kitchen
die **Küchenwaage, -n**	kitchen scale
die **Salatschüssel, -n**	salad (mixing) bowl
die **Schublade, -n**	drawer
die **Tasse, -n** (R)	cup
der **Backofen, ¨-**	oven
der **Herd, -e**	stove
der **Kühlschrank, ¨-e**	refrigerator
der **Topf, ¨-e**	pot, pan
der **Topflappen, -**	potholder
der **Wasserhahn, ¨-e**	faucet
das **Besteck**	silverware, cutlery
das **Geschirr** (R)	dishes
das **Papiertuch, ¨-er**	paper towel
das **Spülbecken, -**	sink

Ähnliche Wörter

die **Kaffeemaschine, -n**; die **Küchenarbeit, -en**; die **Küchenlampe, -n**; die **Küchenuhr, -en**; die **Pfanne, -n**; der **Küchentisch, -e**; das **Glas, ¨-er**

Einkäufe und Geschenke — Purchases and Presents

die **Badehose, -n**	swim(ming) trunks
die **Briefmarke, -n**	stamp
die **Halskette, -n** (R)	necklace
die **Mütze, -n**	cap
der **Badeanzug, ¨-e**	bathing suit
der **Regenschirm, -e**	umbrella
der **Reiseführer, -**	travel guidebook
der **Roman, -e** (R)	novel
das **Handtuch, ¨-er**	hand towel
das **Weihnachtsgeschenk, -e**	Christmas present

Ähnliche Wörter

die **Konzertkarte, -n**; die **Tageszeitung, -en**; der **Bikini, -s**; der **Fahrradhelm, -e**; der **MP3-Spieler, -**; das **Parfüm, -e**

Schule und Beruf — School and Career

die **Ausbildung**	specialized training
praktische Ausbildung	practical (career) training
die **Bundeswehr**	German army
bei der Bundeswehr	in the German army
die **Schulbildung**	education, schooling
das **Abitur**	college-prep-school degree

Sonstige Substantive — Other Nouns

die **Dusche, -n**	shower
die **Eintrittskarte, -n**	admissions ticket
die **Enkelin, -nen**	granddaughter
die **Kundin, -nen**	female customer
die **Lehre, -n**	apprenticeship
die **Lieblingsbeschäftigung, -en**	favorite activity
die **Möglichkeit, -en**	possibility
die **Tätigkeit, -en**	activity
die **Umgebung, -en**	surrounding area, environs
die **Umkleidekabine, -n**	dressing room
die **Versicherung, -en**	insurance
die **Werkstatt, ¨-en**	repair shop, garage
der **Enkel, -**	grandson
der **Kuchen, -**	cake
der **Kunde, -n** (*wk. masc.*)	male customer
der **Rasen**	lawn
der **Rat, Ratschläge**	advice
der **Schweinestall, ¨-e**	pigpen
der **Termin, -e**	appointment
der **Urlaub, -e** (R)	vacation
der **Vorschlag, ¨-e**	suggestion
das **Bauernbrot, -e**	(loaf of) farmer's bread
das **Einzelzimmer, -**	single room
das **Geheimnis, -se**	secret
das **Hundefutter**	dog food
das **Interesse, -n**	interest
Interesse haben an (+ *dat.*)	to be interested in
das **Konto, Konten**	bank account
ein Konto eröffnen	to open a bank account
das **Lieblingsfach, ¨-er**	favorite subject

das Öl	oil
das Öl kontrollieren	to check the oil
die Kenntnisse (*pl.*)	skills; knowledge about a field

Ähnliche Wörter

die Klasse, -n; erster Klasse; die Liste, -n; die **Lotterie, -n; in der Lotterie gewinnen**; die **Patientin, -nen**; die **Politik**; die **Touristenklasse**; der **Patient, -en** (*wk. masc.*); das **Chaos**; das **Pfund, -e**; das **Prestige** [prɛstiːʒ]

Verben	Verbs
aus·tragen, trägt ... aus, ausgetragen	to deliver
Zeitungen austragen	to deliver newspapers
ein·kaufen gehen, ist einkaufen gegangen (R)	to go shopping
entschuldigen	to excuse
entschuldigen Sie!	excuse me
erklären	to explain
erzählen (R)	to tell (a story, joke)
fegen	to sweep
feiern	to celebrate
heiraten	to marry
interessieren	to interest
sich interessieren für	to be interested in
leid·tun, leidgetan (+ *dat.*)	to be sorry
tut mir leid (R)	I'm sorry
leihen, geliehen	to lend
mähen	to mow
pflegen	to attend to; to nurse
raten, rät, geraten (+ *dat.*)	to advise (a person)
sagen (R)	to say, tell
schenken	to give (as a present)
statt·finden, stattgefunden	to take place
stellen (R)	to place, put
eine Frage stellen	to ask a question
unterrichten	to teach, instruct
untersuchen	to investigate; to examine
verkaufen (R)	to sell
voll·tanken	to fill up (with gas)
vor·schlagen, schlägt ... vor, vorgeschlagen	to suggest
weg·stellen	to put away
werden, wird, ist geworden	to become
zahlen	to pay
zeichnen (R)	to draw

Ähnliche Wörter

backen, gebacken; heilen; vor·singen, vorgesungen; weg·bringen, weggebracht; wiederkommen, ist wiedergekommen

Adjektive und Adverbien	Adjectives and Adverbs
ausverkauft	sold out
getrennt	separately; separate checks
sauer	angry
unglaublich	incredible

Ähnliche Wörter

arbeitslos, flexibel, normal, praktisch, relativ

Sonstige Wörter und Ausdrücke	Other Words and Expressions
alles zusammen	all together; one check
als	as; when
als was?	as what?
als ich acht Jahre alt war	when I was eight years old
außerdem	besides
etwas (R)	something, anything
sonst noch etwas?	anything else?
fast	almost
gern (R)	gladly
ich hätte gern	I would like
hin und zurück	round-trip
irgendwelche, irgendwelcher, irgendwelches	any (+ *noun*)
jede, jeder, jedes (R)	each
mehrmals	several times
nebenan	next door
von nebenan	from next door
und so weiter	and so forth
unter	under, underneath
unter dem Fenster	under the window
zweimal	twice

Strukturen und Übungen

5.1 Dative case: articles and possessive adjectives

The dative case indicates the person to or for whom something is done.

A noun or pronoun in the dative case is used to designate the person to or for whom something is done.

Ernst schenkt **seiner Mutter** ein Buch. — *Ernst gives his mother a book.*
Sofie gibt **ihrem Freund** einen Kuss. — *Sofie gives her boyfriend a kiss.*

Wissen Sie noch?

The nominative case designates the subject of a sentence. The accusative case designates the object of the action of the verb.

Review grammar 2.1.

Note that the dative case frequently appears in sentences with three nouns: a person who does something, a person who receives something, and the object that is passed from the doer to the receiver. The doer, the subject of the sentence, is in the nominative case; the recipient, or beneficiary, of the action is in the dative case; and the object is in the accusative case.

Doer		Recipient	Object
Nominative Case	*Verb*	*Dative Case*	*Accusative Case*
Maria	kauft	ihrem Freund	ein Hemd.

Maria is buying her boyfriend a shirt.

In German, the signal for the dative case is the ending **-m** in the masculine and neuter, **-r** in the feminine, and **-n** in the plural. Here are the dative forms of the definite, indefinite, and negative articles, and of the possessive adjectives.

	Masculine and Neuter	Feminine	Plural
Definite Article	dem	der	den
Indefinite	einem	einer	—
Negative Article	keinem	keiner	keinen
Possessive Adjective	meinem deinem seinem ihrem unserem eurem	meiner deiner seiner ihrer unserer eurer	meinen deinen seinen ihren unseren euren

Jutta schreibt **einem Freund** einen Brief. — *Jutta is writing a letter to a friend.*
Jens erzählt **seinen Eltern** einen Witz. — *Jens is telling his parents a joke.*

All plural nouns end in **-n** in the dative unless they form their plural with **-s.**

All plural nouns add an **-n** in the dative unless they already end in **-n** or in **-s.**

Claire erzählt **ihren Freunden** von ihrer Reise nach Deutschland. — *Claire is telling her friends about her trip to Germany.*

Here is a short list of verbs that often take an accusative object and a dative recipient.

erklären	*to explain something to someone*
erzählen	*to tell someone (a story)*
geben	*to give someone something*
leihen	*to lend someone something*
sagen	*to tell someone something*
schenken	*to give someone something as a gift*

Certain masculine nouns, in particular those denoting professions, add **-(e)n** in the dative and accusative singular as well as in the plural. They are often called weak masculine nouns.

	Singular	Plural
Nominative	der Student	die Studenten
Accusative	den Studenten	die Studenten
Dative	dem Studenten	den Studenten

Übung 1 Was machen Sie für diese Leute?

Schreiben Sie mit jedem Verb einen Satz.

MODELL: Ich schenke meiner Mutter eine Kamera.

backen	Bruder/Schwester	ein Abendessen
erklären	Freund/Freundin	meine Bilder
erzählen	Großvater/Großmutter	einen Brief
geben	Mitbewohner/Mitbewohnerin	ein Buch
kaufen	Onkel/Tante	eine CD
kochen	Partner/Partnerin	mein Deutschbuch
leihen	Professor/Professorin	50 Dollar
schenken	Vater/Mutter	ein Geheimnis
schreiben	Vetter/Kusine	eine Geschichte
verkaufen		Kaffee
		eine Konzertkarte
		eine Krawatte
		einen Kuchen
		einen Kuss
		einen MP3-Spieler
		einen Witz

Übung 2 | Was machen diese Leute?

Bilden Sie Sätze.

MODELL: Heidi schreibt ihren Eltern eine Karte.

Bikini (*m.*) = der Bikini
Grammatik (*f.*) = die Grammatik
Zelt (*n.*) = das Zelt

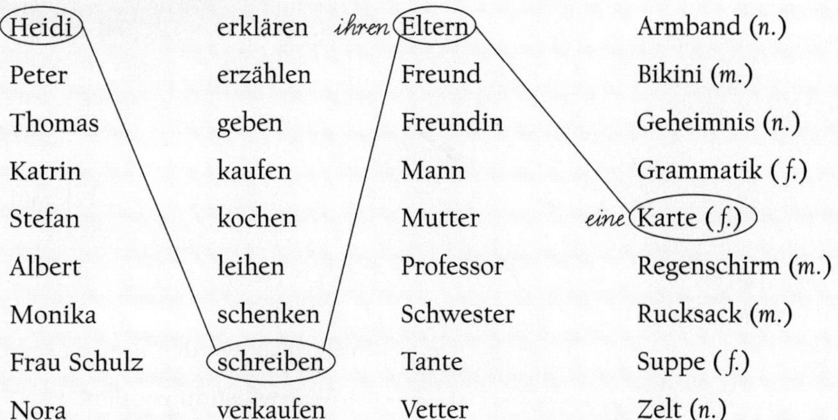

Heidi
Peter
Thomas
Katrin
Stefan
Albert
Monika
Frau Schulz
Nora
erklären
erzählen
geben
kaufen
kochen
leihen
schenken
schreiben
verkaufen
ihren
Eltern
Freund
Freundin
Mann
Mutter
Professor
Schwester
Tante
Vetter
Armband (n.)
Bikini (m.)
Geheimnis (n.)
Grammatik (f.)
eine
Karte (f.)
Regenschirm (m.)
Rucksack (m.)
Suppe (f.)
Zelt (n.)

5.2 Question pronouns: *wer, wen, wem*

Use the pronouns **wer, wen,** and **wem** to ask questions about people: **wer** indicates the subject, the person who performs the action; **wen** indicates the accusative object; **wem** indicates the dative object.

wer (Who is it?) = nominative
wen (Whom do you know?) = accusative
wem (Whom did you give it to?) = dative

Wer arbeitet heute Abend um acht? — *Who's working tonight at eight?*
Wen triffst du heute Abend? — *Whom are you meeting tonight?*
Wem leihst du das Zelt? — *To whom are you lending the tent?*

Übung 3 | Minidialoge

Ergänzen Sie **wer, wen** oder **wem.**

1. JÜRGEN: _____ hat meinen Regenschirm?
   SILVIA: Ich habe ihn.
2. MELANIE: _____ hast du in der Stadt gesehen?
   JOSEF: Claire.
3. SOFIE: _____ willst du die DVD schenken?
   WILLI: Marta. Sie wünscht sie sich schon lange.
4. FRAU AUGENTHALER: Na, erzähl doch mal. _____ hast du letztes Wochenende kennengelernt?
   RICHARD: Also, sie heißt Uschi und ...
5. MEHMET: _____ wollt ihr denn euren neuen Computer verkaufen?
   RENATE: Schülern und Studenten.
6. NATALIE: Weißt du, _____ heute Abend zu uns kommt?
   LYDIA: Nein, du?
   NATALIE: Tante Christa, natürlich.

5.3 Expressing change: the verb *werden*

Use a form of **werden** to talk about changing conditions.

Ich werde alt.	*I am getting old.*
Es wird dunkel.	*It is getting dark.*

werden: e → i
du wirst; er/sie/es wird

werden			
ich	werde	*wir*	werden
du	wirst	*ihr*	werdet
Sie	werden	*Sie*	werden
er / *sie* / *es*	wird	*sie*	werden

In German, **werden** is also used to talk about what somebody wants to be.

Was willst du werden?	*What do you want to be (become)?*
Natalie will Ärztin werden.	*Natalie wants to be (become) a physician.*

Übung 4 | Was passiert?

Bilden Sie Fragen und suchen Sie dann eine logische Antwort darauf.

MODELL: Was passiert im Winter? —Es wird kalt.

1. am Abend
2. wenn man Bücher schreibt
3. wenn man krank wird
4. im Frühling
5. im Herbst
6. wenn Kinder älter werden
7. wenn man in der Lotterie gewinnt
8. wenn man Medizin studiert
9. am Morgen
10. im Sommer

a. Man wird Arzt.
b. Man wird bekannt[1].
c. Die Blätter werden bunt[2].
d. Es wird dunkel.
e. Sie werden größer.
f. Es wird wärmer.
g. Es wird hell[3].
h. Man bekommt Fieber.
i. Die Tage werden länger.
j. Man wird reich.

Übung 5 | Was werden sie vielleicht?

Suchen Sie einen möglichen Beruf für jede Person.

MODELL: Jens hilft gern kranken Menschen. →
Vielleicht wird er Arzt.

[1]*well-known* [2]*colorful* [3]*bright; light*

1. Lydia kocht gern.
2. Sigrid interessiert sich für Medikamente.
3. Ernst fliegt gern.
4. Jürgen hat Interesse an Pädagogik.
5. Jutta zeichnet gern Pläne für Häuser.
6. Helga geht gern in die Bibliothek.
7. Hans möchte gern kranke Menschen heilen.
8. Andrea hört gern klassische Musik.

Apotheker/Apothekerin
Architekt/Architektin
Bibliothekar/Bibliothekarin
Dirigent/Dirigentin
Koch/Köchin
Krankenpfleger/Krankenpflegerin
Lehrer/Lehrerin
Pilot/Pilotin

5.4 Location: *in, an, auf* + dative case

When indicating where something is located, **in, an,** and **auf** take the dative case.

To express the location of someone or something, use the following prepositions with the dative case.

in (*in, at*) **auf** (*on, at*) **an** (*on, at*)	+	**dem/einem** ____ (*m., n.*) **der/einer** ____ (*f.*) **den** ____ (*pl.*)

Katrin wohnt **in der Stadt.** — *Katrin lives in the city.*
Stefan und Albert sind **auf der Bank.** — *Stefan and Albert are at the bank.*

A. Forms and Contractions

Remember the signals for dative case.

	Masculine and Neuter	Feminine	Plural
Dative	dem einem	der einer	den —

in + dem = im
an + dem = am

Note that the prepositions **in** + **dem** and **an** + **dem** are contracted to **im** and **am.**

Masculine and Neuter	Feminine	Plural
im Kino **in einem** Kino	**in der** Stadt **in einer** Stadt	**in den** Wäldern **in** Wäldern
am See **an einem** See	**an der** Tankstelle **an einer** Tankstelle	**an den** Wänden **an** Wänden
auf dem Berg **auf einem** Berg	**auf der** Bank **auf einer** Bank	**auf den** Bäumen **auf** Bäumen

B. Uses

1. Use **in** when referring to enclosed spaces.

im Supermarkt — *in the supermarket* (*enclosed*)
in der Stadt — *in* (*within*) *the city*

2. **An,** in the sense of English *at*, denotes some kind of border or limiting area.

am Fenster	*at the window*
an der Tankstelle	*at the gas pump*
am See	*at the lake*

3. Use **auf,** in the sense of English *on*, when referring to surfaces.

auf dem Tisch	*on the table*
auf dem Herd	*on the stove*

4. **Auf** is also used to express location in public buildings such as the bank, the post office, or the police station.

auf der Bank	*at the bank*
auf der Post	*at the post office*
auf der Polizei	*at the police station*

Übung 6 | Was macht man dort?

Stellen Sie einem Partner / einer Partnerin Fragen. Er/Sie soll eine Antwort darauf geben.

MODELL: S1: Was macht man am Strand?
S2: Man spielt Volleyball.

Benzin[1] tanken
ein Buch lesen
Geld wechseln[3]
tanzen
beten[2]
einen Film sehen
schwimmen
?
Briefmarken kaufen
spazieren gehen
Volleyball spielen

1. im Kino
2. auf der Post
3. an der Tankstelle
4. in der Disko
5. in der Kirche
6. auf der Bank
7. im Meer
8. in der Bibliothek
9. im Park

[1]*gasoline* [2]*to pray* [3]*to exchange*

Übung 7 | Wo?

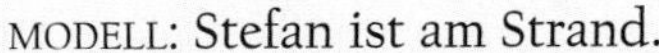

Wo sind die Leute? Wo sind das Poster, der Topf und der Wein?

MODELL: Stefan ist am Strand.

1.

2.

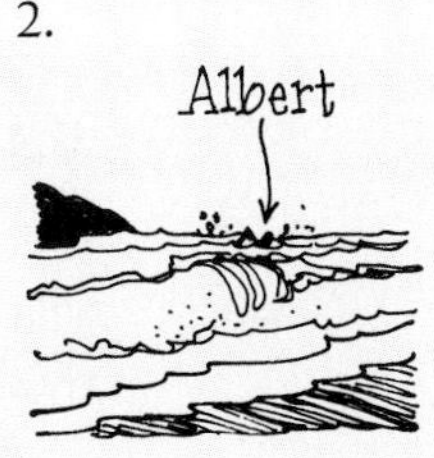

3.

4.

5.

6.

7.

8. 9. 10.

5.5 Dative case: personal pronouns

Wissen Sie noch?

The dative case designates the person to whom or for whom something is done.

Review grammar 5.1.

Personal pronouns in the dative case designate the person to or for whom something is done. (See also **Strukturen 5.1.**)

Kaufst du mir ein Buch? — *Are you buying me a book?*
Nein, ich schenke dir eine CD. — *No, I'm giving you a CD.*

A. First- and Second-person Pronouns

Here are the nominative and dative forms of the first- and second-person pronouns.

Singular		**Plural**	
Nominative	*Dative*	*Nominative*	*Dative*
ich	mir	wir	uns
du	dir	ihr	euch
Sie	Ihnen	Sie	Ihnen

Note that German speakers use three different pronouns to express the recipient or beneficiary in the second person (English *you*): **dir, euch,** and **Ihnen.**

RICHARD: Leihst du mir dein Auto, Mutti? (*Will you lend me your car, Mom?*)
FRAU AUGENTHALER: Ja, ich leihe **dir** mein Auto. (*Yes, I'll lend you my car.*)

HERR THELEN: Viel Spaß in Wien! (*Have fun in Vienna!*)
HERR WAGNER: Danke! Wir schreiben **Ihnen** eine Postkarte. (*Thank you! We'll write you a postcard.*)

HANS: Ernst und Andrea! Kommt in mein Zimmer! Ich zeige **euch** meine Briefmarken. (*Ernst and Andrea! Come to my room! I'll show you my stamp collection.*)

B. Third-person Pronouns

The third-person pronouns have the same signals as the dative articles: **-m** in the masculine and neuter, **-r** in the feminine, and **-n** in the plural.

de**m** → ih**m**
de**r** → ih**r**
de**n** → ihn**en**

	Masculine and Neuter	Feminine	Plural
Article	dem	der	den
Pronoun	**ihm**	**ihr**	**ihnen**

Was kaufst du deinem Vater? Ich kaufe **ihm** ein Buch.	*What are you going to buy your dad?* *I'll buy him a book.*
Was schenkst du deiner Schwester? Ich schenke **ihr** eine Bluse.	*What are you going to give your sister?* *I'll give her a blouse.*
Was kochen Sie ihren Kindern heute? Ich koche **ihnen** Spaghetti mit Ketchup.	*What are you going to cook for your kids today?* *I'm making them spaghetti with ketchup.*

Note that the dative-case pronoun precedes the accusative-case noun.

Ich schreibe dir einen Brief. — *I'll write you a letter.*

Übung 8 | Minidialoge

Ergänzen Sie **mir, dir, uns, euch** oder **Ihnen.**

1. HANS: Mutti, kaufst du _____ Schokolade?
   FRAU RUF: Ja, aber du weißt, dass du vor dem Essen nichts Süßes essen sollst.
2. MARIA: Was hat denn Frau Körner gesagt?
   MICHAEL: Das erzähle ich _____ nicht.
3. ERNST: Mutti, kochst du Andrea und mir einen Pudding?
   FRAU WAGNER: Natürlich koche ich _____ einen Pudding.
4. HERR SIEBERT: Sie schulden[1] mir noch zehn Euro, Herr Pusch.
   HERR PUSCH: Was!? Wofür denn?
   HERR SIEBERT: Ich habe _____ doch für 100 Euro mein altes Motorrad verkauft, und Sie hatten nur 90 Euro dabei.
   HERR PUSCH: Ach, ja, richtig.
5. FRAU KÖRNER: Mein Mann und ich gehen heute Abend aus. Können Sie _____ vielleicht ein gutes Restaurant empfehlen, Herr Pusch?
   MICHAEL: Ja, gern ...

[1] *owe*

Übung 9 | Wer? Wem? Was?

Beantworten Sie die Fragen mit Hilfe der Tabelle.

MODELL: Was hat Renate ihrem Freund geschenkt?
Sie hat ihm ein T-Shirt geschenkt.

	Renate	Mehmet
schenken	ein T-Shirt	einen Regenschirm
leihen	ihr Auto	500 Euro
erzählen	ein Geheimnis	eine Geschichte
verkaufen	ihre Sonnenbrille	seinen Fernseher
zeigen	ihr Büro	seine Wohnung
kaufen	eine neue Brille	einen Kinderwagen

1. Was hat Mehmet seiner Mutter geschenkt?
2. Was hat Renate ihrem Vater geliehen?
3. Was hat Mehmet seinem Bruder geliehen?
4. Was hat Renate ihrer Friseurin erzählt?
5. Was hat Mehmet seinen Nichten erzählt?
6. Was hat Renate ihrer Freundin verkauft?
7. Was hat Mehmet seinen Eltern verkauft?
8. Was hat Renate ihrem Schwager gezeigt?
9. Was hat Mehmet seinem Freund gezeigt?
10. Was hat Renate ihrer Großmutter gekauft?
11. Was hat Mehmet seiner Schwägerin gekauft?

Friedensreich Hundertwasser: *(630A) Mit der Liebe warten tut weh, wenn die Liebe woanders ist* (1971), Galerie Koller, Zürich

FRIEDENSREICH HUNDERTWASSER

Friedensreich Hundertwasser wurde 1928 in Wien als Friedrich Stowasser geboren. Den Künstlernamen[1] legte er sich 1949 zu. 1943 wurden 69 Verwandte seiner jüdischen[2] Mutter deportiert und umgebracht[3]. Hundertwasser war Architekt, Maler, Grafiker und Zivilisationskritiker, er engagierte sich für Naturschutz[4] und Frieden[5]. Im Jahr 2000 ist er gestorben.

[1]*artistic name* [2]*Jewish* [3]*killed* [4]*environmental protection* [5]*peace*

KAPITEL 6

Wohnen

In **Kapitel 6**, you will learn vocabulary and expressions for describing where you live, for finding a place to live, and for talking about housework.

Themen

Haus und Wohnung
Das Stadtviertel
Auf Wohnungssuche
Hausarbeit

Kulturelles

Wohnen
Auf Wohnungssuche
Videoblick: Tausche Fahrrad reparieren gegen Bügeln
Videoecke: Wohnen

Lektüren

Regionale Baustile
Film: *Good bye Lenin!*

Strukturen

6.1 Dative verbs
6.2 Location vs. destination: two-way prepositions with the dative or accusative case
6.3 Word order: time before place
6.4 Direction: **in/auf** vs. **zu/nach**
6.5 Separable-prefix verbs: the present tense and the perfect tense
6.6 The prepositions **mit** and **bei** + dative

Situationen

Haus und Wohnung

Grammatik 6.1–6.2

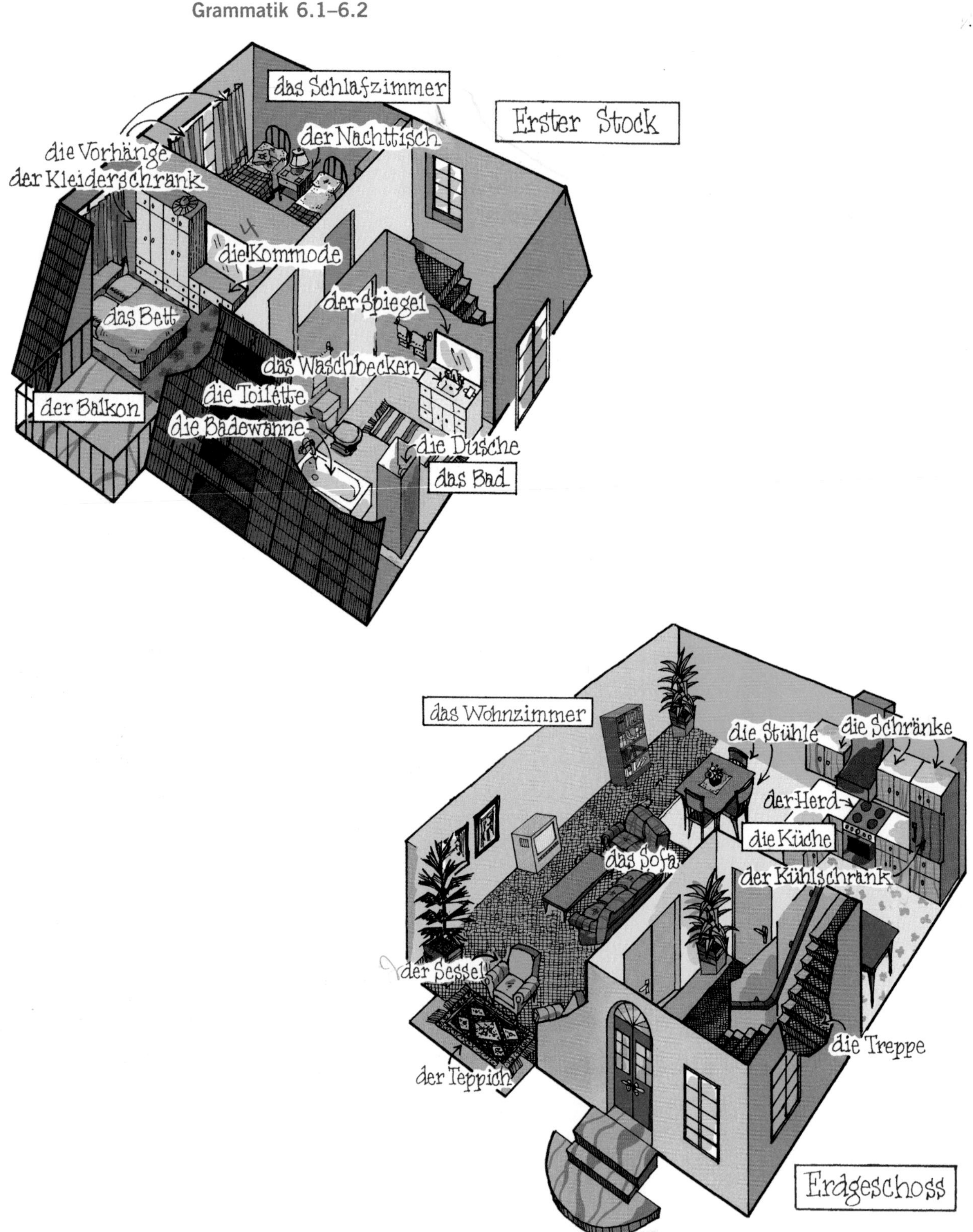

Situation 1 | Wo ist das?

MODELL: S1: Wo ist die Badewanne?
S2: Im Bad.

die Badewanne	im Bad
das Bett	im Esszimmer
die Dusche	in der Küche
die Geschirrspülmaschine	im Schlafzimmer
der Herd	im Wohnzimmer
das Klavier	
die Kopfkissen	
der Kühlschrank	
der Nachttisch	
der Schrank	
das Sofa	
der Spiegel	
der Teppich	

Situation 2 | Das Zimmer

Wählen Sie ein Bild, aber sagen Sie die Nummer nicht. Ihr Partner oder Ihre Partnerin stellt Fragen und sagt, welches Bild Sie gewählt haben.

MODELL: S1: Ist die Katze auf dem Sofa?
S2: Ja.
S1: Ist es neun Uhr?
S2: Ja.
S1: Dann ist es Bild 1.
S2: Richtig. Jetzt bist du dran.

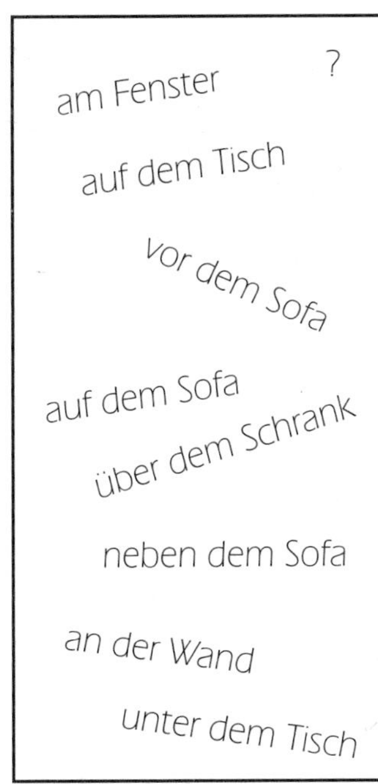

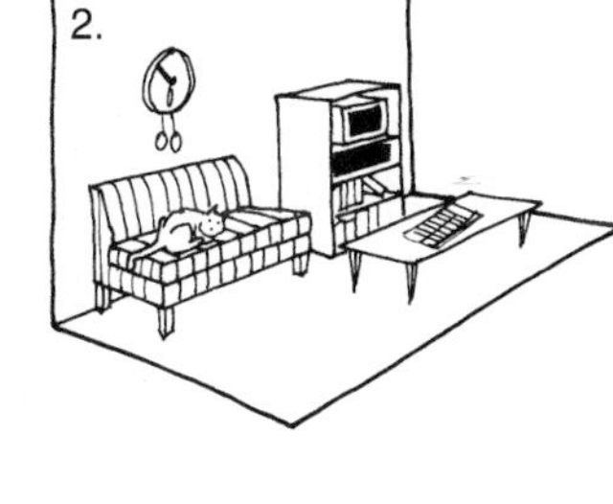

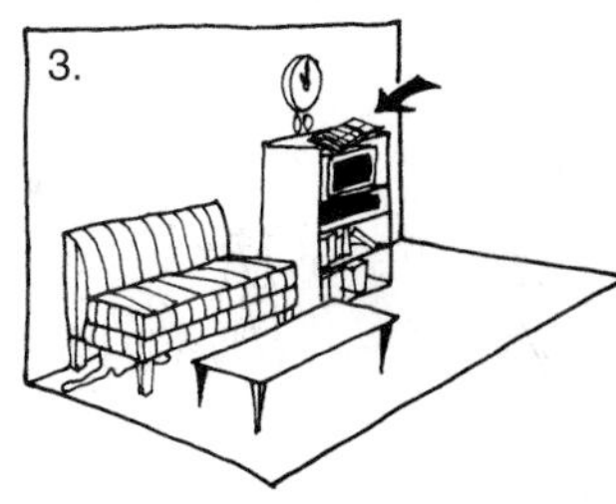

Wohnen

In Ihrem Land:

- Haben moderne Häuser in Ihrem Land einen Keller[1], eine Terrasse, einen Balkon?
- Haben sie einen Garten vor oder hinter dem Haus?
- Aus welchem Material sind die Häuser normalerweise? (aus Stein, aus Holz[2], aus Beton[3])
- Gibt es einen Zaun[4] um das ganze Grundstück[5] herum oder nur um den Garten hinter dem Haus?
- Wie viele Garagen sind üblich[6]? Wie groß sind die Garagen? (Platz für ein Auto, zwei Autos, drei Autos)
- Aus welchem Material ist das Dach? (aus Asphaltschindeln[7], aus Holzschindeln[8], aus Ziegeln[9])

Einfamilienhaus in München

Wohnblöcke im Ostteil Berlins

Mehrfamilienhaus in Wernigerode

In Deutschland:

- Schauen Sie sich die Fotos an. Welche Unterschiede[10] gibt es zu Häusern in Ihrem Land?

Hören Sie sich den Text an und beantworten Sie die folgenden Fragen.

- Wie viele Menschen leben in Deutschland?
- Wie groß ist Deutschland?
- In Deutschland leben ungefähr[11] 200 Menschen auf einem Quadratkilometer[12], das sind 563 auf einer Quadratmeile. In den USA z. B. sind es im Durchschnitt[13] 80. Wie viele sind es in Ihrem Bundesland?

[1]*basement* [2]*wood* [3]*concrete* [4]*fence* [5]*property* [6]*customary* [7]*asphalt shingles* [8]*wooden shingles* [9]*clay tiles* [10]*differences* [11]*approximately* [12]*square kilometer* [13]im ... *on average*

Situation 3 | Interview

1. Wo wohnst du? (in einer Wohnung, in einem Studentenheim, in einem Haus, auf dem Land, in der Stadt, ___)
2. Wohnst du allein? (in einer Wohngemeinschaft, bei deinen Eltern, bei einer Familie, mit einem Mitbewohner, mit einer Mitbewohnerin, ___)
3. Wie lange brauchst du zur Uni? (zehn Minuten zu Fuß, fünf Minuten mit dem Fahrrad, eine halbe Stunde mit dem Auto oder mit dem Bus, ___)
4. Was kostet dein Zimmer / deine Wohnung pro Monat?
5. Was für Möbel hast du in deinem Zimmer / in deiner Wohnung?

Situation 4 | Interaktion: In der Wohnung

Beantworten Sie die Fragen für sich selbst und schreiben Sie Ihre Antworten auf. Stellen Sie dann die gleichen Fragen an Ihren Partner oder Ihre Partnerin.

	ich	mein(e) Partner(in)
Wie gefällt dir deine Wohnung oder dein Zimmer?		
Welches Möbelstück fehlt dir?		
Welches Möbelstück gehört dir nicht?		
Wie gefällt dir das Aufräumen und Putzen?		
Wer hilft dir beim Aufräumen und Putzen?		

Das Stadtviertel

Grammatik 6.3–6.4

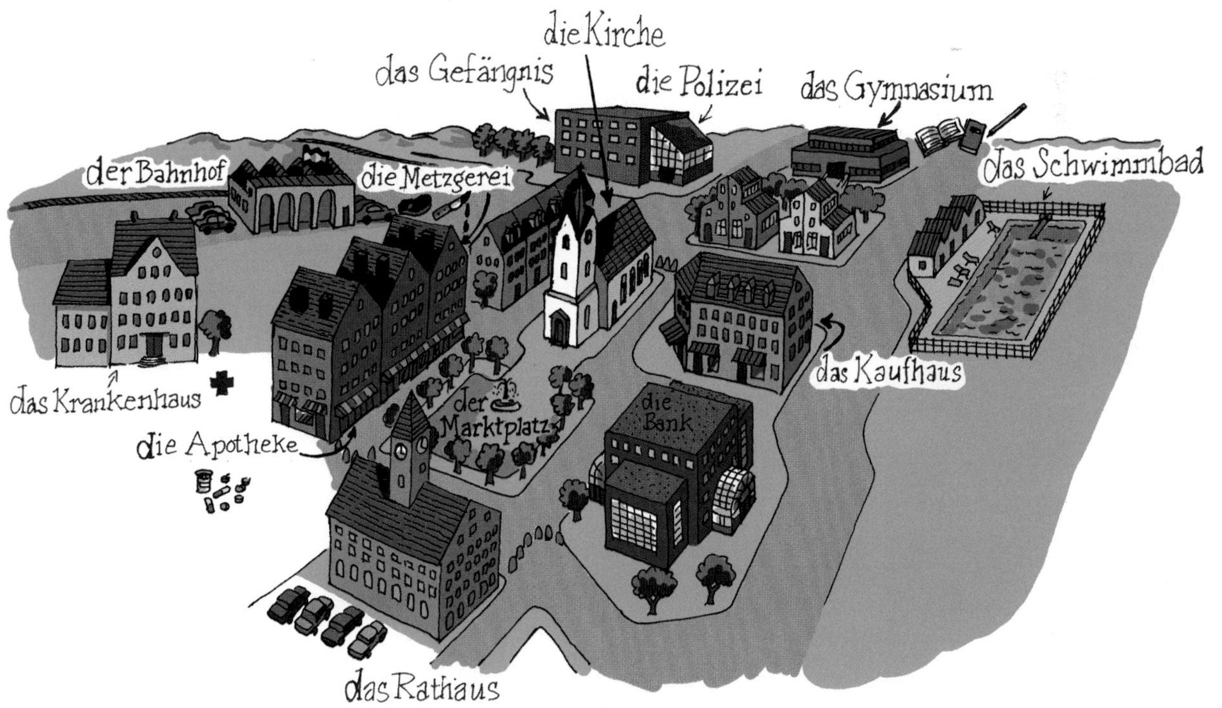

Situation 5 | Wie weit weg?

MODELL: S1: Wie weit weg sollte die Apotheke von deiner Wohnung sein?
S2: _____

1. die Apotheke
2. die Universität
3. die Polizei
4. der Flughafen
5. das Kino
6. das Krankenhaus
7. das Gefängnis
8. der Kindergarten
9. der Supermarkt
10. die Kirche

- gleich um die Ecke
- gleich gegenüber
- fünf Minuten zu Fuß
- zwei Straßen weiter
- eine halbe Stunde mit dem Auto
- am anderen Ende der Stadt
- so weit weg wie möglich
- zehn Minuten mit dem Fahrrad
- mir egal

Situation 6 | Umfrage

MODELL: S1: Wohnst du in der Nähe der Universität?
S2: Ja.
S1: Unterschreib bitte hier.

	UNTERSCHRIFT
1. Wohnst du in der Nähe der Universität?	_____
2. Übernachtest du manchmal in Hotels?	_____
3. Gibt es in deiner Heimatstadt ein Schwimmbad?	_____
4. Warst du letzte Woche auf der Post?	_____
5. Warst du gestern im Supermarkt?	_____
6. Gibt es in deiner Heimatstadt ein Rathaus?	_____
7. Warst du letzten Freitag in der Disko?	_____
8. Bist du oft in der Bibliothek?	_____
9. Warst du letzten Sonntag in der Kirche?	_____

Situation 7 | Wohin gehst du, wenn ...?

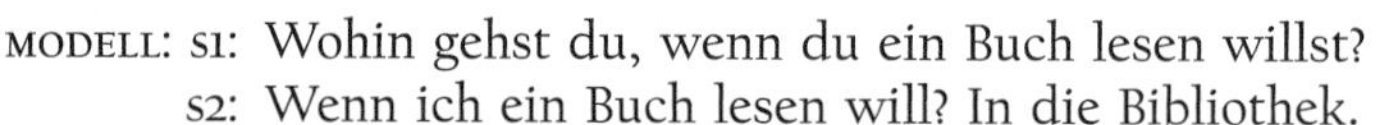

MODELL: S1: Wohin gehst du, wenn du ein Buch lesen willst?
S2: Wenn ich ein Buch lesen will? In die Bibliothek.

1. du schwimmen gehen willst?	zum Bahnhof
2. du Briefmarken kaufen willst?	in die Bäckerei
3. du Geld brauchst?	zum Flughafen
4. du Benzin brauchst?	zum Arzt
5. du Brot brauchst?	auf die Bank
6. du krank bist?	zur Tankstelle
7. du verreisen willst?	auf die Post
8. du eine Zugfahrkarte kaufen willst?	ins Schwimmbad
9. _____?	_____

Wohin fahren Sie, wenn Sie Benzin brauchen?

Situation 8 | Informationsspiel: Gestern und heute

Arbeiten Sie zu zweit und stellen Sie Fragen wie im Modell.

MODELL: S1: Früher war hier eine Reinigung. Was ist da heute?
S2: Heute ist hier ein Schreibwarengeschäft.

FRÜHER

HEUTE

Lektüre

Lesehilfe

Pictures and captions tell a lot about the topic of a text. Before reading this one, look at the pictures and the captions under them. Now read the title of the text. What is the topic?

Vor dem Lesen

1. Gibt es regionale Baustile[1] in Ihrem Land? Wie heißen sie?
2. Sind die Wohnhäuser in einer Region anders als[2] die Häuser in einer anderen? Sind Häuser im Westen anders als Häuser im Osten? Sind Häuser auf dem Land anders als Häuser in der Stadt?
3. Gibt es öffentliche[3] Gebäude, die einen bestimmten Baustil haben?
4. Wie alt ist die Architektur? Welche historischen Baustile gibt es?
5. Kennen Sie Architekten aus Ihrem Land? Was haben sie gebaut[4]?
6. Kennen Sie Gebäude wie Kirchen oder Paläste in Europa, die einen bestimmten Baustil haben?

Regionale Baustile

der spitze Turm

der Zwiebelturm

In Deutschland und Österreich, wie in vielen anderen Ländern, gibt es unterschiedliche regionale Baustile. Traditionelle Wohnhäuser und Gebäude wie Rathäuser, Kirchen und Schlösser[5] unterscheiden sich[6] von einem Landesteil zu einem anderen. So haben zum Beispiel die Kirchen in Bayern häufig Zwiebeltürme und die Kirchen in Norddeutschland spitze Türme. In manchen Gegenden sind die Häuser von außen mit Holz verkleidet, an anderen sieht man Backstein[7] oder Putz[8].

Würzburg, Fulda, Dresden und Wien sind typische Beispiele für die Baukunst des Barock. Diesen Baustil gibt es seit dem 17. Jahrhundert. Man findet ihn vor allem im Süden von Deutschland und in Österreich. Viele Kirchen, Klöster und Schlösser sind im barocken Stil gebaut.

Wernigerode hat auch den Namen „Die bunte[9] Stadt am Harz", weil die Holzbalken[10] so bunt bemalt[11] sind. Diesen Baustil nennt man Fachwerk[12]. Man findet ihn in ganz Deutschland, aber ganz besonders in der Mitte des Landes, in Hessen, Sachsen-Anhalt und im südlichen Niedersachsen. Die ältesten Häuser im Fachwerkstil stammen aus dem 14. Jahrhundert.

Fachwerk: Alte Häuser in Wernigerode

Barock: Die Residenz in Würzburg

[1]*architectural styles* [2]anders ... *different from* [3]*public* [4]bauen: *to build* [5]*castles* [6]unterscheiden ... *differ* [7]*brick* [8]*plaster* [9]*colorful* [10]*wooden beams* [11]*painted* [12]*half-timber*

In Lübeck, Greifswald und Stralsund findet man viele Wohnhäuser, Kirchen, Rathäuser und selbst Stadttore aus rotem Backstein. Diesen Baustil nennt man Backsteingotik. Er ist vor allem in den Hansestädten[1] entlang der Nord- und Ostseeküste zu Hause.

Moderne: Das Bundeskanzleramt in Berlin

Die Innenstädte vieler deutscher Städte und Großstädte wurden im zweiten Weltkrieg fast völlig zerstört. Man hat diese Städte meistens im modernen Stil geplant und wieder aufgebaut. Trotz einiger alter Gebäude hat man zum Beispiel in Hannover das Gefühl, eine neue und moderne Stadt zu besuchen. Viele Industrie- und Wirtschaftszentren in Deutschland, wie Leipzig mit seinem Messegelände und die Frankfurter City mit ihrer Bankenmetropole, wirken modern und international.

Arbeit mit dem Text

A. Beantworten Sie nun die folgenden Fragen.

1. Seit wann gibt es Gebäude im barocken Stil?
2. Warum nennt man Wernigerode „die bunte Stadt am Harz"?
3. Aus welcher Zeit sind die ältesten Häuser im Fachwerkstil?
4. Wo findet man viele Hansestädte?
5. Warum sehen die Innenstädte vieler deutscher Großstädte so modern aus?

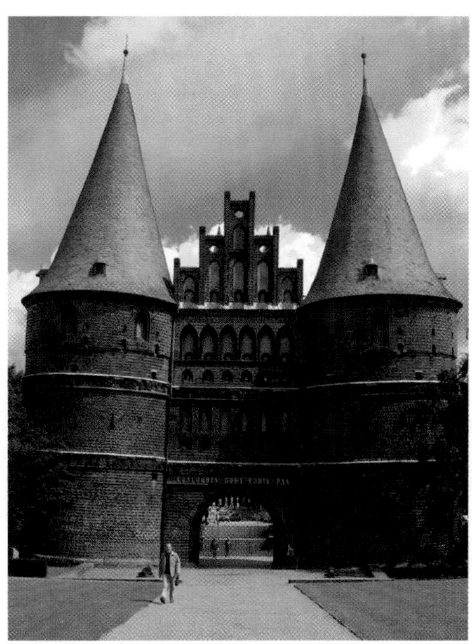

Backsteingotik: Das Holstentor in Lübeck

[1] *Hanseatic cities*

B. Was erfahren Sie über die Baustile in den verschiedenen Regionen? Ergänzen Sie die Tabelle.

	im Süden und in Österreich	in der Mitte Deutschlands	im Norden Deutschlands
Baustil			
Baumaterial	Putz		
Kirchtürme			

Nach dem Lesen

Suchen Sie im Internet oder in der Bibliothek Informationen und Fotos über die genannten Städte, Länder und Baustile und stellen Sie sie in der Klasse vor.

Auf Wohnungssuche

Situation 9 | Wo möchtest du gern wohnen?

Fragen Sie fünf Personen und schreiben Sie die Antworten auf.

MODELL: S1: Wo möchtest du gern wohnen?
S2: In einem Bauernhaus mit alten Möbeln.
S1: Und wo soll es stehen?
S2: Auf dem Land.

in einem Bauernhaus	mit Weinkeller	in der Innenstadt
in einem Wohnwagen	mit schönem Ausblick	am Stadtrand
in einem Hochhaus	mit Terrasse	im Ausland
in einem Einfamilienhaus	mit Balkon	auf dem Land
in einem Reihenhaus	mit alten Möbeln	in den Bergen
in einer Skihütte	mit vielen Fenstern	an einem See
in einer Villa	mit einem Garten	in der Nähe der Stadt
im Studentenheim	mit Garage	in der Nähe der Uni

Situation 10 | Umfrage

MODELL: S1: Möchtest du gern in der Innenstadt leben?
S2: Ja.
S1: Unterschreib bitte hier.

UNTERSCHRIFT

1. Möchtest du gern in der Innenstadt leben? __________
2. Möchtest du gern am Stadtrand leben? __________
3. Kannst du dir ein Leben auf dem Land vorstellen? __________
4. Möchtest du gern im Ausland wohnen? __________
5. Möchtest du in einer Villa wohnen? __________
6. Möchtest du in einem Wohnwagen leben? __________
7. Kannst du dir ein Leben auf einem Hausboot vorstellen? __________
8. Möchtest du gern im Studentenheim wohnen? __________
9. Möchtest du gern eine Woche unter Wasser wohnen? __________
10. Möchtest du gern im Wald leben? __________

Auf Wohnungssuche

Wie haben Sie Ihr Zimmer / Ihre Wohnung gefunden? Kreuzen Sie an.

- durch eine Anzeige[1] in der Zeitung ☐
- mit Hilfe der Uni ☐
- durch Freunde oder Bekannte ☐
- durch eine Anzeige am schwarzen Brett ☐
- durch die Gelben Seiten ☐
- über das Internet ☐

Schauen Sie sich das Foto und die Anzeigen an.

- Welche der Anzeigen suchen nach einer Wohnung?
- Welche bieten eine Wohnung oder ein Zimmer an[2]?
- Unter welchen Umständen gibt es die Wohnung in St. Pauli billiger?
- Wann kann man in die Wohnung in Ottensen einziehen?

Schreiben Sie selbst eine Suchanzeige für eine Wohnung oder ein Zimmer in einer Wohngemeinschaft für ein Schwarzes Brett. Wohnungen sind sehr knapp. Machen Sie Ihre Anzeige so attraktiv wie möglich!

Studentin sucht Wohnung

①

ER IST WIEDER DA . . .

ALIEN XIV

—DER NACHMIETER[3]—

. . . Ein halbes Jahr war er in Schweden. Aber plötzlich[4] ist er wieder in Hamburg. Manche nennen[5] ihn EL SYMPATICO. Doch die meisten Karsten. Er will nur eines: DEINE WOHNUNG! (1-2 Zi bis 250 Euro inkl.)

Wenn Du ihn anrufst, ruft er zurück . . .

Niemand hat es bis jetzt gewagt[6] . . .

04451 -83591	04451 -83591	04451 -83591	04451 -83591	04451 -83591	04451 -83591	04451 -83591	04451 -83591	04451 -83591

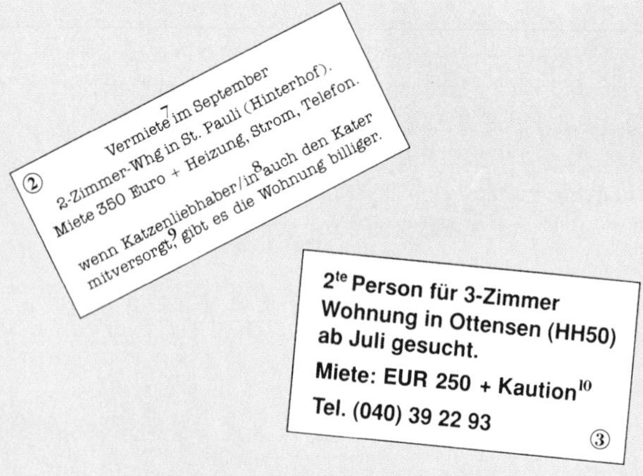
②

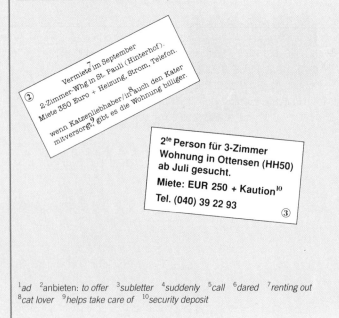

Vermiete[7] im September
2-Zimmer-Whg in St. Pauli (Hinterhof).
Miete 350 Euro + Heizung, Strom, Telefon.
wenn Katzenliebhaber/in[8] auch den Kater
mitversorgt[9], gibt es die Wohnung billiger.

2te Person für 3-Zimmer Wohnung in Ottensen (HH50) ab Juli gesucht.

Miete: EUR 250 + Kaution[10]

Tel. (040) 39 22 93

③

[1]*ad* [2]anbieten: *to offer* [3]*subletter* [4]*suddenly* [5]*call* [6]*dared* [7]*renting out*
[8]*cat lover* [9]*helps take care of* [10]*security deposit*

Situation 11 | Dialog: Auf Wohnungssuche

Silvia ist auf Wohnungssuche.

FRAU SCHUSTER: ______!
SILVIA: Guten Tag. Hier Silvia Mertens. Ich rufe wegen des Zimmers an. Ist es noch ______?
FRAU SCHUSTER: Ja, das ist noch zu haben.
SILVIA: Prima, in welchem ______ ist es denn?
FRAU SCHUSTER: Frankfurt-Süd, Waldschulstraße ______.
SILVIA: Und in welchem ______ liegt das Zimmer?
FRAU SCHUSTER: Im fünften, gleich unter dem ______.
SILVIA: Gibt es einen ______?
FRAU SCHUSTER: Nein, leider nicht.
SILVIA: Schade. Was kostet denn das Zimmer?
FRAU SCHUSTER: Dreihundert Euro ______.
SILVIA: Möbliert? Was steht denn drin?
FRAU SCHUSTER: Also, ein Bett natürlich, ein Tisch mit zwei Stühlen und ein __________.
SILVIA: Ist auch ein Bad dabei?
FRAU SCHUSTER: Nein, aber baden können Sie ______. Und Sie haben natürlich Ihre ______ Toilette.
SILVIA: Wann könnte ich mir denn das Zimmer mal ________?
FRAU SCHUSTER: Wenn Sie wollen, können Sie gleich vorbeikommen.
SILVIA: Gut, dann komme ich gleich mal vorbei. Auf ________.
FRAU SCHUSTER: Auf ________.

Situation 12 | Rollenspiel: Zimmer zu vermieten

S1: Sie sind Student/Studentin und suchen ein schönes, großes Zimmer. Das Zimmer soll hell und ruhig sein. Sie haben nicht viel Geld und können nur bis zu 300 Euro Miete zahlen, inklusive Nebenkosten. Sie rauchen nicht und hören keine laute Musik. Fragen Sie den Vermieter / die Vermieterin, wie groß das Zimmer ist, was es kostet, ob es im Winter warm ist, ob Sie kochen dürfen und ob Ihre Freunde Sie besuchen dürfen. Sagen Sie dann, ob Sie das Zimmer mieten möchten.

Hausarbeit

Grammatik 6.5–6.6

Andrea putzt ihre Schuhe.

Paula wischt den Tisch ab.

Ernst mäht den Rasen.

Jens fegt den Boden.

Josie saugt Staub.

Uli bügelt sein Hemd.

Jochen macht die Toilette sauber.

Jutta wäscht die Wäsche.

Margret wischt den Boden auf.

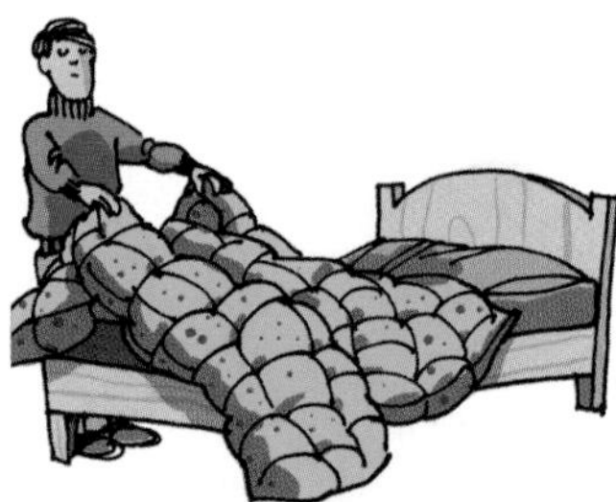
Hans macht sein Bett.

Situation 13 | Was macht man mit einem Besen?

MODELL: S1: Was macht man mit einem Besen?
S2: Mit einem Besen fegt man den Boden.

Staub saugen
Hemden oder Blusen bügeln
den Rasen sprengen
den Rasen mähen
die Blumen gießen
den Boden fegen
die Wäsche waschen
die Schuhe putzen
das Geschirr spülen
den Tisch abwischen

1. mit einem Staubsauger
2. mit einer Geschirrspülmaschine
3. mit einer Waschmaschine
4. mit einem Besen
5. mit einem Rasenmäher
6. mit einer Gießkanne
7. mit einem Bügeleisen
8. mit einem Putzlappen
9. mit einem Gartenschlauch

Situation 14 | Angenehm oder unangenehm?

Welche Hausarbeit machen Sie gern, weniger gern oder gar nicht gern? Ordnen Sie die folgenden Tätigkeiten von sehr angenehm (1) zu sehr unangenehm (10).

_____ Hosen bügeln
_____ Regale abwischen
_____ eine Einkaufsliste schreiben
_____ die Toilette putzen
_____ den Müll wegbringen
_____ die Sessel absaugen
_____ die Vorhänge waschen
_____ Töpfe und Pfannen spülen
_____ das Bett machen
_____ Fenster putzen

Videoblick

Tausche[1] Fahrrad reparieren gegen[2] Bügeln

Das Netzwerk für die Generation 50plus bietet[3] nicht nur gemeinsame Freizeitaktivitäten, sondern auch eine Leistungstauschbörse[4]. Jeder bringt ein[5], was er kann.

- Was braucht Frau Steigleder?
- Wer macht das für sie?
- Wo hat sie das Angebot gefunden?
- Was bietet sie Herrn Merkelbach an?
- Welche anderen Leistungen findet man in der Leistungstauschbörse?

So hilft man sich[6], ganz ohne Geld.

[1]*exchange* [2]here: *for* [3]*offers* [4]*task exchange* [5]bringt ... *contributes* [6]*each other*

Situation 15 | Bildgeschichte: Frühjahrsputz

Situation 16 | Informationsspiel: Haus- und Gartenarbeit

MODELL: S1: Was macht Nora am liebsten?
S2: Sie geht am liebsten einkaufen.
S1: Was hat Thomas letztes Wochenende gemacht?
S2: Er hat das Geschirr gespült.
S1: Was muss Nora diese Woche noch machen?
S2: Sie muss den Boden aufwischen.

S1: Was machst du am liebsten?
S2: Ich _____ am liebsten _____.

	Thomas	Nora	mein(e) Partner(in)
am liebsten	den Rasen mähen	einkaufen gehen	
am wenigsten gern		die Fenster putzen	
jeden Tag		den Tisch abwischen	
einmal in der Woche	sein Bett machen		
letztes Wochenende		ihre Bluse bügeln	
gestern		ihr Zimmer aufräumen	
diese Woche	seine Wäsche waschen		
bald mal wieder	die Flaschen wegbringen		

Lektüre

Vor dem Lesen

A. Sehen Sie sich das Foto aus dem Film an.

1. Welche Art[1] Fernsehsendung ist das?
2. Der Mann im Hintergrund war 1971 bis 1989 Staatschef[2] der DDR. Wie hieß er?
3. Was wissen Sie über die ehemalige[3] DDR und die Wiedervereinigung[4]? Sammeln Sie Informationen.

Good bye Lenin!
Regisseur: Wolfgang Becker
Schauspieler in den Hauptrollen:
Daniel Brühl, Katrin Saß,
Maria Simon
Erscheinungsjahr: 2003

B. Lesen Sie die Wörter im Miniwörterbuch auf der nächsten Seite. Suchen Sie sie im Text und unterstreichen Sie sie. Lesen Sie dann den Text.

[1]*type* [2]*head of state* [3]*former* [4]*reunification*

Miniwörterbuch

die **Aufregung**	excitement
der **Bürger** / die **Bürgerin**	citizen
DDR (Deutsche Demokratische Republik)	GDR (German Democratic Republic)
entschlossen	determined
flüchten	to flee
gefälscht	fake
geht es nach Alex	if things go according to Alex
die **Gesundheit**	health
der **Herzinfarkt**	heart attack
der **Kosmonaut**	East German word for astronaut
schaden	to harm
der **Sperrmüll**	bulk refuse (heap)
der **Tod**	death
überzeugt	staunch
die **Veränderung**	change
verheimlichen	to conceal
vorspielen	to feign
wohlbekannt	well-known
der **Zusammenbruch**	collapse

Film: *Good bye Lenin!*

Christiane Kerner – eine engagierte DDR-Bürgerin und überzeugte Sozialistin – hat am 7. Oktober 1989 einen Herzinfarkt und fällt ins Koma. Während sie im Krankenhaus liegt und bewusstlos ist, fällt zwei Tage später die Berliner Mauer und die DDR wird ein Teil der Bundesrepublik Deutschland. Acht Monate später wacht sie auf und die DDR existiert nicht mehr.

Jede Art von Aufregung schadet Christiane Kerners Gesundheit, deshalb beschließt ihr Sohn Alex die politischen Veränderungen vor seiner Mutter zu verheimlichen. Gemeinsam mit seiner Schwester Ariane will Alex seiner Mutter den ganz normalen DDR-Alltag vorspielen. Leichter gesagt als getan: Die alten DDR-Möbel der Familie sind out und stehen im Keller oder liegen auf dem Sperrmüll; im Supermarkt gibt es jetzt westdeutsche Lebensmittel und keine aus DDR-Produktion; die wohlbekannten DDR-Fernsehsendungen laufen auch nicht mehr; West-Autos und Fast-Food-Restaurants überrollen den Osten; und am Haus gegenüber hängt ein großes Coca-Cola Werbeplakat. Dies alles ist für Alex und Ariane ein großes Problem. Aber Alex ist entschlossen und kreativ. Selbst Freunde und Nachbarn spielen mit.

Am Ende, kurz vor ihrem Tod, erfährt Mutter Christiane aber doch vom Zusammenbruch der DDR. Sie sagt Alex nichts davon. Alex' DDR, die er mit gefälschten DDR-Nachrichtensendungen belebt, ist ganz anders als die alte DDR: Geht es nach Alex, ist die DDR das Wunschland aller Menschen; Westdeutsche flüchten in den Osten; und Staatschef ist natürlich Alex' Idol, der DDR-Kosmonaut Sigmund Jähn.

Arbeit mit dem Text

Beantworten Sie die folgenden Fragen.

1. Warum sagt Alex seiner Mutter nicht, dass die DDR nicht mehr existiert?
2. In welchen alltäglichen Bereichen[1] ändert sich das Leben der Kerners nach dem Fall der Mauer?
3. Wie wünscht[2] sich Alex die DDR?

[1]*domains, spheres* [2]*wishes*

Nach dem Lesen

A. Recherchieren Sie im Internet über den Schauspieler Daniel Brühl, der im Film Alex Kerner spielt. Woher kommt er? Welche Filme hat er noch gemacht? Welche Preise hat er mit *Good bye Lenin!* gewonnen? Welche Projekte hat er gerade?

B. Die Resonanz[1] auf *Good bye Lenin!* war sehr groß in Ost- und Westdeutschland. Warum ist der Film in Deutschland so beliebt? Finden Sie Antworten (auch im Internet) und präsentieren Sie Ihre Gedanken und Lösungen auf einem Poster in der Klasse.

[1] *response*

Videoecke

- Wo wohnst du?
- Was gefällt dir an deinem Zimmer / an deiner Wohnung?
- Was gefällt dir nicht?
- Wie hast du deine Wohnung gefunden?
- Wie war der Umzug?
- Was musst du für deine Wohnung zahlen?
- Wohnst du allein? Gefällt dir das?

Niki ist in Graz, Österreich, geboren. Sie studiert Theologie und Gesang[1]. Ihre Mutter ist Lehrerin und ihr Vater ist Journalist.

Jan ist in Leipzig geboren. Er ist selbstständig im Baugewerbe[2] tätig[3]. Seine Hobbys sind Motorräder und Sport.

Aufgabe 1

Hören Sie dem Interview mit Niki zu und beantworten Sie folgende Fragen.

1. Wo wohnt Niki? Gefällt ihr das Zimmer?
2. Woher bekommt sie das Geld für die Miete?
3. Wohnt sie allein?

Aufgabe 2

Die folgenden Sätze kommen im Interview vor. Allerdings enthalten sie einige falsche Informationen. Korrigieren Sie die Sätze.

1. Das Zimmer ist schön. Es ist klein und gemütlich. Und ich habe auch viele Bilder an den Wänden.
2. Der Umzug war lustig. Ich bin zuerst nur mit einem Koffer nach Leipzig gekommen und erst sechs Wochen später sind meine Eltern mit dem Rest des Gepäcks gekommen.
3. Es ist schön, mit anderen Leuten zu wohnen. Man kann sich treffen und reden und Tee trinken. Aber manchmal ist es auch nicht so schön, weil keiner weiß, wer mit dem Kochen dran ist.

[1] *singing* [2] *construction* [3] selbstständig tätig *self-employed*

Aufgabe 3

Was gefällt Jan an seiner Wohnung?

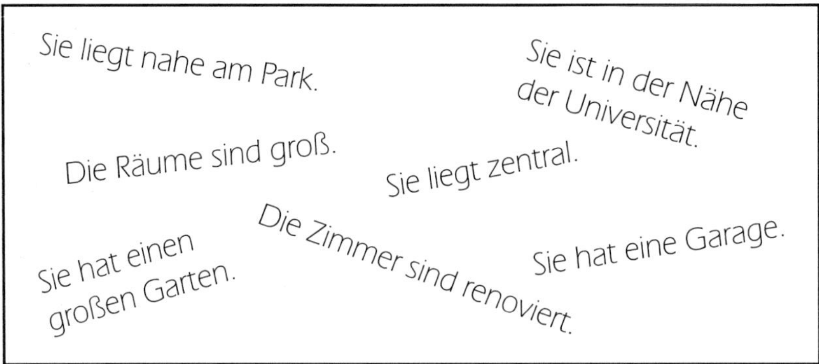

Sie liegt nahe am Park.
Sie ist in der Nähe der Universität.
Die Räume sind groß.
Sie liegt zentral.
Sie hat einen großen Garten.
Die Zimmer sind renoviert.
Sie hat eine Garage.

Aufgabe 4

Beantworten Sie die folgenden Fragen.

1. Wie haben Jan und seine Freunde die Wohnung gefunden?
2. Mit wie vielen Leuten wohnt Jan zusammen?
3. Wohnt Jan gern mit Leuten zusammen?

Wortschatz

In der Stadt	In the City
die **Apotheke, -n**	pharmacy
die **Bushaltestelle, -n**	bus stop
die **Drogerie, -n**	drugstore
die **Fabrik, -en**	factory
die **Metzgerei, -en**	butcher shop
die **Reinigung, -en**	dry cleaner's
die **Stadt, ¨-e** (R)	town, city
die **Heimatstadt, ¨-e**	hometown
die **Innenstadt, ¨-e**	downtown
die **Straße, -n**	street, road
der **Buchladen, ¨**	bookstore
der **Flughafen, ¨**	airport
der **Stadtrand, ¨-er**	city limits
der **Stadtteil, -e**	district, neighborhood
das **Bürohaus, ¨-er**	office building
das **Eisenwarengeschäft, -e**	hardware store
das **Gebäude, -**	building
das **Gefängnis, -se**	prison, jail
das **Lebensmittelgeschäft, -e**	grocery store
das **Rathaus, ¨-er** (R)	town hall
das **Schreibwarengeschäft, -e**	stationery store
das **Stadtviertel, -**	district, neighborhood

Ähnliche Wörter

die **Boutique, -n**; der **Kindergarten, ¨**; der **Marktplatz, ¨-e**; der **Parkplatz, ¨-e**; das **Reisebüro, -s**; das **Schuhgeschäft, -e**

Haus und Wohnung	House and Apartment
die **Badewanne, -n**	bathtub
die **Treppe, -n**	stairway
die **Waschküche, -n**	laundry room
die **Zentralheizung**	central heating
der **Aufzug, ¨-e**	elevator
der **Ausblick, -e**	view
der **Quadratmeter (qm), -**	square meter (m^2)
der **Stock, Stockwerke**	floor, story
im ersten Stock*	on the second floor
das **Dach, ¨-er**	roof
das **Waschbecken, -**	(wash)basin

*The first floor is called **das Erdgeschoss.** All levels above the first floor are referred to as **Stockwerke.** Thus, **der erste Stock** refers to the second floor, and so on.

Ähnliche Wörter

die **Garage, -n** [garaːʒə]; die **Terrasse, -n**; die **Toilette, -n**; der **Balkon, -e**; der **Keller, -** (R); der **Weinkeller, -**; das **Bad, ¨er**; das **Esszimmer, -**; das **Schlafzimmer, -**; das **Wohnzimmer, -**

Haus und Garten	House and Garden
die **Bürste, -n**	brush
die **Gießkanne, -n**	watering can
die **Kommode, -n**	dresser
die **Seife, -n**	soap
der **Besen, -**	broom
der **Frühjahrsputz**	spring cleaning
der **Gartenschlauch, ¨e**	garden hose
der **Müll**	trash, garbage
der **Putzlappen, -**	cloth, rag (for cleaning)
der **Rasenmäher, -**	lawn mower
der **Schrank, ¨e** (R)	closet; cupboard
der **Kleiderschrank, ¨e**	clothes closet, wardrobe
der **Sessel, -** (R)	armchair
der **Spiegel, -**	mirror
der **Staubsauger, -**	vacuum cleaner
der **Vorhang, ¨e**	drapery, curtain
das **Bügeleisen, -**	iron
das **Kopfkissen, -**	pillow
die **Möbel** (*pl.*)	furniture

Ähnliche Wörter

die **Palme, -n**; die **Pflanze, -n** (R); die **Stereoanlage, -n**; die **Waschmaschine, -n**; der **Nachttisch, -e**; das **Bett, -en** (R); das **Möbelstück, -e**; das **Poster, -**; das **Sofa, -s**

Wohnmöglichkeiten	Living Arrangements
die **Skihütte, -n**	ski lodge
die **Villa, Villen**	mansion
die **Wohngemeinschaft, -en**	shared housing
das **Haus, ¨er** (R)	house
das **Bauernhaus, ¨er**	farmhouse
das **Baumhaus, ¨er**	tree house
das **Einfamilienhaus, ¨er**	single-family home
das **Hochhaus, ¨er**	high-rise building
das **Reihenhaus, ¨er**	row house, town house

Ähnliche Wörter

das **Hausboot, -e**; das **Iglu, -s**; das **Studentenheim, -e** (R)

Auf Wohnungssuche	Looking for a Room or Apartment
die **Anzeige, -n**	ad
die **Kaution, -en**	security deposit
die **Miete, -n**	rent
die **Mieterin, -nen**	female renter
die **Suchanzeige, -n**	housing-wanted ad
die **Vermieterin, -nen**	landlady
der **Mieter, -**	male renter
der **Vermieter, -**	landlord
die **Nebenkosten** (*pl.*)	extra costs (e.g., utilities)

Sonstige Substantive	Other Nouns
die **Bucht, -en**	bay
die **Nähe**	vicinity
in der Nähe	in the vicinity
die **Seite, -n**	side; page
die **Viertelstunde, -n**	quarter hour
die **Zugfahrkarte, -n**	train ticket
das **Ausland**	foreign countries
im Ausland	abroad
das **Benzin**	gasoline
das **Land, ¨er**	country (*rural*)
auf dem Land	in the country
das **Mitglied, -er**	member

Verben	Verbs
ab·trocknen	to dry (dishes)
ab·wischen	to wipe clean
auf·wischen	to mop (up)
begegnen (+ *dat.*)	to meet
bügeln	to iron
fehlen (+ *dat.*)	to be missing
geben, gibt, gegeben	to give
es gibt ...	there is/are . . .
gibt es ...? (R)	is/are there . . . ?
gefallen, gefällt, gefallen (+ *dat.*)	to be to one's liking, to please
es gefällt mir	I like it
gehören (+ *dat.*)	to belong to
helfen, hilft, geholfen (+ *dat.*)	to help
mieten	to rent
passen (+ *dat.*)	to fit
putzen (R)	to clean
Rad fahren, fährt ... Rad, ist Rad gefahren	to bicycle
schaden (+ *dat.*)	to be harmful to
schmecken (+ *dat.*)	to taste good to
Staub saugen	to vacuum
stehen, gestanden (R)	to stand
stehen, gestanden (+ *dat.*)	to suit
tippen (R)	to type
übernachten	to stay overnight
vermieten	to rent out

vor·stellen	to introduce, present
sich etwas vorstellen	to imagine something
zu·hören (+ *dat.*)	to listen to

Ähnliche Wörter

kosten (R); **wieder hören; auf Wiederhören!; zurück·kommen, ist zurückgekommen**

Adjektive und Adverbien	Adjectives and Adverbs
angenehm	pleasant
dunkel	dark
eigen	own
hell	light
hoch	high
möbliert	furnished
nah	close
warm	heated, heat included
weit	far
wie weit weg?	how far away?

Ähnliche Wörter

attraktiv, dumm, leicht, liberal, modern

Sonstige Wörter und Ausdrücke	Other Words and Expressions
bei (R)	at; with
bei deinen Eltern	with/at your parents'
bei einer Bank	at a bank
ist ein/eine ... dabei?	does it come with a . . . ?
drin/darin	in it
egal	equal, same
das ist mir egal	it doesn't matter to me
gegenüber	opposite; across
gleich gegenüber	right across the way
gleich	right, directly
gleich um die Ecke	right around the corner
inklusive	included (utilities)
knapp	just, barely
möglichst (+ *adverb*)	as . . . as possible
ob	if, whether
prima!	great!
unter (R)	below, beneath; among
wegen	on account of; about

Strukturen und Übungen

6.1 Dative verbs

Dative verbs are verbs that require a dative object.

Wissen Sie noch?

The dative case is used primarily to indicate to whom or for whom something is done (or given).

Review grammar 5.1.

The dative object usually indicates the person to whom or for whom something is done. The dative case can be seen as the partner case. The "something" that is done (or given) is in the accusative case (it is the direct object).

Ich schenke **dir ein Bügeleisen.**	*I'll give you an iron. (I'll give an iron to you.)*
Ich kaufe **meinem Bruder ein Buch.**	*I'll buy my brother a book. (I'll buy a book for my brother.)*

Certain verbs, called "dative verbs," require only a subject and a dative object; there is no accusative object. These verbs fall into two groups.

In Group 1, both the subject and the dative object are persons.

antworten	*to answer*
begegnen	*to meet*
gratulieren	*to congratulate*
helfen	*to help*
zuhören	*to listen to*

Er antwortete mir nicht.	*He didn't answer me.*
Wir begegneten dem alten Vermieter.	*We met the old landlord.*
Ich gratuliere dir zum Geburtstag.	*Happy Birthday! (I congratulate you on your birthday.)*
Soll ich dir helfen?	*Do you want me to help you?*
Ich höre dir genau zu.	*I'm listening to you carefully.*

In Group 2, the subject is usually a thing; the dative object is the person who experiences or owns the thing.

gehören	*to belong to*
passen	*to fit*
schaden	*to be harmful to*
schmecken	*to taste good to*
stehen	*to suit*

Diese Poster gehören mir.	*These posters belong to me.*
Diese Hose passt mir nicht.	*These pants don't fit me.*
Rauchen schadet der Gesundheit.	*Smoking is bad for (damages) your health.*
Schmeckt Ihnen der Fisch?	*Does the fish taste good to you?*
Blau steht dir gut.	*Blue suits you well.*

Note that the following Group 2 verbs express ideas that are rendered very differently in English.

fehlen	*to be missing*
gefallen	*to be to one's liking, to please*

Mir fehlt ein Buch.	*I'm missing a book.*
Gefällt Ihnen dieser Schrank?	*Do you like this cupboard? (Does this cupboard please you?)*

Übung 1 | Minidialoge

Ergänzen Sie das Verb. Nützliche Wörter:

antworten
begegnen
fehlen
gefallen
gehören
gratulieren
helfen
passen
schaden
schmecken
stehen
zuhören

1. MONIKA: Schau, ich habe mir einen neuen MP3-Spieler gekauft.
   KATRIN: Der ist aber toll! Der _____ mir!
2. MARTA: Hallo, Willi. Ich habe gehört, du hast endlich eine Wohnung gefunden. Ich _____ dir ganz herzlich.
   WILLI: Danke. Das ist aber lieb von dir.
3. FRAU RUF: Jochen, kannst du mir bitte _____? Ich kann die Vorhänge nicht allein tragen.
   HERR RUF: Ja, ich komme.
4. FRAU GRETTER: _____ Ihnen der Salat?
   HERR SIEBERT: Ja, sehr gut, die Soße ist ausgezeichnet.
5. FRAU KÖRNER: Dieser Rock _____ mir nicht. Ich brauche doch Größe 42.
   VERKÄUFER: Ich seh mal nach, ob wir Größe 42 haben.
6. JÜRGEN: Wem _____ denn dieser neue Staubsauger?
   SILVIA: Mir. Ich habe ihn gestern gekauft.
7. FRAU SCHULZ: Was suchst du, Albert? _____ dir etwas?
   ALBERT: Ja, ich kann mein Heft nicht finden.
8. FRAU KÖRNER: Wissen Sie, wer mir am Marktplatz _____ ist, Herr Siebert?
   HERR SIEBERT: Nein, wer denn?
   FRAU KÖRNER: Die Mutter von Maria. Und wissen Sie, was die mir erzählt hat?
   HERR SIEBERT: Nein, was denn?
   FRAU KÖRNER: Also, ...
9. ARZT: Also, Herr Ruf, Sie müssen jetzt wirklich mit dem Rauchen aufhören. Nikotin _____ Ihrer Gesundheit!
   HERR RUF: Aber, Herr Doktor, dann habe ich ja gar keine Freude mehr im Leben.
10. STEFAN: Entschuldigung, Frau Schulz, ich habe Ihnen nicht _____. Können Sie das noch mal wiederholen?
    FRAU SCHULZ: Na, gut.

Übung 2 | Interview

1. Wem haben Sie neulich[1] gratuliert? whom
2. Wem sind Sie neulich begegnet?
3. Welches Essen schmeckt Ihnen am besten? how what
4. Wie steht Ihnen Ihr Lieblingshemd?
5. Wie gefällt Ihnen Ihre Wohnung oder Ihr Zimmer?
6. Welches Möbelstück fehlt Ihnen in der Wohnung oder im Zimmer?

[1] *recently*

6.2 Location vs. destination: two-way prepositions with the dative or accusative case

Wo asks about location. Questions about location are answered with a preposition + dative.

The prepositions **in** (*in*), **an** (*on, at*), **auf** (*on top of*), **vor** (*before*), **hinter** (*behind*), **über** (*above*), **unter** (*underneath*), **neben** (*next to*), and **zwischen** (*between*) are used with both the dative and accusative cases. When they refer to a fixed location, the dative case is required. In these instances, the prepositional phrase answers the question **wo** (*where [at]*).

Wissen Sie noch?

The prepositions **in, an,** and **auf** use the dative case when they indicate location.

Review grammar 5.4.

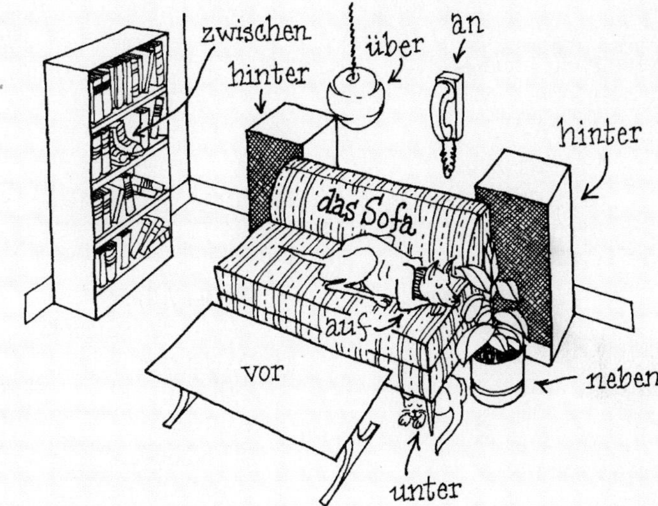

Im Wohnzimmer steht ein Sofa.
Hinter dem Sofa stehen zwei große Boxen.
An der Wand hängt ein Telefon.
Auf dem Sofa liegt ein Hund.
Unter dem Sofa liegt eine Katze.
Vor dem Sofa steht ein Tisch.
Über dem Sofa hängt eine Lampe.
Neben dem Sofa steht eine große Pflanze.
Zwischen den Büchern stehen Tennisschuhe.

Wohin asks about placement or destination. Questions about placement or destination are answered with a preposition + accusative.

When these prepositions describe movement toward a place or a destination, they are used with the accusative case. In these instances, the prepositional phrase answers the question **wohin** (*where [to]*).

Peter hat das Sofa **ins Wohnzimmer** gestellt.
Die Boxen hat er **hinter das Sofa** gestellt.
Das Telefon hat er **an die Wand** gehängt.
Der Hund hat sich gleich **auf das Sofa** gelegt.
Die Katze hat sich **unter das Sofa** gelegt.
Peter hat den Tisch **vor das Sofa** gestellt.
Die Lampe hat er **über das Sofa** gehängt.
Die große Pflanze hat er **neben das Sofa** gestellt.
Und seine Tennisschuhe hat er **zwischen die Bücher** gestellt.

	Wo?	Wohin?
	Location *Dative*	*Placement/Destination* *Accusative*
Masculine	Es ist auf **dem** Stuhl. *It is on the table.*	Leg es auf **den** Stuhl. *Put it on the table.*
Neuter	Es ist auf **dem** Bett. *It is on the bed.*	Leg es auf **das** Bett. *Put it on the bed.*
Feminine	Es ist auf **der** Kommode. *It is on the bureau.*	Leg es auf **die** Kommode. *Put it on the bureau.*
Plural	Es steht vor **den** Boxen. *It is in front of the speakers.*	Stell es vor **die** Boxen. *Put it in front of the speakers.*

Achtung!

in + dem = im
an + dem = am

in + das = ins
an + das = ans

Übung 3 | Alberts Zimmer

Schauen Sie sich Alberts Zimmer an.

1. Wo ist Albert?
2. Wo ist der Spiegel?
3. Wo ist der Kühlschrank?
4. Wo ist das Deutschbuch?
5. Wo ist die Lampe?
6. Wo ist der Computer?
7. Wo sind die Schuhe?
8. Wo ist die Hose?
9. Wo ist das Poster von Berlin?
10. Wo ist die Katze?

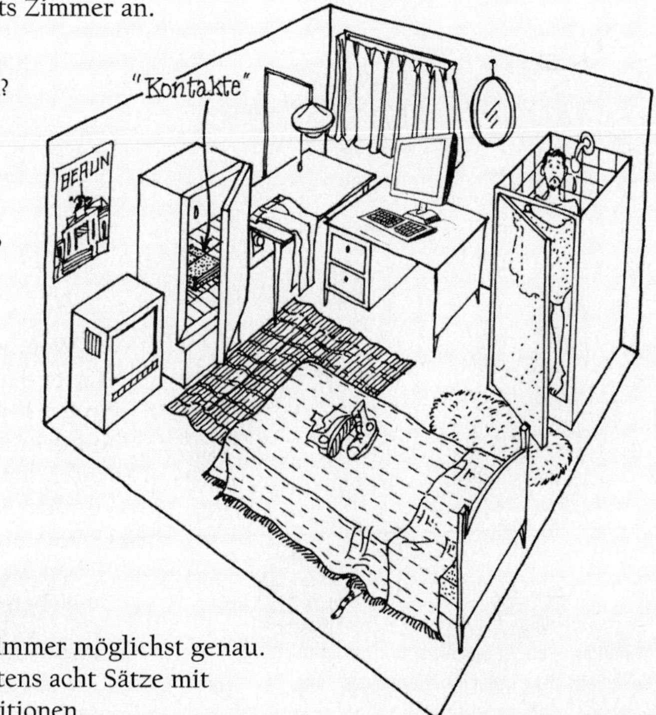

Übung 4 | Mein Zimmer

Beschreiben Sie Ihr Zimmer möglichst genau. Schreiben Sie mindestens acht Sätze mit verschiedenen Präpositionen.

MODELL: Das Bett ist unter dem Fenster. Rechts neben dem Bett steht ein Nachttisch ...

6.3 Word order: time before place

Time before place

In a German sentence, a time expression usually precedes a place expression. Note that this sequence is often reversed in English sentences.

Ich gehe heute Abend in die Bibliothek.

I'm going to the library tonight.

Übung 5 Wo sind Sie wann?

Bilden Sie Sätze aus den Satzteilen.

MODELL: heute Abend → Ich bin heute Abend im Kino.

1. heute Abend	in der Klasse
2. am Nachmittag	bei meinen Eltern
3. um 16 Uhr	im Bett
4. in der Nacht	auf einer Party
5. am frühen Morgen	im Urlaub
6. am Montag	am Frühstückstisch
7. am ersten August	in der Mensa
8. an Weihnachten	in der Bibliothek
9. im Winter	?
10. am Wochenende	

6.4 Direction: *in/auf* vs. *zu/nach*

Direction:
in/auf + accusative; **zu/nach** + dative

To refer to the place where you are going, use either **in** or **auf** + accusative, **zu** + dative, or **nach** + place name.

Albert geht **in die** Kirche.	*Albert goes to church.*
Katrin geht **auf die** Bank.	*Katrin goes to the bank.*
Heidi fährt **zum** Flughafen.	*Heidi drives to the airport.*
Rolf fliegt **nach** Deutschland.	*Rolf is flying to Germany.*

A. **in** + accusative

in for most buildings and enclosed spaces

In general, use **in** when you plan to enter a building or an enclosed space.

Heute Nachmittag gehe ich **in die Bibliothek.**	*This afternoon I'll go to (into) the library.*
Abends gehe ich **ins Kino.**	*In the evening I go to (into) the movies.*
Morgen fahre ich **in die Stadt.**	*Tomorrow I'll drive to (into) the city.*

in for countries with a definite article

Also use **in** with the names of countries that have a definite article, such as **die Schweiz, die Türkei,** and **die USA.**

Herr Frisch fliegt oft **in die** USA.	*Mr. Frisch often flies to the USA.*
Claire fährt **in die** Schweiz.	*Claire is going to Switzerland.*
Mehmet fährt alle zwei Jahre **in die** Türkei.	*Mehmet goes to Turkey every two years.*

B. **auf** + accusative

auf for public buildings

Use **auf** instead of **in** when the destination is a public building such as the post office, the bank, or the police station.

Ich brauche Briefmarken. Ich gehe **auf die** Post.	*I need stamps. I'm going to the post office.*
Ich brauche Geld. Ich gehe **auf die** Bank.	*I need money. I'm going to the bank.*

C. **zu** + dative

zu for specifically named buildings, places in general, open spaces, and to people's places

Use **zu** to refer to destinations that are specific names of buildings, places or open spaces such as a playing field, or people.

Ernst geht **zu** McDonald's.	*Ernst is going to McDonald's.*
Hans geht **zum** Sportplatz.	*Hans goes to the playing field.*
Andrea geht **zum** Arzt.	*Andrea goes to the doctor.*

zu Hause = *at home*

Note that **zu Hause** (*at home*) does not indicate destination but rather location.

D. **nach** + place name

Use **nach** with names of countries and cities that have no article. Note that this applies to the vast majority of countries and cities.

Renate fliegt **nach Paris.**	*Renate is flying to Paris.*
Melanie fährt **nach Österreich.**	*Melanie is driving to Austria.*

nach Hause = (*going/coming*) *home*

Also use **nach** in the idiomatic construction **nach Hause** (*going/coming home*).

Übung 6 | Situationen

Heute ist Montag. Wohin gehen oder fahren die folgenden Personen?

MODELL: Katrin sucht ein Buch. → Sie geht in die Bibliothek.

Achtung!

in + das = ins
auf + das = aufs
zu + dem = zum
zu + der = zur

zum Arzt
zum Flughafen
zu ihrem Freund
zum Fußballplatz
ins Hotel
auf die Post
in den Supermarkt
zur Tankstelle
ins Theater
in den Wald

1. Albert ist krank.
2. Hans möchte Fußball spielen.
3. Frau Schulz ist auf Reisen in einer fremden[1] Stadt. Sie braucht einen Platz zum Schlafen.
4. Herr Ruf braucht Benzin.
5. Herr Thelen braucht Lebensmittel.
6. Herr Wagner muss Briefmarken kaufen.
7. Jürgen und Silvia gehen Pilze[2] suchen.
8. Jutta möchte mit ihrem Freund sprechen.
9. Mehmet möchte in die Türkei fliegen.
10. Renate möchte ein Musical sehen.

[1]*foreign* [2]*mushrooms*

6.5 Separable-prefix verbs: the present tense and the perfect tense

Wissen Sie noch?

Separable-prefix verbs consist of a prefix plus an infinitive. In the present tense, the verb and the prefix form the **Satzklammer.**

Review grammar 1.5 and 3.5.

The infinitive of a separable-prefix verb consists of a prefix such as **auf, mit,** or **zu** followed by the base verb.

aufstehen	*to get up*
mitkommen	*to come along*
zuschauen	*to watch*

Most prefixes are derived from prepositions and adverbs.

abwaschen	*to do the dishes*
fernsehen	*to watch TV*

A. The Present Tense

Separable prefixes are placed at the end of the independent clause.

1. Independent clauses: In an independent clause in the present tense, the conjugated form of the base verb is in second position and the prefix is in last position.

Ich **stehe** jeden Morgen um sieben Uhr **auf.**	*I get up at seven every morning.*

Separable prefixes are "reconnected" to the base verb in dependent clauses.

2. Dependent clauses: In a dependent clause, the prefix and the base verb form a single verb. It appears at the end of the clause and is conjugated.

Rolf sagt, dass er jeden Morgen um sechs Uhr **aufsteht.**	*Rolf says that he gets up at six every morning.*
Hast du nicht gesagt, dass du heute **abwäschst?**	*Didn't you say that you would do the dishes today?*

Separable prefixes stay attached to the infinitive.

Wissen Sie noch?

The perfect tense is formed with **haben/sein** plus the past participle.

Review grammar 4.5.

3. Modal verb constructions: In an independent clause with a modal verb (**wollen, müssen,** etc.), the infinitive of the separable-prefix verb is in last position. In a dependent clause with a modal verb, the separable-prefix verb is in the second-to-last position, and the modal verb is in the last position.

Jutta möchte ihren Freund **anrufen.**	*Jutta wants to call her boyfriend.*
Ernst hat schlechte Laune, wenn er nicht **fernsehen** darf.	*Ernst is in a bad mood when he's not allowed to watch TV.*

B. The Perfect Tense

Separable prefixes precede the **-ge-** marker in past participles.

The past participle of a separable-prefix verb is a single word, consisting of the past participle of the base verb + the prefix.

Infinitive	Past Participle
auf**stehen**	auf**gestanden**
um**ziehen**	um**gezogen**
weg**bringen**	weg**gebracht**

Note that the prefix does not influence the formation of the past participle of the base verb; it is simply attached to it.

Herr Wagner **hat** gestern die Garage **aufgeräumt.**	*Mr. Wagner cleaned up his garage yesterday.*
Ich **habe** vor einer Stunde **angerufen.**	*I called an hour ago.*

Übung 7 | Minidialoge

Ergänzen Sie die Sätze.

ankommen
anrufen
aufräumen
aufstehen
ausmachen
einladen
fernsehen
mitkommen
mitnehmen
umziehen

1. HERR WAGNER: Ernst, aufwachen! Hast du nicht gestern gesagt, dass du heute um 7 Uhr _____?
   ERNST: Ich bin aber noch so müde!
2. FRAU WAGNER: Andrea, jetzt aber Schluss[1]! Ich _____[a] den Fernseher jetzt _____[b]. Du wirst noch dumm, wenn du den ganzen Tag nur _____[c].
   ANDREA: Aber, Mami, nur noch das Ende. Der Film ist doch gleich vorbei!
3. SILVIA: Entschuldigen Sie bitte! Wann _____[a] der Zug aus Hamburg _____[b]?
   BAHNANGESTELLTER: Um 14 Uhr 56.
4. ANDREAS: Hallo, Jürgen. Ich habe gehört, dass ihr bald eine neue Wohnung habt. Wann _____[a] ihr denn _____[b]?
   JÜRGEN: Nächstes Wochenende.
5. MARTA: Hallo, Sofie. Ich habe morgen Geburtstag und ich möchte dich gern zu einer kleinen Feier _____.
   SOFIE: Das ist aber nett von dir. Ich komme gern.
6. CLAIRE: Hallo, Melanie. Wo ist Josef?
   MELANIE: Er ist zu Hause. Er _____[a] heute sein Zimmer _____[b] und das dauert bei ihm immer etwas länger.
7. JÜRGEN: Hallo, Silvia. Ich fahre heute mit dem Auto zur Uni. Willst du _____[a]?
   SILVIA: Ja, gern. Schön, dass du mich _____[b].
8. KATRIN: Hier ist meine Telefonnummer. Warum _____[a] du mich nicht mal _____[b]!
   HEIDI: Gut, das mach' ich mal.

Übung 8 | Am Sonntag

Gestern war Sonntag. Was haben die folgenden Personen gestern gemacht?

Nützliche Wörter: abtrocknen, anrufen, anziehen, aufwachen, ausgehen, ausziehen, fernsehen, zurückkommen

[1] jetzt ... *finish up now*

6.6 The prepositions *mit* and *bei* + dative

The prepositions **mit** (*with, by*) and **bei** (*near, with*) are followed by the dative case.

Masculine	Neuter	Feminine	Plural
mit dem Staubsauger	mit dem Bügeleisen	mit der Bürste	mit den Eltern
beim Onkel	beim Fenster	bei der Tür	bei den Eltern

Mit corresponds to the preposition *with* in English and is used in similar ways.

Herr Wagner fegt die Terrasse **mit** seinem neuen Besen.	*Mr. Wagner sweeps the patio with his new broom.*
Ich gehe **mit** meinen Freunden ins Kino.	*I'm going to the movies with my friends.*
Ich möchte ein Haus **mit** einem offenen Kamin.	*I want a house with a fireplace.*

Use **mit** with means of transportation.

The preposition **mit** also indicates the means of transportation; in this instance it corresponds to the English preposition *by*. Note the use of the definite article in German.

Rolf fährt **mit** dem Bus zur Uni.	*Rolf goes to the university by bus.*
Renate fährt **mit** dem Auto zur Arbeit.	*Renate drives to work (goes to work) by car.*

The preposition **bei** may refer to a place in the vicinity of another place; in this instance it corresponds to the English preposition *near*.

Bad Harzburg liegt **bei** Goslar.	*Bad Harzburg is near Goslar.*

The preposition **bei** also indicates placement with a person, a company, or an institution; in these instances it corresponds to the English prepositions *with*, *at*, or *for*.

Ich wohne **bei** meinen Eltern.	*I'm living (staying) with my parents / at my parents'.*
Hans arbeitet **bei** McDonald's.	*Hans works at (for) McDonald's.*

	German	English
Instrument	mit dem Hammer	*with the hammer*
Togetherness	mit Freunden	*with friends*
Means of transportation	mit dem Flugzeug	*by airplane*
Vicinity	bei München	*near Munich*
Somebody's place	bei den Eltern	*(staying) with parents*
Place of employment	bei McDonald's	*at McDonald's*

Übung 9 | Im Haus und im Garten

Womit machen Sie die folgenden Aktivitäten?

MODELL: S1: Womit mähst du den Rasen?
S2: Mit dem Rasenmäher.

1. Kaffee kochen
2. Staub saugen
3. die Zähne putzen
4. den Boden fegen
5. bügeln
6. einen Brief tippen
7. die Blumen im Garten gießen
8. den Boden wischen
9. die Blumen in der Wohnung gießen

der Besen
das Bügeleisen
der Computer
der Gartenschlauch
die Gießkanne
die Kaffeemaschine
der Putzlappen
der Staubsauger
die Zahnbürste

Übung 10 | Minidialoge

Ergänzen Sie die Sätze mit der Präposition **mit** oder **bei.**

1. FRAU KÖRNER: Fahren Sie _____[a] dem Bus oder _____[b] dem Fahrrad zur Arbeit?

   MICHAEL PUSCH: _____[c] dem Bus. Ich arbeite jetzt _____[d] Siemens. Das ist am anderen Ende von München.
2. PETER: Wohnst du in Krefeld _____[a] deinen Eltern?

   ROLF: Ja, sie haben ein wunderschönes Haus _____[b] einem riesigen Garten.

   PETER: Liegt Krefeld eigentlich _____[c] Dortmund?

   ROLF: Nein, nach Dortmund fährt man über eine Stunde _____[d] dem Auto.
3. JÜRGEN: Oh je, jetzt habe ich deinen Gummibaum[1] umgeworfen[2]! Soll ich die Erde[3] _____[a] dem Staubsauger aufsaugen?

   SILVIA: Mach es lieber _____[b] dem Besen. Er steht _____[c] der Kellertür.

[1]*rubber plant* [2]*knocked over* [3]*dirt*

Albrecht Altdorfer: *Donaulandschaft mit Schloss Wörth* (1522), Alte Pinakothek, München

ALBRECHT ALTDORFER

Albrecht Altdorfer (1480–1538) war ein Maler und Kupferstecher[1] in Regensburg. Er ist ein Repräsentant der sogenannten[2] „Donauschule", einer süddeutschen Stilgruppe, die Landschaften bevorzugte[3], während ihre Zeitgenossen[4] lieber Menschen malten.

[1]*copperplate engraver* [2]*so-called* [3]*preferred* [4]*contemporaries*

KAPITEL 7

Unterwegs

Kapitel 7 is about geography and transportation. You will learn more about the geography of the German-speaking world and about the kinds of transportation used by people who live there.

Themen
- Geografie
- Transportmittel
- Das Auto
- Reiseerlebnisse

Kulturelles
- Videoblick: Masterplan Fahrrad
- Führerschein
- Reisen und Urlaub
- Videoecke: Ausflüge und Verkehrsmittel

Lektüren
- Die Lorelei (Heinrich Heine)
- Die Motorradtour (Christine Egger)

Strukturen
- **7.1** Relative clauses
- **7.2** Making comparisons: the comparative and superlative forms of adjectives and adverbs
- **7.3** Referring to and asking about things and ideas: **da**-compounds and **wo**-compounds
- **7.4** The perfect tense (review)
- **7.5** The simple past tense of **haben** and **sein**

Situationen

Geografie

Grammatik 7.1–7.2

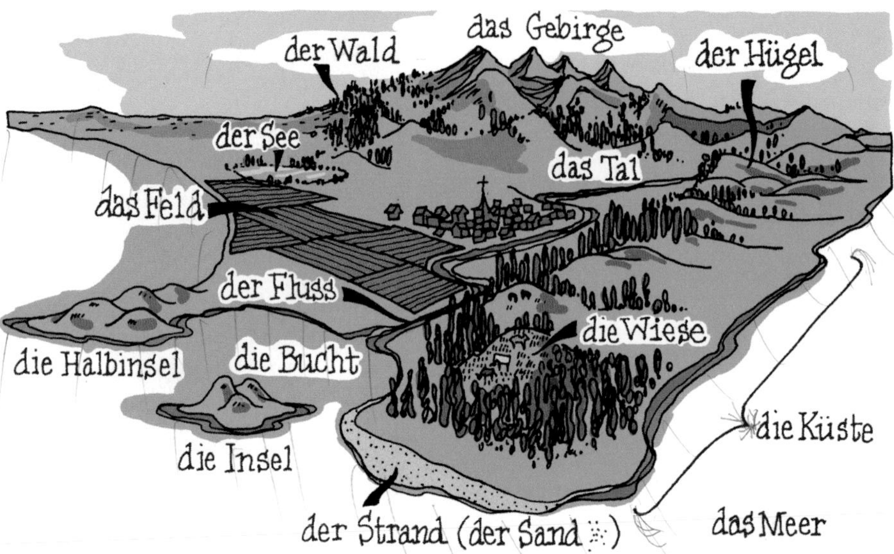

Situation 1 | Erdkunde: Wer weiß – gewinnt

1. Fluss, der durch Wien fließt
2. Wald, in dem die Germanen[1] die Römer[2] besiegt haben
3. Insel in der Ostsee, auf der weiße Kreidefelsen[3] sind
4. Berg, auf dem sich die Hexen treffen
5. See, der zwischen Deutschland, Österreich und der Schweiz liegt
6. Meer, das Europa von Afrika trennt
7. Gebirge in Österreich, in dem man sehr gut Ski fahren kann
8. berühmte Wüste, die in Ostasien liegt
9. Inseln, die vor der Küste von Ostfriesland liegen
10. Fluss, an dem die Lorelei ihr Haar kämmt

a. das Mittelmeer
b. der Brocken im Harz (1 142 Meter hoch)
c. die Kitzbühler Alpen
d. der Teutoburger Wald
e. der Bodensee
f. die Wüste Gobi
g. der Rhein
h. die Donau
i. Rügen
j. die Ostfriesischen Inseln

[1]*Teutons* [2]*Romans* [3]*chalk cliffs*

Situation 2 | Ratespiel: Stadt, Land, Fluss

1. Wie heißt der tiefste See der Schweiz?
2. Wie heißt der höchste Berg Österreichs?
3. Wie heißt der längste Fluss Deutschlands?
4. Wie heißt das salzigste Meer der Welt?
5. Wie heißt der größte Gletscher der Alpen?
6. Was ist die heißeste Wüste der Welt?
7. Wie heißt die älteste Universitätsstadt Deutschlands?
8. Wie heißt das kleinste Land, in dem man Deutsch spricht?
9. Wie heißt die berühmteste Höhle in Österreich?

a. die Dachstein-Mammuthöhle
b. das Tote Meer
c. der Genfer See
d. der Großglockner
e. die Libysche Wüste
f. der Rhein
g. Liechtenstein
h. der Große Aletschgletscher
i. Heidelberg

Situation 3 | Informationsspiel: Deutschlandreise

Wo liegen die folgenden Städte? Schreiben Sie die Namen der Städte auf die Landkarte.

Aachen, Bayreuth, Dresden, Erfurt, Flensburg, Freiburg, Hannover, Heidelberg, Magdeburg, Wiesbaden

MODELL: S1: Wo liegt Hannover?
S2: Hannover liegt im Norden.
S1: Wo genau?
S2: Südlich von Hamburg.

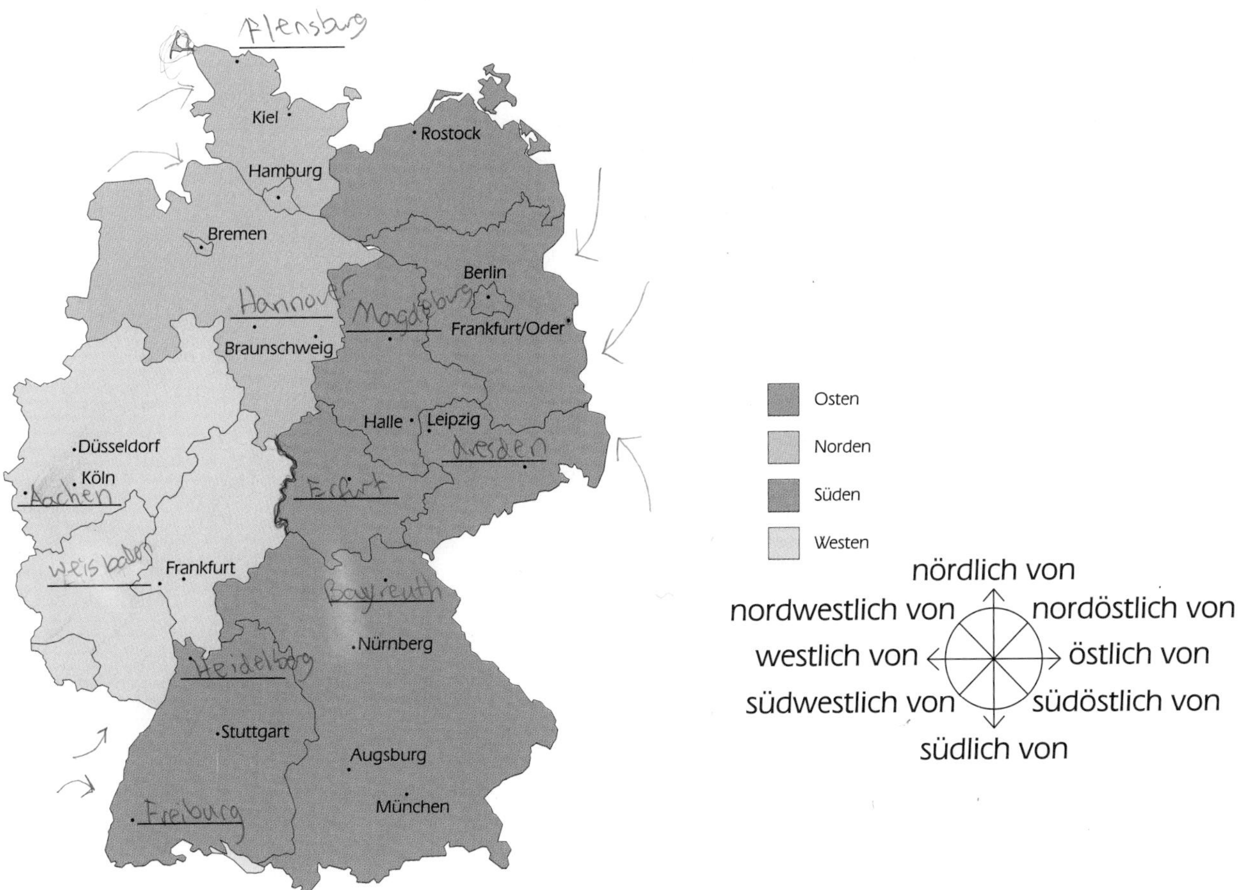

Lektüre

Lesehilfe

The following poem by Heinrich Heine tells a very old story. As with poems in any language, the word order is sometimes different from what you would find in prose texts. The language is also archaic, which means the words, structures, and even spelling are often not like modern German. Look at the illustration, then read the title and last stanza. How many ways can you find Lorelei spelled? Which of the spellings do you think might be archaic? Who or what do you think Lorelei might be?

Vor dem Lesen

Schreiben Sie mögliche[1] Antworten auf die folgenden Fragen.

1. Ist das eine lustige oder eine traurige Geschichte? Woher wissen Sie das?
2. Was macht die Frau auf dem Bild? Warum macht sie das?
3. Neben ihr liegt eine Leier[2]. Warum liegt sie da?
4. Was macht der Mann im Boot? Was sollte er machen?
5. Was passiert mit dem Mann im Boot? Spekulieren Sie!

Die Loreley.
Die schönste Jungfrau sitzet
Dort oben wunderbar,
Jhr goldnes Geschmeide blitzet,
Sie kämmt ihr goldenes Haar.
Sie kämmt es mit goldenem Kamme
Und singt ein Lied dabei
Das hat eine wundersame,
Gewaltige Melodei.

Die Lorelei

von Heinrich Heine

Ich weiß nicht, was soll es bedeuten,
dass ich so traurig bin;
ein Märchen aus alten Zeiten,
das kommt mir nicht aus dem Sinn[3].

Die Luft ist kühl und es dunkelt[4],
und ruhig fließt der Rhein;
der Gipfel[5] des Berges funkelt[6]
im Abendsonnenschein.

Die schönste Jungfrau[7] sitzet
dort oben wunderbar;
ihr goldnes Geschmeide[8] blitzet,
sie kämmt ihr goldenes Haar.

Sie kämmt es mit goldenem Kamme[9]
und singt ein Lied dabei;
das hat eine wundersame,
gewaltige[10] Melodei.

Den Schiffer im kleinen Schiffe
ergreift[11] es mit wildem Weh[12];
er schaut nicht die Felsenriffe[13],
er schaut nur hinauf in die Höh'.

Ich glaube, die Wellen[14] verschlingen[15]
am Ende Schiffer und Kahn[16];
und das hat mit ihrem Singen
die Lore-Ley getan.

[1]*possible* [2]*lyre* [3]das ... *I can't forget it* [4]*is growing dark* [5]*peak* [6]*is sparkling* [7]*virgin; young woman* [8]*jewelry* [9]*comb* [10]*powerful* [11]*seizes* [12]*pain, longing* [13]*cliffs* [14]*waves* [15]*devour, swallow up* [16]*boat*

Arbeit mit dem Text

A. Ergänzen Sie die folgenden Sätze mit Wörtern aus dem Kasten, ohne den Text noch einmal zu lesen. Schauen Sie dann auf das Gedicht und korrigieren Sie Ihre Antworten.

1. Ein Lied _____ mir nicht aus dem Sinn.
2. Die Luft ist _____.
3. Der Fluss _____ ruhig.
4. Der Gipfel _____ im Abendsonnenschein.
5. Das goldene Geschmeide _____.
6. Sie _____ ihr goldenes Haar.
7. Sie _____ ein Lied.
8. Die Wellen _____ das Boot.

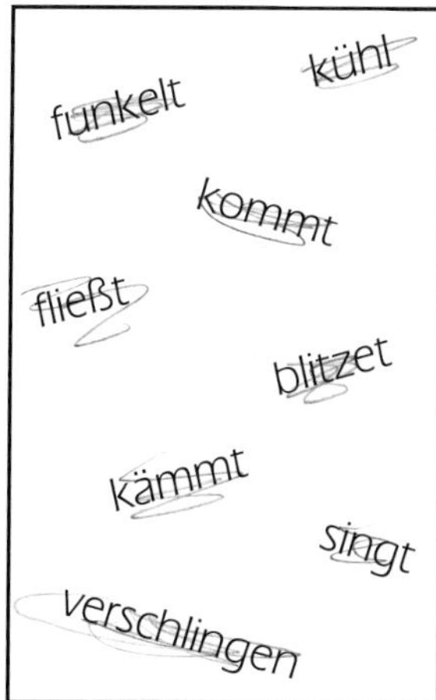

B. **Zeit, Ort, Personen und Handlung.** Beantworten Sie die folgenden Fragen und Aufgaben. Schreiben Sie dazu, in welcher Zeile[1] Sie die Antwort gefunden haben.

1. Wann spielt die Geschichte (vor wie vielen Jahren)? Zu welcher Jahreszeit oder Tageszeit spielt die Geschichte? Wie viel Zeit vergeht[2]?
2. Wo spielt die Geschichte (an welchem Fluss)? Beschreiben Sie den Ort!
3. Welche Personen treten auf[3]? Was wissen wir über sie? Was machen sie?
4. Handlung: Bringen Sie die Sätze in die richtige Reihenfolge.

___4___ Unten auf dem Rhein hört ein Schiffer ihr Singen.
___1___ Eine schöne Frau sitzt oben auf einem Berg am Rhein.
___5___ Er schaut fasziniert nach oben zu der Frau.
___2___ Ihr Schmuck funkelt in der Abendsonne.
___7___ Sein Schiff sinkt und er ertrinkt[4].
___3___ Sie kämmt sich und singt ein Lied dabei.
___6___ Weil er nicht aufpasst, fährt er auf einen Felsen.

Nach dem Lesen

Welche Geschichten kennen Sie, in denen Frauen mit ihrer Schönheit oder mit ihrem Gesang Männer ins Unglück locken[5]? Erzählen Sie!

[1]*line* [2]*passes* [3]treten ... *appear* [4]*drowns* [5]ins ... *lure into misfortune*

Situation 4 | Interview: Landschaften

1. Warst du schon mal im Gebirge? Wo? Was hast du da gemacht? Wie heißt der höchste Berg, den du gesehen (oder bestiegen) hast?
2. Warst du schon mal am Meer? Wo und wann war das? Hast du gebadet? Was hast du sonst noch gemacht?
3. Wohnst du in der Nähe von einem großen Fluss? Wie heißt er? Wie heißt der größte Fluss, an dem du schon warst? Was hast du da gemacht?
4. Wie heißt die interessanteste Stadt, in der du schon warst?
5. Warst du schon mal in der Wüste oder im Dschungel? Wie war das?

Transportmittel

Grammatik 7.1, 7.4

Videoblick

Masterplan Fahrrad

Wie kann man die Umwelt weniger verschmutzen[1]? Indem man weniger Auto fährt[2]. Wie bringt man Leute dazu, weniger Auto zu fahren? Indem man es leichter macht, mit dem Fahrrad zu fahren. Der Ausschnitt aus ***Blickkontakte*** stellt den Masterplan Fahrrad der deutschen Regierung[3] vor.

- Warum ist Fahrrad fahren besser als Auto fahren?
- Was ist das Ziel[4] des Masterplans Fahrrad?
- In welchen öffentlichen Verkehrsmitteln kann man das Fahrrad mitnehmen?
- Was sollen Verkehrsschilder zeigen?

Fahrräder machen keinen Lärm[5], verschmutzen nicht die Luft und sind leicht einzuparken.

[1]*pollute* [2]indem … fährt *by driving less* [3]*government* [4]*goal* [5]*noise*

Situation 5 | Definitionen: Transportmittel

1. das Flugzeug
2. die Rakete
3. das Kamel
4. das Fahrrad
5. der Kinderwagen
6. der Zeppelin
7. der Zug
8. das Taxi

a. Transportmittel, das Waggons und eine Lokomotive hat
b. Transportmittel, das fliegt
c. Tier, das viele Beduinen als Transportmittel benutzen
d. Transportmittel, mit dem man zum Mond fliegen kann
e. Auto, das in Deutschland ein gelbes Schild auf dem Dach hat
f. Transportmittel in der Luft, das wie eine Zigarre aussieht
g. Transportmittel mit zwei Rädern, das ohne Benzin fährt
h. Wagen, in dem man Babys transportiert

Situation 6 | Interview

1. Welche Transportmittel hast du schon benutzt?
2. Fährst du oft mit der U-Bahn oder mit dem Bus? Warum (nicht)?
3. Fährst du gern mit dem Zug (oder möchtest du gern mal mit dem Zug fahren)? Welche Vorteile/Nachteile hat das Reisen mit dem Zug?
4. Fliegst du gern? Warum (nicht)? Welche Vorteile/Nachteile hat das Reisen mit dem Flugzeug?
5. Fährst du lieber mit dem Auto oder mit öffentlichen Verkehrsmitteln? Warum? Womit fährst du am liebsten?

Situation 7 | Dialog: Im Reisebüro in Berlin

RENATE: Guten Tag.
ANGESTELLTE: Guten Tag. ________ ?
RENATE: Ich möchte ________ nach Zürich fahren.
ANGESTELLTE: ________ möchten Sie denn fahren?
RENATE: Montagmorgen, ________ früh ________ möglich.
ANGESTELLTE: Der erste InterCity geht ________. Ist das früh genug?
RENATE: Wann ist er denn in Zürich?
ANGESTELLTE: ________.
RENATE: Sehr gut. Reservieren Sie mir bitte einen Platz ________.

Situation 8 | Rollenspiel: Am Fahrkartenschalter

SI: Sie stehen am Fahrkartenschalter im Bahnhof von Bremen und wollen eine Fahrkarte nach München kaufen. Sie wollen billig fahren, müssen aber vor 16.30 Uhr am Bahnhof in München ankommen. Fragen Sie, wann und wo der Zug abfährt und über welche Städte der Zug fährt.

Lektüre

Lesehilfe

In the following story, detective Julia Falk uses her well-honed skills to investigate a crime. As you read it, you become a detective, too. At right, under **Vor dem Lesen,** are some hints from her "Handbook for a Rookie Detective." They will help you to catch the important details as you read the story. As you might expect, taking notes is part of the investigation. When you take notes during the **Vor dem Lesen** activity, be sure to include: 1) important words to look up in the dictionary, three per paragraph at most; 2) words that seem key to the plot; and 3) interesting facts.

Vor dem Lesen

So lesen Sie wie ein Detektiv ...

1. Setzen Sie sich an einen ruhigen Ort, wo Sie sich konzentrieren können.
2. Legen Sie sich Papier und Schreibzeug bereit.
3. Lesen Sie den ganzen Text durch, um zu wissen, worum es geht.
4. Lesen Sie den Text jetzt absatzweise[1] etwas genauer und machen Sie sich dabei Notizen.
5. Vergleichen Sie Ihre Notizen mit Ihrem Partner oder mit Ihrer Partnerin.

Die Motorradtour

Hallo, Kollegin, wie war's in den Ferien?" Oberinspektor Eichhorn begrüßt Julia Falk mit einem freundschaftlichen Handschlag. „Hoffentlich ist es Ihnen nicht genauso ergangen wie der Familie Andres am Blumenweg 1. Als die von ihrer Reise zurückkehrte, fand sie ein gründlich ausgeraubtes Haus vor." Oberinspektor Eichhorn greift nach einem Bündel Akten[2]. „Na ja, wenn Sie den Fall[3] gleich weiterverfolgen könnten ...? Die meisten Anwohner am Blumenweg haben wir bereits vernommen[4]. Zu befragen wären da noch ein Rentnerpaar, Familie Wächter im Haus Nummer 7, und deren junger Untermieter Heinz Hurtig."

Julia Falk drückt zum dritten Mal den Knopf[5] über dem Schildchen „Heinz Hurtig". Eigenartig, dass er nicht aufmacht. Dabei hat sie doch gerade eben noch einen jungen Mann am Fenster oben stehen sehen. Julia schüttelt verwundert den Kopf. Sie dreht sich um und lässt ihren Blick[6] über den verlassenen[7] Hof und das funkelnagelneue Motorrad unter dem Garagenvordach schweifen.

Ein paar Minuten später klingelt Julia noch ein Mal. Ein Geräusch ist von drinnen zu hören. Na endlich, das hat aber lange gedauert! Heinz Hurtig guckt durch den Türspalt.

[1]*one paragraph at a time* [2]*files* [3]*case* [4]*questioned* [5]*button* [6]*glance* [7]*deserted*

„Guten Tag, Herr Hurtig." Julia Falk zückt ihren Ausweis. „Darf ich einen Moment reinkommen? Ich ermittle[1] wegen des Einbruchs bei Familie Andres."

Erst im Flur bemerkt Julia, dass Hurtigs rechter Arm dick einbandagiert in einer Armschlinge liegt. „Hatten Sie einen Unfall[2]?" Heinz Hurtig nickt. „Ich habe letzte Woche mit meinem Motorrad eine Kurve zu schnell genommen. Aber ich hatte noch Glück, ich habe mir bloß den Arm gebrochen."

Heinz Hurtig führt die Inspektorin in die Küche. Auf dem Küchentisch steht ein Teller mit Speck[3] und Rührei[4], daneben eine Tasse mit dampfend heißem Kaffee. „Darf ich Ihnen auch eine Tasse Kaffee anbieten? – Nein? Keinen Kaffee? Nun, was den Einbruch betrifft[5], ich bin ja erst vorgestern von meiner Motorradtour heimgekommen, habe nichts gesehen und gehört. Und, sorry, falls ich ein Alibi brauche – mit meinem verletzten Arm hätte ich wirklich kein Haus ausrauben können, nicht wahr?"

„Leben Sie allein hier?", fragt die Inspektorin. „Nein, mit Schnurrli, meinem Kater." Heinz Hurtig grinst und weist mit dem Kinn zum Fenstersims, wo sich eine prächtige rote Katze wohlig in der Sonne ausstreckt. „Tut mir leid, Herr Hurtig", meint Julia Falk sachlich. „Sie begleiten mich jetzt aufs Präsidium[6]. Mit Ihrem Alibi stimmt nämlich etwas ganz und gar nicht[7]."

Aus: *Aufgepasst, Julia Falk!* von Christine Egger

Arbeit mit dem Text

A. Locate each of the following words in the text, read the hint below, and write down what you think its English equivalent might be. Then check yourself by looking up the words in the glossary at the end of the book.

1. **Handschlag** (Zeile 2) HINT: You already know the word **Hand. Schlagen** means *to beat, strike,* or *hit*. How do people sometimes greet with their hands?
2. **ausgeraubt** (Zeile 4) HINT: This is the past participle of the verb **ausrauben.** What English word is similar to **raub** and is related to crime and houses?
3. **weiterverfolgen** (Zeile 5) HINT: **Weiter** is the comparative form of **weit.** The prefix **ver** adds a sense of continuation. The verb **folgen** means *to follow*.
4. **verwundert** (Zeile 11) HINT: The verb **verwundern** means *to surprise;* **verwundert** is the past participle.
5. **funkelnagelneu** (Zeile 12) HINT: The verb **funkeln** means *to sparkle* and **Nagel** means *nail*. In other words, something is so new the nails still sparkle.
6. **Einbruch** (Zeile 17) HINT: The prefix **ein** often means *in*. The word **Bruch** is a noun related to the verb **brechen,** which means *to break*.
7. **Armschlinge** (Zeile 19) HINT: You already know the word for the body part **Arm.** What English word is like **Schlinge** and has to do with an arm injury?
8. **heimgekommen** (Zeile 26) HINT: You know what **Heimweh** means. What English word is like **heim** and combines with *come* to indicate a destination?
9. **ausstrecken** (Zeile 31) HINT: German **-ck-** is occasionally equivalent to English *-tch-*. What might a cat do on a sunny **Fenstersims?**

[1]*am investigating* [2]*accident* [3]*bacon* [4]*scrambled eggs* [5]was … betrifft *as far as … is concerned*
[6]*police station* [7]stimmt … *something isn't right at all*

B. Was ist passiert? Bringen Sie die folgenden Sätze in die richtige Reihenfolge.

_____ Als Frau Falk bei Heinz Hurtig klingelt, macht er zuerst nicht auf.
_____ Endlich macht Hurtig auf und lässt sie in seine Wohnung.
_____ Er erzählt der Kommissarin von seinem Motorradunfall in der vergangenen Woche.
_____ Julia bemerkt, dass Hurtig seinen rechten Arm einbandagiert hat.
_____ Julia Falk schaut sich inzwischen aufmerksam im Hof um.
_____ Julia Falk zweifelt stark an Heinz Hurtigs Alibi.
__1__ Kommissarin Falk ist gerade aus dem Urlaub zurückgekommen.
_____ Sein Alibi ist sein verletzter Arm.
_____ Sie soll wegen des Einbruchs bei Familie Andres ermitteln.
_____ Weil er erst vor zwei Tagen von der Motorradtour zurückgekommen ist, hat er nichts gesehen und gehört.

Nach dem Lesen

Warum zweifelt Julia Falk am Alibi von Heinz Hurtig? Sammeln Sie alles, was nicht zusammenpasst.

Das Auto

Grammatik 7.3

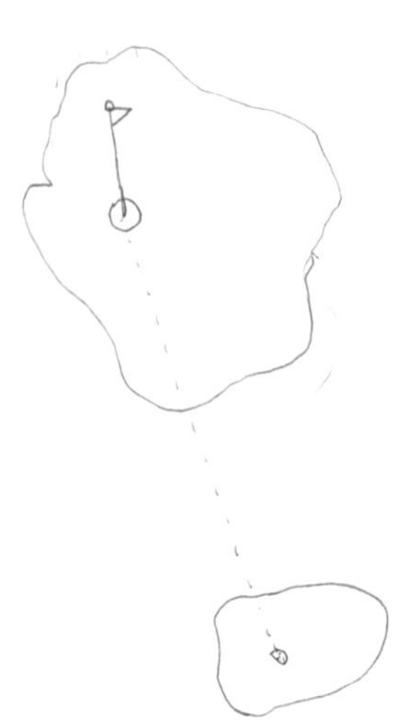

1. Damit kann man hupen.
2. Daran sieht man, woher das Auto kommt.
3. Darin kann man seine Koffer verstauen.
4. Damit wischt man die Scheiben.

Situation 9 | Definitionen: Die Teile des Autos

1. die Bremsen
2. die Scheibenwischer
3. das Autoradio
4. das Lenkrad
5. die Hupe
6. das Nummernschild
7. die Sitze
8. das Benzin
9. der Tank

a. Man setzt sich darauf.
b. Man braucht sie, wenn man bei Regen fährt.
c. Damit lenkt man das Auto.
d. Damit warnt man andere Fahrer oder Fußgänger.
e. Daran sieht man, woher das Auto kommt.
f. Damit hört man Musik und Nachrichten.
g. Damit fährt das Auto.
h. Darin ist das Benzin.
i. Damit hält man den Wagen an.

Situation 10 | Rollenspiel: Ein Auto kaufen

S1: Sie wollen einen älteren Gebrauchtwagen kaufen und lesen deshalb die Anzeigen in der Zeitung. Die Anzeigen für einen Opel Corsa und einen Ford Fiesta sind interessant. Rufen Sie an und stellen Sie Fragen.

Sie haben auch eine Anzeige in die Zeitung gesetzt, weil Sie Ihren VW Golf und Ihren VW Beetle verkaufen wollen. Antworten Sie auf die Fragen der Leute über Ihre Autos.

MODELL: Guten Tag, ich rufe wegen des Opel Corsa an.
Wie alt ist der Wagen?
Welche Farbe hat er?
Wie ist der Kilometerstand?
Wie lange hat er noch TÜV?
Wie viel Benzin braucht er?
Was kostet der Wagen?

Modell	VW Golf	VW Beetle	Opel Corsa	Ford Fiesta
Baujahr	2006	2008		
Farbe	rot	gelb		
Kilometerstand	65 000 km	5 000 km		
TÜV	noch 1 Jahr	2 Jahre		
Benzinverbrauch pro 100 km	5,5 Liter	7 Liter		
Preis	12 500 Euro	17 200 Euro		

Situation 11 | Interview: Das Auto

1. Hast du einen Führerschein? Wann hast du ihn gemacht?
2. Was für ein Auto möchtest du am liebsten haben? Warum?
3. Welche Autos findest du am schönsten?
4. Welche Autos findest du am praktischsten (unpraktischsten)? Warum?
5. Wer von deinen Freunden hat das älteste Auto? Wie alt ist es ungefähr? Und wer hat das hässlichste (schnellste, interessanteste)?
6. Mit was für einem Auto möchtest du am liebsten in Urlaub fahren?
7. Was glaubst du: Was ist das teuerste Auto der Welt?
8. Was glaubst du: In welchem Land fährt man am schnellsten?
9. Was glaubst du: Was ist das kleinste Auto der Welt?

Situation 12 | Verkehrsschilder

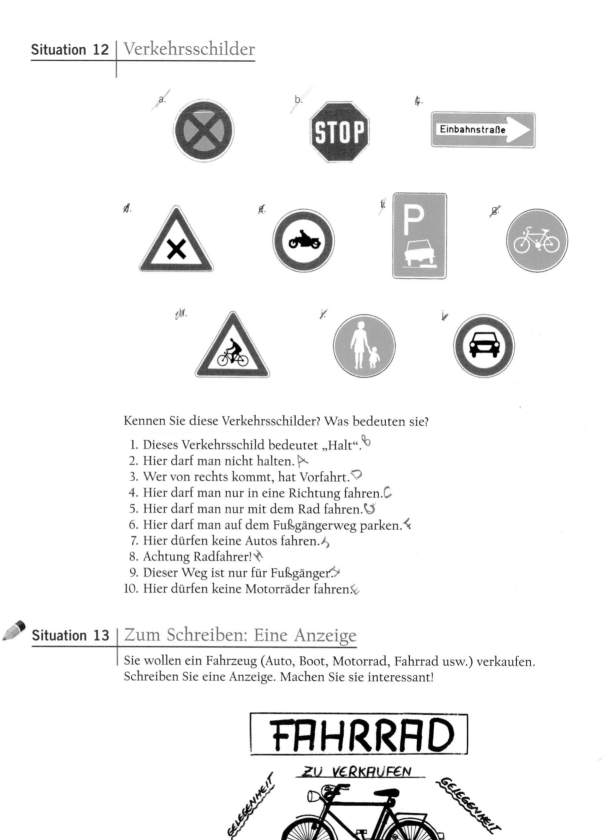

Kennen Sie diese Verkehrsschilder? Was bedeuten sie?

1. Dieses Verkehrsschild bedeutet „Halt".
2. Hier darf man nicht halten.
3. Wer von rechts kommt, hat Vorfahrt.
4. Hier darf man nur in eine Richtung fahren.
5. Hier darf man nur mit dem Rad fahren.
6. Hier darf man auf dem Fußgängerweg parken.
7. Hier dürfen keine Autos fahren.
8. Achtung Radfahrer!
9. Dieser Weg ist nur für Fußgänger.
10. Hier dürfen keine Motorräder fahren.

Situation 13 | Zum Schreiben: Eine Anzeige

Sie wollen ein Fahrzeug (Auto, Boot, Motorrad, Fahrrad usw.) verkaufen. Schreiben Sie eine Anzeige. Machen Sie sie interessant!

FAHRRAD
ZU VERKAUFEN
GELEGENHEIT
GELEGENHEIT
PREIS:
20 Euro
· FARBE: ROT
· VOLL FUNKTIONSTÜCHTIG

Führerschein

Wie ist das in Ihrem Land?

- Wie alt muss man sein, bevor man den Führerschein machen kann?
- Wie lange dauert die Ausbildung und wo kann man sie machen?
- Was kostet der Führerschein?
- Welche Prüfungen muss man bestehen[1], um den Führerschein zu bekommen?
- Was braucht man sonst noch (z.B. einen Sehtest)?
- Braucht man einen besonderen Führerschein für LKWs[2] oder Motorräder?

Um in Deutschland einen Führerschein zu bekommen, muss man eine Fahrschule besuchen. Diese wird von einem geprüften[3] Fahrlehrer geleitet. Die Ausbildung teilt sich in einen theoretischen und in einen praktischen Teil. Die theoretische Ausbildung besteht aus mindestens 28 Stunden Unterricht. Außerdem braucht man einen Erste-Hilfe-Kurs und einen Sehtest. Wenn man anschließend die theoretische Prüfung ablegt, wird geprüft, ob man die Regeln und das Verhalten im Straßenverkehr theoretisch beherrscht.

Bei der praktischen Ausbildung lernt man zuerst in ungefähr 20 Stunden das Fahren und Teilnehmen am Straßenverkehr. Außerdem muss man noch mindestens 12 Stunden auf Landstraßen, auf der Autobahn und im Dunkeln fahren. Danach muss man eine praktische Prüfung ablegen, die ungefähr 45 Minuten dauert.

In Deutschland wie auch in der Schweiz und Österreich kann man mit 16 Jahren anfangen das Autofahren zu lernen. Mit 17 Jahren hat man dann eine eingeschränkte Fahrerlaubnis und eine Begleitperson muss bei jeder Fahrt dabei sein. Ab dem 18. Lebensjahr darf man dann auch allein fahren. Wenn man relativ schnell lernt und auch nicht durchfällt[4], dann kostet der Führerschein ungefähr 1 500,– Euro. In Österreich und der Schweiz ist es ähnlich, nur kann man hier Übungsfahrten auch mit einem Familienmitglied als Fahrlehrer machen.

Den Führerschein bekommt man in allen deutschsprachigen Ländern erst einmal zwei Jahre auf Probe. Während dieser Zeit darf man keine ernsten Verstöße[5] begehen, wie zu schnell oder alkoholisiert fahren, sonst wird einem der Führerschein wieder weggenommen. Für Motorräder, LKWs oder Busse braucht man jeweils einen eigenen Führerschein mit eigenen Fahrstunden und eigenen Prüfungen.

Fahrschule Böger

- Günstige Preise! (25 Euro/Stunde)
- Schicke[7] Fahrschulautos! (BMW, Audi, Volvo, . . .)
- Jeden Abend Theorieunterricht! (außer Sa. und So.)
- Freundliche Fahrlehrer und Fahrlehrerinnen! (Herr Böger, Mirko, Gabi)
- Ferienkurse!
- Alle Klassen! (PKW, LKW, Motorrad, . . .)
- Durchfallversicherung! (Wenn du die theoretische Prüfung nicht bestehst, bekommst du nochmals 5 kostenlose Fahrstunden!)

Bei Fragen ruf einfach an
oder schau am besten gleich mal vorbei!

Fahrschule Böger · Bahnhofstr. 12
Mobil: 0176-6336634

www.hol-dir-jetzt-den-fuehrerschein.de

Wie ist das in Deutschland?

1. Wie alt muss man in Deutschland für den Führerschein sein?
2. Wo muss man in Deutschland die Ausbildung machen?
3. Was kostet die Ausbildung insgesamt?
4. Aus wie vielen Stunden besteht die theoretische Ausbildung?
5. Was darf man in der Probezeit[6] nicht tun?
6. Was braucht man zum Motorradfahren?

[1]*pass* [2]= Lastkraftwagen: *trucks* [3]*certified* [4]*fails* [5]*violations* [6]*probation period* [7]*classy*

Reiseerlebnisse

Grammatik 7.4–7.5

Im letzten Urlaub waren Herr und Frau Frisch in Italien.

1. Am Morgen sind Herr und Frau Frisch am Strand spazieren gegangen.

2. Dann sind sie im Meer geschwommen.

3. Zu Mittag haben sie Spaghetti gegessen.

4. Später sind sie in die Stadt gefahren.

5. Zuerst hat Frau Frisch dort Souvenirs gekauft.

6. Dann haben sie eine Stadtrundfahrt gemacht.

7. Am Abend haben sie Wein getrunken.

Situation 14 | Umfrage: Warst du schon mal im Ausland?

MODELL: S1: Warst du schon mal im Ausland?
S2: Ja!
S1: Unterschreib bitte hier.

	UNTERSCHRIFT
1. Warst du schon mal im Ausland?	______
2. Bist du schon mal am Strand spazieren gegangen?	______
3. Hattest du schon mal einen Autounfall?	______
4. Warst du schon mal auf einem Oktoberfest?	______
5. Bist du schon mal Zug gefahren?	______
6. Hast du schon mal eine Stadtrundfahrt gemacht?	______
7. Hattest du schon mal eine Reifenpanne?	______
8. Warst du schon mal auf einer Insel?	______
9. Hast du schon mal deinen Pass verloren?	______
10. Bist du schon mal im Meer geschwommen?	______

Situation 15 | Bildgeschichte: Stefans Reise nach Österreich

Situation 16 | Ein Reiseerlebnis erzählen

Hatten Sie schon mal ein interessantes Reiseerlebnis? Erzählen Sie darüber! Machen Sie sich zuerst Notizen und denken Sie an die folgenden Fragen.

1. Personen: Wer war dabei? Was muss man über diese Personen wissen, um Ihre Geschichte besser zu verstehen?
2. Ort: Wo hatten Sie das Erlebnis? Was war interessant an diesem Ort? Versuchen Sie den Ort zu visualisieren und beschreiben Sie ihn.
3. Zeit: Wann hatten Sie das Erlebnis? Vor wie vielen Jahren? Welche Tageszeit war es? War es ein besonderer Tag?
4. Handlung: Was ist zuerst passiert? Was haben Sie gefühlt und gedacht? Was ist dann passiert? Was war der Höhepunkt des Erlebnisses? Was war das Besondere?

Kultur ... Landeskunde ... Informationen

Reisen und Urlaub

- Was ist für Ihre Landsleute im Urlaub besonders wichtig? Stellen Sie eine Rangliste auf.

_____ Abenteuer[1] erleben
_____ Land und Leute kennenlernen
_____ ausschlafen[2]
_____ gut essen
_____ flirten
_____ mit dem Partner / der Partnerin / der Familie zusammen sein
_____ einkaufen
_____ etwas für die Gesundheit tun
_____ Sport treiben

- Was ist für Sie im Urlaub besonders wichtig? Nennen Sie drei Dinge.

Schauen Sie sich die Statistik an.

- Was ist für Deutsche im Urlaub besonders wichtig?
- Auf welchem Platz in dieser Statistik stehen Ihre Präferenzen?

FOCUS-FRAGE

„Was ist für Sie im Urlaub besonders wichtig?"

FERIEN MIT DER FAMILIE

von 1300 Befragten antworteten

46%	mit dem Partner, der Familie zusammen sein
31%	ausschlafen
31%	Land und Leute kennenlernen
25%	etwas für die Gesundheit tun
20%	Abenteuer erleben
10%	flirten

[1] *adventures* [2] *sleeping late*

Videoecke 

- Woher kommst du?
- Wo liegt das? (Bundesland)
- Was ist dort besonders interessant?
- Was sind die schönsten Ausflugsziele in der Nähe?
- Wie bist du in Leipzig unterwegs?
- Hast du einen Führerschein?
- War's schwer, ihn zu bekommen?
- Gibt es ein Auto, das dir besonders gut gefällt?
- Was gefällt dir daran?

Birgit ist in Eisenach geboren. Sie studiert Indologie und Deutsch als Fremdsprache. Ihre Hobbys sind Lesen, Reisen und ins Kino gehen.

Judith ist in Horb am Neckar geboren. Sie studiert Sinologie und Deutsch als Fremdsprache. Ihre Hobbys sind chinesische Kultur, chinesisches Essen und Reisen.

Aufgabe 1

Welche Städte, Orte oder Länder hören Sie in den beiden Interviews? Unterstreichen Sie sie.

Baden-Württemberg	Leipzig
Eisenach	Magdeburg
Erfurt	Rheinland-Pfalz
Frankfurt	Rostock
Halle	Sachsen-Anhalt
Hamburg	Stuttgart
Heidelberg	Thüringen
Horb	Tübingen
Hörschel	Weimar
Konstanz	

Aufgabe 2

Was erfahren Sie über Horb (HO), Hörschel (HÖ) und Eisenach (E)? Schreiben Sie die Buchstaben des Ortes vor die Aussagen, die sich auf diesen Ort beziehen.

1. ________________ Es liegt in Baden-Württemberg.
2. ________________ Es ist ein ganz kleines Dorf bei Eisenach.
3. ________________ Es liegt in Thüringen.
4. ________________ Es liegt in der Nähe von Stuttgart.
5. ________________ Es ist eine schöne, alte, kleine Stadt.
6. ________________ Es liegt in der Mitte von Deutschland.
7. ________________ Es liegt sehr schön am Neckar.
8. ________________ Es gibt eine große Stadtmauer und viele Türme.
9. ________________ Dort gibt es das Bach-Haus und das Luther-Haus.
10. ________________ Es ist eine ziemlich alte Stadt.
11. ________________ Man ist schnell im Schwarzwald.
12. ________________ Die Wartburg liegt in der Nähe.

Aufgabe 3

Welche Aussagen treffen auf Birgit oder Judith zu? Schreiben Sie B (Birgit) oder J (Judith) neben die folgenden Aussagen.

1. __J__ ist meistens mit der Straßenbahn oder zu Fuß unterwegs.
2. __B__ fährt mit dem Fahrrad, wenn das Wetter schön ist.
3. __B__ fährt mit der Straßenbahn, wenn es regnet.
4. __B__ hat zwanzig Fahrstunden genommen.
5. __J__ hat fünfzig Fahrstunden gebraucht.
6. __J__ gefällt der VW Käfer, am besten ein Cabrio.
7. __B__ gefällt der New Beetle, weil er so rund ist.

Wortschatz

Geografie	Geography
die **Bucht, -en** (R)	bay
die **Insel, -n**	island
die **Halbinsel, -n**	peninsula
die **Richtung, -en**	direction
die **Wiese, -n**	meadow, pasture
die **Wüste, -n**	desert
der **Fluss, ¨-e**	river
der **Gipfel, -**	mountaintop
der **Gletscher, -**	glacier
der **Hügel, -**	hill
der **See, -n**	lake
der **Strand, ¨-e** (R)	shore, beach
der **Wald, ¨-er** (R)	forest, woods
das **Feld, -er**	field
das **Gebirge, -**	(range of) mountains
das **Meer, -e** (R)	sea
das **Tal, ¨-er**	valley

Ähnliche Wörter

die **Küste, -n**; die **Landkarte, -n**; der **Dschungel, -**; die **Alpen** (*pl.*); **nördlich (von)**; **nordöstlich (von)**; **nordwestlich (von)**; **östlich (von)**; **südlich (von)**; **südöstlich (von)**; **südwestlich (von)**; **westlich (von)**

Auto	Car
die **Bremse, -n**	brake
die **Hupe, -n**	horn
die **Motorhaube, -n**	hood
die **Reifenpanne, -n**	flat tire
der **Gang, ¨-e**	gear
der **Gebrauchtwagen, -**	used car
der **Kilometerstand**	mileage
der **Kofferraum, ¨-e**	trunk
der **Reifen, -**	tire
der **Scheibenwischer, -**	windshield wiper
der **Sicherheitsgurt, -e**	safety belt
der **Sitz, -e**	seat
der **Tank, -s**	(fuel) tank
das **Autoradio, -s**	car radio
das **Lenkrad, ¨-er**	steering wheel
das **Nummernschild, -er**	license plate
das **Rad, ¨-er**	wheel

Verkehr und Transportmittel	Traffic and Means of Transportation
die **Bahn, -en**	railroad
die **Autobahn, -en**	freeway
die **Seilbahn, -en**	cable railway
die **Straßenbahn, -en**	streetcar
die **U-Bahn, -en** (**Untergrundbahn**)	subway
die **Einbahnstraße, -n**	one-way street
die **Kreuzung, -en**	intersection
die **Landstraße, -n**	rural highway
die **Parklücke, -n**	parking space
die **Radfahrerin, -nen**	(female) bicyclist
die **Rakete, -n**	rocket
die **Vorfahrt, -en**	right-of-way
der **Fahrkartenschalter, -**	ticket window
der **Flug, ¨-e**	flight
der **Fußgänger, -**	pedestrian
der **Fußgängerweg, -e**	sidewalk
der **Radfahrer, -**	(male) bicyclist
der **Radweg, -e**	bicycle path
der **Stau, -s**	traffic jam
der **Wagen, -**	car
der **Kinderwagen, -**	baby carriage
der **Lastwagen, -**	truck
der **Waggon** [vagoŋ], **-s**	train car
der **Zug, ¨-e**	train
der **Personenzug, ¨-e**	passenger train
das **Fahrrad, ¨-er** (R)	bicycle
das **Flugzeug, -e**	airplane
das **Motorrad, ¨-er** (R)	motorcycle
das **Schild, -er**	sign
das **Verkehrsschild, -er**	traffic sign
das **Verbot, -e**	prohibition
das **Halteverbot, -e**	no-stopping zone
die **öffentlichen Verkehrsmittel** (*pl.*)	public transportation

Ähnliche Wörter

die **Fahrerin, -nen**; die **Lokomotive, -n**; der **Bus, -se** (R); der **Fahrer, -**; der **Zeppelin, -e**; das **Taxi, -s** (R); **parken**; **transportieren**

Reiseerlebnisse	Travel Experiences
die **Reise, -n**	trip, journey
auf der Durchreise sein	to be traveling through
auf Reisen sein	to be on a trip
die **Geschäftsreise, -n**	business trip
die **Stadtrundfahrt, -en**	tour of the city
die **Wanderung, -en**	hike
die **Welt, -en**	world
der **Höhepunkt, -e**	highlight
der **Reisescheck, -s**	traveler's check
besichtigen	to visit, sightsee
besteigen, bestiegen	to climb

Ähnliche Wörter

der Pass, ¨-e; der **Wein, -e**; das **Souvenir, -s**; das **Visum, Visa**; die **Spaghetti** (*pl.*); **buchen**; **packen**; **planen**; **reservieren**

Sonstige Substantive	Other Nouns
die **Achtung**	attention
die **Angestellte, -n**	female clerk
die **Fläche, -n**	surface
die **Hexe, -n**	witch
die **Luft**	air
die **Million, -en**	million
die **Scheibe, -n**	windowpane
der **Angestellte, -n**	male clerk
der **Regen**	rain
bei Regen	in rainy weather
der **Teil, -e**	part
der **Nachteil, -e**	disadvantage
der **Vorteil, -e**	advantage
das **Tier, -e** (R)	animal
die **Leute** (*pl.*)	people
die **Geschäftsleute** (*pl.*)	businesspeople
die **Nachrichten** (*pl.*)	news

Ähnliche Wörter

die **Mark, -**; die **Zigarre, -n**; der **Dollar, -s**; **zwei Dollar**; der **Euro, -**; der **Franken, -**; der **Liter, -**; der **Preis, -e**; der **Sand**; der **Schilling -e**; **zwei Schilling**; das **Baby** [be:bi], -s; das **Oktoberfest, -e**; das **Sauerkraut**

Sonstige Verben	Other Verbs
an·halten, hält ... an, angehalten	to stop
benutzen	to use
besiegen	to conquer
ein·schlafen, schläft ... ein, ist eingeschlafen	to fall asleep
erlauben	to permit
fließen, ist geflossen	to flow
halten, hält, gehalten	to stop
hupen	to honk
nach·denken (über + *akk.*), **nachgedacht**	to think (about), consider
rennen, ist gerannt	to run
rufen, gerufen	to call, shout
schwimmen, ist geschwommen	to swim; to float
setzen	to put, place, set
sparen	to save (money)
trennen	to separate
vergleichen, verglichen	to compare
verlieren, verloren	to lose
versprechen, verspricht, versprochen	to promise
verstauen	to stow
warten	to wait
wischen	to wipe

Ähnliche Wörter

beantworten, warnen

Sonstige Wörter und Ausdrücke	Other Words and Expressions
berühmt	famous
bitte schön?	yes please?; may I help you?
dort	there
durch	through
lieb	dear
am liebsten	like (*to do*) best
rechts	to the right
schließlich	finally
ungefähr	approximately
zuerst (R)	first
zwischen	between

Ähnliche Wörter

exotisch, graugrün, interessant, mehr, salzig, seekrank, superschnell, tief

Strukturen und Übungen

7.1 Relative clauses

Relative clauses add information about a person, place, thing, or idea already mentioned in the sentence. The relative pronoun begins the relative clause, which usually follows the noun it describes. The relative pronoun corresponds to the English words *who, whom, that,* and *which.* The conjugated verb is in the end position.

RELATIVE CLAUSE

Der Atlantik ist das Meer, **das** Europa und Afrika von Amerika trennt.

VERB IN END POSITION

The Atlantic is the ocean that separates Europe and Africa from America.

While relative pronouns may sometimes be omitted in English, they cannot be omitted from German sentences.

Do not omit the relative pronoun in the German sentence.

Das ist der Mantel, **den** ich letzte Woche gekauft habe.
That is the coat (that) I bought last week.

Relative clauses are preceded by a comma.

Likewise, the comma is not always necessary in an English sentence, but it must precede a relative clause in German. If the relative clause comes in the middle of a German sentence, it is followed by a comma as well.

Der See, **der** zwischen Deutschland und der Schweiz liegt, heißt Bodensee.
The lake that lies between Germany and Switzerland is called Lake Constance.

Wissen Sie noch?

A relative clause is a type of dependent clause. As in other dependent clauses, the conjugated verb appears at the end of the clause.

Review grammar 3.4.

A. Relative Pronouns in the Nominative Case

In the nominative (subject) case, the forms of the relative pronoun are the same as the forms of the definite article **der, das, die.**

Der Fluss, **der** durch Wien fließt, heißt Donau.
Gobi heißt **die** Wüste, **die** in Innerasien liegt.

The relative pronoun and the noun it refers to have the same number and gender.

The relative pronoun has the same gender and number as the noun it refers to.

Masculine	der Mann, **der ...**	*the man who . . .*
Neuter	das Auto, **das ...**	*the car that . . .*
Feminine	die Frau, **die ...**	*the woman who . . .*
Plural	die Leute, **die ...**	*the people who . . .*

B. Relative Pronouns in the Accusative and Dative Cases

The case of a relative pronoun depends on its function within the relative clause.

When the relative pronoun functions as an accusative object or as a dative object within the relative clause, then the relative pronoun is in the accusative or dative case, respectively.

ACCUSATIVE

Nur wenige Menschen haben **den Mount Everest** bestiegen.	*Only a few people have climbed Mount Everest.*
Der Mount Everest ist ein Berg, **den** nur wenige Menschen bestiegen haben.	*Mount Everest is a mountain that only a few people have climbed.*

DATIVE

Ich habe **meinem Vater** nichts davon erzählt.	*I haven't told my father anything about it.*
Mein Vater ist der einzige Mensch, **dem** ich nichts davon erzählt habe.	*My father is the only person whom I haven't told anything about it.*

As in the nominative case, the accusative and dative relative pronouns have the same forms as the definite article, except for the dative plural, **denen.**

	Masculine	Neuter	Feminine	Plural
Accusative	den	das	die	die
Dative	dem	dem	der	denen

C. Relative Pronouns Following a Preposition

The case of the relative pronoun depends on the preposition that precedes it.

When a relative pronoun follows a preposition, the case is determined by that preposition. The gender and number of the pronoun are determined by the noun.

Ich spreche am liebsten **mit meinem** Bruder.	*Most of all I like to talk with my brother.*
Mein Bruder ist der Mensch, **mit dem** ich am liebsten spreche.	*My brother is the person (whom) I like to talk with most of all.*
Auf der Insel Rügen sind weiße Kreidefelsen.	*There are white chalk cliffs on the island of Rügen.*
Rügen ist eine Insel in der Ostsee, **auf der** weiße Kreidefelsen sind.	*Rügen is an island in the Baltic Sea on which there are white chalk cliffs.*

Preposition + relative pronoun = inseparable unit

The preposition and the pronoun stay together as a unit in German.

Wer war die Frau, **mit der** ich dich gestern gesehen habe?	*Who was the woman (whom) I saw you with yesterday?*

Übung 1 Das mag ich, das mag ich nicht!

Bilden Sie Sätze!

MODELL: Ich mag Leute, die spät ins Bett gehen.

nett sein	interessant aussehen
laut lachen	exotisch sein
Spaß machen	langweilig sein
schnell fahren	gern verreisen
betrunken sein	viel sprechen
	?

1. Ich mag Leute, die ...
2. Ich mag keine Leute, die ...
3. Ich mag eine Stadt, die ...
4. Ich mag keine Stadt, die ...
5. Ich mag einen Mann, der . . .
6. Ich mag keinen Mann, der ...
7. Ich mag eine Frau, die ...
8. Ich mag keine Frau, die ...
9. Ich mag einen Urlaub, der ...
10. Ich mag ein Auto, das ...

Übung 2 Risiko[1]

Hier sind die Antworten. Stellen Sie die Fragen!

MODELL: Diesen Kontinent hat Kolumbus entdeckt. →
Wie heißt der Kontinent, den Kolumbus entdeckt hat? (Amerika)

1. Europa
2. Mississippi
3. San Francisco
4. die Alpen
5. Washington
6. das Tal des Todes
7. Ellis
8. der Pazifik
9. die Sahara
10. der Große Salzsee

a. Auf diesem See in Utah kann man segeln.
b. Diese Insel sieht man von New York.
c. Diese Stadt liegt an einer Bucht.
d. Diese Wüste kennt man aus vielen Filmen.
e. Diesem Staat in den USA hat ein Präsident seinen Namen gegeben.
f. In diesem Tal ist es sehr heiß.
g. In diesen Bergen kann man sehr gut Ski fahren.
h. Dieser Kontinent ist eigentlich eine Halbinsel von Asien.
i. Über dieses Meer fliegt man nach Hawaii.
j. Von diesem Fluss erzählt Mark Twain.

7.2 Making comparisons: the comparative and superlative forms of adjectives and adverbs

A. Comparisons of Equality: **so ... wie**

To say that two or more persons or things are alike or equal in some way, use the phrase **so ... wie** (*as ... as*) with an adjective or adverb.

so ... wie = *as ... as*

Deutschland ist ungefähr **so groß wie** Montana.	*Germany is about as big as Montana.*
Der Mount Whitney ist fast **so hoch wie** das Matterhorn.	*Mount Whitney is almost as high as the Matterhorn.*

Inequality can also be expressed with this formula and the addition of **nicht.**

Die Zugspitze ist **nicht so hoch wie** der Mount Everest.	*The Zugspitze is not as high as Mount Everest.*
Österreich ist **nicht ganz so groß wie** Maine.	*Austria is not quite as big as Maine.*

B. Comparisons of Superiority and Inferiority

All comparatives in German are formed with **-er.**

To compare two unequal persons or things, add **-er** to the adjective or adverb. Note that the comparative form of German adjectives and adverbs always ends in **-er,** whereas English sometimes uses the adjective with the word *more*.

als = *than*

Ein Fahrrad ist **billiger als** ein Motorrad.	*A bicycle is cheaper than a motorcycle.*
Lydia ist **intelligenter als** ihre Schwester.	*Lydia is more intelligent than her sister.*
Jens läuft **schneller als** Ernst.	*Jens runs faster than Ernst.*

[1] *Jeopardy*

Some adjectives that end in **-el** and **-er** drop the **-e-** in the comparative form.

teuer → teu~~e~~rer
dunkel → dunk~~e~~ler

Eine Wohnung in Regensburg ist teuer, aber eine Wohnung in München ist noch **teurer.**	*An apartment in Regensburg is expensive, but an apartment in Munich is even more expensive.*
Gestern war es dunkel, aber heute ist es **dunkler.**	*Yesterday it was dark, but today it is darker.*

C. The Superlative

To express the superlative in German, use the contraction **am** with a predicate adjective or adverb plus the ending **-sten.**

Ein Porsche ist schnell, ein Flugzeug ist schneller, und eine Rakete ist am schnellsten.	*A Porsche is fast, an airplane is faster, and a rocket is the fastest.*

Superlatives: **am** + **-sten**

Unlike the English superlative, which has two forms, all German adjectives and adverbs form the superlative in this way.

Hans ist **am jüngsten.**	*Hans is the youngest.*
Jens ist **am tolerantesten.**	*Jens is the most tolerant.*

When the adjective or adverb ends in **-d** or **-t,** or an s-sound such as **-s, -ß, -sch, -x,** or **-z,** an **-e-** is inserted between the stem and the ending.

frisch → am frisch**esten**
gesund → am gesünd**esten**
heiß → am heiß**esten**
intelligent → am intelligent**esten**

Um die Mittagszeit ist es oft am heißesten.	*The hottest (weather) is often around noontime.*

Groß is an exception to the rule: **am größten.**

Irregular comparatives and superlatives have an umlaut whenever possible.

D. Irregular Comparative and Superlative Forms

The following adjectives have an umlaut in the comparative and the superlative.

alt	älter	am ältesten
gesund	gesünder	am gesündesten
groß	größer	am größten
jung	jünger	am jüngsten
kalt	kälter	am kältesten
krank	kränker	am kränksten
kurz	kürzer	am kürzesten
lang	länger	am längsten
warm	wärmer	am wärmsten

Im März ist es oft **wärmer** als im Januar. Im August ist es **am wärmsten.**	*In March it's often warmer than in January. It's warmest in August.*

As in English, some superlative forms are very different from their base forms:

gern	lieber	am liebsten
gut	besser	am besten
hoch	höher	am höchsten
nah	näher	am nächsten
viel	mehr	am meisten

Ich spreche Deutsch, Englisch und Spanisch. Englisch spreche ich **am besten** und Deutsch spreche ich **am liebsten.**

I speak German, English, and Spanish. I speak English the best, and I like to speak German the most.

E. Superlative Forms Preceding Nouns

Superlatives before nouns in the nominative:
der/das/die + **-(e)ste**
die (*pl.*) + **-(e)sten**

When the superlative form of an adjective is used with a definite article **(der, das, die)** directly *before* a noun, it has an **-(e)ste** ending in all forms of the nominative singular and an **-(e)sten** ending in the plural. You will get used to the **-e/-en** distribution as you have more experience listening to and reading German. (A more detailed description of adjectives that precede nouns will follow in **Kapitel 8.**)

	Fluss (*m.*)	Tal (*n.*)	Wüste (*f.*)	Berge (*pl.*)
Nominative	der längst**e**	das tiefst**e**	die größt**e**	die höchst**en**

—Wie heißt der längste Fluss Europas?
—Wolga.

What is the name of the longest river in Europe?
The Volga.

—In welchem Land wohnen die meisten Menschen?
—In China.

What country has the most people?
China.

Übung 3 | Vergleiche

Vergleichen Sie.

MODELL: Wien / Göttingen / klein → Göttingen ist kleiner als Wien.

1. Berlin / Zürich / groß
2. San Francisco / München / alt
3. Hamburg / Athen / warm
4. das Matterhorn / der Mount Everest / hoch
5. der Mississippi / der Rhein / lang
6. die Schweiz / Liechtenstein / klein
7. Leipzig / Kairo / kalt
8. ein Fernseher / eine Waschmaschine / billig
9. Schnaps / Bier / stark
10. ein Haus in der Stadt / ein Haus auf dem Land / schön
11. zehn Euro / zehn Cent / viel
12. eine Wohnung in einem Studentenheim / ein Appartement / teuer
13. ein Fahrrad / ein Motorrad / schnell
14. ein Sofa / ein Stuhl / schwer
15. Milch / Bier / gut

Übung 4 | Biografische Daten

Vergleichen Sie. [(+) = Superlativ]

MODELL: alt / Thomas / Stefan → Thomas ist **älter** als Stefan.
alt (+) → Heidi ist **am ältesten.**

	Thomas	Heidi	Stefan	Monika
Alter	19	22	18	21
Größe	1,89 m	1,75 m	1,82 m	1,69 m
Gewicht	75 kg	65 kg	75 kg	57 kg
Haarlänge	20 cm	15 cm	5 cm	25 cm
Note in Deutsch	B	A	C	B

1. schwer / Monika / Heidi
2. schwer (+)
3. gut in Deutsch / Thomas / Stefan
4. gut in Deutsch (+)
5. klein / Heidi / Stefan
6. klein (+)
7. jung / Thomas / Stefan
8. jung (+)
9. lang / Heidis Haare / Thomas' Haare
10. lang (+)
11. kurz / Monikas Haare / Heidis Haare
12. kurz (+)
13. schlecht in Deutsch / Heidi / Monika
14. schlecht in Deutsch (+)

Übung 5 | Geografie und Geschichte

MODELL: Das Tal des Todes (−86 m) liegt tiefer als das Kaspische Meer (−28 m). →
Das Tote Meer (−396 m) liegt am tiefsten.

1. In Rom (25,6°C) ist es im Sommer heißer als in München (17,2°C).
2. In Wien (−1,4°C) ist es im Winter kälter als in Paris (3,5°C).
3. Liechtenstein (157 km^2)* ist kleiner als Luxemburg (2 586 km^2).
4. Deutschland (911) ist älter als die Schweiz (1291).
5. Kanada (1840) ist jünger als die USA (1776).
6. Der Mississippi (6 021 km) ist länger als die Donau (2 850 km).
7. Philadelphia (40° nördliche Breite) liegt nördlicher als Kairo (30° nördliche Breite).
8. Der Mont Blanc (4 807 m) ist höher als der Mount Whitney (4 418 m).
9. Österreich (83 849 km^2) ist größer als die Schweiz (41 288 km^2).

a. Athen (27,6°C)
b. das Tote Meer (−396 m)
c. Deutschland (357 050 km^2)
d. Frankfurt (50° nördliche. Breite)
e. Frankreich (498)
f. Monaco (1,49 km^2)
g. Moskau (−9,9°C)
h. der Mount Everest (8 848 m)
i. der Nil (6 671 km)
j. Südafrika (1884)

*km^2 = Quadratkilometer

7.3 Referring to and asking about things and ideas: *da*-compounds and *wo*-compounds

In both German and English, personal pronouns are used directly after prepositions when these pronouns refer to people or animals.

Ich werde bald **mit ihr** sprechen.	*I'll talk to her soon.*
—Bist du mit Josef gefahren? —Ja, ich bin **mit ihm** gefahren.	*Did you go with Josef?* *Yes, I went with him.*

da- or **dar-** + preposition

When the object of the preposition is a thing or concept, it is common in English to use the pronoun *it* or *them* with a preposition: *with it, for them,* and so on. In German, it is preferable to use compounds that begin with **da-** (or **dar-** if the preposition begins with a vowel).*

dadurch	*through it/them*
dafür	*for it/them*
dagegen	*against it/them*
dahinter	*behind it/them*
damit	*with it/them*
daneben	*next to it/them*
daran	*on it/them*
darauf	*on top of it/them*
daraus	*out of it/them*
darin	*in it/them*
darüber	*over it/them*
darunter	*underneath it/them*
davon	*from it/them*
davor	*in front of it/them*
dazu	*to it/them*
dazwischen	*between it/them*

—Was macht man mit einer Hupe? —Man warnt andere Leute **damit.**	*What do you do with a horn?* *You warn other people with it.*
—Hast du etwas gegen das Rauchen? —Nein, ich habe nichts **dagegen.**	*Do you have something against smoking?* *No, I don't have anything against it.*

Some **da**-compounds are idiomatic.

dabei Hast du Geld **dabei?**	*on me/you . . .* *Do you have any money on you?*
darum **Darum** hast du auch kein Glück.	*that's why* *That's why you don't have any luck.*

*Note that the following prepositions cannot be preceded by **da(r)-: ohne, außer, seit.**

Use a preposition + **wem** or **wen** to ask about people.

Questions about people begin with **wer** (*who*) or **wen/wem** (*whom*). If a preposition is involved, it precedes the question word.

—Mit **wem** gehst du ins Theater?	*Who will you go to the theater with? (With whom . . .?)*
—Mit Melanie.	*With Melanie.*
—In **wen** hast du dich diesmal verliebt?	*Who did you fall in love with this time? (With whom . . .?)*

Use **wo-** + a preposition to ask about things or ideas.

Questions about things and concepts begin with **was** (*what*). If a preposition is involved, German speakers use compound words that begin with **wo-** (or **wor-** if the preposition begins with a vowel).

—**Womit** fährst du nach Berlin?	*How are you getting to Berlin?*
—Mit dem Bus.	*By bus.*
—**Worüber** sprichst du?	*What are you talking about?*
—Ich spreche über den neuen Film von Doris Dörrie.	*I'm talking about Doris Dörrie's new film.*

People	Things and Concepts
mit wem	womit
von wem	wovon
zu wem	wozu
an wen	woran
für wen	wofür
über wen	worüber
auf wen	worauf
um wen	worum

—**Von wem** ist die Oper „Parsifal"?	*Who is the opera* Parzival *by?*
—Von Richard Wagner.	*By Richard Wagner.*
—**Wovon** handelt diese Oper?	*What is the opera about?*
—Von der Suche nach dem Gral.	*About the search for the Holy Grail.*

Übung 6 Ein Interview mit Richard

Das folgende Interview ist nicht vollständig. Es fehlen die Fragen. Rekonstruieren Sie die Fragen aus den Antworten.

1. Ich gehe am liebsten **mit meiner Kusine** ins Theater.
2. Am meisten freue ich mich **auf die Ferien.**
3. Ich muss immer **auf meinen Freund** warten. Er kommt immer zu spät.
4. In letzter Zeit habe ich mich **über meinen Physiklehrer** geärgert.
5. Wenn ich „USA" höre, denke ich **an Hochhäuser und Gettos, an den Grand Canyon und die Rocky Mountains und natürlich an Iowa.**
6. Zur Schule fahre ich meistens **mit dem Fahrrad, manchmal auch mit dem Bus.**
7. Ich schreibe nicht gern **über Sachen,** die mich nicht interessieren, wie zum Beispiel die Vorteile und Nachteile des Kapitalismus.
8. Meinen letzten Brief habe ich **an einen alten Freund von mir** geschrieben. Der ist vor kurzem nach Graz gezogen, um dort Jura zu studieren.
9. Ich halte nicht viel **von meinen Lehrern.** Die tun nur immer so, als wüssten sie alles; in Wirklichkeit wissen die gar nichts.

Übung 7 | Juttas Zimmer

Da-compounds:

dahinter
daneben
daran
darauf
darin
darüber
darunter
davor
dazwischen

Ergänzen Sie!

Links[1] ist eine Kommode. Eine Lampe steht *darauf*[a]. Rechts ______[b] steht der Schreibtisch. ______[c] steht Juttas Tasche. An der Wand steht ein Schrank. ______[d] hängen Juttas Sachen. Links an der Wand steht Juttas Bett. ______[e] liegt die Katze auf dem Teppich. An der Wand ______[f] hängt ein Bild. Auf dem Bild ist eine Wiese mit einem Baum. ______[g] hängen Äpfel. Mitten im Zimmer steht ein Sessel. ______[h] sieht man Juttas Schuhe und ______[i] hat sich Hans versteckt[2].

7.4 The perfect tense (review)

Wissen Sie noch?

The perfect tense consists of a form of the present tense of **haben** or **sein** + the past participle.

Review grammar 4.1.

As you remember from **Kapitel 4**, it is preferable to use the perfect tense in oral communication when talking about past events.

Ich **habe** im Garten Äpfel **gepflückt.**	*I picked apples in the garden.*

To form the perfect tense, use **haben** or **sein** as an auxiliary with the past participle of the verb.

A. **haben** or **sein**

Use **haben** with most verbs.
Use **sein** if the verb:
- cannot take an accusative object
- indicates change of location or condition.

See Appendix F (II) for a list of common verbs and their auxiliaries.

Haben is by far the more commonly used auxiliary. **Sein** is normally used only when both of the following conditions are met: (1) The verb cannot take an accusative object. (2) The verb implies a change of location or condition.

Bertolt Brecht **ist** 1956 in Berlin **gestorben.**	*Bertolt Brecht died in Berlin in 1956.*
Ernst **ist** mit seinem Hund **spazieren gegangen.**	*Ernst went for a walk with his dog.*

In spite of the fact that there is no change of location or condition, the following verbs also take **sein** as an auxiliary: **sein, bleiben,** and **passieren.**

Letztes Jahr **bin** ich in St. Moritz **gewesen.**	*Last year I was in St. Moritz.*
Was **ist passiert?**	*What happened?*

[1] *To the left* [2] hat ... *Hans has hidden himself*

Strong verbs end in **-en;** weak verbs end in **-t** or **-et.**

B. Forming the Past Participle

There are basically two ways to form the past participle. Strong verbs add the prefix **ge-** and the ending **-en** to the stem. Weak verbs add the prefix **ge-** and the ending **-t** or **-et.**

rufen	hat **ge**ruf**en**	*to shout, call*
reisen	ist **ge**reis**t**	*to travel*
arbeiten	hat **ge**arbeit**et**	*to work*

In the past-participle form, most, but not all, strong verbs have a changed stem vowel or stem.

gehen	ist geg**ang**en	*to walk*
werfen	hat gew**o**rfen	*to throw*
but: laufen	ist gelaufen	*to run*

Very few weak verbs have a change in the stem vowel. Here are some common weak verbs that do change.

dürfen	hat ged**u**rft	*to be allowed to*
können	hat gek**o**nnt	*to be able to*
müssen	hat gem**u**sst	*to have to*
bringen	hat geb**racht**	*to bring*
denken	hat ged**acht**	*to think*
rennen	ist ger**a**nnt	*to run*
wissen	hat gew**u**sst	*to know (as a fact)*

no **ge-** with
- verbs ending in **-ieren**
- inseparable prefix verbs

C. Past Participles with and without ge-

Another group of verbs forms the past participle without **ge-.** You will recognize them because, unlike most verbs, they are not pronounced with an emphasis on the first syllable. These verbs fall into two major groups: those that end in **-ieren** and those that have inseparable prefixes.

passieren	ist passiert	*to happen*
studieren	hat studiert	*to study, go to college*
verlieren	hat verloren	*to lose*
erlauben	hat erlaubt	*to allow*

common inseparable prefixes
be-
ent-
er-
ge-
ver-

The most common inseparable prefixes are **be-, ent-, er-, ge-,** and **ver-.**

besuchen	hat besucht	*to visit*
entdecken	hat entdeckt	*to discover*
erzählen	hat erzählt	*to tell*
gewinnen	hat gewonnen	*to win*
versprechen	hat versprochen	*to promise*

The past participle of separable-prefix verbs is formed by adding the prefix to the past participle of the base verb.

anfangen	hat angefangen	*to begin*
aufstehen	ist aufgestanden	*to get up*
einschlafen	ist eingeschlafen	*to fall asleep*
nachdenken	hat nachgedacht	*to think over*

Übung 8 | Renate

Ergänzen Sie **haben** oder **sein.**

1. In meiner Schulzeit _____ ich nie gern aufgestanden.
2. Meine Mutter _____[a] mich immer geweckt, denn ich _____[b] nie von allein aufgewacht.
3. Ich _____[a] ganz schnell etwas gegessen und _____[b] zur Schule gerannt.
4. Meistens hatte es schon zur Stunde geklingelt, wenn ich angekommen _____.
5. In der Schule war es oft langweilig; in Biologie _____ ich sogar einmal eingeschlafen.
6. Einmal in der Woche hatten wir nachmittags Sport. Am liebsten _____[a] ich Basketball gespielt und _____[b] geschwommen.
7. Auf dem Weg nach Hause _____[a] ich einmal einen Autounfall gesehen. Zum Glück _____[b] nichts passiert.
8. Aber viele Leute _____[a] herumgestanden, bis die Polizei gekommen _____[b].
9. Sie _____[a] geblieben, bis eine Autowerkstatt die kaputten Autos abgeholt _____[b].
10. Ich _____ nicht so lange gewartet, denn ich musste Hausaufgaben machen.

Übung 9 | Ernst

Ernst war fleißig. Er hat schon alles gemacht. Übernehmen Sie seine Rolle.

MODELL: Steh bitte endlich auf! → Ich bin schon aufgestanden.

1. Mach bitte Frühstück!
2. Trink bitte deine Milch!
3. Mach bitte den Tisch sauber!
4. Lauf mal schnell zum Bäcker!
5. Bring bitte Brötchen mit!
6. Nimm bitte Geld mit!
7. Füttere bitte den Hund!
8. Mach bitte die Tür zu!

7.5 The simple past tense of *haben* and *sein*

When talking about events that have already happened, people commonly use the verbs **haben** and **sein** in the simple past tense instead of the perfect tense. The conjugations appear below; notice that the **ich-** and the **er/sie/es-**forms are the same.

Warst du schon mal im Ausland?	*Have you ever been abroad?*
Letzte Woche **hatte** ich einen Autounfall.	*Last week I had a car accident.*

sein				**haben**			
ich	war	*wir*	waren	*ich*	hatte	*wir*	hatten
du	warst	*ihr*	wart	*du*	hattest	*ihr*	hattet
Sie	waren	*Sie*	waren	*Sie*	hatten	*Sie*	hatten
er / sie / es	war	*sie*	waren	*er / sie / es*	hatte	*sie*	hatten

Übung 10 | Minidialoge

Ergänzen Sie eine Form von **war** oder **hatte.**

1. FRAU GRETTER: Ihr Auto sieht ja so kaputt aus. _____[a] Sie einen Unfall?
   HERR THELEN: Ja, leider _____[b] ich wieder mal einen Unfall. Das ist schon der dritte in dieser Woche.
2. FRAU KÖRNER: Sie sind aber braun geworden. _____ Sie im Urlaub?
   MICHAEL PUSCH: Ja, ich war drei Wochen in der Türkei.
3. HANS: Warum _____[a] ihr gestern nicht in der Schule?
   JENS UND JUTTA: Wir _____[b] keine Zeit.
4. CLAIRE: _____[a] du schon mal in Linz, Melanie?
   MELANIE: Ja, ich _____[b] schon ein paar mal da. Aber nur auf der Durchreise.
5. MARIA SCHNEIDER: Wo warst du letzte Woche, Jens?
   JENS: Ich _____ Ferien und war bei meinen Großeltern auf dem Land.
6. JUTTA: Michael, sag mal, _____ du schon mal eine Reifenpanne?
   MICHAEL PUSCH: Nein, Gott sei Dank noch nie.
7. CLAIRE: Ich habe dich gestern im Kino gesehen. _____[a] du allein?
   JOSEF: Ja, Melanie _____[b] gestern zu Hause. Sie _____[c] keine Lust, ins Kino zu gehen.

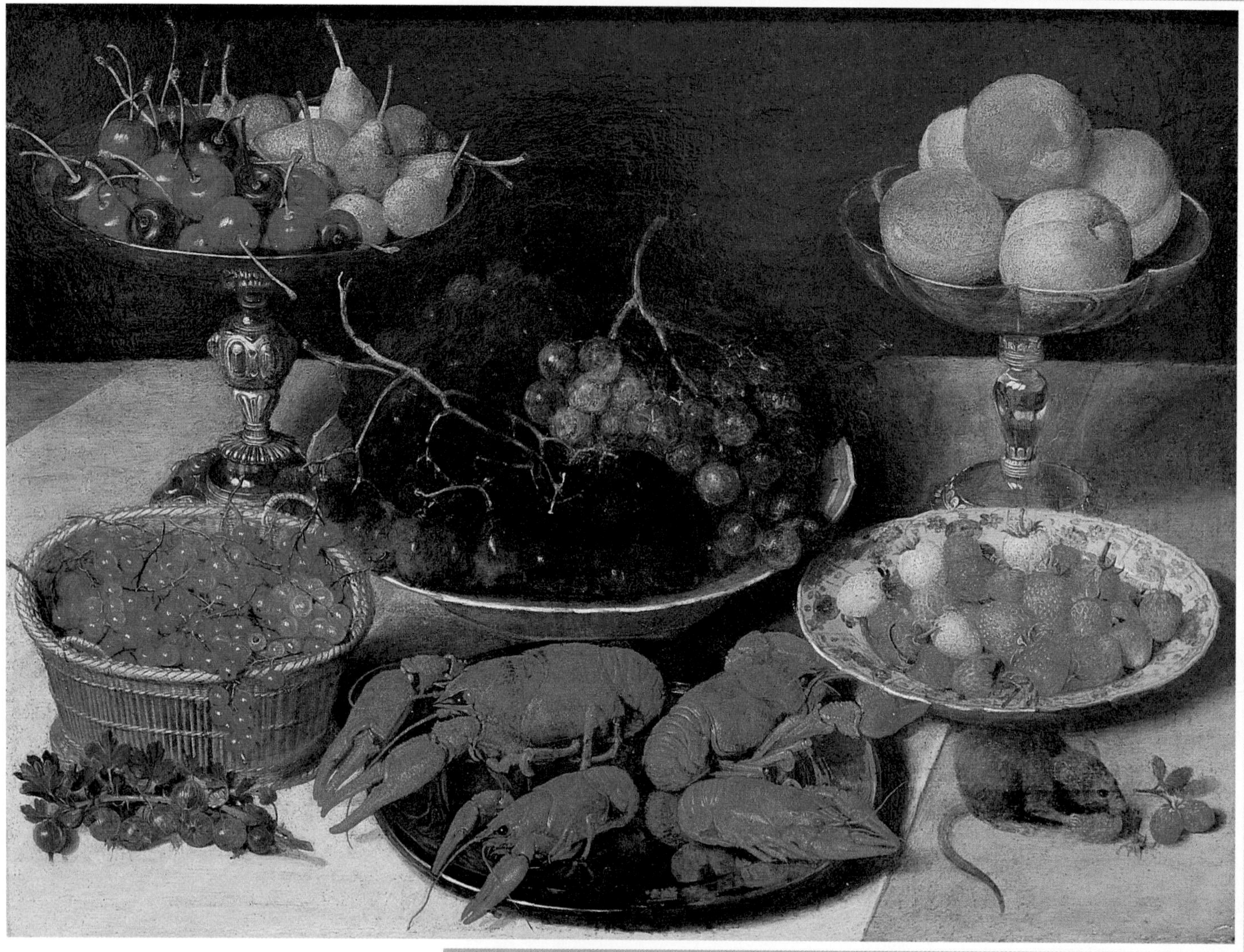

Georg Flegel: *Stillleben mit Obst und Krebsen* (ca. 1630), Nationalgalerie, Warschau

GEORG FLEGEL

Georg Flegel (1563–1638) war der erste und vielleicht wichtigste Stilllebenmaler[1] in Deutschland. Seine Bilder sind ein perfektes Abbild der Gegenstände[2], aber im Sinne des Barock haben sie ein fast magisches Eigenleben[3]. Typisch für Flegels Werke ist, dass oft ein kleines Lebewesen[4] in Kontrast zu den leblosen Objekten des Stilllebens tritt.

[1]*still life painter* [2]Abbild … *likeness of the objects* [3]*life of their own* [4]*living creature*

KAPITEL **8**

Essen und Einkaufen

In **Kapitel 8**, you will learn to talk about shopping for food and cooking and about the kinds of foods you like. You will also talk about household appliances and about dining out.

Themen

Essen und Trinken
Haushaltsgeräte
Einkaufen und Kochen
Im Restaurant

Kulturelles

Videoblick: Gesunde Ernährung
Essgewohnheiten
Stichwort „Restaurant"
Videoecke: Essen

Lektüren

Mord im Café König?
Film: *Jenseits der Stille*

Strukturen

8.1 Adjectives: an overview
8.2 Attributive adjectives in the nominative and accusative cases
8.3 Destination vs. location: **stellen/stehen, legen/liegen, setzen/sitzen, hängen/hängen**
8.4 Adjectives in the dative case
8.5 Talking about the future: the present and future tenses

Situationen

Essen und Trinken

Grammatik 8.1–8.2

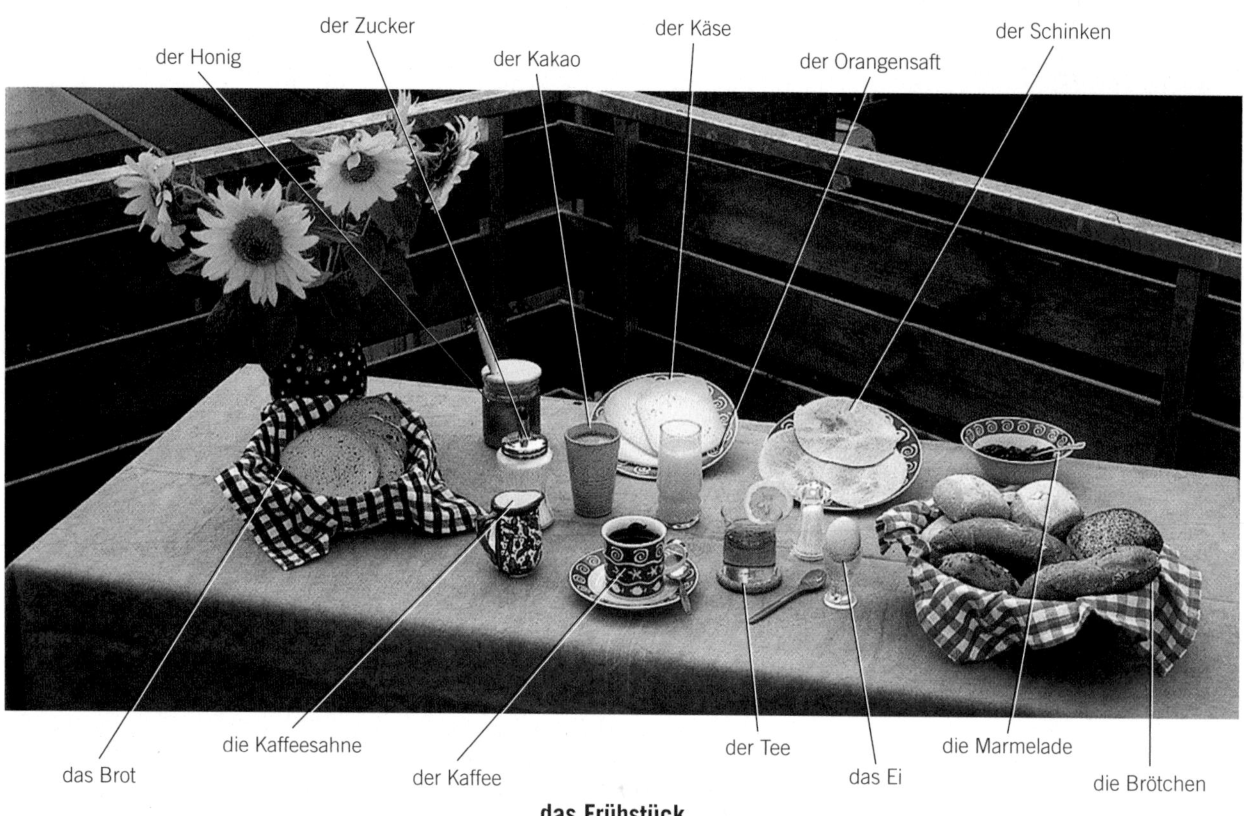

das Frühstück

Meistens esse ich ein frisches Brötchen, ein gekochtes Ei und selbst gemachte Marmelade zum Frühstück. Außerdem brauche ich einen starken Kaffee. Am Wochenende esse ich auch Schinken und Käse und trinke einen frisch gepressten Orangensaft. Als ich ein Kind war, habe ich meistens Milch mit Honig getrunken, später auch Tee.

Zu Mittag esse ich am liebsten einen gemischten Salat, gebratenes Fleisch oder gegrillten Fisch mit gekochten Kartoffeln. Auch Hähnchen mag ich ganz gern und Karotten mit viel Salz und Pfeffer. Meistens trinke ich eine Apfelschorle. Das ist ein Gemisch aus Apfelsaft und Mineralwasser. Am Sonntag trinke ich vielleicht auch mal ein Glas Wein, am liebsten Rotwein.

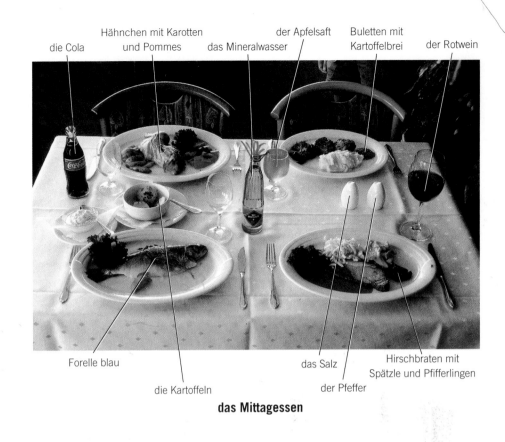

die Cola
Hähnchen mit Karotten und Pommes
das Mineralwasser
der Apfelsaft
Buletten mit Kartoffelbrei
der Rotwein
Forelle blau
die Kartoffeln
das Salz
der Pfeffer
Hirschbraten mit Spätzle und Pfifferlingen

das Mittagessen

Am Abend esse ich gern rustikal: Brot, Butter, Schinken, Käse. Rohen Schinken esse ich gern mit Meerrettich. Manchmal mache ich mir auch ein paar warme Würstchen. Die esse ich dann mit Senf. Emmentaler esse ich gern mit sauren Essiggurken. Dazu trinke ich entweder ein Glas Milch oder Saft mit Mineralwasser.

das Abendessen

Situation 1 | Umfrage: Isst du gern fettige Hamburger?

MODELL: S1: Isst du gern fettige Hamburger?
S2: Ja!
S1: Unterschreib bitte hier!

	UNTERSCHRIFT
1. Isst du gern fettige Hamburger?	__________
2. Isst du oft Chinesisch?	__________
3. Isst du oft frisches Obst?	__________
4. Frühstückst du selten?	__________
5. Isst du zum Frühstück gern gebratene Eier mit Speck?	__________
6. Isst du meistens in der Mensa?	__________
7. Isst du manchmal Pizza?	__________
8. Würzt du dein Essen mit viel Pfeffer?	__________
9. Isst du selten zu Hause?	__________
10. Hast du für heute ein belegtes Brot dabei?	__________

Situation 2 | Informationsspiel: Mahlzeiten und Getränke

MODELL: S1: Was isst Stefan zum Frühstück?
S2: ______

	Frau Gretter	Stefan	Andrea
zum Frühstück essen	frische Brötchen	frisches Müsli	
zum Frühstück trinken	schwarzen Kaffee	Kalten orangensaft	heißen Kakao
zu Mittag essen		belegte Brote und Kartoffelchips	
zu Abend essen	nichts, sie will abnehmen		Brot mit Honig
nach dem Sport trinken			Apfelsaft
auf einem Fest trinken		mexikanisches Bier	
essen, wenn er/sie groß ausgeht	etwas für Kalorienbewusste		den schönsten Kinderteller

Videoblick

Gesunde Ernährung[1]

Wenn man gesund sein möchte, muss man sich gesund ernähren[2]. Aber viele moderne Lebensmittel sind nicht gesund. Deshalb kaufen immer mehr Menschen Lebensmittel aus kontrolliertem ökologischen Anbau[3], sogenannte Bioprodukte[4]. Der Ausschnitt aus ***Blickkontakte*** vergleicht Bioprodukte mit Produkten aus dem Supermarkt.

- Sind Biolebensmittel teurer als die Lebensmittel im Supermarkt?
- Wann spricht man von Bioeiern?
- Was unterscheidet Bioradieschen von Radieschen aus dem Supermarkt?
- Warum sind Biowürstchen so teuer?

[1]*nutrition* [2]sich ernähren: *to eat, get nourishment* [3]*cultivation*
[4]*organic products*

Ein Bund Bioradieschen kostet einen Euro zwanzig, doppelt so viel wie im Supermarkt.

Situation 3 | Ratespiel: Regionale Spezialitäten

Was glauben Sie? Wo isst oder trinkt man diese regionalen Spezialitäten? Es gibt viele richtige Antworten.

1. Wo trinkt man Berliner Weiße?
2. Wo isst man selbst gemachte Fleischchüechli?
3. Wo isst man gebratene Eier und Speck?
4. Wo isst man deftige Knödel?
5. Wo isst man frischen Fisch aus der Nordsee?
6. Wo trinkt man frisch gepressten Orangensaft?
7. Wo isst man frische Semmeln?
8. Wo trinkt man eiskalten Eistee?
9. Wo isst man Rote Grütze?
10. Wo trinkt man sächsisches Schwarzbier?

in Österreich
in Berlin
in Sachsen
in den USA
in Norddeutschland
in der Schweiz
in Bayern

Kultur ... Landeskunde ... Informationen

Essgewohnheiten

- Was ist in Ihrem Land ein typisches Essen?
- Welche Art von ausländischem Essen ist in Ihrem Land besonders beliebt? Stellen Sie eine Rangliste von eins (am wenigsten beliebt) bis zehn (am meisten beliebt) auf.

_____ italienisch
_____ griechisch
_____ französisch
_____ mexikanisch
_____ deutsch
_____ spanisch
_____ koreanisch
_____ chinesisch
_____ japanisch
_____ indisch

- Welche Art von ausländischem Essen ist in Deutschland am beliebtesten? Raten Sie!

☐ chinesisch
☐ türkisch
☐ italienisch
☐ griechisch
☐ französisch

Lesen Sie den Text, und suchen Sie Antworten auf die Fragen.

ETHNIC FOOD

MULTI-KULTI-KÜCHE

Eine Studie über Essgewohnheiten zeigt: Am Kochtopf sind die Deutschen besonders ausländerfreundlich

Das morgendliche Croissant zum Cappuccino, die Pizza und die Frühlingsrolle animierten unlängst[1] das SZ-Magazin[2] zu der Frage: „Wie konnten wir früher satt werden,[3] ohne Mozzarella und Basilikum zu kennen?"

Der Deutsche, so belegt[4] ein Rundgang durch Supermärkte und Restaurants, serviert Grünkohl, Schweinebraten und Eisbein anscheinend[5] nur noch auf Volksfesten und für Touristenmenüs. Er aber wendet sich statt dessen[6] liebevoll griechischem Fetakäse, Curry und Couscous zu.[7] Und ohne Pasta kann er schon gar nicht mehr leben.

- Welche ausländischen Speisen und Getränke können Sie im Text identifizieren? Aus welchen Ländern kommen sie ursprünglich?
- Welche deutschen Speisen und Getränke können Sie identifizieren?
- Wo und für wen servieren die Deutschen anscheinend nur noch deutsches Essen?

Schauen Sie sich die Grafik genau an und beantworten Sie die Fragen.

- Wer isst zu Hause öfter ausländisch, Leute unter 35 oder über 55?
- Wie viel Prozent der Deutschen unter 35 gehen sehr häufig in ein ausländisches Restaurant?
- Wie viel Prozent der Deutschen über 55 gehen nie in ein ausländisches Restaurant?

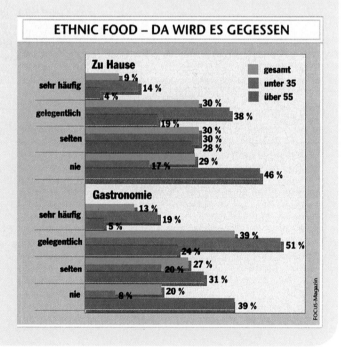

ETHNIC FOOD – DA WIRD ES GEGESSEN

Zu Hause	gesamt	unter 35	über 55
sehr häufig	9 %	14 %	4 %
gelegentlich	30 %	38 %	19 %
selten	30 %	30 %	28 %
nie	29 %	17 %	46 %

Gastronomie	gesamt	unter 35	über 55
sehr häufig	13 %	19 %	5 %
gelegentlich	39 %	51 %	24 %
selten	27 %	20 %	31 %
nie	20 %	8 %	39 %

FOCUS-Magazin

[1]*not long ago, lately* [2]*magazine supplement to the „Süddeutsche Zeitung"*
[3]satt ... *get sated, full* [4]*verifies* [5]*apparently* [6]statt ... *instead (of that)*
[7]wendet sich zu *turns to*

Situation 4 | Interview: Die Mahlzeiten

1. Was isst du normalerweise zum Frühstück? Was zu Mittag?
2. Isst du viel zu Abend? Was?
3. Isst du immer eine Nachspeise? Was isst du am liebsten als Nachspeise?
4. Trinkst du viel Kaffee?
5. Isst du zwischen den Mahlzeiten? Warum (nicht)?
6. Was isst du, wenn du mitten in der Nacht großen Hunger hast?
7. Was trinkst du, wenn du auf Feste gehst?
8. Was hast du heute Morgen gegessen und getrunken?
9. Was isst du heute zu Mittag?
10. Was isst du heute zu Abend?

Haushaltsgeräte

Grammatik 8.3

Stefan stellt die Schüsseln und Teller in die Geschirrspülmaschine.
Nora stellt die Teekanne in den Schrank.
Marion legt die Servietten in die Schublade.
Rainer hängt das Handtuch an den Haken.
Die schmutzigen Töpfe und Pfannen stehen auf dem Herd.
Messer, Gabeln und Löffel liegen auf dem Tisch.

Situation 5 | Was kosten diese Gegenstände?

Listen Sie die Gegenstände in jeder Gruppe dem Preis nach. Beginnen Sie mit dem teuersten Gegenstand. Wählen Sie dann aus jeder Gruppe die vier Gegenstände aus, auf die Sie am wenigsten verzichten[1] könnten.

GRUPPE A

1. eine Kaffeemaschine
2. ein elektrischer Dosenöffner
3. eine Küchenmaschine
4. ein Korkenzieher
5. eine Kaffeemühle
6. ein Bügeleisen
7. eine Küchenwaage
8. ein Toaster

GRUPPE B

1. ein Mikrowellenherd
2. ein Kühlschrank
3. eine Geschirrspülmaschine
4. eine Waschmaschine
5. ein Wäschetrockner
6. ein Grill
7. ein Staubsauger
8. eine Gefriertruhe

Situation 6 | Was brauchen Sie dazu?

1. Sie bekommen ein Paket, das mit einer Schnur zugebunden ist. Sie wollen die Schnur durchschneiden.
2. Sie wollen sich ein belegtes Brot machen und eine Scheibe Wurst abschneiden.
3. Sie wollen sich eine Dose Suppe heiß machen und müssen die Dose aufmachen.
4. Sie haben Gäste und wollen ein paar Flaschen Bier aufmachen.
5. Sie wollen eine Kerze anzünden.
6. Sie wollen Tee kochen und müssen Wasser heiß machen.
7. Sie haben eine Reifenpanne und müssen einen rostigen Nagel aus einem Autoreifen ziehen.
8. Sie wollen ein Bild aufhängen und müssen einen Nagel in die Wand schlagen.
9. Beim Gewitter ist der Strom ausgefallen. In Ihrem Zimmer ist es total dunkel.

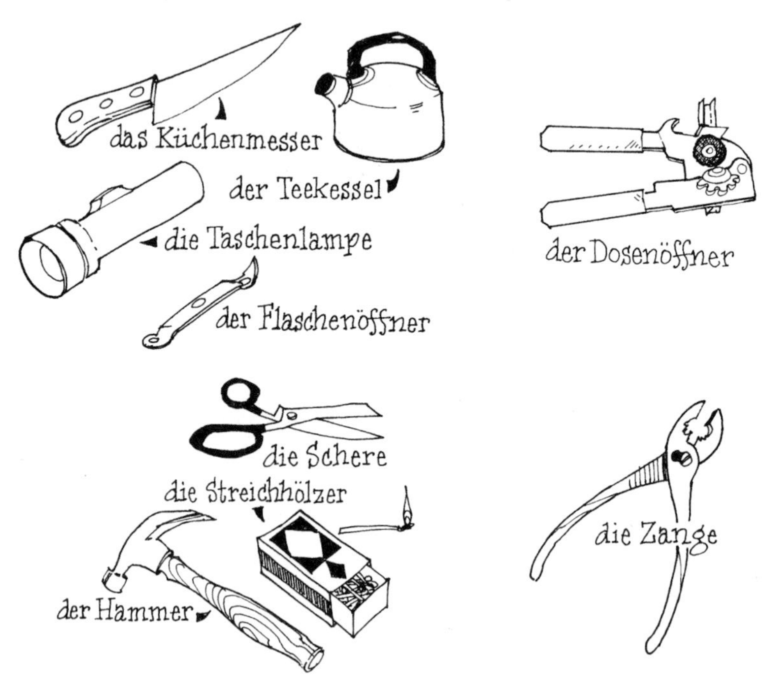

[1] *do without*

Situation 7 | Diskussion: Haushaltsgeräte

1. Welche elektrischen Haushaltsgeräte haben Sie, Ihre Eltern oder Freunde? Welches Gerät finden Sie am wichtigsten?
2. Stellen Sie sich vor, Sie dürfen nur ein Gerät im Hause haben. Welches wählen Sie und warum?
3. Welche Werkzeuge sollte es in jedem Haushalt geben?
4. Sie wollen übers Wochenende zum Zelten. Machen Sie eine Liste, welche Geräte Sie zum Essen und Kochen brauchen.
5. Sie planen ein elegantes Picknick. Was packen Sie alles ein?

Lektüre

Lesehilfe

This reading is written in the present and past tenses. Note that the narration is in the present tense, while quotations are in the past tense. How does this mixing of tenses and the interspersing of narration with spoken text make the story more interesting?

Vor dem Lesen

Der Titel der Geschichte ist „Mord im Café König?". Welche Möglichkeiten gibt es bei einem typischen Mord? Füllen Sie die Tabelle aus, ohne den Text zu lesen.

Tat	*Mord*
Tatort	______
Täter[1]	______
Mordwaffe[2]	______
Motiv	______
Augenzeugen[3]	______
Beweise[4]	______

Miniwörterbuch

aufschlagen	to open up
aussagen	to state
beachten	to notice
beobachten	to observe
betreten	to enter
bleich	pale
sich erinnern an (+ acc.)	to remember
hinunterbeugen	to bend over
der **Kiosk**	newsstand
sich kümmern um	to pay attention to
merken	to notice
nachher	afterward
quietschend	screeching
das **Steuer**	steering wheel
Streife gehen	to be on patrol
verlassen	to leave
verschütten	to spill
verschwinden	to disappear
wirken	to look

[1] *person(s) who did it, the perpetrator(s)* [2] *murder weapon* [3] *eyewitnesses* [4] *pieces of evidence*

Mord im Café König?

Ein Mann steigt auf der Königsallee in Düsseldorf aus einem Taxi, zahlt und geht zu einem Kiosk. Er wirkt nervös, sieht sich mehrmals um.

„Er hat mir über zwei Euro Trinkgeld gegeben", sagte der Taxifahrer nachher aus.

Am Kiosk kauft der Mann eine *Süddeutsche Zeitung* und eine *International Herald Tribune.* Wieder sieht er sich mehrere Male um und beobachtet die Straße.

„Ich glaube, er hörte nicht gut, er hat mich dreimal nach dem Preis gefragt", sagte der Kioskbesitzer aus.

Ein dunkelgrauer Mercedes 450 SL mit drei Männern und einer Frau am Steuer parkt gegenüber. Die vier beobachten den Mann. Der sieht sie und geht schnell in die Köpassage, ein großes Einkaufszentrum mit vielen Geschäften, Restaurants und Cafés. Zwei der Männer steigen aus und folgen ihm.

„Sie trugen graue Regenmäntel", sagte ein Passant, als Inspektor Schilling ihm die Fotos der Männer zeigte.

Der Mann mit den beiden Zeitungen betritt das Café König, setzt sich in eine Ecke, schlägt sehr schnell eine der Zeitungen auf und versteckt sich dahinter.

„Er wirkte sehr nervös," sagte die Kellnerin.

Er bestellt einen Kaffee und einen Kognak und zahlt sofort.

„Er verschüttete die Milch, als er sie in den Kaffee goss, aber er gab mir ein sehr gutes Trinkgeld", sagte die Kellnerin weiter aus.

Die beiden Männer in den Regenmänteln betreten das Café und sehen sich um. Als sie den Mann hinter der aufgeschlagenen *Herald Tribune* erkennen, gehen sie hinüber und setzen sich an den Nachbartisch.

„Sie waren sehr unfreundlich und bestellten beide Mineralwasser", meinte die Kellnerin, die sie bediente.

Eine attraktive Frau, Mitte dreißig, betritt das Café, sieht sich um, lächelt, als sie den Mann mit der Zeitung sieht, wird bleich, als ihr Blick auf die beiden Männer fällt. Sie setzt sich in eine andere Ecke und beobachtet alles.

„Sie war sehr elegant gekleidet", sagte der Kellner, der an ihrem Tisch bediente.

Schließlich geht einer der Männer zu dem Mann mit der Zeitung hinüber, er beugt sich zu ihm hinunter und hinter die Zeitung. Plötzlich fällt der Mann mit der Zeitung mit dem Kopf auf den Tisch. Er bewegt sich nicht mehr. Der andere nimmt ihm die *Herald Tribune* aus der Hand, faltet sie schnell zusammen. Die ersten Leute werden unruhig, weil sie merken, dass etwas passiert ist. Die beiden Männer rennen aus dem Café, über die Königsallee und springen in den parkenden Wagen.

„Sie sind mit quietschenden Reifen davongefahren", berichtete ein Polizist, der gerade Streife ging.

Die Gäste des Cafés laufen jetzt laut schreiend durcheinander. Keiner beachtet die Frau, die zu dem Toten hinübergeht und die *Süddeutsche Zeitung* nimmt, sie unter den Arm steckt und schnell das Café verlässt.

„Ich erinnere mich so gut an sie, weil sie nicht bezahlt hat", sagte der Kellner.

Die Polizei ist sehr schnell da. Immer noch laufen alle Leute durcheinander, keiner kümmert sich um den Toten. Als die Polizei den Toten sehen will, ist der verschwunden.

Inspektor Schilling fragt: Was ist passiert?

Arbeit mit dem Text

A. Wer hat das gesagt? Suchen Sie die Namen bzw. Berufsbezeichnungen der Personen im Text.

„Der Mann hat mir mehr als zwei Euro Trinkgeld gegeben."
„Er hat bei mir zwei Zeitungen gekauft."
„Die Männer trugen graue Regenmäntel."
„Weil der Mann sehr nervös war, verschüttete er die Milch."
„Sie bestellten Mineralwasser und waren sehr unfreundlich."
„Die Frau war sehr elegant gekleidet."
„Die Männer sind mit quietschenden Reifen weggefahren."
„Die Frau hat nicht bezahlt, deshalb erinnere ich mich an sie."

B. Dieser Text hat zwei Teile: 1. Einen Bericht der Fakten im Präsens. 2. Zitate von Augenzeugen in der direkten Rede. Kennzeichnen Sie, was zum Bericht (B) oder zu den Zitaten (Z) gehört.

Nach dem Lesen

A. In dieser Geschichte bleiben viele Fragen offen. Welche von den drei möglichen Antworten finden Sie am logischsten? Oder haben Sie eine logischere Antwort?

1. Wer war der Mann mit den Zeitungen?
   a. Ein Spion.
   b. Ein Politiker.
   c. Ein Genforscher[1].
   d. Ein _____.
2. Warum war der Mann nervös?
   a. Weil er gefährliche[2] Feinde[3] hatte.
   b. Weil er an dem Tag eine Prüfung in Deutsch hatte.
   c. Weil er nur noch kurze Zeit zu leben hatte.
   d. Weil _____.
3. Warum hörte er nicht gut?
   a. Weil er erkältet war[4].
   b. Weil er sehr unkonzentriert war.
   c. Weil er ein Hörgerät im Ohr hatte.
   d. Weil _____.
4. Wer waren die Leute im Mercedes?
   a. Spione.
   b. Seine Leibwächter[5].
   c. Seine Freunde.
   d. _____.
5. Warum geht der Mann ins Café König?
   a. Weil er dort eine Verabredung[6] hat.
   b. Weil er noch einen Kaffee trinken will.
   c. Weil er sich verstecken will.
   d. Weil _____.
6. Wer ist die Frau?
   a. Seine Sekretärin.
   b. Seine Partnerin.
   c. Eine Spionin.
   d. _____.

B. Erklären Sie jetzt Inspektor Schilling, was passiert ist. Schreiben Sie ihm einen Brief.

[1]*geneticist* [2]*dangerous* [3]*enemies* [4]erkältet ... *had a cold* [5]*bodyguards* [6]*appointment*

Einkaufen und Kochen

Grammatik 8.4

das Fleisch und der Fisch

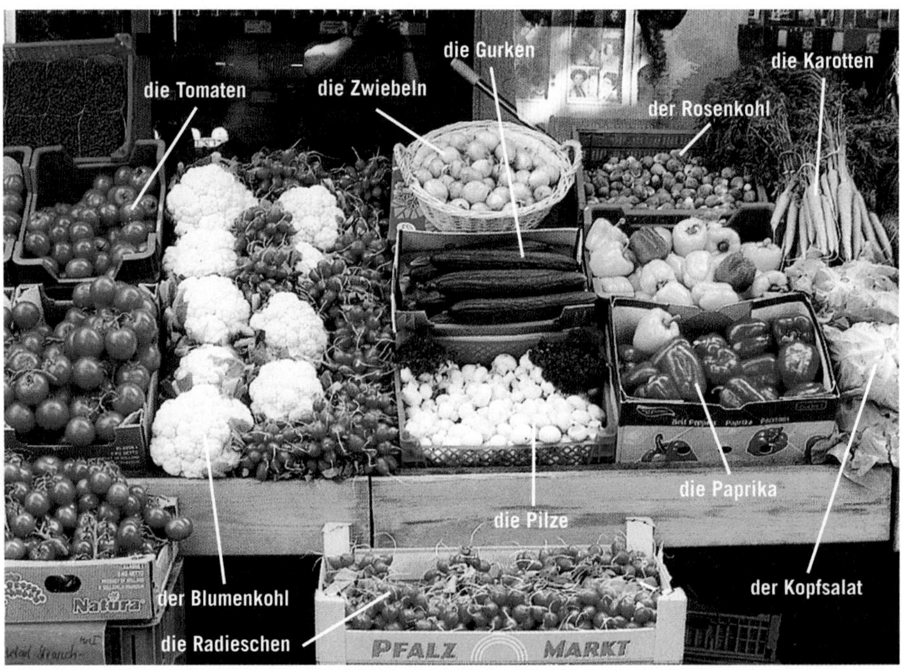

das Gemüse

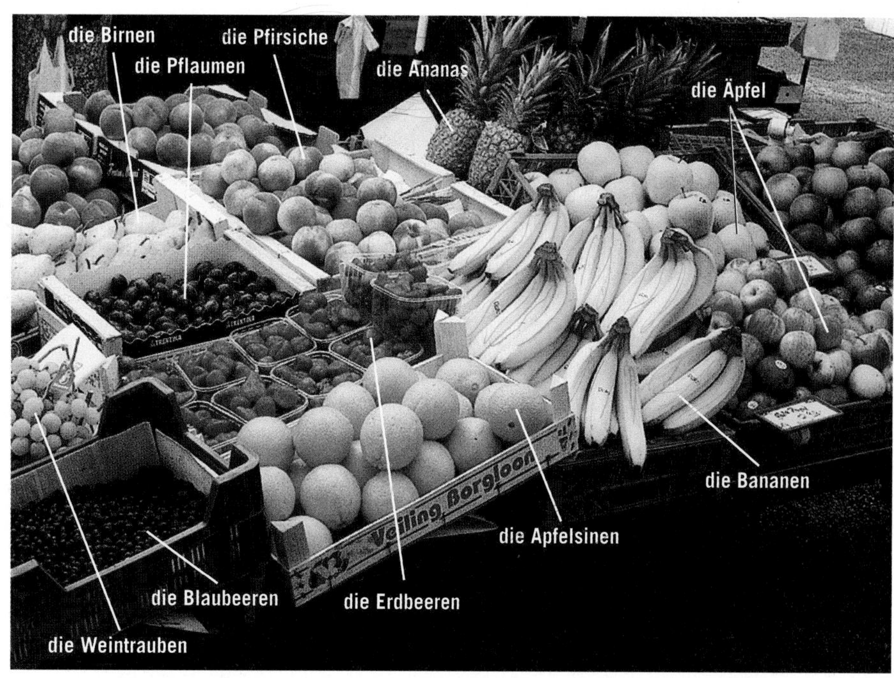

das Obst

Situation 8 | Bildgeschichte: Michaels bestes Gericht

Michael kocht heute wieder sein bestes Gericht: Omelett *à la haute cuisine* …

Deutsche Bioeier: Bioprodukte werden immer beliebter.

Situation 9 | Einkaufsliste

Sie wollen heute Abend kochen. Was wollen Sie kochen? Was brauchen Sie? (Sie finden Ideen im Wortkasten.) Machen Sie für jedes Gericht eine Einkaufsliste. Denken Sie auch an Salat, Gemüse und Gewürze, an Vorspeise und Nachspeise und an Getränke.

1. ein italienisches Gericht
2. ein amerikanisches Gericht
3. ein türkisches Gericht
4. ein deutsches Gericht
5. ein französisches Gericht

Fisch
Nudeln
Salz
Bohnen
Paprika
Oliven
Erbsen
Zwiebeln
Gurken
Schnitzel
Knoblauch
Kopfsalat
Pilze
Pfeffer
Schafskäse
Tomaten
Kartoffeln
Tomatensoße
Karotten
Essig und Öl
Hackfleisch

Situation 10 | Zum Schreiben: Ein Rezept

Ein Austauschstudent aus Deutschland möchte ein Rezept für ein typisches Gericht aus Ihrem Land. Geben Sie ihm/ihr Ihr persönliches Lieblingsrezept. Schreiben Sie zuerst auf, was man alles braucht und wie viel. Dann beschreiben Sie, wie man es zubereitet. Machen Sie auch kleine Zeichnungen dazu. (Keine Mikrowellenmahlzeit, bitte!)

ZUTATEN	ZUBEREITUNG
______________	______________________________
______________	______________________________
______________	______________________________

Situation 11 | Interview: Einkaufen und Kochen

1. Kannst du kochen? Was zum Beispiel?
2. Kochst du oft? Wer kocht in deiner Familie?
3. Was kochst du am liebsten? Welche Zutaten braucht man dazu?
4. Kaufst du jeden Tag ein? Wenn nicht, wie oft in der Woche? An welchen Tagen? Wo kaufst du meistens ein?

Vor dem Lesen

A. Beantworten Sie die folgenden Fragen.

1. Was assoziieren Sie mit Stille?
2. Schauen Sie sich das Filmposter an: Wie sehen die beiden jungen Leute auf dem Poster aus?
3. Welche Charaktereigenschaften haben sie vielleicht? Finden Sie Adjektive.
4. Was machen sie mit ihren Händen?

Jenseits der Stille

Regisseurin: Caroline Link

Schauspieler in den Hauptrollen:
Sylvie Testud, Tatjana Trieb,
Howie Seago, Emmanuelle Laborit,
Sibylle Canonica

Erscheinungsjahr: 1996

B. Lesen Sie die Wörter im Miniwörterbuch auf der nächsten Seite. Suchen Sie sie im Text und unterstreichen Sie sie.

Miniwörterbuch

angespannt	tense
der **Ärger**	trouble
die **Aufnahmeprüfung**	entrance exam
beherrschen	to master
gehörlos	deaf
die **Prüfungskommission**	examining board
sich lösen	to free oneself
übersetzen	to translate
ums Leben kommen	to die
das **Verhältnis**	relationship
die **Verständigung**	communication
vorbereiten	to prepare
die **Zeichensprache**	sign language
zunächst	at first

Film: *Jenseits der Stille*

Die achtjährige Lara lebt mit ihren Eltern in Bayern. Sie ist die Einzige in der Familie, die sprechen und hören kann. Ihre Eltern sind beide gehörlos. Lara muss ihnen bei der Verständigung im Alltag oft helfen. Weil sie die Zeichensprache und die Sprache der Außenwelt beherrscht, übersetzt sie für ihre Eltern: bei jedem Telefonat, auf der Bank, in der Schule. Zu ihrem Vater hat Lara ein besonders gutes Verhältnis.

Eines Tages bekommt Lara eine Klarinette von ihrer Tante Clarissa. Lara lernt auf dem Instrument zu spielen und ist richtig gut. Sie hat Talent. Doch nicht nur das: Sie entdeckt eine große Welt außerhalb der häuslichen Stille, nämlich die Musik. Mit 18 will sie nach Berlin auf das Konservatorium und dort Musik studieren. Ihren Eltern sagt sie zunächst nichts davon. Als sie es dann doch erfahren, gibt es Ärger. Vor allem ihr Vater ist wütend und eifersüchtig. Er weiß, dass Lara dabei ist, sich von ihnen zu lösen und Welten zu entdecken, die ihnen verschlossen bleiben.

Lara geht trotzdem nach Berlin und bereitet sich auf die Aufnahmeprüfung vor. Auch als ihre Mutter plötzlich bei einem Verkehrsunfall ums Leben kommt, bessert sich das angespannte Verhältnis zwischen Vater und Tochter nicht. Aber in dem Moment, in dem Lara vor die Prüfungskommission des Konservatoriums tritt, sieht sie ihren Vater im Konzertsaal. Er will sie spielen sehen.

Arbeit mit dem Text

Welche Aussagen sind falsch? Verbessern Sie die falschen Aussagen.

1. Lara kann hören und sprechen, ihre Eltern aber nicht.
2. Lara hilft ihren Eltern im Alltag, weil sie gehörlos sind.
3. Lara hat ein besonders gutes Verhältnis zu ihrer Mutter.
4. Lara bekommt von ihrer Kusine Clarissa eine Klarinette.
5. Laras Eltern möchten, dass Lara nach Berlin auf das Konservatorium geht.
6. Das Verhältnis zwischen Lara und ihrem Vater wird nach dem Tod der Mutter auch nicht besser.
7. Laras Vater akzeptiert am Ende des Films Laras Wunsch, Musik zu studieren.

Nach dem Lesen

Kreatives Schreiben. Wie geht die Geschichte weiter? Lara schreibt einen Brief an ihre beste Freundin oder ihren besten Freund und erzählt, wie es nach dem Vorspielen weitergegangen ist. Liebe ... (Lieber ...), wie geht es dir? Letzte Woche habe ich hier in Berlin am Konservatorium vorgespielt ...

Im Restaurant

Grammatik 8.5

a. —Ist hier noch frei?
—Ja, bitte schön.

b. —Was darf ich Ihnen bringen?
—Kann ich bitte die Speisekarte haben?
—Ja, gern, einen Moment, bitte.

c. —Ein Wasser, bitte.
—Ein Mineralwasser. Kommt sofort!

d. —Wir würden gern zahlen.
—Gern. Das waren zwei Wiener Schnitzel, ein Glas Wein und eine Limo ...

e. —38,80 Franken, bitte schön.
—Das stimmt so.
—Vielen Dank.
—Können Sie mir dafür eine Quittung geben?
—Selbstverständlich.

f. —Darf ich Sie noch zu einem Kaffee einladen?
—Das ist nett, aber leider muss ich mich jetzt beeilen.

Situation 12 | Was sagen Sie?

Wählen Sie für jede Situation eine passende Aussage.

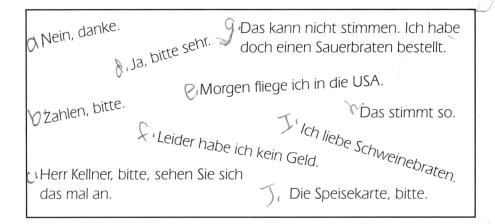

- Nein, danke.
- Das kann nicht stimmen. Ich habe doch einen Sauerbraten bestellt.
- Ja, bitte sehr.
- Morgen fliege ich in die USA.
- Zahlen, bitte.
- Das stimmt so.
- Ich liebe Schweinebraten.
- Leider habe ich kein Geld.
- Herr Kellner, bitte, sehen Sie sich das mal an.
- Die Speisekarte, bitte.

1. Sie sitzen an einem Tisch im Restaurant. Sie haben Hunger, aber noch keine Speisekarte. Sie sehen die Kellnerin und sagen: ______
2. Sie haben mit Ihren Freunden im Restaurant gegessen. Sie haben es eilig und möchten zahlen. Sie rufen den Kellner und sagen: ______
3. Sie gehen allein essen. Sie sitzen schon an einem Tisch. Das Restaurant ist voll. Es gibt keine freien Tische mehr. Plötzlich kommt jemand an Ihren Tisch, den Sie nicht kennen, und fragt, ob er sich zu Ihnen setzen kann. Sie sagen: ______
4. Ihr Essen und Trinken hat 19 Euro 20 gekostet. Sie haben der Kellnerin einen Zwanzigeuroschein gegeben. 80 Cent sind Trinkgeld. Sie sagen: ______
5. Sie essen mit Ihren Eltern in einem feinen Restaurant. Da stellen Sie fest, dass eine Fliege in der Suppe schwimmt. Sie rufen den Kellner und sagen: ______
6. Sie haben einen Sauerbraten mit Knödeln bestellt. Die Kellnerin bringt Ihnen einen Schweinebraten. Sie sagen: ______

Situation 13 | Dialog: Melanie und Josef gehen aus.

Melanie und Josef haben sich einen Tisch ausgesucht und sich hingesetzt. Der Kellner kommt an ihren Tisch.

KELLNER: Bitte schön?
MELANIE: Können wir die ______ haben?
KELLNER: Natürlich. Möchten Sie etwas trinken?
MELANIE: Für mich ein ______ bitte.
JOSEF: Und ______ ein Bier.
KELLNER: Gern.
[*etwas später*]
KELLNER: ______, was Sie essen möchten?
MELANIE: Ich möchte das Rumpsteak mit Pilzen und Kroketten.
JOSEF: Und ich hätte gern die Forelle „blau“ mit Kräuterbutter, grünem Salat und Salzkartoffeln. Dazu ______ bitte.
KELLNER: Gern. Darf ich ____ auch noch etwas zu trinken bringen?
MELANIE: Nein, danke, im Moment nicht.

Stichwort „Restaurant“

- Gehen Sie oft ins Restaurant?
- Haben Sie ein Lieblingsrestaurant?
- Was machen Sie, wenn alle Tische besetzt sind?
- Wie lange bleiben Sie normalerweise im Restaurant sitzen, nachdem Sie gegessen haben?

Wie ist es in deutschen Restaurants? Hören Sie zu.

Miniwörterbuch

die **Anerkennung**	acknowledgment
aufmerksam	attentive
die **Bewirtung**	service
die **Geselligkeit**	sociability, social life
je nach Betrag	depending on the amount
der **Umsatz**	sales, returns

In einem Restaurant in Berlin

Vergleichen Sie! Deutschland (D) oder Nordamerika (N)?

_____ Platz selbst aussuchen
_____ auf einen freien Tisch warten
_____ nach dem Essen bald gehen
_____ nach dem Essen noch eine Weile sitzen bleiben
_____ weniger Trinkgeld geben
_____ 15%–20% Trinkgeld geben

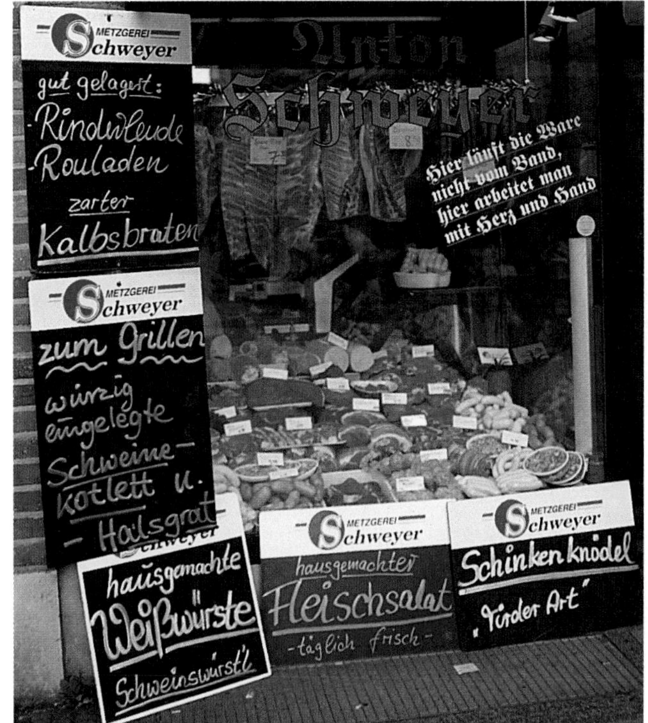

Eine Münchner Metzgerei. Nichts für Vegetarier.

Situation 14 | Rollenspiel: Im Restaurant

SI: Sie sind im Restaurant und möchten etwas zu essen und zu trinken bestellen. Wenn Sie mit dem Essen fertig sind, bezahlen Sie und geben Sie der Bedienung ein Trinkgeld.

Situation 15 | Bildgeschichte: Abendessen mit Hindernissen

Situation 16 | Interview

1. Gehst du oft essen? Wie oft in der Woche isst du nicht zu Hause? Wirst du heute Abend zu Hause essen?
2. Isst du oft im Studentenheim? Wirst du morgen im Studentenheim essen? Schmeckt dir das Essen da?
3. Gehst du oft in Fast-Food-Restaurants? Wirst du vielleicht noch diese Woche in so einem Restaurant essen?
4. Warst du schon mal in einem deutschen Restaurant? Wenn ja, was hast du gegessen? Wenn nein, was wirst du bestellen, wenn du mal in einem deutschen Restaurant bist?
5. In welchem Restaurant schmeckt es dir am besten? Gibt es ein Restaurant, in dem du oft isst? Wie heißt es? Was isst du da? Wirst du diese Woche noch einmal hingehen?
6. Was ist das feinste Restaurant in unserer Stadt? Wie viel muss man da für ein gutes Essen bezahlen?

Videoecke

- Was isst du zum Frühstück?
- Was isst du zu Mittag?
- Was ist dein Lieblingsessen?
- Was magst du gar nicht?
- Was kannst du besonders gut kochen?
- Wie machst du das?

Eveline Segner kommt aus der Schweiz. Sie ist in Wettingen in der Nähe von Zürich geboren. Von Beruf ist sie Fremdsprachensekretärin. Sie ist verheiratet. Ihr Mann ist Biologe. Ihre Hobbys sind Musik, Volkstanz und Gartenarbeit.

Sophie kommt aus Reutlingen in Baden-Württemberg. Ihre Mutter ist Lehrerin und ihr Vater Pfarrer. Sie liest gern, geht gern spazieren und sie geht gern ins Kino.

Aufgabe 1

Was erfahren Sie über Sophie und Frau Segner? Schreiben Sie die Informationen aus dem Wortkasten in die Tabelle.

Birchermüsli · Müsli · eine Tasse Tee · Mousse au Chocolat · Brötchen mit Marmelade und Käse · Nudeln oder Reis mit Gemüse · sehr fleischige Gerichte · Spinat mit Salzkartoffeln und Eiern · ein Körnergericht und Gemüse · Chinesisch · Nieren · Rösti

	Frau Segner	Sophie
isst (trinkt) zum Frühstück		
isst zu Mittag		
Lieblingsessen		
mag überhaupt nicht		
kann besonders gut		

Aufgabe 2

A. Rösti oder Mousse au Chocolat? Welche Zutaten gehören zu welchem Rezept?

	RÖSTI	MOUSSE AU CHOCOLAT
1. Kirsch	☐	☐
2. Schokolade	☐	☐
3. Kartoffeln	☐	☐
4. Käse	☐	☐
5. Tomaten	☐	☐
6. Salz	☐	☐
7. Pfeffer	☐	☐

B. Stellen Sie die Rezepte in der richtigen Reihenfolge zusammen.

RÖSTI

_____ Man drückt das Wasser raus.
_____ Man schält sie und reibt sie auf einer Reibe.
_____ Man legt das in eine Pfanne und lässt es dort schmoren.
_____ Man tut Salz und Pfeffer dazu.
_____ Man tut noch Käse und Tomaten drauf.
_____ Man nimmt rohe Kartoffeln.

MOUSSE AU CHOCOLAT

_____ Man mischt sie zusammen mit der cremigen Schokolade.
_____ Man verwendet Eischnee.
_____ Man verwendet Schlagsahne.
_____ Man gibt etwas Kirsch hinzu.

Wortschatz

Frühstück	Breakfast
die **Wurst, ¨-e**	sausage
der **Käse**	cheese
der **Quark**	type of creamy cottage cheese
der **Schinken**	ham
der **Speck**	bacon
das **Brötchen, -**	roll
das **Ei, -er**	egg
gebratene Eier	fried eggs
gekochte Eier	boiled eggs
das **Hörnchen, -**	croissant
das **Würstchen, -**	frank(furter); hot dog

Ähnliche Wörter

die **Marmelade, -n**; der **Honig**; das **Omelett, -s**

Mittagessen und Abendessen	Lunch and Dinner
die **Forelle, -n**	trout
die **Krabbe, -n**	shrimp
die **Mahlzeit, -en**	meal
die **Nachspeise, -n**	dessert
die **Vorspeise, -n**	appetizer
der **Braten, -**	roast
der **Eisbecher, -**	dish of ice cream
der **Hummer, -**	lobster
der **Knödel, -**	dumpling
der **Pilz, -e**	mushroom
das **Brot, -e**	bread
das **belegte Brot**, die **belegten Brote**	open-face sandwich

das **Fleisch**	meat
das **Hackfleisch**	ground beef (or pork)
das **Rindfleisch**	beef
das **Schweinefleisch**	pork
das **Geflügel**	poultry
die **Pommes (frites)** [frit] or [frits] *(pl.)*	French fries

Ähnliche Wörter

die **Krokette, -n**; die **Muschel, -n**; die **Nudel, -n**; der **Fisch, -e**; der **Reis**; das **Rumpsteak, -s**; das **Schnitzel, -**

Obst und Nüsse	Fruit and Nuts
die **Apfelsine, -n**	orange
die **Birne, -n**	pear
die **Erdbeere, -n**	strawberry
die **Kirsche, -n**	cherry
die **Weintraube, -n**	grape
die **Zitrone, -n**	lemon
der **Pfirsich, -e**	peach

Ähnliche Wörter

die **Banane, -n**; die **Nuss, ⸚e**; die **Pflaume, -n**

Gemüse	Vegetables
die **Bohne, -n**	bean
die **Erbse, -n**	pea
die **Gurke, -n**	cucumber
saure Gurken	pickles
die **Kartoffel, -n**	potato
die **Salzkartoffeln**	boiled potatoes
die **Zwiebel, -n**	onion
der **Kohl**	cabbage
der **Blumenkohl**	cauliflower
der **Rosenkohl**	Brussels sprouts

Ähnliche Wörter

die **Karotte, -n**; die **Olive, -n**; die **Tomate, -n**; der **Salat, -e** (R); der **Heringssalat**; der **Kopfsalat**; der **Spinat**

Getränke	Beverages
der **Saft, ⸚e**	juice
der **Apfelsaft**	apple juice
der **Orangensaft**	orange juice

Ähnliche Wörter

die **Milch**; der **Kakao** [kakau]; das **Mineralwasser**

Zutaten	Ingredients
der **Essig**	vinegar
der **Knoblauch**	garlic
der **Senf**	mustard
das **Gewürz, -e**	spice; seasoning
die **Kräuter** *(pl.)*	herbs

Ähnliche Wörter

die **Butter**; die **Kräuterbutter**; die **Mayonnaise**; die **Soße, -n**; **der Pfeffer**; der **Zucker**; das **Öl** (R); das **Salz**

Küche und Zubereitung	Cooking and Preparation
auf·schneiden, aufgeschnitten	to chop
bestreuen	to sprinkle
braten, brät, gebraten	to fry
bräunen	to brown, fry
erhitzen	to heat
geben, gibt, gegeben (in + *akk.*)	to put (into)
gießen, gegossen	to pour
schlagen, schlägt, geschlagen	to beat
vermischen	to mix
würzen	to season

Im Restaurant	At the Restaurant
die **Bedienung**	service; waiter, waitress
die **Fliege, -n**	fly
die **Geschäftsführerin, -nen**	manager (female)
die **Kellnerin, -nen**	waitress
die **Quittung, -en**	receipt, check
die **Speisekarte, -n**	menu
die **Suppe, -n**	soup
der **Geschäftsführer, -**	manager (male)
der **Kellner, -**	waiter
der **Schein, -e**	bill, note (*of currency*)
der **Zwanzigeuroschein, -e**	twenty-euro note
der **Teller, -**	plate
das **Gericht, -e**	dish
das **Stück, -e**	slice; piece

Ähnliche Wörter

das **Eiscafé, -s**; das **Trinkgeld, -er**; die **Öffnungszeiten** (*pl.*)

Im Haushalt	In the Household
die **Dose, -n**	can
die **Gabel, -n**	fork
die **Gefriertruhe, -n**	freezer
die **Küchenmaschine, -n**	mixer
die **Schere, -n**	scissors
die **Schnur, ⸚e**	string
die **Schüssel, -n**	bowl
die **Serviette, -n**	napkin
die **Zange, -n**	pliers, tongs

der **Dosenöffner, -**	can opener
der **Haken, -**	hook
der **Löffel, -**	spoon
der **Mülleimer, -**	garbage can
der **Nagel, ¨-**	nail
der **Strom**	electricity, power
der **Wäschetrockner, -**	clothes dryer
das **Gerät, -e**	appliance
das **Messer, -**	knife
das **Paket, -e**	package
das **Streichholz, ¨-er**	match
das **Werkzeug, -e**	tool

Ähnliche Wörter

die **Kaffeemühle, -n**; die **Teekanne, -n**; der **Flaschenöffner, -**; der **Grill, -s**; der **Hammer, ¨-**; der **Korkenzieher, -**; der **Teekessel, -**; der **Toaster, -** [tosta]

Sonstige Verben	Other Verbs
ab·nehmen, nimmt ... ab, abgenommen	to lose weight
ab·schneiden, abgeschnitten	to cut off
aus·fallen, fällt ... aus, ist ausgefallen	to go out (*power*)
aus·rechnen	to figure, total (up)
aus·wählen	to select
sich beeilen	to hurry
berechnen (+ *dat.*)	to charge
sich beschweren (bei)	to complain (to)
bestellen	to order (*food*)
durch·schneiden	to cut through
stimmen	to be right
das stimmt so	that's right; keep the change
ziehen, gezogen	to pull
zu·bereiten	to prepare (*food*)

Adjektive und Adverbien	Adjectives and Adverbs
fettig	fat; greasy
frei	free, empty, available
ist hier noch frei?	is this seat available?
gebraten	roasted; broiled; fried
geräuchert	smoked
kalorienarm	low in calories
kalorienbewusst	calorie-conscious
leer	empty
verschieden	different, various
zart	tender
zugebunden	tied shut

Ähnliche Wörter

eiskalt, elegant, elektrisch, fein, frisch, gegrillt, gekocht, gemischt, gesalzen, holländisch, japanisch, mexikanisch, rostig, sauer, verboten

Sonstige Wörter und Ausdrücke	Other Words and Expressions
am wenigsten	the least
dazu	in addition
meistens	usually, mostly
nebeneinander	next to each other
normalerweise	normally
der **Schluss, ¨-e**	end
zum Schluss	in the end, finally
selbst gemacht	homemade
selten	rare(ly), seldom
wofür	what for?

Strukturen und Übungen

8.1 Adjectives: an overview

Attributive adjectives precede nouns and have endings. Predicate adjectives follow the verb **sein** and have no endings.

A. Attributive and predicate adjectives

Adjectives that precede nouns are called *attributive adjectives* and have endings similar to the forms of the definite article: **kalter, kaltes, kalte, kalten, kaltem.** Adjectives that follow the verb **sein** and a few other verbs are called *predicate adjectives* and do not have any endings.

VERKÄUFER:	**Heiße** Würstchen! Ich verkaufe **heiße** Würstchen!	VENDOR:	*Hot dogs! I'm selling hot dogs!*
KUNDE:	Verzeihung, sind die Würstchen auch wirklich **heiß?**	CUSTOMER:	*Excuse me, are the hot dogs really hot?*
VERKÄUFER:	Natürlich, was denken Sie denn?!	VENDOR:	*Of course, what do you think?!*

B. Attributive adjectives with and without preceding article

If *no* article or article-like word **(mein, dein, dieser,** or the like) precedes the adjective, then the adjective itself has the ending of the definite article **(der, das, die).** This means that the adjective provides the information about the gender, number, and case of the noun that follows.

Ich esse gern gegrill**ten** Fisch. — **den** Fisch = masculine accusative
I like to eat grilled fish.

Stefan isst gern frisch**es** Müsli. — **das** Müsli = neuter accusative
Stefan likes to eat fresh cereal.

If an article or article-like word precedes the adjective but does not have an ending, the adjective—again—has the ending of the definite article. **Ein**-words (the indefinite article **ein,** the negative article **kein,** and the possessive adjectives **mein, dein,** etc.) do *not* have an ending in the masculine nominative and in the neuter nominative and accusative. In these instances, as expected, the adjective gives the information about the gender, number, and case of the noun that follows.

Ein groß**er** Topf steht auf dem Herd. — **der** Topf = masculine nominative
There is a large pot on the stove.

Ich esse ein frisch**es** Brötchen. — **das** Brötchen = neuter accusative
I am eating a fresh roll.

If an article or article-like word with an ending precedes the adjective, the adjective ends in either **-e** or **-en.** (See Sections 8.2 and 8.4.)

Ich nehme das holländisch**e** Bier. — *I'll take the Dutch beer.*
Ich nehme die deutsch**en** Äpfel. — *I'll take the German apples.*

8.2 Attributive adjectives in the nominative and accusative cases

Rules of thumb:

1. In many instances, the adjective ending is the same as the ending of the definite article.
2. *But:* after **der** (nominative masculine) and **das,** the adjective ending is **-e.***
3. *But:* after **die** (plural), the adjective ending is **-en.**

As described in Section 8.1, adjective endings vary according to the gender, number, and case of the noun they describe and according to whether this information is already indicated by an article or article-like word. In essence, however, there are only a very limited number of possibilities. Study the following chart carefully and try to come up with some easy rules of thumb that will help you remember the adjective endings.

	Masculine	Neuter	Feminine	Plural
Nominative	der kalt**e** Tee	das kalt**e** Bier	die kalt**e** Milch	die kalt**en** Getränke
	ein kalt**er** Tee	ein kalt**es** Bier	eine kalt**e** Milch	
	kalt**er** Tee	kalt**es** Bier	kalt**e** Milch	kalt**e** Getränke
Accusative	den kalt**en** Tee	das kalt**e** Bier	die kalt**e** Milch	die kalt**en** Getränke
	einen kalt**en** Tee	ein kalt**es** Bier	eine kalt**e** Milch	
	kalt**en** Tee	kalt**es** Bier	kalt**e** Milch	kalt**e** Getränke

NÜTZLICHE WÖRTER

amerikanisch
dänisch
deutsch
englisch
französisch
griechisch
holländisch
italienisch
japanisch
kolumbianisch
neuseeländisch
norwegisch
polnisch
russisch
ungarisch

Übung 1 Spezialitäten!

Jedes Land hat eine Spezialität: ein Gericht oder ein Getränk, das aus diesem Land einfach am besten schmeckt. An welche Länder denken Sie bei den folgenden Gerichten oder Getränken?

MODELL: Salami → Italienische Salami!

1. Steak (*n.*)
2. Kaviar (*m.*)
3. Oliven (*pl.*)
4. Sushi (*n.*)
5. Champagner (*m.*)
6. Wurst (*f.*)
7. Käse (*m.*)
8. Spaghetti (*pl.*)
9. Paprika (*m.*)
10. Marmelade (*f.*)
11. Kaffee (*m.*)
12. Kiwis (*pl.*)

Übung 2 Der Gourmet

Michael isst und trinkt nicht alles, sondern nur, was er für fein hält. Übernehmen Sie Michaels Rolle.

MODELL: Kognak (*m.*) / französisch →
Ich trinke nur französischen Kognak!

1. Brot (*n.*) / deutsch
2. Kaviar (*m.*) / russisch
3. Salami (*f.*) / italienisch
4. Kaffee (*m.*) / kolumbianisch
5. Kiwis (*pl.*) / neuseeländisch
6. Wein (*m.*) / französisch
7. Bier (*n.*) / belgisch
8. Muscheln (*pl.*) / spanisch
9. Marmelade (*f.*) / englisch
10. Thunfisch (*m.*) / japanisch

*Remember this rule as "**der** (nominative masculine)" because, as you will learn in Section 8.4, **der** may also refer to dative feminine, in which case the adjective ending will be **-en.**

Übung 3 | Im Geschäft

Michael hat kein Geld, aber er möchte alles kaufen. Maria muss ihn immer bremsen.

MODELL: der schicke Anzug / teuer →
MICHAEL: Ich möchte den schicken Anzug da.
MARIA: Nein, dieser schicke Anzug ist viel zu teuer.

1. der graue Wintermantel / schwer
2. die gelbe Hose / bunt
3. das schicke Hemd / teuer
4. die roten Socken / warm
5. der schwarze Schlafanzug / dünn
6. die grünen Schuhe / groß
7. der modische Hut / klein
8. die schwarzen Winterstiefel / leicht
9. die elegante Sonnenbrille / bunt
10. die roten Tennisschuhe / grell

Übung 4 | Minidialoge

Ergänzen Sie die Adjektivendungen.

1. HERR RUF: Na, wie ist denn Ihr neu_____[a] Auto?
   FRAU WAGNER: Ach, der alt_____[b] Mercedes war mir lieber.
   HERR RUF: Dann hätte ich mir aber keinen neu_____[c] Wagen gekauft!
2. KELLNER: Wie schmeckt Ihnen denn der italienisch_____[a] Wein?
   MICHAEL: Sehr gut. Ich bestelle gleich noch eine weiter_____[b] Flasche.
3. MICHAEL: Heute repariere ich mein kaputt_____[a] Fahrrad.
   MARIA: Prima! Dann kannst du meinen blöd_____[b] Computer auch reparieren. Er ist schon wieder kaputt.
   MICHAEL: Na gut, aber dann habe ich wieder kein frei_____[c] Wochenende.

8.3 Destination vs. location: *stellen/stehen, legen/liegen, setzen/sitzen, hängen/hängen*

Wissen Sie noch?

Prepositions of location are usually followed by the dative case, while prepositions of destination are usually followed by the accusative case.

Review grammar 6.2.

Destination implies accusative case; location implies dative case.

DESTINATION	LOCATION
Verbs of action and direction used with two-way prepositions followed by the accusative	Verbs of condition and location used with two-way prepositions followed by the dative

Maria stellt eine Flasche Wein **auf den** Tisch.	Die Flasche Wein steht **auf dem** Tisch.

stellen/stehen = vertical position

Stellen and **stehen** designate vertical placement or position. They are used with people and animals, as well as with objects that have a base and can "stand" without falling over.

DESTINATION

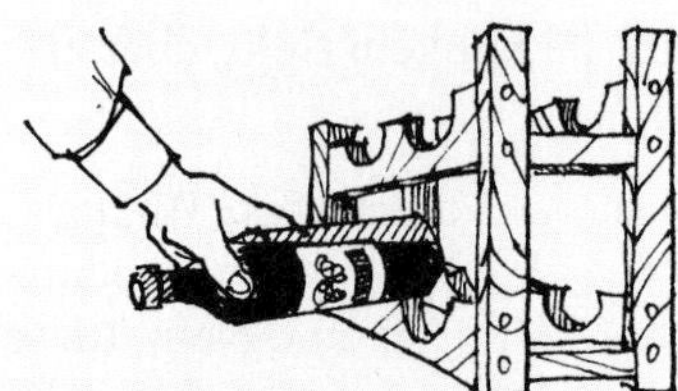

Michael legt eine Flasche Wein **ins** Weinregal.

LOCATION

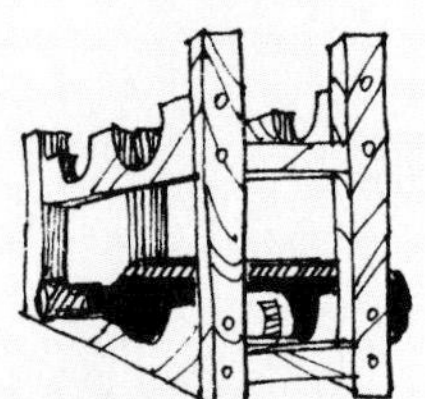

Die Flasche Wein liegt **im** Weinregal.

legen/liegen = horizontal position

Legen and **liegen** designate horizontal placement or position. They are used with people and animals, as well as with objects that do not have a base and cannot "stand" without falling over.

DESTINATION

Frau Wagner setzt Paula **in den** Hochstuhl.

LOCATION

Paula sitzt **im** Hochstuhl.

sitzen/setzen = sitting position (people and certain animals)

Setzen designates the act of being seated; **sitzen** the state of sitting. These verbs are used only with people and with animals that are capable of sitting.

DESTINATION	LOCATION
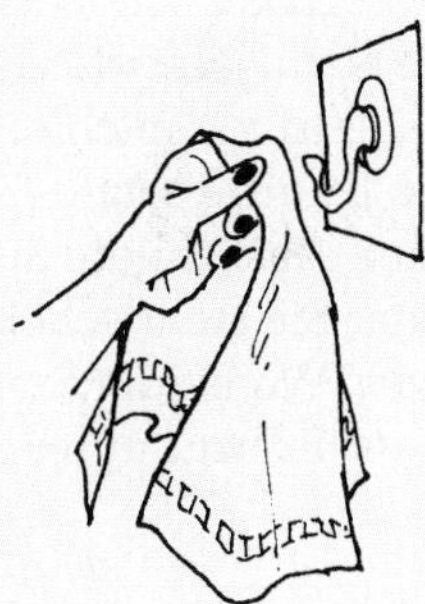 	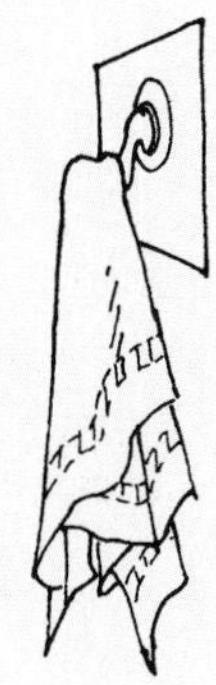
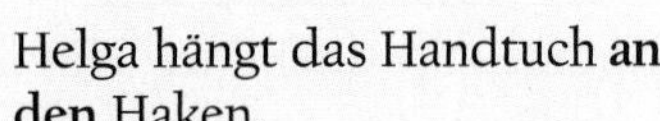 Helga hängt das Handtuch **an den** Haken.	Das Handtuch hängt **am** Haken.

hängen/hängen = hanging position

Hängen (gehängt) designates the act of being hung; **hängen (gehangen)** the state of hanging.

The verbs **stellen, legen, setzen,** and **hängen** are weak verbs that require an accusative object. The two-way preposition is used with the accusative case.

stellen	hat gestellt
legen	hat gelegt
setzen	hat gesetzt
hängen	hat gehängt

The verbs **stehen, liegen, sitzen, hängen** are strong verbs that cannot take an accusative object. The two-way preposition is used with the dative case.

stehen	hat gestanden
liegen	hat gelegen
sitzen	hat gesessen
hängen	hat gehangen

Übung 5 | Minidialoge

Ergänzen Sie die Artikel, die Präposition plus Artikel oder das Pronomen.

Genus der Wörter:

die Bank
das Bett
die Gläser (*pl.*)
der Herd
das Regal
der Schrank
der Schreibtisch
das Sofa
die Tasche
der Tisch

1. SILVIA: Wohin stellst du die Blumen?
   JÜRGEN: Auf _____ Tisch.
2. JOSEF: Warum setzt du dich nicht an _____[a] Tisch?
   MELANIE: Ich sitze hier auf _____[b] Sofa bequemer.
3. MARIA: Meine Bücher liegen auf _____[a] Tisch. Bitte stell sie auf ____[b] Regal.
   MICHAEL: Okay.
4. ALBERT: Ich kann Melanie nicht finden.
   STEFAN: Sie sitzt auf _____ Bank im Garten.
5. MONIKA: Hast du die Weinflaschen in _____[a] Schrank gestellt?
   HEIDI: Ja, sie stehen neben _____[b] Gläsern.

6. SOFIE: (*am Telefon*) Was machst du heute?
   MARTA: Nichts! Ich lege mich (in) _____[a] Bett.
   SOFIE: Liegst du schon (in) _____[b] Bett?
   MARTA: Nein, jetzt sitze ich noch (an) _____[c] Schreibtisch.
7. KATRIN: Darf ich mich neben _____[a] (du) setzen?
   STEFAN: Ja, bitte setz _____[b] (du).
8. FRAU RUF: Hast du die Suppe auf _____[a] Herd gestellt?
   HERR RUF: Sie steht schon seit einer Stunde auf _____[b] Herd.
9. HERR RUF: Wo ist der Stadtplan?
   FRAU RUF: Er liegt unter _____ Tasche.

Übung 6 | Vor dem Abendessen

Beschreiben Sie die Bilder. Nützliche Wörter:

legen/liegen	der Küchenschrank
setzen/sitzen	der Schrank
stehen/stellen	die Schublade
	die Serviette
	das Sofa
	der Teller
	der Tisch

MODELL: Die Schuhe → Die Schuhe liegen auf dem Boden.

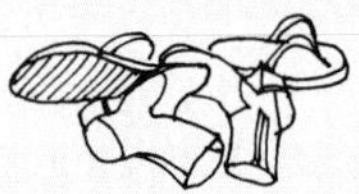

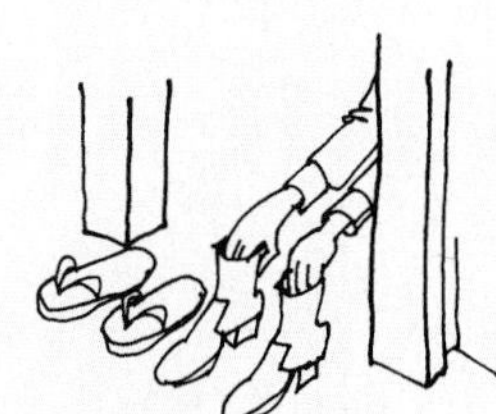

Peter → Peter stellt die Schuhe vor die Tür.

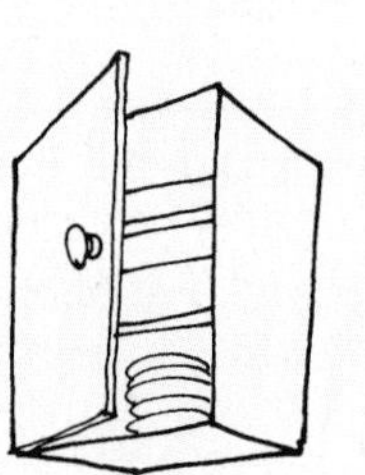

1. Die Teller _____.

2. Albert _____.

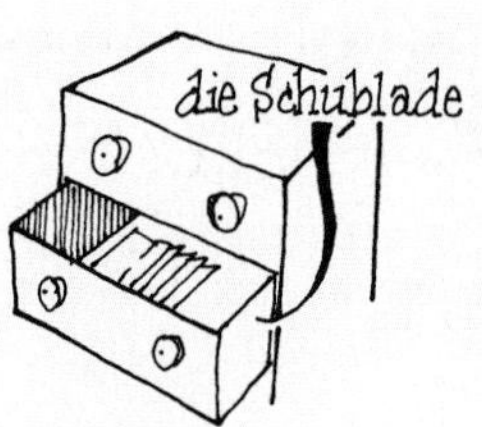

3. Die Servietten _____.

4. Monika _____.

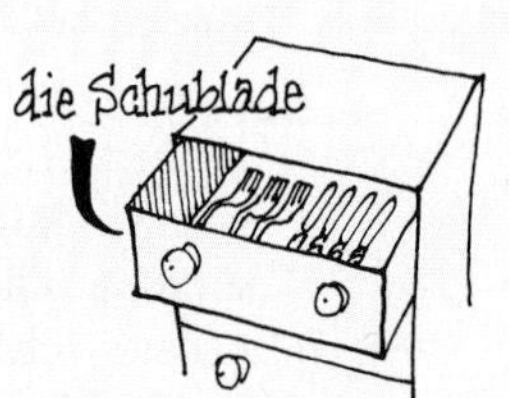

5. Messer und Gabeln _____.

6. Stefan _____.

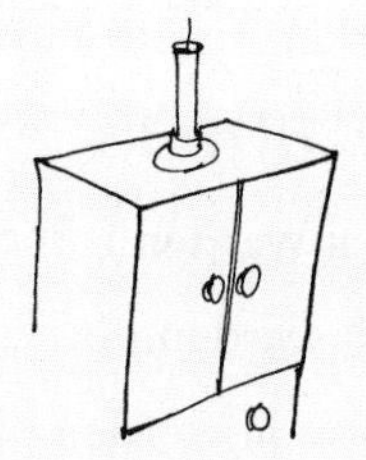

7. Die Kerze ______. 8. Heidi ______. 9. Thomas ______.

8.4 Adjectives in the dative case

In the dative case, nouns are usually preceded by an article **(dem, der, den; einem, einer)** or an article-like word **(diesem, dieser, diesen; meinem, meiner, meinen).** When adjectives occur before such nouns they end in **-en.***

Jutta geht mit ihr**em** neu**en** Freund spazieren. — *Jutta is going for a walk with her new friend.*

Jens gießt sein**er** krank**en** Tante die Blumen. — *Jens is watering the flowers for his sick aunt.*

Ich spreche nicht mehr mit dies**en** unhöflich**en** Menschen. — *I'm not talking with these impolite people any more.*

	Masculine	Neuter	Feminine	Plural
Dative	dies**em** lieb**en** Vater mein**em** lieb**en** Vater	dies**em** lieb**en** Kind mein**em** lieb**en** Kind	dies**er** lieb**en** Mutter mein**er** lieb**en** Mutter	dies**en** lieb**en** Eltern mein**en** lieb**en** Eltern

Übung 7 | Was machen diese Leute?

Achtung!

All nouns have an **-n** in the dative plural unless their plural ends in **-s.**

Nominative: die Freunde

Dative: den Freunde**n** *but:* den Hobbys

Schreiben Sie Sätze.

MODELL: Jens / seine alte Tante / einen Brief schreiben →
Jens schreibt sein**er** alt**en** Tante einen Brief.

1. Jutta / ihr neuer Freund / ihre Lieblings-CD leihen
2. Jens / der kleine Bruder von Jutta / eine Ratte verkaufen
3. Hans / nur seine besten Freunde / die Ratte zeigen
4. Jutta / ihre beste Freundin / ein Buch schenken
5. Jens / sein wütender Lehrer / eine Krawatte kaufen
6. Ernst / seine große Schwester / einen Witz erzählen
7. Jutta / die netten Leute von nebenan / Kaffee kochen
8. Ernst / das süße Baby von nebenan / einen Kuss geben

*Unpreceded adjectives in the dative case follow the same pattern as in the nominative and accusative case, that is, they have the ending of the definite article. For example, **mit frischem Honig** (*with fresh honey*), **mit kalter Milch** (*with cold milk*).

8.5 Talking about the future: the present and future tenses

You already know that **werden** is the equivalent of English *to become.*

Ich möchte Ärztin werden.	*I'd like to become a physician.*

future tense = **werden** + infinitive

You can also use a form of **werden** plus infinitive to talk about future events.

Wo wirst du morgen sein?	*Where will you be tomorrow?*
Morgen werde ich wahrscheinlich zu Hause sein.	*Tomorrow, I will probably be at home.*

When an adverb of time is present or when it is otherwise clear that future actions or events are indicated, German speakers normally use the present tense rather than the future tense to talk about what will happen in the future.

Nächstes Jahre **fahren** wir nach Schweden.	*Next year we're going to Sweden.*
Was **machst** du, wenn du in Schweden bist?	*What are you going to do when you're in Sweden?*

Use **wohl** with the future tense to express present or future probability.

The future tense with **werden** can express present or future probability. In such cases, the sentence often includes an adverb such as **wohl** (*probably*).

Mein Freund wird jetzt **wohl** zu Hause sein.	*My friend should be home now.*
Morgen Abend werden wir **wohl** zu Hause bleiben	*Tomorrow evening, we'll probably stay home.*

Don't forget to put **werden** at the end of the dependent clause.

Ich weiß nicht, ob ich einmal heiraten **werde.**	*I don't know if I'm ever going to get married.*

Übung 8 | Vorsätze

Sie wollen ein neues Leben beginnen? Schreiben Sie sechs Dinge auf, die Sie ab morgen machen werden oder nicht mehr machen werden.

MODELL: Ich werde nicht mehr so oft in Fast-Food-Restaurants gehen.
Ich werde mehr Obst und Gemüse essen.

weniger/mehr fernsehen
weniger/mehr arbeiten
früher/später ins Bett gehen
weniger/mehr Kurse belegen
weniger oft/öfter ins Kino gehen
weniger oft/öfter selbst kochen
weniger/mehr lernen
weniger gesund/gesünder essen

Übung 9 | Morgen ist Samstag

Was machen Frau Schulz und ihre Studenten morgen?

MODELL: Katrin geht morgen ins Kino.

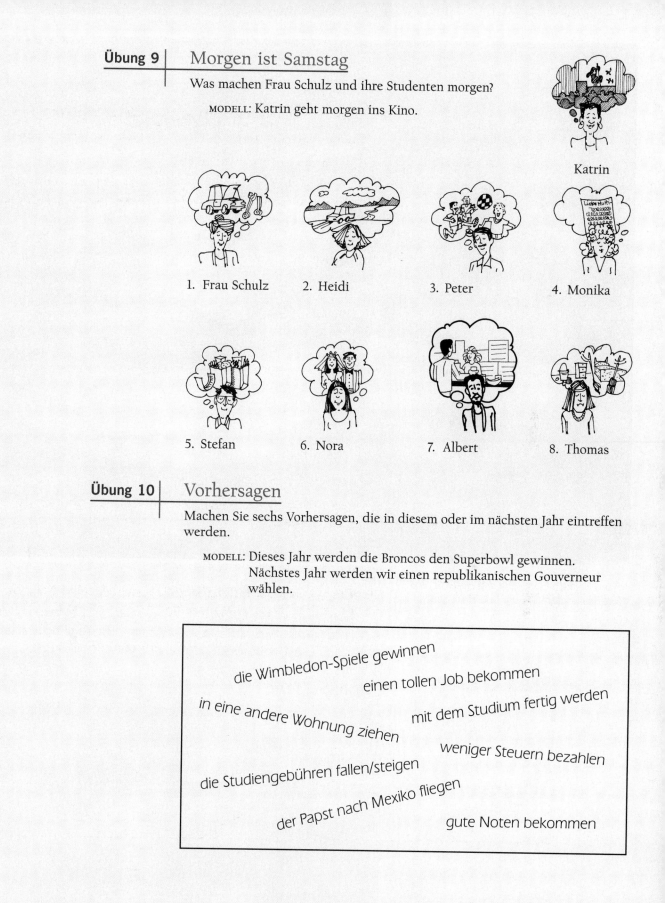

Katrin

1. Frau Schulz

2. Heidi

3. Peter

4. Monika

5. Stefan

6. Nora

7. Albert

8. Thomas

Übung 10 | Vorhersagen

Machen Sie sechs Vorhersagen, die in diesem oder im nächsten Jahr eintreffen werden.

MODELL: Dieses Jahr werden die Broncos den Superbowl gewinnen.
Nächstes Jahr werden wir einen republikanischen Gouverneur wählen.

die Wimbledon-Spiele gewinnen
einen tollen Job bekommen
in eine andere Wohnung ziehen
mit dem Studium fertig werden
weniger Steuern bezahlen
die Studiengebühren fallen/steigen
der Papst nach Mexiko fliegen
gute Noten bekommen

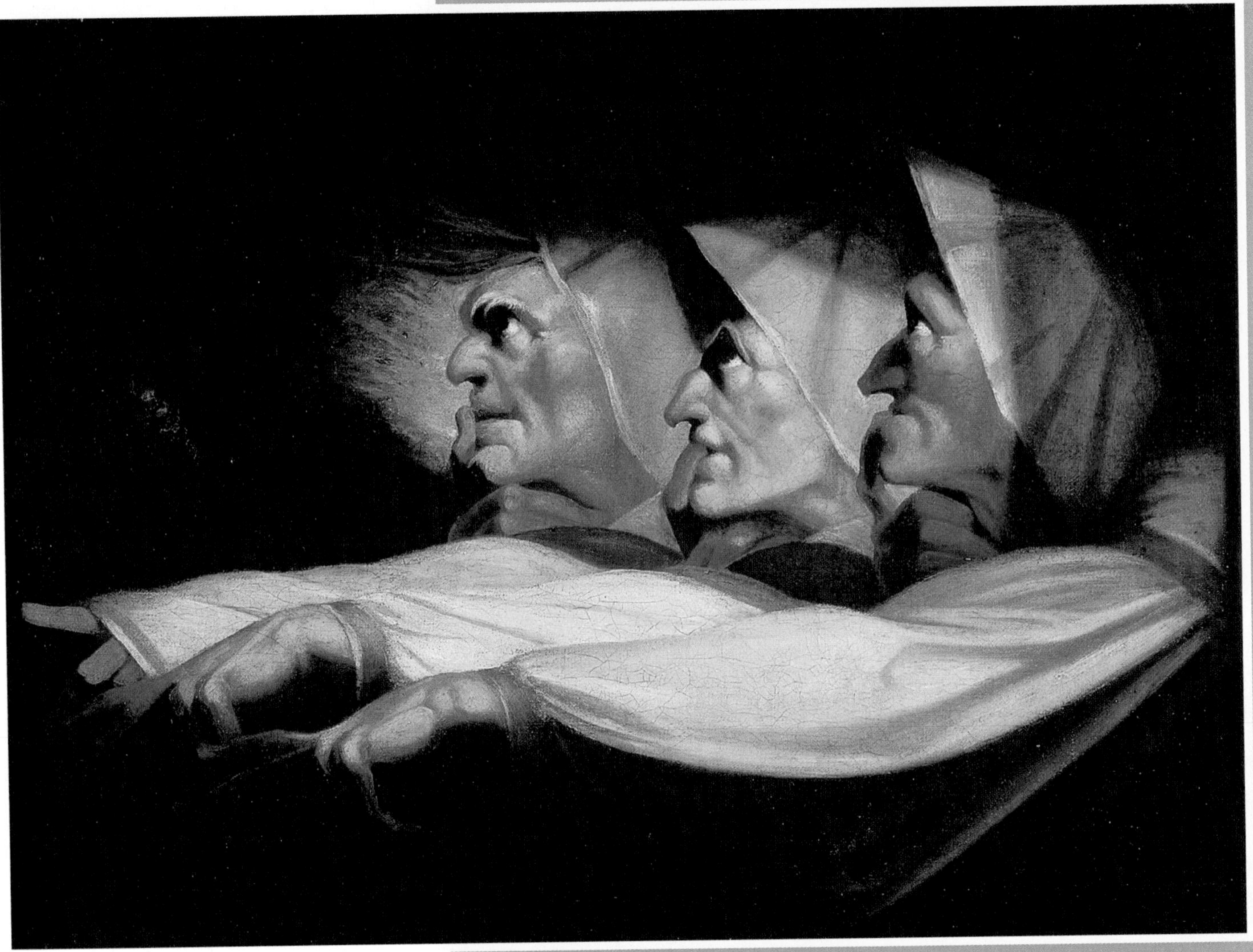

Johann Heinrich Füssli: *Die drei Hexen* (1783), Royal Shakespeare Theater Collection, London

JOHANN HEINRICH FÜSSLI

Johann Heinrich Füssli (1741–1825) wurde in Zürich geboren und studierte dort zunächst[1] Theologie, später beschäftigte er sich[2] mit Literatur. 1763 ging er als Schriftsteller nach London. Dort fing er an, Shakespeare-Dramen zu illustrieren. Er illustrierte neben Shakespeare auch die Dichtung[3] Miltons, sowie Dante und Vergil.

[1] *initially* [2] beschäftigte … *he occupied himself* [3] *literary works*

KAPITEL 9

Kindheit und Jugend

Kapitel 9 deals with memories and past events. You will have the opportunity to talk about your childhood, and you will learn more about the tales that are an important part of childhood in the German-speaking world.

Themen

Kindheit
Jugend
Geschichten
Märchen

Kulturelles

Jugend im 21. Jahrhundert
Die Jugend von heute – eine pragmatische Generation unter Druck
Videoblick: Die Sonne und die Frösche
Videoecke: Schule

Lektüren

Der standhafte Zinnsoldat (TEIL I)
Der standhafte Zinnsoldat (TEIL II)

Strukturen

9.1 The conjunction **als** with dependent-clause word order
9.2 The simple past tense of **werden,** the modal verbs, and **wissen**
9.3 Time: **als, wenn, wann**
9.4 The simple past tense of strong and weak verbs (receptive)
9.5 Sequence of events in past narration: the past perfect tense and the conjunction **nachdem** (receptive)

Situationen

Kindheit

Grammatik 9.1

Jens hat seinem Onkel den Rasen gemäht.

Uli hat im Garten Äpfel gepflückt.

Richard hat mit seiner Mutter Kuchen gebacken.

Bernd hat Staub gesaugt und sauber gemacht.

Willi hat seiner Oma die Blumen gegossen.

Jochen hat seinem kleinen Bruder Geschichten vorgelesen.

Situation 1 | Melanies erstes Haustier

Als Melanie sechs Jahre alt war, hat sie einen Hund zum Geburtstag bekommen. Sie hat ihn Bruno genannt. Was hat sie wohl am nächsten Tag mit ihm gemacht? Ordnen Sie die Aktivitäten den Zeiten zu.

MODELL: Um sechs Uhr ist sie gemeinsam mit Bruno aufgestanden.

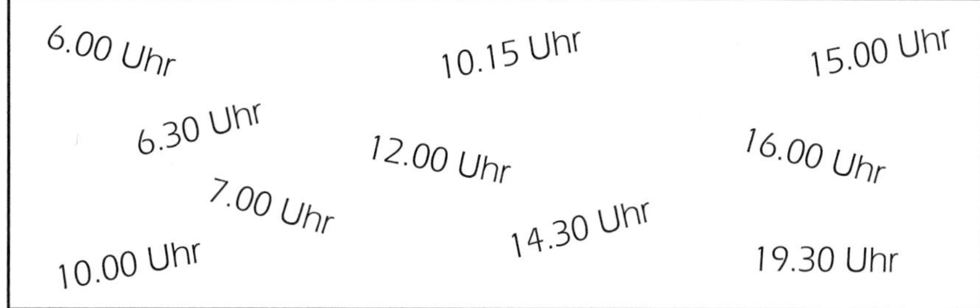

6.00 Uhr
10.15 Uhr
15.00 Uhr
6.30 Uhr
12.00 Uhr
16.00 Uhr
7.00 Uhr
14.30 Uhr
10.00 Uhr
19.30 Uhr

1. Sie ist zusammen mit Bruno eingeschlafen.
2. Sie hat mit ihm gespielt.
3. Sie hat Brunos Korb[1] sauber gemacht.
4. Sie ist mit Bruno spazieren gegangen.
5. Sie ist gemeinsam mit Bruno aufgestanden.
6. Sie hat Bruno gefüttert.
7. Sie hat ihn ihren Freunden gezeigt.
8. Sie hat ihm eine Schleife[2] ins Haar gebunden.
9. Sie hat Bruno in der Badewanne gewaschen.
10. Sie hat ihm einen großen Knochen[3] gekauft.

Situation 2 | Umfrage

MODELL: S1: Hast du als Kind Karten gespielt?
S2: Ja.
S1: Unterschreib bitte hier.

	UNTERSCHRIFT
1. Karten gespielt	________________
2. viel ferngesehen	________________
3. dich mit den Geschwistern gestritten	________________
4. manchmal die Nachbarn geärgert	________________
5. einen Hund oder eine Katze gehabt	________________
6. in einer Baseballmannschaft gespielt	________________
7. Ballettunterricht genommen	________________
8. Fensterscheiben kaputt gemacht	________________

Situation 3 | Interaktion: Als ich 12 Jahre alt war ...

Wie oft haben Sie das gemacht, als Sie 12 Jahre alt waren: **oft, manchmal, selten** oder **nie?**

1. mein Zimmer aufgeräumt
2. Kuchen gebacken
3. Liebesromane gelesen
4. Videos angeschaut
5. heimlich jemanden geliebt
6. spät aufgestanden
7. Freunde eingeladen
8. allein verreist
9. zu einem Fußballspiel gegangen
10. meine Hausaufgaben vergessen

[1] *basket* [2] *bow* [3] *bone*

Jugend im 21. Jahrhundert

Welche verbotenen Dinge tun Sie manchmal? Wie sieht der ideale Freitagabend aus? Diese und viele andere Fragen haben 2 034 deutsche Jugendliche zwischen 14 und 29 Jahren für eine repräsentative Umfrage beantwortet. Die Antworten zeigen das Selbstporträt einer eigensinnigen[1], illusionslosen[2] Generation.

Beantworten Sie die folgenden Fragen zuerst für sich selbst. Vergleichen Sie dann Ihre Antworten mit den Antworten der anderen Studenten in Ihrem Deutschkurs und dann mit denen der deutschen Jugendlichen.

Timo Schacht, 22, Elektrotechniker.
Motto: Immer positiv denken.

Sandra Paul, 26, Modezeichnerin.
Motto: Sich immer wieder neu entdecken.

1. Wie haben Ihre Eltern Sie erzogen?

liebevoll	40 %
liberal	26 %
streng	19 %
antiautoritär	6 %
nachlässig[3]	5 %
mit Prügel[4] und Hausarrest	4 %
gar nicht	2 %

2. Wo sind Sie aufgewachsen?

bei beiden Elternteilen[5]	85 %
bei einem Elternteil	14 %
bei Verwandten	1 %

3. Wo wohnen Sie zur Zeit?

bei den Eltern	50 %
mit meinem Lebenspartner	24 %
allein	18 %
in einer Wohngemeinschaft	6 %
im Wohnheim	1 %

4. Wie viele Stunden sehen Sie jeden Tag fern?

gar nicht	3 %
unter 1 Stunde	21 %
1 bis 2 Stunden	42 %
2 bis 4 Stunden	28 %
4 bis 6 Stunden	5 %
mehr als 6 Stunden	1 %

5. Wie viele Videos sehen Sie pro Woche?

keines	46 %
ein bis zwei	42 %
drei bis fünf	10 %
mehr als zehn	1 %

6. Wie häufig sehen Sie die Nachrichten im Fernsehen?

fast jeden Tag	39 %
oft	32 %
selten	23 %
nie	4 %

7. Wie oft lesen Sie eine Tageszeitung?

fast jeden Tag	42 %
oft	25 %
selten	26 %
nie	7 %

8. Wie viele Bücher haben Sie in den letzten drei Monaten gelesen?

keines	41 %
ein bis zwei	33 %
drei oder mehr	25 %

[1]*stubborn* [2]*without illusions* [3]*negligently* [4]*beatings* [5]*parents*

Situation 4 | Interview

Als du acht Jahre alt warst ...

1. Wo hast du gewohnt? Hattest du Geschwister? Freunde? Wo hat dein Vater gearbeitet? deine Mutter? Was hast du am liebsten gegessen?
2. In welche Grundschule bist du gegangen? Wann hat die Schule angefangen? Wann hat sie aufgehört? Welchen Lehrer / Welche Lehrerin hattest du am liebsten? Welche Fächer hattest du am liebsten? Was hast du in den Pausen gespielt? Was hast du nach der Schule gemacht?
3. Hast du viel ferngesehen? Was hast du am liebsten gesehen? Hast du gern gelesen? Was? Hast du Sport getrieben? Was? Was hast du gar nicht gern gemacht?

Jugend

Grammatik 9.2–9.3

1. Sybille Gretter war sehr begabt. In der Schule wusste sie immer alles.

2. Sie brauchte für die Prüfungen nicht viel zu lernen.

3. Sie konnte auch sehr gut tanzen und wollte Ballerina werden.

4. Dreimal in der Woche musste sie zum Ballettunterricht.

5. Als sie in der letzten Klasse war, hatte sie einen Freund.

6. Ihr Vater durfte nichts davon wissen, denn er war sehr streng.

7. Eines Tages hat sie ihren Freund ihren Eltern vorgestellt.

8. Aber ihr Vater mochte ihn nicht und sie mussten sich trennen.

Kultur ... Landeskunde ... Informationen

Die Jugend von heute – eine pragmatische Generation unter Druck

„Die Jugend von heute liebt den Luxus, hat schlechte Manieren und verachtet[1] die Autorität. Sie widerspricht[2] ihren Eltern, legt die Beine übereinander und tyrannisiert ihre Lehrer."

—Sokrates

- Sind Sie derselben Meinung? Warum?
- Wie beschreiben Sie sich als Jugendliche(r)? Finden Sie gute Adjektive.
- Welche Werte[3], Einstellungen[4] und Gewohnheiten[5] haben Jugendliche in Ihrem Land? Denken Sie an Bildung, Arbeit, Familie, Religion und Politik.

Im September 2006 hat der Mineralölkonzern[6] Shell in Zusammenarbeit mit der Universität Bielefeld die 15. Shell-Jugendstudie herausgebracht. Für die Studie wurden 2 500 deutsche Jugendliche zwischen 12 und 25 Jahren zu ihren Einstellungen und Werten unter anderem zu Bildung, Familie, Religion und Politik befragt.

Laut dieser Studie sehen immer mehr Jugendliche in einer guten Bildung den Grundstein[7] für ein glückliches Leben. Mädchen sind besonders strebsam[8] nach guten Noten und Abschlüssen[9]. Aber die Studie hat auch herausgefunden, dass mehr Jugendliche Angst vor Arbeitslosigkeit[10] und Armut[11] haben. Vor allem solche Jugendlichen denken so, die aus sozial schwachen Familien kommen. 57% der Gymnasiasten sehen positiv in die Zukunft, aber es sind nur 38% bei den Hauptschülern.

Die Sicht von Jugendlichen auf ihre Zukunft hat sich im Vergleich zur letzten Shell-Studie von 2002 leicht verdüstert[12]. Der Druck[13] auf junge Leute ist gestiegen. Doch die Forscher haben festgestellt, dass die Jugend sehr pragmatisch auf diese Situation reagiert. Sie ist leistungsfähiger[14] und zielorientierter[15] als früher. Bei dem großen Druck sucht sie Halt[16] in der Familie. Deshalb sind 72% der jungen Leute der Meinung, dass sie eine Familie brauchen, um glücklich zu sein.

Eine Studentin lernt in der Bibliothek.

- Was denken Sie: Hat es die Jugend im 21. Jahrhundert schwerer als ihre Vorgängergenerationen[17]? Warum?
- Gibt es in Ihrem Land auch repräsentative Studien, die die Einstellungen und Werte von Jugendlichen untersuchen? Recherchieren Sie im Internet. Wenn ja, wie schätzen die jungen Leute ihre allgemeine Situation ein[18]? Vergleichen Sie sie mit der Lage der jungen Deutschen.

[1]*disrespects* [2]*contradicts* [3]*values* [4]*attitudes, views* [5]*habits* [6]*oil company* [7]*basis, foundation* [8]*ambitious* [9]*degrees* [10]*unemployment* [11]*poverty* [12]*darkened* [13]*pressure* [14]*more capable* [15]*more goal-oriented* [16]*support, grounding* [17]*preceding generations* [18]einschätzen *to assess*

Situation 5 | Dialog: Jugendsünden

Michael Pusch geht zum zehnten Klassentreffen seiner Abiturklasse. Er trifft seinen alten Freund Alexander. Die beiden sprechen über ihre gemeinsame Schulzeit.

MICHAEL: Schön, dich mal wieder zu sehen, Alex. Was hast du eigentlich nach dem Abi _____?

ALEXANDER: Ich habe eine Tanzschule _____.

MICHAEL: Nicht schlecht. Gern und gut _____ hast du ja früher schon.

ALEXANDER: Stimmt. Erinnerst du dich an das Drama mit Frau Müller damals?

MICHAEL: Ach, als wir in ihrem Deutschunterricht laut Musik _____ und getanzt haben?

ALEXANDER: Genau. Sie war noch nicht in der Klasse, uns war langweilig und Hans hatte zufällig ein bisschen Musik dabei.

MICHAEL: Und als Frau Müller hereinkam, haben alle wild getanzt und ______. Das war ein Spaß.

ALEXANDER: Danach hat es nur leider viel Ärger mit dem Direktor ______.

MICHAEL: Richtig. Dabei hatten wir diese Sache noch nicht einmal ______.

ALEXANDER: Und als wir Herrn Riedel die Geschichtsklausuren[1] ______ oder das Auto der Französischlehrerin Frau Häuser mit Toilettenpapier ______ haben ...

MICHAEL: Es war eigentlich eine schöne Zeit auf dem Gymnasium.

ALEXANDER: Na ja. Denk doch nur an die vielen Klassenarbeiten.

Situation 6 | Interview

1. Musstest du früh aufstehen, als du zur Schule gegangen bist? Wann?
2. Wann musstest du von zu Hause weggehen?
3. Musstest du zur Schule, wenn du krank warst?
4. Durftest du abends lange fernsehen, wenn du morgens früh aufstehen musstest?
5. Konntest du zu Fuß zur Schule gehen?
6. Wolltest du manchmal lieber zu Hause bleiben? Warum?
7. Was wolltest du werden, als du ein Kind warst?
8. Durftest du abends ausgehen? Wann musstest du zu Hause sein?

Situation 7 | Geständnisse

Sagen Sie, was in diesen Situationen passiert ist, oder was Sie gemacht haben.

MODELL: Als ich zum ersten Mal allein verreist bin, habe ich meinen Teddy mitgenommen.

1. Als ich einmal mit einem Jungen / einem Mädchen im Kino war
2. Als ich zum ersten Mal Kaffee getrunken hatte
3. Wenn ich zu spät nach Hause gekommen bin
4. Als ich mein erstes F bekommen hatte
5. Wenn ich keine Hausaufgaben gemacht habe
6. Wenn ich total verliebt war
7. Als ich zum ersten Mal verliebt war
8. Als ich einmal meinen Hausschlüssel verloren hatte
9. Wenn ich eine schlechte Note bekommen habe
10. Wenn ich eine neue Hose kaputt gemacht habe

Situation 8 | Rollenspiel: Das Klassentreffen

S1: Sie sind auf dem fünften Klassentreffen Ihrer alten High-School-Klasse. Sie unterhalten sich mit einem alten Schulfreund / einer alten Schulfreundin. Fragen Sie: was er/sie nach Abschluss der High School gemacht hat, was er/sie jetzt macht und was seine/ihre Pläne für die nächsten Jahre sind. Sprechen Sie auch über die gemeinsame Schulzeit.

[1] *history exams*

Geschichten

Grammatik 9.4

Als Willi mal allein zu Hause war ...

Situation 9 | Informationsspiel: Was ist passiert?

MODELL: Was ist Sofie passiert? / Was ist dir passiert?
Wann ist es passiert?
Wo ist es passiert?
Warum ist es passiert?

	Sofie	Mehmet	Ernst	mein Partner / meine Partnerin
Was?		hat sein Flugzeug verpasst		
Wann?	als sie im Kino war		als er über den Zaun geklettert ist	
Wo?		in Frankfurt		
Warum?	weil ihre Jackentasche ein Loch hatte		weil der Zaun zu hoch war	

Situation 10 | Und dann?

Suchen Sie für jede Situation eine logische Folge.

MODELL: Jutta konnte ihren Hausschlüssel nicht finden und kletterte durch das Fenster.

1. Ernst machte die Fensterscheibe kaputt
2. Jens reparierte sein Fahrrad
3. Richard sparte ein ganzes Jahr
4. Claire kam in Innsbruck an
5. Michael bekam ein neues Fahrrad
6. Rolf lernte sechs Jahre Englisch
7. Josef arbeitete drei Monate im Krankenhaus
8. Silvia wohnte zwei Semester allein
9. Melanie bekam ihren ersten Kuss

a. machte dann Urlaub in Spanien.
b. fuhr gleich gegen einen Baum.
c. kaufte sich ein Motorrad.
d. kaufte sich einen neuen Pulli.
e. lief weg.
f. machte eine Radtour.
g. flog dann nach Amerika.
h. sagte leise: „Ach du lieber Gott!"
i. zog dann in eine Wohngemeinschaft.
j. ?

Situation 11 | Bildgeschichte: Beim Zirkus

Videoblick

Die Sonne und die Frösche

Warum quaken die Frösche, wenn sie den Mond sehen? Der Videoclip beschreibt, wie es dazu kam.

- Was sollte mit dem Mond geschehen?
- Warum fürchteten sich die Frösche davor[1]?
- Auf welchen Plan verfielen[2] die Frösche?
- Was bewirkte[3] dieser Plan?

[1]fürchteten sich davor *were afraid of it* [2]*came up (with)* [3]*achieved*

Habt ihr denn nicht gehört? Die Sonne will Hochzeit machen!

Lektüre

Vor dem Lesen

A. Kennen Sie das Märchen „Der standhafte Zinnsoldat[1]" von Hans Christian Andersen, dem bekannten dänischen Märchenerzähler? Sehen Sie sich die Zeichnung an. Wer sind die Hauptpersonen in diesem Märchen? Beschreiben Sie sie! Erfinden Sie eine Geschichte!

B. **Extensives Lesen.** Lesen Sie das Märchen „Der standhafte Zinnsoldat" (Teil I) einmal ganz durch. Nach jedem Abschnitt finden Sie drei Sätze. Kreuzen Sie den Satz an, der den Inhalt am besten wiedergibt und lesen Sie weiter.

[1]standhafte ... *steadfast tin soldier*

Lesehilfe

The fairy tale "Der standhafte Zinnsoldat" is one of many fairy tales that are well-known across cultures. Just as in English, a fairy tale in German typically contains certain formulaic expressions or phrases. English fairy tales often begin with the phrase *Once upon a time*. Look at the beginning of this fairy tale to see how German fairy tales typically begin.

Fairy tales in German are typically written and told in the simple past tense. As you read this one, you will encounter many such verb forms. Avoid the temptation to look them up upon the first reading; you will deal with them during the **Arbeit mit dem Text** activities at the end of the reading.

Der standhafte Zinnsoldat

von Hans Christian Andersen

TEIL I

Es waren einmal fünfundzwanzig Zinnsoldaten, die alle Brüder waren, da man sie aus einem alten Zinnlöffel gegossen hatte. Das Gewehr hielten sie im Arm, das Gesicht nach vorne gerichtet. Rot und blau, schmuck und schön war ihre Uniform. Das erste Wort, das sie in dieser Welt hörten, nachdem der Deckel[1] der Schachtel abgenommen wurde, war das Wort „Zinnsoldaten!". Das rief ein kleiner Junge und klatschte dabei vor Freude in die Hände, denn er hatte sie zum Geburtstag bekommen. Er stellte sie auf dem Tisch auf. Ein Soldat war genau wie der andere, nur einer war etwas verschieden[2]: Er hatte nur ein Bein, denn er war zuletzt gegossen worden und das Zinn reichte leider nicht mehr für ihn aus[3]. Doch er stand auf seinem einen Bein genauso fest wie seine anderen Kameraden auf ihren beiden. Aber gerade er sollte noch ein besonderes Schicksal[4] erleiden.

☐ **a.** Ein kleiner Junge bekommt fünfundzwanzig Zinnsoldaten zum Geburtstag.
☐ **b.** Ein kleiner Junge stellt seinen Zinnsoldaten auf den Tisch.
☐ **c.** Ein kleiner Junge bekommt einen Zinnsoldaten mit nur einem Bein.

Auf dem Tisch, auf dem sie standen, war noch vieles andere Spielzeug[5]. Am meisten ins Auge aber fiel ein wunderschönes Schloss ganz aus Papier gebaut. Durch die kleinen Fenster konnte man in die Zimmer hineinsehen. Vor dem Schloss standen kleine Bäume, die um ein Stückchen Spiegel gruppiert waren. Es stellte einen See dar. Schwäne aus Wachs glitten über seine Oberfläche[6] und spiegelten sich darin. Das war alles sehr niedlich[7], aber das niedlichste war doch ein kleines Mädchen, das in der offenen Schlosstür stand. Es war auch aus Papier, trug ein feines Seidenkleid und ein kleines blaues Band über den Schultern. Mitten darauf war eine glänzende Blume, so groß wie ihr ganzes Gesicht. Das kleine Mädchen streckte beide Arme hoch, denn es war eine Tänzerin, und dann hob es das eine Bein so hoch, dass der Zinnsoldat es gar nicht mehr sehen konnte und glaubte, dass es, wie er, nur ein Bein hätte.

„Das wäre eine Frau für mich", dachte er, „aber sie ist etwas vornehm[8], sie wohnt in einem Schloss, und ich habe nur eine Schachtel mit vierundzwanzig anderen darin, das ist kein Ort für sie. Doch ich möchte sie kennenlernen." Und dann legte er sich hinter eine Schnupftabakdose[9], die auf dem Tisch stand. Nun konnte er die kleine, feine Dame anschauen, die immer noch auf einem Bein stand, ohne umzufallen.

☐ **a.** Der Zinnsoldat sieht eine Tänzerin, die er kennenlernen möchte.
☐ **b.** Der Zinnsoldat denkt, dass die Tänzerin nur ein Bein hat, weil er das andere nicht sieht.
☐ **c.** Das Schloss und die Tänzerin sind ganz aus Papier, die Schwäne sind aus Wachs.

Als es Abend wurde, kamen die anderen Zinnsoldaten in ihre Schachtel, und die Leute im Haus gingen ins Bett. Nun begann das Spielzeug zu spielen, nämlich „Es kommen Fremde", „Krieg[10] führen" und „Ball geben". Die Zinnsoldaten rasselten[11] in der Schachtel, denn sie wollten dabei sein, aber sie konnten den Deckel nicht aufheben[12]. Der Nussknacker machte Purzelbäume[13] und die Kreide malte fröhlich auf der Tafel. Es war ein Lärm[14], dass der Kanarienvogel aufwachte und anfing in Versen mitzusprechen. Die beiden einzigen, die sich nicht bewegten[15], waren der Zinnsoldat und die Tänzerin. Sie stand auf der Zehenspitze und hatte beide Arme ausgestreckt. Er war genauso standhaft auf seinem einen Bein und schaute sie die ganze Zeit an.

Nun schlug die Uhr zwölf und der Deckel sprang von der Schnupftabakdose, aber da war kein Tabak drin, nein, sondern ein kleiner schwarzer Kobold[16].

[1]*lid* [2]*different* [3]reichte aus *was enough* [4]*fate* [5]*toys* [6]*surface* [7]*cute* [8]*noble* [9]*snuffbox* [10]*war* [11]*rattled* [12]*lift* [13]*somersaults* [14]*noise* [15]*moved* [16]*goblin*

„Zinnsoldat!“ sagte der Kobold. „Halte deine Augen im Zaum[1]!“
Aber der Zinnsoldat tat, als ob[2] er nicht hörte.
„Ja, warte nur bis morgen!“ sagte der Kobold.

☐ **a.** Wenn die Menschen im Bett sind, spielt das Spielzeug. Der Kanarienvogel spricht mit.
☐ **b.** Das Spielzeug fängt nachts an zu spielen, nur der Zinnsoldat und die Tänzerin nicht. Sie schauen einander die ganze Zeit an.
☐ **c.** Um Mitternacht springt ein Kobold aus der Schnupftabakdose und warnt den Zinnsoldaten: „Halte deine Augen im Zaum!“

Als es nun Morgen wurde und die Kinder aufstanden, stellten sie den Zinnsoldaten ins Fenster – und war es nun der Kobold oder der Wind – auf einmal flog das Fenster auf[3], und der Soldat stürzte drei Stockwerke tief hinab[4]. Das war ein schrecklicher Sturz. Er streckte sein Bein gerade in die Luft und blieb zwischen den Pflastersteinen[5] stecken.

Das Dienstmädchen[6] und der kleine Junge liefen sofort hinunter, um ihn zu suchen. Aber obwohl[7] sie fast auf ihn getreten[8] wären, fanden sie ihn nicht. Hätte der Zinnsoldat gerufen[9]: „Hier bin ich!“ so hätten sie ihn sicher gefunden, aber er fand es nicht passend[10], laut zu schreien, weil er Uniform trug.

Nun begann es zu regnen und die Tropfen fielen immer dichter[11]. Als der Regen vorbei war, kamen zwei Straßenjungen vorbei.

„Sieh“, sagte der eine, „da liegt ein Zinnsoldat! Der soll segeln gehen!“

Sie machten aus Zeitungspapier ein Boot, setzten den Soldaten hinein und ließen ihn den Rinnstein[12] hinuntersegeln. Beide Jungen liefen nebenher und klatschten in die Hände. Was für Wellen[13] waren da in dem Rinnstein! Das Papierboot schwankte[14] und drehte sich im Kreis[15]. Der Zinnsoldat aber blieb standhaft, verzog keine Miene[16], sah nach vorn und hielt das Gewehr im Arm.

☐ **a.** Der Zinnsoldat fällt aus dem Fenster. Zwei Jungen finden ihn und setzen ihn in ein Boot.
☐ **b.** Der Zinnsoldat will nicht laut schreien, weil er das in Uniform nicht passend findet.
☐ **c.** Zwei Jungen machen ein Boot aus Papier und laufen neben dem Rinnstein her.

Arbeit mit dem Text

A. **Intensives Lesen.** Lesen Sie jeden Abschnitt noch einmal und beantworten Sie die folgenden Fragen.

1. Was halten die Zinnsoldaten im Arm? Wie ist ihre Uniform?
2. Warum hat einer der Zinnsoldaten nur ein Bein? Ist das ein Problem?
3. Beschreiben Sie das Schloss! Was stellt der Spiegel dar?
4. Beschreiben Sie das Mädchen! Wie sieht es aus? Wie steht es da?
5. Was denkt der Zinnsoldat, als er sie sieht? Was macht er?
6. Was passiert, wenn die Leute im Haus ins Bett gehen?
7. Was machen der Zinnsoldat und die Tänzerin?
8. Was passiert um Mitternacht?
9. Warum fällt der Zinnsoldat auf die Straße?
10. Warum finden das Dienstmädchen und der kleine Junge ihn nicht?
11. Was machen die beiden Straßenjungen?

[1]Halte … *Control your eyes* [2]tat … *acted as if* [3]flog auf *flew open* [4]stürzte hinab *fell down* [5]*cobblestones* [6]*maid* [7]*although* [8]*stepped* [9]Hätte … *If the tin soldier had called out* [10]*proper* [11]*more heavily* [12]*gutter* [13]*waves* [14]*rocked* [15]*circle* [16]verzog … *did not bat an eyelid*

B. **Wörter erkennen.** Suchen Sie die folgenden Verben im Text und unterstreichen Sie sie. Schreiben Sie die Zeilennummer in die Tabelle. Schreiben Sie ebenfalls den Infinitiv und die englische Übersetzung in die Tabelle.

Präteritumsform	Zeilennummer	Infinitiv	Englisch
rief			
fiel			
glitten			
trug			
hob			
begann			
anfing			
schlug			
tat			
aufstanden			
flog … auf			
liefen			
fand			
ließen			
blieb			
verzog			
sah			
hielt			

Nach dem Lesen

Erzählen Sie die Geschichte weiter. Was passiert mit dem Zinnsoldaten? Was passiert mit der Tänzerin? Sehen sie sich wieder?

Märchen

Grammatik 9.4–9.5

der König
die Königin
die böse Hexe
der Frosch
(der verwunschene Prinz)
der Schatz
die gute Fee
das Schloss
der Jäger
Die böse Stiefmutter vergiftet Schneewittchen.
Der Prinz erlöst die Prinzessin.
Der Prinz tötet den Drachen.

Situation 12 | Schneewittchen

Bringen Sie die Sätze in die richtige Reihenfolge.

____ Die Königin starb bald darauf, und der König heiratete wieder.
____ Der Prinz und Schneewittchen heirateten, aber die böse Stiefmutter musste sterben.
____ Ein Jäger brachte Schneewittchen in den dunklen Wald.
____ Eines Tages kam ein Königssohn. Als er Schneewittchen sah, verliebte er sich in sie und wollte sie mit nach Hause nehmen.
____ Die böse Stiefmutter hasste Schneewittchen, weil sie so schön war.
____ Schneewittchen blieb bei den Zwergen und führte ihnen den Haushalt.
____ Es war einmal eine Königin, die bekam eine Tochter, die so weiß war wie Schnee, so rot wie Blut und so schwarzhaarig wie Ebenholz[1].
____ Die Stiefmutter hörte bald von ihrem Spiegel, dass Schneewittchen noch am Leben war.
____ Schneewittchen lief durch den Wald und kam zu den sieben Zwergen.
____ Die Zwerge weinten und legten sie in einen gläsernen Sarg.
____ Als seine Diener den Sarg wegtrugen, stolperte ein Diener. Das giftige Apfelstück rutschte aus Schneewittchens Hals und sie wachte auf.
____ Die Stiefmutter verkaufte Schneewittchen einen giftigen Apfel, Schneewittchen biss hinein und fiel tot um.

[1] *ebony*

Situation 13 | Bildgeschichte: Dornröschen

Situation 14 | Wer weiß–gewinnt

Aus welchem Märchen ist das?

Dornröschen

Rumpelstilzchen

Aschenputtel

Der Froschkönig

Rotkäppchen

Hänsel und Gretel

Schneewittchen

1. „Knusper, knusper, knäuschen,
wer knuspert an meinem Häuschen?“
„Der Wind, der Wind, das himmlische Kind.“
2. „Spieglein, Spieglein an der Wand, wer ist die Schönste im ganzen Land?“
„Frau Königin, Ihr seid die Schönste hier, aber die junge Königin ist tausendmal schöner als Ihr.“
3. „Ei, Großmutter, was hast du für große Ohren!“
„Damit ich dich besser hören kann.“
„Ei, Großmutter, was hast du für große Augen!“
„Damit ich dich besser sehen kann.“
„Ei, Großmutter, was hast du für ein großes Maul!“
„Damit ich dich besser fressen kann.“
4. „Die Königstochter soll an ihrem fünfzehnten Geburtstag in einen tiefen Schlaf fallen, der hundert Jahre dauert.“
5. „Wenn ich am Tisch neben dir sitzen und von deinem Teller essen und aus deinem Becher trinken und in deinem Bett schlafen darf, dann will ich deinen goldenen Ball aus dem Brunnen heraufholen.“
6. „Rucke di guh, rucke di guh,
Blut ist im Schuh:
Der Schuh ist zu klein,
die rechte Braut sitzt noch daheim.“
7. „Heute back ich, morgen brau ich,
übermorgen hol’ ich der Königin ihr Kind:
ach, wie gut, dass niemand weiß,
dass ich _____ heiß!“

Situation 15 | Was ist passiert?

1. Nachdem Schneewittchen den giftigen Apfel gegessen hatte,
2. Nachdem Hänsel und Gretel durch den dunklen Wald gelaufen waren,
3. Nachdem die Prinzessin den Frosch geküsst hatte,
4. Nachdem die Müllerstochter keinen Schmuck mehr hatte,
5. Nachdem Aschenputtel alle Linsen[1] eingesammelt[2] hatte,
6. Nachdem der Wolf die Großmutter gefressen hatte,
7. Nachdem der Prinz Dornröschen geküsst hatte,
8. Nachdem Rumpelstilzchen seinen Namen gehört hatte,

a. legte er sich in ihr Bett.
b. wurde er sehr wütend.
c. wachte sie auf.
d. fiel sie tot um.
e. verwandelte er sich in einen Prinzen.
f. ging sie auf den Ball.
g. kamen sie zum Haus der Hexe.
h. versprach sie Rumpelstilzchen ihr erstes Kind.

[1]*lentils* [2]*gathered*

Situation 16 | Zum Schreiben: Es war einmal ...

Schreiben Sie ein Märchen. Wählen Sie aus den vier Kategorien etwas aus, oder erfinden Sie etwas.

DIE GUTEN

eine schöne Prinzessin
ein armer Student
eine tapfere Königin
ein treuer Diener
?

DIE AUSGANGSLAGE

frisst Menschen und Tiere
hat lange Zeit geschlafen
bekommt immer nur Fs
vergiftet das Wasser
?

DIE BÖSEN

eine böse Hexe
eine grausame Professorin
ein hungriger Drache
ein böser Stiefvater
?

DIE AUFGABE

drei Rätsel lösen
mit einem Riesen kämpfen
etwas Verlorenes wiederfinden
eine List erfinden
?

Lektüre

Vor dem Lesen

A. Hier ist der zweite Teil des Märchens „Der standhafte Zinnsoldat" von Hans Christian Andersen. Erinnern Sie sich an den ersten Teil? Erzählen Sie, was bisher[1] passiert ist. Die folgenden Ausdrücke helfen Ihnen dabei.

Geburtstag	fünfundzwanzig Zinnsoldaten	Schloss aus Papier	regnen
Kobold	Tänzerin	ein Bein	Boot
Mitternacht	Rinnstein	aus dem Fenster	nicht finden

[1] *thus far*

Lesehilfe

Knowing what fairy tales are like, you can anticipate language and events that you are likely to encounter. Like many fairy tales, this one contains an occasional comment directed to the readers or hearers of the tale. Before reading **Teil II,** scan the text and locate the phrase that is equivalent to English *Just imagine . . .* (Hint: The verb to look for is **sich vor·stellen.**) How many times does it appear? What effect does it have?

In many fairy tales, animals are imbued with the ability to speak a human language. Scan the text and determine what animal talks in this fairy tale. What other supernatural sorts of events might you expect to encounter in **Teil II?**

B. **Extensives Lesen.** Lesen Sie jetzt Teil II des Märchens „Der standhafte Zinnsoldat" einmal ganz durch. Nach jedem Abschnitt finden Sie drei Sätze. Kreuzen Sie den Satz an, der den Inhalt am besten wiedergibt und lesen Sie weiter.

Der standhafte Zinnsoldat

von Hans Christian Andersen

TEIL II

Was bisher geschah: Ein kleiner Junge bekommt Zinnsoldaten zum Geburtstag geschenkt. Einer der Zinnsoldaten verliebt sich in eine kleine Tänzerin. Ein Kobold verwünscht den Zinnsoldaten. Der Zinnsoldat fällt aus dem Fenster. Zwei Jungen finden ihn und setzen ihn in ein Papierboot. Der Soldat segelt im Papierboot den Rinnstein hinunter.

Plötzlich trieb das Boot unter eine lange Rinnsteinbrücke[1]. Da wurde es so dunkel wie in seiner Schachtel.

„Wohin mag ich nur kommen?" dachte der Zinnsoldat. „Ja, ja, das ist die Schuld[2] des Kobolds! Ach, wäre doch das kleine Mädchen[3] hier im Boot, dann könnte es noch so dunkel sein!"

Da kam plötzlich eine große Wasserratte, die unter der Rinnsteinbrücke wohnte. „Hast du einen Pass?" fragte die Ratte. „Her mit dem Pass!"

Aber der Zinnsoldat sagte nichts und hielt das Gewehr noch fester.

Das Boot fuhr davon und die Ratte lief hinterher. Sie rief: „Haltet ihn auf! Haltet ihn auf. Er hat keinen Zoll[4] bezahlt, er hat den Pass nicht vorgezeigt!"

Aber die Strömung[5] wurde stärker und stärker! Und der Zinnsoldat konnte da, wo die Brücke aufhörte, schon das Tageslicht sehen, aber er hörte auch ein Brausen[6], das auch den tapfersten Mann erschrecken[7] konnte. Stellt euch vor, der Rinnstein stürzte, wo die Brücke endete, direkt in einen großen Kanal hinab.

Nun war er schon so nahe, dass er nicht mehr anhalten konnte. Das Boot fuhr hinaus, der arme Zinnsoldat hielt sich, so gut er konnte, aufrecht. Niemand sollte ihm nachsagen[8], dass er auch nur mit den Augen gezwinkert[9] hätte. Das Boot drehte sich drei-, viermal herum und füllte sich dabei bis zum Rand[10] mit Wasser, es musste sinken. Der Zinnsoldat stand bis zum Hals im Wasser, und tiefer und tiefer sank das Boot. Das Papier löste sich auf[11], und nun ging das Wasser schon über den Kopf des Soldaten. Da dachte er an die kleine niedliche Tänzerin, die er nie mehr sehen sollte und an das Lied:

„Fahre, fahre Kriegersmann[12]!
Den Tod sollst du erleiden[13]!"

Nun war das Papier aufgelöst, der Zinnsoldat stürzte hinab und wurde sofort von einem großen Fisch verschluckt[14].

☐ **a.** Der Zinnsoldat denkt, dass alles die Schuld des Kobolds aus der Schnupftabakdose ist.

☐ **b.** Eine große Wasserratte, die unter der Rinnsteinbrücke wohnt, will Zoll vom Zinnsoldaten.

☐ **c.** Das Boot geht unter und der Zinnsoldat stürzt in einen Kanal, wo ihn ein Fisch verschluckt.

Es war sehr dunkel, noch schlimmer als unter der Rinnsteinbrücke, und dann war es sehr eng. Aber der Zinnsoldat blieb standhaft und lag mit dem Gewehr im Arm.

[1] *gutter bridge* [2] *fault* [3] wäre ... *if only the little girl were* [4] *customs duty* [5] *current* [6] *roaring* [7] *scare* [8] *accuse* [9] *blinked* [10] *brim* [11] löste ... *dissolved* [12] *warrior* [13] *suffer* [14] *swallowed*

Der Fisch schwamm umher und machte schreckliche Bewegungen[1]. Endlich[2] wurde er ganz still. Dann wurde es plötzlich ganz hell und jemand rief laut: „Der Zinnsoldat!" Der Fisch war gefangen, auf den Markt gebracht und verkauft worden. Dann hatte die Köchin ihn in der Küche mit einem großen Messer aufgeschnitten und den Zinnsoldaten gefunden. Sie nahm ihn und brachte ihn ins Wohnzimmer, wo alle den seltsamen[3] Mann sehen wollten, der im Bauch eines Fisches herumgereist war. Und stellt euch vor, der Zinnsoldat war in demselben Wohnzimmer, in dem er früher gewesen war. Er sah dieselben Kinder und dasselbe Spielzeug stand auf dem Tisch: Das herrliche Schloss mit der niedlichen kleinen Tänzerin, die noch immer auf einem Bein stand. Sie war auch standhaft und das rührte[4] den Zinnsoldaten. Er war nahe daran, Zinn zu weinen, aber das schickte sich nicht[5]. Er sah sie an, aber sie sagten gar nichts.

- ☐ **a.** Es ist sehr eng und dunkel im Bauch des Fisches, aber der Zinnsoldat bleibt standhaft.
- ☐ **b.** Jemand fängt den Fisch, er kommt auf den Markt und zurück in die gleiche Wohnung, wo der Zinnsoldat vorher war. Hier findet ihn die Köchin und bringt ihn ins Wohnzimmer zurück.
- ☐ **c.** Das schöne Schloss ist immer noch da, und die Tänzerin steht standhaft auf ihrem einen Bein.

Da nahm der eine der kleinen Jungen den Soldaten und warf ihn in den Ofen, obwohl er gar keinen Grund[6] dafür hatte. Es war aber sicher der Kobold in der Dose[7], der daran Schuld war.

Der Zinnsoldat stand da und fühlte eine Hitze, die schrecklich[8] war. Aber ob sie von dem wirklichen Feuer oder von der Liebe kam, das wusste er nicht. Die Farben waren ganz von ihm abgegangen. Ob das auf der Reise geschehen war oder ob der Kummer[9] daran Schuld war, konnte niemand sagen. Er sah das kleine Mädchen an, sie blickte ihn an, und er fühlte, dass er schmolz[10]. Aber noch immer stand er standhaft mit dem Gewehr im Arm. Da ging eine Tür auf, der Wind ergriff[11] die Tänzerin, und sie flog direkt in den Ofen zum Zinnsoldaten, loderte in Flammen auf und war sofort verschwunden[12]. Da schmolz der Zinnsoldat zu einem Klumpen[13], und als das Dienstmädchen am nächsten Tag die Asche herausnahm, fand sie ihn als ein kleines Zinnherz. Von der Tänzerin war nur noch die Blume da, und die war kohlschwarz gebrannt.

- ☐ **a.** Einer der kleinen Jungen wirft den Zinnsoldaten ohne Grund in den Ofen, wo er anfängt zu schmelzen.
- ☐ **b.** Einer der kleinen Jungen wirft den Zinnsoldaten in den Ofen und der Wind bläst die Tänzerin hinterher.
- ☐ **c.** Das Dienstmädchen findet am nächsten Tag ein kleines Zinnherz und eine schwarze Blume.

Arbeit mit dem Text

A. **Intensives Lesen.** Lesen Sie jeden Abschnitt noch einmal und beantworten Sie die folgenden Fragen.

1. Wem begegnet der Zinnsoldat unter der Rinnsteinbrücke? Was will sie von ihm? Was passiert?
2. Was passiert, als der Zinnsoldat aus der Rinnsteinbrücke herauskommt?
3. Wie kommt der Zinnsoldat zurück in die Wohnung des kleinen Jungen?
4. Wen sieht der Zinnsoldat in der Wohnung? Wie fühlt er sich?
5. Was macht der Junge mit dem Zinnsoldaten? Warum macht er das?
6. Was passiert mit dem Zinnsoldaten?
7. Was passiert mit der Tänzerin?
8. Was findet das Dienstmädchen am nächsten Morgen?

[1]*movements* [2]*Finally* [3]*strange* [4]*moved* [5]schickte ... *wasn't proper* [6]*reason* [7]*box* [8]*horrible* [9]*sorrow* [10]*was melting* [11]*caught* [12]*vanished* [13]*lump*

B. **Kollokationen bilden.** Verbinden Sie das Objekt mit dem Verb. Suchen Sie dann die Kollokation im Text und unterstreichen Sie sie. Tipp: Die Objekte stehen im Text in der gleichen Reihenfolge. Übersetzen Sie dann die Kollokation ins Englische.

1.

OBJEKT	VERB	ENGLISCH
unter der Brücke	bezahlen	______
Zoll	füllen	______
den Pass	hören	______
das Tageslicht	sehen	______
ein Brausen	vorzeigen	______
mit den Augen	wohnen	*to live under the bridge*
bis zum Rand	zwinkern	______

2.

OBJEKT	VERB	ENGLISCH
den Fisch	auflodern	______
auf den Markt	aufschneiden	______
mit einem Messer	bringen	______
auf einem Bein	fangen	______
in den Ofen	schmelzen	______
in Flammen	stehen	______
zu einem Klumpen	werfen	______

Nach dem Lesen

Erzählen Sie das Märchen. Machen Sie sich Notizen und erzählen Sie dann das Märchen einem Partner oder einer Partnerin.

Videoecke 

- In welche Klasse gehst du?
- Was sind deine Lieblingsfächer?
- Was gefällt dir daran?
- Hast du gute Noten?
- Wann ist eure nächste Prüfung?
- Wie bereitest du dich darauf vor?
- Was gefällt dir an deiner Schule?
- Was gefällt dir nicht?
- Wie sieht dein Schulalltag aus?

Katharina geht in die 5. Klasse der Mittelschule. Ihr Hobby ist Fahrrad fahren.

Susann geht aufs Gymnasium, in die 8. Klasse. Ihre Hobbys sind Lesen, Fernsehen und Musik hören.

Aufgabe 1

Wer sagt das, Susann oder Katharina? Was sagt das andere Mädchen?

	KATHARINA	SUSANN
1. Ich geh' in die 8b.	☐	☐
2. Meine Lieblingsfächer sind Musik und Zeichnen.	☐	☐
3. Ich mag diese Fächer, weil ich damit meine Noten verbessern kann.	☐	☐
4. Wir schreiben morgen eine Mathearbeit.	☐	☐
5. Ich übe so lange, bis ich auch alles wirklich kann.	☐	☐
6. Mir gefällt nicht, dass die Jungs sich immer prügeln müssen.	☐	☐
7. Nach der Schule suche ich mir eine Lehre und fange einen Beruf an.	☐	☐

Aufgabe 2

Wie sieht der Schulalltag von Katharina aus? Bringen Sie die Sätze und Satzteile in die richtige Reihenfolge.

_____ Dann fahre ich mit der Straßenbahn zur Schule.
_____ Ich stehe morgens viertel sechs auf
_____ und füttere meine Katze.
_____ Nach sieben Stunden gehe ich dann nach Hause
_____ und mach' mich um sieben aus dem Staub.

Wortschatz

Kindheit und Jugend	Childhood and Youth
die **Ausbildung, -en** (R)	education
die **Klasse, -n**	grade (level)
die **Note, -n**	grade
die **Puppe, -n**	doll
der **Abschluss**	graduation
der **Ballettunterricht**	ballet class
das **Klassentreffen, -**	class reunion
das **Mädchen, -**	girl
das **Vorbild, -er**	role model, idol

Ähnliche Wörter

der **Clown, -s**; der **Spielplatz, ¨-e**; der **Teddy, -s**; der **Zirkus, -se**, das **Kostüm, -e**

Märchen	Fairy Tales
die **Braut, ¨-e**	bride
die **Fee, -n**	fairy
die **Hexe, -n** (R)	witch
die **Königin, -nen**	queen
die **List, -en**	deception, trick
der **Brunnen, -**	well; fountain
der **Diener, -**	servant
der **Drache, -n** (*wk. masc.*)	dragon
der **Jäger, -**	hunter
der **König, -e**	king
der **Riese, -n** (*wk. masc.*)	giant
der **Sarg, ¨-e**	coffin
der **Schatz, ¨-e**	treasure
der **Zwerg, -e**	dwarf
das **Märchen, -**	fairy tale
das **Rätsel, -**	puzzle, riddle
ein Rätsel lösen	to solve a puzzle/riddle
das **Schloss, ¨-er**	castle
erlösen	to rescue, free
kämpfen	to fight
klettern, ist geklettert	to climb
küssen	to kiss
sterben, stirbt, starb, ist gestorben	to die
töten	to kill
träumen	to dream
um·fallen, fällt ... um, fiel ... um, ist umgefallen	to fall over
vergiften	to poison
sich verwandeln in (+ *akk.*)	to change into

verwünschen	to curse, cast a spell on
böse	evil, mean
eklig	gross, loathsome
giftig	poisonous
gläsern	glass
grausam	cruel
heimlich	secret
tapfer	brave
tot	dead
treu	loyal, true
verwunschen	cursed; enchanted

Ähnliche Wörter

die **Prinzessin, -nen**; die **Stiefmutter, ¨**; der **Prinz, -en** (*wk. masc.*); der **Stiefvater, ¨**; das **Blut**; das **Feuer, -**

Natur und Tiere	Nature and Animals
der **Baum, ¨e**	tree
der **Frosch, ¨e**	frog
der **Schnee**	snow
das **Maul, ¨er**	mouth (of an animal)
das **Pferd, -e** (R)	horse
beißen, biss, gebissen	to bite
fressen, frisst, fraß, gefressen	to eat (*said of an animal*)
füttern	to feed
pflücken	to pick

Ähnliche Wörter

der **Busch, ¨e**; der **Dorn, -en**; der **Elefant, -en** (*wk. masc.*); der **Wind, -e**; der **Wolf, ¨e**; das **Schwein, -e**

Sonstige Substantive	Other Nouns
die **Direktorin, -nen**	female (school) principal, director
die **Einbrecherin, -nen**	female burglar
die **Feier, -n**	celebration, party
die **Fensterscheibe, -n**	windowpane
die **Fremdsprache, -n**	foreign language
die **Freude, -n**	joy, pleasure
die **Mannschaft, -en**	team
die **Baseballmannschaft, -en**	baseball team
die **Naturwissenschaft, -en**	natural science
die **Radtour, -en**	bicycle tour
die **Regisseurin, -nen**	female (film/stage) director
die **Schauspielerin, -nen**	actress
die **Süßigkeit, -en**	sweet, candy
die **Taschenlampe, -n**	flashlight
die **Verspätung, -en**	delay
die **Wissenschaftlerin, -nen**	female scientist
der **Ärger**	trouble
der **Becher, -**	cup, mug
der **Direktor, -en**	(school) principal, director
der **Einbrecher, -**	male burglar
der **Hals, ¨e**	neck; throat
der **Liebesroman, -e**	romance novel
der **Regisseur, -e**	male (film/stage) director
der **Schatten, -**	shadow, shade
der **Schauspieler, -**	actor
der **Schlüssel, -**	key
der **Hausschlüssel, -**	house key
der **Wissenschaftler, -**	male scientist
der **Zaun, ¨e**	fence
das **Geräusch, -e**	sound, noise
das **Leben, -**	life
am Leben sein	to be alive
das **Loch, ¨er**	hole

Ähnliche Wörter

die **Ballerina, -s**; die **Dramatikerin, -nen**; die **Fußballspielerin, -nen**; die **Tennisspielerin, -nen**; der **Dramatiker, -**; der **Fußballspieler, -**; der **Haushalt, -e**; der **Schlaf**; der **Tennisspieler, -**; das **Glas, ¨er**; das **Rockkonzert, -e**; das **Video, -s**; das **Werk, -e**

Sonstige Verben	Other Verbs
ändern	to change
bitten (um + *akk.*), **bat, gebeten**	to ask (for)
sich erinnern (an + *akk.*)	to remember
eröffnen	to open
hassen	to hate
holen	to fetch, (go) get
los·fahren, fährt ... los, fuhr ... los, ist losgefahren (R)	to drive/ride off
rutschen, ist gerutscht	to slide, slip
schimpfen	to cuss; to scold
stehlen, stiehlt, stahl, gestohlen	to steal
stolpern, ist gestolpert	to trip
streiten, gestritten	to argue, quarrel
übersetzen	to translate
sich unterhalten, unterhält, unterhielt, unterhalten	to converse
sich verlieben (in + *akk.*)	to fall in love (with)
verpassen	to miss
sich verstecken	to hide
vor·lesen, liest ... vor, las ... vor, vorgelesen	to read aloud
wachsen, wächst, wuchs, ist gewachsen	to grow
zerreißen, zerriss, zerrissen	to tear

Ähnliche Wörter

fallen, fällt, fiel, ist gefallen; wecken; weg·tragen, trägt ... weg, trug ... weg, weggetragen

Adjektive und Adverbien	Adjectives and Adverbs
arm	poor
bald	soon
bald darauf	soon thereafter
begabt	gifted
daheim	at home
damals	back then
endlich	finally
hinein	in(ward)
leise	quiet(ly)
mitten	in the middle
mitten in der Nacht	in the middle of the night
neulich	recently
plötzlich	suddenly
streng	strict
übermorgen	the day after tomorrow
unterwegs	on the road
vorbei	past, over
zufällig	accidental(ly)
zurück	back

Ähnliche Wörter

deutschsprachig, hungrig, schwarzhaarig, täglich

Sonstige Wörter und Ausdrücke	Other Words and Expressions
denn	for, because
gegen (+ *akk.*)	against
nachdem	after (*conj.*)
neben	next to
nichts	nothing
Sonstiges	other things
trotzdem	in spite of that

Strukturen und Übungen

9.1 The conjunction *als* with dependent-clause word order

The conjunction **als** (*when*) is commonly used to express that two events or circumstances happened at the same time. The **als**-clause establishes a point of reference in the past for an action or event described in the main clause.

Als ich zwölf Jahre alt war, bin ich zum ersten Mal allein verreist.	*When I was twelve years old, I traveled alone for the first time.*

Wissen Sie noch?

An **als**-clause is a type of dependent clause. As in other dependent clauses, the conjugated verb appears at the end of the clause.

Review grammar 3.4 and 7.1.

When an **als**-clause introduces a sentence, it occupies the first position. Consequently, the conjugated verb in the main clause occupies the second position and the subject of the main clause the third position.

1 — Als ich 12 Jahre alt **war,** / 2 — **bin** / 3 — **ich** zum ersten Mal allein verreist.

Note that the conjugated verb in the **als**-clause appears at the end of the clause.

Übung 1 Meilensteine

Schreiben Sie 10–15 Sätze über Ihr Leben. Beginnen Sie jeden Satz mit **als.**

MODELL: Als ich eins war, habe ich laufen gelernt.
Als ich zwei war, habe ich sprechen gelernt.
Als ich fünf war, bin ich in die Schule gekommen.
Als ich ...

9.2 The simple past tense of *werden,* the modal verbs, and *wissen*

Use the simple past tense of **haben, sein, werden, wissen,** and the modal verbs in both writing and conversation.

The simple past tense is preferred over the perfect tense with some frequently used verbs, even in conversational German. These verbs include **haben, sein, werden,** the modal verbs, and the verb **wissen.**

Frau Gretter **war** sehr begabt.	*Mrs. Gretter was very talented.*
In der Schule **wusste** sie immer alles.	*In school she always knew everything.*
Sie **hatte** viele Freundinnen und Freunde.	*She had many friends.*

The conjugations of **werden,** the modal verbs, and **wissen** appear on the following page. For **haben** and **sein,** refer back to **Strukturen 7.5.** Notice that the **ich-** and the **er/sie/es**-forms are the same.

A. The verb **werden**

Michael **wurde** Tierpfleger.	*Michael became an animal caretaker.*
Im August **wurde** er sehr krank.	*In August he became very sick.*

werden			
ich	wurde	*wir*	wurden
du	wurdest	*ihr*	wurdet
Sie	wurden	*Sie*	wurden
er / *sie* / *es*	wurde	*sie*	wurden

B. Modal Verbs

To form the simple past tense of modal verbs, use the stem, drop any umlauts, and add **-te-** plus the appropriate ending.

können → könn → konn → konnte → du konntest

Gestern **wollten** wir ins Kino gehen.	*Yesterday, we wanted to go to the movies.*
Mehmet **musste** jeden Tag um sechs aufstehen.	*Mehmet had to get up at six every morning.*
Helga und Sigrid **durften** mit sechs Jahren noch nicht fernsehen.	*When they were six, Helga and Sigrid weren't yet allowed to watch TV.*

Here are the simple past-tense forms of the modal verbs.

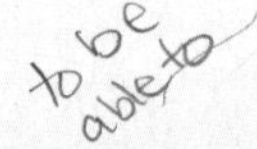

	können	**müssen**	**dürfen**	**sollen**	**wollen**	**mögen**
ich	konnte	musste	durfte	sollte	wollte	mochte
du	konntest	musstest	durftest	solltest	wolltest	mochtest
Sie	konnten	mussten	durften	sollten	wollten	mochten
er / *sie* / *es*	konnte	musste	durfte	sollte	wollte	mochte
wir	konnten	mussten	durften	sollten	wollten	mochten
ihr	konntet	musstet	durftet	solltet	wolltet	mochtet
Sie	konnten	mussten	durften	sollten	wollten	mochten
sie	konnten	mussten	durften	sollten	wollten	mochten

Note the consonant change in the past tense of **mögen**: **moch**te.

C. The verb **wissen**

The forms of the verb **wissen** are similar to those of the modal verbs.

Ich **wusste** nicht, dass du keine Erdbeeren magst. — *I didn't know that you don't like strawberries.*

Here are the simple past-tense forms.

wissen			
ich	wusste	*wir*	wussten
du	wusstest	*ihr*	wusstet
Sie	wussten	*Sie*	wussten
er / *sie* / *es*	wusste	*sie*	wussten

Übung 2 | Fragen und Antworten

Hier sind die Fragen. Was sind die Antworten?

MODELL: Lydia, warum bist du nicht mit ins Kino gegangen? (nicht können)
→ Ich konnte nicht.

1. Ernst, warum bist du nicht mit zum Schwimmen gekommen? (nicht dürfen)
2. Maria, warum bist du nicht gekommen? (nicht wollen)
3. Jens, gestern war Juttas Geburtstag! (das / nicht wissen)
4. Jutta, warum hast du eine neue Frisur? (eine/wollen)
5. Jochen, warum hast du das Essen nicht gekocht? (das / nicht sollen)

Übung 3 | Minidialoge

Setzen Sie Modalverben oder **wissen** ein.

1. SILVIA: Was hast du gemacht, wenn du nicht zur Schule gehen _____[a], Jürgen?
   JÜRGEN: Ich habe gesagt: „Ich bin krank."
   SILVIA: Haben deine Eltern das geglaubt?
   JÜRGEN: Nein, meine Mutter _____[b] immer, was los war.
2. ERNST: Hans, warum bist du gestern nicht auf den Spielplatz gekommen?
   HANS: Ich _____[a] nicht. Ich habe eine Fünf in Mathe geschrieben und _____[b] zu Hause bleiben.
   ERNST: Schade. Wir _____[c] Fußball spielen, aber dann _____[d] wir nicht genug Spieler finden.
3. HERR RUF: Guten Tag, Frau Gretter. Tut mir leid, dass ich neulich nicht zu Ihrer kleinen Feier kommen _____[a]. Aber ich _____[b] meine alte Tante in Würzburg besuchen.
   FRAU GRETTER: Ja, wirklich schade. Ich _____[c] gar nicht, dass Sie eine Tante in Würzburg haben.
   HERR RUF: Sie zieht diese Woche nach Düsseldorf zu ihrer Tochter, und ich _____[d] sie noch einmal besuchen.

9.3 Time: *als, wenn, wann*

Als refers to a circumstance (time period) in the past or to a single event (point in time) in the past or present, but never in the future.

TIME PERIOD

Als ich 15 Jahre alt war, sind meine Eltern nach Texas gezogen.
When I was 15 years old, my parents moved to Texas.

POINT IN TIME

Als wir in Texas angekommen sind, war es sehr heiß.
When we arrived in Texas, it was very hot.

Als Veronika ins Zimmer kommt, klingelt das Telefon.
When (As) Veronika comes into the room, the phone rings.

Wenn has three distinct meanings: a conditional meaning and two temporal meanings. In conditional sentences, **wenn** means *if.* In the temporal sense, **wenn** may be used to describe events that happen or happened one or more times (*when[ever]*) or to describe events that will happen in the future (*when*).

CONDITION

Wenn man auf diesen Knopf drückt, öffnet sich die Tür.
If you press this button, the door will open.

REPEATED EVENTS

Wenn Herr Wagner nach Hause kam, freuten sich die Kinder.
When(ever) Mr. Wagner came home, the children were happy.

Wenn Herr Wagner nach Hause kommt, freuen sich die Kinder.
When(ever) Mr. Wagner comes home, the children are happy.

FUTURE EVENT

Wenn ich in Frankfurt ankomme, rufe ich dich an.
When I arrive in Frankfurt, I'll call you.

In the simple past, **wenn** refers to a habit or an action or event that happened repeatedly or customarily; **als** refers to a specific action or event that happened once, over a particular time period or at a particular point in time in the past.

Wenn ich nicht zur Schule gehen wollte, habe ich gesagt, dass ich krank bin.	*When(ever) I didn't want to go to school, I said that I was sick.*
Als ich mein erstes F bekommen habe, habe ich geweint.	*When I got my first F, I cried.*

Wann is an adverb of time meaning *at what time.* It is used in both direct and indirect questions.

Wann hast du deinen ersten Kuss bekommen?	*When did you get your first kiss?*
Ich weiß nicht, **wann** der Zug kommt.	*I don't know when the train is coming.*

Note that when **wann** is used in an indirect question, the conjugated verb comes at the end of the clause.

When	
Single event in past or present (*at one time*) Circumstance in the past	**als**
Condition (*if*) Repeated event in past, present, or future (*whenever*) Single event in the future (*when*)	**wenn**
Adverb of time (*at what time?*)	**wann**

Übung 4 Minidialoge

Wann, wenn oder **als?**

1. ERNST: _____[a] darf ich fernsehen?
   FRAU WAGNER: _____[b] du deine Hausaufgaben gemacht hast.
2. ROLF: Oma, _____[a] hast du Opa kennengelernt?
   SOFIE: _____[b] ich siebzehn war.
3. STEFAN: Was habt ihr gemacht, _____ ihr in München wart?
   NORA: Wir haben sehr viele Filme gesehen.
4. MARTHA: _____[a] hast du Sofie getroffen?
   WILLI: Gestern, _____[b] ich an der Uni war.
5. ALBERT: _____[a] fliegst du nach Europa?
   PETER: _____[b] ich genug Geld habe.
6. MONIKA: Du spielst sehr gut Tennis. _____[a] hast du das gelernt?
   HEIDI: _____[b] ich noch klein war.

Übung 5 Ein Brief

Wann, wenn oder **als?**

Liebe Tina,
gestern Nachmittag musste ich meiner Oma mal wieder Kuchen und Wein bringen. Immer _____[a] ich mich mit meinen Freunden verabrede[1], will mein Vater irgendetwas[2] von mir. Ich war ganz schön wütend. _____[b] ich den Korb[3] zusammengepackt habe, habe ich leise geschimpft. _____[c] ich meine Oma besuche, muss ich immer ein bisschen dableiben und mich mit ihr unterhalten. Das ist langweilig und anstrengend[4], denn die Oma hört nicht mehr so gut. Außerdem wohnt sie am anderen Ende der Stadt. Auch _____[d] ich mit dem Bus fahre, dauert es mindestens zwei Stunden.

_____[e] ich aus dem Haus gekommen bin, habe ich an der Ecke Billy auf seinem Moped gesehen. _____[f] ich ihn zum letzten Mal gesehen habe, haben wir uns prima unterhalten.

„_____[g] kommst du mal wieder ins Jugendzentrum?" hat Billy gerufen. „Vielleicht heute gegen Abend", habe ich geantwortet. _____[h] ich mich auf den Weg gemacht habe, hat es auch noch angefangen zu regnen. Und natürlich ... wie immer ... _____[i] es regnet, habe ich keinen Regenschirm dabei. So viel für heute.

Tausend Grüße

deine Jutta

[1]*make a date* [2]*something* [3]*basket* [4]*strenuous*

9.4 The simple past tense of strong and weak verbs (receptive)

In written texts, the simple past tense is frequently used instead of the perfect to refer to past events.

Jutta **fuhr** allein in Urlaub.	*Jutta went on vacation alone.*
Ihr Vater **brachte** sie zum Bahnhof.	*Her father took her to the train station.*

In the simple past tense, just as in the present tense, separable-prefix verbs are separated in independent clauses but joined in dependent clauses.

Rolf **stand** um acht Uhr **auf.** Es war selten, dass er so früh **aufstand.**	*Rolf got up at eight. It was rare that he got up so early.*

A. Weak Verbs

weak verbs = **-(e)te-**

You can recognize the simple past of weak verbs by the **-(e)te-** that is inserted between the stem and the ending.

PRESENT		SIMPLE PAST	PRESENT		SIMPLE PAST
du sagst	:	du sag**te**st	sie arbeitet	:	sie arbeit**ete**

Wir bad**eten**, bau**ten** Sandburgen und spiel**ten** Volleyball.	*We went swimming, built sand castles, and played volleyball.*

Like modal verbs, simple past-tense forms do not have an ending in the **ich-** and the **er/sie/es-**forms: **ich sagte, er sagte.** Here are the simple past-tense forms of the verb **machen.**

machen			
ich	machte	*wir*	machten
du	machtest	*ihr*	machtet
Sie	machten	*Sie*	machten
er / *sie* / *es*	machte	*sie*	machten

irregular weak verbs = stem vowel change + **-te-**

For a few weak verbs, the stem of the simple past is the same as the one used to form the past participle.

PRESENT	SIMPLE PAST	PERFECT	
bringen	brachte	hat gebracht	*to bring*
denken	dachte	hat gedacht	*to think*
kennen	kannte	hat gekannt	*to know, be acquainted with*
wissen	wusste	hat gewusst	*to know (as a fact)*

strong verbs = stem vowel change

B. Strong Verbs

All strong verbs have a different stem in the simple past: **schwimmen/schwamm, singen/sang, essen/aß.** Since English also has a number of verbs with irregular stems in the past (*swim/swam, sing/sang, eat/ate*), you will usually have no trouble recognizing simple past stems. You will recognize the **ich-** and **er/sie/es-**forms of strong verbs easily, because they do not have an ending.

Through practice reading texts in the simple past, you will gradually become familiar with the various patterns of stem change that exist. Here are some common past-tense forms you are likely to encounter in your reading.* A more complete list of stem-changing verbs can be found in Appendix F.

bleiben	blieb	*to stay*
essen	aß	*to eat*
fahren	fuhr	*to drive*
fliegen	flog	*to fly*
geben	gab	*to give*
gehen	ging	*to go*
lesen	las	*to read*
nehmen	nahm	*to take*
rufen	rief	*to call*
schlafen	schlief	*to sleep*
schreiben	schrieb	*to write*
sehen	sah	*to see*
sprechen	sprach	*to speak*
stehen	stand	*to stand*
tragen	trug	*to carry*
waschen	wusch	*to wash*

Der Bus fuhr um sieben Uhr ab.	*The bus left at seven o'clock.*
Sechs Kinder schliefen in einem Zimmer.	*Six children were sleeping in one room.*
Jutta aß frische Krabben.	*Jutta ate fresh shrimp.*

Übung 6 | Die Radtour

Setzen Sie die Verben ein:

aßen	gingen	kamen	schwammen	standen
fuhren	hielten	schliefen	sprangen	

Willi und Sofie wollten eine Radtour machen, aber ihre Räder waren kaputt. Sie mussten sie reparieren, bevor sie losfahren konnten. Am Morgen der Tour _____[a] sie um sechs Uhr auf, _____[b] in die Garage, wo die Räder waren und machten sich an die Arbeit. Gegen acht waren sie fertig, sie frühstückten noch und dann _____[c] sie ab. Gegen elf _____[d] sie an einen kleinen See. Sie _____[e] an und setzten sich ins Gras. Willis Mutter hatte ihnen Essen eingepackt. Sie waren hungrig und _____[f] alles auf. Sie _____[g] im See und legten sich dann in den Schatten und _____[h]. Am späten Nachmittag _____[i] sie noch mal ins Wasser und radelten dann zurück nach Hause. Die Rückfahrt dauerte eine Stunde länger als die Hinfahrt.

*It is fairly easy to make an educated guess about the form of the infinitive when encountering new simple past-tense forms. The following vowel correspondences are the most common.

SIMPLE PAST	INFINITIVE	EXAMPLES
a	e/i	gab - geben, fand - finden
i/ie	a/ei	ritt - reiten, hielt - halten, schrieb - schreiben

Übung 7 | Hänsel und Gretel

Ergänzen Sie die Verben.

brachten, fanden, gab, kamen, liefen, rannte, sahen, saß, schliefen, schloss, tötete, trug, wohnte

1. Vor einem großen Wald ______ eine arme Familie mit den beiden Kindern Hänsel und Gretel.

2. Als sie eines Tages nichts mehr zu essen hatten, ______ die Eltern die Kinder in den Wald.

3. Die Kinder ______ ein und als sie aufwachten, waren sie allein.

4. Dann ______ sie durch den Wald, bis sie an ein kleines Haus ______.

5. Durch das Fenster ______ sie eine alte Frau, die vor einem Kamin[1] ______ und strickte.

6. Als die Alte die Kinder bemerkte[2], holte sie sie herein und ______ ihnen etwas zu essen. Die Kinder ______ die Frau sehr freundlich.

7. Aber leider war sie eine böse Hexe. Sie packte[3] Hänsel, ______ ihn in einen Käfig und ______ die Tür. Er sollte dick werden, damit sie ihn essen konnte.

8. Gretel weinte und versuchte, Hänsel zu helfen. Sie ______ die Hexe und ______ mit Hänsel weg.

9.5 Sequence of events in past narration: the past perfect tense and the conjunction *nachdem* (receptive)

A. Uses of the Past Perfect Tense

The past perfect tense is used to describe past actions and events that were completed before other past actions and events.

Nachdem Jochen zwei Stunden **ferngesehen hatte,** ging er ins Bett.	*After Jochen had watched TV for two hours, he went to bed.*
Nachdem Jutta mit ihrer Freundin **telefoniert hatte,** machte sie ihre Hausaufgaben.	*After Jutta had talked with her friend on the phone, she did her homework.*

[1]*hearth* [2]*noticed* [3]*grabbed*

The past perfect tense is often used in the clause with **nachdem.** The simple past tense is then used in the concluding (main) clause.

The past perfect tense often occurs in a dependent clause with the conjunction **nachdem** (*after*); the verb of the main clause is in the simple past or the perfect tense.

Nachdem Jens seine erste Zigarette **geraucht hatte, wurde** ihm schlecht.	*After Jens had smoked his first cigarette, he got sick.*

A dependent clause introduced by **nachdem** usually precedes the main clause. This results in the pattern "verb, verb."

DEPENDENT CLAUSE 1 — MAIN CLAUSE 2

Nachdem ich die Schule **beendet hatte, machte** ich eine Lehre.
After I had finished school, I learned a trade.

The conjugated verb of the dependent clause is at the end of the dependent clause; the conjugated verb of the main clause is at the beginning of the main clause. Because the entire dependent clause holds the first position in the sentence, the verb-second rule applies here.

B. Formation of the Past Perfect Tense

past perfect tense = **hatte/war** + past participle

The past perfect tense of a verb consists of the simple past tense of the auxiliary **haben** or **sein** and the past participle of the verb.

Ich **hatte** schon **bezahlt** und wir konnten gehen.	*I had already paid, and we could go.*
Als wir ankamen, **waren** sie schon **weggegangen.**	*When we arrived, they had already left.*

Übung 8 Was ist zuerst passiert?

Bilden Sie logische Sätze mit Satzteilen aus beiden Spalten.

MODELL: Nachdem Jutta den Schlüssel verloren hatte, kletterte sie durch das Fenster.

1. Nachdem Jutta den Schlüssel verloren hatte,
2. Nachdem Ernst die Fensterscheibe eingeworfen hatte,
3. Nachdem Claire angekommen war,
4. Nachdem Hans seine Hausaufgaben gemacht hatte,
5. Nachdem Jens sein Fahrrad repariert hatte,
6. Nachdem Michael die Seiltänzerin[1] gesehen hatte,
7. Nachdem Richard ein ganzes Jahr gespart hatte,
8. Nachdem Silvia zwei Semester allein gewohnt hatte,
9. Nachdem Willi ein Geräusch gehört hatte,

a. flog er nach Australien.
b. ging er ins Bett.
c. kletterte sie durch das Fenster.
d. lief er weg.
e. machte er eine Radtour.
f. rief er den Großvater an.
g. rief sie Melanie an.
h. war er ganz verliebt.
i. zog sie in eine Wohngemeinschaft.

[1] *tightrope walker*

Franz Marc: *Turm der blauen Pferde* (1913), verschollen

FRANZ MARC

Franz Marc (1880–1916) wurde in München geboren und fiel im Ersten Weltkrieg bei Verdun. Er war ein führender[1] Expressionist und gründete[2] 1911 mit Wassily Kandinsky die Künstlergruppe „Der Blaue Reiter". Das Original des berühmten Gemäldes „Turm der Blauen Pferde" ist im Zweiten Weltkrieg verschollen[3].

[1] *leading* [2] *founded* [3] *missing, lost*

KAPITEL 10

Auf Reisen

Kapitel 10 focuses on travel. You will also learn to get around in the German-speaking world by following directions and reading maps.

Themen
- Reisepläne
- Nach dem Weg fragen
- Urlaub am Strand
- Tiere

Kulturelles
- Reiseziele
- Videoblick: Essen über den Wolken
- Die deutschen Ostseebäder
- Videoecke: Urlaub

Lektüren
- Die Stadt (Theodor Storm)
- Husum
- Film: *Die fetten Jahre sind vorbei*

Strukturen
- **10.1** Prepositions to talk about places: **aus, bei, nach, von, zu**
- **10.2** Requests and instructions: the imperative (summary review)
- **10.3** Prepositions for giving directions: **an ... vorbei, bis zu, entlang, gegenüber von, über**
- **10.4** Being polite: the subjunctive form of modal verbs
- **10.5** Focusing on the action: the passive voice

Situationen

Reisepläne

Grammatik 10.1

WILLI: Wo warst du in deinem letzten Urlaub?
MARTA: Ich war in Schweden.

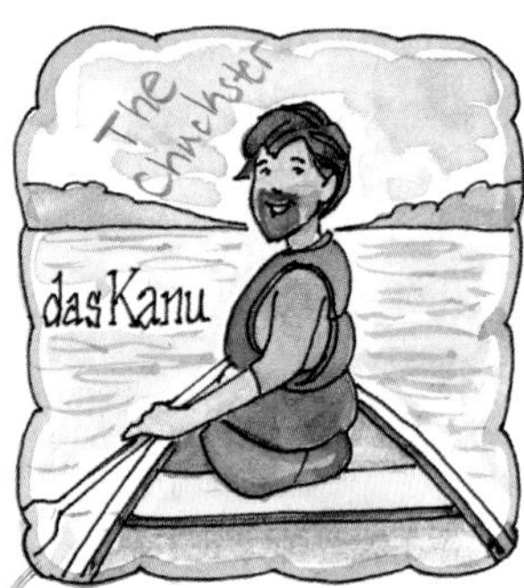

WILLI: Was hast du dort gemacht?
MARTA: Ich bin Kanu gefahren und viel gewandert.

WILLI: Bist du geflogen?
MARTA: Nein, ich bin mit dem Auto gefahren und war die ganzen zwei Wochen dort auch mit dem Auto unterwegs.

WILLI: Wo hast du gewohnt?
MARTA: Ich habe auf Campingplätzen gezeltet.

THOMAS: Ich will nächsten Sommer nach Australien fliegen.
PETER: Wie lange möchtest du dort bleiben?

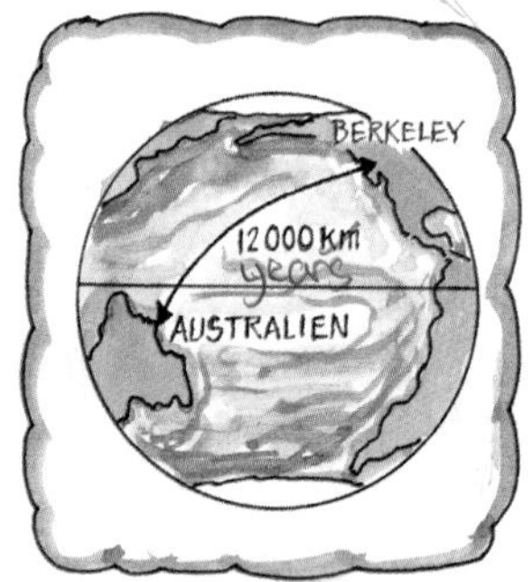

THOMAS: Vielleicht drei Wochen.
PETER: Warum willst du nach Australien? Das ist doch so weit weg und der Flug ist sehr teuer.

THOMAS: Ich möchte die vielen interessanten Tiere sehen, zum Beispiel Kängurus. Und dann will ich meine Freundin in Sydney besuchen.
PETER: Da musst du dir bestimmt ein Auto mieten.

THOMAS: Nein, ich trampe. Und wohnen werde ich bei meiner Freundin und in Jugendherbergen. Dann wird alles ein bisschen billiger.
PETER: Gute Idee. Viel Spaß in Australien.

Situation 1 | Urlaub

Wer ist das, Marta (M) oder Thomas (T)?

_____ ist Kanu gefahren und viel gewandert.
_____ möchte Kängurus sehen.
_____ war in Schweden.
_____ hat auf Campingplätzen gezeltet.
_____ will in Jugendherbergen wohnen.
_____ war mit dem Auto unterwegs.
_____ möchte drei Wochen bleiben.
_____ will seine Freundin in Sydney besuchen.

Situation 2 | Informationsspiel: Reisen

MODELL: S1: Woher kommt Sofie? S2: Aus _____.
S1: Wohin fährt sie in den Ferien? S2: Nach/In _____.
S1: Wo wohnt sie? S2: Bei _____.
S2: Was macht sie da? S1: Sie kauft Bücher und besucht Verwandte.
S1: Wann kommt sie zurück? S2: In _____.

	Richard	Sofie	Mehmet	Peter	Jürgen	mein(e) Partner(in)
Woher?	aus Innsbruck		aus Izmir		aus Bad Harzburg	
Wohin?	nach Frankreich		nach Italien		in die Alpen	
Wo?	bei einer Gastfamilie			bei seiner Schwester		
Was?		Bücher kaufen; Verwandte besuchen		einen Vulkan besteigen		
Wann?	in drei Monaten				in zwei Wochen	

Reiseziele

Wenn einer eine Reise tut,
So kann er was erzählen;
Drum[1] nähm[2] ich meinen Stock und Hut
Und tät das Reisen wählen[3].
—Matthias Claudius (1740–1815)

- Welche Länder oder Städte sind für Sie beliebte Reiseziele? Warum?
- Was mögen Touristen an Ihrem Land besonders? Wohin fahren sie am liebsten?
- Welche Andenken (Souvenirs) bringen sie mit nach Hause? Spekulieren Sie!
- Welche Urlaubsländer sind bei Ihren Landsleuten beliebt?

Schauen Sie sich die Grafik an.

- Wo machen Deutsche am liebsten Urlaub?
- Was macht Spanien, Italien und Österreich attraktiv für deutsche Urlauber?
  - □ Man spricht dort Deutsch.
  - □ Der Urlaub ist relativ preisgünstig.
  - □ Man kann mit dem Auto hinfahren.
  - □ Es ist warm und die Sonne scheint.
  - □ Das Essen schmeckt sehr gut.
  - □ ?

[1]*Therefore* [2]*would take* [3]tät wählen *would choose*

Die Zugspitze

Situation 3 | Dialog: Am Fahrkartenschalter

Silvia steht am Fahrkartenschalter und möchte mit dem Zug von Göttingen nach München fahren.

BAHNANGESTELLTER: Bitte schön?
SILVIA: Eine ______ nach München, bitte.
BAHNANGESTELLTER: Einfach oder hin und zurück?
SILVIA: Hin und zurück bitte, mit BahnCard ______ Klasse.
BAHNANGESTELLTER: Wann wollen Sie fahren?
SILVIA: Ich würde gern ______ in München sein.
BAHNANGESTELLTER: Wenn Sie um 8.06 Uhr fahren, sind Sie um 12.11 Uhr in München.
SILVIA: Das ist gut. Wissen Sie, wo der Zug ______?
BAHNANGESTELLTER: Aus Gleis 10.
SILVIA: Ach ja, ich würde gern mit VISA bezahlen. ______?
BAHNANGESTELLTER: Selbstverständlich. Das macht dann 115 Euro 20.
SILVIA: Bitte sehr.

Göttingen → München Hbf
530 km

Ab	Zug	Umsteigen	An	Ab	Zug	An	Verkehrstage
5.56	ICE 997	Fulda	6.49	7.00	ICE 987	10.11	01
5.56	ICE 997	Fulda	6.52	7.02	ICE 987	10.11	02
7.03	ICE 581					10.58	täglich
8.06	ICE 783					12.11	täglich
9.03	ICE 583					12.58	täglich
9.47	IC 1081	Augsburg Hbf	14.04	14.10	SE 21139	14.54	täglich
10.03	ICE 91	Nürnberg Hbf	12.26	12.30	IC 523	14.17	täglich
10.30	IC 1087	Nürnberg Hbf	13.23	13.34	IC 813	15.17	03

Mit der Bahncard spart man.

Situation 4 | Interview

1. Wo machst du gern Urlaub?
2. Fliegst du gern? Was gefällt dir daran? Stört dich etwas beim Fliegen? Was?
3. Wie suchst du dir deine Urlaubsziele aus? Wie besorgst du dir dein Ticket?
4. Wie packst du für eine Flugreise? Was nimmst du alles mit?
5. Erzähl von einer deiner letzten Reisen. Wo warst du? Wie bist du dahin gekommen? Warst du allein? Hast du jemanden kennengelernt? Was hast du am liebsten gemacht? Was war das Interessanteste, was dir passiert ist?

Nach dem Weg fragen

Grammatik 10.2–10.3

Biegen Sie an der Ampel nach links ab.

Gehen Sie über den Zebrastreifen.

Gehen Sie geradeaus, bis Sie eine Kirche sehen.

Gehen Sie an der Kirche vorbei, immer geradeaus.

Gehen Sie die Goetheallee entlang bis zur Bushaltestelle.

Gehen Sie über die Brücke. Auf der linken Seite ist dann das Rathaus.

Die U-Bahnhaltestelle ist gegenüber vom Markthotel.

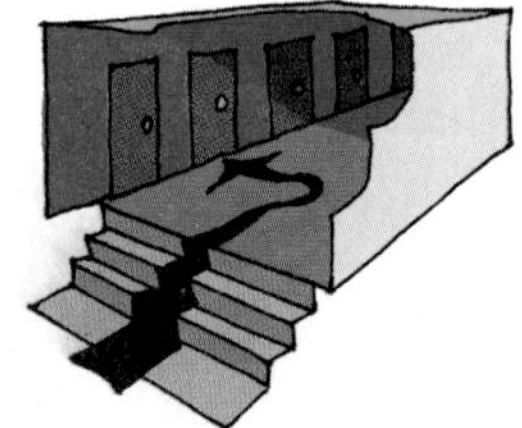

Gehen Sie die Treppe hinauf und dann ist es die zweite Tür links.

Situation 5 | Mit dem Stadtplan unterwegs in Regensburg

Suchen Sie sich ein Ziel in Regensburg aus dem Stadtplan auf der nächsten Seite aus. Beschreiben Sie Ihrem Partner / Ihrer Partnerin den Weg, ohne das Ziel zu verraten[1]. Wenn er/sie dort richtig ankommt, bekommen Sie einen Punkt und es wird gewechselt. Achtung: Ausgangspunkt[2] und Ziel dürfen nicht im selben Quadrat liegen!

MODELL: Also, wir sind jetzt an der Steinernen Brücke, auf dem Stadtplan oben in der Mitte. Siehst du die Steinerne Brücke? Gut. Von der Steinernen Brücke aus geh bitte nach links in die Goldene-Bären-Straße hinein und an der nächsten Straße gleich wieder rechts. Du kommst dann zum Krauterermarkt und zum Dom. Geh geradeaus über den Krauterermarkt hinüber und durch die Residenzstraße zum Neupfarrplatz. Dort gehst du bitte wieder links, die Schwarze-Bären-Straße ganz durch und über die Maximilianstraße hinüber. Noch ein paar Schritte weiter und du bist am ______.

[1]*give away* [2]*starting point*

NÜTZLICHE AUSDRÜCKE

links/rechts die (Goliath)straße entlang
links/rechts in die (Kram)gasse hinein
geradeaus über den (Krauterer)markt / über die (Kepler)straße hinüber
weiter bis zum/zur ____
an der (Steinernen Brücke) vorbei

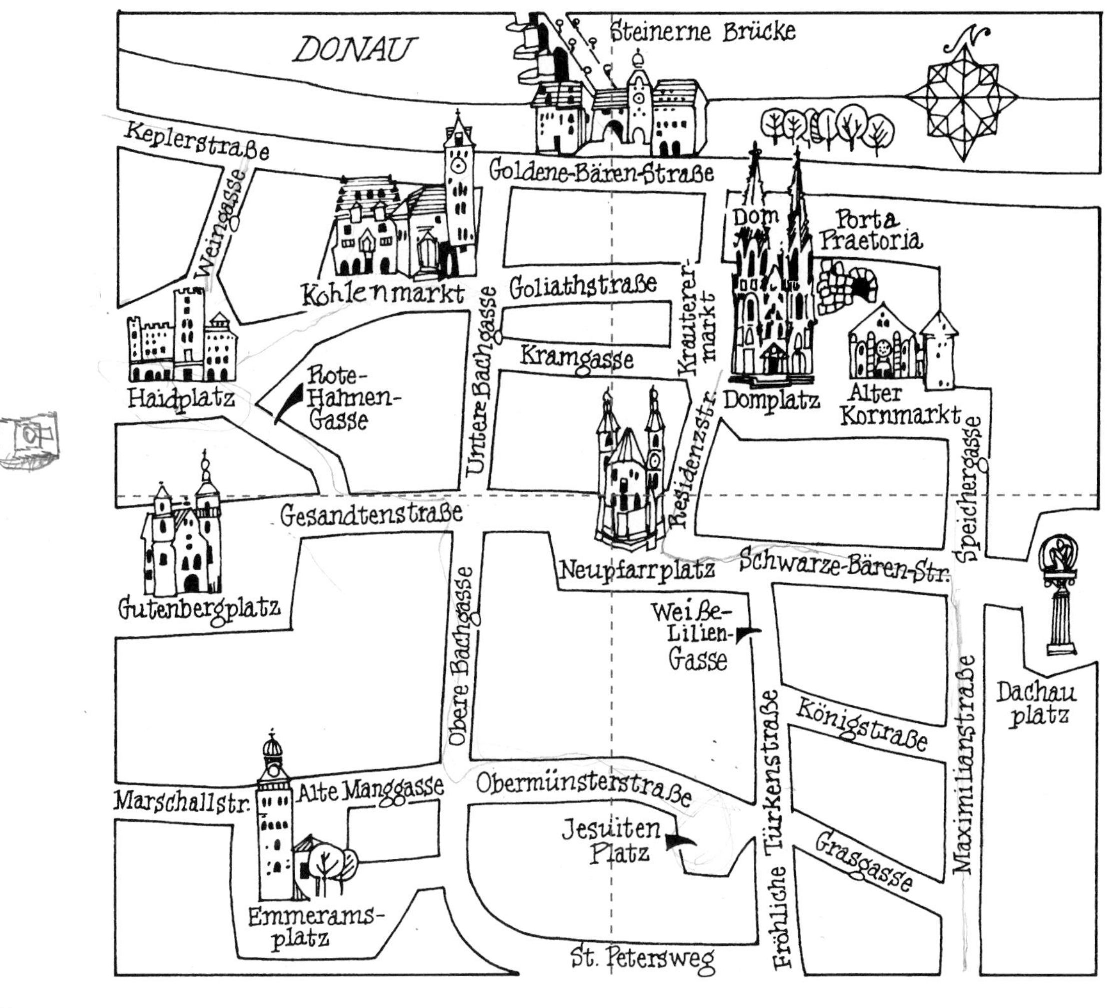

Situation 6 | Dialoge

1. Jürgen ist bei Silvias Mutter zum Geburtstag eingeladen.

JÜRGEN: Wie komme ich denn zu eurem Haus?
SILVIA: Das ist ganz einfach. Wenn du ____ Bahnhofsgebäude herauskommst, siehst du rechts ____ anderen Seite der Straße ein Lebensmittelgeschäft. Geh ____ Straße, links __ Lebensmittelgeschäft vorbei, und wenn du einfach geradeaus weitergehst, kommst du ____ Bismarckstraße. Die musst du nur ganz hinaufgehen, bis du ____ Kreisverkehr kommst. Direkt ____ anderen Seite ist unser Haus.

2. Claire und Melanie sind in Göttingen und suchen die Universitätsbibliothek.

MELANIE: Entschuldige, kannst du uns sagen, wo die Universitätsbibliothek ist?

STUDENT: Ach, da seid ihr aber ganz schön falsch. Also, geht erst die Straße mal wieder zurück ______ großen Kreuzung. ______ Kreuzung ______ und ______ Fußgängerzone ______. Immer geradeaus ______ Fußgängerzone ______ Prinzenstraße. Da rechts. ______ rechten Seite seht ihr dann die Post. Direkt ____________ Post ist die Bibliothek. Könnt ihr gar nicht verfehlen.

MELANIE UND CLAIRE: Danke.

3. Frau Frisch findet ein Zimmer im Rathaus nicht.

FRAU FRISCH: Entschuldigen Sie, ich suche Zimmer 204.

SEKRETÄRIN: Das ist ______ dritten Stock. Gehen Sie den Korridor entlang ______ Treppenhaus. Dann eine Treppe ______ und oben links. Zimmer 204 ist die zweite Tür ______ rechten Seite.

FRAU FRISCH: Vielen Dank. Da hätte ich ja lange suchen können ...

Situation 7 | Wie komme ich ...?

Beschreiben Sie Ihrem Partner / Ihrer Partnerin,

1. wie man zu Ihrem Studentenheim oder zu Ihrer Wohnung kommt.
2. wo die nächste Post ist und wie man dahinkommt.
3. wo die beste Kneipe/Disko in der Stadt ist und wie man dahinkommt.
4. wie man zum Schwimmbad kommt.
5. wie man zur Bibliothek kommt.
6. wo der nächste billige Kopierladen ist und wie man dahinkommt.
7. wie man zum Büro von Ihrem Lehrer / Ihrer Lehrerin kommt.
8. wo der nächste Waschsalon ist und wie man dahinkommt.

Lektüre

Lesehilfe

A short text like a poem usually requires intensive reading. Every single word is carefully chosen to convey the meaning and feelings one desires to express. One of the most famous poems of Theodor Storm, a well-known German poet and novelist, describes his hometown, Husum.

Vor dem Lesen 1

Was assoziieren Sie mit den Jahreszeiten Frühling und Herbst? Schreiben Sie Gefühle, Farben, Geräusche, Gerüche, Tätigkeiten und Erinnerungen auf.

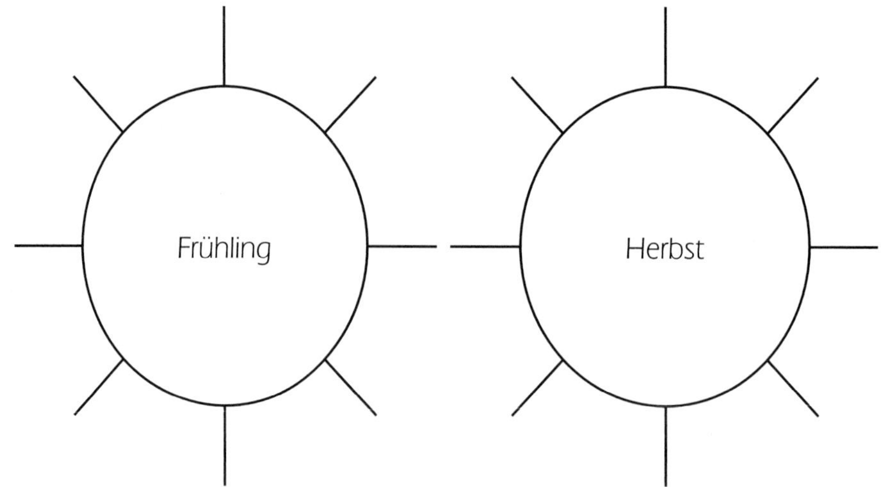

Miniwörterbuch

brausen	to rage
eintönig	monotonously
für und für	forever
ohne Unterlass	incessantly
rauschen	to rustle
seitab	off to the side
wehen	to blow
der **Zauber**	charm

Die Stadt

Theodor Storm

Am grauen Strand, am grauen Meer
Und seitab liegt die Stadt;
Der Nebel drückt die Dächer schwer,
Und durch die Stille braust das Meer
Eintönig um die Stadt.

Es rauscht kein Wald, es schlägt im Mai
Kein Vogel ohn' Unterlaß;
Die Wandergans mit hartem Schrei
Nur fliegt in Herbstesnacht vorbei,
Am Strande weht das Gras.

Doch hängt mein ganzes Herz an dir,
Du graue Stadt am Meer;
Der Jugend Zauber für und für
Ruht lächelnd doch auf dir, auf dir,
Du graue Stadt am Meer.

Arbeit mit dem Text 1

A. Suchen Sie Beispiele aus dem Gedicht für die folgenden Kategorien: Landschaft, Wetter/Jahreszeit, Fauna und Flora, Geräusche. Schreiben Sie sie in die Tabelle.

Landschaft	Wetter/Jahreszeit	Fauna und Flora	Geräusche

B. Kontraste

1. Die ersten beiden Zeilen der zweiten Strophe und die drei weiteren bilden einen Kontrast. Welches Bild oder welche Farbe hat man bei Wald, Mai, Vögel vor Augen und woran denkt man bei Wandergans, Herbstesnacht, Strand und Gras? Welche Wörter (Negation und Adverb) sind typisch für einen Kontrast?
2. Die dritte Strophe steht im Kontrast zu den ersten beiden. Warum? Welches Wort ist hier sehr wichtig?

C. Wie ist die Stimmung in dem Gedicht? Fröhlich, melancholisch, dramatisch? Wie erreicht der Dichter das? Denken Sie an Rhythmus, Klang[1] und Lautmalerei[2].

Nach dem Lesen 1

Sind Sie Dichter oder Dichterin? Schreiben Sie ein Gedicht über Ihre Heimatstadt, über die Natur, über die Liebe oder über sich selbst. Das Gedicht muss sich nicht reimen. Es kann auch ein modernes Gedicht sein.

Vor dem Lesen 2

A. Was für Informationen erwartet man in einem Reiseführer? Kreuzen Sie an.

☐ Museen	☐ Unterkunft
☐ Restaurants und Kneipen	☐ Stadtplan
☐ Wetter und Klima	☐ Kultur und Feste
☐ Attraktionen	☐ Zugfahrplan
☐ Rezepte	☐ Nachtleben
☐ berühmte Personen	☐ Wörterbuch

B. Überfliegen Sie den Text „Husum" und bestimmen Sie, in welcher Reihenfolge die folgenden Informationen gegeben werden.

_____ Anziehungspunkte in Husum
_____ Informationen zu Theodor Storm, der in Husum geboren wurde
_____ Kirchen und Museen
_____ Vorschläge für einen Stadtrundgang

Miniwörterbuch

der **Amtsrichter**	district judge
der **Anziehungspunkt**	attraction
sich befinden	to be located
der **Bestandteil**	part
das **Freilichtmuseum**	open-air museum
gewidmet	dedicated
das **Herzogtum**	duchy
der **Rundgang**	(walking) tour
die **Sache**	cause
schaffen, schuf	to create
schildern	to portray
vertreten, vertrat	to plead for

Husum

Husum ist die Stadt Theodor Storms. Als „Graue Stadt am Meer" hat er sie liebevoll in seinem ihr gewidmeten Gedicht angeredet. Storm wurde 1817 in Husum geboren und schuf hier einen Teil seiner Gedichte und Novellen. Husum gehörte damals zu den Herzogtümern Schleswig und Holstein und war Bestandteil des deutsch-dänischen Gesamtstaates. Von 1852 bis 1864 konnte der Dichter, der im bürgerlichen Leben als Anwalt, später als Amtsrichter tätig war, nicht in seiner Vaterstadt leben, weil er gegenüber

[1] *sound* [2] *onomatopoeia*

Lesehilfe

This selection is taken from a travel guide published by the German automobile association ADAC. Husum, a small town of 25,000, is best known for being the birthplace of Theodor Storm.

der dänischen Herrschaft die deutsche Sache vertrat. Er starb 1888 in Hademarschen, doch liegt er im Klosterfriedhof von Husum begraben.

Sie können in Husum Häuser anschauen, in denen Storm gelebt, und andere, die er in seinen Novellen geschildert hat. Weitere Anziehungspunkte sind der Hafen mit den Krabbenkuttern, das Schloss mit seinen Wiesen, auf denen im Frühling Millionen von Krokussen blühen, sowie die alten Kaufmannshäuser am Markt und in der Großstraße.

Ein Rundgang beginnt am Markt an der Großstraße, führt durch die Hohle Gasse und die Wasserreihe zum Hafen, durch das Westerende und die Nordhusumer Straße zum „Ostenfelder Haus", einem Freilichtmuseum mit einem Niedersachsenhaus des 16./17. Jahrhunderts. Über den alten Friedhof und den Totengang geht man über die Neustadt zum Schloss (Sitz des Kreisarchivs) mit dem als „Cornils'sches Haus" bekannten Torhaus (1612) und durch den Schlossgang zum Markt zurück. Storms Grab auf dem Klosterkirchhof erreichen Sie vom Markt aus durch die Norderstraße.

Das Haus in der Wasserreihe 31, in dem der Dichter zwischen 1866 und 1880 wohnte, dient heute als Storm-Museum (täglich geöffnet von April bis Oktober). Im Nissenhaus befindet sich das Nordfriesische Museum zu den Themen Erd- und Vorgeschichte, Landschaftskunde und Kulturgeschichte (täglich geöffnet). Die Marktkirche Husums gilt als der bedeutendste klassizistische Kirchenbau Schleswig-Holsteins.

(aus: ADAC-Reiseführer Norddeutschland)

Arbeit mit dem Text 2

A. Ein Rundgang durch Husum. Zeichnen Sie den Weg, der im Reiseführer beschrieben wird, in den Stadtplan ein.

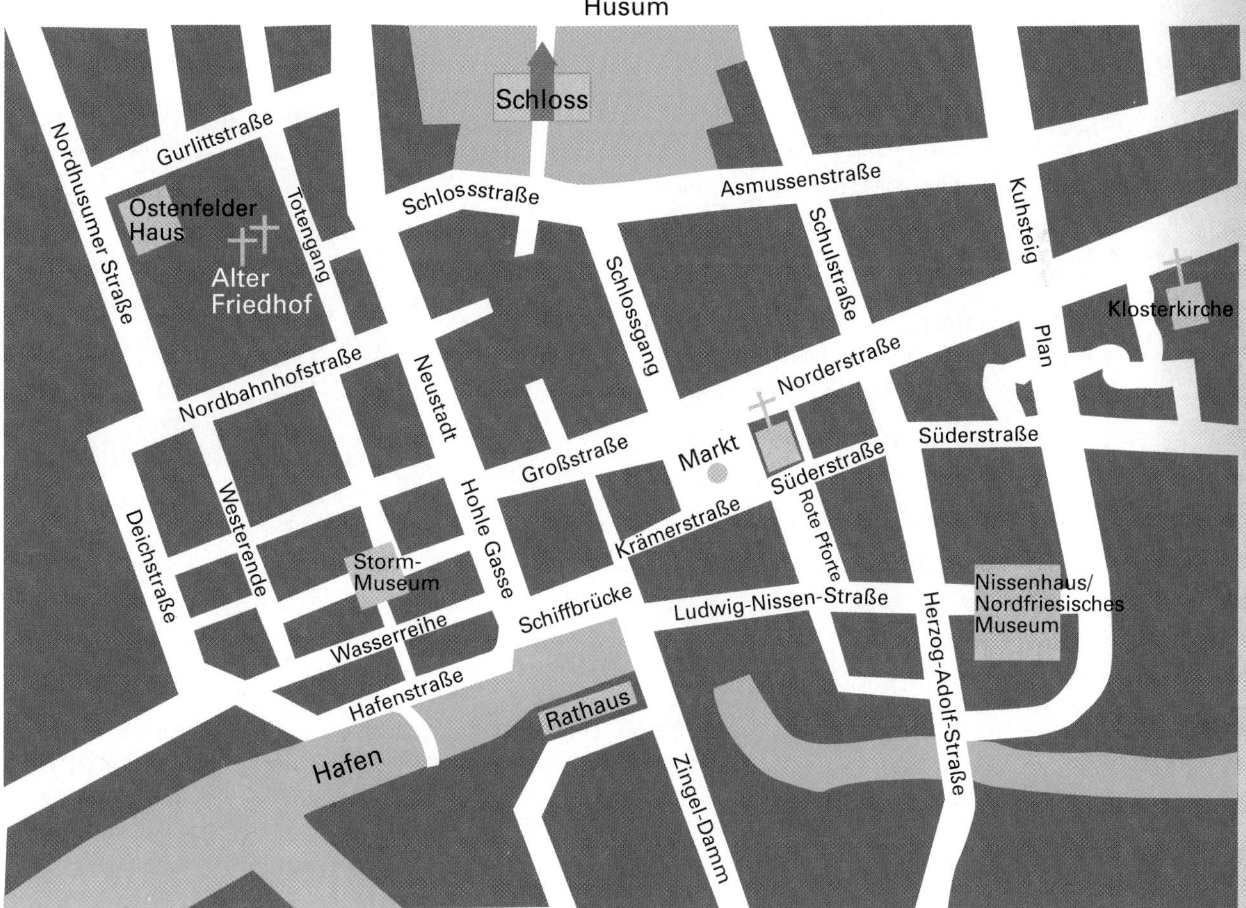

B. Storms Leben. Welche dieser Jahreszahlen und Ereignisse stehen im Text, welche nicht? Schreiben Sie die Zeilennummer dazu.

		ZEILE
1817	wird Theodor Storm in Husum geboren	_____
1843–1852	ist er Rechtsanwalt in Husum	_____
1846	erste Heirat mit Konstanze Esmarch	_____
1852–1856	ist er Assessor in Potsdam	_____
1852–1864	lebt er aus politischen Gründen nicht in Husum	_____
1856–1864	ist er Richter in Heiligenstadt	_____
1864–1867	ist er Landvogt[1] in Husum	_____
1866	zweite Heirat mit Dorothea Jensen	_____
1866–1880	wohnt er in der Wasserreihe 31	_____
1867	wird er Amtsrichter	_____
1888	stirbt er in Hademarschen und wird in Husum begraben	_____

Nach dem Lesen 2

Suchen Sie im Internet mehr Informationen über Husum und über Theodor Storm und stellen Sie sie in der Klasse vor.

[1]*governor*

Videoblick 

Essen über den wolken

Hunderte von Menschen wollen im Flugzeug warm essen. Stewardessen zaubern[1] in kleinen Küchen Menüs[2]. Doch woher kommt das Essen über den Wolken?

- Wo liegt das Werk[3], das die Essen herstellt[4]?
- Wie viele Essen werden im Jahr gekocht?
- Wie wird das Hähnchen[5] zubereitet?
- Beschreiben Sie das Essen im Detail.
- Wohin kommen die Essen nach dem Kochen?

[1]*conjure up* [2]*meals* [3]*facility* [4]*produces* [5]*chicken*

Mit gerösteten Cashewkernen garniert ist das Hähnchen fertig.

Urlaub am Strand

Grammatik 10.4

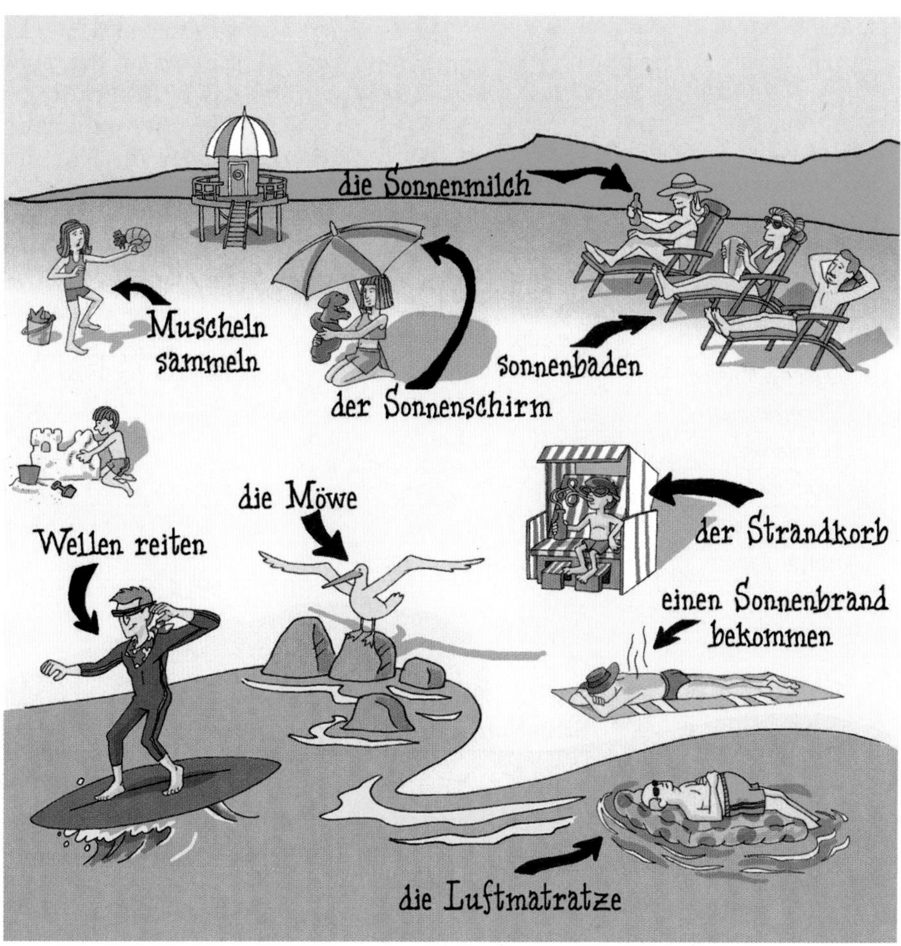

Situation 8 | Umfrage: Urlaub am Strand

MODELL: S1: Hast du schon mal eine Sandburg gebaut?
S2: Ja.
S1: Unterschreib bitte hier.

	UNTERSCHRIFT
1. Hast du schon einmal eine Sandburg gebaut?	____________
2. Hast du eine Luftmatratze?	____________
3. Bist du schon mal im Meer geschwommen?	____________
4. Kannst du Wellen reiten?	____________
5. Sammelst du gern Muscheln?	____________
6. Warst du schon einmal windsurfen?	____________
7. Liegst du gern im Liegestuhl?	____________
8. Bist du schon mal Schlauchboot gefahren?	____________
9. Bekommst du leicht einen Sonnenbrand?	____________
10. Benutzt du oft Sonnenmilch?	____________

Situation 9 | Informationsspiel: Wo wollen wir übernachten?

MODELL: Wie viel kostet _____?
Haben die Zimmer im (in der) _____ eine eigene Dusche und Toilette?
Gibt es im (in der) _____ Einzelzimmer?
Gibt es im (in der, auf dem) _____ einen Fernseher?
Ist das Frühstück im (in der, auf dem) _____ inbegriffen?
Ist die Lage von dem (von der) _____ zentral/ruhig?
Gibt es im (in der, auf dem) _____ Telefon?

	Hotel Strandpromenade	das Gästehaus Ostseeblick	die Jugendherberge	der Campingplatz
Preis pro Person	78,- Euro		12,50 Euro	11,- Euro
Dusche/Toilette	ja	nicht in allen Zimmern		
Einzelzimmer	ja	ja	nein	
Fernseher			im Aufenthaltsraum	
Frühstück		inbegriffen		
zentrale Lage	ja	ja	im Wald	direkt am Strand
ruhige Lage	an der Strandpromenade	ja	ja	
Telefon				

Situation 10 | Dialog: Auf Zimmersuche

Herr und Frau Ruf suchen ein Zimmer.

HERR RUF: Guten Tag, haben Sie noch ein Doppelzimmer mit Dusche frei?
WIRTIN: Wie lange möchten Sie denn _____?
HERR RUF: ________.
WIRTIN: Ja, da habe ich ein Zimmer _______ und Toilette.
FRAU RUF: Ist das Zimmer auch ruhig?
WIRTIN: Natürlich. Unsere Zimmer sind alle ruhig.
FRAU RUF: _______ das Zimmer denn?
WIRTIN: 54 Euro _______.
HERR RUF: Ist Frühstück dabei?
WIRTIN: Selbstverständlich ist Frühstück dabei.
FRAU RUF: Gut, wir nehmen das Zimmer.
HERR RUF: Und wann können wir ________?
WIRTIN: ___________ im Frühstückszimmer.

Situation 11 | Rollenspiel: Im Hotel

S1: Sie sind im Hotel und möchten ein Zimmer mit Dusche und Toilette. Außerdem möchten Sie ein ruhiges Zimmer. Fragen Sie auch nach Preisen, Frühstück, Telefon und wann Sie morgens abreisen müssen.

Die deutschen Ostseebäder

- Gibt es in Ihrem Land bekannte Badeorte[1]?
- Wie alt sind diese Badeorte ungefähr?
- Wer macht dort Urlaub?
- Was kann man dort machen?
- Wie lange, glauben Sie, bleibt man im Durchschnitt?
- Warum fährt man in Ihrem Land ans Meer? Kreuzen Sie an:

☐ weil man baden und in der Sonne liegen will.
☐ weil man am Strand spazieren gehen will.
☐ weil Seeluft gesund ist.
☐ weil Meerwasser gut für die Haut ist.
☐ weil man ausspannen will.
☐ weil Kinder gern im Sand spielen.
☐ weil man Wassersport treiben und fischen will.
☐ weil man dort interessante Leute trifft.

Lesen Sie den Text und beantworten Sie die folgenden Fragen:

- Wo gab es die ersten Seebäder?
- Warum fuhren die Leute damals ans Meer?
- Wer konnte sich damals einen Badeurlaub leisten[2]?
- Wie kamen die Leute ins Wasser?
- Wo übernachteten die Urlauber in der DDR?
- Was machte man in den westdeutschen Ostseebädern?
- Wofür ist die Insel Rügen berühmt?

Die Kreidefelsen auf der Insel Rügen.

Die ersten Badeorte entstanden um 1750 an der englischen Kanalküste in Brighton und Margate, nachdem englische Ärzte das Meerwasser als Mittel[3] gegen Haut-[4] und Lungenkrankheiten entdeckt hatten.

An der deutschen Ostseeküste begann alles 1793 in Bad Doberan. Dort ließ ein norddeutscher Herzog[5] ein Kurhaus[6] bauen und bald war der Ort ein Sommertreffpunkt für den Adel[7]. Das Baden im Meer war für die Gesellschaft damals ein Problem, weil man sich nicht im Badeanzug zeigen[8] durfte. Man löste[9] es mit Hilfe der Badekarren. Am Ende des 19. Jahrhunderts boomten die Ostseebäder. Es kamen vor allem Gäste aus dem nahen Berlin.

Im Dritten Reich sollten die Menschen „Kraft durch Freude" an der Ostsee tanken[10] und auch in der DDR waren die „volkseigenen[11]" Seebäder populär. Die historischen Hotels baute man um und daneben gab es Bungalows und Zeltplätze für den bescheidenen[12] Urlaub im Sozialismus. In den westdeutschen Badeorten dagegen betonierte man die Küste ohne Bedenken[13] zu[14].

Die Wende 1989 war auch für den Ostseetourismus eine kleine Revolution. Vor allem die Insel Rügen mit ihren berühmten Kreidefelsen wurde wieder zu einer großen Attraktion. Jetzt besuchen jedes Jahr Touristen aus ganz Deutschland und aus der ganzen Welt die alten Ostseebäder. Viele historische Gebäude wurden restauriert oder wieder aufgebaut, damit man nicht nur die landschaftliche Schönheit[15], sondern auch die große kulturelle Tradition der deutschen Ostseebäder genießen[16] kann.

Ein historischer Badekarren.

[1]*resorts* [2]sich leisten *afford* [3]*medicine* [4]*skin* [5]*duke* [6]*spa house* [7]*nobility* [8]sich zeigen *show oneself* [9]*solved* [10]*refuel on/with* [11]*state-owned* [12]*modest* [13]*second thoughts* [14]betonierte zu *covered with concrete* [15]landschaftliche ... *scenic beauty* [16]*enjoy*

Tiere

Grammatik 10.5

Juttas Ratte wird gegen Tollwut geimpft.

Ernsts Meerschweinchen wird oft gebadet.

Schildkröten werden oft als Haustiere gehalten.

In der Wüste muss man aufpassen, dass man nicht von einer Schlange gebissen wird.

Gestern wurde Silvia von einer Biene gestochen.

Als Josef und Melanie gestern beim Baden waren, wurden sie von tausend Mücken gestochen.

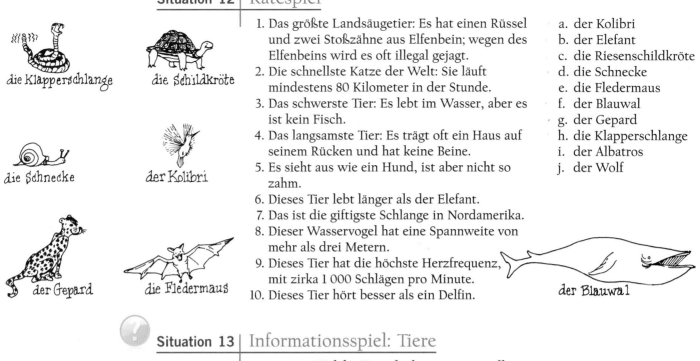

Situation 12 | Ratespiel

1. Das größte Landsäugetier: Es hat einen Rüssel und zwei Stoßzähne aus Elfenbein; wegen des Elfenbeins wird es oft illegal gejagt.
2. Die schnellste Katze der Welt: Sie läuft mindestens 80 Kilometer in der Stunde.
3. Das schwerste Tier: Es lebt im Wasser, aber es ist kein Fisch.
4. Das langsamste Tier: Es trägt oft ein Haus auf seinem Rücken und hat keine Beine.
5. Es sieht aus wie ein Hund, ist aber nicht so zahm.
6. Dieses Tier lebt länger als der Elefant.
7. Das ist die giftigste Schlange in Nordamerika.
8. Dieser Wasservogel hat eine Spannweite von mehr als drei Metern.
9. Dieses Tier hat die höchste Herzfrequenz, mit zirka 1 000 Schlägen pro Minute.
10. Dieses Tier hört besser als ein Delfin.

a. der Kolibri
b. der Elefant
c. die Riesenschildkröte
d. die Schnecke
e. die Fledermaus
f. der Blauwal
g. der Gepard
h. die Klapperschlange
i. der Albatros
j. der Wolf

der Blauwal

Situation 13 | Informationsspiel: Tiere

MODELL: Welche Tiere findet ____ am tollsten?
Vor welchem Tier hat ____ am meisten Angst?
Welches Tier hätte ____ gern als Haustier?
Welches wilde Tier würde ____ gern in freier Natur sehen?
Wenn ____ an Afrika denkt, an welche Tiere denkt er/sie?
Wenn ____ an die Wüste denkt, an welches Tier denkt er/sie dann zuerst?
Welche Vögel findet ____ am schönsten?
Welchen Fisch findet ____ am gefährlichsten?
Welchem Tier möchte ____ nicht in Wald begegnen?

	Ernst	Maria	mein(e) Partner(in)
Lieblingstier		eine Katze	
Angst	vor dem Hund von nebenan		
Haustier	eine Schlange		
wildes Tier		eine Giraffe	
Afrika	an Löwen		
Wüste		an ein Kamel	
Vögel		Eulen	
Fisch	den weißen Hai		
Wald	einem Wolf		

Situation 14 | Interview: Tiere

1. Was ist dein Lieblingstier? Warum?
2. Hast du oder hattest du ein Haustier? Was für eins? Wie heißt oder wie hieß es? Beschreib es. Erzähl eine Geschichte von ihm!
3. Vor welchen Tieren fürchtest du dich?
4. Welches Tier findest du am interessantesten?
5. Welches Tier findest du am hässlichsten?
6. Welches Tier wärst du am liebsten? Warum?
7. Findest du es wichtig, dass Kinder mit Tieren aufwachsen? Wenn ja, mit welchen? Warum?

Situation 15 | Bildgeschichte: Lydias Hamster

Zwei ältere Menschen gehen mit Hunden Gassi.

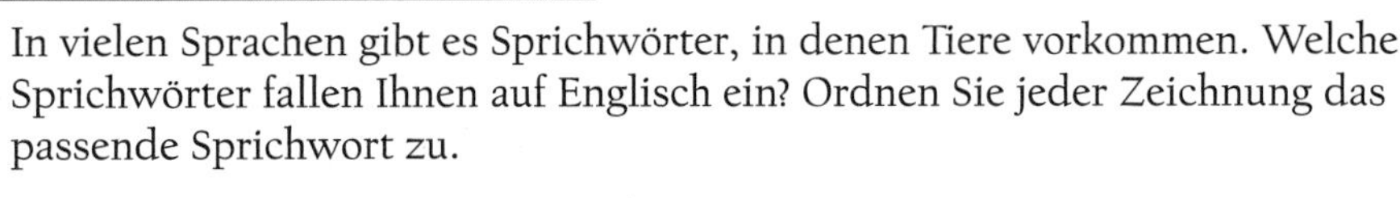

Situation 16 | Tiere in Sprichwörtern

In vielen Sprachen gibt es Sprichwörter, in denen Tiere vorkommen. Welche Sprichwörter fallen Ihnen auf Englisch ein? Ordnen Sie jeder Zeichnung das passende Sprichwort zu.

1. Wenn dem Esel zu wohl ist, geht er aufs Eis.
2. Einem geschenkten Gaul (= Pferd) sieht man nicht ins Maul.
3. Wenn die Katze nicht zu Hause ist, tanzen die Mäuse.
4. Den letzten beißen die Hunde.
5. In der Not[1] frisst der Teufel Fliegen.
6. Ein blindes Huhn findet auch mal ein Korn.

___

___

___

___

___

___

Was bedeuten die Sprichwörter? Kombinieren Sie die Definitionen mit den Sprichwörtern.

a. Wenn man etwas geschenkt bekommt, sollte man nicht zu kritisch damit sein.
b. Wenn man etwas nötig braucht, muss man nehmen, was da ist.
c. Wenn der Chef nicht da ist, machen die Angestellten, was sie wollen.
d. Jemandem, der sonst wenig Erfolg hat, kann auch etwas gelingen.
e. Wenn man sich nicht beeilt, ergeht es einem schlecht.
f. Leute, die zu viel Erfolg oder Glück haben, werden übermütig[2].

[1]*emergency* [2]*cocky*

Lektüre 

Vor dem Lesen

A. Schauen Sie sich das Foto an.

1. Welche Personen sehen Sie auf dem Foto?
2. Beschreiben Sie die junge Frau.
3. Welchen der beiden jungen Männer finden Sie am sympathischsten? Warum?

Die fetten Jahre sind vorbei

Regisseur: Hans Weingartner

Schauspieler in den Hauptrollen: Daniel Brühl, Julia Jentsch, Stipe Erceg, Burghart Klaußner

Erscheinungsjahr: 2004

B. Lesen Sie die Wörter im Miniwörterbuch. Suchen Sie sie im Text und unterstreichen Sie sie.

Miniwörterbuch

verteilt	distributed	das **Vermögen**	fortune
einbrechen	to break in	**beschädigen**	to damage
verrücken	to move, to disarrange	**entführen**	to kidnap
verstecken	to hide	die **Berghütte**	mountain cabin
die **Nachricht**	message	**aufbegehren**	to revolt
unterzeichnen	to sign	**verraten**	to betray
die **Erziehungsberechtigten**	legal guardians	**auf etwas verzichten**	to go without something
im Überschwang der Gefühle	in exuberance		
schulden	to owe	**aufbrechen**	to take off

Film: *Die fetten Jahre sind vorbei*

Besitz und Geld sind auf der Welt ungerecht verteilt. Jan und Peter, zwei junge Berliner, wollen diese Situation ändern und haben eine eigene Methode dafür gefunden: Sie brechen nachts in Villen reicher Leute ein. Sie stehlen nichts, sondern verrücken Möbel, hängen Bilder um und verstecken wertvolle Gegenstände im Kühlschrank oder werfen sie in den Swimmingpool. Die Nachrichten, die sie für die Hausbesitzer hinterlassen, lauten: „Die fetten Jahre sind vorbei" oder „Sie haben zu viel Geld", unterzeichnet mit „Die Erziehungsberechtigten". Ihr Ziel: Die Reichen sollen über ihren Luxus nachdenken.

Alles läuft immer nach Plan. Jan und Peter haben ihren Spaß und die Villenbewohner sind geschockt beim Anblick ihrer Häuser. Doch als sich dann Jan und Jule, Peters Freundin, ineinander verlieben, brechen die beiden im Überschwang der Gefühle und ohne Peter in die Villa des Geschäftsmannes Justus Hardenberg ein. Dem schuldet Jule ein halbes Vermögen, weil sie bei einem Unfall sein teures Auto beschädigt hat. Ein harmloser Einbruch wie die anderen wird es nicht, denn sie werden vom Hausbesitzer überrascht. Jan und Jule schlagen Hardenberg nieder, entführen ihn und bringen ihn mit Peters Hilfe in die Berghütte von Jules Onkel am Tiroler Achensee. In der Berghütte stellt sich heraus, dass Hardenberg in seinen jungen Jahren genauso gegen das etablierte Bürgertum aufbegehrte wie Jan, Peter und Jule jetzt. Seine Ideale von früher hat Hardenberg jedoch verraten.

Am Ende bringen die drei Entführer Hardenberg in seine Villa zurück. Er verzichtet auf das Geld, das ihm Jule wegen des Autounfalls schuldet. Als die Polizei wenig später die Wohnung der drei jungen Leute stürmt, sind sie schon verschwunden. Am Schluss brechen sie mit Hardenbergs Motorjacht zu neuen Taten auf.

Arbeit mit dem Text

Welche Aussagen sind falsch? Verbessern Sie die falschen Aussagen.

1. Peter und Jan brechen in Villen ein, weil sie Geld brauchen.
2. Jule ist Peters Freundin, verliebt sich aber in Jan.
3. Peter und Jan brechen in die Villa von Justus Hardenberg ein.
4. Hardenberg schuldet Jule sehr viel Geld.
5. Jan, Peter und Jule entführen Hardenberg, weil er sie beim Einbruch in seine Villa überrascht hat.
6. Die drei Entführer lassen Hardenberg in Tirol frei.
7. Jan, Peter und Jule melden sich[1] bei der Polizei.

Nach dem Lesen

Beantworten Sie die folgenden Fragen.

1. Glauben Sie, dass Jan, Peter und Jule mit ihren Aktionen Erfolg[2] haben? Rüttelt man mit so etwas die Gesellschaft wach[3]? Kann oder muss man die drei ernst[4] nehmen? Warum?
2. Justus Hardenberg gehörte zu den sogenannten „68ern". 1968 war ein aufregendes Jahr in der alten BRD. Forschen Sie im Internet nach, was in diesem Jahr in Westdeutschland passierte und welche Rolle die Studenten spielten.

[1]melden ... *turn themselves in* [2]*success* [3]rüttelt wach *shakes awake* [4]*seriously*

Videoecke

- Wohin fährst du gern in Urlaub?
- Was machst du da?
- Was war dein schönster Urlaub?
- Was war daran besonders? (Erzähl mal.)
- Gab's mal einen Urlaub, in dem etwas schief ging?

Nicole ist in Leipzig geboren. Sie spricht Deutsch, Englisch und Russisch. Ihre Hobbys sind Tennis spielen und Musik hören.

Erwin ist in Regensburg geboren. Er spricht Deutsch, Englisch und Spanisch. Seine Hobbys sind Wandern und Gitarre spielen.

Aufgabe 1

Wer sagt das, Nicole (N), Erwin (E) oder beide (B)?

1. _____ Ich fahr' eigentlich überall gern hin.
2. _____ Ich fahr' gern nach Amerika.
3. _____ Ich fahr' gern zu meinen Großeltern nach Odessa.

Aufgabe 2

Was machen Nicole und Erwin im Urlaub? Sind diese Aussagen richtig oder falsch? Korrigieren Sie die falschen Aussagen.

	RICHTIG	FALSCH
1. Nicole liegt selten die ganze Zeit am Strand.	☐	☐
2. Nicole fährt gern Fahrrad oder spielt Tennis.	☐	☐
3. Sie geht auch viel wandern.	☐	☐
4. Erwin hat noch kleine Kinder.	☐	☐

Aufgabe 3

Amerika oder Jerusalem? Ordnen Sie die folgenden Beschreibungen Amerika oder Jerusalem zu.

	AMERIKA	JERUSALEM
1. Erstens lieb ich das Land sowieso.	☐	☐
2. Die Leute sind sehr aufgeschlossen.	☐	☐
3. Es ist so eine alte Stadt.	☐	☐
4. Es ist viel zu sehen.	☐	☐
5. diese Häuser, diese weißen Wände	☐	☐
6. diese vielen unterschiedlichen Kulturen	☐	☐

Wortschatz

Reisen und Tourismus	Travel and Tourism
die **Bahnangestellte, -n**	female train agent
die **Fahrt, -en**	trip
die **einfache Fahrt**	one-way trip
die **Hin- und Rückfahrt**	round-trip
die **Führung, -en**	guided tour
die **Haltestelle, -n**	stop
die **Jugendherberge, -n**	youth hostel
die **Klasse, -n** (R)	class
erster Klasse fahren	to travel first class
die **Lage, -n**	place; position
die **Luftmatratze, -n**	air mattress
die **Möwe, -n**	seagull
die **Reisende, -n**	female traveler
die **Schiene, -n**	train track
die **Sonnenmilch**	suntan lotion
die **Unterkunft, ¨-e**	lodging
die **Welle, -n**	wave
der **Aufenthaltsraum, ¨-e**	lounge, recreation room
der **Ausweis, -e**	identification card
der **Bahnangestellte, -n**	male train agent
der **Hafen, ¨**	harbor, port
der **Nichtraucher, -**	nonsmoker
der **Raucher, -**	smoker
der **Reisende, -n** **(ein Reisender)**	male traveler
der **Reisepass, ¨-e**	passport
der **Sonnenbrand, ¨-e**	sunburn
der **Sonnenschirm, -e**	sunshade
der **Spaziergang, ¨-e**	walk
der **Strandkorb, ¨-e**	beach chair
der **Wirt, -e**	host, innkeeper; barkeeper
der **Zug, ¨-e** (R)	train
das **Andenken, -**	souvenir
das **Fremdenverkehrsamt, ¨-er**	tourist bureau
das **Gästehaus, ¨-er**	bed-and-breakfast (inn)
das **Gepäck**	luggage, baggage
das **Gleis, -e**	(set of) train tracks
das **Kanu, -s**	canoe
Kanu fahren	to go canoeing
das **Schlauchboot, -e**	inflatable dinghy
das **Ziel, -e**	destination

Ähnliche Wörter

die **Idee, -n**; die **Rezeption, -en**; der **Campingplatz, ¨-e**; das **Camping**; das **Doppelzimmer, -**; das **Fernsehzimmer, -**; das **Frühstückszimmer**

Den Weg beschreiben	Giving Directions
ab·biegen, bog ... ab, ist abgebogen	to turn
entlang·gehen	to go along
verfehlen	to miss, not notice
vorbei·gehen (an + *dat.***)**	to go by
weiter·fahren	to keep on driving
weiter·gehen	to keep on walking
dorthin	there, to a specific place
entlang	along
gegenüber von (R)	across from
geradeaus	straight ahead
her(·kommen)	(to come) this way
heraus(·kommen)	(to come) out this way
herein(·kommen)	(to get/go) in this way
hin(·gehen)	(to go) that way
hinauf(·gehen)	(to go) up that way
hinüber(·gehen)	(to go) over that way
links (R)	left
oben	above
rechts (R)	right

In der Stadt	In the City
die **Brücke, -n**	bridge
die **Gasse, -n**	narrow street; alley
die **Gegend, -en**	area
der **Dom, -e**	cathedral
der **Kopierladen, ¨**	copy shop
der **Kreisverkehr**	traffic roundabout
der **Waschsalon, -s**	laundromat
der **Zebrastreifen, -**	crosswalk

Ähnliche Wörter

die **Altstadt, ¨-e**; die **Fußgängerzone, -n**; die **Linie, -n**; der **Markt, ¨-e**; der **Stadtpark, -s**; der **Stadtplan, ¨-e**; der **Zoo, -s**; das **Einkaufszentrum, Einkaufszentren**; das **Fußballstadion, Fußballstadien**

Tiere	Animals
die **Biene, -n**	bee
die **Fledermaus, ¨-e**	bat
die **Mücke, -n**	mosquito
die **Schildkröte, -n**	turtle
die **Schlange, -n**	snake
die **Klapperschlange, -n**	rattlesnake
die **Riesenschlange, -n**	boa constrictor; python
die **Schnecke, -n**	snail
der **Adler, -**	eagle
der **Gepard, -e**	cheetah
der **Hai, -e**	shark
der **Kolibri, -s**	hummingbird
der **Löwe, -n** (*wk. masc.*)	lion
der **Papagei, -en**	parrot
der **Rüssel, -**	trunk (*of an elephant*)

der **Stoßzahn, ¨-e**	tusk
der **Vogel, ¨**	bird
der **Wasservogel, ¨**	water fowl
das **Meerschweinchen, -**	guinea pig
das **Tier, -e** (R)	animal
das **Haustier, -e**	pet
das **Landsäugetier, -e**	land mammal

Ähnliche Wörter

die **Giraffe, -n**; die **Maus, ¨-e**; die **Ratte, -n**; der **Albatros, -se**; der **Blauwal, -e**; der **Delfin, -e**; der **Hamster, -**; der **Piranha, -s**; der **Skorpion, -e**; das **Känguru, -s**; das **Krokodil, -e**; das **Wildschwein, -e**; das **Zebra, -s**

Sonstige Substantive	Other Nouns
die **Bürgerin, -nen**	female citizen
die **Tollwut**	rabies
der **Bürger, -**	male citizen
der **Geschäftsbrief, -e**	business letter
der **Gruß, ¨-e**	greeting
mit freundlichen Grüßen	regards
der **Käfig, -e**	cage
der **Vorfahre, -n** (*wk. masc.*)	ancestor
das **Elfenbein**	ivory
das **Familienmitglied, -er**	family member
das **Treppenhaus, ¨-er**	stairwell

Ähnliche Wörter

die **Hälfte, -n**; der **Staat, -en**; das **Nest, -er**; **in freier Natur**

Sonstige Verben	Other Verbs
ab·reisen, ist abgereist	to depart
an·legen	to put on
ein·steigen (R), **stieg ... ein, ist eingestiegen**	to board
entscheiden, entschied, entschieden	to decide
sich erkundigen nach	to ask about, get information about
erleben	to experience
fest·stellen	to establish
sich fürchten vor (+ *dat.*)	to be afraid of
impfen gegen	to vaccinate against
sich informieren über (+ *akk.*)	to inform oneself about
mit·machen	to participate
nach·sehen, sieht ... nach, sah ... nach, nachgesehen	to look up
sammeln	to collect
sonnenbaden gehen	to go sunbathing
stechen, sticht, stach, gestochen	to sting; to bite (*of insects*)
trampen, ist getrampt	to hitchhike
vor·legen	to present, produce (*documents*)
sich (*dat.*) **vor·stellen** (R)	to imagine
wiederholen	to repeat

Ähnliche Wörter

antworten (+ *dat.*) (R)

Adjektive und Adverbien	Adjectives and Adverbs
auffällig	conspicuous
geehrt	honored; dear
sehr geehrter Herr	dear Mr.
sehr geehrte Frau	dear Ms.
gefährlich	dangerous
lieb	sweet; lovable
mehrere (*pl.*)	several
nützlich	useful
schriftlich	written
wunderschön	exceedingly beautiful
zahm	tame

Ähnliche Wörter

extra, voll, zentral

Sonstige Wörter und Ausdrücke	Other Words and Expressions
an ... vorbei	by
aus	of; from; out of
außerdem (R)	besides
bei (R)	at; with; near
bis zu	as far as; up to
danach	afterward
eilig	rushed
es eilig haben	to be in a hurry
hin und zurück (R)	there and back; round-trip
inbegriffen	included
nach (R)	to (*a place*)
nach Hause (R)	(to) home
ob (R)	whether
selbstverständlich	of course
vielen Dank	many thanks
von (R)	of; from
zu (R)	to (*a place*)
zu Hause (R)	at home
zuletzt	finally

Strukturen und Übungen

10.1 Prepositions to talk about places: *aus, bei, nach, von, zu*

Use the prepositions **aus** and **von** to indicate origin; **bei** to indicate a fixed location; and **nach** and **zu** to indicate destination. These five prepositions are always used with nouns and pronouns in the dative case.

Woher (kommt sie?)	Wo (ist sie?)	Wohin (geht/fährt sie?)
aus Spanien		nach Spanien
aus dem Zimmer		nach Hause
von rechts		nach links
von Erika	bei Erika	zu Erika
vom Strand		zum Strand

aus: enclosed spaces
countries
towns
buildings

Wissen Sie noch?

The prepositions **aus** (*from*), **bei** (*near, with*), **mit** (*with*), **nach** (*to*), **von** (*from*), **zu** (*to*) are prepositions that take the dative case.

Review grammar B.6, 6.4, and 6.6.

von: open spaces
directions
persons

Achtung!

von + dem = vom
bei + dem = beim
zu + dem = zum
zu + der = zur

bei: place of work
residence

A. The Prepositions **aus** and **von**

1. Use **aus** to indicate that someone or something comes from an enclosed or defined space, such as a country, a town, or a building.

Diese Fische kommen aus der Donau.	*These fish come from the Danube river.*
Jens kam aus seinem Zimmer.	*Jens came out of his room.*

Most country and city names are neuter; no article is used with these names.

Josef kommt **aus Deutschland.**
Silvia kommt **aus Göttingen.**

However, the article is included when the country name is masculine, feminine, or plural.

Richards Freund Ali kommt **aus dem Iran.**
Mehmets Familie kommt **aus der Türkei.**
Ich komme **aus den USA.**

2. Use **von** to indicate that someone or something comes not from an enclosed space but from an open space, from a particular direction, or from a person.

Melanie kommt gerade **vom Markt** zurück.	*Melanie's just returning from the market.*
Das rote Auto kam **von rechts.**	*The red car came from the right.*
Michael hat es mir gesagt. Ich weiß es **von ihm.**	*Michael told me. I know it through (from) him.*

B. The Preposition **bei**

Use **bei** before the name of the place where someone works or the place where someone lives or is staying.

Albert arbeitet **bei McDonald's.**	*Albert works at McDonald's.*
Rolf wohnt **bei einer Gastfamilie.**	*Rolf is staying with a host family.*
Treffen wir uns **bei Katrin.**	*Let's meet at Katrin's.*

nach: cities
countries without articles
direction
nach Hause (idiom)

C. The Prepositions **nach** and **zu**

Use **nach** with neuter names of cities and countries (no article), to indicate direction, and in the idiom **nach Hause** (*[going] home*).

Wir fahren morgen **nach Salzburg.**	*We'll go to Salzburg tomorrow.*
Biegen Sie an der Ampel **nach links ab.**	*Turn left at the light.*
Gehen Sie **nach Westen.**	*Go west.*
Ich muss jetzt **nach Hause.**	*I have to go home now.*

zu: places
persons
zu Hause (idiom)

Use **zu** to indicate movement toward a place or a person, and in the idiom **zu Hause** (*at home*).

Wir fahren heute **zum Strand.**	*We'll go to the beach today.*
Wir gehen morgen **zu Tante Julia.**	*We'll go to Aunt Julia's tomorrow.*
Rolf ist nicht **zu Hause.**	*Rolf is not at home.*

Übung 1 | Die Familie Ruf

Kombinieren Sie Fragen und Antworten.

1. Hier kommt Herr Ruf. Er hat seine Hausschuhe an. Woher kommt er gerade?
2. Hans hat noch seine Schultasche auf dem Rücken. Woher kommt er?
3. Frau Ruf kommt mit zwei Taschen voll Obst und Gemüse herein. Woher kommt sie?
4. Jutta kommt herein. Sie hat eine neue Frisur[1]. Woher kommt sie?
5. Gestern Abend war Jutta nicht zu Hause. Wo war sie?
6. Ihre Mutter war auch nicht zu Hause. Wo war sie?
7. Morgen geht Herr Ruf aus. Wohin geht er?
8. Hans fährt am Wochenende weg. Wohin fährt er?
9. Frau Ruf ist am Wochenende geschäftlich unterwegs. Wohin fährt sie?
10. Jutta möchte mit ihrem Freund einen Skiurlaub machen. Wohin wollen sie?

a. Aus der Schule.
b. Aus seinem Zimmer.
c. Bei ihrem Freund.
d. Bei Frau Körner.
e. Nach Innsbruck.
f. Nach Berlin.
g. Vom Friseur.
h. Vom Markt.
i. Zu Herrn Thelen, Karten spielen.
j. Zu seiner Tante.

Übung 2 | Melanies Reise nach Dänemark

Beantworten Sie die Fragen. Verwenden Sie die Präpositionen **aus, bei, nach, von** oder **zu.**

MODELL: CLAIRE: Wohin bist du gefahren? (Dänemark) →
MELANIE: Nach Dänemark.

1. Wohin genau? (Kopenhagen)
2. Wohin bist du am ersten Tag gegangen? (der Strand)
3. Und deine Freundin Fatima? Wohin ist sie gegangen? (ihre Tante Sule)
4. Woher kommt die Tante deiner Freundin? (die Türkei)

[1] *hairstyle*

5. Kommt deine Freundin auch aus der Türkei? (nein / der Iran)
6. Am Strand hast du Peter getroffen, nicht? Woher ist der plötzlich gekommen? (das Wasser)
7. Sein Freund war auch dabei, nicht? Woher ist der gekommen? (der Markt)
8. Weißt du, wo die beiden übernachten wollten? (ja/uns)
9. Und wo haben sie übernachtet? (Fatimas Tante)
10. Wohin seid ihr am nächsten Morgen gefahren? (Hause)

10.2 Requests and instructions: the imperative (summary review)

As you have already learned, the imperative (command form) in German is used to make requests, to give instructions and directions, and to issue orders. To soften requests or to make them more polite, words such as **doch, mal,** and **bitte** are often included in imperative sentences.

Mach mal das Fenster **zu!**	*Close the window!*
Bringen Sie mir **bitte** noch einen Kaffee.	*Bring me another cup of coffee, please.*

Wissen Sie noch?

The imperative is used to form commands, sentences in which you tell others how to act.

Review grammar 2.6.

The imperative has four forms: the familiar singular (**du**), the familiar plural (**ihr**), the polite (**Sie**), and the first-person plural (**wir**).

A. **Sie** and **wir**

In both the **Sie**- and **wir**-forms, the verb begins the sentence, and the pronoun follows.

Kontrollieren **Sie** bitte das Öl.	*Please check the oil.*
Gehen wir doch heute ins Kino!	*Let's go to the movies today.*

B. **ihr**

The familiar plural imperative consists of the present-tense **ihr**-form of the verb but does not include the pronoun **ihr.**

Lydia und Rosemarie, **kommt her** und **hört** mir **zu!**	*Lydia and Rosemarie, come here and listen to me.*
Sagt immer die Wahrheit!	*Always tell the truth.*

C. **du**

The familiar singular imperative consists of the present-tense **du**-form of the verb without the **-(s)t** ending and without the pronoun **du.**

du kommst	**Komm!**
du tanzt	**Tanz!**
du isst	**Iss!**

In written German, you will sometimes see a final **-e (komme, gehe),** but this **-e** is usually omitted in the spoken language for all verbs except those for which the present-tense **du**-form ends in **-est.**

du arbeitest	**Arbeite!**
du öffnest	**Öffne!**

Verbs that have a stem-vowel change from **-a-** to **-ä-** or **-au-** to **-äu-** do not have an umlaut in the **du**-imperative.

du fährst	**Fahr!**
du läufst	**Lauf!**
du hältst	**Halt!**

D. **sein**

The verb **sein** has irregular imperative forms.

du → **Sei** leise!	*Be quiet!*	*(Paul!)*
ihr → **Seid** leise!		*(You two!)*
Sie → **Seien Sie** leise!		*(Mrs. Smith!)*
wir → **Seien wir** leise!	*Let's be quiet!*	

Sei so gut und gib mir die Butter, Andrea. — *Be so kind and pass me the butter, Andrea.*

Seid keine Egoisten! — *Don't be such egotists!*

Übung 3 | Hans und sein Vater

Hans und sein Vater sind zu Hause. Hans fragt seinen Vater, was er tun darf oder tun muss. Spielen Sie die Rolle seines Vaters. Sie brauchen auch einen guten Grund!

MODELL: Darf ich den Fernseher einschalten? →
Ja, schalte ihn ein. Es kommt ein guter Film.
oder Nein, schalte ihn nicht ein. Ich möchte Musik hören.

1. Muss ich jetzt Klavier üben?
2. Darf ich Jens anrufen?
3. Darf ich die Schokolade essen?
4. Darf ich das Fenster aufmachen?
5. Muss ich dir einen Kuss geben?
6. Kann ich mit dir reden?
7. Muss ich das Geschirr spülen?
8. Darf ich in den Garten gehen?
9. Darf ich morgen mit dem Fahrrad in die Schule fahren?

Übung 4 | Aufforderungen!

Sie sind die erste Person in jeder Zeile. Was sagen Sie?

MODELL: Frau Wagner: Jens und Ernst / Zimmer aufräumen →
Jens und Ernst, räumt euer Zimmer auf!

1. Herr Wagner: Jens und Ernst / nicht so laut sein
2. Michael: Maria / bitte an der nächsten Ampel halten
3. Frau Wagner: Uli / an der nächsten Straße nach links abbiegen
4. Herr Ruf: Jutta / mehr Obst essen
5. Herr Siebert: Herr Pusch / nicht so schnell fahren
6. Jutta: Jens / an der Ecke auf mich warten
7. Frau Frisch: Natalie und Rosemarie / nicht ungeduldig sein
8. Herr Thelen: Andrea und Paula / Vater von mir grüßen
9. Frau Ruf: Hans / mal schnell zu Papa laufen
10. Oma Schmitz: Helga und Sigrid / jeden Tag die Zeitung lesen

Übung 5 | Minidialoge

Verwenden Sie die folgenden Verben.

helfen
machen
sprechen
vergessen
warten

1. FRAU RUF: Ich sitze jetzt schon wieder seit sechs Stunden vor dem Computer.
   HERR RUF: Du arbeitest zu viel. _____ mal eine Pause.
2. HERR SIEBERT: _____ bitte lauter, ich verstehe Sie nicht.
   MARIA: Ja, wie laut soll ich denn sprechen? Wollen Sie, dass ich schreie?
3. MICHAEL: Na, was ist? Kommen Sie nun oder kommen Sie nicht?
   FRAU KÖRNER: Ich bin ja gleich fertig. Bitte _____ doch noch einen Moment.
4. HANS: Kann ich mit euch zum Schwimmen gehen?
   JENS: Ja, komm und _____ deine Badehose nicht.
5. OMA SCHMITZ: _____ mir bitte, ich kann die Koffer nicht allein tragen.
   HELGA UND SIGRID: Aber natürlich, Großmutter, wir helfen dir doch gern.

10.3 Prepositions for giving directions: *an ... vorbei, bis zu, entlang, gegenüber von, über*

ACCUSATIVE:
entlang (follows the noun)
über (precedes the noun)

A. **entlang** (*along*) and **über** (*over*) + Accusative

Use the prepositions **entlang** and **über** with nouns in the accusative case. Note that **entlang** follows the noun.

Fahren Sie **den Fluß entlang.**	*Drive along the river.*
Gehen Sie **über den Zebrastreifen.**	*Walk across the crosswalk.*

The preposition **über** may also be used as the equivalent of English *via*.

Der Zug fährt **über** Frankfurt und Hannover nach Hamburg.	*The train goes to Hamburg via Frankfurt and Hanover.*

DATIVE:
an ... vorbei (encloses the noun)
bis zu (precedes the noun)
gegenüber von (precedes the noun)

B. **an ... vorbei** (*past*), **bis zu** (*up to, as far as*), **gegenüber von** (*across from*) + Dative

Use **an ... vorbei, bis zu,** and **gegenüber von** with the noun in the dative case. Note that **an ... vorbei** encloses the noun.

Gehen Sie **am Lebensmittelgeschäft vorbei.**	*Go past the grocery store.*
Fahren Sie **bis zur Fußgängerzone** und biegen Sie links ab.	*Drive to the pedestrian zone and turn left.*
Die U-Bahnhaltestelle ist **gegenüber vom Markthotel.**	*The subway station is across from the Markthotel.*

Übung 6 | Wie komme ich dahin?

Ein Ortsfremder[1] fragt Sie nach dem Weg. Antworten Sie! Nützliche Wörter:

entlang an ... vorbei gegenüber von
über bis zu

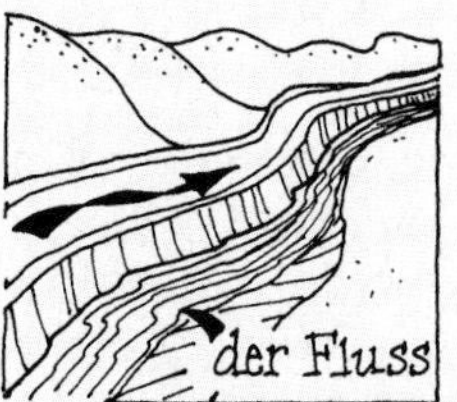

1. Wie muss ich fahren?

2. Wie muss ich gehen?

3. Wie muss ich gehen?

4. Wie muss ich fahren?

5. Wo ist die Tankstelle?

6. Wie komme ich zum Zug?

7. Immer geradeaus?

8. Vor dem Rathaus links?

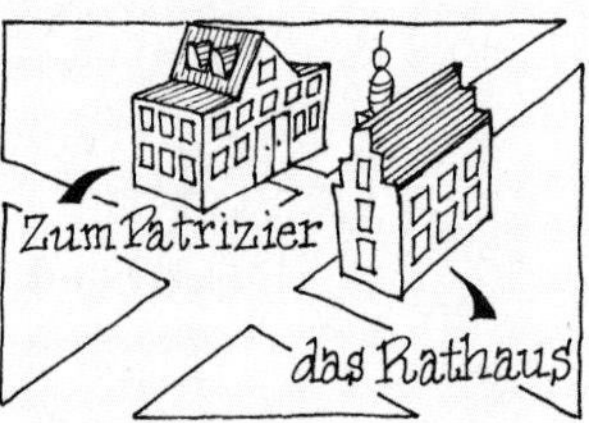

9. Das Hotel „Zum Patrizier“?

10. Wie komme ich nach Nürnberg?

[1] *stranger*

10.4 Being polite: the subjunctive form of modal verbs

Use the subjunctive form of modal verbs to be more polite.

Könnten Sie mir bitte dafür eine Quittung geben? — *Could you please give me a receipt for that?*
Ich **müsste** mal telefonieren. — *I have to make a phone call.*
Dürfte ich Ihr Telefon benutzen? — *Could I use your phone?*

The subjunctive is formed from the simple past-tense stem. Add an umlaut if there is an umlaut in the infinitive.

To form the subjunctive of a modal verb, add an umlaut to the simple past form if there is also one in the infinitive. If the modal verb has no umlaut in the infinitive (**sollen** and **wollen**), the subjunctive form is the same as the simple past form.

Present	Past	Subjunctive
dürfen	ich durfte	ich d**ü**rfte
können	ich konnte	ich k**ö**nnte
mögen	ich mochte	ich m**ö**chte
müssen	ich musste	ich m**ü**sste
sollen	ich sollte	ich sollte
wollen	ich wollte	ich wollte

Here are the subjunctive forms of **können** and **wollen.**

können			
ich	könnte	*wir*	könnten
du	könntest	*ihr*	könntet
Sie	könnten	*Sie*	könnten
er / sie / es	könnte	*sie*	könnten

wollen			
ich	wollte	*wir*	wollten
du	wolltest	*ihr*	wolltet
Sie	wollten	*Sie*	wollten
er / sie / es	wollte	*sie*	wollten

In modern German, **möchte,** the subjunctive form of **mögen,** has become almost a synonym of **wollen.**

—Wohin wollen Sie fliegen?	*Where do you want to go (fly)?*
—Wir möchten nach Kanada fliegen.	*We want / would like to fly to Canada.*

Another polite form, **hätte gern,** is now used more and more, especially in conversational exchanges involving goods and services.

Ich hätte gern eine Cola, bitte.	*I'd like a Coke, please.*
Wir hätten gern die Speisekarte, bitte.	*We'd like the menu, please.*

Übung 7 | Überredungskünste

Versuchen Sie, jemanden zu überreden[1], etwas anderes zu machen als das, was er/sie machen will.

MODELL: S1: Ich fahre jetzt. (bleiben)
S2: Ach, könntest du nicht bleiben?

1. Ich koche Kaffee. (Tee, Suppe, ?)
2. Ich lese jetzt. (später, morgen, ?)
3. Ich sehe jetzt fern. (etwas Klavier spielen, mit mir sprechen, ?)
4. Ich rufe meine Mutter an. (deinen Vater, deine Tante, ?)
5. Ich gehe nach Hause. (noch eine Stunde bleiben, bis morgen bleiben, ?)

MODELL: S1: Wir fahren nach Spanien. (Italien)
S2: Könnten wir nicht mal nach Italien fahren?

6. Wir übernachten im Zelt. (Hotel, Campingbus, ?)
7. Wir kochen selbst. (essen gehen, fasten, ?)
8. Wir gehen jeden Tag wandern. (schwimmen, ins Kino, ?)
9. Wir schreiben viele Briefe. (nur einen Brief, nur Postkarten, ?)
10. Wir sehen uns alle Museen an. (in der Sonne liegen, viel schlafen, ?)

Übung 8 | Eine Autofahrt

Sie wollen mit einem Freund ausgehen und fahren in seinem Auto mit. Stellen Sie Fragen. Versuchen Sie, besonders freundlich und höflich zu sein.

MODELL: wir / jetzt nicht fahren können →
Könnten wir jetzt nicht fahren?

1. du / nicht noch tanken müssen
2. wir / nicht Jens abholen sollen
3. zwei Freunde von mir / auch mitfahren können
4. wir / nicht zuerst in die Stadt fahren sollen
5. du / nicht zur Bank wollen
6. du / etwas langsamer fahren können
7. ich / das Autoradio anmachen dürfen
8. ich / das Fenster aufmachen dürfen

[1] *convince*

10.5 Focusing on the action: the passive voice

A. Uses of the Passive Voice

The passive voice is used in German to focus on the action of the sentence itself rather than on the person or thing performing the action.

ACTIVE VOICE

Der Arzt impft die Kinder.	*The physician inoculates the children.*

PASSIVE VOICE

Die Kinder **werden geimpft.**	*The children are (being) inoculated.*

Wissen Sie noch?

In addition to the passive auxiliary, **werden** can be used as a main verb meaning "to become" or as a future auxiliary with an infinitive to form the future tense.

Review grammar 5.3 and 8.5.

Note that the accusative (direct) object of the active sentence, **die Kinder,** becomes the nominative subject of the passive sentence.

In passive sentences, the agent of the action is often unknown or unspecified. In the following sentences, there is no mention of who performs each action.

Schildkröten werden oft als Haustiere gehalten.	*Turtles are often kept as pets.*
1088 wurde die erste Universität gegründet.	*The first university was founded in 1088.*

B. Forming the Passive Voice

passive = **werden** + past participle

The passive voice is formed with the auxiliary **werden** and the past participle of the verb. The present-tense and simple past-tense forms are the tenses you will encounter most frequently in the passive voice.

Passive Voice: fragen
Present Tense

ich	werde gefragt	*wir*	werden gefragt
du	wirst gefragt	*ihr*	werdet gefragt
Sie	werden gefragt	*Sie*	werden gefragt
er / *sie* / *es*	wird gefragt	*sie*	werden gefragt

Past Tense

ich	wurde gefragt	*wir*	wurden gefragt
du	wurdest gefragt	*ihr*	wurdet gefragt
Sie	wurden gefragt	*Sie*	wurden gefragt
er / *sie* / *es*	wurde gefragt	*sie*	wurden gefragt

C. Expressing the Agent in the Passive Voice

Passive agents are indicated by **von** + noun.

In most passive sentences in German, the agent (the person or thing performing the action) is not mentioned. When the agent is expressed, the construction **von** + dative is used.

ACTIVE VOICE

Die Kinder füttern die Tiere. — *The children are feeding the animals.*

PASSIVE VOICE

AGENT: **von** + DATIVE

Die Tiere werden **von den Kindern** gefüttert. — *The animals are being fed by the children.*

Übung 9 | Geschichte

Hier sind die Antworten. Was sind die Fragen?

MODELL: 1492 → Wann wurde Amerika entdeckt?

1. vor 50.000 Jahren
2. um 2500 v. Chr.[1]
3. 44 v. Chr.
4. 800 n. Chr.[2]
5. 1088
6. 1789
7. 1885
8. 1945
9. 1963
10. 1990

a. Deutschland vereinigen
b. John F. Kennedy erschießen
c. die amerikanische Verfassung unterschreiben
d. die erste Universität (Bologna) gründen
e. die Atombomben auf Hiroshima und Nagasaki werfen
f. die ersten Pyramiden bauen
g. Cäsar ermorden
h. in Kanada die transkontinentale Eisenbahn vollenden
i. Karl den Großen zum Kaiser krönen
j. Australien von den Aborigines besiedeln

Übung 10 | Der Mensch und das Tier

MODELL: die Giraffe / langsam aus ihrem Lebensraum verdrängt → Die Giraffe wird langsam aus ihrem Lebensraum verdrängt.

1. Mäuse
2. Meerschweinchen
3. Bienen
4. Mücken
5. die Fledermaus
6. Schnecken
7. der Gepard
8. die meisten Papageien
9. Delfine
10. viele Haie

[1]vor Christus [2]nach Christus

jedes Jahr gefischt

wegen ihrer Intelligenz bewundert[1]

immer noch für seinen Pelz getötet

in vielen Labortests benutzt

durch Parfum und Kosmetikprodukte angelockt[2]

oft als Haustiere gehalten

in vielen Kulturen mit Vampiren assoziiert

oft mit Butter- und Knoblauchsoße gegessen

wegen ihrer Honigproduktion geschätzt[3]

langsam aus ihrem Lebensraum verdrängt[4]

in der Wildnis gefangen

[1]*admired* [2]*attracted* [3]*valued* [4]*displaced*

Johann Liss: *Beim Zahnausreißer* (ca. 1617), Kunsthalle, Bremen

JOHANN LISS

Johann Liss wurde 1597 in Oldenburg (Holstein) geboren und starb 1629 in Venedig, wo er zu den führenden Malern seiner Zeit gehörte. Er malte hochbarocke, religiöse, mythologische und Genre-Bilder.

KAPITEL 11

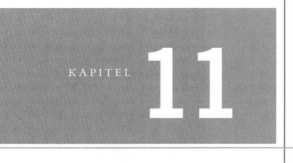

Gesundheit und Krankheit

Kapitel 11 focuses on health and fitness. You will talk about how to stay fit and about illness and accidents.

Themen

- Krankheit
- Körperteile und Körperpflege
- Arzt, Apotheke, Krankenhaus
- Unfälle

Kulturelles

- Hausmittel
- Videoblick: Charly hat Masern
- Beim Arzt
- Videoecke: Krankheiten

Lektüren

- Juttas neue Frisur
- Film: *Das Leben der Anderen*

Strukturen

- **11.1** Accusative reflexive pronouns
- **11.2** Dative reflexive pronouns
- **11.3** Word order of accusative and dative objects
- **11.4** Indirect questions: **Wissen Sie, wo ...?**
- **11.5** Word order in dependent and independent clauses (summary review)

Situationen

Krankheit

Grammatik 11.1

Stefan hat sich erkältet.

Er fühlt sich nicht wohl.

Er hat Husten.

Er hat Schnupfen.

Er hat Kopfschmerzen.

Er hat Halsschmerzen.

Und er hat Fieber.

Er darf sich nicht aufregen.

Er muss sich ins Bett legen.

Er muss sich ausruhen.

Situation 1 | Hausmittel[1]

Was machst du immer, manchmal, nie?

1. Wenn ich Fieber habe,
   a. lege ich mich ins Bett.
   b. nehme ich zwei Aspirin.
   c. gehe ich zum Arzt.
   d. rege ich mich auf.
2. Wenn ich Husten habe,
   a. nehme ich Hustensaft.
   b. trinke ich heißen Tee mit Zitrone.
   c. rauche ich eine Zigarette.
   d. lutsche ich Hustenbonbons.

[1] *Home remedies*

3. Wenn ich mich erkältet habe,
   a. gehe ich schwimmen.
   b. ruhe ich mich aus.
   c. gehe ich in die Sauna.
   d. ärgere ich mich furchtbar.
4. Wenn ich Kopfschmerzen habe,
   a. gehe ich zum Friseur.
   b. nehme ich zwei Aspirin.
   c. bleibe ich im Bett.
   d. nehme ich ein heißes Bad.
5. Wenn ich Zahnschmerzen habe,
   a. trinke ich heißen Kaffee.
   b. gehe ich zum Zahnarzt.
   c. nehme ich Tabletten.
   d. setze ich mich aufs Sofa.
6. Wenn ich mich verletzt habe,
   a. desinfiziere ich die Wunde.
   b. falle ich in Ohnmacht.
   c. hole ich ein Pflaster.
   d. ziehe ich mich aus.
7. Wenn ich Muskelkater habe,
   a. lasse ich mich massieren.
   b. gehe ich zum Arzt.
   c. mache ich Muskeltraining.
   d. lege ich mich aufs Sofa.
8. Wenn ich mich in den Finger geschnitten habe,
   a. ärgere ich mich furchtbar.
   b. hole ich ein Pflaster.
   c. nehme ich Hustensaft.
   d. desinfiziere ich die Wunde.
9. Wenn ich einen Kater habe,
   a. gehe ich ins Krankenhaus.
   b. nehme ich zwei Aspirin.
   c. schlafe ich den ganzen Tag.
   d. gehe ich joggen.
10. Wenn ich Magenschmerzen habe,
   a. lege ich mich aufs Sofa.
   b. trinke ich Kamillentee.
   c. ziehe ich mich aus.
   d. esse ich viel Schokolade.

Hausmittel

- Welche von diesen Hausmitteln kennen Sie? Wogegen helfen sie?
  - □ Eisbeutel
  - □ grüner Tee
  - □ heißer Tee mit Zitrone
  - □ Hühnersuppe
  - □ Kamillentee
  - □ Knoblauch
  - □ Salzwasser
  - □ warme Umschläge[1]
- Benutzen Sie Hausmittel, wenn Sie sich nicht wohl fühlen? Wenn ja, welche?

Lesen Sie die drei Zeitungstexte. Kennen Sie diese Hausmittel? Glauben Sie, dass sie wirken? Warum?

Bei Husten warmes Zuckerwasser mit Eidotter[2] vermischen. Das mildert den Hustenreiz[3]. Oder Hustenbier trinken: Einen halben Liter Bier erhitzen, mit fünf Löffeln flüssigem Honig verrühren[4] und abends trinken.

Wenn die Augen müde sind, Hände reiben[5] bis sie warm sind, sie auf die geschlossenen Augen legen und an die Farbe Schwarz denken.

Bei Fieber Zitronenscheiben auf die Schläfen[6] legen. Oder eine Kette aus Rettichscheiben[7] über Nacht um den Hals binden.

Hausmittel stehen oftmals der Pflanzenheilkunde[8] nahe[9]. Die Arnikapflanze ist nur ein Beispiel. Lesen Sie den Text und beantworten Sie die Fragen.

- Wo wächst die Arnika?
- Wofür wird Arnika verwendet?
- In welcher Form kann man heute Arnika bekommen?

Arnika ist eine beliebte Heilpflanze.

Die Arnika wächst in den Alpen. Seit jeher wird die Alpenpflanze von den Menschen in den Bergen bei Prellungen[10], Stauchungen[11] und schmerzenden Beinen verwendet. Man hat herausgefunden, dass die Arnika die Beine besonders gut durchblutet, Schmerzen lindert, Schwellungen[12] abbaut und entzündungshemmend[13] wirkt. Deshalb eignet sich Arnika bei Sportverletzungen sehr gut. Heute kann man Arnika-Salben, -Gels und -Beinsprays kaufen.

[1]*compresses* [2]*egg yolk* [3]*irritation of the throat* [4]*stir* [5]*rub* [6]*temples* [7]*radish slices* [8]*herbal medicine*
[9]nahestehen *to be similar to* [10]*bruises* [11]*sprains* [12]*swelling* [13]*as an anti-inflammatory*

Situation 2 | Was tut dir weh?

MODELL: Du warst in einem Rockkonzert. →
Ich habe Ohrenschmerzen.

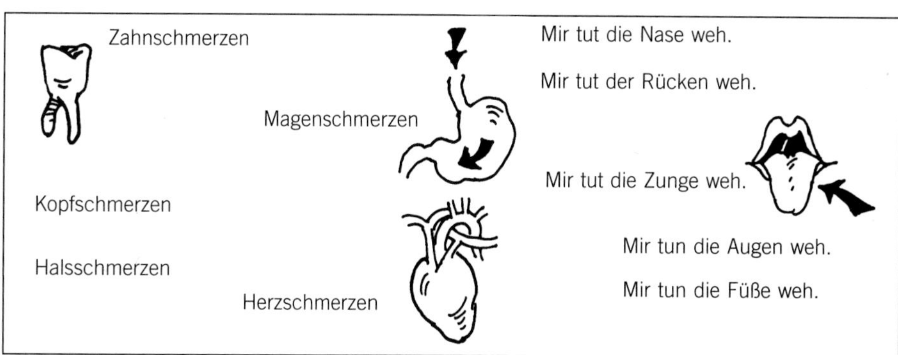

Zahnschmerzen
Magenschmerzen
Mir tut die Nase weh.
Mir tut der Rücken weh.
Mir tut die Zunge weh.
Kopfschmerzen
Halsschmerzen
Herzschmerzen
Mir tun die Augen weh.
Mir tun die Füße weh.

1. Du hast den ganzen Tag in der Bibliothek gesessen und Bücher gelesen.
2. Du hast zwei große Teller Chili gegessen.
3. Jemand hat dich auf die Nase geschlagen.
4. Du bist 20 Kilometer gewandert.
5. Du hast gestern Abend zu viel Kaffee getrunken.
6. Du warst bei einem Footballspiel und hast viel geschrien.
7. Du hast zu viele Bonbons gegessen.
8. Du hast furchtbaren Liebeskummer.
9. Du hast zwei Stunden Schnee geschaufelt.
10. Der Kaffee, den du getrunken hast, war zu heiß.

Situation 3 | Umfrage

MODELL: S1: Legst du dich ins Bett, wenn du dich erkältet hast?
S2: Ja.
S1: Unterschreib bitte hier.

	UNTERSCHRIFT
1. Ruhst du dich aus, wenn du Kopfschmerzen hast?	____________
2. Ärgerst du dich, wenn du in den Ferien krank wirst?	____________
3. Legst du dich ins Bett, wenn du eine Grippe hast?	____________
4. Bist du gegen Katzen allergisch?	____________
5. Hast du einen niedrigen Blutdruck?	____________
6. Freust du dich, wenn dein Lehrer / deine Lehrerin krank ist?	____________
7. Regst du dich auf, wenn du dich verletzt hast?	____________
8. Erkältest du dich oft?	____________
9. Nimmst du Tabletten, wenn du dich nicht wohl fühlst?	____________

Charly hat Masern[1]

Der arme Charly! Er hat die Masern. Der Zeichentrickfilm[2] erzählt, wie man aussieht und was passieren kann, wenn man die Masern hat.

- Wie fühlt sich Charly?
- Wie lange dauert seine Krankheit?
- Warum darf er nicht mehr in die Schule gehen?
- Warum dürfen seine Freunde ihn besuchen?

Oje, irgendjemand muss mich heute Nacht angemalt[3] haben.

[1] *measles* [2] *cartoon* [3] *painted*

Körperteile und Körperpflege

Grammatik 11.2–11.3

Ich wasche mich.

Ich wasche mir die Haare.

Ich trockne mich ab.

Ich trockne mir die Hände ab.

Ich kämme mir die Haare.

Ich schminke mich.

Ich rasiere mich.

Ich putze mir die Zähne.

Ich ziehe mich an.

Situation 4 | Körperteile

MODELL: S1: Was macht man mit den Augen?
S2: Mit den Augen sieht man.

gehen	sprechen	atmen	denken	hören	fühlen
kauen		küssen		riechen	greifen

1. mit den Ohren
2. mit den Händen
3. mit dem Gehirn
4. mit der Nase
5. mit der Lunge
6. mit den Zähnen
7. mit den Lippen
8. mit den Beinen
9. mit dem Mund
10. mit dem Herzen

Situation 5 | Körperpflege

1. Wenn meine Haut trocken ist,
   a. kreme ich sie ein.
   b. gehe ich schwimmen.
   c. gehe ich zum Arzt.
2. Wenn meine Fingernägel lang sind,
   a. bade ich mich.
   b. schneide ich sie mir.
   c. kaue ich sie ab.
3. Wenn meine Haare fettig sind,
   a. putze ich mir die Zähne.
   b. schneide ich sie mir.
   c. wasche ich sie mir.
4. Wenn ich ins Theater gehe,
   a. schminke ich mich.
   b. rasiere ich mich.
   c. schneide ich mir die Haare.
5. Wenn ich ins Bett gehe,
   a. ziehe ich mir warme Schuhe an.
   b. putze ich mir die Zähne.
   c. schneide ich mir die Fingernägel.
6. Wenn ich mich geduscht habe,
   a. ziehe ich mich aus.
   b. trockne ich mich ab.
   c. föhne ich mir die Haare.
7. Wenn ich mich erholen will,
   a. gehe ich in die Sauna.
   b. rasiere ich mir die Beine.
   c. nehme ich Tabletten.

8. Wenn es draußen kalt ist,
   a. dusche ich mich heiß.
   b. ziehe ich mir eine warme Hose an.
   c. ziehe ich mich aus.
9. Wenn ich eine Verabredung habe,
   a. schminke ich mich.
   b. wasche ich mir die Haare.
   c. esse ich viel Knoblauch.

Situation 6 | Bildgeschichte: Maria hat eine Verabredung

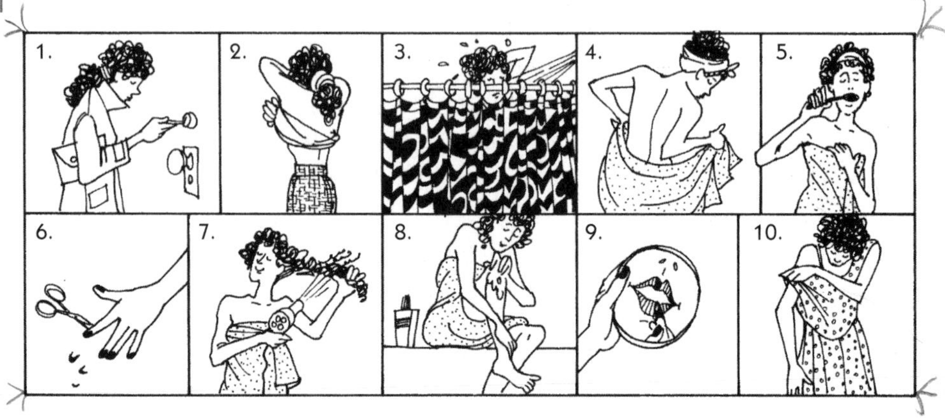

Situation 7 | Interview: Körperpflege

1. (für Frauen) Schminkst du dich jeden Tag? Was machst du?
2. (für Männer) Rasierst du dich jeden Tag? Hattest du schon mal einen Bart? Was für einen (Schnurrbart, Vollbart, Spitzbart, Backenbart)? Wie war das? Wenn du einen Bart hast: Seit wann hast du einen Bart?
3. Wäschst du dir jeden Tag die Haare? Föhnst du sie dir auch? Was für Haar hast du (trockenes, fettiges, normales Haar)?
4. Putzt du dir jeden Tag die Zähne? Gehst du oft zum Zahnarzt?
5. Wie oft gehst du zum Friseur? Hattest du mal eine Dauerwelle? Wie hast du ausgesehen?
6. Hast du trockene Haut? Kremst du dich oft ein?
7. Treibst du regelmäßig Sport? Was machst du? Wie oft? Gehst du manchmal in die Sauna oder ins Solarium?

Lektüre

Vor dem Lesen

A. Was wissen Sie über Jutta Ruf?
B. Lesen Sie den Cartoon auf der nächsten Seite. Welche „Haarmoden" (Frisuren) sind noch „kontrovers"? Zeichnen Sie eine „kontroverse" Haarmode oder bringen Sie Fotos mit in den Kurs.

Miniwörterbuch

allerdings	of course	die **Rasierklinge**	razor blade
begeistert	thrilled	**sprühen**	to spray
sich nicht hineintrauen	to be afraid to go inside	die **Stirn**	forehead
kahl	bald	**die Strumpfhosen**	(*pl.*) tights
kaum	hardly	**tätowiert**	tattooed
die **Kette**	chain	der **Totenkopf**	skull
der **Nacken**	neck	vor **Lachen**	from laughing (so hard)
die **Narbe**	scar	**zerrissen**	torn

Lesehilfe

In this reading, Jutta Ruf takes on a new persona. Recall what you already know about Jutta and her boyfriend "Billy." Go back and read Jutta's diary entry in **Situation 4** of **Kapitel 4.** What kind of persona do you think Jutta will take on?

Juttas neue Frisur

Jutta Ruf hat einen neuen Freund, Billy. Eigentlich heißt er nicht Billy, sondern Paul, aber sein Vorbild ist Billy Idol und so nennt er sich nach ihm. Er hat sich auch die Haare ganz kurz geschnitten und hellblond gebleicht und trägt immer alte, kaputte Jeans, zerrissene T-Shirts und eine Lederjacke mit Ketten. Auf dem Oberarm hat er einen Totenkopf tätowiert und auf seiner linken Hand steht „no future". Auf beiden Wangen hat er je drei parallele Narben. Die hat er sich auf einer Fete nach einem Billy-Idol-Konzert mit einer Rasierklinge geschnitten ... Jutta findet ihn toll! Sie trägt jetzt immer zerrissene schwarze Strumpfhosen, Turnschuhe, die sie silbern gesprüht hat, ein T-Shirt, auf dem „I love Billy" steht, und eine alte Jeansjacke.

Es ist Mittwochabend nach acht Uhr. Jutta steht vor der Tür und traut sich nicht hinein. Sie hat Angst, dass ihre Eltern ihre neue Frisur nicht so toll finden wie ihre Freunde, besonders Billy.

Am Morgen ist sie nicht zur Schule gegangen, sondern hat sich mit Billy in einer Kneipe getroffen. Da haben sie noch eine Stunde über die neue Frisur gesprochen und dann sind sie zum Friseur gegangen. Jutta hatte darauf gespart, denn so eine Frisur ist nicht billig. Nach drei Stunden war alles fertig und Billy war begeistert. Allerdings hat es dann auch 50,- Euro gekostet, wegen der neuen Farbe und so.

Jutta hat jetzt einen ziemlich ungewöhnlichen Haarschnitt. In der Mitte steht ein zehn Zentimeter breiter Haarstreifen, der von der Stirn bis in den Nacken läuft. Die Haare sind fünfzehn Zentimeter lang, stehen fest und gerade nach oben und sind violett und grün. Der Rest des Kopfes ist kahl. Billy wollte dann noch mit ihr zu einem Tätowierer gehen und ihr „Billy" auf die rechte Seite des Kopfes tätowieren lassen, aber sie

hatten kein Geld mehr. Alle Freunde fanden es toll ... aber jetzt steht sie allein vor der Tür. Sie will warten, bis ihre Eltern ins Bett gegangen sind.

Plötzlich hört sie jemanden.

„Mensch, das bist ja du, Jutta!" Es ist ihr Bruder Hans, der aus dem Fenster schaut. „Wie siehst du denn aus?" Hans kann vor Lachen kaum sprechen. „Das sieht ja unmöglich aus!"

„Ach, du hast doch keine Ahnung!"

„Mutti und Papi finden es sicher toll. Komm schnell herein!"

„Nein, ich will noch warten, bis sie ins Bett gegangen sind."

„Da kannst du lange warten, es ist doch erst acht Uhr! Komm, das will ich sehen, wie die reagieren!"

Arbeit mit dem Text

A. Wie sehen sie aus?

	Haarschnitt	Haarfarbe	Kleidung
Billy			
Jutta			

B. Mittwochmorgen oder Mittwochabend? Schreiben Sie ein M oder ein A vor die Sätze, und bringen Sie sie in die richtige Reihenfolge.

_____ Jutta steht vor der Tür und hat Angst.
_____ Hans will sehen, wie die Eltern reagieren.
_____ Jutta ist nicht in die Schule gegangen.
_____ Jutta hat Billy in einer Kneipe getroffen.
_____ Hans schaut aus dem Fenster.
_____ Jutta ist zum Friseur gegangen.
_____ Billy wollte mit Jutta zu einem Tätowierer gehen.

C. Fragen

1. Warum sind Jutta und Billy nicht mehr zum Tätowieren gegangen?
2. Wie findet Hans Juttas Frisur?
3. Was, glauben Sie, werden Juttas Eltern sagen?
4. Warum kleidet sich Jutta so wie im Text beschrieben? Warum bekommt sie eine solche außergewöhnliche Frisur und will sich sogar tätowieren lassen? Denken Sie an Juttas Alter.

Nach dem Lesen

Hatten Sie schon mal Schwierigkeiten mit Ihren Eltern, weil Sie einen anderen Geschmack hatten als sie? Im Aussehen? In der Wahl Ihrer Freunde? In der Wahl Ihrer Tätigkeiten? Erzählen Sie! Machen Sie sich zuerst Gedanken und schreiben Sie sich Stichwörter auf. Arbeiten Sie dann in Kleingruppen und erzählen Sie Ihre Geschichte. Die anderen Gruppenmitglieder helfen mit Fragen und kommentieren.

Arzt, Apotheke, Krankenhaus

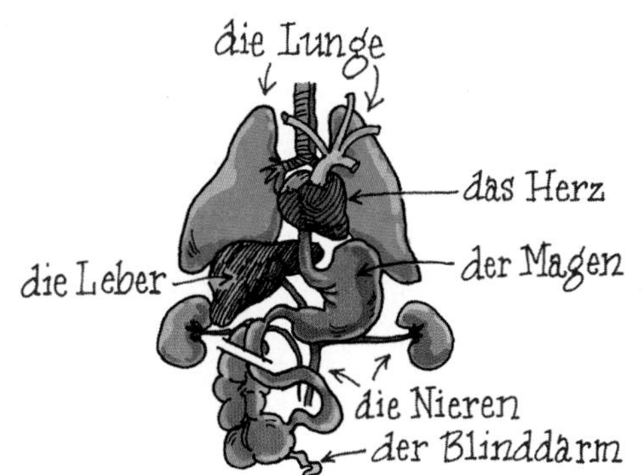

Jürgen hat sich das Bein gebrochen. Jetzt muss er einen Gips tragen.

Silvia bekommt eine Spritze.

Josef bekommt einen Verband.

Der Zahnarzt zieht Melanie einen Zahn.

Die Ärztin gibt Claire ein Rezept.

Situation 8 | Medizinische Berufe

Wohin gehen Sie?

ins Krankenhaus	zum Hausarzt	zum Psychiater	in die Apotheke
in die Drogerie	zum Zahnarzt	zum Augenarzt	zum Tierarzt

1. Sie haben sich erkältet und brauchen Hustensaft.
2. Sie haben schon seit zwei Wochen eine schlimme Halsentzündung und wollen Antibiotika.
3. Ihr Freund / Ihre Freundin hat sich in den Finger geschnitten. Der Finger blutet stark.
4. Ihr Freund / Ihre Freundin hat Sie verlassen und Sie sind sehr deprimiert.
5. Ihr Goldfisch frisst schon seit mehreren Tagen nichts mehr.
6. Sie haben furchtbare Zahnschmerzen.
7. Sie können im Unterricht nicht lesen, was an der Tafel steht.
8. Ihr Arzt hat Ihnen ein Rezept ausgeschrieben und Sie wollen sich das Medikament abholen.

Situation 9 | Interaktion: Ich bin krank

Ein Mitstudent / Eine Mitstudentin ist krank. Was raten Sie ihm/ihr?

MODELL: S1: Ich habe Fieber.
S2: Leg dich ins Bett.

1. Ich habe Fieber.
2. Ich habe Kopfschmerzen.
3. Ich fühle mich nicht wohl.
4. Ich habe starken Husten.
5. Ich habe mich in den Finger geschnitten.
6. Ich habe mich erkältet.
7. Ich habe Zahnschmerzen.
8. Ich bin allergisch gegen Katzen.
9. Mir tun die Augen weh.
10. Ich habe Magenschmerzen.

a. Geh zum Arzt.
b. Nimm Hustensaft.
c. Leg dich ins Bett.
d. Geh nach Hause.
e. Kauf dir Kopfschmerztabletten.
f. Ruh dich aus.
g. Nimm ein warmes Bad.
h. Zieh dich warm an.
i. Verkauf deine Katze.
j. Geh zum Zahnarzt.
k. Kauf dir eine Brille.
l. _____?

Kultur ... Landeskunde ... Informationen

Beim Arzt

Lesen Sie das Gedicht von Ernst Jandl. Welche Situation beschreibt es?

fünfter sein

tür auf
einer raus
einer rein
vierter sein

tür auf
einer raus
einer rein
dritter sein

tür auf
einer raus
einer rein
zweiter sein

tür auf
einer raus
einer rein
nächster sein

tür auf
einer raus
selber rein
tagherrdoktor

—Ernst Jandl

Bevor man im Wartezimmer einer Arztpraxis Platz nehmen kann, muss man in Deutschland an der Anmeldung[1] seine Chipkarte abgeben. Jeder bekommt von seiner Krankenversicherung diese Karte. Auf ihr sind alle Informationen gespeichert[2]. Sie wird beim Arzt abgegeben und der Arzt rechnet nach der Behandlung[3] mit der Krankenversicherung ab[4]. In Deutschland ist eigentlich jeder krankenversichert.

Rollenspiel: Beim Arzt. Bauen Sie alle Stationen ein: Anmeldung, Wartezimmer und das Gespräch mit dem Arzt.

[1]*reception* [2]*stored* [3]*treatment* [4]rechnet ab *settles*

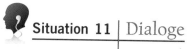

Situation 10 | Informationsspiel: Krankheitsgeschichte

MODELL: Hat Claire sich (Hast du dir) schon mal etwas gebrochen? Was?
Ist Claire (Bist du) schon mal im Krankenhaus gewesen? Warum?
Hat Herr Thelen (Hast du) schon mal eine Spritze bekommen? Gegen was?
Erkältet sich Herr Thelen (Erkältest du dich) oft?
Ist Claire (Bist du) gegen etwas allergisch? Gegen was?
Hat man Claire (Hat man dir) schon mal einen Zahn gezogen?
Hatte Herr Thelen (Hattest du) schon mal hohes Fieber? Wie hoch?
Ist Claire (Bist du) schon mal in Ohnmacht gefallen?

	Claire	Herr Thelen	mein(e) Partner(in)
sich etwas brechen		das Bein	
im Krankenhaus sein		Lungenentzündung	
eine Spritze bekommen	Diphtherie		
sich oft erkälten	ja		
gegen etwas allergisch sein		Katzen	
einen Zahn gezogen haben		ja	
hohes Fieber haben	104° F		
in Ohnmacht fallen		nein	

Situation 11 | Dialoge

1. Herr Thelen möchte einen Termin beim Arzt.

   HERR THELEN: Guten Tag, ich hätte gern ________ für nächste Woche.
   SPRECHSTUNDENHILFE: Gern, vormittags oder nachmittags?
   HERR THELEN: Das ist mir eigentlich _____.
   SPRECHSTUNDENHILFE: Mittwochmorgen um neun?
   HERR THELEN: Ja, ________. Vielen Dank.

2. Frau Körner geht in die Apotheke.

   FRAU KÖRNER: Ich habe schon seit Tagen ___________. Können Sie mir etwas _____ geben?
   APOTHEKERIN: Wir haben gerade etwas ganz Neues bekommen, Magenex.
   FRAU KÖRNER: Hauptsache, ________.
   APOTHEKERIN: Es soll sehr gut _____. Hier ist es.

3. Frau Frisch ist bei ihrem Hausarzt.

   HAUSARZT: Guten Tag, Frau Frisch, wie geht es Ihnen?
   FRAU FRISCH: Ich fühle mich gar nicht wohl. _______________ ... alles tut mir weh.
   HAUSARZT: Das klingt nach _____. Sagen Sie mal bitte „Ah".

Situation 12 | Rollenspiel: Anruf beim Arzt

S1: Sie fühlen sich nicht wohl. Wahrscheinlich haben Sie Grippe. Rufen Sie beim Arzt an und lassen Sie sich einen Termin geben. Es ist dringend, aber Sie haben einen vollen Stundenplan.

Situation 13 | Interview

1. Warst du schon mal schwer krank? Wann? Was hat dir gefehlt?
2. Warst du schon mal im Krankenhaus? Wann? Warum? Wie lange? Hat man dich untersucht? Hat man dir Blut abgenommen? Hast du eine Spritze bekommen?
3. Hast du dir schon mal etwas gebrochen? Was? Hattest du einen Gips? Wie lange?
4. Hat man dich schon mal geröntgt? Wann? Warum?
5. Erkältest du dich oft? Was machst du, wenn du eine Erkältung hast?
6. Bist du gegen etwas allergisch? Gegen was?

Unfälle

Grammatik 11.4–11.5

Zwei Autos sind zusammengestoßen. Eine Frau ist schwer verletzt.

Situation 14 | Ein Autounfall

Eine Polizistin spricht mit einem Zeugen über einen Unfall. Bringen Sie die Sätze in eine logische Reihenfolge.

- __3__ Können Sie mir sagen, wie spät es ungefähr war?
- __2__ Also, heute Morgen war ich auf dem Weg zur Uni.
- __1__ Bitte erzählen Sie genau, was passiert ist.
- __6__ Ein Auto ist aus einer Einfahrt gekommen.
- __10__ Ich glaube nicht, er hat jedenfalls nicht gebremst, bevor er auf die Straße gefahren ist.
- __9__ Wissen Sie, ob der Fahrer auf den Verkehr geachtet hat?
- __8__ Ja, ein anderes Auto kam von rechts und dann sind sie zusammengestoßen.
- __4__ So zwischen halb und Viertel vor neun.
- __5__ Was haben Sie da gesehen?
- __7__ Und dann?
- __11__ Vielen Dank für Ihre Hilfe.

Situation 15 | Unfälle

Welcher Satz passt zu welchem Bild?

a. b. c. d. e. f. g. h.

1. Michael und Maria waren beim Segeln, als das Boot umkippte.
2. Sofie schnitt gerade Tomaten, als plötzlich vor ihrem Haus ein Mann von einem Auto überfahren wurde.
3. Melanie und Josef waren auf dem Weg ins Konzert, als Melanie ausrutschte und hinfiel.
4. Jürgen saß gerade in der Bibliothek, als auf der Straße zwei Autos zusammenstießen.
5. Herr Frisch fuhr gerade zur Arbeit, als ihm ein Hund vors Auto lief.
6. Als Ernst mit seinen Freunden Fußball spielte, brach er sich das Bein.
7. Maria und ihr Freund liefen Schlittschuh, als ein Kind ins Eis einbrach.
8. Rolf wollte gerade nach Hawaii fliegen, als ein Flugzeug abstürzte.

Situation 16 | Notfälle

Was machst du, wenn ...

1. du einen Unfall siehst?
2. der Verletzte einen Schock hat?
3. der Fahrer von dem anderen Auto flüchtet?
4. du im Fahrstuhl stecken bleibst?
5. du ausrutschst und hinfällst?
6. du dir den Arm gebrochen hast?
7. du ins Wasser fällst?
8. es im Nachbarhaus brennt?
9. du dir die Zunge verbrannt hast?

a. den Krankenwagen rufen
b. die Feuerwehr rufen
c. die Autonummer aufschreiben
d. die Polizei rufen
e. eine Decke holen und den Verletzten zudecken
f. fluchen
g. liegen bleiben und warten, dass jemand kommt
h. schwimmen
i. um Hilfe rufen
j. _____?

Situation 17 | Bildgeschichte: Paulas Unfall

Lektüre

Vor dem Lesen

A. Beantworten Sie die folgenden Fragen.

1. Was macht der Mann auf dem Bild auf der nächsten Seite?
2. Warum macht er das?
3. Beschreiben Sie das Gesicht des Mannes. Was hört er?
4. Was wissen Sie über die DDR und die Rolle der Stasi[1]?

[1]Ministerium für Staatssicherheit

Das Leben der Anderen

Regisseur: Florian Henckel von Donnersmarck

Schauspieler in den Hauptrollen: Ulrich Mühe, Sebastian Koch, Martina Gedeck

Erscheinungsjahr: 2006

B. Lesen Sie die Wörter im Miniwörterbuch. Suchen Sie sie im Text und unterstreichen Sie sie.

Miniwörterbuch

pflichtbewusst	conscientious
regimetreu	loyal to the regime
bespitzeln	to spy on
der **Spürsinn**	perceptiveness
die **Bewachung**	guarding
jemanden aus dem Weg schaffen	to get rid of someone
verwanzt	bugged
das **Abhörgerät**	bugging device
belastendes Material	incriminating evidence
das **Versteck**	hiding place
verschwinden lassen	to make disappear
das **Opfer**	victim
verraten	to reveal
widmen	to dedicate

Film: *Das Leben der Anderen*

Ost-Berlin 1984. Der pflichtbewusste Stasi-Mitarbeiter Gerd Wiesler soll den bekannten und angeblich regimetreuen Dramaturgen Georg Dreyman bespitzeln. Wiesler hat einen guten Spürsinn und glaubt, dass Dreyman nicht so treu ist, wie er tut. Kulturminister Hempf unterstützt die Bewachung des Theaterschriftstellers, weil er ihn aus dem Weg schaffen will, um freie Bahn bei dessen Freundin, der Schauspielerin Christa-Maria Sieland, zu haben.

Dreymans Wohnung wird verwanzt, und auf dem Dachboden des Hauses installiert Wiesler Abhörgeräte. Wiesler, der allein in einer Neubauwohnung lebt und kein aufregendes Privatleben hat, erlebt durch die Bewachung Dreymans eine für ihn völlig neue Welt: nämlich die der Kunst, der Literatur, des freien Geistes und der Liebe. Das Leben des Dramaturgen und der Schauspielerin beeindruckt den Stasi-Mann so sehr, dass er aufhört, belastendes Material über Dreyman zu sammeln. Wieslers Berichte über den Theaterschriftsteller sind trivial. Er unternimmt auch nichts, als Dreyman nach dem Selbstmord eines befreundeten Regisseurs anonym einen Essay über die hohe Selbstmordrate in der DDR veröffentlicht. Wiesler schützt Dreyman sogar, indem er die Schreibmaschine, auf der Dreyman den Essay für den *Spiegel* geschrieben hat, aus ihrem Versteck nimmt und verschwinden lässt.

Ein Opfer gibt es dennoch: Die psychisch labile Schauspielerin Christa-Maria Sieland verrät der Stasi, dass Dreyman den Essay geschrieben hat und wo die Schreibmaschine versteckt ist. Dann flüchtet sie, läuft vor ein Auto und stirbt. Als Dreyman nach der Wende Einsicht in seine Stasi-Akten bekommt, erfährt er, dass ein Stasi-Mitarbeiter ihn geschützt hat. Seine Erinnerungen schreibt Dreyman in einem Roman nieder. Sein Buch widmet er seinem Stasi-Spitzel Wiesler unter dessen Stasi-Deckcode-Namen HGW XX/7 – in Dankbarkeit.

Arbeit mit dem Text

Welche Aussagen sind falsch? Verbessern Sie die falschen Aussagen.

1. „Das Leben der Anderen" spielt vor dem Fall der Berliner Mauer.
2. Der Dramaturg Dreyman scheint ein Fan des DDR-Regimes zu sein.
3. Gerd Wiesler arbeitet für die Polizei und den Kulturminister.
4. Wiesler hat den Auftrag, den Dramaturgen Dreyman und dessen Freundin zu überwachen.
5. Dreyman unterschreibt den Essay im *Spiegel* mit seinem Namen.
6. Wiesler meldet seinem Chef, dass sich Dreyman nicht regimetreu verhält.
7. Christa-Maria Sieland schützt Dreyman und muss deshalb sterben.
8. Nach der Wiedervereinigung schreibt Dreyman ein Buch über seine Erinnerungen.

Nach dem Lesen

Georg Dreymans Tagebuch: Schreiben Sie zu einer der folgenden Situationen einen Eintrag aus Dreymans Perspektive.

a. nach der Veröffentlichung des Essays im *Spiegel*
b. nach dem Unfall von Christa-Maria Sieland
c. nach Einsicht in die eigenen Stasi-Akten nach der Wende

Videoecke

- Warst du letztes Jahr mal krank? Wie ist es dir gegangen?
- Woran merkst du, dass du eine Erkältung hast? Was tust du dagegen?
- Hattest du irgendwelche Kinderkrankheiten?
- Was findest du wichtig für die Körperpflege?
- Wie sieht deine tägliche Körperpflege aus?
- Schminkst du dich? Was machst du?
- Hattest du schon mal einen Unfall? Wie ist das passiert?
- Warst du schon mal im Krankenhaus? Wie war das?

Kristina ist in Hannover geboren. Sie studiert Jura. Sie treibt gern Sport, geht gern ins Kino und auf Reisen.

Brit ist in Leipzig geboren. Sie studiert Anglistik und Deutsch als Fremdsprache. Sie liest gern, fährt gern Rad und macht gern Stadtführungen durch Leipzig.

Aufgabe 1

Welche Krankheit hatten Kristina und Brit letztes Jahr?

Kristina: _____ Brit: _____

Aufgabe 2

Woran merken Kristina und Brit, dass sie eine Erkältung haben? Was tun sie dagegen? Wer hatte Windpocken, Röteln und Mumps?

	KRISTINA	BRIT
1. Ich bekomme Kopfschmerzen.	☐	☐
2. Mir tut der ganze Körper weh.	☐	☐
3. Meistens fängt es im Hals an.	☐	☐
4. Ich bin auch total schlapp.	☐	☐
5. Der Hals kratzt.	☐	☐
6. Man bekommt Kopfschmerzen.	☐	☐
7. Es tun einem die Glieder weh.	☐	☐
8. Ich trink' eine heiße Zitrone.	☐	☐
9. Ich nehme vielleicht eine Tablette.	☐	☐
10. Ich kaufe mir Vitamin C.	☐	☐

Aufgabe 3

Wer sagt das über die Körperpflege, Kristina (K) oder Brit (B)?

1. _____ Ich finde es wichtig, dass man gepflegt aussieht.
2. _____ Ich geh' früh nach dem Aufstehen duschen.
3. _____ Dreimal am Tag Zähne putzen.
4. _____ Wenn ich abends noch mal weggehe, dusch' ich meistens auch.
5. _____ Wenn ich mich erholen will, mach' ich ein heißes Bad.
6. _____ Ich wasch' mir die Haare und feil' mir die Fingernägel.
7. _____ Ich leg' ein bisschen Wimperntusche auf und auch Puder.
8. _____ Vielleicht mal Lippenstift oder so.

Aufgabe 4

Was ist bei Kristinas Unfall passiert? Verbinden Sie die Satzteile.

1. Eine Freundin und ich
2. Und dann bin ich mit dem Fuß umgeknickt
3. Es war ziemlich schlimm,
4. Und das tat alles sehr weh

a. und ich musste operiert werden.
b. und dann war der Knöchel gebrochen.
c. sind Rollschuhlaufen gegangen.
d. weil ich war sehr weit weg von meinen Eltern.

Wortschatz

Krankheit und Gesundheit	Illness and Health
die **Entzündung, -en**	infection
die **Lungenentzündung**	pneumonia
die **Nierenentzündung**	kidney infection
die **Erkältung, -en**	(head) cold
die **Gesundheit**	health
die **Grippe**	influenza, flu
die **Krankheit, -en**	illness, sickness
die **Ohnmacht**	unconsciousness
in Ohnmacht fallen	to faint
der **Blutdruck**	blood pressure
niedrigen/hohen Blutdruck haben	to have low/high blood pressure
der **Husten**	cough
der **Hustensaft, ¨e**	cough syrup
der **Kater, -**	hangover
der **Liebeskummer**	lovesickness
der **Muskelkater, -**	sore muscles
der **Schmerz, -en**	pain
die **Halsschmerzen**	sore throat
die **Herzschmerzen**	heartache
die **Kopfschmerzen**	headache
die **Magenschmerzen**	stomachache
die **Ohrenschmerzen**	earache
die **Zahnschmerzen**	toothache
der **Schnupfen, -**	cold (*with a runny nose*), sniffles
das **Bonbon, -s**	drop, lozenge
das **Halsbonbon, -s**	throat lozenge
das **Hustenbonbon, -s**	cough drop
sich ärgern (R)	to get angry
sich auf·regen	to get excited, get upset
sich erkälten	to catch a cold
fehlen (+ *dat.*) (R)	to be wrong with, be the matter with (*a person*)
weh·tun, tat ... weh, wehgetan	to hurt

Ähnliche Wörter

das **Fieber**; das **Symptom, -e**; **(sich) fühlen**; **sich wohl fühlen**

Der Körper	The Body
die **Haut, ¨e** (R)	skin
die **Niere, -n**	kidney
die **Zunge, -n**	tongue
der **Blinddarm, ¨e**	appendix
der **Magen, ¨**	stomach
der **Zahn, ¨e**	tooth
das **Gehirn, -e**	brain
atmen	to breathe
greifen, griff, gegriffen	to grab, grasp
kauen	to chew
lutschen	to suck
riechen, roch, gerochen	to smell

Ähnliche Wörter

die **Leber, -n**; die **Lippe, -n**; die **Lunge, -n**; die **Nase, -n**; der **Finger, -**; der **Fingernagel, ¨**; das **Haar, -e** (R); das **Herz, -en**

Apotheke und Krankenhaus	Pharmacy and Hospital
die **Apothekerin, -nen**	female pharmacist
die **Ärztin, -nen** (R)	female doctor, physician
die **Augenärztin, -nen**	eye doctor
die **Hausärztin, -nen**	family doctor
die **Arztpraxis, Arztpraxen**	doctor's office
die **Psychiaterin, -nen**	female psychiatrist
die **Spritze, -n**	shot, injection
die **Tierärztin, -nen**	female veterinarian
der **Apotheker, -**	male pharmacist
der **Arzt, ¨e** (R)	male doctor, physician
der **Augenarzt, ¨e**	eye doctor
der **Hausarzt, ¨e**	family doctor

der **Gips**	cast (*plaster*)
der **Psychiater, -**	male psychiatrist
der **Tierarzt, ¨-e**	male veterinarian
der **Verband, ¨-e**	bandage
das **Medikament, -e**	medicine
ein **Medikament gegen**	medicine for
das **Pflaster, -**	adhesive bandage
das **Rezept, -e**	prescription
ab·nehmen, nimmt … ab, nahm … ab, abgenommen	to remove; to lose weight
Blut abnehmen	to take blood
röntgen	to X-ray
wirken	to work, take effect

Ähnliche Wörter

die **Diphtherie**; die **Tablette, -n**; die **Kopfschmerztablette, -n**; die **Wunde, -n**; der **Schock**; der **Tetanus**; das **Aspirin** (R); das **Blut** (R); die **Antibiotika** (*pl.*); **bluten**; **desinfizieren**

Unfälle	Accidents
die **Feuerwehr**	fire department
die **Unfallstelle, -n**	scene of the accident
die **Verletzte, -n**	injured female person
die **Zeugin, -nen**	female witness
der **Schaden, ¨**	damage
der **Unfallbericht, -e**	accident report
der **Verletzte, -n (ein Verletzter)**	injured male person
der **Zeuge, -n** (*wk. masc.*)	male witness
ab·stürzen, ist abgestürzt	to crash
aus·rutschen, ist ausgerutscht	to slip
bremsen	to brake
brennen, brannte, gebrannt	to burn
hin·fallen, fällt … hin, fiel … hin, ist hingefallen	to fall down
schlagen, schlägt, schlug, geschlagen (R)	to hit
stecken bleiben, blieb … stecken, ist stecken geblieben	to get stuck
überfahren, überfährt, überfuhr, überfahren	to run over
um·kippen	to knock over
verbrennen, verbrannte, verbrannt	to burn
sich (die Zunge) verbrennen	to burn (one's tongue)
sich verletzen	to injure oneself
zu·decken	to cover
zusammen·stoßen, stößt … zusammen, stieß … zusammen, ist zusammengestoßen	to crash

Ähnliche Wörter

der **Krankenwagen, -**; **brechen, bricht, brach, gebrochen**; **sich (den Arm) brechen**

Körperpflege	Personal Hygiene
die **Dauerwelle, -n**	perm
das **Solarium, Solarien**	tanning salon
sich ab·trocknen (R)	to dry oneself off
sich an·ziehen, zog … an, angezogen (R)	to get dressed
sich aus·ruhen (R)	to rest
sich aus·ziehen, zog … aus, ausgezogen (R)	to get undressed
(sich) duschen (R)	to shower (take a shower)
sich ein·kremen	to put lotion on
sich erholen	to recuperate
sich (die Haare) föhnen	to blow-dry (one's hair)
sich (die Zähne) putzen	to brush (one's teeth)
sich rasieren	to shave
sich schminken	to put makeup on
(sich) schneiden, schnitt, geschnitten (R)	to cut (oneself)
sich sonnen	to sunbathe

Ähnliche Wörter

die **Sauna, -s**; **(sich) baden** (R); **sich (die Haare) kämmen** (R); **(sich) waschen, wäscht, wusch, gewaschen** (R)

Sonstige Substantive	Other Nouns
die **Anschrift, -en**	address
die **Decke, -n**	blanket
die **Einfahrt, -en**	driveway
die **Perücke, -n**	wig
die **Tüte, -n**	(paper or plastic) bag
die **Verabredung, -en**	appointment; date
der **Termin, -e** (R)	appointment
der **Terminkalender, -**	appointment calendar
der **Verkehr**	traffic
das **Fahrzeug, -e**	vehicle

Ähnliche Wörter

die **Autonummer, -n**; der **Chili**; der **Goldfisch, -e**

Sonstige Verben	Other Verbs
achten auf (+ *akk.*)	to watch out for; to pay attention to

auf·schreiben, schrieb … auf, aufgeschrieben	to write down
auf·stellen	to set up
beschreiben, beschrieb, beschrieben	to describe
ein·schalten	to turn on
fluchen	to curse, swear
flüchten, ist geflüchtet	to flee
sich freuen über (+ *akk.*)	to be happy about
sich gewöhnen an (+ *akk.*)	to get used to
grüßen	to greet, say hi to
herunter·klettern, ist heruntergeklettert	to climb down
sich hin·legen	to lie down
klingen (wie), klang, geklungen	to sound (like)
lassen, lässt, ließ, gelassen	to let
sich einen Termin geben lassen	to get an appointment
passen (R)	to fit
das passt gut	that fits well
rufen, rief, gerufen (R)	to call
schaufeln	to shovel
verlassen, verlässt, verließ, verlassen	to leave; to abandon

Ähnliche Wörter

markieren, sich setzen (R)

Adjektive und Adverbien / Adjectives and Adverbs

deprimiert	depressed
fettig (R)	greasy
gesund	healthy
regelmäßig	regularly
schlimm	bad
sichtbar	visible
stark	heavy, severe
trocken	dry
ungeduldig	impatient
verletzt	injured
schwer verletzt	critically injured

Ähnliche Wörter

allergisch, medizinisch

Sonstige Wörter und Ausdrücke / Other Words and Expressions

aber (R)	but
als (R)	when (*conj.*)
bevor	before (*conj.*)
bis (R)	until (*prep., conj.*)
dagegen	*here:* for it
haben Sie etwas dagegen?	do you have something for it (*illness*)?
damit	so that
dass	that (*conj.*)
denn (R)	for, because
draußen	outside
gemeinsam	together; common
herunter	down (*toward the speaker*)
Hilfe!	Help!
jedenfalls	in any case
mal	(*word used to soften commands*)
komm mal vorbei!	come on over!
nachdem (R)	after (*conj.*)
ob (R)	whether
obwohl	although
oder (R)	or
seit (R)	since, for (*prep.*)
seit mehreren Tagen	for several days
sondern (R)	on the contrary
und (R)	and
während	during
weil (R)	because
wenn (R)	if; whenever

Strukturen und Übungen

11.1 Accusative reflexive pronouns

Reflexive pronouns are generally used to express the fact that someone is doing something to or for himself or herself.

Ich lege das Baby ins Bett. — *I'm putting the baby to bed.*
Ich lege mich ins Bett. — *I'm putting myself to bed (lying down).*

Some verbs are always used with a reflexive pronoun in German, whereas their English counterparts may not be.

Ich habe mich erkältet. — *I caught a cold.*
Warum regst du dich auf? — *Why are you getting excited?*

Here are some common reflexive verbs.

sich ärgern	*to get angry*
sich aufregen	*to get excited, get upset*
sich ausruhen	*to rest*
sich erkälten	*to catch a cold*
sich freuen	*to be happy*
sich (wohl) fühlen	*to feel (well)*
sich hinlegen	*to lie down*
sich verletzen	*to get hurt*

In most instances the forms of the reflexive pronoun are the same as those of the personal object pronouns. The only reflexive form that is distinct is **sich**, which corresponds to **er, sie** (*she*), **es, sie** (*they*), and **Sie*** (*you*).

Accusative Reflexive Pronouns

ich → mich	*wir* → uns
du → dich *Sie* → sich	*ihr* → euch *Sie* → sich
er *sie* } → sich *es*	*sie* → sich

Ich fühle mich nicht wohl. — *I don't feel well.*
Michael hat sich verletzt. — *Michael hurt himself.*

Verbs with reflexive pronouns use the auxiliary **haben** in the perfect and past perfect tenses.

Heidi hat sich in den Finger geschnitten. — *Heidi cut her finger.*

*Even when it refers to **Sie,** the polite form of *you,* **sich** is not capitalized.

Übung 1 | ## Minidialoge

Ergänzen Sie das Verb und das Reflexivpronomen.

sich ärgern (geärgert)
sich aufregen (aufgeregt)
sich ausruhen (ausgeruht)
sich erkälten (erkältet)
sich freuen (gefreut)
sich fühlen (gefühlt)
sich legen (gelegt)
sich schneiden (geschnitten)
sich verletzen (verletzt)

1. SILVIA: Ich _____ _____[a] gar nicht wohl.
   JÜRGEN: Warum denn?
   SILVIA: Ich glaube, ich habe _____ _____[b].
   JÜRGEN: Du Ärmste! Du musst _____ gleich ins Bett _____[c].
2. MICHAEL: Du, weißt du, dass Herr Thelen einen Herzinfarkt[1] hatte?
   MARIA: Kein Wunder, er hat _____ auch immer so furchtbar _____[a].
   MICHAEL: Na, jetzt muss er _____ erst mal ein paar Wochen _____[b].
3. FRAU RUF: Du blutest ja! Hast du _____ _____[a]?
   HERR RUF: Ja, ich habe _____ in den Finger _____[b].
4. HEIDI: Warum _____ du _____[a], Stefan?
   STEFAN: Ich habe in meiner Prüfung ein D bekommen.
   HEIDI: Du solltest _____ _____[b], dass du kein F bekommen hast.

11.2 Dative reflexive pronouns

When a clause contains another object in addition to the reflexive pronoun, then the reflexive pronoun is in the dative case; the other object, usually a thing or a part of the body, is in the accusative case.

DAT. ACC.	
Ich ziehe mir den Mantel aus.	*I'm taking off my coat.*

Note that the accusative object (the piece of clothing or part of the body) is preceded by the definite article.

Wäschst du dir jeden Tag **die** Haare?	*Do you wash your hair every day?*
Natalie hat sich **den** Arm gebrochen.	*Natalie broke her arm.*

Only the reflexive pronouns that correspond to **ich** and **du** have different dative and accusative forms.

Reflexive Pronouns

	SINGULAR		PLURAL		
	Accusative	*Dative*	*Accusative*	*Dative*	
ich	**mich**	**mir**	**uns**		*wir*
du	**dich**	**dir**	**euch**		*ihr*
Sie	**sich**				*Sie*
er/sie/es					*sie*

[1] *heart attack*

Übung 2 | Meine Morgentoilette

In welcher Reihenfolge machen Sie das?

MODELL: Erst stehe ich auf. Dann dusche ich mich. Dann ...

sich abtrocknen	sich die Fingernägel putzen
sich anziehen	sich das Gesicht waschen
aufstehen	sich die Haare föhnen
sich duschen	sich die Haare kämmen
frühstücken	sich die Haare waschen
sich rasieren	zur Uni gehen
sich schminken	sich die Zähne putzen

Übung 3 | Körperpflege

Wer macht das? Sie, Ihre Freundin, Ihr Vater ...?

1. sich jeden Morgen rasieren	ich
2. sich zu sehr schminken	meine Freundin
3. sich nicht oft genug die Haare waschen	mein Freund
4. sich nach jeder Mahlzeit die Zähne putzen	mein Vater
5. sich immer verrückt anziehen	meine Mutter
6. sich jeden Tag duschen	meine Schwester
7. sich nie kämmen	meine Oma
8. sich nie die Haare föhnen	mein Onkel
9. sich nicht gern baden	_____?
10. sich immer elegant anziehen	

11.3 Word order of accusative and dative objects

When the accusative and the dative object are both *nouns*, then the dative object precedes the accusative object.

Ich schenke **meiner Mutter** (DAT.) **einen Ring** (ACC.). *I'm giving my mother a ring.*

When either the accusative object or the dative object is a *pronoun* and the other object is a *noun*, then the pronoun precedes the noun regardless of case.

Ich schenke **ihr** (DAT.) **einen Ring** (ACC.). *I'm giving her a ring.*

Ich schenke **ihn** (ACC.) **meiner Mutter** (DAT.). *I'm giving it to my mother.*

The dative object precedes the accusative object, unless the accusative object is a pronoun.

When the accusative object and the dative object are both *pronouns*, then the accusative object precedes the dative object.

Ich schenke **ihn ihr.** *I'm giving it to her.*

Note that English speakers use a similar word order. Remember that German speakers do *not* use a preposition to emphasize the dative object as English speakers often do (*to my mother, to her*).

Übung 4 | Im Hotel

Sie sind mit Ihrem Partner / Ihrer Partnerin in einem Hotel. Sie sind gerade aufgestanden und packen Ihre gemeinsame Toilettentasche aus.

MODELL: S1: Brauchst du den Lippenstift?
S2: Ja, kannst du ihn mir geben?
oder Nein, ich brauche ihn nicht.

1. Brauchst du das Shampoo?
2. Brauchst du den Spiegel?
3. Brauchst du den Rasierapparat?
4. Brauchst du die Seife?
5. Brauchst du das Handtuch?
6. Brauchst du den Föhn?
7. Brauchst du die Kreme?
8. Brauchst du das Rasierwasser?
9. Brauchst du den Kamm?

Übung 5 | Gute Ratschläge!

Geben Sie Ihrem Partner / Ihrer Partnerin Rat.

NÜTZLICHE WÖRTER

einkremen	putzen	waschen
föhnen	schneiden	

MODELL: S1: Meine Hände sind schmutzig.
S2: Warum wäschst du sie dir nicht?

1. Mein Bart ist zu lang.
2. Meine Füße sind schmutzig.
3. Meine Fingernägel sind zu lang.
4. Meine Haut ist ganz trocken.
5. Meine Haare sind nass.
6. Mein Hals ist schmutzig.
7. Meine Nase läuft.
8. Meine Haare sind zu lang.
9. Mein Gesicht ist ganz trocken.
10. Meine Haare sind fettig.

11.4 Indirect questions: *Wissen Sie, wo ...?*

Indirect questions:
- dependent clause begins with a question word or **ob**
- conjugated verb in the dependent clause appears at the end of the clause

Indirect questions are dependent clauses that are commonly preceded by an introductory clause such as **Wissen Sie, ...** or **Ich weiß nicht, ...** Recall that the conjugated verb is in last position in a dependent clause.

Wissen Sie, **wo** das Kind gefunden **wurde?**	*Do you know where the child was found?*
Können Sie mir sagen, **wann** die Polizei **ankommt?**	*Can you tell me when the police will arrive?*

The question word of the direct question functions as a subordinating conjunction in an indirect question.

DIRECT QUESTION: **Wie** komme ich zur Apotheke?
INDIRECT QUESTION: Ich weiß nicht, **wie** ich zur Apotheke **komme.**

Use the conjunction **ob** (*whether, if*) when the corresponding direct question does not begin with a question word but with a verb.

DIRECT QUESTION: **Kommt** Michael heute Abend?
INDIRECT QUESTION: Ich weiß nicht, **ob** Michael heute Abend **kommt.**

Übung 6 | Bitte etwas freundlicher!

Verwandeln Sie die folgenden direkten Fragen in etwas höflichere indirekte Fragen. Beginnen Sie mit **Wissen Sie, ...** oder **Können Sie mir sagen, ...**

MODELL: Wo war Herr Langen um sieben Uhr fünfzehn? →
Wissen Sie, wo Herr Langen um sieben Uhr fünfzehn war?
oder Können Sie mir sagen, wo Herr Langen um sieben Uhr fünfzehn war?

1. Was ist hier passiert?
2. Hat das Kind das Auto gesehen?
3. Wer war daran Schuld?
4. Warum hat Herr Langen das Kind nicht gesehen?
5. Hat Herr Langen gebremst?
6. Wann hat er gebremst?
7. Wie oft fährt Herr Langen diese Straße zur Arbeit?
8. Wie lange lag Lothar auf der Straße?
9. Wann hat die Polizei Lothars Mutter angerufen?

11.5 Word order in dependent and independent clauses (summary review)

To connect thoughts more effectively, two or more clauses may be combined in one sentence. There are essentially two kinds of combinations:

1. Coordination: both clauses are equally important and do not depend on each other structurally.
2. Subordination: one clause depends on the other one; it does not make sense when it stands alone.

COORDINATION

Heute ist ein kalter Tag und es schneit.	*Today is a cold day, and it is snowing.*

SUBORDINATION

Gestern war es wärmer, weil die Sonne schien.	*Yesterday was warmer because the sun was shining.*

A. Coordination

These are the five most common coordinating conjunctions.

und	*and*
oder	*or*
aber	*but*
sondern	*but, on the contrary*
denn	*because*

Wissen Sie noch?

Dependent clauses may be introduced by subordinating conjunctions, such as **als** (*when, as*), **wenn** (*when, whenever*), and **wann** (*when*); by relative pronouns such as **der, die,** and **das** (*who, whom, that, or which*); or by question words such as **was** (*what*), **wie** (*how*), and **warum** (*why*) in indirect questions. Main verbs in dependent clauses appear at the end of the clause.

Review grammar 3.4, 7.1, 9.1, 9.3, 9.5, and 11.4.

In clauses joined with these conjunctions, the conjugated verb is in second position in both statements.

CLAUSE 1	CONJ.	CLAUSE 2
I II		I II
Ich muss noch viel lernen,	denn	ich habe morgen eine Prüfung.

(*I have to study a lot, since I have a test tomorrow.*)

B. Subordination

Clauses joined by subordinating conjunctions follow one of two word order patterns.

1. When the sentence begins with the main clause, that clause has regular word order (verb second in statements) and the dependent clause introduced by the conjunction has dependent word order (verb last).

CLAUSE 1	CONJ.	CLAUSE 2
I II		I LAST
Ich muss noch viel lernen,	weil	ich morgen eine Prüfung habe.

(*I have to study a lot because I have a test tomorrow.*)

2. When a sentence begins with a dependent clause, the entire dependent clause is considered the first part of the main clause and occupies first position. The verb-second rule applies, then, moving the subject of the main clause after the verb.

CLAUSE 1	CLAUSE 2
I	II SUBJECT
Weil ich morgen eine Prüfung habe,	muss ich noch viel lernen.

(*Because I have a test tomorrow, I have to study a lot.*)

Here are the most commonly used subordinating conjunctions.

als	*when*
bevor	*before*
bis	*until*
damit	*so that*
dass	*that*
nachdem	*after*
ob	*whether, if*
obwohl	*although*
während	*while*
weil	*because, since*
wenn	*if, when*

Übung 7 | Opa Schmitz ist im Garten

Ergänzen Sie **dass, ob, weil, damit** oder **wenn.**

1. OMA SCHMITZ: Weißt du, _____[a] Opa schon den Rasen gemäht hat?
   HELGA: Ich weiß nur, _____[b] er schon seit zwei Stunden im Garten ist.
   OMA SCHMITZ: _____[c] Opa schon so lange im Garten ist, liegt er bestimmt in der Sonne.

Paula Modersohn-Becker: *Selbstbildnis vor grünem Hintergrund mit blauer Iris* (ca. 1905), Kunsthalle, Bremen

PAULA MODERSOHN-BECKER

Die Malerin Paula Modersohn-Becker (1876–1907) wurde in Dresden geboren. Sie starb nach der Geburt ihrer Tochter. Die Darstellung[1] des „schlichten[2]" Menschen ist ihr zentrales Anliegen[3], was in vielen Porträts zum Ausdruck kommt[4]. Die Nationalsozialisten diffamierten ihre Bilder als „entartete[5] Kunst".

[1]*representation* [2]*plain* [3]*concern* [4]zum ... *is expressed* [5]*degenerate*

KAPITEL 12

Die moderne Gesellschaft

In **Kapitel 12**, you will discuss social relationships and some of the issues that arise in modern multicultural societies. In addition, you will learn to talk about money matters and about German art and literature.

Themen
- Familie, Ehe, Partnerschaft
- Multikulturelle Gesellschaft
- Das liebe Geld
- Kunst und Literatur

Kulturelles
- Gleichberechtigung im Haushalt und im Beruf
- Videoblick: Frauentag
- Wie bezahlt man in Europa?
- Videoecke: Familie und Freunde

Lektüren
- Deutsche Kastanien (Yüksel Pazarkaya)
- afro-deutsch I (May Ayim)

Strukturen
- **12.1** The genitive case
- **12.2** Expressing possibility: **würde, hätte,** and **wäre**
- **12.3** Causality and purpose: **weil, damit, um ... zu**
- **12.4** Principles of case (summary review)

Situationen

Familie, Ehe, Partnerschaft

Grammatik 12.1–12.2

Die gute alte Zeit: der Herr im Haus

Eine Rolle des modernen Mannes

Kinder und Haushalt: eine mögliche Rolle der modernen Frau

Das Leben vieler Frauen: Erfolg im Beruf

Verliebt, verlobt, verheiratet

Er kümmert sich um die Kinder und sie kümmert sich um das Geld.

Situation 1 | Wer in der Klasse …?

1. ist verheiratet
2. ist verlobt
3. hat einen Sohn oder eine Tochter
4. war noch nie verliebt
5. möchte einen Arzt / eine Ärztin heiraten
6. möchte keine Hausfrau / kein Hausmann sein
7. will mehr als drei Kinder haben
8. wird leicht eifersüchtig
9. findet gemeinsame Hobbys wichtig
10. ist gerade glücklich verliebt

Situation 2 | Informationsspiel: Der ideale Partner / Die ideale Partnerin

MODELL: Wie soll Rolfs ideale Partnerin aussehen?
Was für einen Charakter soll sie haben?
Welchen Beruf soll Heidis idealer Partner haben?
Welche Interessen sollte er haben?
Wie alt sollte er sein?
Welche Konfession sollte er haben?
Welcher Nationalität sollte Rolfs Partnerin angehören?
Welche politische Einstellung sollte sie haben?

	Rolf	Heidi	mein(e) Partner(in)
Aussehen		klein und dick	
Charakter		fleißig und geduldig	
Beruf	egal		
Interessen	Kunst und Kultur		
Alter	so alt wie er		
Konfession	egal		
Nationalität		egal	
politische Einstellung		liberal	

Situation 3 | Interview

1. Willst du heiraten? (Bist du verheiratet?)
2. Wie sollte dein Partner / deine Partnerin sein? Welche Eigenschaften findest du an deinem Partner / deiner Partnerin wichtig?
3. Sind Aussehen und Beruf wichtig für dich? Was ist sonst noch wichtig?
4. Willst du Kinder haben? Wie viele? (Hast du Kinder? Wie viele?)
5. Würdest du zu Hause bleiben, wenn du Kinder hättest?
6. Was hältst du von einem Ehevertrag vor der Ehe?
7. Was würdest du tun, wenn du dich mit deinem Partner / mit deiner Partnerin nicht mehr verstehst?
8. Was wäre für dich ein Grund zur Scheidung?
9. Sollte sich vor allem die Mutter um die Kinder kümmern? Warum (nicht)?
10. Welche Eigenschaften hat ein guter Vater?

Junge Familie beim Frühstück.

Gleichberechtigung im Haushalt und im Beruf

„Es gibt zirka 2000 Berufe
für Mädchen nicht ganz so viele
also was willst du werden
Friseuse oder Verkäuferin?"

Charlotte Rauner

Küß mich, ich bin eine verzauberte Geschirrspülmaschine!
Cartoons für Frauen und für emanzipierte Männer

Haben sich Ihr Vater (V), Ihre Mutter (M) oder beide zusammen (b) um die folgenden Aufgaben im Alltag[1] gekümmert?

_____ Auto warten[2]
_____ einkaufen
_____ Geschirr spülen
_____ Kinder betreuen[3]
_____ kochen
_____ putzen
_____ Rasen mähen
_____ Rechnungen bezahlen
_____ Reparaturen im Haus
_____ waschen

Berufstätige Frauen arbeiten doppelt – am Arbeitsplatz und zu Hause, denn Hausarbeit ist immer noch meistens Frauensache[4]. Zwar[5] wollen 27% der Männer ihren Frauen grundsätzlich[6] helfen, aber Sache der Frauen ist es: zu waschen (90%), zu kochen (88%), zu putzen (80%), einzukaufen (75%) und zu spülen (71%).

Am Anfang des Zusammenlebens sind viele Männer noch bereit, ihrer Partnerin im Haushalt zu helfen. Doch nach der Geburt des ersten Kindes ziehen sich viele fast vollständig[7] von der Hausarbeit zurück[8]. Ebenso gibt es immer noch traditionelle Männeraufgaben: Reparaturen (80%) und das Auto (66%).

Die alte Rollenverteilung setzt sich im Berufsleben fort. Fast die Hälfte aller Frauen und Männer arbeiten in geschlechtertypischen[9] Berufen, in denen die Männer beziehungsweise die Frauen jeweils mit bis zu 80% aller Beschäftigten dominieren. Auch die Forderung: *gleicher Lohn*[10] *für gleiche Arbeit* ist immer noch eine Utopie. Frauen verdienen durchschnittlich ein Drittel weniger als ihre männlichen Kollegen und sind zu einem großen Teil in unteren Lohngruppen[11] oder in Wirtschaftsbereichen[12] mit geringeren Verdienstmöglichkeiten[13] beschäftigt. In der Wirtschaft oder Verwaltung sind Frauen in Führungspositionen[14] eher selten. Außerdem sind sie von Arbeitslosigkeit stärker betroffen[15] als Männer.

- Vergleichen Sie die Angaben im Text mit Ihren eigenen Erfahrungen. Hat Ihre Familie eine ähnliche Arbeitsteilung? Wo gibt es Unterschiede?
- Machen Sie eine Umfrage im Kurs und vergleichen Sie die Prozentzahlen.
- Arbeiten beide Eltern oder nur ein Elternteil? Wer verdient mehr, Ihr Vater oder Ihre Mutter?
- Gibt es bei Ihnen geschlechtertypische Berufe? Welche? Welche Gründe sprechen dafür, dass mehr Frauen oder Männer in diesen Berufen arbeiten?
- In welchen Berufen kann man mehr verdienen und besser Karriere machen: in den typischen Männerberufen oder in den Frauenberufen?

[1]im ... *day-to-day* [2]*doing maintenance on* [3]*taking care of* [4]*a woman's job* [5]*To be sure* [6]*in principle* [7]*completely* [8]ziehen sich zurück *withdraw* [9]*gender-typical* [10]*wages, salary* [11]*wage brackets* [12]*economic sectors* [13]*earning potential* [14]*leadership positions* [15]stärker ... *more strongly affected*

Videoblick 

Frauentag

Was ist ein Frauentag? Woran erinnert er[1] oder was wird gefeiert[2]? Der Ausschnitt aus ***Blickkontakte*** gibt Antwort auf diese und die folgenden Fragen.

- Wogegen protestieren Frauen in Deutschland?
- Wer macht in Deutschland mehr im Haushalt?
- Wie denken viele Männer in Deutschland über die Kindererziehung?
- Warum kommen Männer oft weiter im Beruf als Frauen?

[1]Woran ... *What does it commemorate* [2]*celebrated* [3]Uns ... *We've had enough.* [4]Jetzt ... *That's going too far.*

Uns reicht's.[3] Jetzt schlägt's dreizehn.[4]

Multikulturelle Gesellschaft

Grammatik 12.3

CLAIRE: Ist Deutschland eigentlich ein multikulturelles Land?
JOSEF: Ja, natürlich. Ungefähr 7 Millionen Ausländer leben hier.

RENATE: Unsere ausländischen Mitbürger bereichern Deutschland mit ihrer Kultur und ihren Traditionen.

MEHMET: Deutschland braucht in bestimmten Branchen ausländische Arbeitskräfte, zum Beispiel im EDV-Bereich.

JÜRGEN: Wie in jedem anderen Land müssen Ausländer auch in Deutschland ihre Aufenthalts- und Arbeitserlaubnis beantragen. Dazu müssen sie viele Formulare ausfüllen.

Situation 4 | Definitionen

1. das Formular
2. die Aufenthaltserlaubnis
3. die Arbeitserlaubnis
4. der EDV-Bereich
5. das multikulturelle Land
6. etwas beantragen

a. Die braucht man, damit man in Deutschland wohnen darf.
b. Das muss man ausfüllen, um zum Beispiel eine Arbeitserlaubnis zu bekommen.
c. Die braucht man, damit man arbeiten kann.
d. Land, in dem Menschen aus verschiedenen Kulturen zusammen leben
e. Formulare ausfüllen und in einem Büro abgeben
f. So nennt man alles, was mit Computern zu tun hat.

Situation 5 | Interview

1. Weißt du, wann deine Vorfahren eingewandert sind? Woher kamen sie? Welche Sprache haben sie gesprochen? Warum haben sie ihre Heimat verlassen?
2. Spricht man in deiner Familie mehr als eine Sprache? Welche? Welche Vorteile oder Nachteile hat das für dich?
3. Kennst du Einwanderer? Woher kommen sie? Sprechen sie Englisch? Warum sind sie eingewandert?
4. Weißt du, welche Formalitäten man erfüllen muss, um legal hier wohnen und arbeiten zu dürfen?
5. Welche Probleme können Einwanderer haben? Wie kann man diese Probleme lösen? (4–5 Probleme und Lösungsvorschläge bitte)

Situation 6 | Diskussion: Leben in einer fremden Kultur

Was ist an der Situation von Ausländern ein Problem? Was ist für die Integration von Ausländern wichtig? Arbeiten Sie in kleinen Gruppen. Schreiben Sie in jede Spalte fünf Dinge, die Sie für wichtig halten. Ordnen Sie die Dinge: das Wichtigste zuerst. Einige Ideen finden Sie im Wortkasten auf der nächsten Seite.

Probleme von Ausländern	für die Integration wichtig

Geld verdienen
eine gute Schulbildung bekommen
eine Wohnung finden
Heimweh haben
Sport gemeinsam treiben
Feste gemeinsam feiern
Freunde finden
ein Kulturzentrum gründen
die Sprache lernen
sich über die Kultur des anderen informieren
_________?
seine Religion ausüben
einen Arbeitsplatz finden

Situation 7 | Diskussion: Rechtsextremismus

1. Gibt es Rechtsextremisten in Ihrem Land? Wo? Was für Ziele haben sie? Was machen sie?
2. Was ist, Ihrer Meinung nach, ein typischer Rechtsextremist?

☐ Frau	☐ Mann
☐ jung	☐ alt
☐ schlecht ausgebildet	☐ gut ausgebildet
☐ arm	☐ reich
☐ sympathisches Äußeres	☐ unsympathisches Äußeres
☐ arbeitslos	☐ mit gutem Arbeitsplatz
☐ Einzelgänger	☐ nur in der Gruppe stark

3. Wodurch fallen Rechtsextreme auf?
4. Was kann man gegen Rechtsextremismus tun?

Lektüre

Vor dem Lesen

In den 1960er Jahren fehlten in Westdeutschland Arbeiter. Deshalb wurden Ausländer angeworben[1], um Lücken auf dem Arbeitsmarkt zu füllen. Sie wurden auch „Gastarbeiter" genannt. Die ausländischen Arbeiter waren wichtig: Der millionste „Gastarbeiter", der in Westdeutschland ankam, erhielt ein Motorrad als Geschenk. Bis zum Stopp der Anwerbung im Jahre 1973 sind insgesamt 2,3 Millionen „Gastarbeiter" nach Westdeutschland gekommen. Ungefähr 50% der ausländischen Arbeitskräfte leben seit über 10 Jahren in Deutschland und fast 30% von ihnen schon mehr als 30 Jahre. In einigen Großstädten liegt der Anteil der ausländischen Bevölkerung bei 20%. Die sozialdemokratische Regierung änderte 1999 das Staatsbürgerschaftsrecht[2]. Kinder von Ausländern mit rechtlich zulässiger Aufenthaltsgenehmigung[3] bekommen die deutsche Staatsbürgerschaft, wenn sie in Deutschland geboren wurden. Bis zu ihrem 23. Lebensjahr haben diese Kinder die doppelte Staatsbürgerschaft. Dann müssen sie sich für eine Staatsbürgerschaft entscheiden.

[1] *recruited* [2] *citizenship law* [3] rechtlich … *legally valid residence permit*

Lesehilfe

This story consists of two parts: first, an incident taking place in the school yard, followed by the recollection of an earlier incident in a park; second, a discussion between a boy and his parents that ensues from the earlier incidents. Note also that this piece was written before the German spelling reform of 1998; therefore, you will find some words spelled differently from the way you have learned them.

1. Welche Gründe haben Menschen, ihr Heimatland zu verlassen?
2. Was für Probleme haben Fremde in Ihrem Land?
3. Was wissen Sie über ausländische Arbeitnehmer oder „Gastarbeiter" in der Bundesrepublik? Welche Probleme könnten sie haben?
4. Der Schriftsteller hat die folgende Kurzgeschichte in zwei Sprachen geschrieben, auf Deutsch und auf Türkisch. Warum?

Deutsche Kastanien

von Yüksel Pazarkaya

TEIL I

Miniwörterbuch

anfassen	to touch
jemandem Angst einjagen	to scare someone
sich aufrichten	to get back up
sich bücken	to bend over
erstarren	to stand paralyzed
das **Fangen**	tag (*children's game*)
fassen	to grab
fortrennen, rannte ... fort	to run away
sich halten für	to consider oneself
herausfordernd	challenging
hinzufügen	to add
das **Innere**	inside
die **Kastanie, -n**	chestnut
die **Mengenlehre**	set theory
die **Murmel, -n**	marble
sich nähern	to approach
die **Rechenart, -en**	arithmetical operation
schießen, schoss	to shoot
schweigen	to become silent
sich sträuben	to bristle
verdutzt	taken aback
verstummt	speechless
weshalb	why
wieso	why
zerbrechen, zerbrach	to break into pieces
sich etwas zuschulden kommen lassen	to do something wrong
zuwenden, zugewandt	to turn toward
zwar	to be sure

„Du bist kein Deutscher!" sagte Stefan zu Ender in der Pause auf dem Schulhof. Weshalb nur wollte er heute mit Ender nicht Fangen spielen? Um eben einen Grund dafür zu nennen, sagte er einfach: „Du bist doch kein Deutscher." Ender war verdutzt und betroffen. Stefan war sein liebster Klassenkamerad, sein bester Spielfreund.

„Wieso?" konnte er nur fragen.

Stefan verstand ihn nicht. Was heißt da „wieso"? Oder hält sich Ender wohl für einen Deutschen? „Du bist eben kein Deutscher", sagte er. „Du bist kein Deutscher wie ich." Enders schöne dunkle Augen wurden traurig. Sein Inneres sträubte sich, als hätte er sich etwas zuschulden kommen lassen. In seinem Herzen zerbrach etwas. Er schwieg. Er ließ den Kopf hängen. Er ging weg. An diesem Tag sprach er mit Stefan kein Wort mehr. Dem Unterricht konnte er nicht folgen. Dem Lehrer konnte er nicht zuhören. Sein Kopf wurde immer schwerer.

Auch im letzten Herbst war es ihm einmal so ergangen. In dem Wohnviertel gibt es einen hübschen kleinen Park, voll Blumen und Bäume. Im Herbst ist er am schönsten.

Dann ziehen die Kastanien alle Kinder in der Umgebung an. Die Kinder werfen die Kastanien mit Steinen herunter. Wer viel sammelt, verkauft sie an den Zoo als Futter für die Elefanten und Kamele. Andere bringen sie in die Schule mit. Man kann sie nämlich im Mathematikunterricht brauchen. Und die kleinen, die noch nicht zur Schule gehen, spielen mit den Kastanien wie mit Murmeln.

Der Lehrer sagte: „Jedes Kind bringt zehn Stück mit." Sie sind 34 Kinder in der Klasse. Wenn jedes Kind zehn Kastanien mitbringt, macht es genau 340 Stück. Und damit lassen sich ganz gut Mengenlehre und die vier Rechenarten üben.

Am Nachmittag ging Ender in den Park. Zwei Kinder warfen mit Steinen nach den Kastanien. Sie waren zwar keine Freunde von ihm, aber er kannte sie. Er sah sie öfters in diesem Wohnviertel.

Ender näherte sich ihnen. Er bückte sich nach einer Kastanie, die auf dem Boden lag. Eines von den beiden Kindern sagte zu ihm: „Finger weg!" – „Ich will auch Kastanien sammeln", sagte Ender. Das zweite Kind rief: „Du darfst sie nicht sammeln, das sind deutsche Kastanien." Ender verstand nichts. Das erste Kind fügte hinzu: „Du bist kein Deutscher." Dann sagte das andere: „Du bist Ausländer." Sie stellten sich herausfordernd vor Ender hin. Er verharrte gebückt und mit ausgestreckter Hand. Wenn er sich noch ein bißchen bückte, könnte er die Kastanie fassen. Doch er konnte sie nicht erreichen. Den Kopf nach oben, den Kindern zugewandt, erstarrte er eine Weile in gebückter Haltung. Dann richtete er sich auf. Natürlich ohne Kastanie. Verstummt. Er wollte zwar sagen: „Der Park gehört allen, jeder kann Kastanien sammeln", doch er brachte kein Wort heraus. Dafür waren die anderen um so lauter: „Du bist Ausländer. Das sind deutsche Kastanien. Wenn du sie anfaßt, kannst du was erleben", wollten sie ihm Angst einjagen.

Ender war völlig durcheinander. „Soll ich mit denen kämpfen?" schoß es ihm durch den Kopf. Dann sah er mal den einen, mal den anderen an. „Gegen zwei zu kämpfen ist unklug", dachte er. Er rannte fort, ohne die beiden noch einmal anzusehen.

TEIL II

Miniwörterbuch

ablenken	to get off the subject
annehmen, nahm ... an	to accept
sich ärgern	to get angry
jemanden auf den Arm nehmen	to tease someone
darauf eingehen, ging darauf ein	to get into something
entschlossen	determined
ersticken	to suffocate
hartnäckig	obstinate
herumschwirren	to buzz around
hoppla	oops, oh boy
im Grunde	in principle
einen Jux machen	to be joking
der **Kummer**	trouble
nützen	to do some good
quälen	to torment
der **Ranzen**	school bag
schleudern	to hurl
das **Staunen**	amazement
die **Türschwelle**	threshold
das **Überlegen**	consideration
der **Unterschied**	difference, distinction
zuschnüren	to constrict

Als er an jenem Tag nach Hause kam, stellte Ender seiner Mutter einige Fragen. Aber seine Mutter ging nicht darauf ein. Sie lenkte ab.

Nun war Ender entschlossen, nach dem, was heute zwischen Stefan und ihm passiert war, die Frage endlich zu lösen, die den ganzen Tag wieder in seinem Kopf herumschwirrte. Sobald er den Fuß über die Türschwelle setzte, schleuderte er der Mutter seine Frage ins Gesicht: „Mutti, was bin ich?"

Das war eine unerwartete Frage für seine Mutter. Ebenso unerwartet war ihre Antwort: „Du bist Ender."

„Ich weiß, ich heiße Ender. Das habe ich nicht gefragt. Aber was bin ich?" blieb Ender hartnäckig.

„Komm erstmal herein. Nimm deinen Ranzen ab, zieh die Schuhe aus", sagte seine Mutter.

„Gut", sagte Ender. „Aber sag du mir auch, was ich bin."

Daraufhin dachte Enders Mutter, daß er mit ihr einen Jux machte oder ihr vielleicht ein Rätsel aufgab. „Du bist ein Schüler", sagte sie.

Ender ärgerte sich. „Du nimmst mich auf den Arm", sagte er. „Ich frage dich, was ich bin. Bin ich nun Deutscher oder Türke, was bin ich?"

Hoppla! Solche Fragen gefielen Enders Mutter gar nicht. Denn die Antwort darauf fiel ihr schwer. Was sollte sie da sagen? Im Grunde war das keine schwere Frage. Sie kannte auch die genaue Antwort auf diese Frage. Aber würde Ender sie auch verstehen können? Würde er sie akzeptieren, akzeptieren können? Wenn er sie auch annahm, würde ihm das überhaupt nützen?

Seine Mutter und sein Vater sind Türken. In der Türkei sind sie geboren, aufgewachsen und in die Schule gegangen. Nach Deutschland sind sie nur gekommen, um zu arbeiten und Geld verdienen zu können. Sie können auch gar nicht gut Deutsch. Wenn sie Deutsch sprechen, muß Ender lachen. Denn sie sprechen oft falsch. Sie können nicht alles richtig sagen.

Bei Ender ist es aber ganz anders. Er ist in Deutschland geboren. Hier ist er in den Kindergarten gegangen. Jetzt geht er in die erste Klasse, in eine deutsche Schule. Deutsche Kinder sind seine Freunde. In seiner Klasse sind auch einige ausländische Kinder. Ender macht aber zwischen ihnen keinen Unterschied, er kann keinen machen, dieser Deutscher, dieser nicht oder so, denn außer einem sprechen sie alle sehr gut Deutsch. Da gibt es nur einen, Alfonso. Alfonso tut Ender etwas leid. Alfonso kann nicht so gut Deutsch sprechen wie die anderen Kinder. Ender denkt, daß Alfonso noch gar nicht sprechen gelernt hat. Die kleinen Kinder können doch auch nicht sprechen: so wie ein großes Baby kommt ihm Alfonso vor.

Ender spricht auch Türkisch, aber nicht so gut wie Deutsch. Wenn er Türkisch spricht, mischt er oft deutsche Wörter hinein. Wie eine Muttersprache hat er Deutsch gelernt. Nicht anders als die deutschen Kinder. Manchmal hat er das Gefühl, daß zwischen ihnen doch ein Unterschied ist, weil deutsche Kinder nicht Türkisch können. Doch wenn in der Klasse der Unterricht oder auf dem Schulhof das Spielen beginnt, vergeht dieses Gefühl wieder ganz schnell. Gerade wenn er mit Stefan spielt, ist es unmöglich, daß ihm ein solches Gefühl kommt.

Deshalb war sein Staunen so groß über die Worte Stefans. Und wenn Stefan nie wieder mit ihm spielte? Dann wird er sehr allein sein. Er wird sich langweilen.

Am Abend kam Enders Vater von der Arbeit nach Hause. Noch bevor die Tür sich richtig öffnete, fragte Ender: „Vati, bin ich Türke oder Deutscher?"

Sein Vater war sprachlos.

„Warum fragst du?" sagte er nach kurzem Überlegen.

„Ich möchte es wissen", sagte Ender entschlossen.

„Was würdest du lieber sein, ein Türke oder ein Deutscher?" fragte sein Vater.

„Was ist besser?" gab Ender die Frage wieder zurück.

„Beides ist gut, mein Sohn", sagte sein Vater.

„Warum hat dann Stefan heute nicht mit mir gespielt?"

So kam Ender mit seinem Kummer heraus, der ihn den ganzen Tag gequält hatte.

„Warum hat er nicht mit dir gespielt?" fragte sein Vater.

„‚Du bist kein Deutscher!' hat er gesagt. Was bin ich, Vati?"

„Du bist Türke, mein Sohn, aber du bist in Deutschland geboren", sagte darauf sein Vater hilflos.

„Aber die Namen der deutschen Kinder sind anders als mein Name."

Sein Vater begann zu stottern.

„Dein Name ist ein türkischer Name", sagte er. „Ist Ender kein schöner Name?"

Ender mochte seinen Namen. „Doch! Aber er ist nicht so wie die Namen anderer Kinder", sagte er.

„Macht nichts, Hauptsache, es ist ein schöner Name!" sagte sein Vater.

„Aber Stefan spielt nicht mehr mit mir."

Enders Vater schnürte es den Hals zu. Ihm war, als ob er ersticken müßte. „Sei nicht traurig", sagte er nach längerem Schweigen zu Ender. „Ich werde morgen mit Stefan sprechen. Er wird wieder mit dir spielen. Er hat sicher Spaß gemacht."

Ender schwieg.

Arbeit mit dem Text

A. Deutsche oder Ausländer? Ordnen Sie die Personen in der Geschichte den zwei Kategorien zu.

B. Wer sagt das im Text?

Ender
Enders Vater
Enders Mutter
Enders Lehrer
Stefan
Kinder im Park

1. „Du bist kein Deutscher wie ich." _____
2. „Jedes Kind bringt zehn Stück mit." _____
3. „Ich will auch Kastanien sammeln." _____
4. „Das sind deutsche Kastanien." _____
5. „Du bist Ausländer." _____
6. „Du bist Ender." _____
7. „Du bist ein Schüler." _____
8. „Bin ich nun Deutscher oder Türke, was bin ich?" _____
9. „Was würdest du lieber sein, ein Türke oder ein Deutscher?" _____
10. „Dein Name ist ein türkischer Name." _____

C. Kombinieren Sie die Satzteile.

1. Stefan sagte, dass er nicht mit Ender spielen wollte,
2. Ender ging weg,
3. Alle Kinder sammeln im Herbst Kastanien,
4. Die Kinder im Park waren keine Freunde von Ender,
5. Ender sammelte keine Kastanien,
6. Als Ender nach Hause kam,
7. Die Fragen gefielen der Mutter nicht,
8. Wenn Ender Türkisch spricht,
9. Deutsche Kinder sind anders,
10. Der Vater will mit Stefan sprechen,

aber er kannte sie.
damit er wieder mit Ender spielt.
denn man kann sie gut gebrauchen.
denn sie wusste keine Antwort.
mischt er oft deutsche Wörter hinein.
nachdem er mit den Kindern gesprochen hatte.
stellte er seiner Mutter Fragen.
weil er kein Deutscher war.
weil er traurig war.
weil sie kein Türkisch können.

Nach dem Lesen

Wie geht es weiter? Spricht Enders Vater mit Stefan? Spricht er mit Stefans Vater? Bleiben Ender und Stefan Freunde? Welche Identität entwickelt Ender? Schreiben Sie eine Fortsetzung der Geschichte. Suchen Sie sich eine der folgenden Möglichkeiten aus oder erfinden Sie etwas Eigenes.

- der nächste Tag: Enders Vater spricht mit Stefans Vater
- Enders neuer Freund
- fünf Jahre später: Ender spricht über seine Identität
- Enders Kinder: Ender erzählt seinen Kindern eine Geschichte

Das liebe Geld

Grammatik 12.4

—Ich möchte gern ein Konto eröffnen.
—Ein Spar- oder ein Girokonto?

Für diesen Geldautomaten braucht man eine Euroscheckkarte.

Wenn man Geld auf einem Sparkonto hat, bekommt man Zinsen.

Wenn man Schulden hat, muss man Zinsen zahlen.

Wenn man Geld überweisen möchte, kann man das auch per Internet tun.

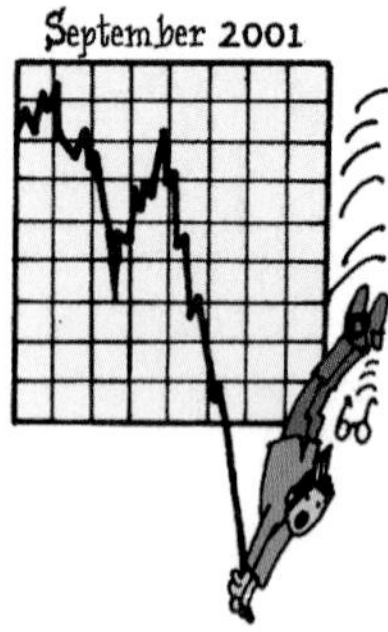

Der Börsenkrach vom September 2001 war einer der schlimmsten in der Geschichte.

Situation 8 | Wer weiß–gewinnt: Geld

1. der Ort, an dem mit Aktien gehandelt wird
2. die Karte, mit der man bargeldlos bezahlen kann
3. die zahlt man, wenn man seine Kreditkarte nicht abzahlen kann
4. der Kurs, zu dem man ausländische Währung kaufen oder verkaufen kann
5. Automat, aus dem man Bargeld holen kann
6. die Münzen und Geldscheine einer Währung
7. das offizielle Zahlungsmittel eines Landes
8. das macht man, wenn man Rechnungen bargeldlos bezahlt
9. das Konto für den täglichen Gebrauch
10. das macht man, wenn man bei einer Bank neu ist

a. das Bargeld
b. das Girokonto
c. der Geldautomat
d. der Wechselkurs
e. die Börse
f. die Kreditkarte
g. die Währung
h. die Zinsen
i. ein Konto eröffnen
j. Geld überweisen

Situation 9 | Dialog: Auf der Bank

PETER: Guten Tag, ich möchte ein Konto ______.
BANKANGESTELLTE: Ein Spar- oder ein Girokonto?
PETER: Ein Girokonto.
BANKANGESTELLTE: Würden Sie dann bitte dieses Formular ausfüllen?
PETER: Bekomme ich bei dem _____ auch eine EC-Karte?
BANKANGESTELLTE: Die müssen Sie extra beantragen, aber das ist kein Problem, wenn regelmäßig auf das Konto ______ wird.
PETER: Ich bekomme ein Stipendium. Das soll auf dieses Konto überwiesen werden.
BANKANGESTELLTE: Gut. Die EC-Karte und Ihre ______ bekommen Sie mit der Post.
PETER: Bekomme ich auf mein Guthaben auch _____?
BANKANGESTELLTE: Nein, Zinsen gibt es nur auf Sparkonten.
PETER: Habe ich bei dem ______ einen Überziehungskredit?
BANKANGESTELLTE: Ja, die Höhe richtet sich nach Ihrem Einkommen.
PETER: Kann ich meine ________ auch übers Internet ausführen?
BANKANGESTELLTE: Natürlich. Meine Kollegin, Frau Schröder, hilft Ihnen da weiter.
PETER: Vielen Dank. Auf Wiedersehen.
BANKANGESTELLTE: Auf Wiedersehen.

Situation 10 | Interview

1. Hast du ein Konto bei der Bank? Welche Konten hast du? Benutzt du Internet-Banking?
2. Hast du eine Kreditkarte? Wie viel kannst du damit ausgeben? Wie viel Zinsen musst du bezahlen?
3. Wie viel sparst du im Monat? Worauf sparst du? Wenn du jetzt nicht sparen kannst: Worauf würdest du sparen, wenn du Geld hättest?
4. Womit zahlst du öfter: mit Schecks, mit Kreditkarte oder mit Bargeld?
5. Wie viel Geld hast du im Monat? Wie viel Geld gibst du aus? Wofür gibst du das meiste Geld aus?
6. Hast du schon einmal einen Kredit aufgenommen? Wie hast du das gemacht?

Kultur ... Landeskunde ... Informationen

Wie bezahlt man in Europa?

Wie ist es bei Ihnen?

- Wie bezahlen Sie meistens, wenn Sie im Supermarkt einkaufen?
- Wie bezahlen Sie, wenn Sie Ihre Miete bezahlen?
- Wie bezahlen Sie Ihre Telefonrechnung?
- Wie bezahlen Sie, wenn Sie ein Kleidungsstück oder etwas Größeres wie ein Fahrrad, ein Auto oder einen Computer kaufen?
- Wie werden Sie bei Ihrem Job bezahlt, z.B. in Bargeld, mit Scheck oder Überweisung?
- In welcher Form bekommen Sie Geld von Ihren Eltern oder finanzielle Unterstützung für Ihr Studium?

Wie ist es in Europa? Lesen Sie den Text und beantworten Sie die Fragen.

1. Wie heißt die Karte, die in Deutschland am häufigsten zum Einkaufen benutzt wird?
2. Was muss man für diese Karte bei der Bank haben?
3. Wie heißt die „elektronische Geldbörse“, die man in Österreich benutzt?
4. Wie wird in Österreich immer noch am häufigsten bezahlt?
5. Wie bezahlt man normalerweise in Deutschland Miete und Rechnungen?
6. Was ist ein Dauerauftrag?
7. Wie viel Prozent der Deutschen nehmen am Internet-Banking teil?

In vielen Restaurants werden keine Kreditkarten akzeptiert.

Man zahlt daher meistens bar.

Auch in vielen Ländern Europas bezahlt man inzwischen nicht mehr so häufig mit Bargeld wie noch vor einigen Jahren. Für bargeldlose[1] Transaktionen wird in Deutschland die EC-Karte am häufigsten benutzt. Man kann mit ihr im Supermarkt, beim Tanken und in den meisten Einzelhandelsgeschäften[2] bezahlen und Geld aus dem Geldautomaten bekommen. Für eine EC-Karte braucht man ein Konto bei einer Bank, das – anders als bei Kreditkarten – bei jeder Transaktion sofort belastet[3] wird. Manchmal muss man allerdings beim Einkauf außerdem noch seinen Personalausweis zeigen.

In Österreich ist die Quickcard eine beliebte Alternative zum Bargeld. Sie funktioniert wie eine elektronische Geldbörse[4]. Man muss sie „aufladen[5]“ und kann dann z.B. an Parkautomaten, in Geschäften und an Tankstellen auch kleine Beträge[6] bezahlen. Die dominierende Zahlungsform in Österreich ist aber immer noch die Bargeldtransaktion. Die beliebteste Kreditkarte in Deutschland ist die Eurocard, die zu der Organisation von Mastercard (USA) gehört. Danach kommt die Visakarte.

Rechnungen für Telefon, Nebenkosten oder Miete bezahlt man bargeldlos mit Überweisungen vom Girokonto oder Bankeinzug[7] (der Betrag wird automatisch von der Bank des Empfängers[8] eingezogen). Damit man die monatlichen Zahlungen nicht vergisst, kann man sie per Dauerauftrag[9] überweisen lassen. Das heißt, man gibt seiner Bank einmal den Auftrag[10] und zu einem bestimmten Termin wird der Betrag automatisch überwiesen. Immer beliebter wird auch das Internet-Banking, das inzwischen von ungefähr 40% der Deutschen genutzt wird, vor allem für Überweisungen und Daueraufträge oder zum Überprüfen des Kontostandes.

[1]*cash-free* [2]*retail shops* [3]*debited* [4]*wallet* [5]*charge, recharge* [6]*amounts* [7]*automatic withdrawal, i.e. electronic funds transfer* [8]*payee* [9]*standing order, i.e. recurring bill-pay* [10]*order*

Situation 11 | Rollenspiel: Auf der Bank

S1: Sie haben ein Stipendium für ein Jahr an der Universität Leipzig. Sie wollen bei der Deutschen Bank ein Konto eröffnen. Fragen Sie auch nach den Zinsen, nach Onlinezugang und EC-Karte und ob Sie Ihr Konto überziehen dürfen.

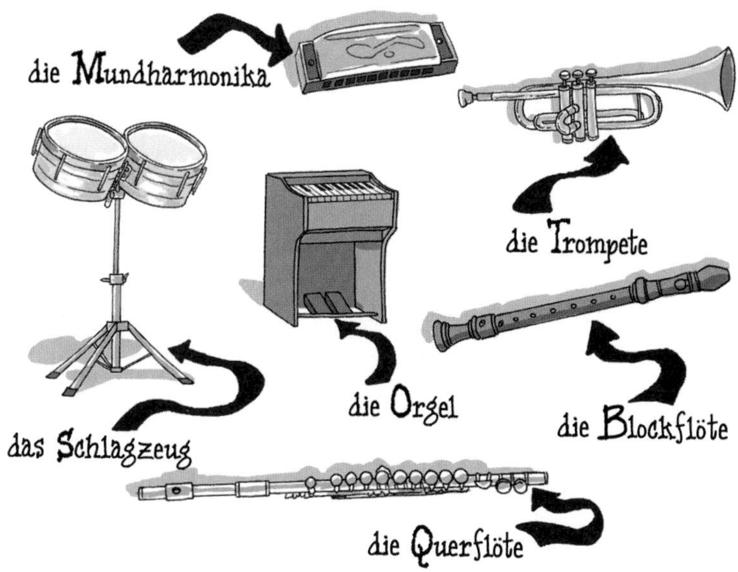
die Mundharmonika
die Trompete
das Schlagzeug
die Orgel
die Blockflöte
die Querflöte

der Brennofen
die Töpferscheibe
die Figur
aus Ton

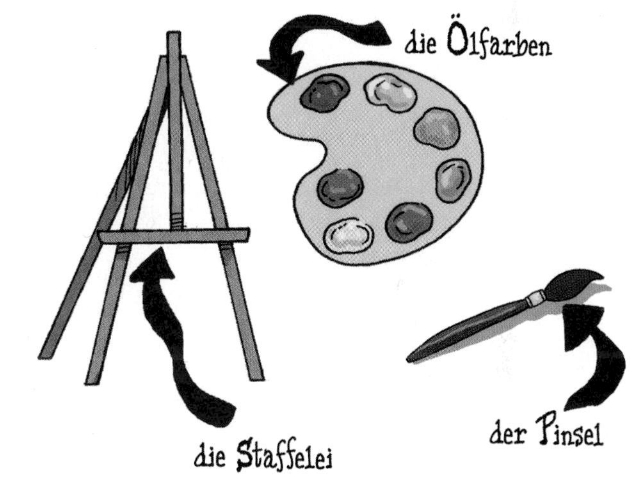
die Ölfarben
die Staffelei
der Pinsel

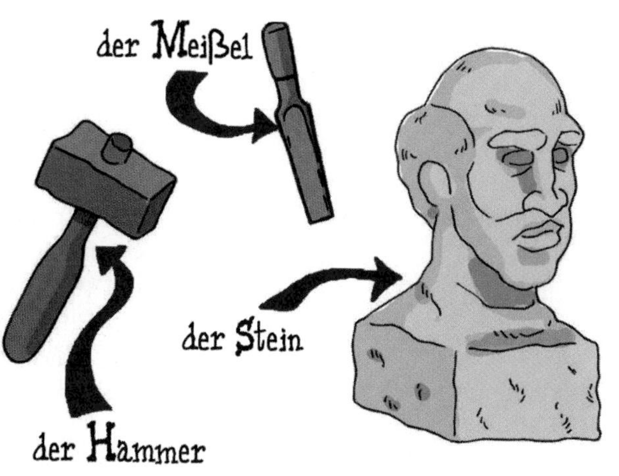
der Meißel
der Stein
der Hammer

Situation 12 | Wer weiß-gewinnt: Kunst und Literatur

1. Welches Instrument gehört normalerweise nicht in ein Symphonieorchester?
2. Was braucht ein Bildhauer für seine Kunst?
3. Was war Theodor Storm von Beruf?
4. Von wem sind die Brandenburgischen Konzerte?
5. Was war Marlene Dietrich von Beruf?
6. Was brauchte Paul Klee für seine Kunst?
7. Wer schrieb die Tragödie „Faust"?
8. Welches Instrument spielt die Musikerin Anne-Sophie Mutter?

a. Blockflöte
b. Geige
c. Stein, Hammer und Meißel
d. Staffelei, Pinsel und Farben
e. Schriftsteller/in
f. Schauspieler/in
g. Johann Sebastian Bach
h. Johann Wolfgang von Goethe

Situation 13 | Interview

1. Hörst du gern Musik? Was für Musik? Hast du einen Lieblingskomponisten oder eine Lieblingskomponistin?
2. Spielst du ein Instrument oder singst du?
3. Liest du gern? Was liest du gern: Romane, Gedichte, Dramen, Comics? Welche Schriftsteller magst du besonders gern? Hast du etwas von deutschen Schriftstellern gelesen?
4. Hast du schon mal etwas geschrieben? Was?
5. Welche Maler, Bildhauer oder Grafiker magst du am liebsten?
6. Malst oder zeichnest du? Welche Motive magst du am liebsten? (Berge? das Meer? eine Blumenvase?) Arbeitest du mit anderen Materialien wie Holz, Ton oder Stein?
7. Gehst du gern ins Theater? Welche Stücke gefallen dir besonders gut?
8. Hast du schon mal Theater gespielt? Welche Rollen hast du gespielt? Wie war das?

Situation 14 | Faust: Die einfache Version

Eins der bekanntesten Werke der deutschen Literatur ist die Tragödie „Faust" von Goethe. Was in „Faust" geschieht, finden Sie in den folgenden Sätzen. Bringen Sie die Sätze in die richtige Reihenfolge.

TEIL 1

_____ Als Faust an einem Osternachmittag spazieren geht, sieht er einen schwarzen Pudel, der ihm nach Hause folgt.
_____ Nach ihrer Unterhaltung gehen Mephisto und Faust in eine Hexenküche. Dort zeigt ihm Mephisto einen magischen Spiegel.
__1__ Faust ist ein berühmter Wissenschaftler, der sehr unzufrieden ist, weil er nicht alles weiß.
_____ Faust spricht lange mit Mephisto und verspricht ihm seine Seele für einen Augenblick vollkommenen Glücks.
_____ In Fausts Studierzimmer verwandelt sich der Pudel in Mephisto.
_____ Im Spiegel sieht Faust eine wunderschöne Frau.
_____ Kurz danach lernt Faust Gretchen kennen und verliebt sich in sie.

TEIL 2

_____ Aber Gretchen will nicht vom Teufel gerettet werden und bittet Gott um Vergebung.
_____ Als Gretchen stirbt, hört man eine Stimme von oben, die sagt: „Sie ist gerettet."
_____ Als Gretchen vom Tod ihres Bruders hört, wird sie wahnsinnig, und als ihr Kind geboren wird, tötet sie es.
_____ Auf dem Brocken hat Faust eine Vision von Gretchen, und er und Mephisto eilen ins Gefängnis, um sie zu retten.
_____ Faust und Valentin kämpfen. Faust tötet Valentin und verlässt die Stadt.
_____ Gretchen wird ins Gefängnis geworfen und zum Tode verurteilt.
__1__ Gretchen wird schwanger. Valentin, ihr Bruder, will deshalb Faust töten.
_____ Während Gretchen im Gefängnis sitzt, steigen Faust und Mephisto in der Walpurgisnacht auf den Brocken und feiern mit den Hexen.

Situation 15 | Rollenspiel: An der Kinokasse

S1: Sie wollen mit vier Freunden in die „Rocky Horror Picture Show". Das Kino ist schon ziemlich ausverkauft. Sie wollen aber unbedingt mit ihren Freunden zusammensitzen und Reis werfen. Fragen Sie, wann, zu welchem Preis und wo noch fünf Plätze übrig sind.

Lektüre

Vor dem Lesen

A. Beantworten Sie die folgenden Fragen.

1. Was bedeutet „afro-deutsch"? Was assoziieren Sie mit diesem Begriff?
2. Was meinen Sie, haben es Afro-Deutsche schwerer in der deutschen Gesellschaft als andere Deutsche? Warum?

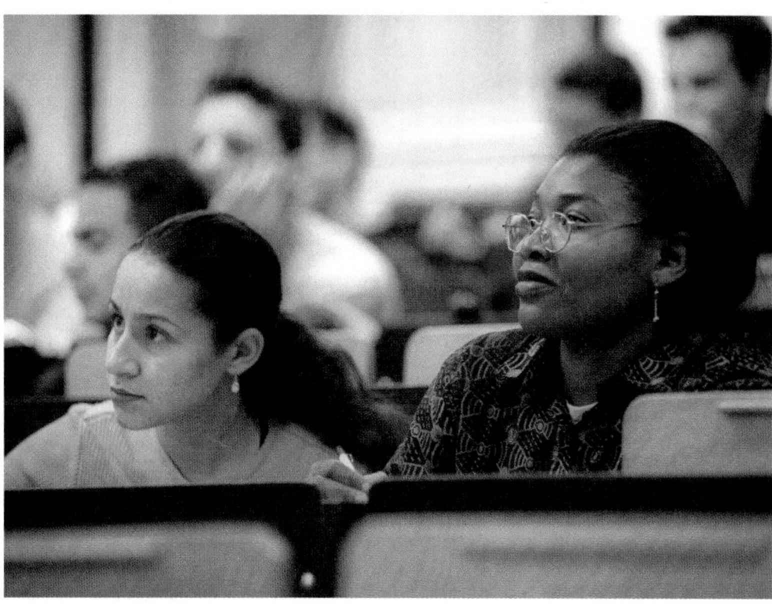

Studentinnen in einer Vorlesung an einer Fachhochschule in Deutschland.

B. Lesen Sie die Wörter im Miniwörterbuch. Suchen Sie sie im Text und unterstreichen Sie sie.

Miniwörterbuch

die **Mischung**	mixture
der **Mulatte**	mulatto
es weit bringen	to do very well
die **Erziehung**	upbringing, education
die **Herkunft**	origin
prägen	to shape
Menschenskind!	man alive! wow!
das **Elend**	misery
unsereins	people like us, such as we
das **Kulturgefälle**	cultural difference
etwas ist eitel Sonnenschein	something is positive, happy
fegen	to sweep

afro-deutsch I

von May Ayim

Sie sind afro-deutsch?
... ah, ich verstehe: afrikanisch und deutsch. Ist ja 'ne interessante Mischung!
Wissen Sie, manche, die denken ja immer noch, die Mulatten, die würden's
nicht so weit bringen wie die Weißen.

Ich glaube das nicht. Ich meine, bei entsprechender Erziehung ...
Sie haben ja echt Glück, dass Sie hier aufgewachsen sind. Bei deutschen
Eltern sogar. Schau an!

Wollen Sie denn mal zurück?
Wie, Sie waren noch nie in der Heimat vom Papa? Ist ja traurig ... Also, wenn
Se mich fragen: So 'ne Herkunft, das prägt eben doch ganz schön. Ich z.B.,
ich bin aus Westfalen, und ich finde, da gehör' ich auch hin ...

Ach Menschenskind! Dat ganze Elend in der Welt! Sei'n Se froh, dass Se nich
im Busch geblieben sind. Da wär'n Se heute nich so weit!

Ich meine, Sie sind ja wirklich ein intelligentes Mädchen. Wenn Se fleißig sind
mit Studieren, können Se ja Ihren Leuten in Afrika helfen: Dafür sind Sie doch
prädestiniert, auf Sie hör'n die doch bestimmt, während unsereins ist ja so 'n
Kulturgefälle ...

Wie meinen Sie das? Hier was machen. Was woll'n Se denn hier schon
machen? Ok, ok, es ist nicht alles eitel Sonnenschein. Aber ich finde, jeder
sollte erstmal vor seiner eigenen Tür fegen!

Lesehilfe

Some of the words in this text are spelled to reflect colloquial or regional pronunciation. Examples include **dat, nich,** and **Se** for **das, nicht,** and **Sie.** An apostrophe usually indicates a dropped **e,** such as in **würden's (würden es)** or **gehör' (gehöre),** but it can also represent a dropped **ei,** such as in **'ne (eine).**

Arbeit mit dem Text

1. Wer spricht hier (z.B. Herkunft, Geschlecht, Alter)? Ist es ein Monolog oder redet die Person mit jemandem? Wenn ja, mit wem?
2. Die Sprache des Gedichts scheint, als würde sie gesprochen. Woran sieht man das? Suchen Sie Beispiele im Text.
3. Suchen Sie Wörter, die im Gedicht Deutschland/Deutsche auf der einen und Afrika / Menschen afrikanischer Herkunft auf der anderen Seite beschreiben. Sind die Wörter positiv oder negativ?

4. Welche Meinung hat der Sprecher / die Sprecherin zu Afro-Deutschen? Suchen Sie Beispiele.
5. Charakterisieren Sie den Sprecher / die Sprecherin. Erarbeiten Sie ein Porträt der Person mit ihren Eigenschaften, Einstellungen und Meinungen. Ergänzen Sie gute Adjektive.
6. Was ist die Hauptaussage[1] des Gedichts?

Nach dem Lesen

Schreiben Sie aus der Perspektive des/der Afro-Deutschen in diesem Gedicht. Antworten auf die einzelnen Fragen.

MODELL: A: Sie sind afro-deutsch?
B: Ja, mein Vater ist aus Kenia und meine Mutter aus Berlin.
A: ... ah, ich verstehe: afrikanisch und deutsch. Ist ja 'ne interessante Mischung! ...

[1] *main message*

Videoecke 

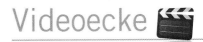

- Hast du ausländische Bekannte?
- Wie fühlen die sich in Deutschland?
- Arbeiten deine Eltern?
- Wer macht was im Haushalt?
- Was ist für dich die ideale Rollenverteilung?
- Hast du ein Haustier? (Hattest du ein Haustier?)
- Wie hast du's bekommen?
- Was ist mit ihm passiert?

Ulrike ist in Langendorf geboren. Sie studiert Ethnologie und Deutsch als Fremdsprache. Sie spielt gern Klavier und geht gern ins Kino.

Anke ist in Leipzig geboren. Sie studiert Kommunikations- und Medienwissenschaft. Sie treibt gern Sport und sie geht gern auf Reisen.

Aufgabe 1

Ergänzen Sie den Text mit den passenden Wörtern.

türkische | koreanische | wohl | griechische

Ulrike hat eine _____ Freundin. Anke hat eine _____ Freundin und eine _____ Freundin. Alle drei fühlen sich in Deutschland _____.

Aufgabe 2

Welcher Beruf gehört zu wem? Verbinden Sie die Satzteile.

1. Ulrikes Mutter	ist Bauamtsleiter.
2. Ulrikes Vater	ist Diplomingenieur für Maschinenbau.
3. Ankes Mutter	ist Agraringenieur.
4. Ankes Vater	hat ein Modehaus.

Aufgabe 3

Welche Antwort gehört zu welcher Frage?

1. _____ Welches Haustier hatte Ulrikes Schwester?
2. _____ Was ist mit ihm passiert?
3. _____ Welches Haustier hat Anke?
4. _____ Warum hat sie es von ihrer Freundin bekommen?

a. Sie hat einen schwarzen Kater.
b. Sie hat eine Katzenallergie und konnte ihn nicht mehr behalten.
c. Sie hatte einen Wellensittich.
d. Er hat sich beim Fliegen verletzt und ist daran gestorben.

Wortschatz

Partner und Familie	Partners and Family
die **Ehe, -n**	marriage
die **Konfession, -en**	religious denomination, church
die **Scheidung, -en**	divorce
die **Verantwortung, -en**	responsibility
der **Beschützer, -**	protector
der **Vertrag, ⸚e**	contract
der **Ehevertrag, ⸚e**	prenuptial agreement
das **Berufsleben**	career, professional life
sich kümmern um	to take care of
mit·versorgen	to be equally responsible for taking care of
sorgen für	to take care of
übernehmen, übernimmt, übernahm, übernommen	to take on (responsibility)
sich verheiraten mit	to get married to
verheiratet sein	to be married
sich verlieben in (+ *akk.*) (R)	to fall in love with
verliebt sein	to be in love
sich verloben mit	to get engaged to
verlobt sein	to be engaged

Ähnliche Wörter

die **Hausfrau, -en**; die **Partnerin, -nen**; die **Ehepartnerin, -nen**; die **Partnerschaft, -en**; der **Hausmann, ⸚er**; der **Partner, -**; der **Ehepartner, -**

Multikulturelle Gesellschaft	Multicultural Society
die **Arbeitserlaubnis, -se**	work permit
die **Arbeitskraft, ⸚e**	labor; employee
die **Aufenthaltserlaubnis, -se**	residence permit
die **Ausländerin, -nen**	female foreigner
die **Behörde, -n**	public authority
die **Branche, -n**	sector
die **EDV = elektronische Datenverarbeitung**	electronic data processing
die **Formalität, -en**	formality
die **Türkin, -nen**	Turkish woman
der **Ausländer, -**	male foreigner
der **Ausländerhass**	hostility toward foreigners
der **Bereich, -e**	sector, area
der **Einwanderer, -** (R)	immigrant
der **Einzelgänger, -**	loner
der **Flüchtling, -e**	refugee
der **Türke, -n** (*wk. masc.*)	Turkish man
der **Vorfahre, -n** (*wk. masc.*) (R)	ancestor
das **Einwohnermeldeamt, ⸚er**	office to register town residents
das **Vorurteil, -e**	prejudice
die **Personalien** (*pl.*)	personal data
sich an·melden	to register
auf·fallen, fällt ... auf, fiel ... auf, ist aufgefallen	to be noticeable

aus·üben	to practice
aus·wandern, ist ausgewandert (R)	to emigrate
beantragen	to apply for
bereichern	to enrich
ein·wandern, ist eingewandert	to immigrate
sich registrieren lassen	to get registered
verfolgen	to persecute

Ähnliche Wörter

die **Heimat, -en**; die **Integration**; die **Kultur, -en**; die **Tradition, -en** (R); der **Neonazi, -s**; der **Rechtsextremist, -en** (*wk. masc.*); das **Heimatland, ⸚er**; das **Visum, Visa** (R); **diskriminieren**

Das liebe Geld	Beloved Money
die **Aktie, -n**	share, stock
die **Börse, -n**	stock exchange
die **Euroscheckkarte, -n**	Eurocheque Card
die **Geheimzahl, -en**	secret PIN (personal identification number)
die **Höhe, -n**	height; amount (*of money*)
die **Schuld, -en**	debt
die **Überweisung, -en**	transfer (*of money*)
die **Währung, -en**	currency
der **Börsenkrach, ⸚e**	stock market crash
der **Gebrauch, ⸚e**	use
der **Geldautomat, -en** (*wk. masc.*)	automatic teller machine (ATM)
der **Überziehungskredit, -e**	overdraft protection
der **Zugang**	access
das **Bargeld**	cash
das **Einkommen**	income
das **Formular, -e**	form
das **Girokonto, Girokonten**	checking account
das **Guthaben**	bank balance
das **Sparkonto, Sparkonten**	savings account
das **Zahlungsmittel**	means of payment
die **Zinsen** (*pl.*)	interest
ab·zahlen	to pay off
auf·nehmen, nimmt ... auf, nahm ... auf, aufgenommen	to take out (*a loan*)
aus·führen	to carry out, execute

Ähnliche Wörter

der **Geldschein, -e**

Kunst und Literatur	Art and Literature
die **Bildhauerei**	sculpture
die **Bildhauerin, -nen**	female sculptor
die **Blockflöte, -n**	recorder
die **Kasse, -n** (R)	cashier window
die **Malerei**	painting
die **Ölfarbe, -n**	oil color (*paint*)
die **Orgel, -n**	organ
die **Querflöte, -n**	(transverse) flute
die **Seele, -n**	soul
die **Staffelei, -en**	easel
die **Stimme, -n**	voice
die **Töpferei**	ceramic art
die **Töpferscheibe, -n**	potter's wheel
der **Bildhauer, -**	male sculptor
der **Brennofen, ⸚**	kiln
der **Meißel, -**	chisel
der **Pinsel, -**	paintbrush
der **Stein, -e**	stone
der **Teufel, -**	devil
der **Tod, -e**	death
der **Ton**	clay
das **Gemälde, -**	painting
das **Holz, ⸚er**	wood
das **Motiv, -e**	motif, theme
das **Schauspiel, -e**	play
das **Schlagzeug, -e**	drum
malen	to paint
vollkommen	flawless, perfect
wahnsinnig	crazy, insane

Ähnliche Wörter

die **Figur, -en**; die **Mundharmonika, -s**; die **Skulptur, -en**; die **Tragödie, -n**; die **Trompete, -n**; der **Gott, ⸚er**; der **Pakt, -e**; das **Instrument, -e**; das **Material, -ien**; **klassisch**; **magisch**

Sonstige Substantive	Other Nouns
die **Einstellung, -en**	attitude
die **Gewalt**	violence
der **Stichpunkt, -e**	main point
der **Träger, -**	recipient (*of a prize*)
der **Unsinn**	nonsense

Ähnliche Wörter

die **Chance** [ʃansə], **-n**; die **Intelligenz**; die **Krise, -n**; die **Steinzeit**; die **Technik**; der **Charakter**; der **Chauvi** [ʃovi], **-s**; der **Fanatiker, -**; der **Fernsehfilm, -e**; der **Preis, -e**; der **Text, -e**

Sonstige Verben	Other Verbs
an·gehören (+ *dat.*)	to belong to (*an organization*)
an·greifen, griff an, angegriffen	to attack

auf·wachsen, wächst ... auf, wuchs ... auf, ist aufgewachsen	to grow up
binden an (+ *akk.*)	to tie to
erreichen	to reach
erwarten	to expect
fördern	to promote
halten von, hält, hielt, gehalten	to think of
verschwinden, verschwand, ist verschwunden	to disappear

Ähnliche Wörter

auf·hängen, interviewen [intevjuan], **protestieren**

Adjektive und Adverbien	Adjectives and Adverbs
ausgebildet	educated
ausländisch	foreign
bargeldlos	cash-free
eng	tight; narrow; small
fleißig	industrious
geborgen	protected
geduldig	patient
handwerklich	handy
komisch	funny, strange
lustig	fun, funny
minderwertig	inferior
neugierig	curious
peinlich	embarrassing
rechtzeitig	timely, on time
selbstständig	independent
unbegabt	untalented

Ähnliche Wörter

afro-deutsch, dominant, gemütlich, ideal, illegal, konkret, logisch, russisch

Sonstige Wörter und Ausdrücke	Other Words and Expressions
anstatt (+ *gen.*)	instead of
außerhalb (+ *gen.*)	outside of
eher	rather
einverstanden	in agreement
einverstanden sein mit	to be in agreement with
statt (+ *gen.*)	instead of
trotz (+ *gen.*)	in spite of
überall	everywhere
um ... zu	in order to
wohl	probably

Strukturen und Übungen

12.1 The genitive case

Spoken German: Possession may be indicated by **von.**

As you have learned, the preposition **von** followed by the dative case is commonly used in spoken German to express possession.

Das ist das Haus **von meinen Eltern.**	*This is my parents' house.*

Written German: Use the genitive case to indicate possession.

In writing, and sometimes in speech, this relationship between two noun phrases may also be expressed with the genitive case. The genitive case in German is equivalent to both the *of*-phrase and the possessive with *'s* in English.

Kennst du den Freund **meiner Schwester?**	*Do you know my sister's friend?*
Die Farbe **des Mantels** gefällt mir nicht.	*I don't like the color of the coat.*

Wissen Sie noch?

You can show possession using possessive adjectives, such as **mein** (*my*), **dein** (*your*), and **sein** (*his/its*), or by placing an **-s** after someone's name, for example **Julias Buch.**

Review grammar B.5 and 2.4.

The genitive is also required by certain prepositions. The most common ones are these:

(an)statt	*instead of*
trotz	*in spite of*
während	*during*
wegen	*because of*

Anstatt eines Fernsehers hätte ich mir ein neues Fahrrad gekauft.	*Instead of a TV, I would have bought myself a new bike.*
Trotz des vielen Regens ist noch nicht genügend Wasser in den Tanks.	*In spite of all the rain, there's still not enough water in the tanks.*
Während der letzten Tage bin ich nicht viel aus dem Haus gekommen.	*During the last few days I haven't gotten out of the house much.*
Wegen dieser dummen Situation kann ich jetzt nicht zur Hochzeit kommen.	*Because of this stupid situation, I can't come to the wedding now.*

English tends to use the possessive *'s* with nouns denoting people (for example, *the girl's mother*). In German, -s (without the apostrophe) is added only to *proper names* of people and places.

Noras Vater	*Nora's father*
Englands Rettung	*England's salvation*

A. Nouns in the Genitive

Feminine nouns and plural nouns do not add any endings in the genitive case. In the singular genitive, masculine and neuter nouns of more than one syllable add -s and those of one syllable add **-es: die Farbe des Vogels, die Größe des Hauses.**

Masculine	Neuter	Feminine	Plural
des Vater**s**	des Kind**es**	der Mutter	der Eltern

B. Articles and Article-like Words in the Genitive

In the genitive case, all determiners (**der**-words and **ein**-words) end in **-es** in the masculine and neuter singular, and in **-er** in the feminine singular and all plural forms.

Masculine	Neuter	Feminine	Plural
d**es** Mannes	d**es** Kindes	d**er** Frau	d**er** Eltern
ein**es** Mannes	ein**es** Kindes	ein**er** Frau	
mein**es** Mannes	mein**es** Kindes	mein**er** Frau	mein**er** Eltern
dies**es** Mannes	dies**es** Kindes	dies**er** Frau	dies**er** Eltern

C. Adjectives in the Genitive

In the genitive, all adjectives end in **-en** when preceded by a determiner.*

Masculine and Neuter	Feminine and Plural
des arm**en** Mannes	der arm**en** Frau
des arm**en** Kindes	der arm**en** Leute

Eine mögliche Rolle des modernen Mannes ist es, zu Hause zu bleiben und auf die Kinder aufzupassen.

A possible role for a modern man is to stay home and take care of the children.

Übung 1 Minidialoge

Ergänzen Sie die Wörter in Klammern.

1. KATRIN: Ist das dein Auto?
   ALBERT: Nein, das ist das Auto _____ Bruders. (mein)
2. BEAMTER: Was ist das Alter _____ Kinder? (Ihr)
   FRAU FRISCH: Natalie ist fünf, Rosemarie ist sechs und Lydia ist neun Jahre alt.
3. FRAU SCHULZ: Ist es wichtig, dass der Partner einen guten Beruf hat?
   THOMAS: Also, ich muss sagen, der Beruf _____ zukünftigen Partnerin ist mir ziemlich egal. (mein)
4. MONIKA: Möchtest du mit mir in die Berge fahren? Meine Eltern haben da ein Wochenendhaus.
   ROLF: Wo ist denn das Wochenendhaus _____ Eltern? (dein)
   MONIKA: In der Nähe von Lake Tahoe.
5. HEIDI: Kennst du den Film „M–Mörder unter uns"?
   ROLF: Ja.
   HEIDI: Wie heißt doch noch mal der Regisseur _____ Films? (dies-)
6. ROLF: Brauchst du denn kein neues Nummernschild?
   PETER: Ach, ich nehme einfach das Nummernschild meines _____ Autos. (alt)

*Unpreceded masculine and neuter adjectives also end in **-en;** unpreceded feminine and plural adjectives end in **-er.** Unpreceded adjectives, however, rarely occur in the genitive.

7. FRAU GRETTER: Wer ist denn das?
   FRAU KÖRNER: Das ist die zweite Frau meines _____ Mannes. (erst-)
8. FRAU AUGENTHALER: 24352 – was ist denn das für eine Telefonnummer?
   RICHARD: Das ist die Telefonnummer meiner _____ Freundin. (neu)

Übung 2 | Worüber sprechen sie?

Bilden Sie Sätze.

MODELL: Albert sagt, dass sein Auto rot ist. →
Albert spricht über die Farbe seines Autos.

das Alter
der Beruf
das Bild
die Kleidung
die Länge
die Qualität
die Situation
die Sprache

1. Monika sagt, dass ihre Schwester als Lehrerin arbeitet.
2. Thomas sagt, dass sein Vater einen Picasso besitzt.
3. Frau Schulz sagt, dass ihre Nichten fünf und acht Jahre alt sind.
4. Stefan sagt, dass sein Studium insgesamt fünf Jahre dauert.
5. Albert sagt, dass seine Großeltern nur Spanisch sprechen.
6. Nora sagt, dass ihr Freund gern Jeans und lange Pullover trägt.
7. Thomas sagt, dass das Leitungswasser in Berkeley sehr gut ist.
8. Katrin sagt, dass Frauen für die gleiche Arbeit immer noch weniger verdienen als Männer.

Übung 3 | Minidialoge

Ergänzen Sie **statt, trotz, während** oder **wegen.**

1. KATRIN: Bist du _____ des Regens spazieren gegangen?
   THOMAS: Ja, so ein bisschen Regen macht doch nichts.
2. MONIKA: Warst du gestern im Kino?
   HEIDI: Nein, _____ der Prüfung bin ich zu Hause geblieben.
3. ALBERT: Was machst du _____ der Ferien?
   PETER: Ich fliege nach Bali.
4. JÜRGEN: Ich muss _____ meiner Erkältung zur Uni.
   SILVIA: Du Ärmster, leg dich lieber ins Bett!
5. PETER: Fährst du nächste Woche weg?
   KATRIN: Ich kann doch _____ des Semesters nicht verreisen!
6. JOCHEN: Warum bist du mit dem Bus gefahren?
   JUTTA: _____ des schlechten Wetters.
7. MARIA: Hast du dir ein neues Auto gekauft?
   MICHAEL: Nein, _____ des Autos habe ich mir einen Computer gekauft.
8. KATRIN: In deinem Zimmer ist es _____ der Heizung kalt!
   STEFAN: Tut mir leid, sie funktioniert nicht richtig.

12.2 Expressing possibility: *würde, hätte,* and *wäre*

würde = would

Use the construction **würde** + infinitive to talk about possibilities: things you would do, if you were in that particular situation.

Stell dir vor, du würdest nach Deutschland fliegen.	*Imagine you were flying to Germany.*
Wo würdest du übernachten?	*Where would you stay for the night?*

Here are the forms of **würde,** which are the subjunctive forms of the verb **werden.**

Wissen Sie noch?

Würde functions like a modal verb. In sentences with modal verbs, the infinitive appears at the end of the sentence.

Review grammar 3.1 and 3.2.

werden			
ich	würde	*wir*	würden
du	würdest	*ihr*	würdet
Sie	würden	*Sie*	würden
er / *sie* / *es*	würde	*sie*	würden

Instead of using **würde sein** and **würde haben,** German speakers prefer to say **wäre** (*would be*) and **hätte** (*would have*).

Ich glaube, dass ich eine gute Mutter **wäre.**	*I believe I would be a good mother.*
Ich **hätte** sicher viel Zeit für meine Kinder.	*I'm sure I would have plenty of time for my kids.*

Here are the forms of **wäre** and **hätte,** which are the subjunctive forms of **sein** and **haben.**

sein				**haben**			
ich	wäre	*wir*	wären	*ich*	hätte	*wir*	hätten
du	wärst	*ihr*	wärt	*du*	hättest	*ihr*	hättet
Sie	wären	*Sie*	wären	*Sie*	hätten	*Sie*	hätten
er / *sie* / *es*	wäre	*sie*	wären	*er* / *sie* / *es*	hätte	*sie*	hätten

Übung 4 Kein Problem

Was würden Sie in diesen Situationen machen? Beantworten Sie die Fragen! Was würden Sie machen, ...

1. wenn Sie sich in Ihren Lehrer / Ihre Lehrerin verlieben würden?
2. wenn Sie sich um Ihre Eltern kümmern müssten?
3. wenn Ihr Partner / Ihre Partnerin eine andere Konfession hätte als Sie?
4. wenn Sie / Ihre Partnerin schwanger werden würden/würde?
5. wenn Sie sich mit Ihrem Partner / Ihrer Partnerin nicht mehr verstehen würden?

Übung 5 | Was wäre, wenn ...

Schreiben Sie für jede Perspektive drei Sätze darüber, wie Ihr Leben aussehen würde. Verwenden Sie **hätte, wäre** und **würde** in Ihrer Antwort. Sie können nicht nur über sich selbst schreiben, sondern auch über andere (z.B. Kinder, Eltern, Partner und Freunde).

MODELL: Wenn ich Kinder hätte, würde ich nicht so oft ins Kino gehen. Ich hätte wahrscheinlich viel mehr Arbeit. Abends wäre ich bestimmt müder.

Was wäre, wenn ...

1. Sie (keine) Kinder hätten?
2. Sie (nicht) verheiratet wären?
3. Sie (kein) Geld hätten?
4. Sie in einem anderen Land leben würden?
5. Sie ein berühmter Schauspieler / eine berühmte Schauspielerin wären?

12.3 Causality and purpose: *weil, damit, um ... zu*

weil = reason for action
damit = goal of action
um ... zu = goal of action

Use **weil** + dependent clause to express the reason for a particular action. Use **damit** or **um ... zu** to express the goal of an action.

Viele Deutsche wanderten nach Australien aus, **weil ihnen Deutschland zu eng war.**	*Many Germans emigrated to Australia because Germany was too crowded for them.*
Sie wanderten nach Australien aus, **um dort eine bessere Arbeit zu finden.**	*They emigrated to Australia in order to find a better job there.*

Wissen Sie noch?

You can show reasons for action with the conjunctions **weil** and **denn.**

Review grammar 3.4 and 11.5.

Weil and **damit** introduce a dependent clause. Recall that the conjugated verb is in last position in a dependent clause.

Albert steht auf, damit Frau Schulz sich setzen **kann.**	*Albert gets up so that Frau Schulz can sit down.*

Um ... zu clauses have no expressed subjects.

Damit and **um ... zu** both express the aim or goal of an action. But whereas **damit** introduces a dependent clause complete with subject and conjugated verb, **um ... zu** introduces a dependent infinitive without a subject and without a conjugated verb. Use **damit** when the subject of the main clause is different from the subject of the dependent clause.

Heidi macht das Fenster zu, **damit** Stefan nicht friert.
Heidi closes the window so that Stefan won't be cold.

Use **um ... zu** when the understood subject of the dependent infinitive is the same as the subject of the main clause.

Heidi macht das Fenster zu, **damit** sie nicht friert.	→ Heidi macht das Fenster zu, **um** nicht **zu** frieren.
Heidi closes the window so that she won't be cold.	→ *Heidi closes the window so as not to be cold.*

Übung 6 | Erfolgsgeschichten

Was muss man tun, um Erfolg an der Universität zu haben?

MODELL: Um gute Noten zu bekommen, muss man fleißig lernen.

1. morgens munter[1] sein
2. die Professoren kennenlernen
3. die Mitstudenten kennenlernen
4. am Wochenende nicht allein sein
5. die Kurse bekommen, die man will
6. in vier Jahren fertig werden
7. nicht verhungern
8. eine gute Note in Deutsch bekommen

a. früh ins Bett gehen
b. in die Sprechstunde gehen
c. jeden Tag zum Unterricht kommen
d. Leute einladen
e. regelmäßig essen
f. sich so früh wie möglich einschreiben
g. viel Gruppenarbeit machen
h. viel lernen and wenig Feste feiern

Übung 7 | Gute Gründe?

Verbinden Sie Sätze aus der ersten Gruppe mit Sätzen aus der zweiten Gruppe mit Hilfe der Konjunktionen **weil, damit, um ... zu.** Wenn Ihnen ein Grund nicht gefällt, suchen Sie einen besseren Grund.

MODELL: Ich möchte immer hier leben. Dieses Land ist das beste Land der Welt. →
Ich möchte immer hier leben, weil dieses Land das beste Land der Welt ist.

GRUPPE 1

Ich möchte immer hier leben.
Ich möchte für ein paar Jahre in Deutschland leben.
Ausländer haben oft Probleme.
Wenn ich Kinder habe, möchte ich hier leben.
Viele Ausländer kommen hierher.
Englisch sollte die einzige offizielle Sprache (der USA, Kanadas, Australiens, usw.) sein.

GRUPPE 2

Ausländer verstehen die Sprache und Kultur des Gastlandes nicht.
Ich möchte richtig gut Deutsch lernen.
Dieses Land ist das beste Land der Welt.
Hier kann man gut Geld verdienen.
Meine Kinder sollen als (Amerikaner, Kanadier, Australier, usw.) aufwachsen.
Aus der multikulturellen Bevölkerung soll eine homogene Gemeinschaft werden.

12.4 Principles of case (summary review)

Three main factors determine the choice of a particular case for a given noun: function, prepositions, and verbs.

A. Function

Function refers to the role a particular noun plays within a sentence: the subject, the direct object, the indirect object, or the possessive. The subject of a

[1] *wide awake*

sentence (who or what is doing something) is in the nominative case; the direct object (the thing or person to which or to whom the action is done) is in the accusative case; the indirect object (usually the person who benefits from the action) is in the dative case.

NOM DAT ACC
Maria schreibt ihrer Freundin einen Scheck. — *Maria is writing her friend a check.*

Possessives express relationships of various kinds, such as belonging to or being part of someone or something. Possessives are in the genitive case.

Der Kurs **des Euro** ist leider wieder gestiegen. — *The exchange rate of the euro has unfortunately risen again.*

B. Prepositions

Nouns or pronouns that follow prepositions are always in a case other than the nominative. You have encountered four groups of prepositions so far: those that take the accusative, those that take the dative, two-way prepositions that take either the accusative or the dative according to the meaning of the clause, and those that take the genitive.

Accusative	Dative	Accusative or Dative	Genitive
durch	aus	an	(an)statt
für	außer	auf	trotz
gegen	bei	hinter	während
ohne	mit	in	wegen
um	nach	neben	
	seit	über	
	von	unter	
	zu	vor	
		zwischen	

Bargeld können Sie **aus dem Geldautomaten** bekommen. — *You can get cash from the ATM.*
Wegen des Feiertags bleiben die Banken geschlossen. — *Because of the holiday, the banks remain closed.*

Two-way prepositions require accusative objects when movement toward a *destination* is involved. They require dative objects when no such destination is expressed, when the focus is on the setting of the action or state (*location*).

Ich habe kein Geld **auf meinem Sparkonto.** — *I don't have any money in my savings account.*
Ich muss Geld **auf mein Sparkonto** überweisen. — *I have to transfer money to my savings account.*

C. Verbs

Certain verbs, just like prepositions, require a noun or pronoun to be in a particular case. The verbs **sein, werden, bleiben,** and **heißen** establish identity relationships between the subject and the predicate, and therefore require a predicate noun in the *nominative* case.

Thomas ist **ein fleißiger Student.** — *Thomas is a conscientious student.*

The following verbs are among those that require *dative* objects.

antworten	*to answer*
begegnen	*to meet*
fehlen	*to be missing*
gefallen	*to be to one's liking*
gehören	*to belong to*
gratulieren	*to congratulate*
helfen	*to help*
passen	*to fit*
schaden	*to be harmful (to)*
schmecken	*to taste good (to)*
stehen	*to suit, look good on* (e.g. clothing)
zuhören	*to listen to*

Die Aktien gehören **meiner Mutter.** — *The stocks belong to my mother.*

Eine schwache Wirtschaft schadet **den Aktienmärkten.** — *A weak economy hurts the stock markets.*

Most other verbs require the accusative, if they require an object at all.

Ich habe für mein Konto **keinen Überziehungskredit.** — *I don't have any overdraft protection for my account.*

Übung 8 | Der Umzug

Bestimmen Sie den Kasus (**Nom, Akk, Dat** oder **Gen**) der unterstrichenen Nominalphrasen und geben Sie an, ob dieser Kasus wegen der Funktion (**F**), wegen der Präposition (**P**) oder wegen des Verbs (**V**) benutzt wurde.

	KASUS	GRUND
1. Meine Freundin braucht einen neuen Schrank.	Nom	F
2. Sie möchte Stewardess werden.	____	____
3. Die Möbel meiner Freundin sind ultramodern.	____	____
4. Morgen kaufe ich ihr eine schöne Lampe.	____	____
5. Diesen Teppich mag sie sicher nicht.	____	____
6. Meine Tapeten gefallen ihr sicher auch nicht.	____	____
7. Setzen wir uns doch an diesen Tisch.	____	____
8. Ich habe nichts gegen Vorhänge.	____	____
9. Das Bett tragen wir am besten zusammen.	____	____
10. Der Wecker steht auf dem Regal.	____	____
11. Diese Decke gehört mir.	____	____
12. Der Umzug findet wegen schlechten Wetters nicht statt.	____	____

Übung 9 | Jutta hat sich wieder verliebt!

Ergänzen Sie die richtigen Endungen. Unten finden Sie das Genus wichtiger Substantive.

die **Adresse**
die **Augen** (*pl.*)
der **Brief**
die **Disko**
die **Eltern** (*pl.*)
der **Fernseher**
das **Fest**
die **Hausaufgaben** (*pl.*)

die **Hose**
die **Jacke**
der **Mann**
der **Name**
der **Park**
die **Schule**
die **Stadt**
die **Tür**
der **Weg**

Jutta hat sich total verliebt. Sie sah vor einem Monat auf ein_____[1] Klassenfest ein_____[2] jungen Mann, und jetzt denkt sie nur noch an ihn.

Er trug an jenem Abend ein_____[3] Jeansjacke, unter sein_____[4] Jacke ein altes Unterhemd und ein_____[5] uralte Hose. Er stand die ganze Zeit neben d_____[6] Tür. Seine Kleidung und sein_____[7] blauen Augen gefielen ihr sehr. Er schaute oft zu ihr hin, aber sie sprach ihn nicht an, sie war zu schüchtern.

Jetzt träumt sie von ihm. Sie möchte mit ihm durch d_____[8] Park gehen und in d_____[9] Stadt. Vielleicht könnten sie auch mal für ein paar Tage ohne d_____[10] Eltern wegfahren. Sie möchte ihm gern ein_____[11] Brief schreiben, aber sie weiß sein_____[12] Adresse nicht. Sie kennt nur sein_____[13] Vornamen, Florian. Dies_____[14] Namen wird sie nie mehr vergessen!

Morgens in d_____[15] Schule denkt sie an ihn, mittags auf d_____[16] Weg nach Hause, nachmittags bei d_____[17] Hausaufgaben, abends vor d_____[18] Fernseher oder in d_____[19] Disko.

Ach, wenn sie ihn doch nur noch einmal treffen könnte! Diesmal würde sie sicher zu ihm gehen und ihn ansprechen.

Appendices

Appendix A
Informationsspiele: 2. Teil

Einführung A

Situation 6 10 Fragen

Stellen Sie zehn Fragen. Für jedes „Ja" gibt es einen Punkt.

MODELL S2: Trägt Frau Körner einen Hut?
S1: Nein. Trägt Nora einen Mantel?
S2: Nein.

	HERR SIEBERT		FRAU KÖRNER	
	JA	NEIN	JA	NEIN
einen Anzug	☐	☐	☐	☐
eine Bluse	☐	☐	☐	☐
eine Brille	☐	☐	☐	☐
ein Hemd	☐	☐	☐	☐
eine Hose	☐	☐	☐	☒
einen Hut	☐	☐	☐	☐
eine Jacke	☐	☐	☐	☐
eine Jeans	☐	☐	☐	☐
ein Kleid	☐	☐	☐	☐
eine Krawatte	☐	☐	☐	☐

	HERR SIEBERT		FRAU KÖRNER	
	JA	NEIN	JA	NEIN
einen Mantel	☐	☐	☐	☐
einen Pullover	☐	☐	☐	☐
einen Rock	☐	☐	☐	☐
ein Sakko	☐	☐	☐	☐
Schuhe	☐	☐	☐	☐
Socken	☐	☐	☐	☐
Sportschuhe	☐	☐	☐	☐
Stiefel	☐	☐	☐	☐
ein Stirnband	☐	☐	☐	☐
ein T-Shirt	☐	☐	☐	☐

Situation 12 Zahlenrätsel

Verbinden Sie die Punkte. Sagen Sie Ihrem Partner oder Ihrer Partnerin, wie er oder sie die Punkte verbinden soll. Dann sagt Ihr Partner oder Ihre Partnerin Ihnen, wie Sie die Punkte verbinden sollen. Was zeigen Ihre Bilder?

S2: Start ist Nummer 1. Geh zu 17, zu 5, zu 60, zu 23, zu 14, zu 3, zu 19, zu 7, zu 21, zu 12, zu 6, zu 33, zu 8, zu 11, zu 40, zu 25, zu 13, zu 4, zu 15, zu 35, zu 50, zu 9, und zum Schluss zu 16. Was zeigt dein Bild?

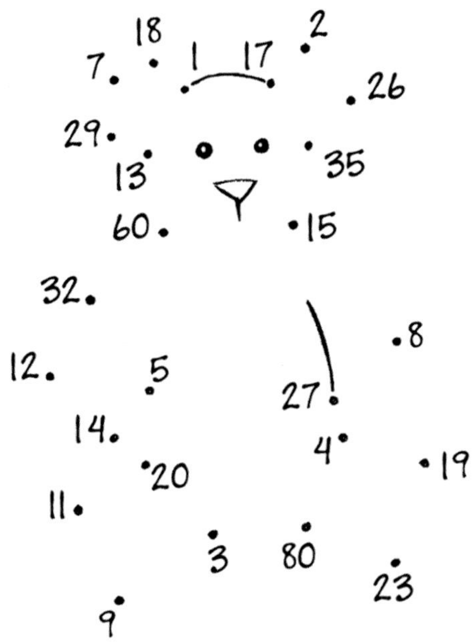

Einführung B

Situation 7 Familie

MODELL S2: Wie heißt Richards Vater?
S1: Er heißt ______.
S2: Wie schreibt man das?
S1: ______. Wie alt ist er?
S2: Er ist 39 Jahre alt. Wo wohnt er?
S1: Er wohnt in ______. Wie heißt Richards Mutter?
S2: Sie heißt Maria.
S1: Wie schreibt man das?
S2: M-A-R-I-A.

		 Richard	 Sofie	 Mehmet
Vater	*Name*			Kenan
	Alter	39		
	Wohnort		Dresden	
Mutter	*Name*	Maria		
	Alter	38	47	54
	Wohnort			Izmir
Bruder	*Name*		Erwin	
	Alter			
	Wohnort	Innsbruck	Leipzig	Istanbul
Schwester	*Name*	Elisabeth	—	Fatima
	Alter	16	—	31
	Wohnort		—	

Situation 9 Temperaturen

MODELL S2: Wie viel Grad Fahrenheit sind 18 Grad Celsius?
S1: _____ Grad Fahrenheit.

°F	90		32		-5	
°C	32	18	0	–18	–21	–39

Kapitel 1

Situation 2 Freizeit

MODELL S2: Wie alt ist Richard?
S1: _____.
S2: Woher kommt Rolf?
S1: Aus _____.
S2: Was macht Jürgen gern?
S1: Er _____.
S2: Wie alt bist du?
S1: _____.
S2: Woher kommst du?
S1: _____.
S2: Was machst du gern?
S1: _____.

	Alter	Wohnort	Hobby
Richard		Innsbruck	geht gern in die Berge
Rolf	20		spielt gern Tennis
Jürgen		Göttingen	
Sofie			kocht gern
Jutta	16	München	
Melanie		Regensburg	
mein Partner / meine Partnerin			

Situation 7 Juttas Stundenplan

MODELL S2: Was hat Jutta am Montag um acht Uhr fünfzig?
S1: Sie hat Deutsch.

Uhr	Montag	Dienstag	Mittwoch	Donnerstag	Freitag
8.00–8.45	Latein			Biologie	
8.50–9.35		Englisch	Englisch		Physik
9.35–9.50	←		Pause		→
9.50–10.35			Mathematik		Religion
10.40–11.25	Geschichte	Französisch		Mathematik	
11.25–11.35	←		Pause		→
11.35–12.20		Musik		Sport	
12.25–13.10	Erdkunde		Kunst		frei

Situation 12 Diese Woche

MODELL S2: Was macht Mehmet am Montag?
S1: Er geht um 7 Uhr zur Arbeit.
S2: Was machst du am Montag?
S1: Ich ____.

	Silvia Mertens	Mehmet Sengün	mein(e) Partner(in)
Montag	Sie steht um 6 Uhr auf.		
Dienstag		Er lernt eine neue Kollegin kennen.	
Mittwoch	Sie schreibt eine Prüfung.		
Donnerstag	Sie ruft ihre Eltern an.		
Freitag		Er hört um 15 Uhr mit der Arbeit auf.	
Samstag		Er räumt seine Wohnung auf.	
Sonntag		Er repariert sein Motorrad.	

Kapitel 2

Situation 3 Was machen sie morgen?

MODELL S2: Schreibt Jürgen morgen einen Brief?
S1: Nein.
S2: Schreibst du morgen einen Brief?
S1: Ja. (Nein.)

	Jürgen	Silvia	mein(e) Partner(in)
1. *schreibt/schreibst ... einen Brief*		+	
2. *kauft/kaufst ... ein Buch*		+	
3. *schaut/schaust ... einen Film an*	–	–	
4. *ruft/rufst ... eine Freundin an*			
5. *macht/machst ... Hausaufgaben*		+	
6. *isst/isst ... einen Hamburger*	–	–	
7. *besucht/besuchst ... einen Freund*			
8. *räumt/räumst ... das Zimmer auf*		–	

Situation 15 Was machen sie gern?

MODELL S2: Was fährt Richard gern?
S1: Motorrad.
S2: Was fährst du gern?
S1: ______

	Richard	Josef und Melanie	mein(e) Partner(in)
fahren		Zug	
tragen	Pullis		
essen		Pizza	
sehen		Gruselfilme	
vergessen	seine Hausaufgaben		
waschen		ihr Auto	
treffen		ihre Lehrer	
einladen		ihre Eltern	
sprechen	Italienisch		

Kapitel 3

Situation 2 Kann Katrin kochen?

MODELL S2: Kann Katrin kochen?
S1: Ja, ganz gut.
S2: Kannst du kochen?
S1: Ja, aber nicht so gut.

[+]	[0]	[−]
ausgezeichnet	ganz gut	nicht so gut
fantastisch		nur ein bisschen
sehr gut		gar nicht
gut		kein bisschen

	Katrin	Peter	mein(e) Partner(in)
kochen		fantastisch	
zeichnen	sehr gut		
tippen		ganz gut	
Witze erzählen		ganz gut	
tanzen	fantastisch		
stricken	gar nicht		
Skateboard fahren		nicht so gut	
Geige spielen		nur ein bisschen	
schwimmen		nur ein bisschen	
ein Auto reparieren	nicht so gut		

Situation 13 Was machen sie, wenn ...?

MODELL S2: Was macht Renate, wenn sie traurig ist?
S1: Sie ruft ihre Freundin an.
S2: Was machst du, wenn du traurig bist?
S1: Ich gehe ins Bett.

	Renate	Ernst	mein(e) Partner(in)
1. *traurig ist/bist*		weint	
2. *müde ist/bist*	trinkt Kaffee		
3. *in Eile ist/bist*	nimmt ein Taxi		
4. *wütend ist/bist*		schreit ganz laut	
5. *krank ist/bist*	geht zum Arzt		
6. *glücklich ist/bist*		lacht ganz laut	
7. *Hunger hat/hast*			
8. *Langeweile hat/hast*	liest ein Buch	ärgert seine Schwester	
9. *Durst hat/hast*		trinkt Limo	
10. *Angst hat/hast*	schließt die Tür ab		

Kapitel 4

Situation 10 Geburtstage

MODELL S2: Wann ist Willi geboren?
S1: Am dreißigsten Mai 1983.

Person	Geburtstag
Willi	
Sofie	9. November 1987
Claire	
Melanie	3. April 1984
Nora	

Person	Geburtstag
Thomas	17. Januar 1990
Heidi	
mein(e) Partner(in)	
sein/ihr Vater	
seine/ihre Mutter	

Situation 15 Zum ersten Mal

MODELL S2: Wann hat Frau Gretter ihren ersten Kuss bekommen?
S1: Als sie dreizehn war.

	Herr Thelen	Frau Gretter	mein(e) Partner(in)
seinen/ihren/deinen ersten Kuss bekommen	als er 12 war		
zum ersten Mal ausgegangen		als sie 15 war	
seinen/ihren/deinen Führerschein gemacht	mit 18		
sein/ihr/dein erstes Bier getrunken		mit 18	
seine/ihre/deine erste Zigarette geraucht	mit 21		
zum ersten Mal nachts nicht nach Hause gekommen	noch nie		

Kapitel 6

Situation 8 Gestern und heute

Arbeiten Sie zu zweit und stellen Sie Fragen wie im Modell.

MODELL S2: Heute ist hier ein Schuhgeschäft. Was war früher hier?
S1: Früher war hier eine Disko.

FRÜHER

HEUTE

Situation 16 Haus- und Gartenarbeit

MODELL S2: Was macht Thomas am liebsten?
S1: Er mäht am liebsten den Rasen.
S2: Was hat Nora letztes Wochenende gemacht?
S1: Sie hat ihre Bluse gebügelt.
S2: Was muss Thomas diese Woche noch machen?
S1: Er muss seine Wäsche waschen.
S2: Was machst du am liebsten?
S1: Ich ____ am liebsten ____.

	Thomas	Nora	mein(e) Partner(in)
am liebsten		einkaufen gehen	
am wenigsten gern	das Bad putzen		
jeden Tag	nichts von alledem		
einmal in der Woche		die Wäsche waschen	
letztes Wochenende	das Geschirr spülen		
gestern	die Blumen gießen		
diese Woche		den Boden aufwischen	
bald mal wieder		Staub wischen	

Kapitel 7

Situation 3 Deutschlandreise

Wo liegen die folgenden Städte? Schreiben Sie die Namen der Städte auf die Landkarte.

Augsburg, Braunschweig, Bremen, Düsseldorf, Frankfurt/Oder, Halle, Kiel, Nürnberg, Rostock, Stuttgart

MODELL S2: Wo liegt Braunschweig?
S1: Braunschweig liegt im Norden.
S2: Wo genau?
S1: Südöstlich von Hannover.

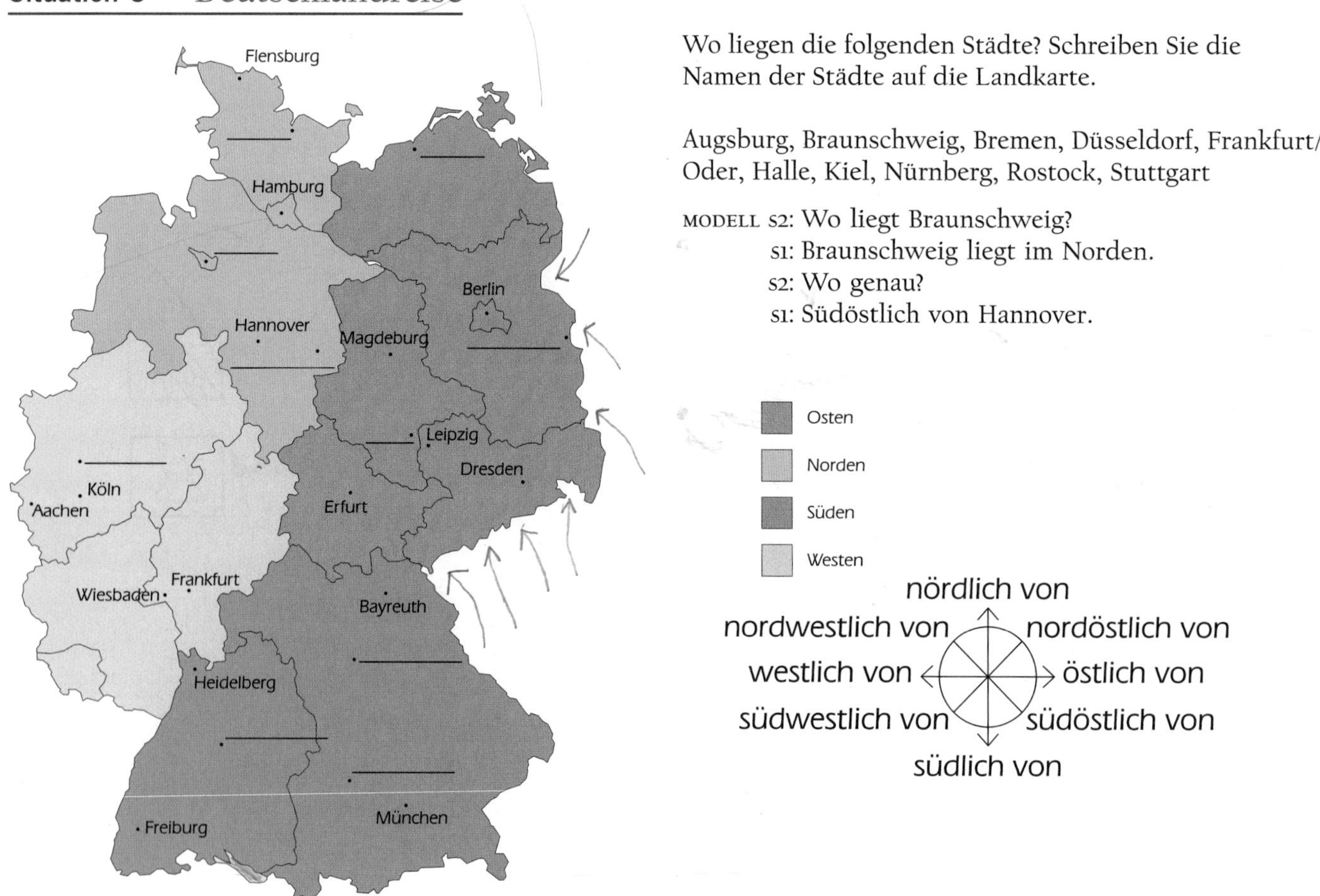

Kapitel 8

Situation 2 Mahlzeiten und Getränke

MODELL S2: Was isst Frau Gretter zum Frühstück?
S1: ______.

	Frau Gretter	Stefan	Andrea
zum Frühstück essen		frisches Müsli	Brot mit selbst gemachter Marmelade
zum Frühstück trinken		kalten Orangensaft	
zu Mittag essen	kalorienarmes Gemüse und Hähnchen		heiße Würstchen
zu Abend essen		italienische Spaghetti	
nach dem Sport trinken	nichts, sie treibt keinen Sport	kalten Tee mit Zitrone	
auf einem Fest trinken	deutschen Sekt		eiskalte Limonade
essen, wenn er/sie groß ausgeht		frischen Fisch mit französischer Soße	

Kapitel 9

Situation 9 Was ist passiert?

MODELL Was ist Mehmet passiert? / Was ist dir passiert?
Wann ist es passiert?
Wo ist es passiert?
Warum ist es passiert?

	Sofie	Mehmet	Ernst	mein Partner / meine Partnerin
Was?	hat ihre Schlüssel verloren		hat seine Hose zerrissen	
Wann?		als er in die Türkei fliegen wollte		
Wo?	in Leipzig		bei seiner Tante	
Warum?		weil der Flug aus Berlin Verspätung hatte		

Kapitel 10

Situation 2 Reisen

MODELL S2: Woher kommt Richard?
S1: Aus _____.
S2: Wohin fährt er in den Ferien?
S1: Nach/In _____.
S2: Wo wohnt er?
S1: Bei _____. Was macht er da?
S2: Er lernt Französisch. Wann kommt er zurück?
S1: In _____.

	Richard	Sofie	Mehmet	Peter	Jürgen	mein(e) Partner(in)
Woher?		aus Dresden		aus Berkeley		
Wohin?		nach Düsseldorf		nach Hawaii		
Wo?		bei ihrer Tante	bei alten Freunden		bei einem Freund	
Was?	Französisch lernen		am Strand liegen; schwimmen		Ski fahren natürlich	
Wann?		in einer Woche	in zwei Wochen	nächstes Wochenende		

Situation 9 Wo wollen wir übernachten?

MODELL Wie viel kostet _____?
Haben die Zimmer im (in der) _____ eine eigene Dusche und Toilette?
Gibt es im (in der) _____ Einzelzimmer?
Gibt es im (in der, auf dem) _____ einen Fernseher?
Ist das Frühstück im (in der, auf dem) _____ inbegriffen?
Ist die Lage von dem (von der) _____ zentral/ruhig?
Gibt es im (in der, auf dem) _____ Telefon?

	Hotel Strandpromenade	das Gästehaus Ostseeblick	die Jugendherberge	der Campingplatz
Preis pro Person		42,- Euro		
Dusche/Toilette			nein	nein
Einzelzimmer				natürlich nicht
Fernseher	in jedem Zimmer	im Fernsehzimmer		natürlich nicht
Frühstück	inbegriffen		kostet extra	nein
zentrale Lage				
ruhige Lage				ja
Telefon	in jedem Zimmer	im Telefonzimmer	bei den Herbergseltern	Telefonzelle

Situation 13 Tiere

MODELL Welche Tiere findet ____ am tollsten?
Vor welchem Tier hat ____ am meisten Angst?
Welches Tier hätte ____ gern als Haustier?
Welches wilde Tier würde ____ gern in freier Natur sehen?
Wenn ____ an Afrika denkt, an welche Tiere denkt er/sie?
Wenn ____ an die Wüste denkt, an welches Tier denkt er/sie dann zuerst?
Welche Vögel findet ____ am schönsten?
Welchen Fisch findet ____ am gefährlichsten?
Welchem Tier möchte ____ nicht im Wald begegnen?

	Ernst	Maria	mein(e) Partner(in)
Lieblingstier	ein Krokodil		
Angst		vor Mäusen	
Haustier		einen Papagei	
wildes Tier	einen Elefanten		
Afrika		an Zebras	
Wüste	an einen Skorpion		
Vögel	Adler		
Fisch		den Piranha	
Wald		einem Wildschwein	

Kapitel 11

Situation 10 Krankheitsgeschichte

MODELL Hat Herr Thelen sich (Hast du dir) schon mal etwas gebrochen? Was?
Ist Herr Thelen (Bist du) schon mal im Krankenhaus gewesen? Warum?
Hat Claire (Hast du) schon mal eine Spritze bekommen? Gegen was?
Erkältet sich Claire (Erkältest du dich) oft?
Ist Herr Thelen (Bist du) gegen etwas allergisch? Gegen was?
Hat man Herrn Thelen (Hat man dir) schon mal einen Zahn gezogen?
Hatte Claire (Hattest du) schon mal hohes Fieber? Wie hoch?
Ist Herr Thelen (Bist du) schon mal in Ohnmacht gefallen?

	Claire	Herr Thelen	mein(e) Partner(in)
sich etwas brechen	den Arm		
im Krankenhaus sein	Nierenentzündung		
eine Spritze bekommen		Tetanus	
sich oft erkälten		nein	
gegen etwas allergisch sein	Sonne		
einen Zahn gezogen haben	nein		
hohes Fieber haben		41, 2° C	
in Ohnmacht fallen	nein		

Kapitel 12

Situation 2 Der ideale Partner / Die ideale Partnerin

MODELL Wie soll Heidis idealer Partner aussehen?
Was für einen Charakter soll er haben?
Welchen Beruf soll Rolfs ideale Partnerin haben?
Welche Interessen sollte sie haben?
Wie alt sollte sie sein?
Welche Konfession sollte sie haben?
Welcher Nationalität sollte Heidis Partner angehören?
Welche politische Einstellung sollte er haben?

	Rolf	Heidi	mein(e) Partner(in)
Aussehen	schlank und sportlich		
Charakter	lustig und neugierig		
Beruf		Rechtsanwalt	
Interessen		Sport und Reisen	
Alter		ein paar Jahre jünger als sie	
Konfession		kein Fanatiker	
Nationalität	deutsch		
politische Einstellung	eher konservativ		

Appendix B
Rollenspiele: 2. Teil

Einführung A

Situation 10 Begrüßen

s2: Begrüßen Sie einen Mitstudenten oder eine Mitstudentin. Schütteln Sie dem Mitstudenten oder der Mitstudentin die Hand. Sagen Sie Ihren Namen. Fragen Sie, wie alt er oder sie ist. Verabschieden Sie sich.

Einführung B

Situation 12 Herkunft

s2: Sie sind Student/Studentin an einer Universität in Deutschland. Sie lernen einen neuen Studenten/eine neue Studentin kennen. Fragen Sie, wie er/sie heißt, woher er/sie kommt, woher seine/ihre Familie kommt und welche Sprachen er/sie spricht.

Kapitel 1

Situation 15 Auf dem Auslandsamt

s2: Sie arbeiten auf dem Auslandsamt der Universität. Ein Student / Eine Studentin kommt zu Ihnen und möchte ein Stipendium für Österreich.

- Fragen Sie nach den persönlichen Daten und schreiben Sie sie auf: Name, Adresse, Telefon, Geburtstag, Studienfach.
- Sagen Sie „Auf Wiedersehen".

Kapitel 2

Situation 8 Am Telefon

s2: Das Telefon klingelt. Ein Freund / Eine Freundin ruft an. Er/Sie lädt Sie ein. Fragen Sie: **wo, wann, um wie viel Uhr, wer kommt mit.** Sagen Sie „ja" oder „nein", und sagen Sie „tschüss".

Kapitel 3

Situation 11 In der Mensa

s2: Sie sind Student/Studentin an der Uni in Regensburg und sind in der Mensa. Jemand möchte sich an Ihren Tisch setzen. Fragen Sie, wie er/sie heißt, woher er/sie kommt und was er/sie studiert.

Kapitel 4

Situation 16 Das Studentenleben

s2: Sie sind Student/Studentin an einer Uni in Ihrem Land. Ein Reporter / Eine Reporterin aus Österreich fragt Sie viel und Sie antworten gern. Sie wollen aber auch wissen, was der Reporter / die Reporterin gestern alles gemacht hat: am Vormittag, am Mittag, am Nachmittag und am Abend.

Kapitel 5

Situation 12 Bei der Berufsberatung

S2: Sie sind Student/Studentin und gehen zur Berufsberatung, weil Sie nicht wissen, was Sie nach dem Studium machen sollen. Beantworten Sie die Fragen des Berufsberaters / der Berufsberaterin.

Kapitel 6

Situation 12 Zimmer zu vermieten

S2: Sie möchten ein Zimmer in Ihrem Haus vermieten. Das Zimmer ist 25 Quadratmeter groß und hat Zentralheizung. Es kostet warm 310 Euro im Monat. Es hat große Fenster und ist sehr ruhig. Das Zimmer hat keine Küche und auch kein Bad, aber der Mieter / die Mieterin darf Ihre Küche und Ihr Bad benutzen. Der Mieter / Die Mieterin darf Freunde einladen, aber sie dürfen nicht zu lange bleiben. Sie haben kleine Kinder, die früh ins Bett müssen. Fragen Sie, was der Student / die Studentin studiert, ob er/sie raucht, ob er/sie oft laute Musik hört, ob er/sie Haustiere hat, ob er/sie Möbel hat.

Kapitel 7

Situation 8 Am Fahrkartenschalter

S2: Sie arbeiten am Fahrkartenschalter im Bahnhof von Bremen. Ein Fahrgast möchte eine Fahrkarte nach München kaufen. Hier ist der Fahrplan. Alle Züge fahren über Hannover und Würzburg.

	Abfahrt	Ankunft	2. Kl.	1. Kl.
IC	4.25	15.40	109,- Euro	169,- Euro
ICE	7.15	14.05	116,- Euro	182,- Euro
IC	7.30	20.45	109,- Euro	169,- Euro

Situation 10 Ein Auto kaufen

S2: Sie wollen einen neueren Gebrauchtwagen kaufen und lesen deshalb die Anzeigen in der Zeitung. Die Anzeigen für einen VW Golf und einen VW Beetle sind interessant. Rufen Sie an und stellen Sie Fragen.

Sie haben auch eine Anzeige in die Zeitung gesetzt, weil Sie Ihren Opel Corsa und Ihren Ford Fiesta verkaufen wollen. Antworten Sie auf die Fragen der Leute.

MODELL Guten Tag, ich rufe wegen des VW Golf an.
Wie alt ist der Wagen?
Welche Farbe hat er?
Wie ist der Kilometerstand?
Wie lange hat er noch TÜV?
Wie viel Benzin braucht er?
Was kostet der Wagen?

Modell	VW Golf	VW Beetle	Opel Corsa	Ford Fiesta
Baujahr			2002	2003
Farbe			schwarz	blaugrün
Kilometerstand			84 500 km	52 000 km
TÜV			6 Monate	fast 2 Jahre
Benzinverbrauch pro 100 km			6 Liter	6,5 Liter
Preis			5 000 Euro	4 000 Euro

Kapitel 8

Situation 14 Im Restaurant

S2: Sie arbeiten als Kellner/Kellnerin in einem Restaurant. Ein Gast setzt sich an einen freien Tisch. Bedienen Sie ihn.

Kapitel 9

Situation 8 Das Klassentreffen

S2: Sie sind auf dem fünften Klassentreffen Ihrer alten High-School-Klasse. Sie unterhalten sich mit einem alten Schulfreund / einer alten Schulfreundin. Fragen Sie: was er/sie nach Abschluss der High School gemacht hat, was er/sie jetzt macht und was seine/ihre Pläne für die nächsten Jahre sind. Sprechen Sie auch über die gemeinsame Schulzeit.

Kapitel 10

Situation 11 Im Hotel

S2: Sie arbeiten an der Rezeption von einem Hotel. Alle Zimmer haben Dusche und Toilette. Manche haben auch Telefon. Frühstück ist inklusive. Das Hotel ist im Moment ziemlich voll. Ein Reisender / Eine Reisende kommt herein und erkundigt sich nach Zimmern. Denken Sie zuerst darüber nach: Was für Zimmer sind noch frei? Was kosten die Zimmer? Bis wann müssen die Gäste abreisen?

Kapitel 11

Situation 12 Anruf beim Arzt

S2: Sie arbeiten in einer Arztpraxis. Ein Patient / Eine Patientin ruft an und möchte einen Termin. Fragen Sie, was er/sie hat und wie dringend es ist. Der Terminkalender für diesen Tag ist schon sehr voll.

Kapitel 12

Situation 11 Auf der Bank

S2: Sie sind Bankangestellte(r) bei der Deutschen Bank und ein Kunde / eine Kundin möchte ein Konto eröffnen. Fragen Sie, ob der Kunde / die Kundin ein Girokonto oder ein Sparkonto eröffnen möchte. Zinsen gibt es nur auf Sparkonten. Eine EC-Karte bekommt man nur, wenn man ein festes Einkommen hat. Onlinezugang ist kostenlos. Man darf das Konto nicht überziehen.

Situation 15 An der Kinokasse

S2: Sie arbeiten an der Kinokasse und sind gestresst, weil Sie den ganzen Tag Karten verkauft haben. Sie haben vielleicht noch zehn Karten für die „Rocky Horror Picture Show" heute Abend, alles Einzelplätze. Auch die nächsten Tage sind schon völlig ausverkauft. Jetzt freuen Sie sich auf Ihren Feierabend, weil Sie dann mit Ihren Freunden selbst in die „Rocky Horror Picture Show" gehen wollen. Sie haben sich fünf ganz tolle Plätze besorgt, in der ersten Reihe. Da kommt noch ein Kunde.

Appendix C
Spelling Reform

A few years ago, there was a German spelling reform that changed the spelling of a handful of common words. The new rules also affected capitalization and compounding, and in some cases provided writers more than one correct option. Even today, you will often encounter words spelled according to the old rules when you read authentic texts. We provide here a brief summary of situations in which the current and the old rules differ from each other, with examples. The vocabulary lists at the end of each chapter and at the end of the student edition follow the new rules according to the recommendations of *Duden: Die deutsche Rechtschreibung* (24th ed.). (This is not a complete list of words affected by the spelling reform.)

- **ß** or **ss**? The new rule is simple: Write **ss** after a short vowel but **ß** after a long vowel or a diphthong. With the old rules, spelling didn't always follow this reasoning.

CURRENT	OLD
essen (isst), aß, gegessen	essen (ißt), aß, gegessen
lassen (lässt), ließ, gelassen	lassen (läßt), ließ, gelassen
müssen (muss), musste, gemusst	müssen (muß), mußte, gemußt
Schloss, Schlösser	Schloß, Schlösser

- Some words that are now divided were formerly written as compound words.

CURRENT	OLD
Rad fahren (fährt Rad), fuhr Rad, ist Rad gefahren	radfahren (fährt Rad), fuhr Rad, ist radgefahren
wie viel	wieviel

- When three of the same consonants occur together in a compound word, all are kept. This was formerly not necessarily the case.

CURRENT	OLD
Schifffahrt	Schiffahrt

- Some words that are now compounds used to be written separately.

CURRENT	OLD
leidtun	leid tun
irgendjemand	irgend jemand
Samstagmorgen	Samstag morgen

- Several common words that are capitalized under the new rules were formerly not capitalized.

CURRENT	OLD
heute Morgen	heute morgen
gestern Abend	gestern abend

- Many words formerly spelled with **ph** are now spelled with **f**.

CURRENT	OLD
Biografie, biografisch	Biographie, biographisch
Delfin	Delphin
Geografie, geografisch	Geographie, geographisch
Orthografie	Orthographie

Appendix D
Phonetics Summary Tables

I. Phoneme-Grapheme Relationships (Overview)

Note: The **Arbeitsbuch** presents the phoneme-grapheme relationship in reverse: The graphemes (letters of the alphabet) are the starting point for variations in pronunciation.

Vowels

Sound Group	Phonemes/Sounds	Graphemes	Examples
a-sounds	[aː]	**a**	T**a**fel
		ah	Z**ah**l
		aa	H**aa**r
	[a]	**a**	H**a**llo
i-sounds	[iː]	**i**	**I**da
		ie	L**ie**be
		ih	**ih**r
		ieh	sich anz**ieh**en
	[ɪ]	**i**	St**i**ft
e-sounds	[eː]	**e**	P**e**ter
		eh	s**eh**en
		ee	T**ee**
	[ɛ]	**e**	H**e**rr
		ä	**Ä**rger
	[ɛː]	**ä**	C**ä**sar
		äh	z**äh**len
o-sounds	[oː]	**o**	H**o**se
		oh	**Oh**r
		oo	B**oo**t
	[ɔ]	**o**	K**o**pf
u-sounds	[uː]	**u**	F**u**ß
		uh	**Uh**r
	[ʊ]	**u**	M**u**nd
ö-sounds	[øː]	**ö**	h**ö**ren
		öh	fr**öh**lich
	[œ]	**ö**	**ö**ffnen
ü-sounds	[yː]	**ü**	**Ü**bung
		üh	fr**üh**
		y	T**y**p

(*continued*)

Sound Group	Phonemes/Sounds	Graphemes	Examples
	[ʏ]	**ü**	tsch**ü**ss
		y	**Y**psilon
reduced vowels	[ə]	**e**	b**e**ginnen
	[ɐ]	**er**	Vat**er**
	[ɐ̯]	**r**	Oh**r**
dipthongs	[aɛ̯]	**ei**	Kl**ei**d
		ai	M**ai**
		ey/ay	M**ey**er, B**ay**ern
	[aɔ̯]	**au**	**Au**ge
	[ɔø̯]	**eu**	n**eu**n
		äu	H**äu**ser

Rules

1. **Long vowels** may be represented in writing by doubled vowels and by <ie>—for example, *T**ee**, B**oo**t, L**ie**be.*
2. **Long vowels** may also be represented by a vowel followed by <h>, which is not pronounced but rather only indicates vowel length—for example, *Z**ah**l, s**eh**en, fr**üh**.*
3. **Single vowels** are often long when they appear in an open or potentially open syllable. Such syllables end in vowels—that is, they have no following end-consonant—for example, *Ü-bung, Ho-se, hörst* (from *hö-ren*), *gut* (from *gu-te*), *Fuß* (from *Fü-ße*). This rule applies above all to verbs, nouns, and adjectives.
4. **Diphthongs** consist of two closely associated short vowels within a syllable. Diphthongs are always long vowels—for example, ***Au**ge, Kl**ei**d, n**eu**n.*
5. **Short vowels** generally precede double consonants—for example: *ö**ff**nen, Bri**ll**e, do**pp**elt.*
6. **Short vowels** may precede, though not always, a cluster of multiple consonants—for example, *Wu**rst**, Gesi**cht**, Her**bst**.*

Consonants

plosives	[p]	**p**	**P**aula
		pp	do**pp**elt
		-b	gel**b**
	[b]	**b**	**B**rille
		bb	Kra**bb**e
	[t]	**t**	**T**ür
		tt	bi**tt**e
		-d	Hem**d**
		th	**Th**eorie
		dt	Sta**dt**
	[d]	**d**	re**d**en
		dd	Te**dd**y
	[k]	**k**	**K**leid
		ck	Ro**ck**
		-g	Ta**g**
	[g]	**g**	Au**g**e

(continued)

fricatives	[f]	**f**	**F**rau
		ff	ö**ff**nen
		v	**V**ater
	[v]	**w**	**W**ort
		v	**V**iktor
		(q)u	beq**u**em
	[s]	**s**	Hau**s**
		ss	Profe**ss**or
		ß	hei**ß**en
	[z]	**s**	Ho**s**e
	[ʃ]	**sch**	**Sch**ule
		s(t)	**S**tiefel
		s(p)	**S**prache
	[ʒ]	**j**	**J**ournalist
		g	Eta**ge**
(**ich**-sound)	[ç]	**ch**	Gesi**ch**t
		-ig	zwanzi**g**
	[j]	**j**	**j**a
(**ach**-sound)	[x]	**ch**	Bau**ch**
r-sounds	[r]	**r**	**r**ot
		rr	He**rr**
		rh	**Rh**ythmus
	[ɐ̯]	**r**	Tü**r**
	[ɐ]	**er**	Vat**er**
nasals	[m]	**m**	**M**antel
		mm	ko**mm**en
	[n]	**n**	**N**ame
		nn	Ma**nn**
	[ŋ]	**ng**	sprin**ge**n
		n(k)	da**n**ke
liquids	[l]	**l**	**L**ehrer
		ll	Bri**lle**
aspirants	[h]	**h**	**Ho**se
glottal stops	[ʔ]		be·antworten
affricates	[pf]	**pf**	Ko**pf**
	[ts]	**z**	**z**ählen
		tz	se**tz**en
		ts	rech**ts**
		-t(ion)	Lek**t**ion
		zz	Pi**zz**a
	[ks]	**x**	Te**x**t
		ks	lin**k**s
		gs	du sa**gs**t
		chs	se**ch**s

Rules

1. Double consonants are pronounced the same as single consonants; they merely indicate that the preceding vowel is short.
2. The letter pair <ch> is pronounced as:
   - a so-called "**ach**-sound" [x] after <u, o, a, au>, for example, *su**ch**en, To**ch**ter, Spra**ch**e, au**ch**;*
   - a so-called "**ich**-sound" [ç] after all other vowels as well as after <l, n, r> and in *-**ch**en*—for example, *ni**ch**t, Bü**ch**er, Tö**ch**ter, Nä**ch**te, lei**ch**t, eu**ch**, Mil**ch**, dur**ch**, man**ch**mal, Mäd**ch**en;*
   - [k] in the cluster <chs> as well as at the beginning of certain foreign words and German names—for example, *se**chs**, **Ch**arakter, **Ch**emnitz.*
3. [ʃ] is represented:
   - by the letters <sch>: ***sch**ön, Ta**sch**e;* but not in *Häuschen* (*Häus-chen*);
   - by <s(t)>: ***S**traße;* <s(p)>: ***S**prache.*
4. <r> can be clearly heard pronounced as a fricative, uvular, or trilled consonant [r]:
   - at the beginning of a word or syllable: ***r**ot, hö-**r**en;*
   - after consonants and before vowels: *g**r**ün;*
   - after short vowels (when clearly enunciated): *Wo**r**t, He**rr**.*
5. <r> is pronounced as a vowel [ɐ]:
   - after long vowels: *Uh**r**;*
   - in the unstressed combinations ***er**-*, ***ver**-*, ***zer**-*, and *-**er**:* ***er**zählen, **Ver**käuf**er**, **zer**stören, Lehr**er**, ab**er**.*

II. German Vowels and Their Features (Overview)

There are 16 or 17 vowels (+ the vocalic pronunciation of <r>). They can be differentiated by:

- **quantity** (in their length)—they are either short or long;
- **quality** (in their tenseness)—they are either lax or tense.

  Quantity and quality are combined in German. The short vowels are lax; that is, in contrast to long vowels, they are formed with less muscular tension, less use of the lips, and less raising of the tongue. The **a**-vowels are only long and short. In addition, there is a long, open [ɛ:] as well as the reduced [ə] and [ɐ] (schwa).

The following minimal pairs illustrate these differences:

[a:] - [a]	Herr Mahler - Herr Maller
[e:] - [ɛ]	Herr Mehler - Herr Meller
[i:] - [ɪ]	Herr Mieler - Herr Miller
[o:] - [ɔ]	Herr Mohler - Herr Moller
[u:] - [ʊ]	Herr Muhler - Herr Muller
[ø:] - [œ]	Herr Möhler - Herr Möller
[y:] - [ʏ]	Herr Mühler - Herr Müller

Quality and quantity do not play a role with the reduced vowels [ə] as in *eine* and [ɐ] as in *ein**er**.*

- the raising of the tongue—either the front, middle, or back of the tongue is raised. The following minimal pairs illustrate the differences in front vowels:

  [eː] - [ɛ] Herr Mehler - Herr Meller
  [iː] - [ɪ] Herr Mieler - Herr Miller
  [ø] - [œ] Herr Möhler - Herr Möller
  [yː] - [ʏ] Herr Mühler - Herr Müller

  The following minimal pairs illustrate the differences in mid vowels:

  [aː] - [a] Herr Mahler - Herr Maller
  [ə] - [ɐ] eine - einer

  The following minimal pairs illustrate the differences in back vowels:

  [oː] - [ɔ] Herr Mohler - Herr Moller
  [uː] - [ʊ] Herr Muhler - Herr Muller

- the rounding of the lips—there are rounded and unrounded vowels. The following minimal pairs illustrate the differences between rounded and unrounded vowels:

  [øː] - [eː] Herr Möhler - Herr Mehler
  [œ] - [ɛ] Herr Möller - Herr Meller
  [yː] - [iː] Herr Mühler - Herr Mieler
  [ʏ] - [ɪ] Herr Müller - Herr Miller

The German vowels can be systematized according to their features as follows:

	front		mid	back
long +	iː	yː	aː	uː
tense	eː ɛ ː	øː		oː
short +	ɪ	ʏ		ʊ
lax	ɛ	œ	a	ɔ
unstressed			ə ɐ	
		rounded		rounded

III. German Consonants and Their Features (Overview)

German consonants are differentiated according to:

- point of articulation: they are formed from the lips (in the front) to the velum (in the back) at different points in the mouth (see overview table on the next page);
- type of articulation:
  There are plosives/stops, in which the passage of air is interrupted:

  [p] as in *Lippen*, [b] as in *lieben*, [t] as in *retten*, [d] as in *reden*, [k] as in *wecken*, [g] as in *wegen*

  There are fricatives, in which the passage of air creates friction:

  [f] as in *vier*, [v] as in wir, [s] as in *Haus*, [z] as in *Häuser*, [ʃ] as in *Tasche*, [ʒ] as in *Garage*, [ç] as in *Mädchen*, [j] as in *ja*, [x] as in *Tochter*, [r] as in *Torte*

There are nasals, in which air passes through the nose:

[m] as in *Mai*, [n] as in *nie*, [ŋ] as in *lange*

There are isolated consonants—the liquid [l] as in *hell*, the aspirant [h] as in *hier*.

- tension—there are tense consonants that are always voiceless:

  [p] as in *Lippen*, [t] as in *retten*, [k] as in *wecken*, [f] as in *vier*, [s] as in *Haus*, [ʃ] as in *Tasche*, [ç] as in *Mädchen*, [x] as in *Tochter*

There are lax consonants that are voiced after vowels and voiced consonants:

[b] as in *lieben*, [d] as in *reden*, [g] as in *wegen*, [v] as in *bewegen*, [z] as in *Häuser*, [ʒ] as in *Garage*, [j] as in *Kajak*

After a pause in speech (for example at the beginning of a sentence after a pause) and after voiceless consonants, these consonants are also pronounced voiceless:

[b̥] as in *mitbringen*, [d̥] as in *bis drei*, [g̊] as in *ins Haus gehen*, [v̥] as in *auch wir*, [z̥] as in *ab sieben*, [ʒ̊] as in *das Journal*, [j̊] as in ach *ja*

At the end of words and syllables, the following consonants are pronounced voiceless and tense—that is, as fortis consonants. This phenomenon is known as final devoicing:

[b → p] as in *lieb*, [d → t] as in *und*, [g → k] as in *weg*, [v → f] as in *explosiv*, [z → s] as in *Haus*

The German consonants can be systematized according to their features as follows:

	front →					back
PLOSIVE						
fortis	p			t		k
lenis	b			d		g
FRICATIVE						
fortis		f	s	ʃ	ç	x
lenis		v	z	ʒ	j	r
NASAL	m		n			ŋ
ISOLATED			l			h

IV. Rules for Melody and Accentuation

Melody

1. Melody falls at the end of a sentence (terminal) in:
   - statements—*Ich heiße Anna.* ↘
   - questions with question words—*Woher kommst du?* ↘
   - double questions—*Kommst du aus Bonn oder aus Berlin?* ↘
   - imperatives—*Setz dich!* ↘

2. Melody rises at the end of a sentence (interrogative) in:
   - yes-no questions—*Kommst du aus Bonn?* ↗
   - follow-up questions—*Woher kommst du?* ↘ *Aus Bonn?* ↗
   - questions posed in a friendly or curious tone of voice—*Wie heißt du?* ↗ *Was möchtest du trinken?* ↗
   - imperatives and statements made in a friendly tone of voice—*Bleib noch hier!* ↗ *Die Blumen sind für dich.* ↗
3. Melody remains neutral (doesn't change) directly before pauses in incomplete sentences (progredient)—*Peter kommt aus Bonn,* → *Anna kommt aus Berlin* → *und Ute kommt aus Wien.* ↘

Sentence Stress

1. The most important word is stressed:
   Ich möchte ein Glas ***Wein.*** *(kein Bier)*
   Ich möchte ein ***Glas*** *Wein. (keine Flascbe)*
   Ich möchte ***ein*** *Glas Wein. (nicht zwei)*
2. Longer sentences are divided by pauses into accent (rhythmic) groups, in which there is always a main accent:
   Ich möchte ein Glas ***Wein,*** */ ein Stück* ***Brot,*** */ etwas* ***Käse*** */ und viel* ***Wasser.***

Word Stress

1. The stem is stressed:
   - in simple German words: ***Mo****de,* ***hö****ren;*
   - in words with the prefixes ***be-, ge-, er-, ver-, zer-:*** *be****hal****ten;*
   - in verbs with inseparable prefixes and in nouns ending in *-ung* that are derived from them—for example, *wieder****ho****len* → *Wieder****ho****lung.*
2. The beginning of a word (prefix) is stressed:
   - in verbs with separable prefixes and in nouns derived from them—***aus****sprechen* → *die* ***Aus****sprache;*
   - in compounds with *un-* and *ur-* —***Ur****laub,* ***un****genau.*
3. The principally defining word is stressed:
   - in compound nouns and adjectives—***Schlaf****zimmer,* ***dunkel****grün.*
4. The final syllable is stressed:
   - in German words with the suffix *-ei*—*Poli****zei;***
   - in abbreviations in which each letter is pronounced separately—*AB****C;***
   - in words that end in *-ion*—*Explo****sion.***

Appendix E
Grammar Summary Tables

I. Personal Pronouns

Nominative	Accusative	Accusative Reflexive	Dative	Dative Reflexive
ich	mich	mich	mir	mir
du	dich	dich	dir	dir
Sie	Sie	sich	Ihnen	sich
er	ihn	sich	ihm	sich
sie	sie	sich	ihr	sich
es	es	sich	ihm	sich
wir	uns	uns	uns	uns
ihr	euch	euch	euch	euch
Sie	Sie	sich	Ihnen	sich
sie	sie	sich	ihnen	sich

II. Definite Articles / Pronouns Declined Like Definite Articles

dieser/dieses/diese — *this*
mancher/manches/manche — *some, many a*
welcher/welches/welche — *which*
jeder/jedes/jede (*singular*) — *each, every*
alle (*plural*) — *all*

	Singular			Plural
	MASCULINE	NEUTER	FEMININE	
Nominative	der	das	die	die
	dieser	dieses	diese	diese
Accusative	den	das	die	die
	diesen	dieses	diese	diese
Dative	dem	dem	der	den
	diesem	diesem	dieser	diesen
Genitive	des	des	der	der
	dieses	dieses	dieser	dieser

III. Indefinite Articles / Negative Articles / Possessive Adjectives

mein/meine	*my*
dein/deine	*your (familiar singular)*
Ihr/Ihre	*your (polite singular)*
sein/seine	*his, its*
ihr/ihre	*her, its*
unser/unsere	*our*
euer/eure	*your (familiar plural)*
Ihr/Ihre	*your (polite plural)*
ihr/ihre	*their*

	Singular			Plural
	MASCULINE	NEUTER	FEMININE	
Nominative	ein kein mein	ein kein mein	eine keine meine	 keine meine
Accusative	einen keinen meinen	ein kein mein	eine keine meine	 keine meine
Dative	einem keinem meinem	einem keinem meinem	einer keiner meiner	 keinen meinen
Genitive	eines keines meines	eines keines meines	einer keiner meiner	 keiner meiner

IV. Relative Pronouns

	Singular			Plural
	MASCULINE	NEUTER	FEMININE	
Nominative	der	das	die	die
Accusative	den	das	die	die
Dative	dem	dem	der	denen
Genitive	dessen	dessen	deren	deren

V. Question Pronouns

	People	Things and Concepts
Nominative	wer	was
Accusative	wen	was
Dative	wem	
Genitive	wessen	

VI. Attributive Adjectives

		Masculine	Neuter	Feminine	Plural
Nominative	*strong*	guter	gutes	gute	gute
	weak	gute	gute	gute	guten
Accusative	*strong*	guten	gutes	gute	gute
	weak	guten	gute	gute	guten
Dative	*strong*	gutem	gutem	guter	guten
	weak	guten	guten	guten	guten
Genitive	*strong*	guten	guten	guter	guter
	weak	guten	guten	guten	guten

Nouns declined like adjectives: Angestellte, Deutsche, Geliebte, Reisende, Verletzte, Verwandte

VII. Comparative and Superlative of Adjectives and Adverbs

A. *Regular Patterns*

schnell	schneller	am schnellsten
intelligent	intelligenter	am intelligentesten
heiß	heißer	am heißesten
teuer	teurer	am teuersten
dunkel	dunkler	am dunkelsten

B. *Umlaut Patterns*

alt	älter	am ältesten
groß	größer	am größten
jung	jünger	am jüngsten

Similarly: arm, dumm, hart, kalt, krank, kurz, lang, oft, scharf, schwach, stark, warm

C. *Irregular Patterns*

gern	lieber	am liebsten
gut	besser	am besten
hoch	höher	am höchsten
nah	näher	am nächsten
viel	mehr	am meisten

VIII. Weak Masculine Nouns

These nouns add -**(e)n** in the accusative, dative, and genitive.

A. *International nouns ending in* **-*t*** *denoting male persons:* Dirigent, Komponist, Patient, Polizist, Präsident, Soldat, Student, Tourist
B. *Nouns ending in* **-*e*** *denoting male persons or animals:* Drache, Junge, Kunde, Löwe, Neffe, Riese, Vorfahre, Zeuge
C. *The following nouns:* Elefant, Herr, Mensch, Nachbar, Name[1]

	Singular	Plural
Nominative	der Student der Junge	die Studenten die Jungen
Accusative	den Studenten den Jungen	die Studenten die Jungen
Dative	dem Studenten dem Jungen	den Studenten den Jungen
Genitive	des Studenten des Jungen	der Studenten der Jungen

IX. Prepositions

Accusative	Dative	Accusative/Dative	Genitive
durch	aus	an	(an)statt
für	außer	auf	trotz
gegen	bei	hinter	während
ohne	mit	in	wegen
um	nach	neben	
	seit	über	
	von	unter	
	zu	vor	
		zwischen	

[1]*genitive:* des Namens

X. Dative Verbs

antworten	*to answer*
begegnen	*to meet*
danken	*to thank*
erlauben	*to allow*
fehlen	*to be missing*
folgen	*to follow*
gefallen	*to please, be pleasing to*
gehören	*to belong to*
glauben	*to believe*
gratulieren	*to congratulate*
helfen	*to help*
leidtun	*to be sorry; to feel sorry for*
passen	*to fit*
passieren	*to happen*
raten	*to advise*
schaden	*to be harmful*
schmecken	*to taste (good)*
stehen	*to suit*
wehtun	*to hurt*
zuhören	*to listen to*

XI. Reflexive Verbs

sich anziehen	*to get dressed*
sich ärgern	*to get angry*
sich aufregen	*to get excited*
sich ausruhen	*to rest*
sich ausziehen	*to get undressed*
sich beeilen	*to hurry*
sich erholen	*to relax, recover*
sich erkälten	*to catch a cold*
sich erkundigen	*to ask*
sich (die Haare) föhnen	*to blow-dry (one's hair)*
sich fragen (ob)	*to wonder (if)*
sich freuen	*to be happy*
sich (wohl) fühlen	*to feel (well)*
sich fürchten	*to be afraid*
sich gewöhnen an	*to get used to*
sich hinlegen	*to lie down*
sich infizieren	*to get infected*
sich informieren	*to get information*
sich interessieren für	*to be interested in*
sich kümmern um	*to take care of*
sich rasieren	*to shave*
sich schminken	*to put on makeup*
sich setzen	*to sit down*
sich umsehen	*to look around*
sich unterhalten	*to have a conversation*
sich verletzen	*to get hurt*
sich verloben	*to get engaged*
sich vorstellen	*to imagine*

XII. Verbs + Prepositions

ACCUSATIVE

bitten um	*to ask for*
denken an	*to think about*
glauben an	*to believe in*
nachdenken über	*to think about; to ponder*
schreiben an	*to write to*
schreiben/sprechen über	*to write/talk about*
sorgen für	*to care for*
verzichten auf	*to renounce, do without*
warten auf	*to wait for*

SICH + ACCUSATIVE

sich ärgern über	*to be angry at/about*
sich erinnern an	*to remember*
sich freuen über	*to be happy about*
sich gewöhnen an	*to get used to*
sich interessieren für	*to be interested in*
sich kümmern um	*to take care of*
sich verlieben in	*to fall in love with*

DATIVE

fahren/reisen mit	*to go/travel by*
halten von	*to think of; to value*
handeln von	*to deal with*
träumen von	*to dream of*

SICH + DATIVE

sich erkundigen nach	*to ask about*
sich fürchten vor	*to be afraid of*

XIII. Inseparable Prefixes of Verbs

A. *Common*

be-	bedeuten, bekommen, bestellen, besuchen, bezahlen
er-	erfinden, erkälten, erklären, erlauben, erreichen
ver-	verbrennen, verdienen, vergessen, verlassen, verletzen

B. *Less Common*

ent-	entdecken, entscheiden, entschuldigen
ge-	gefallen, gehören, gewinnen, gewöhnen
zer-	zerreißen, zerstören

Appendix F
Verbs

I. Conjugation Patterns

A. *Simple tenses and principal parts*

		Present	Simple Past	Subjunctive	Aux. + Past Participle
Strong	ich	komme	kam	käme	bin gekommen
	du	kommst	kamst	kämst	bist gekommen
	er/sie/es	kommt	kam	käme	ist gekommen
	wir	kommen	kamen	kämen	sind gekommen
	ihr	kommt	kamt	kämt	seid gekommen
	sie, Sie	kommen	kamen	kämen	sind gekommen
Weak	ich	glaube	glaubte	glaubte	habe geglaubt
	du	glaubst	glaubtest	glaubtest	hast geglaubt
	er/sie/es	glaubt	glaubte	glaubte	hat geglaubt
	wir	glauben	glaubten	glaubten	haben geglaubt
	ihr	glaubt	glaubtet	glaubtet	habt geglaubt
	sie, Sie	glauben	glaubten	glaubten	haben geglaubt
Irregular Weak	ich	weiß	wusste	wüsste	habe gewusst
	du	weißt	wusstest	wüsstest	hast gewusst
	er/sie/es	weiß	wusste	wüsste	hat gewusst
	wir	wissen	wussten	wüssten	haben gewusst
	ihr	wisst	wusstet	wüsstet	habt gewusst
	sie, Sie	wissen	wussten	wüssten	haben gewusst
Modal	ich	kann	konnte	könnte	habe gekonnt
	du	kannst	konntest	könntest	hast gekonnt
	er/sie/es	kann	konnte	könnte	hat gekonnt
	wir	können	konnten	könnten	haben gekonnt
	ihr	könnt	konntet	könntet	habt gekonnt
	sie, Sie	können	konnten	könnten	haben gekonnt
haben	ich	habe	hatte	hätte	habe gehabt
	du	hast	hattest	hättest	hast gehabt
	er/sie/es	hat	hatte	hätte	hat gehabt
	wir	haben	hatten	hätten	haben gehabt
	ihr	habt	hattet	hättet	habt gehabt
	sie, Sie	haben	hatten	hätten	haben gehabt
sein	ich	bin	war	wäre	bin gewesen
	du	bist	warst	wärst	bist gewesen
	er/sie/es	ist	war	wäre	ist gewesen
	wir	sind	waren	wären	sind gewesen
	ihr	seid	wart	wärt	seid gewesen
	sie, Sie	sind	waren	wären	sind gewesen
werden	ich	werde	wurde	würde	bin geworden
	du	wirst	wurdest	würdest	bist geworden
	er/sie/es	wird	wurde	würde	ist geworden
	wir	werden	wurden	würden	sind geworden
	ihr	werdet	wurdet	würdet	seid geworden
	sie, Sie	werden	wurden	würden	sind geworden

B. *Compound tenses*

1. *Active voice*

	Perfect	Past Perfect	Future	Subjunctive
Strong	ich habe genommen	hatte genommen	werde nehmen	würde nehmen
	ich bin gefahren	war gefahren	werde fahren	würde fahren
Weak	ich habe gekauft	hatte gekauft	werde kaufen	würde kaufen
	ich bin gesegelt	war gesegelt	werde segeln	würde segeln
Irregular Weak	ich habe gewusst	hatte gewusst	werde wissen	würde wissen
Modal	ich habe gekonnt	hatte gekonnt	werde können	würde können
haben	ich habe gehabt	hatte gehabt	werde haben	würde haben
sein	ich bin gewesen	war gewesen	werde sein	würde sein
werden	ich bin geworden	war geworden	werde werden	würde werden

2. *Passive voice*

	Present	Simple Past	Perfect
Strong	es wird genommen	wurde genommen	ist genommen worden
Weak	es wird gekauft	wurde gekauft	ist gekauft worden

II. Strong and Irregular Weak Verbs

backen (backt)	backte	hat gebacken	*to bake*
beginnen (beginnt)	begann	hat begonnen	*to begin*
beißen (beißt)	biss	hat gebissen	*to bite*
bekommen (bekommt)	bekam	hat bekommen	*to get, receive*
beschreiben (beschreibt)	beschrieb	hat beschrieben	*to describe*
besitzen (besitzt)	besaß	hat besessen	*to own, possess*
besteigen (besteigt)	bestieg	hat bestiegen	*to climb*
bitten (bittet)	bat	hat gebeten	*to ask*
bleiben (bleibt)	blieb	ist geblieben	*to stay*
braten (brät)	briet	hat gebraten	*to roast, fry*
brechen (bricht)	brach	hat gebrochen	*to break*
brennen (brennt)	brannte	hat gebrannt	*to burn*
bringen (bringt)	brachte	hat gebracht	*to bring*
denken (denkt)	dachte	hat gedacht	*to think*
dürfen (darf)	durfte	hat gedurft	*to be allowed to*
empfehlen (empfiehlt)	empfahl	hat empfohlen	*to recommend*
entscheiden (entscheidet)	entschied	hat entschieden	*to decide*
erfinden (erfindet)	erfand	hat erfunden	*to invent*
essen (isst)	aß	hat gegessen	*to eat*
fahren (fährt)	fuhr	ist gefahren	*to go, drive*
fallen (fällt)	fiel	ist gefallen	*to fall*
fangen (fängt)	fing	hat gefangen	*to catch*
finden (findet)	fand	hat gefunden	*to find*

fliegen (fliegt)	flog	ist geflogen	*to fly*
fliehen (flieht)	floh	ist geflohen	*to flee*
fließen (fließt)	floss	ist geflossen	*to flow*
fressen (frisst)	fraß	hat gefressen	*to eat*
geben (gibt)	gab	hat gegeben	*to give*
gefallen (gefällt)	gefiel	hat gefallen	*to please, be pleasing to*
gehen (geht)	ging	ist gegangen	*to go, walk*
gewinnen (gewinnt)	gewann	hat gewonnen	*to win*
gießen (gießt)	goss	hat gegossen	*to water*
haben (hat)	hatte	hat gehabt	*to have*
halten (hält)	hielt	hat gehalten	*to hold*
hängen (hängt)	hing	hat gehangen	*to hang, be suspended*
heben (hebt)	hob	hat gehoben	*to lift*
heißen (heißt)	hieß	hat geheißen	*to be called*
helfen (hilft)	half	hat geholfen	*to help*
kennen (kennt)	kannte	hat gekannt	*to know*
klingen (klingt)	klang	hat geklungen	*to sound*
kommen (kommt)	kam	ist gekommen	*to come*
können (kann)	konnte	hat gekonnt	*to be able to*
laden (lädt)	lud	hat geladen	*to load*
lassen (lässt)	ließ	hat gelassen	*to let, leave*
laufen (läuft)	lief	ist gelaufen	*to run*
leihen (leiht)	lieh	hat geliehen	*to lend, borrow*
lesen (liest)	las	hat gelesen	*to read*
liegen (liegt)	lag	hat gelegen	*to lie*
mögen (mag)	mochte	hat gemocht	*to like*
müssen (muss)	musste	hat gemusst	*to have to*
nehmen (nimmt)	nahm	hat genommen	*to take*
nennen (nennt)	nannte	hat genannt	*to name*
raten (rät)	riet	hat geraten	*to advise*
reiten (reitet)	ritt	ist geritten	*to ride*
riechen (riecht)	roch	hat gerochen	*to smell*
rufen (ruft)	rief	hat gerufen	*to call*
scheiden (scheidet)	schied	hat geschieden	*to leave, divorce*
schießen (schießt)	schoss	hat geschossen	*to shoot*
schlafen (schläft)	schlief	hat geschlafen	*to sleep*
schlagen (schlägt)	schlug	hat geschlagen	*to strike, beat*
schließen (schließt)	schloss	hat geschlossen	*to shut, close*
schneiden (schneidet)	schnitt	hat geschnitten	*to cut*
schreiben (schreibt)	schrieb	hat geschrieben	*to write*
schwimmen (schwimmt)	schwamm	ist geschwommen	*to swim*
sehen (sieht)	sah	hat gesehen	*to see*
sein (ist)	war	ist gewesen	*to be*
senden (sendet)	sandte	hat gesandt	*to send*
singen (singt)	sang	hat gesungen	*to sing*
sinken (sinkt)	sank	ist gesunken	*to sink*
sitzen (sitzt)	saß	hat gesessen	*to sit*
sprechen (spricht)	sprach	hat gesprochen	*to speak*
springen (springt)	sprang	ist gesprungen	*to spring, jump*
stehen (steht)	stand	hat gestanden	*to stand*

steigen (steigt)	stieg	ist gestiegen	*to climb*
sterben (stirbt)	starb	ist gestorben	*to die*
stoßen (stößt)	stieß	hat gestoßen	*to shove, push*
streiten (streitet)	stritt	hat gestritten	*to quarrel, fight*
tragen (trägt)	trug	hat getragen	*to wear, carry*
treffen (trifft)	traf	hat getroffen	*to meet, hit*
treiben (treibt)	trieb	hat getrieben	*to do sports*
trinken (trinkt)	trank	hat getrunken	*to drink*
tun (tut)	tat	hat getan	*to do*
verbrennen (verbrennt)	verbrannte	hat verbrannt	*to burn; to incinerate*
verbringen (verbringt)	verbrachte	hat verbracht	*to spend (time)*
vergessen (vergisst)	vergaß	hat vergessen	*to forget*
verlassen (verlässt)	verließ	hat verlassen	*to leave (a place)*
verlieren (verliert)	verlor	hat verloren	*to lose*
verschwinden (verschwindet)	verschwand	ist verschwunden	*to disappear*
versprechen (verspricht)	versprach	hat versprochen	*to promise*
wachsen (wächst)	wuchs	ist gewachsen	*to grow*
waschen (wäscht)	wusch	hat gewaschen	*to wash*
werden (wird)	wurde	ist geworden	*to become*
wissen (weiß)	wusste	hat gewusst	*to know*

Appendix G
Answers to Grammar Exercises

Einführung A

Übung 1: 1. Hören Sie zu! 2. Geben Sie mir die Hausaufgabe! 3. Öffnen Sie das Buch! 4. Schauen Sie an die Tafel! 5. Nehmen Sie einen Stift! 6. Sagen Sie „Guten Tag“! 7. Schließen Sie das Buch! 8. Schreiben Sie „Tschüss“! **Übung 2:** 1.a. heißt b. heiße c. heiße 2.a. heißen b. heiße 3.a. heiße b. heiße c. heißt **Übung 3:** 1. Sie 2. Es 3. Er 4. Sie 5. Es 6. Sie 7. Er 8. Sie 9. Sie 10. Er **Übung 4:** 1. Er ist orange. 2. Sie ist grün. 3. Es ist gelb. 4. Er ist schwarz und rot. 5. Sie sind rosa. 6. Sie sind braun. 7. Sie ist weiß. **Übung 5:** 1. du 2. Sie 3. du 4. ihr 5. Sie 6. Sie 7. Sie 8. ihr

Einführung B

Übung 1: 1.a. ein b. der c. rot 2.a. ein b. der c. grün 3.a. eine b. die c. grau 4.a. eine b. die c. braun 5.a. ein b. das c. orange 6.a. eine b. die c. schwarz **Übung 2:** 1. Nein, das ist eine Lampe. 2. Nein, das ist eine Tafel. 3. Nein, das ist ein Fenster. 4. Nein, das ist ein Kind. 5. Nein, das ist ein Heft. 6. Nein, das ist eine Uhr. 7. Nein, das ist ein Tisch. 8. Nein, das ist eine Tür. **Übung 3:** 1.a. bist b. bin c. sind 2.a. ist b. sind 3.a. seid b. bin c. ist. 4.a. bin b. bin **Übung 4:** 1.a. haben b. habe 2. hast 3.a. Habt b. hat c. haben d. habe **Übung 5:** Der Mensch hat zwei Arme, zwei Augen, zwei Beine, zehn Finger, zwei Füße, viele Haare, zwei Hände, eine Nase, zwei Ohren, zwei Schultern. **Übung 6:** (*Numbers will vary.*) In meinem Zimmer sind viele Bücher, ein Fenster, zwei Lampen, zwei Stühle, ein Tisch, eine Tür, eine Uhr, vier Wände. **Übung 7:** 1. Er ist schwarz. 2. Es ist weiß. 3. Sie ist blau. 4. Sie ist gelb. 5. Sie sind weiß. 6. Es ist rot. 7. Er ist lila. 8. Sie sind braun. 9. Sie ist grün. 10. Er ist rosa. **Übung 8:** 1.a. kommst b. komme 2.a. kommt b. aus c. Woher d. kommen e. ich f. aus 3.a. sie b. kommen 4.a. ihr b. wir **Übung 9:** 1. Ihre 2.a. dein b. mein 3.a. mein b. mein c. Dein 4.a. Ihre b. Meine c. mein **Übung 10:** (*Answers will vary.*) 1. Ich komme aus ______. 2. Meine Mutter kommt aus ______. 3. Mein Vater kommt aus ______. 4. Meine Großeltern kommen aus ______. / Mein Großvater kommt aus ______, und meine Großmutter kommt aus ______. 5. Mein Professor / Meine Professorin kommt aus ______. 6. Ein Student aus meinem Deutschkurs heißt ______, und er kommt aus ______. 7. Eine Studentin aus meinem Deutschkurs heißt ______, und sie kommt aus ______.

Kapitel 1

Übung 1: (*Answers may vary.*) 1. Ich besuche Freunde. 2. Ihr geht ins Kino. 3. Jutta und Jens lernen Spanisch. 4. Du spielst gut Tennis. 5. Melanie studiert in Regensburg. 6. Ich lese ein Buch. 7. Wir reisen nach Deutschland. 8. Richard hört gern Musik. 9. Jürgen und Silvia kochen Spaghetti. **Übung 2:** 1. sie 2. Sie 3.a. du b. Ich 4.a. ihr b. Wir 5.a. Ich b. ihr c. Wir **Übung 3:** 1.a. (tanz)t b. (tanz)e c. (tanz)t 2.a. (geh)t b. (mach)en c. (reis)t d. (arbeit)et 3.a. (koch)en b. (mach)t c. (besuch)en **Übung 4:** (*Answers may vary slightly.*) 1. Monika und Albert spielen gern Schach. 2. Heidi arbeitet gern. 3. Stefan besucht gern Freunde. 4. Nora geht gern ins Kino. 5. Peter hört gern Musik. 6. Katrin macht gern Fotos. 7. Monika zeltet gern. 8. Albert trinkt gern Tee. **Übung 5:** 1. Frau Ruf liegt gern in der Sonne. Jutta liegt auch gern in der Sonne, aber Herr Ruf liegt nicht gern in der Sonne. 2. Jens reitet gern. Ernst reitet auch gern, aber Jutta reitet nicht gern. 3. Jens kocht gern. Jutta kocht auch gern, aber Andrea kocht nicht gern. 4. Michael und Maria spielen gern Karten. Die Rufs spielen auch gern Karten, aber die Wagners spielen nicht gern Karten. **Übung 6:** 1. Es ist halb acht. 2. Es ist elf Uhr. 3. Es ist Viertel vor fünf. 4. Es ist halb eins. 5. Es ist zehn vor sieben. 6. Es ist Viertel nach zwei. 7. Es ist fünfundzwanzig nach fünf. 8. Es ist halb elf. **Übung 7:** 1. (Rolf) nach 2. (er) vor 3. (Seine Großmutter) nach 4. (Rolf) vor 5. (er) vor 6. (er) vor 7. (er) vor 8. (Er) nach **Übung 8:** (*Answers will vary.*) 1. Ich studiere ______. 2. Im Moment wohne ich in ______. 3. Heute koche ich ______. 4. Manchmal trinke ich ______. 5. Ich spiele gern ______. 6. Mein Freund heißt ______. 7. Jetzt wohnt er in ______. 8. Manchmal spielen wir ______. **Übung 9:** 1. auf 2. auf 3. ein 4. an 5. aus 6. ab 7. ein 8. aus 9. auf **Übung 10:** 1. Rolf kommt in San Francisco an. 2. Thomas räumt das Zimmer auf. 3. Heidi ruft Thomas an. 4. Albert füllt das Formular aus. 5. Peter holt Monika ab. 6. Peter und Monika gehen aus. 7. Frau Schulz packt die Bücher ein. 8. Stefan steht um halb elf auf. 9. Katrin lernt Rolf kennen. **Übung 11:** 1. Wann bist du geboren? 2. Woher kommst du? 3. Wo wohnst du? 4. Welche Augenfarbe hast du? 5. Wie groß bist du? 6. Studierst du? 7. Welche Fächer studierst du? 8. Wie viele Stunden arbeitest du? 9. Was machst du gern? **Übung 12:** (*Answers may vary.*) 1. Wie heißt du? 2. Kommst du aus München? 3. Woher kommst du? 4. Was studierst du? 5. Wie heißt dein Freund? 6. Wo wohnt er? 7. Spielst du Tennis? 8. Tanzt du gern? 9. Trinkst du Bier? 10. Trinkt Willi gern Bier?

Kapitel 2

Übung 1: Ernst kauft die Tasche, die Stühle und den Schreibtisch. Melanie kauft die Tasche, das Regal und den Schreibtisch. Jutta kauft den Pullover, die Lampe und den DVD-Spieler. Ich kaufe ... (*Answers will vary.*) **Übung 2:** (*Answers will vary.*) Ich habe ein Bett, Bilder, Bücher, einen Fernseher, eine Lampe, ein Telefon und einen Sessel. **Übung 3:** (*Sentences may vary.*) Heidi hat einen Computer, aber keinen Fernseher. Sie hat eine Gitarre, aber kein Fahrrad. Sie hat ein Telefon und einen Teppich, aber sie hat keine Bilder. Monika hat keinen Computer, keinen Fernseher und keine Gitarre. Aber sie hat ein Fahrrad, ein Telefon, Bilder und einen Teppich. Ich habe ______. **Übung 4:** (*Answers will vary.*) 1. Ich möchte ein Auto und eine Sonnenbrille. 2. Mein bester Freund möchte eine Katze. 3. Meine Eltern möchten einen Videorekorder. 4. Meine Mitbewohnerin und ich möchten einen Fernseher. 5. Mein Nachbar in der Klasse möchte ein Motorrad. 6. Meine Professorin möchte einen Koffer. 7. Mein Bruder möchte einen Hund. **Übung 5:** Seine Haare; Seine Augen; Seine Halskette; Seine Schuhe; Seine Gitarre; Sein Zimmer; Sein Fenster; Ihre Haare; Ihre Augen; Ihre Halskette ist kurz. Ihre Schuhe sind sauber. Ihre Gitarre ist neu. Ihr Zimmer ist klein. Ihr Fenster ist groß. **Übung 6:** 1. Ihren 2. Deine 3. eure 4. Deine 5. Ihr 6. deine 7. Euren **Übung 7:** (*Answers will vary.*) **Übung 8:** 1.a. ihr b. wir 2.a. Sie b. Ich 3.a. sie b. er 4.a. du b. Ich c. ihr d. Wir **Übung 9:** a. machen b. fährt c. sieht d. Isst e. isst f. isst g. macht h. lese i. schläft j. fahren **Übung 10:** (*Answers will vary.*) 1. Wir sprechen (nicht) gern Deutsch. Sprecht ihr auch (nicht) gern Deutsch? 2. Ich lade (nicht) gern Freunde ein. Lädst du auch (nicht) gern Freunde ein? 3. Ich laufe (nicht) gern im Wald. Läufst du auch (nicht) gern im Wald? 4. Ich trage (nicht) gern Pullis. Trägst du auch (nicht) gern Pullis? 5. Wir sehen (nicht) gern fern. Seht ihr auch (nicht) gern fern? 6. Ich fahre (nicht) gern Fahrrad. Fährst du auch (nicht) gern Fahrrad? 7. Wir vergessen (nicht) gern die Hausaufgabe. Vergesst ihr auch (nicht) gern die Hausaufgabe? 8. Ich schlafe (nicht) gern. Schläfst du auch (nicht) gern? **Übung 11:** 1. e. Schreib es dir auf! 2. c. Lies ein Buch! 3. d. Mach eine Pause! 4. a. Treib Sport! 5. b. Trink Cola! 6. g. Iss lieber Joghurt! 7. i. Kauf dir einen neuen Pullover! 8. j. Koch Chinesisch! 9. h. Lade deine Freunde ein! 10. f. Fahr Fahrrad! **Übung 12:** 1. Schlaf nicht den ganzen Tag! 2. Lieg nicht den ganzen Tag in der Sonne! 3. Vergiss deine Hausaufgaben nicht! 4. Lies deine Bücher! 5. Sieh nicht den ganzen Tag fern! 6. Trink nicht zu viel Cola! 7. Sprich nicht mit vollem Mund! 8. Trag deine Brille! 9. Geh spazieren! 10. Treib Sport! **Übung 13:** 1. Trag heute ein T-Shirt! 2. Spiel keine laute Musik! 3. Lern den Wortschatz! 4. Ruf deine Freunde an! 5. Lauf nicht allein im Park! 6. Lieg nicht zu lange in der Sonne! 7. Räum dein Zimmer auf! 8. Iss heute Abend in einem Restaurant! 9. Geh nicht zu spät ins Bett! 10. Steh früh auf!

Kapitel 3

Übung 1: (*Predicates and sequence will vary.*) A.1. Mein Freund / Meine Freundin kann ______. 2. Meine Eltern können ______. 3. Ich kann / Wir können ______. 4. Mein Bruder / Meine Schwester kann ______. 5. Der Professor / Die Professorin kann ______. B.1. Kannst du / Könnt ihr Gedichte schreiben? 2. Kannst du / Könnt ihr Auto fahren? 3. Kannst du / Könnt ihr tippen? 4. Kannst du / Könnt ihr stricken? 5. Kannst du / Könnt ihr zeichnen? **Übung 2:** (*Answers will vary.*) 1. Heute Abend will ich ______. 2. Morgen kann ich nicht ______. 3. Mein Freund / Meine Freundin kann gut ______. 4. Am Samstag will mein Freund / meine Freundin ______. 5. Mein Freund / Meine Freundin und ich wollen ______. 6. Im Winter wollen meine Eltern / meine Freunde ______. 7. Meine Eltern / Meine Freunde können gut ______. **Übung 3:** 1. Sie darf nicht mit Jens zusammen lernen. 2. Sie darf nicht viel fernsehen. 3. Sie muss in der Klasse aufpassen und mitschreiben. 4. Sie darf nicht jeden Tag tanzen gehen. 5. Sie muss jeden Tag ihren Wortschatz lernen. 6. Sie muss amerikanische Filme im Original sehen. 7. Sie muss ihren Englischlehrer zum Abendessen einladen. 8. Sie muss für eine Woche nach London fahren. 9. Sie muss die englische Grammatik fleißig lernen. **Übung 4:** 1.a. Willst b. will c. kann d. muss 2. a. darf b. musst c. kann d. darfst e. könnt 3.a. sollst b. kann c. musst **Übung 5:** 1. dich 2.a. mich b. dich 3. uns 4. euch 5.a. dich b. dich 6.a. mich b. Sie 7. Sie **Übung 6:** 1. Ja, ich mache es gern. / Nein, ich mache es nicht gern. 2. Ja, ich kann es aufsagen. / Nein, ich kann es nicht aufsagen. 3. Ja, ich kenne ihn. / Nein, ich kenne ihn nicht. 4. Ja, ich lese sie gern. / Nein, ich lese sie nicht gern. 5. Ja, ich lerne ihn gern. / Nein, ich lerne ihn nicht gern. 6. Ja, ich kenne sie. / Nein, ich kenne sie nicht. 7. Ja, ich vergesse sie oft. / Nein, ich vergesse sie nicht oft. 8. Ja, ich mag ihn/sie. / Nein, ich mag ihn/sie nicht. **Übung 7:** 1. Nein, sie liest ihn nicht, sie schreibt ihn. 2. Nein, er isst sie nicht, er trinkt sie. 3. Nein, sie macht ihn nicht an, sie macht ihn aus. 4. Nein, er kauft es nicht, er verkauft es. 5. Nein, er zieht sie nicht aus, er zieht sie an. 6. Nein, sie trägt ihn nicht, sie kauft ihn. 7. Nein, er bestellt es nicht, er isst es. 8. Nein, er besucht ihn nicht, er ruft ihn an. 9. Nein, sie kämmt es nicht, sie wäscht es. 10. Nein, er bläst sie nicht aus, er zündet sie an. **Übung 8:** 1. Weil ich krank bin. 2. Weil er müde ist. 3. Weil wir Hunger haben. 4. Weil sie keine Zeit hat. 5. Weil sie Langeweile hat. 6. Weil ich traurig bin. 7. Weil sie Durst haben. 8. Weil ich Angst habe. 9. Weil er glücklich ist. 10. Weil ich lernen muss. **Übung 9:** (*Answers will vary.*) 1. S1: Was macht Albert, wenn er müde ist? S2: Wenn Albert müde ist, geht er nach Hause. S1: Und du? S2: Wenn ich müde bin, ______. 2. S1: Was macht Maria, wenn sie glücklich ist? S2: Wenn Maria glücklich ist, trifft sie Michael. S1: Und du? S2: Wenn ich glücklich bin, ______. 3. S1: Was macht Herr Ruf, wenn er Durst hat? S2: Wenn Herr Ruf Durst hat, trinkt er eine Cola. S1: Und du? S2: Wenn ich Durst habe, ______. 4. S1: Was macht Frau Wagner, wenn sie in Eile ist? S2: Wenn Frau Wagner in Eile ist, fährt sie mit dem Taxi. S1: Und du? S2: Wenn ich in Eile bin, ______. 5. S1: Was macht Heidi, wenn sie Hunger hat? S2: Wenn Heidi Hunger hat, kauft sie einen Hamburger. S1: Und du? S2: Wenn ich Hunger habe, ______. 6. S1: Was macht Frau Schulz, wenn sie Ferien hat? S2: Wenn Frau Schulz Ferien hat, fliegt sie nach Deutschland. S1: Und du? S2: Wenn ich Ferien habe, ______. 7. S1: Was macht Hans, wenn er Angst hat? S2: Wenn Hans Angst hat, ruft er, Mama, Mama". S1: Und du? S2: Wenn ich Angst habe, ______. 8. S1: Was macht Stefan, wenn er krank ist? S2: Wenn Stefan krank ist, geht er zum Arzt. S1: Und du? S2: Wenn ich krank bin, ______. **Übung 10:** 1. Jürgen ist wütend, weil er immer so früh aufstehen muss. 2. Silvia ist froh, weil sie heute nicht arbeiten muss. 3. Claire ist in Eile, weil sie noch einkaufen muss. 4. Josef ist traurig, weil Melanie ihn nicht anruft. 5. Thomas geht nicht zu Fuß, weil seine Freundin ihn zur Uni mitnimmt. 6. Willi hat selten Langeweile, weil er immer fernsieht. 7. Marta hat Angst vor Wasser, weil sie nicht schwimmen kann. 8. Mehmet fährt in die Türkei, weil er seine Eltern besuchen will.

Kapitel 4

Übung 1: a. hat b. ist c. hat d. hat e. ist f. sind g. ist h. hat i. hat **Fragen:** 1. Rosemarie ist um 7 Uhr aufgestanden. 2. Sie sind zur Schule gegangen. 3. Frau Dehne ist die Lehrerin. 4. Sie hat, „Herzlich Willkommen" an die Tafel geschrieben. **Übung 2:** a. haben b. sind c. haben d. sind e. sind f. haben g. haben h. sind i. haben j. sind **Fragen:** 1. Josef und Melanie sind mit dem Taxi zum Bahnhof gefahren. 2. Sie sind um 5.30 mit dem Zug abgefahren. 3. Sie haben im Speisewagen gefrühstückt. 4. Nachts haben sie schlecht geschlafen. **Übung 3:** a. aufgestanden b. geduscht c. gefrühstückt d. gegangen e. gehört f. getroffen g. getrunken h. gearbeitet i. gegessen **Übung 4:** 1. Hast du schon gefrühstückt? 2. Bist du schon geschwommen? 3. Hast du schon eine Geschichte gelesen? 4. Hast du schon Klavier gespielt? 5. Hast du schon geschlafen? 6. Hast du schon gegessen? 7. Hast du schon Geschirr gespült? 8. Hast du den Brief schon geschrieben? 9. Bist du schon ins Bett gegangen? **Übung 5:** 1. Katrin hat bis 9 Uhr im Bett gelegen. 2. Sie hat einen Rock getragen. 3. Sie hat mit Frau Schulz gesprochen. 4. Sie hat ein Referat gehalten. 5. Sie hat Freunde getroffen. 6. Sie hat gearbeitet. 7. Es hat geregnet. 8. Sie ist nach Hause gekommen. 9. Sie hat ihre Wäsche gewaschen. 10. Sie ist abends zu Hause geblieben. **Übung 6:** 1. (*Answers will vary.*) 2. (*Answers will vary.*) 3. Am fünfundzwanzigsten Dezember. 4. (*Answers will vary according to country.*) 5. Am ersten Januar. 6. Am vierzehnten Februar. 7. (*Answers will vary.*) 8. (*Answers will vary.*) 9. (*Answers will vary according to country.*) 10. (*Answers will vary according to country.*) **Übung 7:** a. im b. im c. — d. am e. Am f. um g. um h. Am i. im j. am **Übung 8:** (Answers will vary.) **Übung 9:** A: 1. R 2. F 3. R 4. R 5. R

B: Partizipien mit **ge-**:

aufgestanden	aufstehen
gehört	hören
gegangen	gehen
gekocht	kochen
gefahren	fahren
geparkt	parken
zurückgekommen	zurückkommen
gewaschen	waschen
aufgeräumt	aufräumen
gefallen	fallen
eingelaufen	einlaufen
abgebrannt	abbrennen

Partizipien ohne **ge-**:

verschlafen	verschlafen
bekommen	bekommen
bezahlt	bezahlen
zerbrochen	zerbrechen

Übung 10: a. ist ... angekommen b. hat ... begrüßt c. getrunken d. ist ... gegangen e. hat ... geschlafen f. ist ... gegangen g. haben ... gefragt h. hat ... gesprochen i. haben ... getrunken j. sind ... gegangen **Übung 11:** (*Answers will vary.*) 1. —Bist du gestern früh aufgestanden? —Ja. —Wann? —Um 6 Uhr. 2. —Hast du gestern jemanden fotografiert? —Ja. —Wen? —Jane. 3. —Hast du gestern jemanden besucht? —Ja. —Wen? —Alan. 4. —Bist du gestern ausgegangen? —Ja. —Wohin? —Ins Kino. 5. —Hast du gestern etwas bezahlt? —Ja. —Was? —Die Rechnung. 6. —Hast du gestern etwas repariert? —Ja. —Was? —Mein Auto. 7. —Hast du gestern etwas Neues probiert? —Ja. —Was? —Segeln. 8. —Hast du gestern ferngesehen? —Ja. —Wie lange? —Eine Stunde. 9. — Hast du gestern etwas nicht verstanden? —Ja. —Was? —Sophies Referat. 10. —Hast du gestern dein Zimmer aufgeräumt? —Ja. —Wann? —Um 4 Uhr.

Kapitel 5

Übung 1: (*Answers will vary.*) Ich backe meiner Tante einen Kuchen. Ich erkläre meinem Partner einen Witz. Ich erzähle meiner Kusine ein Geheimnis. Ich gebe meinem Freund einen Kuss. Ich kaufe meinem Vater eine Krawatte. Ich koche meiner Mitbewohnerin Kaffee. Ich leihe meinem Bruder fünfzig Dollar. Ich schenke meiner Großmutter ein Buch. Ich schreibe meiner Mutter einen Brief. Ich verkaufe meinem Mitbewohner mein Deutschbuch. **Übung 2:** (*Answers will vary.*) Heidi erklärt ihrer

Freundin die Grammatik. Peter erzählt seinem Vetter ein Geheimnis. Thomas gibt seiner Mutter ein Armband. Katrin kauft ihrem Mann einen Rucksack. Stefan kocht seinem Freund eine Suppe. Albert leiht seinen Eltern einen Regenschirm. Monika schenkt ihrer Schwester einen Bikini. Frau Schulz schreibt ihrer Tante eine Karte. Nora verkauft ihrem Professor ein Zelt. **Übung 3:** 1. Wer 2. Wen 3. Wem 4. Wen 5. Wem 6. wer **Übung 4:** 1. Was passiert am Abend? d. Es wird dunkel. 2. Was passiert, wenn man Bücher schreibt? b. Man wird bekannt. 3. Was passiert, wenn man krank wird? h. Man bekommt Fieber. 4. Was passiert im Frühling? i. Die Tage werden länger. 5. Was passiert im Herbst? c. Die Blätter werden bunt. 6. Was passiert, wenn Kinder älter werden? e. Sie werden größer. 7. Was passiert, wenn man in der Lotterie gewinnt? j. Man wird reich. 8. Was passiert, wenn man Medizin studiert? a. Man wird Arzt. 9. Was passiert am Morgen? g. Es wird hell. 10. Was passiert im Sommer? f. Es wird wärmer. **Übung 5:** 1. Vielleicht wird sie Köchin. 2. Vielleicht wird sie Apothekerin. 3. Vielleicht wird er Pilot. 4. Vielleicht wird er Lehrer. 5. Vielleicht wird sie Architektin. 6. Vielleicht wird sie Bibliothekarin. 7. Vielleicht wird er Krankenpfleger. 8. Vielleicht wird sie Dirigentin. **Übung 6:** 1. Was macht man im Kino? Man sieht einen Film 2. Was macht man auf der Post? Man kauft Briefmarken. 3. Was macht man an der Tankstelle? Man tankt Benzin. 4. Was macht man in der Disko? Man tanzt. 5. Was macht man in der Kirche? Man betet. 6. Was macht man auf der Bank? Man wechselt Geld. 7. Was macht man im Meer? Man schwimmt. 8. Was macht man in der Bibliothek? Man liest ein Buch. 9. Was macht man im Park? Man geht spazieren. **Übung 7:** 1. Monika ist in der Kirche. 2. Albert ist im Meer. 3. Heidi ist auf der Polizei. 4. Nora ist in einem Hotel. 5. Katrin ist im Schwimmbad. 6. Thomas ist auf der Post. 7. Frau Schulz ist in der Küche. 8. Das Poster ist an der Wand. 9. Der Topf ist auf dem Herd. 10. Der Wein ist im Kühlschrank. **Übung 8:** 1. mir 2. dir 3. euch 4. Ihnen 5. uns **Übung 9:** 1. Er hat ihr einen Regenschirm geschenkt. 2. Sie hat ihm ihr Auto geliehen. 3. Er hat ihm 500 Euro geliehen. 4. Sie hat ihr ein Geheimnis erzählt. 5. Er hat ihnen eine Geschichte erzählt. 6. Sie hat ihr ihre Sonnenbrille verkauft. 7. Er hat ihnen seinen Fernseher verkauft. 8. Sie hat ihm ihr Büro gezeigt. 9. Er hat ihm seine Wohnung gezeigt. 10. Sie hat ihr eine neue Brille gekauft. 11. Er hat ihr einen Kinderwagen gekauft.

Kapitel 6

Übung 1: 1. gefällt 2. gratuliere 3. helfen 4. Schmeckt 5. passt 6. gehört 7. Fehlt 8. begegnet 9. schadet 10. zugehört **Übung 2:** (*Answers will vary.*) **Übung 3:** (*Answers may vary.*) 1. Albert ist unter der Dusche. 2. Der Spiegel hängt an der Wand. 3. Der Kühlschrank steht neben dem Fernseher. 4. Das Deutschbuch liegt im Kühlschrank. 5. Die Lampe hängt über dem Tisch. 6. Der Computer steht auf dem Schreibtisch. 7. Die Schuhe liegen auf dem Bett. 8. Die Hose liegt auf dem Tisch. 9. Das Poster von Berlin hängt über dem Fernseher. 10. Die Katze liegt unter dem Bett. **Übung 4:** (*Answers will vary.*) **Übung 5:** (*Answers may vary*). 1. Ich bin heute Abend in der Bibliothek. 2. Ich bin am Nachmittag in der Mensa. 3. Ich bin um 16 Uhr bei Freunden. 4. Ich bin in der Nacht im Bett. 5. Ich bin am frühen Morgen am Frühstückstisch. 6. Ich bin am Montag in der Klasse. 7. Ich bin am 1. August im Urlaub. 8. Ich bin an Weihnachten auf einer Party. 9. Ich bin im Winter bei meinen Eltern. 10. Ich bin am Wochenende auf einer Party. **Übung 6:** 1. Er geht zum Arzt. 2. Er geht zum Fußballplatz. 3. Sie geht ins Hotel. 4. Er fährt zur Tankstelle. 5. Er geht in den Supermarkt. 6. Er geht auf die Post. 7. Sie gehen in den Wald. 8. Sie geht zu ihrem Freund. 9. Er fährt zum Flughafen. 10. Sie geht ins Theater. **Übung 7:** 1. aufstehst 2.a. mache b. aus c. fernsiehst 3.a. kommt b. an 4.a. zieht b. um 5. einladen 6.a. räumt b. auf 7.a. mitkommen b. mitnimmst 8.a. rufst b. an **Übung 8:** Andrea hat ferngesehen. Katrin und Peter sind ausgegangen. Heidi hat Frau Schulz angerufen. Herr Ruf hat das Geschirr abgetrocknet. Jürgen ist ausgezogen. Jutta hat ihr Abendkleid angezogen. Maria ist aus Bulgarien zurückgekommen. Herr Thelen ist aufgewacht. **Übung 9:** 1. Womit kochst du Kaffee? Mit der Kaffeemaschine. 2. Womit saugst du Staub? Mit dem Staubsauger. 3. Womit putzt du dir die Zähne? Mit der Zahnbürste. 4. Womit fegst du den Boden? Mit dem Besen. 5. Womit bügelst du? Mit dem Bügeleisen. 6. Womit tippst du einen Brief? Mit dem Computer. 7. Womit gießt du die Blumen im Garten? Mit dem Gartenschlauch. 8. Womit wischst du den Boden? Mit dem Putzlappen. 9. Womit gießt du die Blumen in der Wohnung? Mit der Gießkanne. **Übung 10:** 1.a. mit b. mit c. Mit d. bei 2.a. bei b. mit c. bei d. mit 3.a. mit b. mit c. bei.

Kapitel 7

Übung 1: (*Answers will vary.*) 1. Ich mag Leute, die laut lachen. 2. Ich mag keine Leute, die viel sprechen. 3. Ich mag eine Stadt, die Spaß macht. 4. Ich mag keine Stadt, die langweilig ist. 5. Ich mag einen Mann, der gern verreist. 6. Ich mag keinen Mann, der interessant aussieht. 7. Ich mag eine Frau, die nett ist. 8. Ich mag keine Frau, die betrunken ist. 9. Ich mag einen Urlaub, der exotisch ist. 10. Ich mag ein Auto, das schnell fährt. **Übung 2:** 1. Europa → Wie heißt der Kontinent, der eigentlich eine Halbinsel von Asien ist? 2. Mississippi → Wie heißt der Fluss, von dem Mark Twain erzählt? 3. San Francisco → Wie heißt die Stadt, die an einer Bucht liegt? 4. die Alpen → Wie heißen die Berge, in denen man sehr gut Ski fahren kann? 5. Washington → Wie heißt der Staat in den USA, dem ein Präsident seinen Namen gegeben hat? 6. das Tal des Todes → Wie heißt das Tal, in dem es sehr heiß ist? 7. Ellis → Wie heißt die Insel, die man von New York sieht? 8. der Pazifik → Wie heißt das Meer, über das man nach Hawaii fliegt? 9. die Sahara → Wie heißt die Wüste, die man aus vielen Filmen kennt? 10. der Große Salzsee → Wie heißt der See in Utah, auf dem man segeln kann? **Übung 3:** 1. Berlin ist größer als Zürich. 2. München ist älter als San Francisco. 3. Athen ist wärmer als Hamburg. 4. Der Mount Everest ist höher als das Matterhorn. 5. Der Mississippi ist länger als der Rhein. 6. Liechtenstein ist kleiner als die Schweiz. 7. Leipzig ist kälter als Kairo. 8. Ein Fernseher ist billiger als eine Waschmaschine. 9. Schnaps ist stärker als Bier. 10. Ein Haus auf dem Land ist schöner als ein Haus in der Stadt. (*oder* Ein Haus in der Stadt ist schöner als ein Haus auf dem Land.) 11. Zehn Euro ist mehr als zehn Cent. 12. Ein Appartement ist teurer als eine Wohnung in einem Studentenheim. 13. Ein Motorrad ist schneller als ein Fahrrad. 14. Ein Sofa ist schwerer als ein Stuhl. 15. Bier ist besser als Milch. (*oder* Milch ist besser als Bier.) **Übung 4:** 1. Heidi ist schwerer als Monika. 2. Thomas und Stefan sind am schwersten. 3. Thomas ist besser in Deutsch als Stefan. 4. Heidi ist in Deutsch am besten. 5. Heidi ist kleiner als Stefan. 6. Monika ist am kleinsten. 7. Stefan ist jünger als Thomas. 8. Stefan ist am jüngsten. 9. Thomas' Haare sind länger als Heidis. 10. Monikas Haare sind am längsten. 11. Heidis Haare sind kürzer als Monikas. 12. Stefans Haare sind am kürzesten. 13. Monika ist schlechter in Deutsch als Heidi. 14. Stefan ist in Deutsch am schlechtesten. **Übung 5:** 1. In Athen ist es am heißesten. 2. In Moskau ist es am kältesten. 3. Monaco ist am kleinsten. 4. Frankreich ist am ältesten. 5. Südafrika ist am jüngsten. 6. Der Nil ist am längsten. 7. Frankfurt liegt am nördlichsten. 8. Der Mount Everest ist am höchsten. 9. Deutschland ist am größten. **Übung 6:** 1. Mit wem gehen Sie am liebsten ins Theater? 2. Worauf freuen Sie sich am meisten? 3. Auf wen müssen Sie immer warten? 4. Über wen haben Sie sich in letzter Zeit geärgert? 5. Woran denken Sie, wenn Sie „USA" hören? 6. Womit fahren Sie zur Schule? 7. Worüber schreiben Sie nicht gern? 8. An wen haben Sie Ihren letzten Brief geschrieben? 9. Von wem halten Sie nicht viel? **Übung 7:** a. darauf b. daneben c. Dazwischen d. Darin e. Davor/daneben f. darüber g. Daran h. Darunter i. dahinter **Übung 8:** 1. bin 2.a. hat b. bin 3.a. habe b. bin 4. bin 5. bin 6.a. habe b. bin 7.a. habe b. ist 8.a. haben b. ist 9.a. ist/sind b. hat 10. habe **Übung 9:** 1. Ich habe schon Frühstück gemacht. 2. Ich habe meine Milch schon getrunken. 3. Ich habe den Tisch schon sauber gemacht. 4. Ich bin schon zum Bäcker gelaufen. 5. Ich habe schon Brötchen mitgebracht. 6. Ich habe schon Geld mitgenommen. 7. Ich habe den Hund schon gefüttert. 8. Ich habe die Tür schon zugemacht. **Übung 10:** 1.a. Hatten b. hatte 2. Waren 3.a. wart b. hatten 4.a. Warst b. war 5. hatte 6. hattest 7.a. Warst b. war c. hatte.

Kapitel 8

Übung 1: (*Answers will vary.*) 1. Amerikanisches Steak! 2. Russischer Kaviar! 3. Griechische Oliven! 4. Japanisches Sushi! 5. Französischer Champagner! 6. Deutsche Wurst! 7. Dänischer Käse! 8. Italienische Spaghetti! 9. Ungarischer Paprika! 10. Englische Marmelade! 11. Kolumbianischer

Kaffee! 12. Neuseeländische Kiwis! **Übung 2:** 1. Ich esse nur deutsches Brot. 2. Ich esse nur russischen Kaviar. 3. Ich esse nur italienische Salami. 4. Ich trinke nur kolumbianischen Kaffee. 5. Ich esse nur neuseeländische Kiwis. 6. Ich trinke nur französischen Wein. 7. Ich trinke nur belgisches Bier. 8. Ich esse nur spanische Muscheln. 9. Ich esse nur englische Marmelade. 10. Ich esse nur japanischen Thunfisch. **Übung 3:** 1. Michael: Ich möchte den grauen Wintermantel da. Maria: Nein, der graue Wintermantel ist viel zu schwer. 2. Michael: Ich möchte die gelbe Hose da. Maria: Nein, die gelbe Hose ist viel zu bunt. 3. Michael: Ich möchte das schicke Hemd da. Maria: Nein, das schicke Hemd ist viel zu teuer. 4. Michael: Ich möchte die roten Socken da. Maria: Nein, die roten Socken sind viel zu warm. 5. Michael: Ich möchte den schwarzen Schlafanzug da. Maria: Nein, der schwarze Schlafanzug ist viel zu dünn. 6. Michael: Ich möchte die grünen Schuhe da. Maria: Nein, die grünen Schuhe sind viel zu groß. 7. Michael: Ich möchte den modischen Hut da. Maria: Nein, der modische Hut ist viel zu klein. 8. Michael: Ich möchte die schwarzen Winterstiefel da. Maria: Nein, die schwarzen Winterstiefel sind viel zu leicht. 9. Michael: Ich möchte die elegante Sonnenbrille da. Maria: Nein, die elegante Sonnenbrille ist viel zu bunt. 10. Michael: Ich möchte die roten Tennisschuhe da. Maria: Nein, die roten Tennis-schuhe sind viel zu grell. **Übung 4:** 1.a. Ihr neues Auto b. der alte Mercedes c. keinen neuen Wagen 2.a. der italienische Wein b. eine weitere Flasche 3.a. mein kaputtes Fahrrad b. meinen blöden Computer c. kein freies Wochenende **Übung 5:** 1. den 2.a. den b. dem 3.a. dem b. das 4. der 5.a. den b. den 6.a. ins b. im c. am 7.a. dich b. dich 8.a. den b. dem 9. der **Übung 6:** 1. Die Teller stehen im Küchenschrank. 2.Albert stellt die Teller auf den Tisch. 3. Die Servietten liegen in der Schublade. 4. Monika legt die Servietten auf den Tisch. 5. Messer und Gabeln liegen in der Schublade. 6. Stefan legt Messer und Gabeln auf den Tisch. 7. Die Kerze steht auf dem Schrank. 8. Heidi stellt die Kerze auf den Tisch. 9. Thomas sitzt auf dem Sofa. **Übung 7:** 1. Jutta leiht ihrem neuen Freund ihre Lieblings-CD. 2. Jens verkauft dem kleinen Bruder von Jutta eine Ratte. 3. Hans zeigt die Ratte nur seinen besten Freunden. 4. Jutta schenkt ihrer besten Freundin ein Buch. 5. Jens kauft seinem wütenden Lehrer eine Krawatte. 6. Ernst erzählt seiner großen Schwester einen Witz. 7. Jutta kocht den netten Leuten von nebenan Kaffee. 8. Ernst gibt dem süßen Baby von nebenan einen Kuss. **Übung 8:** (*Answers and sequence will vary.*) 1. Ich werde weniger fernsehen. 2. Ich werde mehr lernen. 3. Ich werde weniger oft ins Kino gehen. 4. Ich werde früher ins Bett gehen. 5. Ich werde mehr arbeiten. 6. Ich werde öfter selbst kochen. **Übung 9:** (*Answers may vary.*) 1. Frau Schulz repariert morgen das Auto. 2. Heidi fährt morgen aufs Land. 3. Peter spielt morgen Fußball. 4. Monika schreibt morgen einen Brief. 5. Stefan geht morgen einkaufen. 6. Nora heiratet morgen. 7. Albert geht morgen in den Supermarkt. 8. Thomas räumt morgen sein Zimmer auf. **Übung 10:** (*Answers will vary.*)

Kapitel 9

Übung 1: (*Answers will vary.*) **Übung 2:** 1. Ich durfte nicht. 2. Ich wollte nicht. 3. Das wusste ich nicht. 4. Ich wollte eine. 5. Ich sollte das nicht. **Übung 3:** 1.a. wolltest b. wusste 2.a. durfte b. musste c. wollten d. konnten 3.a. konnte b. musste c. wusste d. wollte **Übung 4:** 1.a. Wann b. Wenn 2.a. wann b. Als 3. als 4.a. Wann b. als 5.a. Wann b. Wenn 6.a. Wann b. Als **Übung 5:** a. wenn b. Als c. Wenn d. wenn e. Als f. Als g. Wann h. Als i. wenn **Übung 6:** a. standen b. gingen c. fuhren d. kamen e. hielten f. aßen g. schwammen h. schliefen i. sprangen **Übung 7:** 1. wohnte 2. brachten 3. schliefen 4. liefen, kamen 5. sahen, saß 6. gab, fanden 7. trug, schloss 8. tötete, rannte **Übung 8:** 1. Nachdem Jutta den Schlüssel verloren hatte, kletterte sie durch das Fenster. 2. Nachdem Ernst die Fensterscheibe eingeworfen hatte, lief er weg. 3. Nachdem Claire angekommen war, rief sie Melanie an. 4. Nachdem Hans seine Hausaufgaben gemacht hatte, ging er ins Bett. 5. Nachdem Jens sein Fahrrad repariert hatte, machte er eine Radtour. 6. Nachdem Michael die Seiltänzerin gesehen hatte, war er ganz verliebt. 7. Nachdem Richard ein ganzes Jahr gespart hatte, flog er nach Australien. 8. Nachdem Silvia zwei Semester allein gewohnt hatte, zog sie in eine Wohngemeinschaft. 9. Nachdem Willi ein Geräusch gehört hatte, rief er den Großvater an.

Kapitel 10

Übung 1: 1. b. 2. a. 3. h. 4. g. 5. c. 6. d. 7. i. 8. j. 9. f. 10. e. **Übung 2:** 1. Nach Kopenhagen. 2. Zum Strand. 3. Zu ihrer Tante Sule. 4. Aus der Türkei. 5. Nein, sie kommt aus dem Iran. 6. Aus dem Wasser. 7. Vom Markt. 8. Ja, bei uns. 9. Bei Fatimas Tante. 10. Nach Hause. **Übung 3:** (*Answers will vary.*) 1. Ja, üb jetzt Klavier. Du hast morgen Klavierstunde. (*oder* Nein, üb jetzt nicht Klavier. Wir gehen gleich aus.) 2. Ja, ruf ihn an. Er wollte mit dir sprechen. (*oder* Nein, ruf ihn nicht an. Du musst deine Hausaufgaben machen.) 3. Ja, iss sie mal. Du hast heute noch keine Süßigkeiten gegessen. (*oder* Nein, iss sie nicht. Wir essen gleich zu Abend.) 4. Ja, mach es auf. Die Luft ist hier schlecht. (*oder* Nein, mach es nicht auf. Es ist draußen zu kalt.) 5. Ja, gib mir einen Kuss. Ich fahre weg. (*oder* Nein, gib mir keinen Kuss. Du hast gerade Schokolade auf den Lippen.) 6. Ja, rede doch mal mit mir. Du hast wohl etwas zu erklären. (*oder* Nein, rede im Moment nicht mit mir. Ich bin beschäftigt.) 7. Ja, spül bitte das Geschirr. Ich bin nicht dazu gekommen. (*oder* Nein, spül das Geschirr nicht. Ich mache es nachher.) 8. Ja, geh mal in den Garten. Du brauchst die frische Luft. (*oder* Nein, geh nicht in den Garten. Es regnet.) 9. Ja, fahr mal morgen mit dem Fahrrad in die Schule. Ich kann dich mit dem Auto nicht hinbringen. (*oder* Nein, fahr morgen nicht mit dem Fahrrad in die Schule. Ich bringe dich mit dem Auto hin.) **Übung 4:** 1. Jens und Ernst, seid nicht so laut! 2. Maria, halte bitte an der nächsten Ampel! 3. Uli, bieg an der nächsten Straße nach links ab! 4. Jutta, iss mehr Obst! 5. Herr Pusch, fahren Sie nicht so schnell! 6. Jens, warte an der Ecke auf mich! 7. Natalie und Rosemarie, seid nicht ungeduldig! 8. Andrea und Paula, grüßt euren Vater von mir! 9. Hans, lauf mal schnell zu Papa! 10. Helga und Sigrid, lest jeden Tag die Zeitung! **Übung 5:** 1. Mach 2. Sprechen Sie 3. warten Sie 4. vergiss 5. Helft **Übung 6:** (*Answers may vary.*) 1. Fahren Sie den Fluss entlang. 2. Gehen Sie über die Brücke. 3. Gehen Sie an der Kirche vorbei. 4. Fahren Sie vor dem Bahnhof links. 5. Die Tankstelle ist gegenüber von der Post. 6. Gehen Sie über die Schienen. 7. Ja, und dann biegen Sie in die Bismarckstraße rechts ein. 8. Nein, gehen Sie an dem Rathaus vorbei und dann links. 9. Das Hotel „Zum Patrizier" ist gegenüber von dem Rathaus. 10. Fahren Sie 10 km die Straße entlang. **Übung 7:** (*Answers will vary.*) **Übung 8:** 1. Müsstest du nicht noch tanken? 2. Sollten wir nicht Jens abholen? 3. Könnten zwei Freunde von mir auch mitfahren? 4. Sollten wir nicht zuerst in die Stadt fahren? 5. Wolltest du nicht zur Bank? 6. Könntest du etwas langsamer fahren? 7. Dürfte ich das Autoradio anmachen? 8. Dürfte ich das Fenster aufmachen? **Übung 9:** 1. vor 50 000 Jahren → Wann wurde Australien von den Aborigines besiedelt? 2. um 2500 v. Chr. → Wann wurden die ersten Pyramiden gebaut? 3. 44 v. Chr. → Wann wurde Cäsar ermordet? 4. 800 n. Chr. → Wann wurde Karl der Große zum Kaiser gekrönt? 5. 1088 → Wann wurde die erste Universität (Bologna) gegründet? 6. 1789 → Wann wurde die amerikanische Verfassung unterschrieben? 7. 1885 → Wann wurde in Kanada die transkontinentale Eisenbahn vollendet? 8. 1945 → Wann wurden die Atombomben auf Hiroshima und Nagasaki geworfen? 9. 1963 → Wann wurde John F. Kennedy erschossen? 10. 1990 → Wann wurde Deutschland vereinigt? **Übung 10:** 1. Mäuse werden in vielen Labortests benutzt. 2. Meerschweinchen werden oft als Haustiere gehalten. 3. Bienen werden wegen ihrer Honigproduktion geschätzt. 4. Mücken werden durch Parfum und Kosmetikprodukte angelockt. 5. Die Fledermaus wird in vielen Kulturen mit Vampiren assoziiert. 6. Schnecken werden oft mit Butter- und Knoblauchsoße gegessen. 7. Der Gepard wird immer noch für seinen Pelz getötet. 8. Die meisten Papageien werden in der Wildnis gefangen. 9. Delfine werden wegen ihrer Intelligenz bewundert. 10. Viele Haie werden jedes Jahr gefischt.

Kapitel 11

Übung 1: 1.a. fühle mich b. mich erkältet c. dich ... legen 2.a. sich ... aufgeregt b. sich ... ausruhen 3.a. dich verletzt b. mich ... geschnitten 4.a. ärgerst ... dich b. dich freuen **Übung 2:** (*Answers will vary.*) Erst stehe ich auf. Dann dusche ich mich. Dann wasche ich mir das Gesicht. Dann wasche ich mir die Haare. Dann trockne ich mich ab. Dann putze ich mir die Fingernägel. Dann rasiere ich mich. Dann kämme ich mir die Haare. Dann ziehe ich mich an. Dann frühstücke ich. Dann putze ich mir die Zähne und gehe zur Uni. **Übung 3:** (*Answers will vary.*) 1. Ich rasiere mich jeden Morgen. 2. Meine Oma schminkt sich zu sehr. 3. Mein Freund wäscht sich nicht oft genug die Haare. 4. Mein Vater putzt sich nach jeder Mahlzeit die Zähne. 5. Mein Onkel zieht sich immer verrückt an. 6. Meine Schwester duscht sich jeden Tag. 7. Meine Freundin kämmt sich nie. 8. Mein Bruder föhnt sich nie die Haare. 9. Meine Kusine badet sich nicht gern. 10. Meine Mutter zieht sich immer elegant an. **Übung 4:** 1. Ja, kannst du es mir geben? / Nein, ich brauche es nicht. 2. Ja, kannst du ihn mir geben? / Nein, ich brauche ihn nicht. 3. Ja, kannst du ihn mir geben? / Nein, ich brauche ihn nicht. 4. Ja, kannst du sie mir geben? / Nein, ich brauche sie nicht. 5. Ja, kannst du es mir geben? / Nein, ich brauche es nicht. 6. Ja, kannst du ihn mir geben? / Nein, ich brauche ihn nicht. 7. Ja, kannst du sie mir geben? / Nein, ich brauche sie nicht. 8. Ja, kannst du es mir geben? / Nein, ich brauche es nicht. 9. Ja, kannst du ihn mir geben? / Nein, ich brauche ihn nicht. **Übung 5:** 1. Warum schneidest du ihn dir nicht? 2. Warum wäschst du sie dir nicht? 3. Warum schneidest du sie dir nicht? 4. Warum kremst du sie dir nicht ein? 5. Warum föhnst du sie dir nicht? 6. Warum wäschst du ihn dir nicht? 7. Warum putzt du sie dir nicht? 8. Warum lässt du sie dir nicht schneiden? 9. Warum kremst du es dir nicht ein? 10. Warum wäschst du sie dir nicht? **Übung 6:** (*Some answers will vary.*) 1. Wissen Sie, was hier passiert ist? (*oder* Können Sie mir sagen, was hier passiert ist?) 2. Wissen Sie, ob das Kind das Auto gesehen hat? (*oder* Können Sie mir sagen, ob das Kind das Auto gesehen hat?) 3. Wissen Sie, wer daran Schuld war? (*oder* Können Sie mir sagen, wer daran Schuld war?) 4. Wissen Sie, warum Herr Langen das Kind nicht gesehen hat? (*oder* Können Sie mir sagen, warum Herr Langen das Kind nicht gesehen hat?) 5. Wissen Sie, ob Herr Langen gebremst hat? (*oder* Können Sie mir sagen, ob Herr Langen gebremst hat?) 6. Wissen Sie, wann er gebremst hat? (*oder* Können Sie mir sagen, wann er gebremst hat?) 7. Wissen Sie, wie oft Herr Langen diese Straße zur Arbeit fährt? (*oder* Können Sie mir sagen, wie oft Herr Langen diese Straße zur Arbeit fährt?) 8. Wissen Sie, wie lange Lothar auf der Straße lag? (*oder* Können Sie mir sagen, wie lange Lothar auf der Straße lag?) 9. Wissen Sie, wann die Polizei Lothars Mutter angerufen hat? (*oder* Können Sie mir sagen, wann die Polizei Lothars Mutter angerufen hat?) **Übung 7:** 1.a. ob b. dass c. Wenn 2.a. damit b. Weil **Übung 8:** 1.a. als b. nachdem 2. bevor 3. Während 4. obwohl

Kapitel 12

Übung 1: 1. meines 2. Ihrer 3. meiner 4. deiner 5. dieses 6. alten 7. ersten 8. neuen **Übung 2:** 1. Monika spricht über den Beruf ihrer Schwester. 2. Thomas spricht über das Bild seines Vaters. 3. Frau Schulz spricht über das Alter ihrer Nichten. 4. Stefan spricht über die Länge seines Studiums. 5.Albert spricht über die Sprache seiner Großeltern. 6. Nora spricht über die Kleidung ihres Freundes. 7. Thomas spricht über die Qualität des Leitungswassers in Berkeley. 8. Katrin spricht über die Situation der Frauen. **Übung 3:** 1. trotz 2. wegen 3. während 4. trotz 5. während 6. Wegen 7. statt 8. trotz **Übung 4:** (*Answers will vary.*) **Übung 5:** (*Answers will vary.*) **Übung 6:** 1. Um morgens munter zu sein, muss man früh ins Bett gehen. 2. Um die Professoren kennenzulernen, muss man in die Sprechstunde gehen. 3. Um die Mitstudenten kennenzulernen, muss man viel Gruppenarbeit machen. 4. Um am Wochenende nicht allein zu sein, muss man Leute einladen. 5. Um die Kurse zu bekommen, die man will, muss man sich so früh wie möglich einschreiben. 6. Um in vier Jahren fertig zu werden, muss man viel lernen und wenig Feste feiern. 7. Um nicht zu verhungern, muss man regelmäßig essen. 8. Um eine gute Note in Deutsch zu bekommen, muss man jeden Tag zum Unterricht kommen. **Übung 7:** (*Answers may vary.*) 1. Ich möchte immer hier leben, weil dieses Land das beste Land der Welt ist. 2. Ich möchte für ein paar Jahre in Deutschland leben, um richtig gut Deutsch zu lernen. 3. Ausländer haben oft Probleme, weil sie die Sprache und Kultur des Gastlandes nicht verstehen. 4. Wenn ich Kinder habe, möchte ich hier leben, damit meine Kinder als (Amerikaner, Kanadier, Australier usw.) aufwachsen. 5. Viele Ausländer kommen hierher, weil man hier gut Geld verdienen kann. 6. Englisch sollte die einzige offizielle Sprache (der USA, Kanadas, Australiens usw.) sein, damit eine homogene Gemeinschaft aus der multikulturellen Bevölkerung wird. **Übung 8:** 1. Nom, F 2. Nom, V 3. Gen, F 4. Dat, F 5. Nom, F 6. Dat, V 7. Akk, P 8. Akk, P 9. Akk, F 10. Dat, P 11. Dat, V 12. Gen, P **Übung 9:** 1. em 2. en 3. e 4. er 5. e 6. er 7. e 8. en 9. ie 10. ie 11. en 12. e 13. en 14. en 15. er 16. em 17. en 18. em 19. er

Vokabeln

Deutsch-Englisch

Note to Students: The definitions in this vocabulary are based on the words as used in this text. For additional meanings, please refer to a dictionary.

Proper nouns are given only if the name is feminine or masculine or if the spelling is different from that in English. Compound words that do not appear in the chapter vocabulary lists have generally been omitted if they are easily analyzable and their constituent parts appear elsewhere in the vocabulary.

The letters or numbers in parentheses following the entries refer to the chapters in which the words occur in the chapter vocabulary lists.

Abbreviations

acc.	accusative	*n.*	noun
adj.	adjective	*neut.*	neuter
adv.	adverb	*nom.*	nominative
coll.	colloquial	*o.s.*	oneself
coord. conj.	coordinating conjunction	*pl.*	plural
dat.	dative	*p.p.*	past participle
def. art.	definite article	*prep.*	preposition
dem. pron.	demonstrative pronoun	*pron.*	pronoun
dial.	dialectal form	*rel. pron.*	relative pronoun
fem.	feminine	*sg.*	singular
for.	formal	*s.o.*	someone
gen.	genitive	*s.th.*	something
inf.	infinitive	*subord. conj.*	subordinating conjunction
infor.	informal	*v.*	verb
interj.	interjection	*wk.*	weak masculine noun
masc.	masculine		

ab (+ *dat.*) from; as of, effective
ab·bauen, abgebaut to reduce
ab·biegen (biegt ... ab), bog ... ab, ist abgebogen to turn (10)
das **Abbild, -er** copy, likeness
ab·brennen (brennt ... ab), brannte ... ab, ist abgebrannt to be burned down
der **Abend, -e** evening (1, 4); **am Abend** in the evening, at night (4); **gestern Abend** last night (4); **guten Abend!** good evening (A); der **Heilige Abend** Christmas Eve; **heute Abend** this evening (2); **morgen Abend** tomorrow evening; **zu Abend essen** to dine, have dinner (4)
das **Abendessen, -** dinner, supper, evening meal (1, 8); **zum Abendessen** for dinner
abends evenings, in the evening (4)
das **Abenteuer, -** adventure; **Abenteuer erleben** to have adventures
aber (*coord. conj.*) but (A, 11)
ab·fahren (fährt ... ab), fuhr ... ab, ist abgefahren to leave, depart (4)
die **Abfahrt, -en** departure
ab·geben (gibt ... ab), gab ... ab, abgegeben to hand over (to); to deliver (to)
ab·gehen (geht ... ab), ging ... ab, ist abgegangen to go away, leave; to come off
ab·grenzen, abgegrenzt to separate
ab·holen, abgeholt to pick (*s.o./s.th.*) up (from a place); to fetch (1)
das **Abhörgerät, -e** listening device, bug
das **Abi** = das **Abitur**
das **Abitur** college-prep-school degree, high school diploma (5)
ab·kauen, abgekaut to chew off
die **Abkürzung, -en** abbreviation
ab·legen, abgelegt to take (*a test*)
ab·lenken, abgelenkt to divert; to change/get off the subject
ab·nehmen (nimmt ... ab), nahm ... ab, abgenommen to take off/away; to remove; to lose weight (8, 11); **Blut abnehmen** to take blood (11)
die **Aborigines** (*pl.*) aborigines (*native people of Australia*)
ab·räumen, abgeräumt to clear; to remove (3); **den Tisch abräumen** to clear the table (3)
ab·rechnen, abgerechnet to tally up; to settle an account
ab·reisen, ist abgereist to depart (10)
ab·reißen (reißt ... ab), riss ... ab, abgerissen to tear off; to pluck
der **Absatz, ⸚e** paragraph
absatzweise one paragraph at a time
ab·saugen, abgesaugt to vacuum
der **Abschiedsgruß, ⸚e** goodbye, farewell
ab·schließen (schließt ... ab), schloss ... ab, abgeschlossen to lock (up); to finish; to graduate
der **Abschluss, ⸚e** completion; final examination; graduation; degree; diploma (9)
ab·schneiden (schneidet ... ab), schnitt ... ab, abgeschnitten to cut off (8); to do (well/badly)
der **Abschnitt, -e** segment, section
ab·schreiben (schreibt ... ab), schrieb ... ab, abgeschrieben to copy (from another person)

der **Abstand, ⸚e** distance
ab·stürzen, ist abgestürzt to crash (11)
ab·trocknen, abgetrocknet to dry (*dishes*) (6); **sich abtrocknen** to dry (*o.s.*) off (11)
ab·waschen (wäscht ... ab), wusch ... ab, abgewaschen to wash (dishes)
ab·wischen, abgewischt to wipe off; to wipe clean (6)
ab·zahlen, abgezahlt to pay off (12)
ach oh; **ach so** I see
acht eight (A)
acht- eighth (4)
achten (auf + *acc.*), geachtet to watch out (for); to pay attention (to) (11)
achtjährig eight years old
achtundzwanzig twenty-eight (A)
die **Achtung** attention (7)
achtzehn eighteen (A)
achtzehnt- eighteenth
achtzig eighty (A)
ächzen, geächzt to creak
die **Action** action
der **ADAC = Allgemeiner Deutscher Automobilclub** *German automobile club*
addieren, addiert to add
der **Adel** nobility
die **Ader, -n** vein
das **Adjektiv, -e** adjective
der **Adler, -** eagle (10)
die **Adresse, -n** address (1)
der **Adventskalender, -** calendar counting the days of Advent
der **Adventssonntag, -e** Sunday in Advent
das **Adverb, -ien** adverb
(das) **Afrika** Africa (B)
afrikanisch African (*adj.*)
afro-deutsch Afro-German (*adj.*) (12)
aggressiv aggressive(ly)
der **Agraringenieur, -e** / die **Agraringenieurin, -nen** agricultural engineer
(das) **Ägypten** Egypt (B)
der **Ägypter, -** / die **Ägypterin, -nen** Egyptian (*person*)
ähnlich similar(ly) (A)
die **Ahnung, -en** idea, suspicion; **keine Ahnung** (I have) no idea
das **Akkordeon, -s** accordion (4)
der **Akkusativ, -e** accusative
die **Akte, -n** file; record
die **Aktie, -n** share, stock (12)
der **Aktienmarkt, ⸚e** stock market
die **Aktion, -en** action, campaign
die **Aktivität, -en** activity
aktuell current; present-day
der **Akzent, -e** accent
die **Akzentuierung, -en** accentuation
akzeptabel acceptable
akzeptieren, akzeptiert to accept; to agree to
(das) **Albanien** Albania (B)
der **Albatros, -se** albatross (10)
der **Aletschgletscher: der Große Aletschgletscher** *glacier in the Swiss Alps*
(das) **Algerien** Algeria (B)
das **Alibi, -s** alibi
der **Alkohol** alcohol
alkoholisiert inebriated
der **Alkoholkonsum** alcohol consumption
all all; **alle** (*pl.*) everybody; **nichts von alledem** none of this; **vor allem** above all
allein(e) alone; by oneself; **von allein** on one's own; by oneself
allerdings however; of course
allergisch (gegen + *acc.*) allergic (to) (11)
alles everything (2); **alles Mögliche** everything possible (2); **alles zusammen** all together; one check (*restaurant*) (5); **dies alles** all of this; **was man alles braucht** everything one needs
allgemein general(ly)
der **Alltag, -e** daily routine (4)
alltäglich everyday, daily
die **Alpen** (*pl.*) the Alps (7)
das **Alphabet, -e** alphabet (3)
alpin alpine
als (*after comparative*) than; (*subord. conj.*) when; as (5, 11); **als ich acht Jahre alt war** when I was eight years old (5); **als ob** as if; as though; **als was?** as what? (5); **anders als** different from
also so; thus; well (2)
alt old (A)
das **Alter, -** age (1)
die **Altbauwohnung, -en** *apartment in a building built before June 20, 1948*
die **Alternative, -n** alternative
die **Altstadt, ⸚e** old part of town (10)
am = an dem at/on the
(das) **Amerika** America; the United States (B)
der **Amerikaner, -** / die **Amerikanerin, -nen** American (*person*) (B)
amerikanisch American (*adj.*)
die **Ampel, -n** traffic light
das **Amt, ⸚er** public office
der **Amtsrichter, -** / die **Amtsrichterin, -nen** local or district court judge
an (+ *acc./dat.*) at; on; to; in (2, 4); **am Abend** in the evening (4); **am ersten Oktober** on the first of October (4); **am Leben sein** to be alive (9); **am liebsten** like (*to do s.th.*) best (7); **am Samstag** on Saturday (2); **am Schalter** at the ticket booth (5); **am Telefon** on the telephone (2); **am wenigsten** the least (8); **am Wochenende** over the weekend (1); **an der Kasse** at the ticket booth (5); **an der Tankstelle** at the gas station (5); **an der Uni** at the university; **ans Meer** to the sea (2); **an ... vorbei** past, by (10); **an welchem Tag?** on what day? (4); **das Bild an die Wand hängen** to hang the picture on the wall (3)
analysieren, analysiert to analyze
die **Ananas, -** *or* **-se** pineapple
der **Anbau** cultivation
an·bieten (bietet ... an), bot ... an, angeboten to offer
der **Anblick, -e** sight
an·blicken, angeblickt to look at
das **Andenken, -** souvenir (10)
ander- other; different; **anders** different; **etwas anderes** something else; **unter anderem** among other things
(sich) **ändern, geändert** to change (9)
die **Anerkennung, -en** acknowledgment, appreciation
der **Anfang, ⸚e** beginning
an·fangen (fängt ... an), fing ... an, angefangen to begin, start (4)
an·fassen, angefasst to touch
die **Angabe, -n** information
an·geben (gibt ... an), gab ... an, angegeben to give; to state, declare
angeblich supposed(ly); alleged(ly)
das **Angebot, -e** offer
an·gehören, angehört to belong to (*an organization*) (12)
der/die **Angeklagte, -n (ein Angeklagter)** accused; defendant
angeln, geangelt to fish
angenehm pleasant (6)
angespannt tense(ly)
der/die **Angestellte, -n (ein Angestellter)** employee; clerk (7)
die **Anglistik** English language and literature
an·greifen (greift ... an), griff ... an, angegriffen to attack (12)
die **Angst, ⸚e** fear (3); **Angst einjagen** (+ *dat.*) to scare; **Angst haben (vor + *dat.*)** to be afraid (of) (3)
an·haben (hat ... an), hatte ... an, angehabt to have on (*clothes*)
an·halten (hält ... an), hielt ... an, hat/ist angehalten to stop (7)
an·heben (hebt ... an), hob ... an, angehoben to lift
(sich) **an·hören, angehört** to listen to; **sich anhören** to sound; **das hört sich toll an** that sounds great (4)
animieren, animiert to encourage
an·kommen (kommt ... an), kam ... an, ist angekommen to arrive (1)
an·kreuzen, angekreuzt to mark with a cross, mark with an x
die **Ankunft, ⸚e** arrival
der **Anlass, ⸚e** cause; reason
an·legen, angelegt to lay down; to put on (10); **den Sicherheitsgurt anlegen** to put on one's seatbelt
das **Anliegen** matter
an·locken, angelockt to attract
an·machen, angemacht to turn on, switch on (3)
an·malen, angemalt to paint
(sich) **an·melden, angemeldet** to register (12)
die **Anmeldung, -en** registration; reception (desk)
an·nehmen (nimmt ... an), nahm ... an, angenommen to accept; to take; to adopt

anonym anonymous(ly)
die **Anrede, -n** salutation
an·reden, angeredet to speak to; to address
der **Anruf, -e** phone call
an·rufen (ruft ... an), rief ... an, angerufen to call up (*on the telephone*) (1)
ans = **an das** to/on the
(sich) **an·schauen, angeschaut** to look at; to watch (2)
anscheinend apparently
sich **an·schließen** (+ *dat.*) **(schließt ... an), schloss ... an, angeschlossen** to join
anschließend subsequent(ly)
der **Anschluss, ¨-e** connection
die **Anschrift, -en** address (11)
(sich) **an·sehen (sieht ... an), sah ... an, angesehen** to look at; to watch (3)
an·sprechen (spricht ... an), sprach ... an, angesprochen to speak to (*s.o.*)
anstatt (+ *gen.*) instead of (12)
an·stehen (steht ... an), stand ... an, angestanden to line up; to stand in line
anstrengend strenuous; tiring
der **Anteil, -e** share
antiautoritär antiauthoritarian
der **Antrag, ¨-e** application
der **Antragsteller, -** / die **Antragstellerin, -nen** applicant
der **Antrieb, -e** motivation
die **Antwort, -en** answer (A)
antworten (+ *dat.*), **geantwortet** to answer (*s.o.*) (4, 10); **auf eine Frage antworten** to answer a question
der **Anwalt, ¨-e** / die **Anwältin, -nen** lawyer (5)
an·wenden (wendet ... an), wandte ... an, angewandt to use
an·werben (wirbt ... an), warb ... an, angeworben to recruit, enlist
die **Anwerbung, -en** recruitment
der **Anwohner, -** / die **Anwohnerin, -nen** resident
die **Anzeige, -n** ad (6)
an· ziehen (zieht ... an), zog ... an, angezogen to attract; to put on (*clothes*) (3); **sich anziehen** to get dressed (11)
der **Anziehungspunkt, -e** attraction
der **Anzug, ¨-e** suit (A)
an·zünden, angezündet to light; to set on fire (3)
die **AOK** = **Allgemeine Ortskrankenkasse** *insurance company*
der **Apfel, ¨** apple
der **Apfelsaft, ¨-e** apple juice (8)
die **Apfelschorle, -n** apple juice with mineral water
die **Apfelsine, -n** orange (8)
die **Apotheke, -n** pharmacy (6, 11)
der **Apotheker, -** / die **Apothekerin, -nen** pharmacist (11)
der **Apparat, -e** telephone; apparatus
das **Appartement, -s** apartment
der **April** April (B)
das **Aquarell, -e** watercolor painting
arabisch Arabian (*adj.*)
(das) **Arabisch** Arabic (*language*) (B)
(die) **Arabistik** study of Arabic language and literature
die **Arbeit, -en** work (1); **von der Arbeit** from work (3); **zur Arbeit gehen** to go to work (1)
arbeiten, gearbeitet to work (1); **arbeiten Sie mit einem Partner** work with a partner (A)
der/die **Arbeitende, -n (ein Arbeitender)** working person
der **Arbeiter, -** / die **Arbeiterin, -nen** worker (5)
der **Arbeitnehmer, -** / die **Arbeitnehmerin, -nen** employee
das **Arbeitsamt, ¨-er** employment office
das **Arbeitsbuch, ¨-er** workbook (3)
die **Arbeitserlaubnis, -se** work permit (12)
die **Arbeitskraft, ¨-e** labor; employee (12)
arbeitslos unemployed (5)
die **Arbeitslosigkeit** unemployment
die **Arbeitsteilung, -en** division of labor
der **Architekt, -en** (*wk.*) / die **Architektin, -nen** architect (5)
die **Architektur, -en** architecture
der **Ärger** trouble (9)
ärgern, geärgert to annoy; to tease; to bother (3); **sich ärgern (über** + *acc.*) to get angry (about) (11)
arm poor (9)
der **Arm, -e** arm (B); **jemanden auf den Arm nehmen** to tease someone; to pull someone's leg; **sich den Arm brechen** to break one's arm (11)
das **Armband, ¨-er** bracelet (2)
die **Armbanduhr, -en** watch, wristwatch (A)
die **Armschlinge, -n** sling
die **Armut** poverty
die **Arnika, -s** arnica
die **Art, -en** kind, type (2)
der **Artikel, -** article
der **Arzt, ¨-e** / die **Ärztin, -nen** doctor; physician (3, 5, 11); **zum Arzt** to the doctor (3)
die **Arztpraxis, Arztpraxen** doctor's office (11)
die **Asche, -n** ash(es)
(das) **Aschenputtel** Cinderella
(das) **Asien** Asia (B)
der **Aspekt, -e** aspect
die **Asphaltschindel, -n** asphalt shingle
das **Aspirin** aspirin (3, 11)
der **Assessor, -en** / die **Assessorin, -nen** assistant judge
assoziieren (mit + *dat.*), **assoziiert** to associate (with)
das **Atelier, -s** studio
(das) **Athen** Athens
(der) **Atlantik** Atlantic Ocean
atmen, geatmet to breathe (11)
die **Atombombe, -n** atomic bomb
die **Attraktion, -en** attraction
attraktiv attractive (6)
au: au ja oh yes
auch also; too; as well (A)
auf (+ *dat./acc.*) on; upon; on top of; onto; to; at; (*adv.*) up; open; **auf dem Bahnhof** at the train station (5); **auf dem Gericht** at the courthouse (5); **auf dem Land** in the country (6); **auf dem Rathaus** at the town hall (1); **auf der Bank** at the bank (5); **auf der Durchreise sein** to be traveling through (7); **auf der Polizei** at the police station (5); **auf der Post** at the post office (5); **auf der Uni(versität) sein** to be at the university (1, 5); **auf Deutsch** in German; **auf die Bank gehen** to go to the bank; **auf eine Party gehen** to go to a party (1); **auf einmal** at once; **auf jeden Fall** by all means (4); **auf Reisen sein** to be on a trip (7); **auf Wohnungssuche** looking for a room or apartment; **bis auf** down to; **jemanden auf den Arm nehmen** to tease someone; to pull someone's leg
auf Wiederhören! good-bye! (*on the telephone*) (6)
auf Wiedersehen! good-bye! (A)
auf·bauen, aufgebaut to build
auf·begehren, aufbegehrt to rebel
auf·bleiben (bleibt ... auf), blieb ... auf, ist aufgeblieben to stay open
auf·brechen (bricht ... auf), brach ... auf, ist aufgebrochen to set off; to start out
die **Aufenthaltserlaubnis, -se** residence permit (12)
die **Aufenthaltsgenehmigung, -en** residence permit
der **Aufenthaltsraum, ¨-e** lounge, recreation room (10)
auf·essen (isst ... auf), aß ... auf, aufgegessen to eat up
auf·fallen (fällt ... auf), fiel ... auf, ist aufgefallen to be noticeable (12)
auffällig conspicuous (10)
auf·fliegen (fliegt ... auf), flog ... auf, ist aufgeflogen to fly open
die **Aufforderung, -en** request; instruction (A)
die **Aufgabe, -n** assignment; task; homework; job (4)
auf·geben (gibt ... auf), gab ... auf, aufgegeben to give up; to check (luggage); to assign
auf·gehen (geht ... auf), ging ... auf, ist aufgegangen to open
aufgeregt excited(ly)
aufgeschlossen open; approachable
auf·greifen (greift ... auf), griff ... auf, aufgegriffen to take up
auf·halten (hält ... auf), hielt ... auf, aufgehalten to halt; to hold up
auf·hängen, aufgehängt to hang up (12)
auf·heben (hebt ... auf), hob ... auf, aufgehoben to lift
auf·hören (mit + *dat.*), **aufgehört** to stop (*doing s.th.*) (1); to be over
auf·klappen, aufgeklappt to open up
auf·kriegen, aufgekriegt to get (*s.th.*) open
auf·laden (lädt ... auf), lud ... auf, aufgeladen to charge, recharge (*a battery*)

auf·leben, ist aufgelebt to come to life

auf·legen, aufgelegt to put on

auf·lodern, aufgelodert to blaze

(sich) **auf·lösen, aufgelöst** to dissolve

auf·machen, aufgemacht to open (3); to open the door

aufmerksam attentive(ly)

die **Aufnahmeprüfung, -en** entrance examination

auf·nehmen (nimmt ... auf), nahm ... auf, aufgenommen to pick up; to take (a photo); **Kredit aufnehmen** to take out a loan (12)

auf·passen (auf + *acc.***), aufgepasst** to pay attention (to); to watch out (for) (3)

auf·räumen, aufgeräumt to clean (up); to tidy up (1)

aufrecht upright

sich **auf·regen, aufgeregt** to get excited; to get upset (11)

aufregend exciting

die **Aufregung, -en** excitement

sich **auf·richten, aufgerichtet** to stand up; to get back up

aufs = auf das on/onto/to the

auf·sagen, aufgesagt to recite

der **Aufsatz, ¨e** essay

auf·saugen, aufgesaugt to vacuum

auf·schlagen (schlägt ... auf), schlug ... auf, aufgeschlagen to open up

auf·schneiden (schneidet ... auf), schnitt ... auf, aufgeschnitten to chop (8)

der **Aufschnitt** cold cuts

auf·schreiben (schreibt ... auf), schrieb ... auf, aufgeschrieben to write down (11)

auf·springen (springt ... auf), sprang ... auf, ist aufgesprungen to jump up; to pop up

auf·stehen (steht ... auf), stand ... auf, ist aufgestanden to get up; to rise; to stand up (1); **mit dem linken Fuß aufstehen** to get up on the wrong side of bed (4); **stehen Sie auf** get up, stand up (A)

auf·stellen, aufgestellt to set up (11)

der **Auftrag, ¨e** instruction; task; order

auf·treten (tritt ... auf), trat ... auf, ist aufgetreten to appear; to happen, take place

auf·wachen, ist aufgewacht to wake up (4)

auf·wachsen (wächst ... auf), wuchs ... auf, ist aufgewachsen to grow up (12)

auf·wischen, aufgewischt to mop (up) (6)

der **Aufzug, ¨e** elevator (6)

das **Auge, -n** eye (B); **blaue Augen** (*pl.*) blue eyes (B)

der **Augenarzt, ¨e** / die **Augenärztin, -nen** eye doctor (11)

der **Augenblick, -e** moment

die **Augenfarbe, -n** color of eyes (1)

der **August** August (B)

aus (+ *dat.*) out of; from; of (10); made of; due to; **aus Stein** made (out) of stone; **von ... aus** from

die **Ausbildung, -en** education (9); (specialized) training (5); **praktische Ausbildung** practical (career) training (5)

aus·blasen (bläst ... aus), blies ... aus, ausgeblasen to blow out

der **Ausblick, -e** view (6)

der **Ausdruck, ¨e** expression

ausdrücken, ausgedrückt to express

aus·fallen (fällt ... aus), fiel ... aus, ist ausgefallen to fall out; to fail; to go out (*power*) (8)

der **Ausflug, ¨e** excursion

aus·führen, ausgeführt to carry out; to execute (12)

aus·füllen, ausgefüllt to fill out (1)

die **Ausgabe, -n** expenditure

die **Ausgangslage, -n** starting position; initial situation

der **Ausgangspunkt, -e** starting point

aus·geben (gibt ... aus), gab ... aus, ausgegeben to spend (*money*) (3)

ausgebildet educated (12)

aus·gehen (geht ... aus), ging ... aus, ist ausgegangen to go out (1)

ausgezeichnet excellent (3)

aus·hängen, ausgehängt to put up

das **Aushängeschild, -er** sign

aus·helfen (hilft ... aus), half ... aus, ausgeholfen to help out

das **Ausland** foreign countries (6); **im Ausland** abroad (6)

der **Ausländer, -** / die **Ausländerin, -nen** foreigner (12)

ausländerfreundlich friendly/open to foreigners

der **Ausländerhass** hostility toward foreigners (12)

ausländisch foreign (12)

das **Auslandsamt, ¨er** center for study abroad (1)

aus·leeren, ausgeleert to empty (3); **den Papierkorb ausleeren** to empty the wastebasket

aus·leihen (leiht ... aus), lieh ... aus, ausgeliehen to borrow; to lend

aus·machen, ausgemacht to turn off (3)

die **Ausnahme, -n** exception

aus·packen, ausgepackt to unpack

aus·rauben, ausgeraubt to rob (of everything)

aus·rechnen, ausgerechnet to figure; to total (up) (8)

aus·reichen, ausgereicht to be enough

ausreichend sufficient

die **Ausrichtung, -en** orientation; organization

sich **aus·ruhen, ausgeruht** to rest (11)

aus·rutschen, ist ausgerutscht to slip (11)

die **Aussage, -n** statement

aus·sagen, ausgesagt to testify; to state

aus·schlafen (schläft ... aus), schlief ... aus, ausgeschlafen to sleep late; to sleep in

der **Ausschnitt, -e** excerpt

aus·schreiben (schreibt ... aus), schrieb ... aus, ausgeschrieben to write out

aus·sehen (sieht ... aus), sah ... aus, ausgesehen to look; to appear (2); **es sieht gut aus** it looks good

das **Aussehen** appearance

außen (*adv.*) outside

die **Außenwelt** outside world

außer (+ *dat.*) except, besides

außerdem besides (5, 10)

das **Äußere (ein Äußeres)** outward appearance

außergewöhnlich extraordinary

außerhalb (+ *gen.*) outside of (12)

aus·spannen, ausgespannt to take a break; to relax

die **Aussprache** pronunciation

aus·sprechen (spricht ... aus), sprach ... aus, ausgesprochen to pronounce

aus·spucken, ausgespuckt to spit out

aus·steigen (steigt ... aus), stieg ... aus, ist ausgestiegen to get out/off

aus·stellen, ausgestellt to display; to exhibit

die **Ausstellung, -en** exhibition

aus·strecken, ausgestreckt to stretch out

aus·suchen, ausgesucht to choose; to pick out

der **Austauschstudent, -en** (*wk.*) / die **Austauschstudentin, -nen** exchange student

aus·tragen (trägt ... aus), trug ... aus, ausgetragen to deliver (5); **Zeitungen austragen** to deliver newspapers (5)

(das) **Australien** Australia (B)

der **Australier, -** / die **Australierin, -nen** Australian (*person*) (B)

aus·trinken (trinkt ... aus), trank ... aus, ausgetrunken to drink up

aus·üben, ausgeübt to practice (12)

ausverkauft sold out (5)

aus·wählen, ausgewählt to select (8)

der **Auswahltest, -s** selection test

aus·wandern, ist ausgewandert to emigrate (4, 12)

auswärtig foreign

der **Ausweg, -e** way out

der **Ausweis, -e** identification card (10)

aus·ziehen (zieht ... aus), zog ... aus, ausgezogen to take off (*clothes*) (3); **sich ausziehen** to get undressed (11)

der/die **Auszubildende, -n (ein Auszubildender)** apprentice; trainee

das **Auto, -s** car (A, 7); **Auto fahren** to drive (*a car*)

die **Autobahn, -en** interstate highway; freeway (7)

der **Autodidakt, -en** (*wk.*) / die **Autodidaktin, -nen** self-taught person

das **Autofahren** driving

der **Autofahrer, -** / die **Autofahrerin, -nen** driver

der **Automat, -en** (*wk.*) vending machine

automatisch automatic(ally)

die **Autonummer, -n** license plate number (11)

das **Autoradio, -s** car radio (7)

die **Autorität, -en** authority

das **Autotelefon, -e** car phone (2)

der/die **Azubi -s** (*coll.*) = der/die **Auszubildende** apprentice; trainee

das **Baby, -s** baby (7)

der **Babysitter, -** / die **Babysitterin, -nen** babysitter

das **Babysitting** babysitting

der **Bachelor, -s** bachelor's degree

backen (bäckt), backte, gebacken to bake (5)

der **Backenbart, ¨e** sideburns

der **Bäcker, -** / die **Bäckerin, -nen** baker

die **Bäckerei, -en** bakery (5); **in der Bäckerei** at the bakery (5)
der **Backofen, ¨** oven (5)
der **Backstein, -e** brick
die **Backsteingotik** Gothic architecture in brick
das **Bad, ¨er** bathroom; bath (6)
der **Badeanzug, ¨e** bathing suit (5)
die **Badehose, -n** swimming trunks (5)
der **Badekarren, -** bathing cart
der **Bademantel, ¨** bathrobe (2)
der **Bademeister, -** / die **Bademeisterin, -nen** swimming pool attendant (5)
baden, gebadet to bathe; to swim (3); **sich baden** to bathe (*o.s.*) (11)
der **Badeort, -e** bathing resort
die **Badewanne, -n** bathtub (6)
das **BAföG** = das **Bundesausbildungsförderungsgesetz** *financial aid for students from the German government*
die **Bahn, -en** railroad (7); **freie Bahn** clear path
der/die **Bahnangestellte, -n (ein Bahnangestellter)** train agent; railway employee (10)
die **Bahncard, -s** *discount card for rail travel in Germany*
der **Bahnhof, ¨e** train station (building) (4, 5); **auf dem Bahnhof** at the train station (5)
bald soon (9); **bald darauf** soon thereafter (9); **bis bald!** so long, see you soon! (A)
der **Balkon, -e** balcony (6)
der **Ball, ¨e** ball (A, 1)
die **Ballerina, -s** ballerina (9)
der **Ballettunterricht** ballet class (9)
die **Banane, -n** banana (8)
das **Band, ¨er** ribbon; strap
die **Band, -s** band, music group
die **Bank, ¨e** bench
die **Bank, -en** bank (5); **auf der Bank** at the bank (5); **bei einer Bank** at a bank (6)
der/die **Bankangestellte, -n (ein Bankangestellter)** bank employee (5)
der **Bankeinzug, ¨e** automatic withdrawal; electronic transfer of funds
die **Bankenmetropole, -n** banking metropolis
der **Bankräuber, -** / die **Bankräuberin, -nen** bank robber
der **Bär, -en** (*wk.*) bear
das **Bargeld** cash (12)
bargeldlos cash-free (12)
barock baroque
das/der **Barock** baroque
der **Bart, ¨e** beard (B)
die **Baseballmannschaft, -en** baseball team (9)
(das) **Basel** Basel
das **Basilikum** basil
der **Basketball, ¨e** basketball (2)
basteln, gebastelt to build things; to tinker; to do handicrafts
der **Bau** construction
der **Bauamtsleiter, -** / die **Bauamtsleiterin, -nen** head of department of planning and building inspection
der **Bauarbeiter, -** / **die Bauarbeiterin, -nen** construction worker (5)
der **Bauch, ¨e** belly, stomach (B)
der **Bauchnabel, -** belly button, navel
bauen, gebaut to build
der **Bauer, -n** / die **Bäuerin, -nen** farmer
das **Bauernbrot, -e** (loaf of) farmer's bread (5)
das **Bauernhaus, ¨er** farmhouse (6)
das **Baugewerbe** construction; building trade
die **Baukunst** architecture
der **Baum, ¨e** tree (9)
das **Baumhaus, ¨er** tree house (6)
der **Baustil, -e** architectural style
(das) **Bayern** Bavaria
beachten, beachtet to notice; to pay attention to
der **Beamte, -n (ein Beamter)** / die **Beamtin, -nen** civil servant
beantragen, beantragt to apply for (12)
beantworten, beantwortet to answer (7)
der **Becher, -** cup; mug; glass (9)
das **Bedenken** concern; reflection
bedeuten, bedeutet to mean
bedeutend important
bedienen, bedient to serve
die **Bedienung, -en** service; waiter, waitress (8)
die **Bedingung, -en** condition
die **Bedrohung, -en** threat
der **Beduine, -n** (*wk.*) / die **Beduinin, -nen** Bedouin
sich **beeilen, beeilt** to hurry (8)
beeindrucken, beeindruckt to impress
beenden, beendet to end
sich **befinden (befindet), befand, befunden** to be located; to be situated
befragen, befragt to interview; to interrogate
befreundet (*adj.*): **ein befreundeter Regisseur** a director who is a friend
befriedigend satisfactory
begabt gifted (9)
begegnen (+ *dat.*), **ist begegnet** to meet, encounter (6)
begehen (begeht), beging, begangen to commit
begeistert (*p.p. of* **begeistern**) thrilled; enthusiastic
beginnen (beginnt), begann, begonnen to begin, start (1)
begleiten, begleitet to accompany
die **Begleitperson, -en** accompanying person
begraben (begräbt), begrub, begraben to bury
der **Begriff, -e** concept
begrüßen, begrüßt to greet
das **Begrüßen** greeting (A)
behalten (behält), behielt, behalten to keep
die **Behandlung, -en** treatment
beherrschen, beherrscht to master
behindert handicapped
die **Behörde, -n** public authority (12)
bei (+ *dat.*) at; with; near (2, 6, 10); during; upon; among; **bei deinen Eltern** with your parents, at your parents' place (6); **bei der Bundeswehr** in the German army (5); **bei dir** at your place (3); **bei einer Bank** at a bank (6); **bei Monika** at Monika's (place) (2); **bei Regen** in rainy weather (7)
bei.bringen (bringt ... bei), brachte ... bei, beigebracht to teach
beide both
bei·liegen (+ *dat.*) **(liegt ... bei), lag ... bei, beigelegen** to be contained in
beim = **bei dem** at/with/near the
das **Bein, -e** leg (B)
beinah almost; nearly
der/das **Beinspray, -s** leg spray
das **Beispiel, -e** example (3); **zum Beispiel** for example (3)
beißen (beißt), biss, gebissen to bite (9)
bei·treten (+ *dat.*) **(tritt ... bei), trat ... bei, ist beigetreten** to join
bekannt well-known
der/die **Bekannte, -n (ein Bekannter)** acquaintance
bekommen (bekommt), bekam, bekommen to get; to receive (3)
belasten, belastet to load; to debit
belastend incriminating
beleben, belebt to liven up
belegen, belegt to cover; to take (*a course*) (3)
belegtes Brot (open-faced) sandwich (8)
(das) **Belgien** Belgium (B)
belgisch Belgian (*adj.*)
(das) **Belgrad** Belgrade
beliebt popular (3)
der/die **Beliebte, -n (ein Beliebter)** beloved friend
bemalen, bemalt to paint; to decorate
bemerken, bemerkt to notice
die **Bemerkung, -en** remark; comment
die **Benachteiligung, -en** discrimination
benennen (benennt), benannte, benannt to name
benutzen, benutzt to use (7)
das **Benzin** gasoline (6)
der **Benzinverbrauch** gasoline consumption
beobachten, beobachtet to observe
bequem comfortable (2)
beraten (berät), beriet, beraten to advise
berechnen (+ *dat.*), **berechnet** to change (8)
der **Bereich, -e** sector, area (12)
bereichern, bereichert to enrich (12)
bereit ready; prepared
bereit·legen, bereitgelegt to lay out, have ready
bereits already; just
der **Berg, -e** mountain (1); **in den Bergen wandern** to hike in the mountains (1); **in die Berge gehen** to go to the mountains (1)
die **Berghütte, -n** mountain hut
der **Bericht, -e** report
berichten, berichtet to report
Berliner (*adj.*) (of) Berlin; **die Berliner Mauer** the Berlin Wall; **die Berliner Weiße** *light, fizzy beer mixed with raspberry syrup*
der **Berliner, -** / die **Berlinerin, -nen** person from Berlin

(das) **Bern** Bern(e)
der **Beruf, -e** profession; career (1, 5); **was sind Sie von Beruf?** what's your profession? (1)
beruflich professional(ly)
der **Berufsberater, -** / die **Berufsberaterin, -nen** career counselor (5)
die **Berufsberatung, -en** job counseling
das **Berufsleben** career, professional life (12)
die **Berufsschule, -n** vocational school
berufsspezifisch job-specific
berufstätig working; employed
beruhen (auf + *dat.*)**, beruht** to be based (on)
beruhigen, beruhigt to calm
berühmt famous (7)
beschädigen, beschädigt to damage
beschäftigt busy (3)
der **Bescheid, -e** information; **Bescheid wissen** to know; to have an idea
bescheiden modest
beschließen (beschließt), beschloss, beschlossen to decide
beschreiben (beschreibt), beschrieb, beschrieben to describe (11); **den Weg beschreiben** to give directions
die **Beschreibung, -en** description (B)
der **Beschützer, -** / die **Beschützerin, -nen** protector (12)
sich **beschweren (bei** + *dat.*)**, beschwert** to complain (to) (8)
der **Besen, -** broom (6)
besetzt (*p.p. of* **besetzen**) occupied, taken
besichtigen, besichtigt to see, visit (*a landmark*); to sightsee (7)
besiedeln, besiedelt to settle
besiegen, besiegt to conquer (7)
der **Besitz** possessions
besitzen (besitzt), besaß, besessen to possess
besonder- special, particular
besonders particularly (3)
besorgen, besorgt to get
bespitzeln, bespitzelt to spy on
besser better (2)
(sich) **bessern, gebessert** to improve
best- best
der **Bestandteil, -e** part, component
das **Besteck** silverware, cutlery (5)
bestehen (besteht), bestand, bestanden to exist; to last; to pass (*a test*); **(aus** + *dat.*) to consist (of)
besteigen (besteigt), bestieg, bestiegen to climb (7)
bestellen, bestellt to order (*food*) (8)
bestimmen, bestimmt to determine
bestimmt definite(ly); certain(ly) (3)
bestreuen, bestreut to sprinkle (8)
der **Besuch, -e** visit (3); **zu Besuch kommen** to visit (3)
besuchen, besucht to visit (1)
beten, gebetet to pray
der **Beton** concrete
betonieren, betoniert to cover with concrete
der **Betrag, ¨-e** amount (*of money*)
betragen (beträgt), betrug, betragen to amount to
betreffen (betrifft), betraf, betroffen to concern; to affect
betreten (betritt), betrat, betreten to enter
betreuen, betreut to take care of; to look after
der **Betrieb, -e** business; firm; shop
die **Betriebswirtschaftslehre (BWL)** business administration
betroffen upset; affected
betrunken drunk
das **Bett, -en** bed (1, 6); **ins Bett gehen** to go to bed (1)
sich **beugen, gebeugt** to bend down
die **Bevölkerung, -en** population
bevor (*subord. conj.*) before (11)
bevorzugen, bevorzugt to prefer
die **Bewachung, -en** guarding
bewaffnet (*p.p. of* **bewaffnen**) armed
(sich) **bewegen, bewegt** to move
die **Bewegung, -en** movement
der **Beweis, -e** (piece of) evidence
sich **bewerben (um** + *acc.*) **(bewirbt), bewarb, beworben** to apply (for)
die **Bewerbung, -en** application
die **Bewerbungsmappe, -n** application package
bewirken, bewirkt to cause; to bring about
die **Bewirtung, -en** service
bewundern, bewundert to admire
bewusstlos unconscious
bezahlen, bezahlt to pay (for) (4)
sich **beziehen (auf** + *acc.*) **(bezieht), bezog, bezogen** to relate (to); to refer (to)
beziehungsweise (bzw.) or; and . . . respectively
die **Bibliothek, -en** library (2)
der **Bibliothekar, -e** / die **Bibliothekarin, -nen** librarian (5)
die **Biene, -n** bee (10)
das **Bier, -e** beer (2)
der **Bikini, -s** bikini (5)
das **Bild, -er** picture (2); **das Bild an die Wand hängen** to hang the picture on the wall (3); **was zeigen Ihre Bilder?** what do your pictures show? (A)
bilden, gebildet to form
der **Bildhauer, -** / die **Bildhauerin, -nen** sculptor (12)
die **Bildhauerei** sculpture (12)
bildnerisch artistic(ally)
die **Bildung, -en** education
der **Bildungsstandard, -s** educational standard
billig cheap(ly), inexpensive(ly) (2)
binden (an + *acc.*) **(bindet), band, gebunden** to tie (to) (12)
das **Bioei, -er** organic egg
biografisch biographical(ly)
das **Biolebensmittel, -** organic food
der **Biologe, -n** (*wk.*) / die **Biologin, -nen** biologist
die **Biologie** biology (1)
das **Bioprodukt, -e** organic product
das **Bioradieschen, -** organic radish
das **Biowürstchen, -** organic sausage
das **Birchermüsli** *breakfast cereal with fruit*
die **Birne, -n** pear (8)
bis (*prep.* + *acc.; subord. conj.*) until (2, 4, 11); **bis acht Uhr** until eight o'clock (2); **bis auf** down to; **bis bald!** so long; see you soon! (A); **bis um vier Uhr** until four o'clock (4); **bis zu** as far as; up to (10)
bisher thus far; up to now
bisschen: ein bisschen a little (bit); some (B); **kein bisschen** not at all (3)
bitte please (A); **bitte schön** help yourself; there you go; **bitte schön?** yes please? may I help you? (7); **bitte sehr** there you go; **wie bitte?** excuse me?; could you repeat that?
bitten (um + *acc.*) **(bittet), bat, gebeten** to ask (for) (9)
blass pale
das **Blatt, ¨-er** leaf; sheet (*of paper*)
blau blue (A); **blau machen** to take the day off (3); **blaue Augen** (*pl.*) blue eyes (B)
die **Blaubeere, -n** blueberry
der **Blauwal, -e** blue whale (10)
bleiben (bleibt), blieb, ist geblieben to stay, remain (1); **liegen bleiben** to stay in bed; to remain in a prone position; **stecken bleiben** to get stuck (11)
bleich pale
bleichen, gebleicht to bleach
der **Bleistift, -e** pencil (A, B)
der **Blick, -e** look; glance; view
der **Blickkontakt, -e** eye contact
blind blind
der **Blinddarm, ¨-e** appendix (11)
blitzen, geblitzt to be a flash of lightning; to flash
die **Blockflöte, -n** recorder (12)
blöd(e) stupid
blond blond (B); **blondes Haar** blond hair (B)
bloß mere(ly); only
blühen, geblüht to bloom
die **Blume, -n** flower (3); **die Blumen gießen** to water the flowers (3)
der **Blumenkohl** cauliflower (8)
die **Bluse, -n** blouse (A)
das **Blut** blood (9, 11); **Blut abnehmen** to take blood (11)
der **Blutdruck** blood pressure (11); **niedrigen/hohen Blutdruck haben** to have low/high blood pressure (11)
bluten, geblutet to bleed (11)
das **Blütenblatt, ¨-er** petal
die **Blutkonserve, -n** blood bag
der **Boden, ¨** floor (B); ground
der **Bodensee** Lake Constance
der **Bogen, -** curve; arc; bow
die **Bohne, -n** bean (8)
bohren, gebohrt to drill
das **Bonbon, -s** drop, lozenge (11)
boomen, geboomt (*coll.*) to boom

das **Boot, -e** boat (2)
die **Börse, -n** stock exchange; stock market (12)
der **Börsenkrach, ¨-e** stock market crash (12)
böse evil; mean (9); angry, angrily
(das) **Bosnien** Bosnia (B)
die **Boutique, -n** boutique (6)
die **Box, -en** stereo speaker
boxen, geboxt to box (1)
die **Branche, -n** sector (12)
das **Brandenburger Tor** the Brandenburg Gate
die **Brandenburgischen Konzerte** (*pl.*) the Brandenburg Concertos
(das) **Brasilien** Brazil (B)
braten (brät), briet, gebraten to fry (8)
der **Braten, -** roast (8)
die **Bratwurst, ¨-e** (fried) sausage
brauchen, gebraucht to need; to use (1)
das **Brauchtum, ¨-er** tradition; custom(s)
brauen, gebraut to brew
braun brown (A)
bräunen, gebräunt to brown, fry (8)
(das) **Braunschweig** Braunschweig, Brunswick
brausen, gebraust to roar; to rage
das **Brausen** roar
die **Braut, ¨-e** bride (9)
die **BRD** = die **Bundesrepublik Deutschland** Federal Republic of Germany
brechen (bricht), brach, gebrochen to break (11); **sich den Arm brechen** to break one's arm (11)
breit broad, wide
die **Breite, -n** (*geographical*) latitude
die **Bremse, -n** brake (7)
bremsen, gebremst to brake (11)
brennen (brennt), brannte, gebrannt to burn (11)
der **Brennofen, ¨-** kiln (12)
das **Brett, -er** board; **das schwarze Brett** bulletin board
das **Brettspiel, -e** board game
der **Brief, -e** letter, epistle (1)
die **Briefmarke, -n** (postage) stamp (5)
die **Brille, -n** (eye)glasses (A)
bringen (bringt), brachte, gebracht to bring (2); **es weit bringen** to do very well
der **Brocken** *highest mountain in the Harz range*
die **Brosche, -n** brooch
das **Brot, -e** (loaf of) bread (8); **belegtes Brot** (open-faced) sandwich (8); **ein Stück Brot** a piece of bread
das **Brötchen, -** (bread) roll (8)
die **Brücke, -n** bridge (10)
der **Bruder, ¨-** brother (B)
der **Brunnen, -** well; fountain (9)
das **Buch, ¨-er** book (A, B, 2)
buchen, gebucht to book, reserve (7)
der **Bücherwurm, ¨-er** bookworm
der **Buchladen, ¨-** bookstore (6)
der **Buchstabe, -n** (*wk.*) letter (*of the alphabet*)
buchstabieren, buchstabiert to spell
die **Bucht, -en** bay (6, 7)
sich bücken (nach + *dat.***), gebückt** to bend down (toward)

das **Bügeleisen, -** iron (6)
bügeln, gebügelt to iron (6)
die **Bulette, -n** rissole, meatball, hamburger patty
(das) **Bulgarien** Bulgaria (B)
bummeln, ist gebummelt to stroll
das **Bund, -e** bunch
das **Bündel, -** bundle
das **Bundesausbildungsförderungsgesetz** *financial aid for students from the German government*
das **Bundeskanzleramt** Federal Chancellery
das **Bundesland, ¨-er** German state
die **Bundesrepublik** federal republic; **die Bundesrepublik Deutschland** Federal Republic of Germany
die **Bundeswehr** German army (5); **bei der Bundeswehr** in the German army (5)
die **Bundeszentrale, -n** federal headquarters
der **Bungalow, -s** bungalow
bunt colorful
der **Bürger, -** / die **Bürgerin, -nen** citizen (10)
bürgerlich bourgeois, middle-class
das **Bürgertum** middle class; bourgeoisie
das **Büro, -s** office (5); **im Büro** at the office (5)
das **Bürohaus, ¨-er** office building (6)
die **Bürohilfskraft, ¨-e** clerical assistant
die **Bürste, -n** brush (6)
der **Bus, -se** bus (2, 7)
der **Busch, ¨-e** bush (9)
die **Bushaltestelle, -n** bus stop (6)
die **Butter** butter (8)

ca. = **circa/zirka** circa
das **Cabrio, -s** convertible
das **Café, -s** café (4); **im Café** at the café (4)
die **Cafeteria, -s** cafeteria
der **Camembert** Camembert (cheese)
das **Camping** camping (10)
der **Campingplatz, ¨-e** campsite (10)
der **Cappuccino** cappuccino
der **Cartoon, -s** cartoon
(der) **Cäsar** Caesar
die **CD, -s** CD, compact disc (A, 3)
der **CD-Spieler, -** CD player (2)
Celsius Celsius, centigrade (B); **18 Grad Celsius** 18 degrees Celsius (B)
der **Cent,** cent (*one hundredth of a euro*); **die 10-Cent-Münze** 10-cent coin
der **Champagner, -** champagne
die **Chance, -n** chance; opportunity (12)
das **Chaos** chaos (5)
der **Charakter, -e** character; personality (12)
charakterisieren, charakterisiert to characterize
der **Chauvi, -s** (*coll.*) chauvinist (12)
der **Chef, -s** / die **Chefin, -nen** boss; director
die **Chemie** chemistry (1)
der **Chili, -s** chili (11)
(das) **China** China (B)
chinesisch Chinese (*adj.*)
(das) **Chinesisch** Chinese (*language*) (B)
die **Chipkarte, -n** *plastic card that stores data on a computer chip*

der **Chor, ¨-e** choir (1) chorus
Chr. = (der) **Christus** Christ; **n. Chr.** = **nach Christus/Christo** A.D.; **v. Chr.** = **vor Christus/Christo** B.C.
das **Christkindl** Christ child, baby Jesus
der **Christkindlmarkt, ¨-e** Christmas market
christlich Christian
die **City, -s** *business district in large cities*
der **Clip, -s** (video) clip
die **Clique, -n** clique
der **Clown, -s** clown (9)
cm = der **Zentimeter, -** centimeter
die **Cola, -s** cola
das **College, -s** college
der **Comic, -s** comic strip; comic book
der **Computer, -** computer (2)
die **Computerfirma, -firmen** computer company (4)
cool cool; fabulous; decent
der/das **Couscous** couscous
cremig creamy
das **Croissant, -s** croissant
das **Curry, -s** curry

da (*adv.*) there (2); then; (*subord. conj.*) as, since
dabei in that connection; while doing so; (along) with it (6); **dabei sein** to be present; **ist ein/eine ... dabei?** does it come with a . . . ? (6)
dabei·haben (hat ... dabei), hatte ... dabei, dabeigehabt to have (*s.th.*) with/on (*oneself*)
da·bleiben (bleibt ... da), blieb ... da, ist dageblieben to stay, remain (there)
das **Dach, ¨-er** roof (6)
der **Dachauplatz** Dachau Square
der **Dachboden, ¨-** attic; loft
die **Dachsteinmammuthöhle** *long cave in Austria*
dadurch through it/them
dafür for it/them; for that reason; on behalf of it
dagegen against it/them (11); **haben Sie etwas dagegen?** do you have something for it (*illness*)? (11)
daheim at home (9)
daher from there; from that; therefore
dahin there, thither; to that (*place*)
dahinter behind it/them
damals (*adv.*) back then, at that time (9)
(das) **Damaskus** Damascus
die **Dame, -n** lady
damit (*adv.*) with it/them; (*subord. conj.*) so that (11)
dampfen, ist gedampft to steam
danach after it/them; afterward (10)
daneben next to it/them; in addition to that
(das) **Dänemark** Denmark (B)
dänisch Danish (*adj.*)
der **Dank** thanks; **Gott sei Dank!** thank God! **vielen Dank** many thanks (10)
die **Dankbarkeit** gratitude
danke thank you (A)
danken (+ *dat.*), **gedankt** to thank
dann then (A)
daran at/on/to it/them

darauf after/for/on it/them; afterward, then; **bald darauf** soon thereafter (9); **darauf eingehen** to get into something
daraufhin following that, thereupon
daraus out of it/them
darin in it/them (6)
dar·stellen, dargestellt to represent, depict
die **Darstellung, -en** portrayal; representation
darüber over/above/about it/them
darum around/about it/them; therefore, for that reason, that's why
darunter underneath/below it/them
das (*def. art., neut. nom./acc.*) the; (*dem. pron., neut. nom./acc.*) this/that; (*rel. pron., neut. nom./acc.*) which, who(m); **das ist** this/that is (B); **das ist es ja!** that's just it! (4); **das sind** these/those are (B)
dass (*subord. conj.*) that (11)
dat (*dial.*) = **das** the
die **Daten** (*pl.*) data; **persönliche Daten** biographical information (1)
die **Datenverarbeitung** data processing (12)
der **Dativ, -e** dative
das **Datum, Daten** date (4); **welches Datum ist heute?** what is today's date? (4)
der **Dauerauftrag, ¨-e** standing order
dauern, gedauert to last (4)
die **Dauerwelle, -n** perm, permanent wave (11)
der **Daumen, -** thumb
davon of/from/about it/them
davon·fahren (fährt ... davon), fuhr ... davon, ist davongefahren to drive away
davor in front of it/them
dazu to it/them; for it/them; in addition (8)
dazu·schreiben (schreibt ... dazu), schrieb ... dazu, dazugeschrieben to add (in writing)
dazwischen between/among them; in between
die **DDR** = **Deutsche Demokratische Republik** German Democratic Republic (former East Germany)
der **Deckcode-Name, -n** (*wk.*) code name
die **Decke, -n** ceiling (B); blanket, covers (11)
der **Deckel, -** cover, lid
decken, gedeckt to cover; to set (3); **den Tisch decken** to set the table (3)
die **Deckung, -en** covering; **in Deckung gehen** to take cover
die **Definition, -en** definition
deftig good and solid
dein(e) your (*infor. sg.*) (B, 2)
der **Delfin, -e** dolphin (10)
dem (*def. art., masc./neut. dat.*) the; (*dem. pron., masc./neut. dat.*) this/that; (*rel. pron., masc./neut. dat.*) which, whom
demokratisch democratic(ally)
den (*def. art., masc. acc., pl. dat.*) the; (*dem. pron., masc. acc.*) this/that; (*rel. pron., masc. acc.*) which, whom
denen (*dem. pron., pl. dat.*) these/those; (*rel. pron., pl. dat.*) which, whom
denken (denkt), dachte, gedacht to think; **denken an** (+ *acc.*) to think of (4); **denken über** (+ *acc.*) to think about
denn (*coord. conj.*) for, because (9, 11); *particle used in questions*: **wo willst du denn hin?** where are you going? (A)
dennoch nevertheless
deportieren, deportiert to deport
deprimiert depressed (11)
der (*def. art., masc. nom., fem. dat./gen., pl. gen.*) the; (*dem. pron., masc. nom., fem. dat.*) this/that; (*rel. pron., masc. nom., fem. dat.*) which, who(m)
deren (*dem. pron., fem. gen., pl. gen.*) of this/that/these/those; (*rel. pron., fem. gen., pl. gen.*) of which, whose
derselbe, dasselbe, dieselbe(n) the same
des (*def. art. masc./neut. gen.*) (of) the
deshalb therefore; that's why (4)
die **Designerklamotten** (*coll., pl.*) designer clothes
desinfizieren, desinfiziert to disinfect (11)
dessen (*dem. pron., masc./neut. gen.*) of this/that; (*rel. pron., masc./neut. gen.*) of which, whose
der **Detektiv, -e** / die **Detektivin, -nen** detective
deutlich clear(ly); distinct(ly)
deutsch German (*adj.*)
(das) **Deutsch** German (*language*) (B); **auf Deutsch** in German
der/die **Deutsche, -n (ein Deutscher)** German (*person*) (B); **ich bin Deutscher / ich bin Deutsche** I am German (B)
die **Deutsche Demokratische Republik (DDR)** German Democratic Republic (former East Germany)
der **Deutschkurs, -e** German (*language*) course; German class (A)
(das) **Deutschland** Germany (B); **die Bundesrepublik Deutschland** Federal Republic of Germany
die **Deutschlandreise, -n** trip to Germany; tour of Germany
der **Deutschlehrer, -** / die **Deutschlehrerin, -nen** German (*language*) teacher
deutschsprachig German-speaking (9)
der **Dezember** December (B)
der **Dialog, -e** dialogue
dich (*infor. sg. acc.*) you (2)
der **Dichter, -** / die **Dichterin, -nen** poet
die **Dichtung, -en** poetry; literary work
dick fat; large (B); thick(ly)
die (*def. art., fem. nom./acc., pl. nom./acc.*) the; (*dem. pron., fem. nom./acc., pl. nom./acc.*) this/that/these/those; (*rel. pron., fem. nom./acc., pl. nom./acc.*) which, who(m)
die **Diele, -n** front entryway
dienen, gedient (als) to serve (as)
der **Diener, -** / die **Dienerin, -nen** servant (9)
der **Dienstag, -e** Tuesday (1)
das **Dienstmädchen, -** maid
dieser, dies(es), diese this, that, these, those (2, 4)
diesmal this time
diffamieren, diffamiert to defame
diffus vague
das **Diktat, -e** dictation
das **Ding, -e** thing (2)
die **Diphtherie** diphtheria (11)
das **Diplom, -e** degree; diploma
der **Diplomingenieur, -e** / die **Diplomingenieurin, -nen** certified engineer
dir (*infor. sg. dat.*) you
direkt direct(ly)
der **Direktor, -en** / die **Direktorin, -nen** director, manager; (school) principal (9)
der **Dirigent, -en** (*wk.*) / die **Dirigentin, -nen** (orchestra) conductor (5)
die **Disko, -s** disco(theque) (3)
die **Diskothek, -en** discotheque
diskriminieren, diskriminiert to discriminate (12)
die **Diskussion, -en** discussion
diskutieren, diskutiert to discuss (4)
die **DM** = **D-Mark (Deutsche Mark)** German mark (*former monetary unit*)
doch however; nevertheless; yet
doch! yes (on the contrary)! (4)
der **Doktor, -en** / die **Doktorin, -nen** doctor
der **Dollar, -s** dollar (7); **der 20-Dollar-Schein** 20-dollar bill; **zwei Dollar** two dollars (7)
dolmetschen, gedolmetscht to act as interpreter
der **Dom, -e** cathedral (10)
dominant dominant (12)
dominieren, dominiert to dominate
der **Domplatz, ¨-e** cathedral square
die **Donau** Danube (River)
der **Donnerstag, -e** Thursday (1)
doof (*coll.*) stupid, dumb
doppelt double; twofold; **doppelt so viel** twice as much
das **Doppelzimmer, -** double room, accommodations for two people (10)
das **Dorf, ¨-er** village
der **Dorn, -en** thorn (9)
(das) **Dornröschen** Sleeping Beauty, Briar Rose
dort there (7)
dorthin there, thither, to a specific place (10)
die **Dose, -n** can (8); box
der **Dosenöffner, -** can opener (8)
Dr. = **Doktor** Dr.
der **Drache, -n** (*wk.*) dragon (9)
das **Drama, Dramen** drama
der **Dramatiker, -** / die **Dramatikerin, -nen** playwright (9)
dramatisch dramatic(ally)
der **Dramaturg, -en** / die **Dramaturgin, -nen** artistic director (*in a theater*)
dran = **daran** at/on/to it/them; **du bist dran** (*coll.*) it's your turn
drauf = **darauf** after/for/on it/them
drauf·gehen (geht ... drauf), ging ... drauf, ist draufgegangen (*coll.*) to die; to get killed
draußen outside (11)
(sich) **drehen, gedreht** to turn; to twist
drei three (A)
dreihundert three hundred

dreimal three times (3)
dreißig thirty (A)
dreißigst- thirtieth
dreiundzwanzig twenty-three (A)
dreizehn thirteen (A)
dreizehnt- thirteenth (4)
drin = **darin** in it/them (6)
dringend urgent(ly) (2)
drinnen inside, indoors
dritt- third (4); **das Dritte Reich** the Third Reich (Nazi Germany)
das **Drittel, -** third
die **Drogerie, -n** drugstore (6)
der **Druck, ⸚e** pressure
drücken, gedrückt to press
drum = **darum** around/about it/them; therefore, for that reason, that's why
der **Dschungel, -** jungle (7)
du (*infor. sg. nom.*) you (A)
dumm stupid, dumb (6)
dunkel dark (6)
das **Dunkel** darkness; **im Dunkeln** in the dark
dunkeln, gedunkelt to grow dark
dünn thin(ly)
durch (+ *acc.*) through (7); by means of
durchbluten, durchblutet to supply with blood
durcheinander in confusion
durch·fallen (fällt ... durch), fiel ... durch, ist durchgefallen to fall through; to fail, flunk
die **Durchfallversicherung** insurance against failure
durchkreuzen, durchkreuzt to thwart; to foil
durch·lesen (liest ... durch), las ... durch, durchgelesen to read (all the way) through
die **Durchreise, -n** journey through; **auf der Durchreise sein** to be traveling through (7)
durchs = **durch das** through the
durch·schneiden (schneidet ... durch), schnitt ... durch, durchgeschnitten to cut through (8)
der **Durchschnitt** average; **im Durchschnitt** on average
durchschnittlich (on) average
dürfen (darf), durfte, gedurft to be permitted (to), may (3); **nicht dürfen** must not
der **Durst** thirst (3); **Durst haben** to be thirsty
die **Dusche, -n** shower (5)
(sich) **duschen, geduscht** to (take a) shower (1, 11)
die **DVD, -s** DVD
der **DVD-Spieler, -** DVD player (2, 3)

eben simply, just; just now
ebenfalls also, likewise
das **Ebenholz** ebony
ebenso likewise; just as
echt real(ly) (2)
die **EC-Karte, -n** = die **Eurocheque-Karte, -n** Eurocheque card (*debit card*)
die **Ecke, -n** corner (5); **(gleich) um die Ecke** (right) around the corner (5, 6)
der **Eckzahn, ⸚e** canine tooth

das **E-Commerce** e-commerce, electronic commerce
die **EDV** = **elektronische Datenverarbeitung** electronic data processing (12)
egal equal(ly), same (6); **das ist mir egal** it doesn't matter to me (6)
der **Egoist, -en** (*wk.*) / die **Egoistin, -nen** egotist
egoistisch egotistic(ally)
die **Ehe, -n** marriage (12)
die **Eheleute** (*pl.*) married couple
ehemalig former
der **Ehepartner, -** / die **Ehepartnerin, -nen** spouse (12)
eher rather (12); more
der **Ehering, -e** wedding ring
der **Ehevertrag, ⸚e** prenuptial agreement (12)
ehrgeizig ambitious(ly)
ei! oh! hey!
das **Ei, -er** egg (8); **gebratene Eier** (*pl.*) fried eggs (8); **gekochte Eier** (*pl.*) boiled eggs (8)
der/das **Eidotter** egg yolk
eifersüchtig jealous (3)
eigen own (6)
eigenartig strange, peculiar
das **Eigenleben** life of one's own
die **Eigenschaft, -en** trait, characteristic
eigensinnig stubborn
eigentlich actual(ly) (3)
sich **eignen, geeignet** to be suitable
der **Eignungstest, -s** aptitude test
die **Eile** hurry (3); **in Eile sein** to be in a hurry (3)
eilen, geeilt to hurry
eilig rushed (10); **es eilig haben** to be in a hurry (10)
ein(e) a(n); one
ein bisschen a little (bit); some (B)
ein paar a few (2)
einander one another, each other (3)
die **Einbahnstraße, -n** one-way street (7)
ein·bandagieren, einbandagiert to wrap in bandages
ein·bauen, eingebaut to build in; to install
ein·biegen (biegt ... ein), bog ... ein, ist eingebogen to turn
ein·brechen (in + *acc.*) **(bricht ... ein), brach ... ein, ist eingebrochen** to break in; to break through; **ins Eis einbrechen** to go through the ice
der **Einbrecher, -** / die **Einbrecherin, -nen** burglar (9)
der **Einbruch, ⸚e** burglary; break-in
einfach simple, simply (2); **die einfache Fahrt** one-way trip (10)
die **Einfahrt, -en** driveway (11)
ein·fallen (+ *dat.*) **(fällt ... ein), fiel ... ein, ist eingefallen** to come to mind; to occur (*to s.o.*)
das **Einfamilienhaus, ⸚er** single-family home (6)
der **Einfluss, ⸚e** influence
ein·führen, eingeführt to introduce
die **Einführung, -en** introduction (A)
ein·gehen (geht ... ein), ging ... ein, ist eingegangen to arrive; **darauf eingehen** to get into something

sich **ein·gewöhnen (in** + *acc.*), **eingewöhnt** to get accustomed (to)
ein·gravieren, eingraviert to engrave
einige some; several; a few
ein·jagen, eingejagt: jemandem Angst einjagen to scare someone
der **Einkauf, ⸚e** purchase
ein·kaufen, eingekauft to shop (1); **einkaufen gehen** to go shopping (1, 5)
das **Einkaufszentrum, -zentren** shopping center (10)
das **Einkommen, -** income (12)
(sich) **ein·kremen, eingekremt** to put cream/lotion on (11)
ein·laden (lädt ... ein), lud ... ein, eingeladen to invite (2)
die **Einladung, -en** invitation (2)
ein·laufen (läuft ... ein), lief ... ein, ist eingelaufen to run in; to come in; to shrink
einmal once (4); for once; **auf einmal** at once; suddenly; **es war einmal ...** once upon a time there was . . . ; **noch einmal** once more; again; **warst du schon einmal ... ?** were you ever . . . ? (4)
ein·packen, eingepackt to pack up (1)
ein·parken, eingeparkt to park
ein·räumen, eingeräumt to clear; to put away; to stock
ein·reisen, ist eingereist to enter
eins one (A)
die **Eins** (the numeral) one
ein·sammeln, eingesammelt to gather, collect
ein·schalten, eingeschaltet to turn on (11)
ein·schätzen, eingeschätzt to assess
ein·schenken, eingeschenkt to pour
ein·schlafen (schläft ... ein), schlief ... ein, ist eingeschlafen to fall asleep (7)
ein·schränken, eingeschränkt to restrict; to limit
sich **ein·schreiben (schreibt ... ein), schrieb ... ein, eingeschrieben** to register, enroll
ein·schulen, eingeschult to put into school
ein·setzen, eingesetzt to insert
die **Einsicht, -en** view
ein·steigen (steigt ... ein), stieg ... ein, ist eingestiegen to board; to get in/on (3, 10)
die **Einstellung, -en** attitude (12)
eintönig monotonous(ly)
der **Eintrag, ⸚e** entry (*in a list or ledger*)
ein·tragen (trägt ... ein), trug ... ein, eingetragen to enter (*into a list or ledger*)
ein·treffen (trifft ... ein), traf ... ein, ist eingetroffen to arrive
die **Eintrittskarte, -n** admission ticket (5)
einundzwanzig twenty-one (A)
einverstanden in agreement (12); **einverstanden sein (mit** + *dat.*) to be in agreement (with) (12)
der **Einwanderer, -** / die **Einwanderin, -nen** immigrant (4, 12)
ein·wandern, ist eingewandert to immigrate (12)
ein·werfen (wirft ... ein), warf ... ein, eingeworfen to break, smash (*a window*)

der **Einwohner, -** / die **Einwohnerin, -nen** inhabitant, resident
das **Einwohnermeldeamt, ¨-er** *office to register town residents* (12)
ein·zeichnen, eingezeichnet to draw in
der **Einzelgänger, -** / die **Einzelgängerin, -nen** loner, solitary person (12)
das **Einzelhandelsgeschäft, -e** retail shop, retail store
einzeln individual
der **Einzelplatz, ¨-e** individual seat
das **Einzelzimmer, -** single room (5)
ein·ziehen (zieht ... ein), zog ... ein, hat eingezogen to collect; to withdraw
ein·ziehen (zieht ... ein), zog ... ein, ist eingezogen to move in
einzig only; single; sole
das **Eis** ice; ice cream (2); **ins Eis einbrechen** to go through the ice
der **Eisbecher, -** dish of ice cream (8)
das **Eisbein** knuckle of pork
der **Eisbeutel, -** ice pack
das **Eiscafé, -s** ice cream parlor (8)
der **Eischnee** stiffly beaten egg whites
die **Eisenbahn, -en** railroad
das **Eisenwalzwerk, -e** iron-rolling mill
das **Eisenwarengeschäft, -e** hardware store (6)
eiskalt ice-cold (8)
der **Eistee** iced tea
eitel empty; pure; **etwas ist eitel Sonnenschein** something is positive/happy
eklig gross, loathsome (9)
der **Elefant, -en** (*wk.*) elephant (9)
elegant elegant(ly) (8)
elektrisch electric(ally) (8)
elektronisch electronic(ally); **die elektronische Datenverarbeitung (EDV)** electronic data processing (12)
der **Elektrotechniker, -** / die **Elektrotechnikerin, -nen** electrician; electronic engineer
das **Element, -e** element
das **Elend** misery
elf eleven (A)
das **Elfenbein** ivory (10)
elft- eleventh (4)
die **Eltern** (*pl.*) parents (B)
der **Elternteil, -e** parent
die **E-Mail, -s** e-mail
emanzipiert emancipated, liberated
der **Emmentaler** Emmenthaler (cheese)
der **Empfänger, -** / die **Empfängerin, -nen** recipient; payee
empfehlen (empfiehlt), empfahl, empfohlen to recommend
das **Ende, -n** end
enden, geendet to end
endlich finally (9)
das **Endspiel, -e** final game
die **Endung, -en** ending; suffix
eng tight, narrow, small; closely (12)

sich **engagieren (für + *acc.*), engagiert** to commit oneself (to)
engagiert committed; (politically) involved
(das) **England** England (B)
der **Engländer, -** / die **Engländerin, -nen** English (*person*) (B)
englisch English (*adj.*)
(das) **Englisch** English (*language*) (B); **auf Englisch** in English
der **Enkel, -** / die **Enkelin, -nen** grandson/granddaughter (5)
enorm enormous(ly)
entartet (*adj.*) degenerate
entdecken, entdeckt to discover (4)
die **Entdeckung, -en** discovery
entführen, entführt to kidnap; to abduct
der **Entführer, -** / die **Entführerin, -nen** kidnapper
enthalten (enthält), enthielt, enthalten to contain; to include
entlang along (10)
entlang·fahren (fährt ... entlang), fuhr ... entlang, ist entlanggefahren to drive along
entlang·gehen (geht ... entlang), ging ... entlang, ist entlanggegangen to go along (10)
entlassen (entlässt), entließ, entlassen to release
(sich) **entscheiden (entscheidet), entschied, entschieden** to decide (10)
die **Entscheidung, -en** decision; **eine Entscheidung treffen** to make a decision
entschlossen determined
der **Entschluss, ¨-e** decision; **einen Entschluss fassen** to make a decision
entschuldigen, entschuldigt to excuse (5); **entschuldigen Sie!** excuse me! (5)
die **Entschuldigung, -en** excuse; **Entschuldigung!** excuse me! (3)
(sich) **entspannen, entspannt** to relax
entsprechend corresponding
entstehen (entsteht), entstand, ist entstanden to emerge, arise; to be created; to be built
entweder ... oder either . . . or
entwickeln, entwickelt to develop
die **Entzündung, -en** infection; inflammation (11)
entzündungshemmend anti-inflammatory
die **Epoche, -n** epoch, era, period
er (*pron., masc. nom.*) he, it
erarbeiten, erarbeitet to work on; to work out
die **Erbse, -n** pea (8)
die **Erdbeere, -n** strawberry (8)
die **Erde, -n** earth; ground; soil, dirt
die **Erdgeschichte** history of the earth
das **Erdgeschoss, -e** first floor, ground floor
die **Erdkunde** earth science; geography (1)
das **Ereignis, -se** event
erfahren (erfährt), erfuhr, erfahren to find out, learn; to experience; to discover
die **Erfahrung, -en** experience
erfassen, erfasst to grasp
erfinden (erfindet), erfand, erfunden to invent (4)

die **Erfindung, -en** invention
der **Erfolg, -e** success; **Erfolg haben** to be successful
erfolgreich successful(ly)
die **Erfolgsgeschichte, -n** success story
erfüllen, erfüllt to fulfil
ergänzen, ergänzt to complete, fill in the blanks (4)
ergeben (ergibt), ergab, ergeben to result in; to produce; **sich ergeben** to arise
das **Ergebnis, -se** result
ergehen (+ *dat.*) **(ergeht), erging, ist ergangen** to go (*for s.o.*)
ergreifen (ergreift), ergriff, ergriffen to grab; to take; to catch
erhalten (erhält), erhielt, erhalten to receive; to maintain
erhitzen, erhitzt to heat (8)
erhöhen, erhöht to increase
sich **erholen, erholt** to recuperate (11)
erinnern (an + *acc.*), erinnert to remind (*of s.o./s.th.*); to commemorate (*s.o./s.th.*)
sich **erinnern (an + *acc.*) erinnert** to remember (*s.o./s.th.*) (9)
die **Erinnerung, -en** memory, remembrance (4)
sich **erkälten, erkältet** to catch a cold (11)
die **Erkältung, -en** (head) cold (11)
erkennen (erkennt), erkannte, erkannt to recognize; to see
erklären, erklärt to explain (5)
sich **erkundigen (nach + *dat.*), erkundigt** to ask (about), get information (about) (10)
erlauben, erlaubt to permit, allow (7)
die **Erlaubnis, -se** permission
erleben, erlebt to experience (10)
das **Erlebnis, -se** experience (4)
erledigen, erledigt to take care of; to handle; to settle
erleiden (erleidet), erlitt, erlitten to suffer
erlösen, erlöst to rescue, free (9)
ermitteln, ermittelt to investigate
ermorden, ermordet to murder
sich **ernähren, ernährt** to eat, get nourishment
die **Ernährung** nutrition; diet
ernst serious(ly); **ernst nehmen** to take seriously
ernsthaft serious(ly) (B)
eröffnen, eröffnet to open (9); **ein Konto eröffnen** to open a bank account (5)
erreichen, erreicht to reach; to achieve (12)
das **Erscheinungsjahr, -e** year of publication/release
erschießen (erschießt), erschoss, erschossen to shoot dead
erschrecken, erschreckt to scare, frighten
erst first; not until (4); **am ersten Oktober** on the first of October (4); **der erste Oktober** the first of October (4); **erst mal** for now; **erst um vier Uhr** not until four o'clock (4); **erste Hilfe** first aid; **erster Klasse fahren** to travel first class (5, 10); **im ersten Stock** on the second floor (6); **zum ersten Mal** for the first time (4)

erstarren, ist erstarrt to stand paralyzed
erstaunen, erstaunt to astonish
erstens firstly
ersticken, ist erstickt to suffocate
ertrinken (ertrinkt), ertrank, ist ertrunken to drown
erwachsen grown-up
erwarten, erwartet to expect (12)
die **Erwartung, -en** expectation
erzählen, erzählt to tell (3, 5); **Witze erzählen** to tell jokes (3)
erziehen (erzieht), erzog, erzogen to raise, bring up; to educate
die **Erziehung** upbringing; education
der/die **Erziehungsberechtigte, -n (ein Erziehungsberechtigter)** parent or legal guardian
die **Erziehungswissenschaft, -en** education (*academic subject*)
es (*pron., neut. nom./acc.*) it
der **Esel, -** donkey
der **Essay, -s** essay
essen (isst), aß, gegessen to eat (2, 4); **essen gehen** to go to a restaurant; **zu Abend essen** to dine, have dinner (4); **zu Mittag essen** to eat lunch (3)
das **Essen** food
die **Essgewohnheit, -en** eating habit
der **Essig** vinegar (8)
die **Essiggurke, -n** pickle
das **Esszimmer, -** dining room (6)
(das) **Estland** Estonia
etablieren, etabliert to establish
die **Etage, -n** floor; story
etc. = **et cetera** etc.
die **Ethnologie** ethnology
etwas something, anything (2, 4, 5); somewhat; **etwas Interessantes/Neues** something interesting/new (4); **haben Sie etwas dagegen?** do you have something for it? (*illness*) (11); **sonst noch etwas?** anything else? (5)
die EU = **Europäische Union** European Union
euch (*infor. pl. pron., dat./acc.*) you; yourselves
euer, eu(e)re (*infor. pl.*) your (2)
die **Eule, -n** owl
der **Euro, -** euro (*European monetary unit*) (7)
die **Eurocard** *European credit card*
das **Eurogebiet** *countries of the European Union in which the euro is the unit of currency*
(das) **Europa** Europe (B)
europäisch European (*adj.*)
die **Europäische Union (EU)** European Union
die **Euroscheckkarte, -n** Eurocheque Card (*debit card*) (12)
die **Eurozone** = das **Eurogebiet**
e.V. = **eingetragener Verein** registered organization
ewig eternal(ly)
die **Ewigkeit** eternity; **in alle Ewigkeit** for all eternity
Ex- ex-
existieren, existiert to exist
exotisch exotic(ally) (7)
die **Explosion, -en** explosion
explosiv explosive(ly)
der **Exportartikel, -** export article
der **Expressionist, -en** (*wk.*) / die **Expressionistin, -nen** expressionist
extensiv extensive(ly)
extra extra; additional; separate(ly); in addition (10)

die **Fabrik, -en** factory (6)
das **Fach, ¨-er** academic subject (1)
der **Facharbeiter, -** / die **Facharbeiterin, -nen** trade/skilled worker
der **Fachleistungskurs, -e** extension course
das **Fachwerk** half-timbered construction
fähig able, capable
die **Fähigkeit, -en** ability, capability
fahren (fährt), fuhr, ist/hat gefahren to drive; to ride (2); **Auto fahren** to drive a car; **erster Klasse fahren** to travel first class (10); **Fahrrad/Rad fahren** to ride a bicycle (6); **Kanu fahren** to go canoeing (10); **Motorrad fahren** to ride a motorcycle (1); **Ski fahren** to ski (3)
Fahrenheit Fahrenheit (B); **18 Grad Fahrenheit** 18 degrees Fahrenheit (B)
der **Fahrer, -** / die **Fahrerin, -nen** driver (7)
der **Fahrgast, ¨-e** passenger
die **Fahrkarte, -n** ticket (4)
der **Fahrkartenschalter, -** ticket window; ticket counter (7)
der **Fahrlehrer, -** / die **Fahrlehrerin, -nen** driving instructor
der **Fahrplan, ¨-e** schedule (*train, bus, etc.*)
das **Fahrrad, ¨-er** bicycle (2, 7); **Fahrrad fahren** to ride a bicycle
der **Fahrradhelm, -e** bicycle helmet (5)
das **Fahrschulauto, -s** driving school car
die **Fahrschule, -n** driving school
der **Fahrstuhl, ¨-e** elevator, lift
die **Fahrstunde, -n** driving lesson
die **Fahrt, -en** trip (10); **die einfache Fahrt** one-way trip (10)
das **Fahrzeug, -e** vehicle (11)
der/das **Fakt, -en** fact
der **Fall, ¨-e** fall; case; **auf jeden Fall** by all means (4);
fallen (fällt), fiel, ist gefallen to fall (9); **fallen lassen** to drop; **in Ohnmacht fallen** to faint (11); **ins Auge fallen** to catch the eye, be noticeable; **schwer fallen** (+ *dat.*) to seem/feel difficult (*to s.o.*)
fällig due
falls (*subord. conj.*) if; in case
falsch wrong(ly); false(ly) (2)
familiär family (*adj.*); familiar, informal
die **Familie, -n** family (B)
das **Familienfest, -e** family celebration (4)
das **Familienmitglied, -er** family member (10)
der **Familienname, -n** (*wk.*) family name (A, 1)
der **Familienstand** marital status (1)
der **Fan, -s** fan; enthusiast
der **Fanatiker, -** / die **Fanatikerin, -nen** fanatic (12)
fangen (fängt), fing, gefangen to catch
das **Fangen** tag (*children's game*)
die **Fantasie, -n** fantasy
fantastisch fantastic(ally)
die **Farbe, -n** color (A, 1); **welche Farbe hat ...?** what color is . . . ? (A)
fassen, gefasst to grab, grasp; **einen Entschluss fassen** to make a decision
fast almost (5)
fasten, gefastet to fast
das **Fast Food** fast food
fasziniert fascinated
faul lazy, lazily (3)
faulenzen, gefaulenzt to take it easy, be lazy
die **Fauna** fauna; animal life
das **Fax, -e** fax (2)
das **Faxgerät, -e** fax machine
der **Februar** February (B)
die **Fee, -n** fairy (9)
fegen, gefegt to sweep (5)
fehlen (+ *dat.*), **gefehlt** to lack; to be missing (6); to be wrong with, be the matter with (*a person*) (11)
die **Feier, -n** celebration, party (9)
der **Feierabend, -e** evening after work
feiern, gefeiert to celebrate (5)
der **Feiertag, -e** holiday (4)
fein fine(ly) (8)
der **Feind, -e** / die **Feindin, -nen** enemy
das **Feld, -er** field (7)
der **Felsen, -** rock; cliff
das **Felsenriff, -e** (rocky) cliff
das **Fenster, -** window (B); **unter dem Fenster** under the window (5)
die **Fensterbank, ¨-e** windowsill (5)
die **Fensterscheibe, -n** windowpane (9)
der/das **Fenstersims, -e** windowsill
die **Ferien** (*pl.*) vacation (1)
das **Ferienhaus, ¨-er** vacation house (4)
fern·sehen (sieht ... fern), sah ... fern, ferngesehen to watch TV (1)
das **Fernsehen** television
der **Fernseher, -** TV set (2)
der **Fernsehfilm, -e** TV movie (12)
der **Fernsehreporter, -** / die **Fernsehreporterin, -nen** TV reporter (5)
der **Fernsehsender, -** TV broadcaster; TV station
die **Fernsehsendung, -en** TV program; TV broadcast
das **Fernsehzimmer, -** TV room (10)
fertig ready; finished (3)
fest stiff(ly); steady; fixed
das **Fest, -e** party; festival (4)
fest·halten (hält ... fest), hielt ... fest, festgehalten to hold on to
fest·legen, festgelegt to arrange; to establish
fest·schnallen, festgeschnallt to fasten
fest·stehen (steht ... fest), stand ... fest, festgestanden to stand fast

fest·stellen, festgestellt to establish (10); to detect; to realize
der **Fetakäse** feta cheese
die **Fete, -n** (*coll.*) party
fett fatty, fat; **fette Jahre** good times; years of plenty
fettig fat(ty), greasy (8, 11)
feucht damp; humid (B)
das **Feuer, -** fire (9)
die **Feuerwehr** fire department (11)
das **Fieber** fever (11)
die **Figur, -en** figure; character (12)
der **Film, -e** film (2)
filmen, gefilmt to film
finanziell financial(ly)
finanzieren, finanziert to finance; to pay for
finden (findet), fand, gefunden to find (2); **wie findest du das?** how do you like that?
der **Finger, -** finger (11)
der **Fingernagel, ¨** fingernail (11)
(das) **Finnland** Finland (B)
die **Firma, Firmen** company, firm (3)
der **Fisch, -e** fish (8)
fischen, gefischt to fish
das **Fischfilet, -s** fish fillet
die **Fläche, -n** surface; area (7)
die **Flamme, -n** flame
die **Flasche, -n** bottle (5)
der **Flaschenöffner, -** bottle opener (8)
die **Fledermaus, ¨e** bat (10)
das **Fleisch** meat (8)
das **Fleischchuechli** rissole, meatball, hamburger patty
fleischig meaty
fleißig industrious(ly); diligent(ly) (12)
flexibel flexible, flexibly (5)
die **Fliege, -n** fly (8)
fliegen (fliegt), flog, ist/hat geflogen to fly (1)
fliehen (flieht), floh, ist geflohen to flee
fließen (fließt), floss, ist geflossen to flow (7)
flippig (*coll.*) perky
flirten, geflirtet to flirt
der **Floh, ¨e** flea
der **Flohmarkt, ¨e** flea market (2)
die **Flora** flora; plant life
fluchen, geflucht to curse, swear (11)
die **Flucht** flight; escape
flüchten (vor + *dat.***), ist geflüchtet** to flee (from) (11)
der **Flüchtling, -e** refugee (12)
der **Flug, ¨e** flight (7)
der **Flugbegleiter, -** / die **Flugbegleiterin, -nen** flight attendant
der **Flughafen, ¨** airport (6)
der **Flugsteig, -e** gate (*at an airport*)
das **Flugzeug, -e** airplane (7)
der **Flur, -e** hallway
der **Fluss, ¨e** river (7)
flüssig (*adj.*) liquid; flowing
flüstern, geflüstert to whisper
die **Focus-Frage, -n** focus question
der **Föhn, -e** föhn (*warm, dry alpine wind*); blow-dryer, hair-dryer
föhnen, geföhnt to blow-dry; **sich (die Haare) föhnen** to blow-dry (one's hair) (11)
die **Folge, -n** consequence, result; sequence
folgen (+ *dat.*), **ist gefolgt** to follow
folgend following
das **Footballspiel, -e** football game
fördern, gefördert to promote (12)
die **Forderung, -en** demand
die **Forelle, -n** trout (8)
die **Form, -en** form
die **Formalität, -en** formality (12)
das **Formular, -e** form (12)
der **Forscher, -** / die **Forscherin, -nen** researcher
fort·rennen (rennt ... fort), rannte ... fort, ist fortgerannt to run away
fort·setzen, fortgesetzt to continue
die **Fortsetzung, -en** continuation
das **Foto, -s** photo (1)
der **Fotoapparat, -e** camera
die **Fotografie** photography
fotografieren, fotografiert to take pictures (4)
die **Frage, -n** question (A); **eine Frage stellen** to ask a question (A, 5)
fragen, gefragt to ask; **fragen nach** (+ *dat.*) to inquire about; **nach dem Weg fragen** to ask for directions; **sich fragen (ob)** to wonder (whether)
der **Franken, -** (Swiss) franc (7)
Frankfurter (*adj.*) (of) Frankfurt
(das) **Frankreich** France (B)
der **Franzose, -n** (*wk.*) / die **Französin, -nen** French (*person*) (B)
französisch French (*adj.*)
(das) **Französisch** French (*language*) (B)
(das) **Französisch-Guayana** French Guiana
die **Frau, -en** woman; Mrs., Ms. (A); wife (B)
die **Frauensache, -n** woman's job, woman's concern
frei free(ly); empty, available (3); **in freier Natur** out in the open (country) (10); **ist hier noch frei?** is this seat available? (8)
frei·geben (gibt ... frei), gab ... frei, freigegeben to release; to pass
frei·haben (hat ... frei), hatte ... frei, freigehabt to have free; to have time off
frei·lassen (lässt ... frei), ließ ... frei, freigelassen to set free; to let go
das **Freilichtmuseum, -museen** open-air museum
der **Freitag, -e** Friday (1)
freiwillig voluntary; optional; voluntarily, willingly
die **Freizeit** leisure time (1)
die **Freizeitbeschäftigung, -en** leisure activity
fremd foreign
der/die **Fremde, -n (ein Fremder)** stranger; foreigner
das **Fremdenverkehrsamt, ¨er** tourist bureau (10)
die **Fremdsprache, -n** foreign language (9)
fressen (frisst), fraß, gefressen to eat (*said of animals*) (9)
die **Freude, -n** joy; pleasure (9)
sich **freuen, gefreut (über +** *acc.***)** to be happy (about) (11); **(auf +** *acc.***)** to look forward (to)
der **Freund, -e** / die **Freundin, -nen** friend; boyfriend/girlfriend (A)
freundlich friendly (B); **mit freundlichen Grüßen** regards (10)
freundschaftlich friendly
freundschaftsbezogen inclined towards friendship
der **Frieden, -** peace
der **Friedhof, ¨e** cemetery
frieren (friert), fror, gefroren to freeze
das **Frisbee, -s** Frisbee
frisch fresh(ly) (8)
der **Friseur, -e** / die **Friseurin, -nen** hairdresser (5); **zum Friseur gehen** to go to the hair salon
die **Friseuse, -n** (female) hairdresser
die **Frisur, -en** hairstyle
froh happy; cheerful
fröhlich happy, happily; cheerful(ly)
der **Frosch, ¨e** frog (9)
„Der Froschkönig" "The Frog Prince" (*fairy tale*)
früh early (1); in the morning (4); **bis um vier Uhr früh** until four in the morning (4)
das **Frühjahr, -e** spring
der **Frühjahrsputz** spring cleaning (6)
der **Frühling, -e** spring (B); **im Frühling** in the spring (B)
die **Frühlingsrolle, -n** spring roll
frühmorgens early in the morning
das **Frühstück, -e** breakfast (2, 8)
frühstücken, gefrühstückt to eat breakfast (1)
das **Frühstückszimmer, -** breakfast room (10)
frühzeitig early
frustriert frustrated (3)
(sich) **fühlen, gefühlt** to feel; to touch (3, 11); **ich fühle mich wohl** I feel well (3, 11); **wie fühlst du dich?** how do you feel? (3)
führen, geführt to lead; **Krieg führen** to wage war
führend leading; prominent
der **Führer, -** leader
der **Führerschein, -e** driver's license (4)
die **Führung, -en** guided tour (10)
die **Führungsposition, -en** leadership position
füllen, gefüllt to fill
fünf five (A)
die **Fünf: eine Fünf** poor (*school grade*)
fünft- fifth (4)
fünfundzwanzig twenty-five (A)
fünfzehn fifteen (A)
fünfzehnt- fifteenth
fünfzig fifty (A)
funkeln, gefunkelt to sparkle; to glitter
funkelnagelneu (*coll.*) brand-new
die **Funktion, -en** function
funktionieren, funktioniert to work, function
funktionstüchtig in (good) working order

für (+ *acc.*) for (2); **Tag für Tag** day after day; **was für ...?** what kind of . . . ?; **was für eins?** what kind?
furchtbar terrible, terribly (4)
sich **fürchten (vor** + *dat.***), gefürchtet** to be afraid (of) (10)
fürs = **für das** for the
der **Fuß, ¨-e** foot (B); **mit dem linken Fuß aufstehen** to get up on the wrong side of bed (4); **zu Fuß** on foot (3)
der **Fußball, ¨-e** soccer ball; soccer (A, 1)
der **Fußballplatz, ¨-e** soccer field
der **Fußballspieler, -** / die **Fußballspielerin, -nen** soccer player (9)
das **Fußballstadion, -stadien** soccer stadium (10)
das **Fußballtraining** soccer training
der **Fußboden, ¨-** floor
der **Fußgänger, -** / die **Fußgängerin, -nen** pedestrian (7)
der **Fußgängerweg, -e** sidewalk (7)
die **Fußgängerzone, -n** pedestrian mall (10)
das **Futter** feed; fodder
füttern, gefüttert to feed (9)

die **Gabel, -n** fork (8)
der **Gang, ¨-e** gear (7)
ganz whole; entire(ly); quite; rather (2); **den ganzen Tag** all day long, the whole day (1); **die ganze Nacht** all night long (3); **ganz gut** quite good; **ganz in der Nähe** very near; **ganz schön viel** quite a bit (3); **ganz und gar nicht** absolutely not, not at all
die **Ganztagsschule, -n** all-day school
gar: gar nicht not at all, not a bit (3); **ganz und gar nicht** absolutely not, not at all; **gar kein(e)** no . . . at all; **gar nichts** nothing at all
die **Garage, -n** garage (6)
das **Garagenvordach, ¨-er** garage canopy
der **Garten, ¨-** garden; yard (4, 6); **im Garten** in the garden (4)
der **Gartenschlauch, ¨-e** garden hose (6)
die **Gärtnerei, -en** nursery (gardening business)
die **Gasse, -n** narrow street; alley (10)
Gassi: Gassi gehen (*coll.*) to walk the dog
der **Gast, ¨-e** guest; patron, customer
der **Gastarbeiter, -** / die **Gastarbeiterin, -nen** foreign worker
das **Gästehaus, ¨-er** bed-and-breakfast (inn) (10)
die **Gastfamilie, -n** host family
das **Gastland, ¨-er** host country
die **Gastronomie** restaurant trade; gastronomy
die **Gaststätte, -n** restaurant (5); **in der Gaststätte** at the restaurant (5)
der **Gaul, ¨-e** horse
das **Gebäude, -** building (6)
geben (gibt), gab, gegeben to give (6); **(in** + *acc.***)** to put (into) (8); **es gibt ...** there is/are . . . (6); **geben Sie mir ...** give me . . . (A); **gibt es ...?** is/are there . . . ? (A, 6); **Nachhilfe geben** to tutor (3); **sich einen Termin geben lassen** to get an appointment (11)
das **Gebiet, -e** region; area
das **Gebirge, -** (range of) mountains (7)
geboren (*p.p. of* **gebären**) born (1); **wann sind Sie geboren?** when were you born? (1)
geborgen protected (12)
gebraten (*p.p. of* **braten**) roasted; broiled; fried (8); **gebratene Eier** (*pl.*) fried eggs (8)
der **Gebrauch, ¨-e** use (12)
gebrauchen, gebraucht to use
der **Gebrauchtwagen, -** used car (7)
gebückt (*p.p. of* **bücken**) bent over; **in gebückter Haltung** bending over, bending forward
die **Geburt, -en** birth
der **Geburtstag, -e** birthday (1, 2); **zum Geburtstag** for someone's birthday (2)
die **Geburtstagskarte, -n** birthday card (2)
der **Gedanke, -n** (*wk.*) thought
das **Gedicht, -e** poem (3)
geduldig patient(ly) (12)
geehrt (*p.p. of* **ehren**) honored; dear (10); **sehr geehrte Frau** dear Ms. (10); **sehr geehrter Herr** dear Mr. (10)
gefährlich dangerous (10)
gefallen (+ *dat.*) **(gefällt), gefiel, gefallen** to be to one's liking; to please (6); **es gefällt mir** I like it; it pleases me (6)
die **Gefälligkeit, -en** favor
gefälscht (*p.p. of* **fälschen**) fake; forged
die **Gefangenschaft** imprisonment, captivity
das **Gefängnis, -se** prison; jail (6)
das **Geflügel** poultry (8)
das **Gefrierfach, ¨-er** freezer compartment
die **Gefriertruhe, -n** freezer (8)
das **Gefühl, -e** feeling (3)
gegen (+ *acc.*) against (9)
die **Gegend, -en** area (10)
der **Gegensatz, ¨-e** opposite; contrast
der **Gegenstand, ¨-e** object
gegenüber opposite; across (6); **(von** + *dat.***)** across from (10); **gleich gegenüber** right across the way (6)
gegrillt (*p.p. of* **grillen**) broiled; barbecued (8)
der **Geheimdienst** secret service
das **Geheimnis, -se** secret (5)
die **Geheimzahl, -en** secret PIN (personal identification number) (12)
gehen (geht), ging, ist gegangen to go; to walk (A); **einkaufen gehen** to go shopping (1, 5); **geht das?** is that okay?; **ich gehe lieber ...** I'd rather go . . . (2); **in die Berge gehen** to go to the mountains (1); **ins Bett gehen** to go to bed (1); **ins Museum gehen** to go to the museum (1); **nach Hause gehen** to go home (1); **spazieren gehen** to go for a walk (1); **wie geht es dir?** (*infor.*) / **wie geht es Ihnen?** (*for.*) how are you?
das **Gehirn, -e** brain (11)
gehören (+ *dat.*), **gehört** to belong to (*s.o.*) (6)
gehörlos deaf
die **Gehwegplatte, -n** stepping stone; paving stone
die **Geige, -n** violin (3)
der **Geist, -er** spirit; mind
geisteswissenschaftlich pertaining to the arts/humanities
geistig mental; intellectual; **geistige Verfassung** mental state
gekocht (*p.p. of* **kochen**) boiled (8); **gekochte Eier** (*pl.*) boiled eggs (8)
das **Gel, -s** gel
gelb yellow (A)
das **Geld** money (2)
der **Geldautomat, -en** (*wk.*) automatic teller machine (ATM) (12)
die **Geldbörse, -n** purse; wallet
der **Geldschein, -e** note, bill (*of currency*) (12)
die **Gelegenheit, -en** opportunity; occasion
gelegentlich occasional(ly)
der/die **Geliebte, -n (ein Geliebter)** lover, beloved (*person*) (3)
gelingen (gelingt), gelang, ist gelungen to succeed
gelten (gilt), galt, gegolten to be valid; to be regarded
das **Gemälde, -** painting (12)
gemäßigt moderate
die **Gemeinde, -n** community
gemeinsam together; common (11)
die **Gemeinschaft, -en** community; coexistence
das **Gemisch, -e** mixture
gemischt (*p.p. of* **mischen**) mixed (8)
das **Gemüse, -** vegetable (8)
gemütlich comfortable, cozy (12)
genau exact(ly) (B)
genauso just as
die **Generation, -en** generation
generell general(ly)
Genfer (*adj.*) (of) Geneva; **der Genfer See** Lake Geneva
der **Genforscher, -** / die **Genforscherin, -nen** geneticist
genießen (genießt), genoss, genossen to enjoy
der **Genitiv, -e** genitive
genug enough (4)
genügend sufficient(ly)
das **Genus, Genera** gender
die **Geografie** geography (7)
das **Gepäck** luggage, baggage (10)
der **Gepard, -e** cheetah (10)
gepflegt well-groomed
gerade right now; just (at the moment); straight; upright; **gerade stellen** to straighten (3); **die Bücher gerade stellen** to straighten the books
geradeaus straight ahead (10)
das **Gerät, -e** appliance (8)
geräuchert (*p.p. of* **räuchern**) smoked (8)
das **Geräusch, -e** sound, noise (9)
das **Gericht, -e** dish (8); court(house) (5); **auf dem Gericht** at the courthouse (5)
gering low; minor
der **Germane, -n** (*wk.*) / die **Germanin, -nen** Teuton, ancient German

gern(e) gladly; willingly; with pleasure; (*with verb*) to like to (1, 5); **ich habe ... gern** I like (*s.o./s.th.*); **ich hätte gern** I would like to (have) (*s.th.*) (5); **wir singen gern** we like to sing (1)
der **Geruch, ⁻̈e** smell, odor
gesalzen salted (8)
gesamt whole; entire
der **Gesamtstaat, -en** combined state, combined nation
der **Gesang** singing
das **Geschäft, -e** store; shop (2)
geschäftlich (*relating to*) business; **geschäftlich unterwegs sein** to be away on business
der **Geschäftsbrief, -e** business letter (10)
der **Geschäftsführer, -** / die **Geschäftsführerin, -nen** manager (8)
die **Geschäftsleute** (*pl.*) businesspeople (7)
die **Geschäftsreise, -n** business trip (7)
geschehen (geschieht), geschah, ist geschehen to happen; to occur
das **Geschenk, -e** present, gift (2)
die **Geschichte, -n** history (1); story
die **Geschichtsklausur, -en** history exam
das **Geschirr** (*sg.*) dishes (4, 5); **Geschirr spülen** to wash the dishes (4)
der **Geschirrschrank, ⁻̈e** cupboard
die **Geschirrspülmaschine, -n** dishwasher (5)
geschlechtertypisch gender-typical, typical for a particular sex
geschlossen (*p.p. of* **schließen**) closed (4)
der **Geschmack, ⁻̈e** taste
das **Geschmeide, -** jewelry
die **Geschwister** (*pl.*) brother(s) and sister(s), siblings (B)
der **Gesellenbrief, -e** journeyman's diploma, certificate of completed apprenticeship
die **Gesellenprüfung, -en** examination for an apprentice to become a journeyman
die **Geselligkeit** sociability; conviviality
die **Gesellschaft, -en** society; company; association (12)
das **Gesetz, -e** law
gesetzlich legal(ly); **gesetzliches Zahlungsmittel** legal tender
das **Gesicht, -er** face (B)
das **Gespräch, -e** conversation
die **Gestalt, -en** form; shape
gestalten, gestaltet to form, fashion
das **Geständnis, -se** confession
gestern yesterday (4); **gestern Abend** last night (4)
gestresst (*p.p. of* **stressen**) under stress; stressed out
gesund healthy (11)
die **Gesundheit** health (11)
die **Gesundheitskasse, -n** health insurance company
das **Getränk, -e** beverage (8)
getrennt (*p.p. of* **trennen**) separate(ly); on separate checks (*in a restaurant*) (5)
das **Getto, -s** ghetto
die **Gewalt** violence; force (12)
gewaltbereit ready for violence
das **Gewaltdelikt, -e** violent offense
gewaltig powerful
die **Gewalttat, -en** act of violence
die **Gewaltverherrlichung, -en** glorification of violence
das **Gewehr, -e** rifle
das **Gewicht, -e** weight
gewinnen (gewinnt), gewann, gewonnen to win; to gain (4)
gewiss certain(ly)
das **Gewitter, -** storm; thunderstorm
sich **gewöhnen (an +** *acc.***), gewöhnt** to get used to, get accustomed to (11)
die **Gewohnheit, -en** habit
das **Gewürz, -e** spice; seasoning (8)
gierig greedy, greedily
gießen (gießt), goss, gegossen to pour; to water (3, 8); **die Blumen gießen** to water the flowers (3)
die **Gießkanne, -n** watering can (6)
giftig poisonous (9)
der **Gipfel, -** peak, mountaintop (7)
der **Gips** cast; plaster (11)
die **Giraffe, -n** giraffe (10)
das **Girokonto, -konten** checking account (12)
die **Gitarre, -n** guitar (1)
glänzend shining
das **Glas, ⁻̈er** glass (5, 9)
gläsern (*adj.*) (made of) glass (9)
die **Glatze, -n** bald head
glauben (an + *acc.***), geglaubt** to believe (in) (2)
gleich (*adj.*) same, equal; (*adv.*) right away, immediately; directly; just (4, 6); **gleich gegenüber** right across the way (6); **gleich um die Ecke** right around the corner (6)
die **Gleichberechtigung** equal rights
das **Gleis, -e** (set of) train tracks (10)
gleiten (gleitet), glitt, ist geglitten to glide
der **Gletscher, -** glacier (7)
das **Glied, -er** limb
die **Glotze, -n** (*coll.*) TV
das **Glück** luck; happiness (3); **Glück haben** to have luck, be lucky; **viel Glück!** lots of luck! good luck! (3)
glücklich happy, happily (B)
die **Glückszahl, -en** lucky number
gnädig gracious, kind, dear; **gnädige Frau** *very formal way of addressing a woman*
golden gold(en)
der **Goldfisch, -e** goldfish (11)
das **Golf** golf (1)
der **Golf** *VW car model*
der **Gott, ⁻̈er** god (12); **Gott sei Dank!** thank God! **grüß Gott!** hello! (*for.; southern Germany, Austria*)
der **Gourmet, -s** gourmet
der **Gouverneur, -e** governor
das **Grab, ⁻̈er** grave, tomb
graben (gräbt), grub, gegraben to dig
der **Grad, -e** degree (B); **18 Grad Celsius/ Fahrenheit** 18 degrees Celsius/Fahrenheit (B)
die **Grafik, -en** drawing; graphic(s)
der **Grafiker, -** / die **Grafikerin, -nen** graphic designer
der **Gral** the (Holy) Grail
die **Grammatik, -en** grammar (A)
das **Gras, ⁻̈er** grass
gratulieren (+ *dat.*), **gratuliert** to congratulate (2)
grau gray (A)
graugrün grayish green (7)
grausam cruel(ly) (9)
greifen (greift), griff, gegriffen to grab, grasp (11); **(nach +** *dat.***)** to reach for
grell gaudy, shrill; cool, neat (2)
die **Grenze, -n** border
grenzen (an + *acc.***), gegrenzt** to border (on)
der **Grieche, -n** (*wk.*) / die **Griechin, -nen** Greek (*person*)
(das) **Griechenland** Greece (B)
griechisch Greek (*adj.*)
(das) **Griechisch** Greek (*language*)
der **Grill, -s** grill, barbecue (8)
grillen, gegrillt to grill; to barbecue
grinsen, gegrinst to grin
die **Grippe, -n** influenza, flu (11)
groß large, big; tall (B); **ziemlich groß** pretty big (2)
großartig magnificent(ly)
(das) **Großbritannien** Great Britain (B)
die **Größe, -n** size; height (1)
die **Großeltern** (*pl.*) grandparents (B)
der **Großglockner** *mountain peak in Austria*
die **Großmutter, ⁻̈** grandmother (B)
der **Großvater, ⁻̈** grandfather (B)
grüezi! hi! (*Switzerland*) (A)
grün green (A)
der **Grund, ⁻̈e** reason; basis; **im Grunde** in principle; basically
gründen, gegründet to found
gründlich thorough(ly)
grundsätzlich in principle; fundamental(ly)
die **Grundschule, -n** elementary school (4)
das **Grundschulniveau, -s** elementary school level
der **Grundstein, -e** foundation stone
das **Grundstück, -e** property, lot (*land*)
das **Grundwasser** groundwater
das **Grundwissen** basic knowledge
der **Grünkohl** kale
die **Gruppe, -n** group
gruppieren, gruppiert to arrange
die **Gruppierung, -en** grouping; faction
der **Gruselfilm, -e** horror film (2)
der **Gruß, ⁻̈e** greeting (10); **mit freundlichen Grüßen** regards (10)
grüßen, gegrüßt to greet; to say hello to (11); **grüß dich!** hi! (*infor; southern Germany, Austria*); **grüß Gott!** hello! (*for.; southern Germany, Austria*) (A)

die **Grütze, -n** groats; **rote Grütze** *red fruit pudding*
gucken, geguckt (*coll.*) to look (at)
der **Gummibaum, ¨-e** rubber tree
günstig reasonable, reasonably
die **Gurke, -n** cucumber (8); **saure Gurken** (*pl.*) pickles (8)
der **Gürtel, -** belt (2)
gut good; well; **das passt gut** that fits well (11); **das steht dir gut** that looks good on you (2); **es sieht gut aus** it looks good (2); **ganz gut** very good; quite well; **guten Abend!** good evening! (A); **guten Morgen!** good morning! (A); **guten Tag!** good afternoon! hello! (*for.*) (A); **mach's gut!** so long! take care (A)
das **Guthaben, -** bank balance (12)
der **Gymnasiast, -en** (*wk.*) / die **Gymnasiastin, -nen** pupil at a Gymnasium
das **Gymnasium, Gymnasien** high school, college prep school (4)

das **Haar, -e** hair (B, 11); **blondes Haar** blond hair (B); **Haare schneiden** to cut hair (3); **kurzes Haar** short hair (B); **mit dem kurzen/langen Haar** with the short/long hair (A); **sich die Haare föhnen** to blow-dry one's hair (11); **sich die Haare kämmen** to comb one's hair (11)
die **Haarfarbe, -n** hair color (1)
die **Haarlänge, -n** hair length
die **Haarmode, -n** hairstyle
der **Haarschnitt, -e** haircut, hairstyle (2)
der **Haarstreifen, -** strip of hair
haben (hat), hatte, gehabt to have (A); **das ist noch zu haben** that is still available; **er/sie hat ...** he/she has . . . (A); **es eilig haben** to be in a hurry (10); **haben Sie etwas dagegen?** do you have something for it? (*illness*) (11); **hast du ...?** do you have . . . ? (A); **hast du Lust?** do you feel like it? (2); **Heimweh haben** to be homesick; **Hunger haben** to be hungry; **ich habe ... gern** I like (*s.o./s.th.*); **ich hätte gern** I would like (to have) (*s.th.*) (5); **recht haben** to be right
das **Hackfleisch** ground beef (or pork) (8)
der **Hafen, ¨** harbor, port (10)
der **Hahn, ¨-e** rooster
das **Hähnchen, -** (grilled) chicken
der **Hai, -e** shark (10)
der **Haken, -** hook (8)
halb half; **um halb drei** at two thirty (1)
die **Halbinsel, -n** peninsula (7)
die **Hälfte, -n** half (10)
hallo! hi! (*infor.*) (A)
der **Hals, ¨-e** neck; throat (9)
das **Halsbonbon, -s** throat lozenge (11)
die **Halskette, -n** necklace (2, 5)
die **Halsschmerzen** (*pl.*) sore throat (11)
das **Halstuch, ¨-er** scarf; bandanna (1)
halt (*particle*) simply, just
halten (hält), hielt, gehalten to hold (4); to keep; to stop (7); **ein Referat halten** to give a paper or oral report (4); **halten an** (+ *dat.*) to hold onto; **halten für** (+ *acc.*) to consider, think of as; **halten von** (+ *dat.*) to think of (12)
die **Haltestelle, -n** stop (10)
das **Halteverbot, -e** no-stopping zone (7)
die **Haltung, -en** posture
Hamburger (*adj.*) (of) Hamburg
der **Hamburger, -** hamburger
der **Hammer, ¨** hammer (8)
der **Hamster, -** hamster (10)
die **Hand, ¨-e** hand (A, B); **die Hand schütteln** to shake hands (A)
handeln, gehandelt (mit + *dat.***)** to deal (with/in); **(von** + *dat.***)** to be about
das **Handgepäck** carry-on luggage
die **Handlung, -en** action; plot
der **Handschlag, ¨-e** handshake
der **Handschuh, -e** glove (2)
das **Handtuch, ¨-er** hand towel (5)
handwerklich handy (12)
das **Handy, -s** cellular phone (2)
hängen (hängt), hing, gehangen to hang, be in a hanging position (3)
hängen, gehängt to hang (up), put in a hanging position (3); **das Bild an die Wand hängen** to hang the picture on the wall (3)
(das) **Hannover** Hanover
die **Hansestadt, ¨-e** *city that once belonged to the Hanseatic League*
harmlos harmless(ly)
hart hard
die **Hartfaserplatte, -n** hardboard
hartnäckig obstinate(ly), stubborn(ly)
der **Harz** *mountain range in central Germany*
hassen, gehasst to hate (9)
hässlich ugly (2)
häufig often, frequent(ly); common(ly)
die **Hauptaussage, -n** main statement
der **Hauptbestandteil, -e** main component
das **Hauptfach, ¨-er** major; main subject
die **Hauptfigur, -en** main character
die **Hauptperson, -en** central figure
die **Hauptrolle, -n** leading role
die **Hauptsache, -n** main thing
der **Hauptschüler, -** / die **Hauptschülerin, -nen** secondary school student
die **Hauptstadt, ¨-e** capital city (3)
das **Haus, ¨-er** house (1, 2, 6); **nach Hause gehen** to go home (1, 10); **zu Hause sein** to be at home (A, 1, 10)
die **Hausarbeit, -en** housework; homework
der **Hausarrest, -e** house arrest
der **Hausarzt, ¨-e** / die **Hausärztin, -nen** family doctor (11)
die **Hausaufgabe, -n** homework assignment (A)
der **Hausbesitzer, -** / die **Hausbesitzerin, -nen** homeowner
das **Hausboot, -e** houseboat (6)
das **Häuschen, -** small house, cottage
die **Hausfrau, -en** housewife, (*female*) homemaker (12)
hausgemacht homemade
der **Haushalt, -e** household (8, 9); **im Haushalt** in the household (8)
häuslich domestic(ally)
der **Hausmann, ¨-er** (*male*) homemaker (12)
der **Hausmeister, -** / die **Hausmeisterin, -nen** custodian (5)
das **Hausmittel, -** home remedy
die **Hausnummer, -n** house number (1)
der **Hausschlüssel, -** house key (9)
der **Hausschuh, -e** slipper
das **Haustier, -e** pet (10)
die **Haut, ¨-e** skin (3, 11)
Hbf. = der **Hauptbahnhof, ¨-e** main train station
heben (hebt), hob, gehoben to raise; to lift
(das) **Hebräisch** Hebrew
das **Heft, -e** notebook (B)
heftig violent(ly); heated(ly)
heilen, geheilt to cure; to heal (5)
heilig holy; **der Heilige Abend** Christmas Eve
das **Heim, -e** home
die **Heimat, -en** home, hometown, homeland (12)
das **Heimatland, ¨-er** homeland (12)
die **Heimatstadt, ¨-e** hometown (6)
heim·kommen (kommt ... heim), kam ... heim, ist heimgekommen to come home
heimlich secret(ly) (9)
das **Heimweh** homesickness (3); **Heimweh haben** to be homesick (3)
die **Heirat, -en** marriage
heiraten, geheiratet to marry (5)
heiser hoarse(ly)
heiß hot (B)
heißen (heißt), hieß, geheißen to be called, to be named (A); **ich heiße ...** my name is . . . (A); **wie heißen Sie?** (*for.*) / **wie heißt du?** (*infor.*) what's your name? (A)
die **Heizung, -en** heating
helfen (+ *dat.*) **(hilft), half, geholfen** to help (6)
der **Helfer, -** / die **Helferin, -nen** helper
hell light; bright (6)
hellwach wide awake
das **Hemd, -en** shirt (A)
her *direction toward*; (to) here, hither (10)
herauf up (*toward the speaker*)
herauf·holen, heraufgeholt to bring up, retrieve
heraus (aus + *dat.***)** out (of) (10)
heraus·bringen (bringt ... heraus), brachte ... heraus, herausgebracht to bring out; to utter, say
heraus·finden (findet ... heraus), fand ... heraus, herausgefunden to find out
herausfordernd challenging(ly); provocative(ly)
heraus·kommen (kommt ... heraus), kam ... heraus, ist herausgekommen to come out (this way) (10)
heraus·nehmen (nimmt ... heraus), nahm ... heraus, herausgenommen to take out, remove
sich **heraus·stellen, herausgestellt** to turn out
heraus·suchen, herausgesucht to pick out
die **Herbergseltern** (*pl.*) wardens of a youth hostel
der **Herbst, -e** fall, autumn (B)

der **Herd, -e** stove (5)
herein in; inside (10)
herein·holen, hereingeholt to bring in
herein·kommen (kommt ... herein), kam ... herein, ist hereingekommen to come in (this way) (10)
der **Heringssalat, -e** herring salad (8)
her·kommen (kommt ... her), kam ... her, ist hergekommen to come here, come this way (10)
die **Herkunft, ¨-e** origin; nationality (B)
her·laufen (läuft ... her), lief ... her, ist hergelaufen to run here
der **Herr, -en** (*wk.*) Mr.; gentleman (A)
herrlich marvelous(ly), magnificent(ly)
die **Herrschaft, -en** rule; dominion
herrschen, geherrscht to reign, rule
herum around, round about; **um** (+ *acc.*) ... **herum** around
sich **herum·drehen, herumgedreht** to turn (*o.s.*) around
herum·gehen (um + *acc.*) **(geht ... herum), ging ... herum, ist herumgegangen** to go around (*s.th.*)
herum·reisen, ist herumgereist to travel around
herum·schwirren, ist herumgeschwirrt to buzz around
herum·stehen (steht ... herum), stand ... herum, herumgestanden to stand around, loiter
herunter down (*toward the speaker*) (11); off
herunter·klettern, ist heruntergeklettert to climb down (11)
herunter·kommen (kommt ... herunter), kam ... herunter, ist heruntergekommen to come down
herunter·werfen (wirft ... herunter), warf ... herunter, heruntergeworfen to throw down
das **Herz, -en** heart (11)
(das) **Herzegowina** Herzegovina (B)
die **Herzfrequenz, -en** heart rate
der **Herzinfarkt, -e** heart attack
herzlich hearty, heartily
der **Herzog, ¨-e** duke
das **Herzogtum, ¨-er** duchy
die **Herzschmerzen** (*pl.*) heartache (11)
(das) **Hessen** Hessen
die **Hetze** hate campaign
heute today (B, 1); **heute Abend** this evening (2); **heute Morgen** this morning; **welcher Tag ist heute?** what day is today? (1); **welches Datum ist heute?** what is today's date? (4)
heutig (*adj.*) today's; present-day
die **Hexe, -n** witch (7, 9)
hier here (A); **ist hier noch frei?** is this seat available? (8)
hierher (to) here, hither
die **Hilfe, -n** help (11); **erste Hilfe** first aid
hilflos helpless(ly)
der **Hilfsarbeiter, -** / die **Hilfsarbeiterin, -nen** (unskilled) worker
das **Hilfsverb, -en** auxiliary verb
der **Himmel, -** sky; heaven
himmlisch heavenly
hin *direction away from*; (to) there, thither (10); **hin und zurück** there and back; round-trip (5, 10); **wo willst du denn hin?** where are you going? (A)
die **Hin- und Rückfahrt, -en** round-trip (10)
hinab·stürzen, ist hinabgestürzt to fall down; to plummet
hinauf up that way (10)
hinauf·gehen (geht ... hinauf), ging ... hinauf, ist hinaufgegangen to go up (that way) (10)
hinauf·schauen, hinaufgeschaut to look up
hinaus·fahren (fährt ... hinaus), fuhr ... hinaus, ist hinausgefahren to go/drive out
hinaus·schauen, hinausgeschaut to look out
hin·bringen (bringt ... hin), brachte ... hin, hingebracht to take (there)
das **Hindernis, -se** obstacle
hinein in(ward) (9); **(in** + *acc.*) into
hinein·beißen (beißt ... hinein), biss ... hinein, hineingebissen to bite in
hinein·gehen (geht ... hinein), ging ... hinein, ist hineingegangen to go/walk in
hinein·mischen, hineingemischt to mix in
hinein·sehen (sieht ... hinein), sah ... hinein, hineingesehen to look in
hinein·setzen, hineingesetzt to put (*s.th.*) in
sich **hinein·trauen, hineingetraut** to dare to go inside
hin·fahren (fährt ... hin), fuhr ... hin, ist hingefahren to go/drive (that way)
die **Hinfahrt, -en** journey there; outbound journey
hin·fallen (fällt ... hin), fiel ... hin, ist hingefallen to fall down (11)
hin·gehen (geht ... hin), ging ... hin, ist hingegangen to go/walk (that way) (10)
hin·gehören, hingehört to belong
sich **hin·legen, hingelegt** to lie down (11)
hin·schauen, hingeschaut to look
sich **hin·setzen, hingesetzt** to sit down
hin·stellen, hingestellt to put, put down; **sich hinstellen** to stand; to position oneself
hinter (+ *dat./acc.*) behind
hintereinander in a row (3)
der **Hintergrund, ¨-e** background
hinterher·blasen (bläst ... hinterher), blies ... hinterher, hinterhergeblasen to blow behind
hinterher·laufen (läuft ... hinterher), lief ... hinterher, ist hinterherhergelaufen to run behind
hinterher·schleichen (schleicht ... hinterher), schlich ... hinterher, ist hinterhergeschlichen to creep behind
der **Hinterhof, ¨-e** courtyard
hinterlassen (hinterlässt), hinterließ, hinterlassen to leave (behind)
hinüber over that way (10)
hinüber·gehen (geht ... hinüber), ging ... hinüber, ist hinübergegangen to go over (that way) (10)
sich **hinunter·beugen, hinuntergebeugt** to bend over
hinunter·laufen (läuft ... hinunter), lief ... hinunter, ist hinuntergelaufen to run down
hinunter·segeln, ist hinuntergesegelt to sail down
hinzu·fügen, hinzugefügt to add
hinzu·geben (gibt ... hinzu), gab ... hinzu, hinzugegeben to add
der **Hip-Hop** hip-hop
der **Hirschbraten, -** roast venison
historisch historical(ly)
die **Hitze** heat
das **Hobby, -s** hobby (1)
hoch high (6); **hohen Blutdruck haben** to have high blood pressure (11)
das **Hochhaus, ¨-er** high-rise building (6)
hoch·heben (hebt ... hoch), hob ... hoch, hochgehoben to lift up; to raise
hoch·klappen, hochgeklappt to fold up
die **Hochschule, -n** college, university
der **Höchstsatz, ¨-e** maximum amount
die **Hochzeit, -en** wedding
der **Hof, ¨-e** court; courtyard; yard
hoffen, gehofft to hope (3)
hoffentlich hopefully
die **Hoffnung, -en** hope
höflich polite(ly)
die **Höhe, -n** height; amount (*of money*) (12)
der **Höhepunkt, -e** high point, highlight (7)
hohl hollow(ly); empty, emptily
die **Höhle, -n** cave
holen, geholt to fetch, (go) get (9)
(das) **Holland** Holland (B)
holländisch Dutch (*adj.*) (8)
das **Holz, ¨-er** wood (12)
der **Holzbalken, -** wooden beam
die **Holzschindel, -n** wooden shingle
homogen homogeneous(ly)
der **Honda** *make of car*
der **Honig** honey (8)
hoppla! oops! oh boy!
hören, gehört to hear; to listen (1); **(auf** + *acc.*) to listen to; **wieder hören** to hear again (6)
das **Hörgerät, -e** hearing aid
das **Hörnchen, -** croissant (8)
der **Horrorfilm, -e** horror film
die **Hose, -n** pants, trousers (A)
das **Hotel, -s** hotel (2, 5); **im Hotel** at the hotel (5)
die **H. T.** = die **Herald Tribune**
hübsch pretty (A, 2)
der **Hügel, -** hill (7)
das **Huhn, ¨-er** chicken
die **Hühnersuppe, -n** chicken soup
die **Humanmedizin** human medicine
der **Hummer, -** lobster (8)
humorvoll humorous(ly)
der **Hund, -e** dog (2)
das **Hundefutter** dog food (5)
die **Hunderasse, -n** breed of dog
hundert hundred (A)
hundertst- hundredth (4)
der **Hunger** hunger (3); **Hunger haben** to be hungry (3)

hungrig hungry (9)
die **Hupe, -n** horn (7)
hupen, gehupt to honk (7)
der **Husten, -** cough (11)
das **Hustenbonbon, -s** cough drop (11)
der **Hustenreiz** need to cough
der **Hustensaft, ¨-e** cough syrup (11)
der **Hut, ¨-e** hat (A)
hüten, gehütet to look after; to watch

der **ICE** = der **Intercityexpresszug, ¨-e** intercity express train
ich I
ideal ideal(ly) (12)
die **Idee, -n** idea (10)
identifizieren, identifiziert to identify
die **Identität, -en** identity
das **Idol, -e** idol
das **Iglu, -s** igloo (6)
ihm him, it (*dat.*)
ihn him, it (*acc.*) (2)
ihnen them (*dat.*)
Ihnen you (*for. dat.*)
ihr you (*infor. nom. pl.*); her, it (*dat.*)
ihr(e) her, its; their (1, 2)
Ihr(e) your (*for.*) (B, 2)
illegal illegal(ly) (12)
illusionslos without illusions
illustrieren, illustriert to illustrate
im = **in dem** in the
das **Image, -s** image
immer always (3); **immer mehr** more and more; **immer noch** still
impfen (gegen + *acc.*)**, geimpft** to vaccinate (against) (10)
das **Importland, ¨-er** importer, country that imports
in (+ *dat./acc.*) in; into; at (A, 4); **im Café** at the café (4); **im ersten Stock** on the second floor (6); **im Garten** in the garden (4); **im Januar** in January (B); **in den Bergen wandern** to hike in the mountains (1); **in der Woche** during the week (1); **in die Berge gehen** to go to the mountains (1); **ins Kino gehen** to go to the movies (1)
inbegriffen included (10)
indem (*subord. conj.*) while; as
indirekt indirect(ly)
indisch Indian (*adj.*)
individuell individual(ly)
die **Indologie** *study of languages and culture of India*
die **Industrie, -n** industry
ineinander: sich ineinander verlieben to fall in love with each other
der **Infinitiv, -e** infinitive
sich **infizieren, infiziert** to get infected
die **Informatik** computer science (1)
die **Information, -en** (piece of) information (4)
(sich) **informieren (über** + *acc.*)**, informiert** to inform (*o.s.*) (about) (10)
der **Ingenieur, -e** / die **Ingenieurin, -nen** engineer (5)
der **Inhalt, -e** contents
inkl. = **inklusive** included (*utilities*) (6)
das **Inline-Skaten** inline skating
der **Inliner, -** inline skate
die **Innenstadt, ¨-e** downtown (6)
(das) **Innerasien** Central Asia
das **Innere (ein Inneres)** inside
ins = **in das** in(to) the
die **Insel, -n** island (7)
insgesamt altogether
der **Inspektor, -en** / die **Inspektorin, -nen** inspector
installieren, installiert to install
das **Institut, -e** institute
die **Institution, -en** institution
das **Instrument, -e** instrument (12)
die **Integration, -en** integration (12)
intelligent intelligent (B)
die **Intelligenz, -en** intelligence (12)
intensiv intensive(ly)
die **Interaktion, -en** interaction
der **Intercity(zug)** intercity train
interessant interesting (7)
das **Interesse, -n** interest (5); **Interesse haben (an** + *dat.*) to be interested (in) (5)
interessieren, interessiert to interest (5); **sich interessieren (für** + *acc.*) to be interested (in) (5)
das **Internat, -e** boarding school
international international(ly)
das **Internet** internet
das **Internet-Banking** internet banking
das **Internet-Marketing** internet marketing
das **Interview, -s** interview (4)
interviewen, interviewt to interview (12)
inzwischen in the meantime, meanwhile
der **Iran** Iran
irgendetwas something; anything
irgendjemand someone; anyone
irgendwas something; anything
irgendwelch- some; any (5)
(das) **Irland** Ireland (B)
ironisch ironic(ally)
(das) **Israel** Israel (B)
(das) **Italien** Italy (B)
italienisch Italian (*adj.*)
(das) **Italienisch** Italian (*language*) (B)

ja yes; indeed (4); **das ist es ja!** that's just it! (4); **na ja** oh well; **wenn ja** if so
die **Jacke, -n** jacket (A)
die **Jackentasche, -n** jacket pocket
jagen, gejagt to hunt
der **Jäger, -** / die **Jägerin, -nen** hunter (9)
das **Jahr, -e** year (2); **als ich acht Jahre alt war** when I was eight years old (5); **im Jahr(e) ...** in the year . . . ; **mit fünf Jahren** at the age of five; **seit zwei Jahren** for two years (4); **vor zwei Jahren** two years ago
der **Jahrestag, -e** anniversary
die **Jahreszahl, -en** date (year)
die **Jahreszeit, -en** season
das **Jahrhundert, -e** century
-jährig -year-old; **ein dreijähriges Kind** a three-year-old child
das **Jahrzehnt, -e** decade (4)
der **Januar** January (B); **im Januar** in January (B)
(das) **Japan** Japan (B)
der **Japaner, -** / die **Japanerin, -nen** Japanese (person)
japanisch Japanese (*adj.*) (8)
(das) **Japanisch** Japanese (*language*) (B)
jäten, gejätet to pull weeds
je ever; each; **je nach Betrag** depending on the amount
je: oh je! oh dear! oh no!
die **Jeans** (*pl.*) jeans (2)
die **Jeansjacke, -n** denim jacket
jedenfalls in any case (11)
jeder, jedes, jede each; every (3, 5); **auf jeden Fall** by all means (4); **jede Woche** every week (3)
jedoch however
jeher: seit jeher always: from time immemorial
jemand someone, somebody (3)
jener, jenes, jene (*dem. pron.*) that, those
jenseits (+ *gen.*) on the other side of
der **Jesuit, -en** (*wk.*) Jesuit
jetzt now (3)
jeweils each time; each; every
der **Job, -s** job
jobben, gejobbt to work a part-time job
joggen, ist gejoggt to jog
der **Joghurt** yogurt
das **Journal, -e** journal; (daily) newspaper
der **Journalist, -en** (*wk.*) / die **Journalistin, -nen** journalist
die **Journalistik** journalism
jubeln, gejubelt to cheer
jüdisch Jewish
die **Jugend** youth; young people (9)
das **Jugendarbeitsschutzgesetz, -e** *law governing working conditions for adolescents*
die **Jugendherberge, -n** youth hostel (10)
der/die **Jugendliche, -n (ein Jugendlicher)** young person
der **Jugendschutz** protection of young people
der **Jugendstil** art nouveau
(das) **Jugoslawien** Yugoslavia (B)
der **Juli** July (B)
jung young (B)
der **Junge, -n** (*wk.*); **Jungs** (*coll. pl.*) boy
die **Jungfrau, -en** virgin
der **Juni** June (B)
(die) **Jura** (*pl.*) law (*as field of study*)
der **Jux, -e** joke; **einen Jux machen** to be joking; to play a prank

der **Kachelofen,** tile stove, hearth
der **Käfer, -** beetle; VW bug
der **Kaffee** coffee (1)
der **Kaffeefilter, -** coffee filter (4)
die **Kaffeemaschine, -n** coffeemaker (5)
die **Kaffeemühle, -n** coffee grinder (8)
die **Kaffeesahne** coffee cream

der **Käfig, -e** cage (10)
kahl bald
der **Kahn, ⸚e** boat
(das) **Kairo** Cairo
der **Kaiser, -** / die **Kaiserin, -nen** emperor/ empress
der **Kakao** cocoa; hot chocolate (8)
der **Kalbsbraten, -** roast veal
(das) **Kalifornien** California
kalorienarm low in calories (8)
kalorienbewusst calorie-conscious (8)
kalt cold (B)
das **Kamel, -e** camel
die **Kamera, -s** camera (2)
der **Kamerad, -en** (*wk.*) / die **Kameradin, -nen** companion; friend; comrade
der **Kamillentee** chamomile tea
der **Kamin, -e** hearth, fireplace
der **Kamm, ⸚e** comb
kämmen, gekämmt to comb (3); **sich (die Haare) kämmen** to comb one's hair (11)
kämpfen, gekämpft to fight (9)
(das) **Kanada** Canada (B)
der **Kanadier, -** / die **Kanadierin, -nen** Canadian (*person*) (B)
der **Kanal, ⸚e** canal; channel
der **Kanarienvogel, ⸚** canary
das **Känguru, -s** kangaroo (10)
das **Kanu, -s** canoe (10); **Kanu fahren** to go canoeing (10)
der **Kapitalismus** capitalism
das **Kapitel, -** chapter (A)
kaputt broken (A)
kaputt·machen, kaputtgemacht to break; to ruin
die **Karibik** the Caribbean
Karl der Große Charlemagne
die **Karotte, -n** carrot (8)
die **Karriere, -n** career
die **Karte, -n** card; ticket; map (1, 2)
die **Kartoffel, -n** potato (8)
der **Kartoffelbrei** mashed potatoes
der **Kartoffelchip, -s** potato chip
der **Käse, -** cheese (8)
(das) **Kaspische Meer** the Caspian Sea
die **Kasse, -n** ticket booth (5); cashier window (12); **an der Kasse** at the ticket booth (5)
die **Kassette, -n** cassette
die **Kastanie, -n** chestnut
der **Kasus, -** (grammatical) case
die **Kategorie, -n** category
der **Kater, -** tomcat; hangover (11)
die **Katze, -n** cat (2)
die **Katzenallergie, -n** allergy to cats
der **Katzenliebhaber, -** / die **Katzenliebhaberin, -nen** cat lover
kauen, gekaut to chew (11)
kaufen, gekauft to buy (1)
der **Käufer, -** / die **Käuferin, -nen** buyer; customer
das **Kaufhaus, ⸚er** department store (5); **im Kaufhaus** at the department store (5)

(das) **Kaufland** *department store chain*
das **Kaufmannshaus, ⸚er** merchant's house
kaum hardly
die **Kaution, -en** security deposit (6)
der **Kaviar, -e** caviar
kein(e) no; none (2); **kein bisschen** not at all (3); **kein ... mehr** not another; **kein Wunder** no wonder; **keine Ahnung** (I have) no idea
der **Keller, -** basement, cellar (4, 6)
der **Kellner, -** / die **Kellnerin, -nen** waiter/ waitress (8)
(das) **Kenia** Kenya
kennen (kennt), kannte, gekannt to know, be acquainted with (B)
kennen·lernen, kennengelernt to meet, get acquainted with (1)
die **Kenntnisse** (*pl.*) skills; knowledge about a field (5)
das **Kennzeichen, -** sign, mark; feature
kennzeichnen, gekennzeichnet to label; to characterize
die **Kerze, -n** candle (3)
kerzengerade bolt upright
der/das **Ketchup, -s** ketchup
die **Kette, -n** chain
kg = das **Kilogramm, -e** kilogram
der **Kilometer, -** kilometer (2)
der **Kilometerstand, ⸚e** mileage (7)
das **Kind, -er** child (B)
der **Kindergarten, ⸚** kindergarten (6)
der **Kinderreim, -e** nursery rhyme
der **Kinderwagen, -** baby carriage (7)
die **Kindheit** childhood (9)
das **Kinn, -e** chin
das **Kino, -s** movie theater, cinema (1); **ins Kino gehen** to go to the movies (1)
die **Kinokarte, -n** movie ticket (2)
die **Kinokasse, -n** movie theater ticket booth; **an der Kinokasse** at the movie theater ticket booth
der **Kiosk, -e** kiosk, newsstand
der **Kioskbesitzer, -** / die **Kioskbesitzerin, -nen** newsstand owner
die **Kirche, -n** church (5); **in der Kirche** at church (5)
der **Kirchenbau, -ten** church building
der **Kirchturm, ⸚e** church tower; steeple
der **Kirsch, -** kirsch (*distilled spirit made from cherries*)
die **Kirsche, -n** cherry (8)
der **Kirschsaft, ⸚e** cherry juice
das **Kissen, -** cushion, pillow
die **Kitzbühler Alpen** (*pl.*) the Kitzbühel Alps
die **Kiwi, -s** kiwi (fruit)
Kl. = die **Klasse, -n** class
die **Klammer, -n** parenthesis
die **Klamotten** (*pl., coll.*) clothes
der **Klang, ⸚e** sound; tone
die **Klapperschlange, -n** rattlesnake (10)
klar clear; of course (2)
die **Klarinette, -n** clarinet
klasse (*coll.*) great; awesome

die **Klasse, -n** class (5, 10); grade, level (9); **erster Klasse fahren** to travel first class (5, 10)
die **Klassenarbeit, -en** (written) class test
der **Klassenkamerad, -en** (*wk.*) / die **Klassenkameradin, -nen** classmate
der **Klassenlehrer, -** / die **Klassenlehrerin, -nen** homeroom teacher
das **Klassentreffen, -** class reunion (9)
das **Klassenzimmer, -** classroom
klassisch classical(ly) (12)
klassizistisch classical(ly)
klatschen, geklatscht to clap
das **Klavier, -e** piano (2); **Klavier spielen** to play the piano
die **Klavierstunde, -n** piano lesson
kleben, geklebt to stick; to paste
das **Kleid, -er** dress (A); (*pl.*) clothes
kleiden, gekleidet to clothe; **sich kleiden** to dress (oneself)
der **Kleiderschrank, ⸚e** clothes closet, wardrobe (6)
die **Kleidung** clothes (A, 2)
klein small, little; short (B)
klemmen, geklemmt to stick
klettern, ist geklettert to climb (9)
das **Klima, -s** climate
klingeln, geklingelt to ring (2)
klingen (wie) (klingt), klang, geklungen to sound (like) (11); **klingen nach** (+ *dat.*) to sound like
klopfen, geklopft to knock
das **Kloster, -** monastery; convent
der **Klosterkirchhof, ⸚e** cloister churchyard
der **Klumpen, -** lump
km = der **Kilometer, -** kilometer
KMW = die **Kommunikations- und Medienwissenschaft** communication and media science
der Knabe, -n (*wk.*) boy
knapp meager; scarce(ly); just, barely (6)
knarren, geknarrt to creak
die **Kneipe, -n** bar, tavern (3)
der **Knoblauch** garlic (8)
der **Knöchel, -** ankle; knuckle
der **Knochen, -** bone
der **Knödel, -** dumpling (8)
der **Knopf, ⸚e** button
knuspern (an + *dat.*), **geknuspert** to nibble (at)
der **Kobold, -e** goblin
der **Koch, ⸚e** / die **Köchin, -nen** cook, chef (5)
kochen, gekocht to cook; to boil (1)
der **Koffer, -** suitcase
der **Kofferraum, ⸚e** trunk (*in car*) (7)
der **Kognak, -s** cognac
der **Kohl** cabbage (8)
kohlschwarz coal-black
der **Kolibri, -s** hummingbird (10)
der **Kollege, -n** (*wk.*) / die **Kollegin, -nen** colleague, co-worker
die **Kollokation, -en** collocation
(das) **Köln** Cologne
kolumbianisch Colombian (*adj.*)
(der) **Kolumbus** Columbus

das **Koma, -s** coma
kombinieren, kombiniert to combine (3)
komisch funny, strange (12)
kommen (kommt), kam, ist gekommen to come; **(aus** + *dat.*) to come from (*a place*) (B); **sich etwas zuschulden kommen lassen** to do something wrong; **ums Leben kommen** to lose one's life; **zu Besuch kommen** to visit
kommentieren, kommentiert to comment on
der **Kommissar, -e** / die **Kommissarin, -nen** detective superintendent; commissioner
die **Kommode, -n** dresser, chest of drawers (6)
die **Kommunikations- und Medienwissenschaft** communication and media science
die **Komödie, -n** comedy
der **Komponist, -en** (*wk.*) / die **Komponistin, -nen** composer
die **Konfession, -en** religious denomination, church (12)
der **König, -e** / die **Königin, -nen** king/queen (9)
der **Königssohn, ⸚e** prince
die **Königstochter, ⸚** princess
konjugieren, konjugiert to conjugate
die **Konjunktion, -en** conjunction
konkret concrete (12)
können (kann), konnte, gekonnt to be able (to), can (3)
konservativ conservative(ly) (B)
das **Konservatorium, Konservatorien** conservatory
die **Konserve, -n** can
der **Kontakt, -e** contact
kontaktieren, kontaktiert to contact
der **Kontinent, -e** continent
kontinental continental
das **Konto, Konten** bank account (5); **ein Konto eröffnen** to open a bank account (5)
der **Kontostand, ⸚e** balance; account status
der **Kontrast, -e** contrast
kontrollieren, kontrolliert to check; to control; **das Öl kontrollieren** to check the oil (5)
kontrovers controversial
sich **konzentrieren, konzentriert** to concentrate
das **Konzert, -e** concert (1); concerto; **die Brandenburgischen Konzerte** (*pl.*) the Brandenburg Concertos; **ins Konzert gehen** to go to a concert (1)
die **Konzertkarte, -n** concert ticket (5)
der **Konzertsaal, Konzertsäle** concert hall
die **Kopassage** *a shopping center*
(das) **Kopenhagen** Copenhagen
der **Kopf, ⸚e** head (B)
der **Kopfhörer, -** headphones
das **Kopfkissen, -** pillow (6)
der **Kopfsalat** lettuce (8)
die **Kopfschmerzen** (*pl.*) headache (11)
die **Kopfschmerztablette, -n** headache tablet (11)
der **Kopierladen, ⸚** copy shop (10)
der **Korb, ⸚e** basket
koreanisch Korean (*adj.*)
der **Korkenzieher, -** corkscrew (8)
das **Korn, ⸚er** grain; corn
das **Körnergericht, -e** dish made from grain
der **Körper, -** body (B, 11)
körperlich physical
die **Körperpflege** personal hygiene (11)
der **Korridor, -e** corridor, hall
korrigieren, korrigiert to correct (4)
das **Kosmetikprodukt, -e** cosmetics product
der **Kosmonaut, -en** (*wk.*) / die **Kosmonautin, -nen** cosmonaut (*East German word for astronaut*)
kosten, gekostet to cost (2, 6)
kostenlos free of charge
das **Kostüm, -e** costume (9)
die **Krabbe, -n** shrimp (8)
der **Krabbenkutter, -** shrimp boat
krächzen, gekrächzt to squawk
die **Kraft, ⸚e** power; strength
krank sick (3)
das **Krankenhaus, ⸚er** hospital (3, 5, 11); **im Krankenhaus** in the hospital (5)
der **Krankenpfleger, -** / die **Krankenpflegerin, -nen** nurse (5)
die **Krankenversicherung, -en** health insurance
der **Krankenwagen, -** ambulance (11)
die **Krankheit, -en** illness, sickness (11)
die **Krankheitsgeschichte, -n** medical history
kratzen, gekratzt to scratch
das **Kraut, ⸚er** herb (8)
die **Kräuterbutter** herb butter (8)
der **Kräutermarkt, ⸚e** herb market
die **Krawatte, -n** tie, necktie (A)
kreativ creative(ly)
der **Krebs, -e** crab
der **Kredit, -e** credit; loan; **Kredit aufnehmen** to take out a loan
die **Kreide, -n** chalk (B)
der **Kreis, -e** circle; (administrative) district
das **Kreisarchiv, -e** district archives
kreischen, gekreischt to screech
der **Kreisverkehr, -e** traffic roundabout (10)
die **Kreme, -s** cosmetic cream
die **Kreuzung, -en** intersection (7)
der **Krieg, -e** war; **Krieg führen** to wage war
kriegen, gekriegt (*coll.*) to get
der **Kriegersmann, ⸚er** warrior
der **Krimi, -s** detective story or film
die **Krise, -n** crisis (12)
kritisch critical(ly)
(das) **Kroatien** Croatia (B)
die **Krokette, -n** croquette (8)
das **Krokodil, -e** crocodile (10)
der **Krokus, -se** crocus
krönen, gekrönt to crown
(das) **Kuba** Cuba (B)
die **Küche, -n** kitchen (5); cooking, cuisine; **in der Küche** in the kitchen (5)
der **Kuchen, -** cake (5)
die **Küchenarbeit, -en** kitchen work (5)
die **Küchenbank, ⸚e** kitchen bench seat
die **Küchenlampe, -n** kitchen lamp (5)
die **Küchenmaschine, -n** mixer (8)
der **Küchentisch, -e** kitchen table (5)
die **Küchenuhr, -en** kitchen clock (5)
die **Küchenwaage, -n** kitchen scale (5)
der **Kugelschreiber, -** ballpoint pen (4)
kühl cool(ly) (B)
der **Kühlschrank, ⸚e** refrigerator (5)
der **Kuhsteig, -e** cow path
die **Kultur, -en** culture (12)
kulturell cultural(ly)
das **Kulturgefälle, -** cultural difference
der **Kulturminister, -** / die **Kulturministerin, -nen** minister for culture
der **Kummer** sorrow; grief; trouble
sich **kümmern (um** + *acc.*), **gekümmert** to take care (of); to pay attention (to) (12)
der **Kunde, -n** (*wk.*) / die **Kundin, -nen** customer (5)
künftig (*adj.*) coming; future
die **Kunst, ⸚e** art (1, 12)
die **Kunstakademie, -n** art college
die **Kunstgeschichte** art history (1)
der **Künstler, -** / die **Künstlerin, -nen** artist
künstlerisch artistic(ally)
die **Kunstsammlung, -en** art collection
der **Kupferstecher, -** / die **Kupferstecherin, -nen** copperplate engraver
das **Kurhaus, ⸚er** spa house, resort
der **Kurs, -e** (*academic*) course, class (A, 1); exchange rate
der **Kursteilnehmer, -** / die **Kursteilnehmerin, -nen** course participant
die **Kurve, -n** curve; bend
kurz short; **kurzes Haar** short hair (B); **mit dem kurzen/langen Haar** with the short/long hair (A); **vor kurzem** a short time ago
die **Kusine, -n** (female) cousin (B)
der **Kuss, ⸚e** kiss (4)
küssen, geküsst to kiss (9)
die **Küste, -n** coast (7)

labil frail; unstable
der **Labortest, -s** lab test
lächeln, gelächelt to smile
lachen, gelacht to laugh (3); **vor Lachen** from laughing (so hard)
der **Lachs, -e** salmon
der **Laden, ⸚** store, shop
der **Ladenbesitzer, -** / die **Ladenbesitzerin, -nen** store owner
der **Ladenschluss** store closing time
die **Lage, -n** place; position; location (10)
die **Lampe, -n** lamp (B)
das **Land, ⸚er** land, country (B, 6); **auf dem Land** in the country (*rural*) (6)
die **Landeskunde** *study of a country's geography and history*
der **Landesteil, -e** part of a country
die **Landkarte, -n** map (7)
das **Landsäugetier, -e** land mammal (10)
die **Landschaft, -en** landscape; scenery; region
landschaftlich scenic

die **Landschaftskunde** study of the landscape
die **Landsleute** (*pl.*) compatriots
die **Landstraße, -n** rural highway (7)
der **Landvogt, ¨-e** governor (*of an imperial province*)
lang long (B); **lange Zeit** for a long time; **mit dem langen Haar** with the long hair (A)
lange (*adv.*) a long time; **wie lange** how long
die **Langeweile/Langweile** boredom (3); **Langeweile/Langweile haben** to be bored (3)
langsam slow(ly)
sich **langweilen, gelangweilt** to be bored
langweilig boring (2)
der **Lärm, -e** noise
lassen (lässt), ließ, gelassen to let; to leave; to have something done (11); **fallen lassen** to drop; to let fall; **sich einen Termin geben lassen** to get an appointment (11); **sich etwas zuschulden kommen lassen** to do something wrong; **sich registrieren lassen** to get registered (12)
der **Lastwagen, -** truck (7)
(das) **Latein** Latin (*language*) (1)
(das) **Lateinamerika** Latin America
laufen (läuft), lief, ist gelaufen to run (A, 2); **im Wald laufen** to run in the woods (2); **Schlittschuh laufen** to go ice-skating (3)
die **Laune, -n** mood
laut loud(ly); (+ *gen./dat.*) according to
lauten, gelautet to read, go, run
die **Lautmalerei, -en** onomatopoeia
leben, gelebt to live (3)
das **Leben, -** life (9); **am Leben sein** to be alive (9); **ums Leben kommen** to lose one's life
das **Lebensgefühl, -e** awareness of life
die **Lebenshaltungskosten** (*pl.*) cost of living
das **Lebensmittel, -** food; groceries
das **Lebensmittelgeschäft, -e** grocery store (6)
der **Lebensraum, ¨-e** living space; habitat
die **Leber, -n** liver (11)
der **Leberkäse** *loaf made of minced liver, eggs, and spices*
das **Lebewesen, -** living creature
leblos lifeless(ly)
der **Ledergürtel, -** leather belt
die **Lederjacke, -n** leather jacket
ledig unmarried, single (1)
leer empty (8)
legal legal(ly)
legen, gelegt to lay, put, place (*in a horizontal position*); **sich legen** to lie down
die **Lehre, -n** apprenticeship (5)
der **Lehrer, -** / die **Lehrerin, -nen** teacher, instructor (A, 1)
die **Lehrkraft, ¨-e** teacher(s); **Lehrkräfte** (*pl.*) faculty
die **Lehrwerkstatt, ¨-en** apprentice shop
der **Leibwächter, -** bodyguard
leicht easy, easily; light (6)
das **Leid** suffering; harm; **Leid tun: Alfonso tut ihm Leid** he feels sorry for Alfonso
leider unfortunately (B)
leid·tun (+ *dat.*) **(tut ... leid), tat ... leid, leidgetan** to be sorry (5); **tut mir leid** I'm sorry (4, 5)

die **Leier, -n** lyre
leihen (leiht), lieh, geliehen to lend (5)
leise quiet(ly); soft(ly) (9)
sich **leisten, geleistet** to afford
die **Leistung, -en** achievement, accomplishment
leistungsfähig able to achieve
die **Leistungsfähigkeit, -en** ability to achieve
leistungsschwächst- lowest-achieving
leistungsstärkst- highest-achieving
leiten, geleitet to lead
das **Leitungswasser** tap water
die **Lektion, -en** lesson
die **Lektüre, -n** reading material
lenken, gelenkt to steer
das **Lenkrad, ¨-er** steering wheel (7)
lernen, gelernt to learn; to study (1)
die **Lernstrategie, -n** learning strategy
das **Lernziel, -e** educational goal
die **Lesegewohnheit, -en** reading habit
die **Lesehilfe, -n** reading aid
die **Lesekompetenz, -en** reading competency
lesen (liest), las, gelesen to read (A, 1); **Zeitung lesen** to read the newspaper (1); **zwischen den Zeilen lesen** to read between the lines
der **Leser, -** / die **Leserin, -nen** reader
(das) **Lettland** Latvia
letzt- last (4); **das letzte Mal** the last time (4); **letzte Woche** last week (4); **letzten Montag** last Monday (4); **letzten Sommer** last summer (4); **letztes Wochenende** last weekend (4)
letztendlich in the end
die **Leute** (*pl.*) people (7)
die **Levi's** Levi's (jeans)
liberal liberal (6)
liberalisieren, liberalisiert to liberalize; to relax
libysch Libyan (*adj.*)
das **Licht, -er** light (3)
lieb dear, beloved (7); sweet, lovable (10); **am liebsten** like (*to do s.th.*) best (7)
die **Liebe, -n** love
lieben, geliebt to love (2)
lieber rather (2); **ich gehe lieber ...** I'd rather go . . . (2)
der **Liebesfilm, -e** romantic film
der **Liebeskummer** lovesickness (11)
der **Liebesroman, -e** romance novel (9)
liebevoll loving(ly)
Lieblings- favorite (A)
die **Lieblingsbeschäftigung, -en** favorite activity (5)
das **Lieblingsfach, ¨-er** favorite subject (*in school*) (5)
die **Lieblingsfarbe, -n** favorite color (A)
der **Lieblingsname, -n** (*wk.*) favorite name (A)
(das) **Liechtenstein** Liechtenstein (B)
das **Lied, -er** song (3)
liegen (liegt), lag, gelegen to lie, be (in a horizontal position) (1); to recline; to be situated; **in der Sonne liegen** to lie in the sun (1); **liegen bleiben (bleibt ... liegen), blieb ... liegen, ist liegen geblieben** to stay in bed; to remain in a prone position
der **Liegestuhl, ¨-e** deck chair (4)
der **Lifestyle, -s** lifestyle
lila purple (A)
die **Lilie, -n** lily
die **Limo, -s** = **Limonade** soft drink; lemonade
die **Limonade, -n** soft drink; lemonade
lindern, gelindert to relieve
die **Linguistik** linguistics (1)
die **Linie, -n** line (10)
link- (*adj.*), **links** (*adv.*) left; on the left (4, 10); **mit dem linken Fuß aufstehen** to get up on the wrong side of bed (4); **nach links** (to the) left
die **Linse, -n** lentil
die **Lippe, -n** lip (11)
der **Lippenstift, -e** lipstick
die **List, -en** deception, trick (9)
die **Liste, -n** list (5)
listen, gelistet to list
(das) **Litauen** Lithuania
der **Liter, -** liter (7)
die **Literatur, -en** literature (1, 12)
der **LKW, -s** = der **Lastkraftwagen, -** truck
das **Loch, ¨-er** hole (9)
locken, gelockt to entice, lure
der **Löffel, -** spoon (8)
logisch logical(ly) (12)
der **Lohn, ¨-e** pay; wages, salary; reward
die **Lokomotive, -n** locomotive (7)
die **Lorelei** Loreley
los loose; away; **was ist los?** what's happening? what's the matter
lösen, gelöst to solve; **ein Rätsel lösen** to solve a puzzle/riddle (9); **sich lösen** to break away
los·fahren (fährt ... los), fuhr ... los, ist losgefahren to drive/ride off (4, 9)
die **Lösung, -en** solution
die **Lotterie, -n** lottery (5); **in der Lotterie gewinnen** to win the lottery (5)
der **Löwe, -n** (*wk.*) lion (10)
die **Lücke, -n** gap; vacancy
die **Luft, ¨-e** air (7)
die **Luftmatratze, -n** air mattress (10)
die **Lunge, -n** lung (11)
die **Lungenentzündung** pneumonia (11)
die **Lust, ¨-e** desire (2); **hast du Lust?** do you feel like it? (2)
lustig fun, funny (12); cheerful, jolly
lutschen, gelutscht to suck (11)
(das) **Luxemburg** Luxembourg
der **Luxus** luxury
(das) **Luzern** Lucerne

m = der **Meter, -** meter
machen, gemacht to make; to do; **blau machen** to take the day off (3); **(es) macht nichts** it doesn't matter; **mach's gut!** (*infor.*) take care! (A); **sauber machen** to clean (3); **selbst gemacht** homemade (8)

das **Mädchen, -** girl (9)
das **Magazin, -e** magazine; supplement
der **Magen, ¨** stomach (11)
die **Magenschmerzen** (*pl.*) stomachache (11)
magisch magical(ly) (12)
der **Magister, -** master's degree
mähen, gemäht to mow (5)
die **Mahlzeit, -en** meal (8)
der **Mai** May (B)
mal once; (*word used to soften commands*) (11); **komm mal vorbei!** come on over! (11)
das **Mal, -e** time (4); **das letzte Mal** the last time (4); **zum ersten Mal** for the first time (4)
malen, gemalt to paint (12)
der **Maler, -** / die **Malerin, -nen** painter
die **Malerei, -en** painting (12)
die **Mama, -s** mama, mom
die **Mami, -s** mommy
man one; people, they
manch- some
manchmal sometimes (B)
mangelhaft poor, deficient, unsatisfactory
die **Manier, -en** manner
der **Mann, ¨er** man; husband (B)
männlich masculine; male
die **Mannschaft, -en** team (9)
der **Mantel, ¨** coat; overcoat (A)
das **Märchen, -** fairy tale (9)
der **Märchenerzähler, -** / die **Märchenerzählerin, -nen** teller of fairy tales
die **Mark, -** mark (*former German monetary unit*) (7)
die **Marke, -n** brand
markieren, markiert to mark (11)
der **Markt, ¨e** market (10)
die **Marktkirche, -n** church on the market square
der **Marktplatz, ¨e** marketplace; market square (6)
die **Marmelade, -n** jam; marmelade (8)
(das) **Marokko** Morocco (B)
marschieren, ist marschiert to march
der **März** March (B)
der **Maschinenbau** mechanical engineering (1)
die **Masern** (*pl.*) measles
massieren, massiert to massage
die **Maßnahme, -n** measure
die **Mastercard** *type of credit card*
der **Masterplan, ¨e** master plan
der **Masterstudiengang, ¨e** / das **Masterstudium, -studien** course of study for a master's degree
das **Material, -ien** material, substance (12)
die **Mathe** math
die **Mathearbeit, -en** math test
die **Mathematik** mathematics (1)
mathematisch mathematical(ly)
das **Matterhorn** *mountain in Switzerland*
die **Mauer, -n** wall; **die Berliner Mauer** the Berlin Wall
das **Maul, ¨er** mouth (of an animal) (9)
die **Maus, ¨e** mouse (10)
maximal maximum; at the most
die **Mayonnaise** mayonnaise (8)
(das) **Mazedonien** Macedonia
die **Medienwissenschaft** media science
das **Medikament, -e** medicine (11); **ein Medikament gegen** (+ *acc.*) medicine for (11)
die **Medizin** medicine
medizinisch medical(ly) (11)
das **Meer, -e** sea (1, 7); **ans Meer** to the sea (2); **im Meer schwimmen** to swim in the sea (1)
der **Meerrettich** horseradish
das **Meerschweinchen, -** guinea pig (10)
mehr more (7)
mehrere (*pl.*) several (10); **seit mehreren Tagen** for several days (11)
die **Mehrfachnennung, -en** multiple naming
das **Mehrfamilienhaus, ¨er** house with several apartments
mehrmals several times (5)
der **Meilenstein, -e** milestone
mein(e) my (A, 2)
meinen, gemeint to mean; to think
die **Meinung, -en** opinion; **der Meinung sein, dass ...** to be of the opinion that . . . ; **Ihrer Meinung nach** (*for.*) in your opinion
der **Meißel, -** chisel (12)
meist most(ly); **am meisten** mostly; the most; **die meisten** most (of)
meistens usually; mostly (8)
melancholisch melancholy
melden, gemeldet to report; **sich melden** to report; to answer the phone
die **Melodei, -en** (*poetic and archaic*) melody
die **Mengenlehre** set theory
die **Mensa, Mensen** student cafeteria (2)
der **Mensch, -en** (*wk.*) person; human being (2); **Mensch!** (*coll.*) man! oh boy! (2)
Menschenskind! man alive! wow!
der **Mercedes** *make of car*
merken, gemerkt to notice
das **Messegelände, -** site of trade fair
das **Messer, -** knife (8)
der **Meter, -** meter
die **Methode, -n** method
die **Metzgerei, -en** butcher shop (6)
der **Mexikaner, -** / die **Mexikanerin, -nen** Mexican (*person*) (B)
mexikanisch Mexican (*adj.*) (8)
(das) **Mexiko** Mexico (B)
mich me (*acc.*)
die **Miene, -n** facial expression; **keine Miene verziehen** not to bat an eyelid
mies (*coll.*) crummy
die **Miete, -n** rent (6)
mieten, gemietet to rent (6)
der **Mieter, -** / die **Mieterin, -nen** renter (6)
der **Mikrowellenherd, -e** microwave oven
die **Mikrowellenmahlzeit, -en** microwave meal
die **Milch** milk (8)
mild mild(ly)
mildern, gemildert to soothe
die **Million, -en** million (7)
minderwertig inferior (12)
mindestens at least
der **Mindeststandard, -s** minimum standard
der **Mineralölkonzern, -e** group of petroleum companies
das **Mineralwasser** mineral water (8)
der **Minidialog, -e** mini-dialogue
das **Ministerium, Ministerien** ministry
das **Miniwörterbuch, ¨er** mini-dictionary
minus minus
die **Minute, -n** minute
mir me (*dat.*)
mischen, gemischt to mix
die **Mischung, -en** mixture
der **Mississippi** Mississippi (River)
der **Mist** dung, manure
mit (+ *dat.*) with (A); **mit dem kurzen/langen Haar** with the short/long hair (A); **mit mir** with me (3)
der **Mitarbeiter, -** / die **Mitarbeiterin, -nen** co-worker; collaborator
der **Mitbewohner, -** / die **Mitbewohnerin, -nen** roommate, housemate (2)
mit·bringen (bringt ... mit), brachte ... mit, mitgebracht to bring along (3)
der **Mitbürger, -** / die **Mitbürgerin, -nen** fellow citizen
miteinander with each other (3)
mit·fahren (fährt ... mit), fuhr ... mit, ist mitgefahren to ride/travel along
das **Mitglied, -er** member (6)
mit·halten (mit + *dat.*) **(hält ... mit), hielt ... mit, mitgehalten** to keep up (with)
mit·kommen (kommt ... mit), kam ... mit, ist mitgekommen to come along
mit·machen, mitgemacht to participate; to join in (10)
mit·nehmen (nimmt ... mit), nahm ... mit, mitgenommen to take along (3)
mit·schreiben (schreibt ... mit), schrieb ... mit, mitgeschrieben to write along (at the same time)
der **Mitschüler, -** / die **Mitschülerin, -nen** schoolmate, fellow pupil
mit·spielen, mitgespielt to play along
mit·sprechen (spricht ... mit), sprach ... mit, mitgesprochen to join in saying
der **Mitstudent, -en** (*wk.*) / die **Mitstudentin, -nen** fellow student (A)
der **Mittag, -e** midday, noon (3); **zu Mittag essen** to eat lunch
das **Mittagessen, -** midday meal, lunch (3, 8); **zum Mittagessen** for lunch (3)
mittags at noon (2)
die **Mitte** middle, center; in the middle of; **Mitte dreißig sein** to be in one's mid-thirties
mittel- mid-; medium
das **Mittel, -** means; method; medicine
der **Mittelfinger, -** middle finger
das **Mittelmaß** average
das **Mittelmeer** Mediterranean Sea (B)

die **Mittelschule, -n** middle school; secondary school
mitten in the middle (9); **mitten in der Nacht** in the middle of the night (9)
die **Mitternacht** midnight; **um Mitternacht** at midnight
der **Mittwoch, -e** Wednesday (1)
mit·versorgen, mitversorgt to be equally responsible for taking care of (12)
die **Möbel** (*pl.*) furniture (6)
das **Möbelstück, -e** piece of furniture (6)
das **Mobil.** = das **Mobiltelefon, -e** cellular phone
möbliert furnished (6)
das **Modalverb, -en** modal verb
die **Mode, -n** fashion
das **Modell, -e** model, example
modern modern, in a modern fashion (6)
der **Mode-Schnick-Schnack** fashionable frills
der **Modezeichner, -** / die **Modezeichnerin, -nen** fashion designer
modisch fashionable, fashionably
mögen (mag), mochte, gemocht to like (to), care for (1, 3); **möchte** would like (to) (2, 3)
möglich possible; **alles Mögliche** everything possible (2)
möglicherweise possibly
die **Möglichkeit, -en** possibility (5)
möglichst (+ *adv.*) as . . . as possible (6)
(das) **Moldawien** Moldavia, Moldova (B)
der **Moment, -e** moment (1); **im Moment** at the moment; right now (1)
momentan at the moment
der **Monat, -e** month
monatlich monthly
der **Mond, -e** moon
der **Monolog, -e** monologue
das **Monster, -** monster
der **Montag, -e** Monday (1); **letzten Montag** last Monday (4)
montags on Monday(s)
das **Moped, -s** moped
der **Mord, -e** murder
der **Mörder, -** / die **Mörderin, -nen** murderer
die **Mordwaffe, -n** murder weapon
morgen tomorrow (2); **morgen Abend** tomorrow evening
der **Morgen, -** morning; **am Morgen** in the morning; **guten Morgen!** good morning! (A); **heute Morgen** this morning
morgendlich morning (*adj.*)
das **Morgengebet, -e** morning prayer
morgens in the morning(s)
die **Morgentoilette** morning grooming routine
(das) **Moskau** Moscow
das **Motiv, -e** motive; motif, theme; design (12)
die **Motivation, -en** motivation
motivieren, motiviert to motivate
die **Motorhaube, -n** hood (*of a car*) (7)
die **Motorjacht, -en** motor yacht
das **Motorrad, ¨-er** motorcycle (1, 7); **Motorrad fahren** to ride a motorcycle (1)

das **Motto, -s** motto
der **Mount Everest** Mount Everest
der **Mount Whitney** Mount Whitney
das **Mountainbike, -s** mountain bike
die **Mousse, -s** mousse (*dessert*)
die **Möwe, -n** seagull (10)
der **Mozzarella** mozzarella cheese
der **MP3-Spieler, -** MP3 player (5)
die **Mücke, -n** mosquito (10)
müde tired (3)
der **Mulatte, -n** (*wk.*) / die **Mulattin, -nen** mulatto
der **Müll** trash; garbage (6)
der **Mülleimer, -** garbage can (8)
die **Müllerstochter, ¨-** miller's daughter
die **Multikultiküche** multicultural cuisine
multikulturell multicultural(ly) (12)
multiplizieren, multipliziert to multiply
der **Mumps** mumps
(das) **München** Munich
Münchner (*adj.*) (of) Munich
der **Mund, ¨-er** mouth (B)
die **Mundharmonika, -s** harmonica (12)
munter cheerful(ly); lively; wide awake
die **Münze, -n** coin; **die 10-Cent-Münze** 10-cent coin
die **Murmel, -n** marble
die **Muschel, -n** mussel; shell (8)
das **Museum, Museen** museum (1); **ins Museum gehen** to go to the museum (1)
die **Musik, -en** music (1)
der **Musiker, -** / die **Musikerin, -nen** musician
der **Muskelkater, -** sore muscles (11)
das **Muskeltraining** muscle exercise
das **Müsli, -s** granola
müssen (muss), musste, gemusst to have to, must (3); **nicht müssen** not to have to, not to need to
die **Mutter, ¨-** mother (A, B)
die **Muttersprache, -n** mother tongue, native language
der **Muttertag** Mother's Day (4)
die **Mutti, -s** mom, mommy
die **Mütze, -n** cap (5)

na (*interj.*) well, so (3); **na gut** well, okay; **na ja** oh well; **na klar** of course
nach (+ *dat.*) after; past; according to; toward; to (*a place*) (3, 10); **je nach Betrag** depending on the amount; **nach dem Weg fragen** to ask for directions; **nach draußen** outside; **nach Hause gehen** to go home (1, 10); **nach links** to the left; **nach oben** upwards; **nach vorn(e)** to the front, forwards; **nach Westen** to the west, westwards; **um zwanzig nach fünf** at twenty after/past five (1); (*postposition + dat.*) according to; **Ihrer Meinung nach** in your opinion
der **Nachbar, -n** (*wk.*) / die **Nachbarin, -nen** neighbor (4)
die **Nachbarschaft, -en** neighborhood
nachdem (*subord. conj.*) after; (*adv.*) afterward (9, 11)

nach·denken (über + *acc.*) (denkt ... nach), dachte ... nach, nachgedacht to think (about); to consider (7)
nacheinander one after the other
nach·forschen, nachgeforscht to investigate
nachher afterward
die **Nachhilfe** tutoring (3); **Nachhilfe nehmen** to be tutored
nachlässig lax; careless(ly)
nach·lesen (liest ... nach), las ... nach, nachgelesen to look up, check
der **Nachmieter, -** / die **Nachmieterin, -nen** subletter
der **Nachmittag, -e** afternoon (4); **am Nachmittag** in the afternoon; **heute Nachmittag** this afternoon
nachmittags in the afternoon(s) (4)
die **Nachricht, -en** report; message; (*pl.*) news (7)
die **Nachrichtensendung, -en** news program
nach·sagen, nachgesagt to repeat; to accuse
nach·sehen (sieht ... nach), sah ... nach, nachgesehen to look up; to check (10)
die **Nachspeise, -n** dessert (8)
nächst- next; **in den nächsten Tagen** in the next few days
die **Nacht, ¨-e** night (3); **die ganze Nacht** all night long (3); **heute Nacht** tonight; **in der Nacht** at night; **mitten in der Nacht** in the middle of the night (9)
der **Nachteil, -e** disadvantage (7)
das **Nachthemd, -en** nightshirt (2)
nachts nights, at night (4)
der **Nachttisch, -e** nightstand, bedside table (6)
der **Nacken, -** neck
der **Nagel, ¨-** nail (8)
nah(e) near, close (6); **nahe am Park** near the park
die **Nähe** closeness, proximity; vicinity (6); **in der Nähe** in the vicinity (6)
sich **nähern, genähert** to approach
nahe·stehen (+ *dat.*) **(steht ... nahe), stand ... nahe, hat nahegestanden** to be close to
der **Name, -n** (*wk.*) name (A, 1)
namens by the name of; named
nämlich namely; actually
die **Narbe, -n** scar (1)
die **Nase, -n** nose (11)
nass wet (3)
der **Nationalfeiertag, -e** national holiday (4)
die **Nationalgalerie, -n** national gallery
die **Nationalität, -en** nationality
der **Nationalsozialist, -en** (*wk.*) / die **Nationalsozialistin, -nen** National Socialist, Nazi
der **Nationalspieler, -** / die **Nationalspielerin, -nen** national player
die **Natur, -en** nature (9); disposition, temperament; **in freier Natur** out in the open (country) (10)
natürlich natural(ly); of course (2)
der **Naturschutz** nature conservation
die **Naturwissenschaft, -en** natural science (9)

naturwissenschaftlich pertaining to natural science
der **Nebel, -** fog, mist
neben (+ *dat./acc.*) next to, beside; alongside; in addition to (3, 9)
nebenan next door (5); **von nebenan** from next door (5)
nebeneinander next to each other (8)
das **Nebenfach, ¨-er** minor subject
nebenher·laufen (läuft ... nebenher), lief ... nebenher, ist nebenhergelaufen to run alongside
die **Nebenkosten** (*pl.*) extra costs (*e.g., utilities*) (6)
der **Neckar** Neckar (River)
der **Neffe, -n** (*wk.*) nephew (B)
die **Negation, -en** negation
negativ negative(ly)
nehmen (nimmt), nahm, genommen to take (A); **jemanden auf den Arm nehmen** to tease someone; to pull someone's leg; **Nachhilfe nehmen** to be tutored; **Platz nehmen** to take a seat
der **Neid** envy, jealousy
nein no (A)
nennen (nennt), nannte, genannt to name; to call
der **Neonazi, -s** neo-Nazi (12)
nervös nervous(ly) (B)
der **Nest, -er** nest (10)
nett nice(ly) (B)
neu new(ly) (A); **etwas Neues** something new
der **Neubau, -ten** *building completed after Dec. 1, 1949*
der/die **Neugeborene, -n (ein Neugeborener)** newborn (baby)
neugierig curious(ly); nosy, nosily (12)
neulich recently (9)
neun nine (A)
neunt- ninth (4)
neunundzwanzig twenty-nine (A)
neunzehn nineteen (A)
neunzehnt- nineteenth
neunzig ninety (A)
(das) **Neuseeland** New Zealand (B)
neuseeländisch of/from New Zealand
die **Neustadt, ¨-e** new part of town
der **New Beetle** *VW car model*
nicht not (A); **gar nicht** not at all, not a bit (3, 9); **nicht mehr** no longer; **nicht (wahr)?** isn't that right?; **noch nicht** not yet
die **Nichte, -n** niece (B)
der **Nichtraucher, -** / die **Nichtraucherin, -nen** nonsmoker (10)
nichts nothing (9); **gar nichts** nothing at all; **nichts von alledem** none of this
nicken, genickt to nod
nie never (2); **nie mehr** never again; **noch nie** never (before)
die **Niederlande** (*pl.*) the Netherlands (B)
(das) **Niedersachsen** Lower Saxony
der **Niederschlag, ¨-e** precipitation
nieder·schlagen (schlägt ... nieder), schlug ... nieder, niedergeschlagen to knock down
nieder·schreiben (schreibt ... nieder), schrieb ... nieder, niedergeschrieben to write down
niedlich cute(ly)
niedrig low; **niedrigen Blutdruck haben** to have low blood pressure (11)
niemand nobody, no one (2)
die **Niere, -n** kidney (11)
die **Nierenentzündung** kidney infection (11)
das **Nikotin** nicotine
der **Nil** Nile (River)
das **Niveau, -s** level
noch even, still; yet; else; in addition (B); **auch noch** on top of it all; **immer noch** still; **ist hier noch frei?** is this seat available? (8); **noch ein(e)** another, an additional (one); **noch (ein)mal** once more, again; **noch etwas** anything/something else; **noch nicht** not yet; **noch nie** never (before); **noch zu haben** still available; **nur noch** only; **sonst noch** otherwise; in addition; else; **sonst noch etwas?** anything/something else? (5)
nochmals again
das **Nomen, -** noun
die **Nominalphrase, -n** noun phrase
der **Nominativ, -e** nominative
(das) **Nordamerika** North America
norddeutsch Northern German (*adj.*)
(das) **Norddeutschland** Northern Germany
der **Norden** north
nordfriesisch North Frisian (*adj.*)
(das) **Nordirland** Northern Ireland (B)
nördlich (von + *dat.*) north (of) (7)
nordöstlich (von + *dat.*) northeast (of) (7)
(das) **Nordrhein-Westfalen** North Rhine-Westphalia
die **Nordsee** North Sea (B)
der **Nordwesten** northwest
nordwestlich (von + *dat.*) northwest (of) (7)
die **Norm, -en** norm
normal normal (5)
normalerweise normally (8)
(das) **Norwegen** Norway (B)
die **Not, ¨-e** need; hardship; trouble
die **Note, -n** grade, mark (*in school*) (3, 9)
der **Notfall, ¨-e** emergency
nötig necessary; **nötig brauchen** to need urgently
die **Notiz, -en** note
notwendig ncessary, necessarily
die **Novelle, -n** novella
der **November** November (B)
die **Nudel, -n** noodle (8)
null zero
der **Numerus clausus, -** *limited number of students allowed to study a particular subject at a university*
die **Nummer, -n** number (1)
das **Nummernschild, -er** license plate (7)
nun now; well
nur only (3)
(das) **Nürnberg** Nuremberg
Nürnberger (*adj.*) (of) Nuremberg
die **Nuss, ¨-e** nut (8)
der **Nussknacker, -** nutcracker
nützen, genützt to do some good; to be of use
nützlich useful(ly) (10)

ob (*subord. conj.*) whether, if (6, 10, 11)
oben above (10); on top; upstairs; **nach oben** upwards; **von oben** from above
ober- upper
der **Oberarm, -e** upper arm
(das) **Oberbayern** Upper Bavaria
die **Oberfläche, -n** surface
der **Oberinspektor, -en** / die **Oberinspektorin, -nen** chief inspector
(das) **Oberschlesien** Upper Silesia
der **Oberst, -en** (*wk.*) colonel
das **Objekt, -e** object
das **Obst** fruit
obwohl (*subord. conj.*) although (11)
oder (*coord. conj.*) or (A, 11)
die **Odyssee, -n** odyssey
der **Ofen, ¨** oven; stove
offen open(ly)
öffentlich public(ly); **die öffentlichen Verkehrsmittel** (*pl.*) public transportation (7)
offiziell official(ly)
öffnen, geöffnet to open (A)
die **Öffnungsmöglichkeit, -en** possibility of a (job) opening
die **Öffnungszeiten** (*pl.*) business hours (8)
oft often (A)
öfter(s) now and then, once in a while
oftmals often
oh oh; **oh je** oh dear; oh no
ohne (+ *acc.*) without; **ohne den Text zu lesen** without reading the text
die **Ohnmacht, -en** unconsciousness (11); **in Ohnmacht fallen** to faint (11)
das **Ohr, -en** ear (B)
die **Ohrenschmerzen** (*pl.*) earache (11)
der **Ohrring, -e** earring (A, 2)
oje oh dear
okay (*coll.*) okay
ökologisch ecological(ly)
der **Oktober** October (B); **am ersten Oktober** on the first of October (4); **der erste Oktober** the first of October (4)
das **Oktoberfest, -e** *festival held yearly (in Munich) during late September and early October* (7)
das **Öl** oil (5, 8); **das Öl kontrollieren** to check the oil (5)
der **Oldie, -s** oldie (*classic pop song*)
die **Ölfarbe, -n** oil paint (12)
die **Olive, -n** olive (8)
die **Oma, -s** grandma (3)
das **Omelett, -s** omelet (8)
der **Onkel, -** uncle (B)
der **Onlinezugang, ¨-e** online access
der **Opa, -s** grandpa
der **Opel** *make of car*
die **Oper, -n** opera
operieren, operiert to operate on

das **Opfer, -** sacrifice; victim
der **Opi, -s** (*coll.*) grandpa
optimistisch optimistic(ally) (B)
orange orange (*color*) (A)
der **Orangensaft** orange juice (8)
die **Ordinalzahl, -en** ordinal number
ordnen, geordnet to arrange, put in order
die **Organisation, -en** organization
organisieren, organisiert to organize
die **Orgel, -n** organ (*musical instrument*) (12)
der **Orientexpress** Orient Express (*train*)
das **Original, -e** original
der **Ort, -e** place; town (1, 4)
der/die **Ortsfremde, -n (ein Ortsfremder)** stranger, nonresident
Ost east
der **Osten** east
das **Ostern, -** Easter
der **Osternachmittag, -e** Easter afternoon
(das) **Österreich** Austria (B)
der **Österreicher, -** / die **Österreicherin, -nen** Austrian (*person*) (B)
österreichisch Austrian (*adj.*)
ostfriesisch East Frisian (*adj.*)
(das) **Ostfriesland** East Frisia (*northwest part of Germany*)
östlich (von + *dat.***)** east (of) (7)
die **Ostsee** Baltic Sea (B)
das **Ostseebad, ¨-er** *bathing resort on the Baltic coast*
(die) **Ostslawistik** *study of eastern Slavic languages and literatures*
ozeanisch oceanic

paar: ein paar a few; a couple of (2)
das **Paar, -e** couple; pair (of)
packen, gepackt to pack (7)
die **Pädagogik** pedagogy
das **Paket, -e** package (8)
der **Pakt, -e** pact (12)
der **Palast, ¨-e** palace
(das) **Palästina** Palestine (B)
die **Palme, -n** palm tree (6)
der **Papa, -s** daddy, dad
der **Papagei, -en** parrot (10)
der **Papi, -s** (*coll.*) daddy
das **Papier, -e** paper (B)
der **Papierkorb, ¨-e** wastebasket (3); **den Papierkorb ausleeren** to empty the wastebasket
das **Papiertuch, ¨-er** paper towel (5)
der **Paprika** paprika
die **Paprika, -s** bell pepper
der **Papst, ¨-e** pope
parallel parallel
das **Parfüm, -e** perfume (5)
der **Park, -s** park (1); **im Park spazieren gehen** to walk in the park (1)
der **Parkautomat, -en** (*wk.*) parking machine
parken, geparkt to park (7)
das **Parkhaus, ¨-er** multistory parking structure
die **Parklücke, -n** parking space (7)
der **Parkplatz, ¨-e** car park, parking lot (6)
die **Parole, -n** slogan
das **Partizip, -ien** participle
der **Partner, -** / die **Partnerin, -nen** partner (12)
die **Partnerschaft, -en** partnership (12)
die **Party, -s** party (1, 2); **auf eine Party gehen** to go to a party (1)
der **Pass, ¨-e** passport (7)
der **Passant, -en** (*wk.*) / die **Passantin, -nen** passerby
passen, gepasst (+ *dat.*) to fit; to suit (6, 11); **(zu +** *dat.***)** to go (with), fit in (with); **das passt gut** that fits well (11)
passend fitting; proper
passieren, passiert to happen (4)
die **Pasta** pasta
der **Patient, -en** (*wk.*) / die **Patientin, -nen** patient (5)
der **Patrizier, -** patrician
die **Pause, -n** recess, break (1); **Pause machen** to take a break
der **Pazifik** Pacific Ocean
der **Pazifist, -en** (*wk.*) / die **Pazifistin, -nen** pacifist
das **Pech** bad luck
peinlich embarrassing (12)
der **Pelz, -e** fur
das **Penizillin** pencillin (4)
per per, by means of
perfekt perfect(ly)
das **Perfekt, -e** perfect (tense)
die **Person, -en** person, individual (A, 1)
der **Personalausweis, -e** (personal) ID card (1)
die **Personalien** (*pl.*) personal data (12)
das **Personalpronomen, -** personal pronoun
personell relating to staff or personnel
der **Personenzug, ¨-e** passenger train (7)
persönlich personal(ly); in person; **persönliche Daten** biographical information (1)
die **Perspektive, -n** perspective
die **Perücke, -n** wig (11)
die **Pfalz** Palatinate
die **Pfanne, -n** (frying) pan (5)
der **Pfarrer, -** / die **Pfarrerin, -nen** minister; parish priest
der **Pfeffer, -** (black) pepper (8)
das **Pferd, -e** horse (2, 9)
der **Pfifferling, -e** chanterelle (*type of mushroom*)
das **Pfingsten, -** Pentecost
der **Pfirsich, -e** peach (8)
die **Pflanze, -n** plant (3, 6)
die **Pflanzenheilkunde** herbal medicine
das **Pflaster, -** adhesive bandage (11)
der **Pflasterstein, -e** cobblestone
die **Pflaume, -n** plum (8)
pflegen, gepflegt to attend to; to nurse; to nurture (5)
die **Pflicht, -en** duty; requirement; obligation (3)
pflichtbewusst conscious of one's obligations
das **Pflichtfach, ¨-er** required subject
die **Pflichtschulzeit, -en** required school time
der **Pflichtunterricht** required instruction
pflücken, gepflückt to pick (9)
die **Pforte, -n** gate
pfui Teufel! (*interj.*) ugh! yuck!
das **Pfund, -e** pound; 500 grams (5)
die **Phantasie, -n** imagination
das **Phantom, -e** phantom
die **Physik** physics (1)
das **Picknick, -s** picnic (4)
das **Piercing, -s** piercing (2)
der **Pilot, -en** (*wk.*) / die **Pilotin, -nen** pilot (5)
der **Pilz, -e** mushroom (8)
die **Pinakothek, -en** painting gallery
der **Pinsel, -** paintbrush (12)
der **Piranha, -s** piranha (10)
die **Pizza, -s** pizza (2)
der **PKW, -s** = der **Personenkraftwagen, -** automobile; passenger car
das **Plakat, -e** poster
der **Plan, ¨-e** plan (3)
planen, geplant to plan (7)
die **Platte, -n** plate; sheet; board; record
der **Platz, ¨-e** place; seat; room, space; square (3); **Platz nehmen** to take a seat
plötzlich sudden(ly) (9)
plus plus
(das) **Polen** Poland (B)
die **Politik** politics (5)
der **Politiker, -** / die **Politikerin, -nen** politician
politisch political(ly) (4)
die **Polizei** police; police station (5); **auf der Polizei** at the police station (5)
der **Polizist, -en** (*wk.*) / die **Polizistin, -nen** police officer (5)
(das) **Polnisch** Polish (*language*)
die **Polonistik** *study of Polish language and culture*
die **Pommes (frites)** (*pl.*) French fries (8)
populär popular(ly)
der **Porsche** *make of car*
das **Portal, -e** portal
das **Porträt, -s** portrait
(das) **Portugal** Portugal (B)
(das) **Portugiesisch** Portuguese (*language*) (B)
positiv positive(ly)
das **Possessivpronomen, -** possessive pronoun, possessive adjective
die **Post, -en** mail; post office (5); **auf der Post** at the post office (5); **auf die Post gehen** to go to the post office
der/die **Postangestellte, -n (ein Postangestellter)** postal employee (5)
der **Postbeamte, -n (ein Postbeamter)** / die **Postbeamtin, -nen** postal employee
das **Poster, -** poster (6)
das **Postfach, ¨-er** post office box
die **Postkarte, -n** postcard (2)
prächtig splendid(ly)
prädestiniert predestined
die **Präferenz, -en** preference (1)
das **Präfix, -e** prefix
prägen, geprägt to shape
pragmatisch pragmatic(ally)

das **Praktikum, Praktika** practical training
praktisch practical(ly) (5); **praktische Ausbildung** practical (career) training (5)
die **Präposition, -en** preposition
das **Präsens, Präsentia** present (tense)
präsentieren, präsentiert to present
der **Präsident, -en** (*wk.*) / die **Präsidentin, -nen** president (5)
das **Präsidium, Präsidien** police station
die **Präteritumsform, -en** preterite (tense) form
der **Preis, -e** price; prize (7, 12)
preisgünstig at a favorable price; inexpensive
die **Prellung, -en** bruise
pressen, gepresst to press, squeeze
das **Prestige** prestige (5)
der **Priester, -** / die **Priesterin, -nen** priest (5)
prima great (6)
der **Prinz, -en** (*wk.*) / die **Prinzessin, -nen** prince/princess (9)
privat private(ly)
pro per (3); **pro Woche** per week
die **Probe, -n** test; rehearsal
der **Probeschluck, -e** test sip, taste
probieren, probiert to try; to taste (3)
das **Problem, -e** problem
das **Produkt, -e** product
die **Produktion, -en** production
der **Professor, -en -** / die **Professorin, -nen** professor (A, B)
das **Profil, -e** profile
progressiv progressive(ly) (B)
das **Projekt, -e** project
der **Promoter, -** / die **Promoterin, -nen** promoter
das **Pronomen, -** pronoun
das **Propagandadelikt, -e** propaganda offense
protestieren (gegen + *acc.***), protestiert** to protest (against) (12)
das **Prozent, -e** percent (4)
der **Prozentsatz, ¨-e** percentage
die **Prozentzahl, -en** percentage
prüfen, geprüft to test; to examine; to certify
die **Prüfung, -en** test, exam (1)
die **Prüfungskommission, -en** examination committee
die **Prügel** (*pl.*) beating(s)
prügeln, geprügelt to beat
der **Psychiater, -** / die **Psychiaterin, -nen** psychiatrist (11)
psychisch mental(ly); psychological(ly)
die **Psychologie** psychology
der **Pudding, -s** pudding
der **Pudel, -** poodle
der **Puder, -** powder
der **Pulli, -s** = der **Pullover** (2)
der **Pullover, -** pullover; sweater (2)
der **Punkt, -e** point (3); dot
pünktlich punctual(ly); on time (4)
die **Puppe, -n** doll (9)
der **Purzelbaum, ¨-e** somersault
das **Putenschnitzel, -** turkey cutlet
der **Putz** plaster
putzen, geputzt to clean (3, 6); **sich die Zähne putzen** to brush one's teeth (11)
der **Putzlappen, -** cloth, rag (for cleaning) (6)
die **Pyramide, -n** pyramid

qm = der **Quadratmeter, -** square meter (6)
das **Quadrat, -e** square
die **Quadratmeile, -n** square mile
der **Quadratmeter, -** square meter (6)
quaken, gequakt to quack; to croak
quälen, gequält to torment
die **Qualifikation, -en** qualification
die **Qualität, -en** quality
der **Quark** *type of creamy cottage cheese* (8)
die **Quelle, -n** source
die **Querflöte, -n** transverse flute (12)
die **Quickcard** *Austrian debit card*
quietschend screeching
die **Quittung, -en** receipt, check (8)

das **Rad, ¨-er** wheel (7); bicycle; **Rad fahren** to ride a bicycle (6)
radeln, ist geradelt to ride a bicycle
der **Radfahrer, -** / die **Radfahrerin, -nen** bicyclist (7)
das **Radieschen, -** radish
das **Radio, -s** radio (2)
das **Radium** radium
die **Radtour, -en** bicycle tour (9)
der **Radweg, -e** bicycle path; bike lane (7)
ragen, geragt to rise, tower up
der **Rahmen, -** frame; framework; context
die **Rakete, -n** rocket (7)
der **Rand, ¨-er** edge; margin; brim
die **Rangfolge, -n** ranking; order of importance
die **Rangliste, -n** ranking list
der **Ranzen, -** schoolbag; knapsack; satchel
der **Rasen, -** lawn (5)
der **Rasenmäher, -** lawnmower (6)
der **Rasierapparat, -e** shaver, (electric) razor
(sich) **rasieren, rasiert** to shave (11)
die **Rasierklinge, -n** razor blade
das **Rasierwasser** aftershave lotion
rasseln, gerasselt to rattle
rassistisch (*adj.*) racist
der **Rat** advice (5)
raten (rät), riet, geraten to guess; (+ *dat.*) to advise (*s.o.*) (5)
das **Ratespiel, -e** guessing game; quiz
das **Rathaus, ¨-er** town/city hall (1, 6); **auf dem Rathaus** at the town/city hall (1)
der **Ratschlag, ¨-e** (piece of) advice (5)
das **Rätsel, -** puzzle, riddle (9); **ein Rätsel lösen** to solve a puzzle/riddle (9)
die **Ratte, -n** rat (10)
der **Raub** robbery
rauchen, geraucht to smoke (3)
der **Raucher, -** / die **Raucherin, -nen** smoker (10)
der **Raum, ¨-e** room; space; area
raus = **heraus** out
rauschen, gerauscht to rustle
raus·drücken, rausgedrückt = **heraus·drücken** to squeeze out
raus·gehen (geht ... raus), ging ... raus, ist rausgegangen = **heraus·gehen** to go out
reagieren, reagiert to react
die **Reaktion, -en** reaction
der **Realismus, Realismen** realism
realistisch realistic(ally)
der **Realschulabschluss, ¨-e** vocational school diploma
die **Rechenart, -en** arithmetical operation
recherchieren, recherchiert to research
rechnen, gerechnet to do arithmetic
die **Rechnung, -en** bill; check (*in restaurant*) (4)
recht- (*adj.*); **rechts** (*adv.*) right; on the right (7, 10); **von rechts** from the right
das **Recht, -e** right; law
recht haben (hat ... recht), hatte ... recht, recht gehabt to be right (2)
rechtlich legal(ly)
der **Rechtsanwalt, ¨-e** / die **Rechtsanwältin, -nen** lawyer
das **Rechtschreiben** spelling
der **Rechtschreibtest, -s** spelling test
die **Rechtschreibung** spelling; orthography
rechtsextrem extreme right-wing
der **Rechtsextremismus** right-wing extremism
der **Rechtsextremist, -en** (*wk.*) right-wing extremist (12)
rechtsextremistisch extreme(ly) right-wing
rechtsradikal radical(ly) right-wing
der **Rechtsradikalismus** right-wing radicalism
rechtzeitig timely, on time (12)
die **Rede, -n** speech, talk; discourse
reden, geredet to speak, talk
das **Referat, -e** report; (term) paper (3); **ein Referat halten** to give a paper/oral report (4)
das **Reflexivpronomen, -** reflexive pronoun
das **Regal, -e** bookshelf, bookcase (2)
die **Regel, -n** rule
regelmäßig regular(ly) (11)
regeln, geregelt to regulate
die **Regelung, -en** regulation
der **Regen, -** rain (7); **bei Regen** in rainy weather (7)
der **Regenschirm, -e** umbrella (5)
die **Regierung, -en** government
das **Regime, -** regime
regimetreu loyal to a/the regime
die **Region, -en** region
regional regional(ly)
der **Regisseur, -e** / die **Regisseurin, -nen** stage/film director (9)
registrieren, registriert to register; **sich registrieren lassen** to get registered (11)
regnen, geregnet to rain; **es regnet** it's raining (B)
die **Reibe, -n** grater
reiben (reibt), rieb, gerieben to rub
reich rich(ly)
das **Reich, -e** empire; kingdom; realm; **das Dritte Reich** the Third Reich (Nazi Germany)

reichen, gereicht to be enough
der **Reifen, -** tire (7)
die **Reifenpanne, -n** flat tire (7)
die **Reihe, -n** row; series
die **Reihenfolge, -n** sequence, order (2, 4)
das **Reihenhaus, ¨-er** row house, town house (6)
der **Reim, -e** rhyme
(sich) **reimen, gereimt** to rhyme
rein = **herein** in
die **Reinigung, -en** dry cleaner's (6)
rein·kommen (kommt ... rein), kam ... rein, ist reingekommen = **herein·kommen** to come in
der **Reis** rice (8)
die **Reise, -n** trip, journey (7); **auf Reisen sein** to be on a trip (7)
das **Reisebüro, -s** travel agency (6)
das **Reiseerlebnis, -se** travel experience (7)
der **Reiseführer, -** travel guidebook (5)
reisen, ist gereist to travel (1, 10)
der/die **Reisende, -n (ein Reisender)** traveler (10)
der **Reisepass, ¨-e** passport (10)
der **Reisescheck, -s** traveler's check (7)
reiten (reitet), ritt, ist geritten to ride horseback; to go horseback riding (1); **Wellen reiten** to ride the waves, surf
der **Reiter, -** / die **Reiterin, -nen** (horseback) rider
rekonstruieren, rekonstruiert to reconstruct
rekrutieren, rekrutiert to recruit
relativ relative(ly) (5)
die **Religion, -en** religion (1)
religiös religious(ly) (B)
die **Renaissance, -n** Renaissance
rennen (rennt), rannte, ist gerannt to run (7)
renovieren, renoviert to renovate
die **Rente, -n** pension
das **Rentnerpaar, -e** retired couple
die **Reparatur, -en** repair
reparieren, repariert to repair (1)
der **Reporter, -** / die **Reporterin, -nen** reporter, journalist (4)
der **Repräsentant, -en** (*wk.*) / die **Repräsentantin, -nen** representative
repräsentativ representative(ly)
die **Republik, -en** republic
republikanisch Republican (*adj.*)
reservieren, reserviert to reserve (7)
die **Residenz, -en** residence
die **Resonanz, -en** resonance
der **Rest, -e** remainder, rest
das **Restaurant, -s** restaurant (2, 8); **im Restaurant** at the restaurant (8)
restaurieren, restauriert to restore
das **Resultat, -e** result
retten, gerettet to save; to rescue
die **Rettichscheibe, -n** radish slice
die **Rettung** rescue; salvation
die **Revolution, -en** revolution
das **Rezept, -e** recipe; prescription (11)
die **Rezeption, -en** reception desk (10)
der **Rhein** Rhine (River)
das **Rheinland** Rhineland
(das) **Rheinland-Pfalz** Rhineland-Palatinate
der **Rhythmus, Rhythmen** rhythm
richten, gerichtet to direct; to turn; **sich richten (nach** + *dat.***)** to depend (on); to comply (with)
der **Richter, -** / die **Richterin, -nen** judge (5)
richtig right(ly), correct(ly) (2)
die **Richtung, -en** direction (7)
riechen (riecht), roch, gerochen to smell (11)
der **Riese, -n** (*wk.*) giant (9)
die **Riesenschildkröte, -n** giant tortoise
die **Riesenschlange, -n** boa constrictor; python (10)
riesig gigantic; tremendous(ly)
die **Rinderlende, -n** beef loin
das **Rindfleisch** beef (8)
der **Ring, -e** ring (2)
der **Rinnstein, -e** gutter
das **Risiko, -en** risk; jeopardy
der **Rock, ¨-e** skirt (A); (*sg. only*) rock music
der **Rock 'n' Roll** rock 'n' roll
die **Rockband, -s** rock band
das **Rockkonzert, -e** rock concert (9)
roh raw
die **Rolle, -n** role; part (4)
das **Rollenspiel, -e** role-play
die **Rollenverteilung, -en** assignment of roles
die **Rollerblades** (*pl.*) roller-blades
das **Rollschuhlaufen** roller-skating
(das) **Rom** Rome
der **Roman, -e** novel (3, 5)
der **Römer, -** / die **Römerin, -nen** Roman (*person*)
römisch Roman (*adj.*)
röntgen, geröntgt to X-ray (11)
rosa pink (A)
der **Rosenkohl** Brussels sprouts (8)
die **Rösti** *coarsely grated fried potatoes*
rostig rusty (8)
rot red (A)
die **Röteln** (*pl.*) German measles
(das) **Rotkäppchen** Little Red Riding Hood
die **Roulade, -n** *braised meat roll filled with bacon and onions*
der **Ruck, -e** jerk, jolt
der **Rücken, -** back (B)
die **Rückfahrt, -en** return journey; **die Hin- und Rückfahrt** round trip (10)
der **Rucksack, ¨-e** backpack (2)
rufen (ruft), rief, gerufen to call, shout (7, 11)
(das) **Rügen** *island in the Baltic Sea*
die **Ruhe** silence; peace
ruhen, geruht to rest
ruhig quiet(ly), calm(ly) (B)
das **Rührei, -er** scrambled egg
rühren, gerührt to stir; to move
(das) **Rumänien** Romania (B)
(das) **Rumpelstilzchen** Rumpelstiltskin
das **Rumpsteak, -s** rump steak (8)
rund round; around; approximately; **rund um** around
der **Rundgang, ¨-e** (walking) tour
runter·bringen (bringt ... runter), brachte ... runter, runtergebracht = **herunter·bringen** to bring down
der **Rüssel, -** trunk (*of an elephant*) (10)
russisch Russian (*adj.*) (12)
(das) **Russisch** Russian (*language*) (B)
(das) **Russland** Russia (B)
rustikal country-style, rustic
rutschen, ist gerutscht to slide, slip (9)

die **Sache, -n** thing; cause (2)
sachlich objective(ly), matter-of-fact
(das) **Sachsen** Saxony
(das) **Sachsen-Anhalt** Saxony-Anhalt
sächsisch Saxon (*adj.*)
der **Saft, ¨-e** juice (8)
sagen, gesagt to say; to tell (A, 5)
die **Sahara** Sahara (Desert)
das **Sakko, -s** sports jacket (A)
die **Salami, -** salami
der **Salat, -e** salad; lettuce (8)
die **Salatschüssel, -n** salad (mixing) bowl (5)
die **Salbe, -n** ointment, salve
das **Salz** salt (8)
salzig salty (7)
die **Salzkartoffeln** (*pl.*) boiled potatoes (8)
sammeln, gesammelt to collect; to gather (10)
das **Sample-Institut** polling institute
der **Samstag, -e** Saturday (1); **am Samstag** on Saturday (2)
samstags on Saturday(s)
der **Sand, -e** sand (7)
die **Sandale, -n** sandal
die **Sandburg, -en** sandcastle (4)
der **Sarg, ¨-e** coffin (9)
satt full; well-fed; **satt werden** to get full, get enough to eat
der **Satz, ¨-e** sentence (3)
die **Satzklammer, -n** sentence bracket
die **Satzstellung, -en** word order
der **Satzteil, -e** part of sentence, clause
sauber clean (B); **sauber machen** to clean (3)
sauer sour (8); angry, cross, annoyed (5); **saure Gurken** (*pl.*) pickles (8)
der **Sauerbraten, -** sauerbraten (*marinated beef roast*)
das **Sauerkraut** sauerkraut, pickled cabbage (7)
saugen, gesaugt to vacuum; **Staub saugen** to vacuum (6)
die **Sauna, -s** sauna (11)
der **S-Bahnanschluss, ¨-e** city and suburban railway connection
das **Schach** chess (1)
die **Schachtel, -n** box
schade! too bad! (3)
schaden (+ *dat.*), **geschadet** to be harmful (to) (6)
der **Schaden, ¨-** damage (11)
schaffen (schafft), schuf, geschaffen to create
schaffen, geschafft to manage; **jemanden aus dem Weg schaffen** to get someone out of the way
der **Schafskäse, -** cheese made with sheep's milk

der **Schal, -s** scarf (2)
schälen, geschält to peel, skin
die **Schallplatte, -n** (phonograph) record
der **Schalter, -** ticket booth, ticket window (5); **am Schalter** at the ticket booth/window (5)
der **Schatten, -** shadow; shade (9)
der **Schatz, ¨-e** treasure (9)
schätzen, geschätzt to value; to estimate; to reckon
schauen (an/auf + *acc.***), geschaut** to look (at) (A)
schaufeln, geschaufelt to shovel (11)
das **Schauspiel, -e** play (12)
der **Schauspieler, -** / die **Schauspielerin, -nen** actor/actress (9)
der **Scheck, -s** check
die **Scheibe, -n** pane, windowpane (7); slice
der **Scheibenwischer, -** windshield wiper (7)
scheiden (scheidet), schied, geschieden to leave; to divorce
die **Scheidung, -en** divorce (12)
der **Schein, -e** bill, note (*of currency*) (8)
scheinen (scheint), schien, geschienen to shine; to seem, appear
schenken, geschenkt to give (as a present) (5)
die **Schere, -n** scissors (8)
schick chic, stylish(ly), smart(ly) (2)
schicken, geschickt to send (2); **sich schicken** to be proper
das **Schicksal, -e** fate, destiny
schieben (schiebt), schob, geschoben to push; to shove
schief gehen (geht ... schief), ging ... schief, ist schief gegangen to go wrong
die **Schiene, -n** train track (10)
schießen (schießt), schoss, geschossen to shoot
das **Schiff, -e** ship
der **Schiffer, -** boatman
das **Schild, -er** sign (7)
das **Schildchen, -** small sign
schildern, geschildert to describe; to portray
die **Schildkröte, -n** turtle; tortoise (10)
der **Schilling, -e** schilling (*former Austrian monetary unit*) (7); **zwei Schilling** two schillings (7)
schimpfen, geschimpft to cuss, curse; to scold (9)
der **Schinken, -** ham (8)
der **Schlaf** sleep (9)
der **Schlafanzug, ¨-e** pajamas
schlafen (schläft), schlief, geschlafen to sleep (2); **lange schlafen** to sleep late
der **Schlafsack, ¨-e** sleeping bag (2)
der **Schlafwagen, -** sleeping car (4)
das **Schlafzimmer, -** bedroom (6)
der **Schlag, ¨-e** strike (*of a clock*); (heart)beat; blow
schlagen (schlägt), schlug, geschlagen to beat, strike, hit (8, 11)
die **Schlagsahne** whipped cream; whipping cream
das **Schlagzeug** drums; percussion instruments (12)
die **Schlange, -n** snake (10)
schlank slender, slim (B)
schlapp run-down; listless
das **Schlauchboot, -e** inflatable dinghy (10)
schlecht bad(ly) (2)
schleichen (schleicht), schlich, ist geschlichen to creep, sneak
die **Schleife, -n** ribbon; bow
(das) **Schleswig** Schleswig
(das) **Schleswig-Holstein** Schleswig-Holstein
schleudern, geschleudert to hurl
schlicht simple, simply; plain(ly)
schließen (schließt), schloss, geschlossen to close, shut (A)
schließlich finally; after all (7)
schlimm bad (11)
die **Schlinge, -n** sling
der **Schlitten, -** sled (2); **Schlitten fahren** to go sledding
der **Schlittschuh, -e** ice skate (3); **Schlittschuh laufen** to go ice-skating (3)
das **Schloss, ¨-er** castle (9)
der **Schlossgang, ¨-e** castle walkway
das **Schlump** *name of a building in Hamburg*
die **Schlumper** (*pl.*) *group of artists named after the* ***Schlump***
der **Schluss, ¨-e** end (8); conclusion; **am Schluss** in the end; **jetzt aber Schluss** finish up now; **zum Schluss** in the end, finally (8)
der **Schlüssel, -** key (9)
schmal narrow; thin
schmecken (+ *dat.*), **geschmeckt** to taste good (to) (6)
schmelzen (schmelzt), schmolz, ist geschmolzen to melt
der **Schmerz, -en** pain (11)
schmerzlos painless(ly)
sich **schminken, geschminkt** to put makeup on (11)
schmoren, geschmort to braise
der **Schmuck** jewelry (2)
schmutzig dirty (A)
der **Schnaps, ¨-e** spirit; schnapps
die **Schnecke, -n** snail (10)
der **Schnee** snow (9)
(das) **Schneewittchen** Snow White
schneiden (schneidet), schnitt, geschnitten to cut (3); **Haare schneiden** to cut hair (3); **sich schneiden** to cut oneself (11)
schneien, geschneit to snow; **es schneit** it is snowing (B)
schnell quick(ly), fast (3)
das **Schnitzel, -** (veal/beef/pork) cutlet (8); **das Wiener Schnitzel** breaded veal cutlet
der **Schnupfen, -** cold (*with a runny nose*), sniffles (11)
die **Schnupftabakdose, -n** snuffbox
die **Schnur, ¨-e** string (8)
der **Schnurrbart, ¨-e** moustache (A)
schnurstracks (*coll.*) straight, directly
der **Schock, -s** shock (11)
schocken, geschockt to shock
die **Schokolade, -n** chocolate
schon already (2, 4); indeed; **ich glaube schon** I think so; **schon wieder** once again (3); **warst du schon einmal ...?** were you ever . . . ? (4)
schön pretty, beautiful (B); nice; **bitte schön** help yourself; there you go; **bitte schön?** yes please? may I help you? (7); **ganz schön** quite pretty; **ganz schön viel** quite a bit (3)
die **Schönheit, -en** beauty
der **Schrank, ¨-e** closet; cupboard; cabinet; wardrobe (2, 6)
der **Schreck, -e** fright; terror; shock
schrecklich terrible, terribly; horrible, horribly
der **Schrei, -e** cry; shout; scream
schreiben (schreibt), schrieb, geschrieben to write; to spell (A); **(an +** *acc.***)** to write to; **(über +** *acc.***)** to write about; **(von +** *dat.***)** to write of/about; **wie schreibt man das?** how do you spell that? (A)
die **Schreibmaschine, -n** typewriter
der **Schreibtisch, -e** desk (2)
das **Schreibwarengeschäft, -e** stationery store (6)
das **Schreibzeug** writing materials
schreien (schreit), schrie, geschrien to scream, yell (3)
die **Schrift, -en** script; (hand)writing
schriftlich written, in writing (10)
der **Schriftsteller, -** / die **Schriftstellerin, -nen** writer (5)
der **Schritt, -e** step; **Schritt für Schritt** step by step
die **Schublade, -n** drawer (5)
schüchtern shy(ly) (B)
der **Schuh, -e** shoe (A)
das **Schuhgeschäft, -e** shoe store (6)
der **Schulabschluss, ¨-e** *degree received after completing secondary school*
der **Schulalltag, -e** daily routine at school
die **Schulbildung** education, schooling (5)
schuld: schuld sein (an + *dat.***)** to be at fault (for)
die **Schuld, -en** debt; fault; guilt (12)
schulden, geschuldet to owe
die **Schule, -n** school (A, 1, 3, 4, 5); **in die / zur Schule** to school; **in der Schule** at school (5)
der **Schüler, -** / die **Schülerin, -nen** student; pupil (1)
das **Schulfach, ¨-er** school subject (1)
der **Schulfreund, -e** / die **Schulfreundin, -nen** school friend
der **Schulhof, ¨-e** schoolyard, playground
die **Schulinspektion, -en** school inspection
schulisch school (*adj.*), scholastic(ally)
das **Schuljahr, -e** school year
das **Schulkind, -er** schoolchild
die **Schulklamotten** (*pl., coll.*) school clothes
die **Schulleistung, -en** scholastic achievement
die **Schulleistungsstudie** study of scholastic achievement
der **Schulleiter, -** / die **Schulleiterin, -nen** principal, headmaster
der **Schulmeister, -** / die **Schulmeisterin, -nen** schoolmaster

die **Schulnote, -n** grade, mark (*in school*)
die **Schulstunde, -n** school period
das **Schulsystem, -e** school system
der **Schultag, -e** school day
die **Schultasche, -n** book bag
die **Schulter, -n** shoulder (B)
die **Schuluniform, -en** school uniform
die **Schulzeit** school days
die **Schummelhilfe, -n** (*coll.*) cheating aid
die **Schüssel, -n** bowl (8)
schütteln, geschüttelt to shake; **die Hand schütteln** to shake hands (A); **sich schütteln** to shake (*o.s.*)
schützen, geschützt to protect
schwach weak(ly)
der **Schwager, ¨** / die **Schwägerin, -nen** brother-/sister-in-law
der **Schwamm, ¨e** sponge; eraser (*for blackboard*) (B)
der **Schwan, ¨e** swan
schwanger pregnant
schwanken, geschwankt to sway; to rock
schwarz black (A); **das schwarze Brett** bulletin board
das **Schwarzbier, -e** *very dark beer*
schwarzhaarig black-haired (9)
der **Schwarzwald** Black Forest
(das) **Schweden** Sweden (B)
(das) **Schwedisch** Swedish (*language*) (B)
schweifen, ist geschweift to wander
schweigen (schweigt), schwieg, geschwiegen to become silent; to be silent, say nothing
das **Schweigen** silence
das **Schwein, -e** pig (9)
der **Schweinebraten, -** pork roast
das **Schweinefleisch** pork (8)
die **Schweinerei, -en** (*coll.*) mess
der **Schweinestall, ¨e** pigpen (5)
die **Schweiz** Switzerland (B)
Schweizer Swiss (*adj.*)
der **Schweizer, -** / die **Schweizerin, -nen** Swiss (*person*) (B)
die **Schwellung, -en** swelling
schwer heavy, heavily; hard; difficult (3); **schwer verletzt** critically injured (11); **zu schwer** too heavy (4)
schwer·fallen (+ *dat.*) **(fällt ... schwer), fiel ... schwer, ist schwergefallen** to be difficult for
die **Schwester, -n** sister (B)
schwierig difficult (2)
die **Schwierigkeit, -en** difficulty
das **Schwimmbad, ¨er** swimming pool (1, 5); **im Schwimmbad** at the swimming pool (5); **ins Schwimmbad fahren** to go/drive to the swimming pool (1)
schwimmen (schwimmt), schwamm, ist/hat geschwommen to swim; to float (7); **im Meer schwimmen** to swim in the sea (1); **schwimmen gehen** to go swimming (1)
der **Schwimmstar, -s** swimming star
schwitzen, geschwitzt to sweat, perspire

Se (*dial. for. sg./pl.*) = **Sie** you
sechs six (A); **um sechs (Uhr)** at six o'clock (1)
sechst- sixth (4)
sechsundzwanzig twenty-six (A)
sechzehn sixteen (A)
sechzig sixty (A)
der **See, -n** lake (7)
die **See, -n** sea
das **Seebad, ¨er** seaside bathing resort
seekrank seasick (7)
die **Seele, -n** soul (12)
segeln, ist/hat gesegelt to sail (1)
sehen (sieht), sah, gesehen to see (2)
sehr very (B); **bitte sehr** there you go; **so sehr** so much; **zu sehr** too much
der **Sehtest, -s** eye test
das **Seidenkleid, -er** silk dress
die **Seife, -n** soap (6)
die **Seilbahn, -en** cable railway (7)
der **Seiltänzer, -** / die **Seiltänzerin, -nen** tightrope walker
sein (ist), war, ist gewesen to be (A, 4)
sein(e) his, its (1, 2)
seit (*prep.*) since, for (4, 11); **seit mehreren Tagen** for several days (11); **seit zwei Jahren** for two years (4)
seitab off to the side
die **Seite, -n** side; page (6)
der **Sekretär, -e** fold-out desk
der **Sekretär, -e** / die **Sekretärin, -nen** secretary (5)
der **Sekt, -e** sparkling wine
die **Sekunde, -n** second (1)
selber, selbes, selbe same
selbst even; oneself, myself, yourself, himself, herself, itself; ourselves, yourselves, themselves; by (one)self; **selbst gemacht** homemade (8)
selbstbewusst self-confident(ly)
der **Selbstmord, -e** suicide
die **Selbstmordrate, -n** suicide rate
das **Selbstporträt, -s** self-portrait
selbstständig independent(ly) (12)
selbstverständlich of course (10)
selten rare(ly), seldom (8)
seltsam strange(ly)
das **Semester, -** semester (1)
die **Semesterferien** (*pl.*) semester break
das **Seminar, -e** seminar
die **Semmel, -n** (bread) roll
senden (sendet), sandte, gesandt to send
der **Sendetermin, -e** broadcast time
der **Senf** mustard (8)
der **September** September (B)
(das) **Serbien** Serbia
servieren, serviert to serve
die **Serviette, -n** napkin (8)
servus! hello! good-bye! (*infor.; southern Germany, Austria*) (A)
der **Sessel, -** armchair (2, 6)
setzen, gesetzt to put, place, set (*in a sitting position*) (7); **sich setzen** to sit down (A, 11)

das **Shampoo, -s** shampoo
sich oneself, himself, herself, itself, yourself; themselves, yourselves
sicher safe(ly); sure(ly) (1)
der **Sicherheitsgurt, -e** safety belt (7)
die **Sicherheitskontrolle, -n** safety checkpoint
sicherlich certainly (3)
die **Sicht, -en** sight; view
sichtbar visible, visibly (11)
sie she, it; they
Sie (*for. sg./pl.*) you
sieben seven (A)
siebenundzwanzig twenty-seven (A)
siebt- seventh (4)
siebzehn seventeen (A)
siebzig seventy (A)
der **Sieg, -e** victory
signalisieren, signalisiert to signal; to indicate
silbern silver (*adj.*), silvery
(das) **Silentium** quiet time
singen (singt), sang, gesungen to sing (1); **wir singen gern** we like to sing (1)
sinken (sinkt), sank, ist gesunken to sink
der **Sinn, -e** sense; **aus dem Sinn kommen** to forget; **im Sinne** (+ *gen.*) in the sense of
die **Sinologie** *study of Chinese language and culture*
die **Situation, -en** situation
der **Sitz, -e** seat (7)
sitzen (sitzt), saß, gesessen to sit; to be in a sitting position (4); **sitzen bleiben (bleibt ... sitzen), blieb ... sitzen, ist sitzen geblieben** to be held back a grade
(das) **Skandinavien** Scandinavia
das **Skateboard, -s** skateboard (3); **Skateboard fahren** to skateboard (3)
der **Ski, -er** ski (3); **Ski fahren** to ski (3)
die **Skihütte, -n** ski lodge (6)
der **Skorpion, -e** scorpion (10)
die **Skulptur, -en** sculpture (12)
die **Slowakei** Slovakia (B)
(das) **Slowenien** Slovenia (B)
die **SMS** SMS (= short message service: *text messaging by cell phone or other electronic device*)
so so; such; that way (A); **das stimmt so** that's right; keep the change (8); **so viel** so much; **so viele** so many; **und so weiter** and so forth
sobald (*subord. conj.*) as soon as
die **Socke, -n** sock (2)
das **Sofa, -s** sofa, couch (6)
sofort immediately (3)
der **Soft-Rock** soft rock music
sogar even
sogenannt so-called
der **Sohn, ¨e** son (B)
(der) **Sokrates** Socrates
solange (*subord. conj.*) as long as; while
das **Solarium, Solarien** tanning salon (11)
solcher, solches, solche such
der **Soldat, -en** (*wk.*) / die **Soldatin, -nen** soldier
sollen (soll), sollte, gesollt to be supposed to (3)

der **Sommer, -** summer (B); **im Sommer** in the summer; **letzten Sommer** last summer (4)
der **Sommerkurs, -e** summer school (3)
der **Sommertreffpunkt, -e** summer meeting place
sondern but (rather/on the contrary) (A, 11)
das **Songbuch, ¨-er** songbook (2)
der **Sonnabend, -e** Saturday
die **Sonne, -n** sun (1); **in der Sonne liegen** to lie in the sun (1)
sich **sonnen, gesonnt** to sunbathe (11)
sonnenbaden gehen (geht ... sonnenbaden), ging ... sonnenbaden, ist sonnenbaden gegangen to go sunbathing (10)
der **Sonnenbrand, ¨-e** sunburn (10)
die **Sonnenbrille, -n** sunglasses (1, 2)
die **Sonnenmilch** suntan lotion (10)
der **Sonnenschein** sunshine; **etwas ist eitel Sonnenschein** something is positive/happy
der **Sonnenschirm, -e** sunshade; parasol (10)
sonnig sunny (B)
der **Sonntag, -e** Sunday (1)
sonst otherwise (B); **sonst noch etwas?** anything else? (5)
sonstig other; **Sonstiges** other things (9)
sorgen (für + *acc.*)**, gesorgt** to take care (of) (12)
die **Soße, -n** gravy; sauce; (salad) dressing (8)
das **Souvenir, -s** souvenir (7)
sowie as well as
sowieso anyway
sozial social(ly)
der **Sozialismus** socialism
der **Sozialist, -en** (*wk.*) / die **Sozialistin, -nen** socialist (*person*)
die **Sozialkunde** social studies (1)
die **Sozialpädagogik** social education
die **Soziologie** sociology (1)
die **Spaghetti** (*pl.*) spaghetti (7)
die **Spalte, -n** column
(das) **Spanien** Spain (B)
spanisch Spanish (*adj.*)
(das) **Spanisch** Spanish (*language*) (B)
die **Spannweite, -n** wingspan
sparen, gespart to save (*money*) (7); **(auf** + *acc.*) to save up for
das **Sparkonto, -konten** savings account (12)
der **Spaß, ¨-e** fun; **Spaß haben** to have fun; **Spaß machen** to be fun; **viel Spaß!** have fun! (A)
spät late (1); **wie spät ist es?** what time is it? (1)
die **Spätzle** (*pl.*) spaetzle (*kind of noodles*)
spazieren gehen (geht ... spazieren), ging ... spazieren, ist spazieren gegangen to go for a walk (1)
der **Spaziergang, ¨-e** walk (10)
der **Speck** bacon (8)
die **Spedition, -en** transport
die **Speditionsfirma, -firmen** trucking company
speichern, gespeichert to store
die **Speise, -n** food, dish
die **Speisekarte, -n** menu (8)
der **Speisewagen, -** dining car
spekulieren, spekuliert to speculate
der **Sperrmüll** bulk refuse (heap)
die **Spezialität, -en** speciality
der **Spiegel, -** mirror (6)
sich **spiegeln, gespiegelt** to be reflected
das **Spieglein, -** (*diminutive form of* **der Spiegel**) little mirror
das **Spiel, -e** game; match
spielen, gespielt to play (1); **Klavier spielen** to play the piano; **wann spielt die Geschichte?** when does the story take place?
der **Spieler, -** / die **Spielerin, -nen** player
der **Spielfreund, -e** / die **Spielfreundin, -nen** playmate
der **Spielkamerad, -en** (*wk.*) / die **Spielkameradin, -nen** playmate
der **Spielplatz, ¨-e** playground (9)
das **Spielzeug, -e** toy
der **Spinat, -e** spinach (8)
der **Spion, -e** / die **Spionin, -nen** spy
spitz pointed
der **Spitzbart, ¨-e** goatee
die **Spitze, -n** tip; top
der **Spitzel, -** informer
der **Spitzname, -n** (*wk.*) nickname (1)
der **Sport** sport(s); physical education (1); **Sport treiben** to do sports (2)
die **Sporthose, -n** tights; sports pants (2)
sportlich athletic (B)
der **Sportplatz, ¨-e** sports field; playing field
der **Sportschuh, -e** athletic shoe (A)
die **Sportverletzung, -en** sports injury
die **Sprache, -n** language (B)
das **Sprachlabor, -s** language laboratory (4)
sprachlos speechless(ly)
sprechen (spricht), sprach, gesprochen to speak, talk (B); **(über** + *acc.*) to talk about; **er/sie spricht ...** he/she speaks . . . (B)
der **Sprecher, -** / die **Sprecherin, -nen** speaker
die **Sprechsituation, -en** conversational situation (A)
die **Sprechstunde, -n** office hour (3)
die **Sprechstundenhilfe** (doctor's) receptionist
sprengen, gesprengt to water, sprinkle
das **Sprichwort, ¨-er** proverb, saying
springen (springt), sprang, ist gesprungen to jump, spring (A)
die **Spritze, -n** shot, injection (11)
sprühen, gesprüht to spray
spucken, gespuckt to spit
das **Spülbecken, -** sink (5)
die **Spüle, -n** sink
spülen, gespült to wash; to rinse (4); **Geschirr spülen** to wash the dishes (4)
das **Spülwasser** dishwater
der **Spürsinn** intuition
das **Squash** squash (*game*) (1)
der **Staat, -en** state; nation (10)
staatlich state, government (*adj.*)
die **Staatsangehörigkeit, -en** nationality, citizenship (1)
die **Staatsbürgerschaft** citizenship
der **Staatschef, -s** / die **Staatschefin, -nen** head of state
das **Staatsexamen, -** *final university examination*
die **Staatssicherheit** national security; *East German secret police*
die **Stadt, ¨-e** town, city (2, 6, 10); **in der Stadt** in town, in the city (6, 10)
der **Stadtpark, -s** municipal park (10)
der **Stadtplan, ¨-e** city street map (10)
der **Stadtrand, ¨-er** city limits (6)
die **Stadtrundfahrt, -en** tour of the city (7)
der **Stadtrundgang, ¨-e** walking tour of the city
der **Stadtteil, -e** district, neighborhood (6)
das **Stadtviertel, -** quarter, district, neighborhood (6)
die **Staffelei, -en** easel (12)
stammen (aus + *dat.*)**, gestammt** to come (from), originate (from)
standhaft steadfast(ly)
der **Standort, -e** location
stark strong(ly); heavy, heavily (11); severe(ly); **echt stark!** (*coll.*) great! cool!
starren (auf + *acc.*)**, gestarrt** to stare (at)
der **Start, -s** start; beginning
starten, ist gestartet to start; to take off
die **Stasi** = die **Staatssicherheit** (*East German secret police*)
die **Station, -en** station
die **Statistik, -en** statistics
statt (+ *gen.*) instead of (12)
stattdessen instead (of that)
statt·finden (findet ... statt), fand ... statt, stattgefunden to take place (5)
das **Statussymbol, -e** status symbol
der **Stau, -s** traffic jam (7)
der **Staub** dust; **sich aus dem Staub machen** (*coll.*) to scram; to get lost; to go; **Staub saugen** to vacuum (6); **Staub wischen** to (wipe) dust
der **Staubsauger, -** vacuum cleaner (6)
die **Stauchung, -en** compression
das **Staunen** amazement
das **Steak, -s** steak
stechen (sticht), stach, gestochen to prick; to sting; to bite (*of insects*) (10)
der **Steckbrief, -e** personal description; personal details
stecken, gesteckt to stick; to put; to be; **stecken bleiben (bleibt ... stecken), blieb ... stecken, ist stecken geblieben** to get stuck (11)
der **Stefansdom** St. Stephen's Cathedral
stehen (steht), stand, gestanden to stand (*be in a vertical position*) (2, 6); to be (situated); to stop, come to a standstill; (+ *dat.*) to suit (6); **das steht / die stehen dir gut** that looks / they look good on you (2)
stehlen (stiehlt), stahl, gestohlen to steal (9)
steigen (steigt), stieg, ist gestiegen to climb; to ascend; to increase
der **Stein, -e** stone (12)
steinern (*adj.*) (made of) stone

die **Steinzeit** Stone Age (12)
die **Stelle, -n** position; place
stellen, gestellt to stand up, put, place (*in a vertical position*) (3, 5); **eine Frage stellen** to ask a question (A, 5); **gerade stellen** to straighten (3)
das **Step-Aerobic** step aerobics
sterben (stirbt), starb, ist gestorben to die (9)
die **Stereoanlage, -n** stereo system (6)
das **Sternzeichen, -** star sign, sign of the zodiac
das **Steuer, -** steering wheel
die **Steuer, -n** tax
der **Steward, -s** / die **Stewardess, -en** flight attendant (5)
der **Stichpunkt, -e** main point (12)
das **Stichwort, ¨-er** keyword
der **Stiefel, -** boot (A)
die **Stiefmutter, ¨** stepmother (9)
der **Stiefvater, ¨** stepfather (9)
der **Stift, -e** pen, pencil (A, B)
der **Stil, -e** style
still quiet(ly); silent(ly)
die **Stille** quiet; silence
das **Stillleben, -** still life
die **Stimme, -n** voice (12)
stimmen, gestimmt to be right (8); **(das) stimmt!** that's right! (4); **das stimmt so** that's right; keep the change (8)
die **Stimmung, -en** mood; atmosphere
das **Stipendium, Stipendien** scholarship (1)
die **Stirn, -en** forehead
das **Stirnband, ¨-er** headband (A)
der **Stock, ¨-e** stick; walking stick
der **Stock, -** floor, story (6); **im ersten Stock** on the second floor (6)
das **Stockwerk, -e** floor, story (6)
stolpern, ist gestolpert to trip, stumble (9)
stolz proud(ly)
stop (*interj.*) stop, halt
der **Stopp, -s** stop
stoppen, gestoppt to stop
stören, gestört to disturb (3)
stoßen (stößt), stieß, gestoßen to shove; to push
der **Stoßzahn, ¨-e** tusk (10)
stottern, gestottert to stutter
Str. = die **Straße, -n** street
die **Straftat, -en** criminal offense
der **Strafzettel, -** (parking or speeding) ticket
der **Strand, ¨-e** beach, shore (4, 7)
der **Strandkorb, ¨-e** basket chair (*for the beach*) (10)
die **Strandpromenade, -n** (beach) promenade
die **Straße, -n** street, road (6)
die **Straßenbahn, -en** streetcar (7)
der **Straßenjunge, -n** (*wk.*) street urchin
sich **sträuben, gesträubt** to stand on end, bristle (*hair*); to resist
strebsam ambitious; industrious
strecken, gestreckt to stretch
streichen (streicht), strich, gestrichen to paint
das **Streichholz, ¨-er** match (8)
die **Streife, -n** patrol; **Streife gehen** to be on patrol
streiten (streitet), stritt, gestritten to argue, quarrel (9)
streng strict(ly); severe(ly); disciplined (9)
stricken, gestrickt to knit (3)
der **Strom, ¨-e** stream; current; electricity, power (8)
die **Strömung, -en** current
die **Strophe, -n** strophe; verse
die **Struktur, -en** structure
die **Strumpfhose, -n** tights; pantyhose
das **Stück, -e** piece; slice (8)
das **Stückchen, -** little piece
der **Student, -en** (*wk.*) / die **Studentin, -nen** student (A, B)
das **Studentenheim, -e** dorm (2, 6)
das **Studentenleben** student life (4)
die **Studie, -n** study
der **Studienabschluss, ¨-e** completion of one's studies
der **Studienanfänger, -** / die **Studienanfängerin, -nen** beginning student
das **Studienfach, ¨-er** academic subject (1)
der **Studiengang, ¨-e** course of study
die **Studiengebühr, -en** registration fee, tuition
der **Studientag, -e** day of study
studieren, studiert to study; to attend a university/college (1)
der/die **Studierende, -n (ein Studierender)** student
das **Studierzimmer, -** study (room)
das **Studium, Studien** university studies (1, 3)
der **Stuhl, ¨-e** chair (B, 2)
die **Stunde, -n** hour (2)
stundenlang for hours
der **Stundenlohn, ¨-e** hourly wage
der **Stundenplan, ¨-e** schedule (1)
stundenweise by the hour
stürmen, gestürmt to storm; to attack
der **Sturz, ¨-e** fall
stürzen, ist gestürzt to fall
das **Subjekt, -e** subject
das **Substantiv, -e** noun
subtrahieren, subtrahiert to subtract
die **Suchanzeige, -n** housing-wanted ad (6)
die **Suche, -n** search
suchen, gesucht to look for (1)
(das) **Südafrika** South Africa (B)
(das) **Südamerika** South America (B)
süddeutsch Southern German (*adj.*)
(das) **Süddeutschland** Southern Germany
der **Süden** south
südlich (von + *dat.***)** south (of) (7)
südöstlich (von + *dat.***)** southeast (of) (7)
südwestlich (von + *dat.***)** southwest (of) (7)
der **Südwind** south wind
super super
der **Superbowl** Super Bowl
der **Supermarkt, ¨-e** supermarket (5); **im Supermarkt** at the supermarket (5)
superschnell superfast (7)
die **Suppe, -n** soup (8)
das **Surfbrett, -er** surfboard (2)
surfen, gesurft to surf, go surfing
der **Sushi** sushi
süß sweet(ly) (4)
die **Süßigkeit, -en** sweet, candy (9)
der **Swimmingpool, -s** swimming pool
das **Symbol, -e** symbol
symbolisieren, symbolisiert to symbolize
sympathisch congenial(ly), appealing(ly); sympathetic(ally)
das **Symphonieorchester, -** symphony orchestra
das **Symptom, -e** symptom (11)
syrisch Syrian (*adj.*)
die **Szene, -n** scene
das ***SZ-Magazin*** = ***Süddeutsche Zeitung Magazin*** magazine section of Sunday edition of *SZ*

der **Tabak, -e** tobacco
die **Tabelle, -n** table; list
die **Tablette, -n** tablet, pill (11)
die **Tafel, -n** blackboard (A, B)
der **Tag, -e** day (1); **an welchem Tag?** on what day? (4); **den ganzen Tag** all day long, the whole day (1); **eines Tages** one day; **guten Tag!** good afternoon! hello! (*for.*) (A); **seit mehreren Tagen** for several days (11); **Tag für Tag** day after day; **vor zwei Tagen** two days ago (4); **welcher Tag ist heute?** what day is today? (1)
das **Tagebuch, ¨-er** diary (4)
der **Tagesablauf, ¨-e** daily routine; course of (one's) day
das **Tageslicht** daylight
der **Tageslichtprojektor, -en** overhead projector
die **Tageszeit, -en** time of day
die **Tageszeitung, -en** daily newspaper (5)
täglich daily (9)
der **Taktverkehr** regularly scheduled transportation
das **Tal, ¨-er** valley (7)
das **Talent, -e** talent (3)
der **Tank, -s** tank (7)
tanken, getankt to fill up (with gas) (5)
die **Tankstelle, -n** gas station (5); **an der Tankstelle** at the gas station (5)
die **Tante, -n** aunt (B)
tanzen, getanzt to dance (1)
der **Tänzer, -** / die **Tänzerin, -nen** dancer
die **Tanzschule, -n** dance school
die **Tapete, -n** wallpaper
tapfer brave(ly) (9)
die **Tasche, -n** (hand)bag; purse; pocket (1)
das **Taschengeld, -er** pocket money, allowance
die **Taschenlampe, -n** flashlight (9)
das **Taschentuch, ¨-er** handkerchief (3)
die **Tasse, -n** cup (2, 5)
die **Tat, -en** act; deed
der **Täter, -** / die **Täterin, -nen** perpetrator
tätig active
die **Tätigkeit, -en** activity (5)
der **Tatort, -e** scene of a crime
tätowieren, tätowiert to tattoo

der **Tätowierer, -** / die **Tätowiererin, -nen** tattoo artist
die **Tauchausrüstung** diving equipment
tauchen, hat/ist getaucht to dive (3)
tausend thousand
tausendmal a thousand times
das **Taxi, -s** taxi (3, 7)
der **Taxifahrer, -** / die **Taxifahrerin, -nen** taxi driver (5)
die **Technik, -en** technology (12)
technisch technical(ly); technological(ly)
der **Technische Überwachungsverein (TÜV)** Technical Control Board (*German agency that checks vehicular safety*)
die **Technologie, -n** technology
der **Teddy, -s** / der **Teddybär, -en** (*wk.*) teddy bear (A, 9)
der **Tee, -s** tea (4)
die **Teekanne, -n** teapot (8)
der **Teekessel, -** tea kettle (8)
der **Teil, -e** part, portion (7)
sich **teilen, geteilt** to split; to be divided
teil·nehmen (an + *dat.***) (nimmt ... teil), nahm ... teil, teilgenommen** to participate (*in s.th.*)
das **Telefon, -e** telephone (A, 2); **am Telefon** on the phone (2)
das **Telefonat, -e** telephone call
telefonieren, telefoniert to telephone, talk on the phone (4)
die **Telefonkarte, -n** telephone card (2)
die **Telefonnummer, -n** telephone number (1)
die **Telefonzelle, -n** telephone booth (2)
das **Telegramm, -e** telegram (2)
der **Teller, -** plate (8)
die **Temperatur, -en** temperature
das **Tennis** tennis (1)
der **Tennisschläger, -** tennis racket
der **Tennisspieler, -** / die **Tennisspielerin, -nen** tennis player (9)
der **Teppich, -e** carpet, rug (2)
der **Termin, -e** appointment (5, 11); **sich einen Termin geben lassen** to get an appointment (11)
der **Terminkalender, -** appointment calendar (11)
die **Terrasse, -n** terrace, deck (6)
der **Test, -s** test
testen, getestet to test
der **Tetanus** tetanus (11)
teuer expensive(ly) (2)
der **Teufel, -** devil (12); **pfui Teufel!** (*interj.*) ugh! yuck!
das **Teufelszeug** (*coll.*) terrible stuff
der **Teutoburger Wald** *mountainous forest in North Rhine-Westphalia*
der **Text, -e** text (12)
das **Theater, -** theater (4)
das **Thema, Themen** theme, topic, subject (4)
die **Theologie** theology
theoretisch theoretical(ly)
die **Theorie, -n** theory
der **Thunfisch, -e** tuna
(das) **Thüringen** Thuringia
das **Ticket, -s** ticket
tief deep(ly) (7)
das **Tiefland, ¨-er** lowlands
das **Tier, -e** animal (3, 7, 9, 10)
der **Tierarzt, ¨-e** / die **Tierärztin, -nen** veterinarian (11)
der **Tierpfleger, -** / die **Tierpflegerin, -nen** animal keeper
der **Tipp, -s** tip
tippen, getippt to type (3, 6)
(das) **Tirol** Tyrol
Tiroler (*adj.*) Tyrolean
der **Tisch, -e** table (B); **den Tisch abräumen** to clear the table (3); **den Tisch decken** to set the table (3)
der **Tischler, -** / die **Tischlerin, -nen** carpenter
das **Tischtennis** table tennis (3)
der **Titel, -** title
der **Toaster, -** toaster (8)
die **Tochter, ¨-** daughter (B)
der **Tod, -e** death (12)
die **Toilette, -n** toilet (6)
das **Toilettenpapier** toilet paper (4)
die **Toilettentasche, -n** cosmetic bag
tolerant tolerant(ly) (B)
toll (*coll.*) great, neat (2); **das hört sich toll an** that sounds great (4); **einfach toll** simply great
die **Tollwut** rabies (10)
die **Tomate, -n** tomato (8)
der **Ton, -e** clay (12)
der **Topf, ¨-e** pot, (sauce)pan (5)
die **Töpferei, -en** pottery; ceramic art (12)
die **Töpferscheibe, -n** potter's wheel (12)
der **Topflappen, -** potholder (5)
das **Tor, -e** gate
die **Torte, -n** pie
der **Tortenheber, -** cake server
tot dead (9); **das Tote Meer** the Dead Sea
total total(ly) (4)
der/die **Tote, -n (ein Toter)** dead person
töten, getötet to kill (9)
der **Totengang, ¨-e** path of the dead
der **Totenkopf, ¨-e** skull; death's head
die **Tour, -en** tour; trip
der **Tourismus** tourism (10)
der **Tourist, -en** (*wk.*) / die **Touristin, -nen** tourist
die **Touristenklasse** tourist class (5)
das **Touristenmenü, -s** (set) meal for tourists
die **Tradition, -en** tradition (4, 12)
traditionell traditional(ly)
tragen (trägt), trug, getragen to carry; to wear (A); **er/sie trägt ...** he/she is wearing (A); **trägst du ...?** are you wearing . . . ? (A) **trägst du gern ...?** do you like to wear . . . ? (A)
der **Träger, -** / die **Trägerin, -nen** recipient (*of a prize*) (12)
die **Tragödie, -n** tragedy (12)
der **Trailer, -** trailer
der **Trainingsanzug, ¨-e** sweats
trampen, ist getrampt to hitchhike (10)
der **Tramper, -** / die **Tramperin, -nen** hitchhiker
die **Transaktion, -en** transaction
transkontinental transcontinental
transportieren, transportiert to transport, carry (7)
das **Transportmittel, -** means of transportation; vehicle (7)
die **Trauer** grief; mourning
der **Traum, ¨-e** dream
träumen (von + *dat.***), geträumt** to dream (of/about) (9)
traurig sad(ly) (B)
(sich) **treffen (trifft), traf, getroffen** to meet (2); to hit; **eine Entscheidung treffen** to make a decision; **treffen wir uns ...** let's meet . . . (2)
treiben (treibt), trieb, getrieben to drive; to carry out, do; **Sport treiben** to do sports (2)
trennbar separable
(sich) **trennen, getrennt** to separate, break up (*people*) (7); to divide
die **Treppe, -n** stairway (6)
das **Treppenhaus, ¨-er** stairwell (10)
treten (tritt), trat, ist getreten to step
treu loyal(ly); faithful(ly); true (9)
die **Treue** loyalty
trinken (trinkt), trank, getrunken to drink (1)
das **Trinkgeld, -er** tip (8)
trivial trivial(ly)
trocken dry(ly) (11)
die **Trompete, -n** trumpet (12)
der **Tropfen, -** drop
trotz (+ *gen.*) in spite of (12)
trotzdem in spite of that; nonetheless (9)
(das) **Tschechien** Czech Republic (B)
tschechisch (*adj.*) Czech
tschüss! (*infor.*) bye! (A)
das **T-Shirt, -s** T-shirt (2)
tun (tut), tat, getan to do (A)
(das) **Tunesien** Tunisia (B)
der **Tunnel, -** tunnel
die **Tür, -en** door (A)
der **Türke, -n** (*wk.*) / die **Türkin, -nen** Turk (12)
die **Türkei** Turkey (B)
türkisch Turkish (*adj.*)
(das) **Türkisch** Turkish (*language*) (B)
der **Turm, ¨-e** tower
der **Turnschuh, -e** gym shoe
die **Türschwelle, -n** threshold
der **Türspalt, -e** crack of the door
die **Tüte, -n** (paper or plastic) bag (11)
der **TÜV** = der **Technische Überwachungsverein** Technical Control Board (*German agency that checks vehicular safety*)
der **Typ, -en** (*coll.*) character, person, guy
typisch typical(ly)
tyrannisieren, tyrannisiert to tyrannize

die **U-Bahn, -en** = **Untergrundbahn** subway (7)
üben, geübt to practice; to exercise
über (+ *dat./acc.*) over, above; about; across (4); **übers Wochenende** over the weekend (4)

überall everywhere (12)
überdenken, überdacht to think over
übereinander on top of one another
überfahren (überfährt), überfuhr, überfahren to run over (11)
überfliegen (überfliegt), überflog, überflogen to skim
überfordern, überfordert to overtax
überhaupt anyway; at all
überlegen, überlegt to consider, think about
übermäßig excessive(ly)
übermorgen the day after tomorrow (9)
übermütig in high spirits, cocky
übernachten, übernachtet to stay overnight (6)
übernehmen (übernimmt), übernahm, übernommen to take on, take over, adopt (12)
überprüfen, überprüft to check, inspect
überraschen, überrascht to surprise
überreden, überredet to convince, persuade
die **Überredungskunst, ¨-e** powers of persuasion
überrollen, überrollt to overrun
übers = **über das** over/about the
der **Überschwang** exuberance
das **Überseegebiet, -e** overseas territory
übersetzen, übersetzt to translate (9)
die **Übersetzung, -en** translation
überwachen, überwacht to watch; to monitor
überweisen (überweist), überwies, überwiesen to transfer (*money*) (12)
die **Überweisung, -en** transfer (of money) (12)
überzeugt convinced; staunch
überziehen (überzieht), überzog, überzogen to overdraw (12)
der **Überziehungskredit, -e** overdraft protection (12)
üblich usual; customary
übrig remaining, left over
die **Übung, -en** exercise (A)
die **Übungsfahrt, -en** practice drive
die **Uhr, -en** clock (B); watch; **bis acht Uhr** until eight o'clock (2); **bis um vier Uhr** until four o'clock (4); **erst um vier Uhr** not until four o'clock (4); **um wie viel Uhr ...?** at what time . . . ? (1); **wie viel Uhr ist es?** what time is it? (1)
die **Ukraine** Ukraine (B)
der **Ukrainer, -** / die **Ukrainerin, -nen** Ukrainian (*person*)
(das) **Ukrainisch** Ukrainian (*language*)
ultramodern ultramodern
um around; about; at; for; **bis um vier Uhr** until four o'clock (4); **erst um vier Uhr** not until four o'clock (4); **(gleich) um die Ecke** (right) around the corner (5, 6); **um halb drei** at two thirty (1); **um sechs (Uhr)** at six (o'clock) (1); **um sieben Uhr zwanzig** at seven twenty (1); **um so lauter** all the louder; **um Viertel vor vier** at a quarter to four (1); **um wie viel Uhr ...?** at what time . . . ? (1); **um zwanzig nach fünf** at twenty after/past five (1); **ums Leben kommen** to lose one's life
um ... zu (+ *inf.*) in order to (12)
um·bauen, umgebaut to rebuild
um·bringen (bringt ... um), brachte ... um, umgebracht to kill
(sich) **um·drehen, umgedreht** to turn around
um·fallen (fällt ... um), fiel ... um, ist umgefallen to fall over (9)
die **Umfrage, -n** survey (4)
der **Umgang** contact
die **Umgebung, -en** surrounding area, environs (5)
um·hängen, umgehängt to hang somewhere else
umher·schwimmen (schwimmt ... umher), schwamm ... umher, ist umhergeschwommen to swim around
um·kippen, ist/hat umgekippt to turn over; to knock over (11)
umklammern, umklammert to clutch, grasp
die **Umkleidekabine, -n** dressing room (5)
um·knicken, ist umgeknickt to twist one's ankle
der **Umlaut, -e** umlaut
der **Umsatz, ¨-e** sales, returns
sich **um·schauen, umgeschaut** to look around
der **Umschlag, ¨-e** cover; envelope; **warmer Umschlag** warm compress, poultice
sich **um·sehen (sieht ... um), sah ... um, umgesehen** to look around
der **Umstand, ¨-e** circumstance
um·steigen (steigt ... um), stieg ... um, ist umgestiegen to change (*from one vehicle to another*)
die **Umwelt, -en** environment
die **Umweltkunde** environmental studies
um·werfen (wirft ... um), warf ... um, umgeworfen to knock over/down
um·ziehen (zieht ... um), zog ... um, ist umgezogen to move (*to another residence*); (sich) **umziehen, hat umgezogen** to change clothes
der **Umzug, ¨-e** move
unangenehm unpleasant(ly)
unbedingt without fail; absolute(ly)
unbegabt untalented (12)
unbestimmt indefinite(ly)
und and (A, 11); **und so weiter (usw.)** and so forth (5)
unerwartet unexpected(ly)
der **Unfall, ¨-e** accident (4, 11)
der **Unfallbericht, -e** accident report (11)
die **Unfallstelle, -n** scene of the/an accident (11)
unfreiwillig involuntary, involuntarily
unfreundlich unfriendly
ungarisch Hungarian (*adj.*)
(das) **Ungarn** Hungary (B)
ungeduldig impatient(ly) (11)
ungefähr approximate(ly) (7)
ungelernt unskilled
ungenau inaccurate(ly); imprecise(ly)
ungenügend insufficient; unsatisfactory
ungerecht unjust(ly); unfair(ly)
ungestört undisturbed
ungewöhnlich unusual(ly)
ungezogen naughty, naughtily; badly behaved
unglaublich incredible, incredibly (5)
das **Unglück, -e** misfortune
unhöflich impolite(ly)
die **Uni, -s** (*coll.*) = die **Universität, -en** university (B, 1); **auf der Uni sein** to be at the university (1); **zur Uni gehen** to go to the university (1, 2)
die **Uniform, -en** uniform
die **Union, -en** union
die **Universität, -en** university (1, 4, 5); **auf der Universität** at the university (5)
die **Unizeitung, -en** university newspaper (4)
unklug unwise(ly)
unkonzentriert lacking in concentration
das **Unkraut** weeds
unlängst not long ago; lately, recently
unmöglich impossible, impossibly
die **UNO** UN (United Nations)
unordentlich untidy, untidily
unpraktisch impractical(ly)
unruhig restless(ly); uneasy, uneasily
uns us (*acc./dat.*)
die **Unschuld** innocence
unser(e) our (2)
unsereins (*coll.*) people like us
der **Unsinn** nonsense (12)
unsympathisch uncongenial(ly); disagreeable, disagreeably; unpleasant(ly)
unten (*adv.*) below; down; downstairs; **nach unten** down(ward)
unter (+ *dat./acc.*) under, underneath; below, beneath; among (5, 6); (*adj.*) lower; **unter anderem** among other things; **unter dem Fenster** under the window (5)
die **Untergrundbahn, -en (U-Bahn)** subway (7)
sich **unterhalten (unterhält), unterhielt, unterhalten** to converse (9)
die **Unterhaltung, -en** conversation; entertainment (3)
das **Unterhemd, -en** undershirt (2)
die **Unterhose, -n** underpants (2)
die **Unterkunft, ¨-e** lodging (10)
der **Unterlass: ohne Unterlass** incessantly
der **Untermieter, -** / die **Untermieterin, -nen** subletter
unternehmen (unternimmt), unternahm, unternommen to undertake
das **Unternehmen** undertaking; enterprise; company
der **Unterricht** class, instruction (B)
unterrichten, unterrichtet to teach, instruct (5)
unterscheiden (unterscheidet), unterschied, unterschieden to distinguish; **sich unterscheiden** to differ, be different
der **Unterschied, -e** difference
unterschiedlich different; various(ly)
unterschreiben (unterschreibt), unterschrieb, unterschrieben to sign (1); **unterschreib bitte hier** (*infor.*) sign here, please (A)
die **Unterschrift, -en** signature (1)
unterstreichen (unterstreicht), unterstrich, unterstrichen to underline

unterstützen, unterstützt to support
die **Unterstützung** support
untersuchen, untersucht to investigate; to examine (5)
der **Untertitel, -** subtitle
unterwegs underway; on the road (4, 9); **geschäftlich unterwegs sein** to be away on business
unterzeichnen, unterzeichnet to sign
unwichtig unimportant
unzufrieden dissatisfied
uralt very old, ancient
der **Uranus** Uranus (4)
der **Urlaub, -e** vacation (4, 5); **im Urlaub** on vacation; **in Urlaub fahren** to go (away) on vacation; **Urlaub machen** to take a vacation
der **Urlauber, -** / die **Urlauberin, -nen** vacationer
ursprünglich original(ly)
(die) **USA** (*pl.*) U.S.A. (B)
US-amerikanisch American (from the U.S.A.) (*adj.*)
usw. = **und so weiter** and so forth
die **Utopie, -n** utopia

v. Chr. = **vor Christus** B.C.
der **Valentinstag** Valentine's Day (4)
der **Vampir, -e** vampire
die **Vase, -n** vase (3)
der **Vater, ¨** father (B)
die **Vaterstadt, ¨e** hometown
der **Vati, -s** dad, daddy
die **Vatikanstadt** Vatican City
der **Vegetarier, -** / die **Vegetarierin, -nen** vegetarian (*person*)
sich **verabreden, verabredet** to make a date, make an appointment; **(mit + *dat.*)** to agree to meet (with)
die **Verabredung, -en** appointment; date (11)
sich **verabschieden, verabschiedet** to say good-bye
das **Verabschieden** leave-taking (A)
verachten, verachtet to despise
die **Veränderung, -en** change
die **Veranstaltung, -en** public event
die **Verantwortung, -en** responsibility (12)
verantwortungslos irresponsible, irresponsibly
das **Verb, -en** verb
der **Verband, ¨e** bandage (11)
die **Verbendung, -en** verb ending
verbessern, verbessert to improve; to correct
verbinden (verbindet), verband, verbunden to connect (A)
das **Verbot, -e** prohibition (7)
verboten (*p.p. of* **verbieten**) forbidden, prohibited (8)
verbrennen (verbrennt), verbrannte, verbrannt to burn (11); **sich (die Zunge) verbrennen** to burn (one's tongue) (11)
verbringen (verbringt), verbrachte, verbracht to spend, pass (*time*) (3)
verdammt damned
verdienen, verdient to earn (4)
der **Verdienst, -e** earnings
verdrängen, verdrängt to drive out, displace
verdüstern, verdüstert to darken
verdutzt taken aback
der **Verein, -e** organization; association; club
vereinigen, vereinigt to unite
verfallen (auf + *acc.*) (verfällt), verfiel, verfallen to think of, come up with
die **Verfassung, -en** constitution; **körperliche und geistige Verfassung** physical and mental state
verfassungsfeindlich hostile to the constitution
verfehlen, verfehlt to miss; not to notice (10)
verfolgen, verfolgt to persecute (12)
die **Vergebung, -en** forgiveness
vergehen (vergeht), verging, ist vergangen to pass, go by (*time*)
vergessen (vergisst), vergaß, vergessen to forget (2)
vergiften, vergiftet to poison (9)
der **Vergleich, -e** comparison
vergleichbar comparable
vergleichen (vergleicht), verglich, verglichen to compare (7)
das **Vergnügen** pleasure; entertainment (2)
sich **verhalten (verhält), verhielt, verhalten** to behave, act
das **Verhalten** behavior
das **Verhältnis, -se** relationship
verharren, verharrt to remain
verheimlichen, verheimlicht to conceal
sich **verheiraten (mit + *dat.*), verheiratet** to get married (to) (12)
verheiratet married (1, 12)
verhungern, ist verhungert to starve
der **Verkauf, ¨e** sale
verkaufen, verkauft to sell (2, 5); **zu verkaufen** for sale
der **Verkäufer, -** / die **Verkäuferin, -nen** salesperson (5)
verkaufsoffen open for business
der **Verkehr** traffic (7, 11)
das **Verkehrsmittel, -** means of transportation; **die öffentlichen Verkehrsmittel** (*pl.*) public transportation (7)
das **Verkehrsschild, -er** traffic sign (7)
verkleiden, verkleidet to disguise
verlassen (verlässt), verließ, verlassen to leave; to abandon (11)
sich **verletzen, verletzt** to get hurt, injure o.s. (11)
verletzt injured (11); **schwer verletzt** critically injured (11)
der/die **Verletzte, -n (ein Verletzter)** injured person (11)
sich **verlieben (in + *acc.*), verliebt** to fall in love (with) (9, 12); **verliebt sein** to be in love (4, 12)
verlieren (verliert), verlor, verloren to lose (7)
sich **verloben (mit + *dat.*), verlobt** to get engaged (to) (12); **verlobt sein** to be engaged (12)
der **Verlobungsring, -e** engagement ring
vermieten, vermietet to rent (out) (6)
der **Vermieter, -** / die **Vermieterin, -nen** landlord/landlady (6)
vermischen, vermischt to mix (8)
das **Vermögen, -** fortune
vernehmen (vernimmt), vernahm, vernommen to question, interrogate
vernünftig sensible, sensibly
veröffentlichen, veröffentlicht to publish
die **Veröffentlichung, -en** publication
verpassen, verpasst to miss (9)
verraten (verrät), verriet, verraten to betray; to disclose, give away (*a secret*)
verreisen, ist verreist to go on a trip (3)
verrücken, verrückt to move; to shift
verrückt crazy, crazily (B)
verrühren, verrührt to mix together
der **Vers, -e** verse
(sich) **versammeln, versammelt** to assemble, gather
verschieden different(ly); various(ly) (8)
verschlafen (verschläft), verschlief, verschlafen to sleep in, oversleep
verschlingen (verschlingt), verschlang, verschlungen to devour, swallow up
verschlossen reserved; taciturn
verschlucken, verschluckt to swallow
verschmutzen, verschmutzt to pollute
verschollen lost; missing
verschütten, verschüttet to spill
verschwinden (verschwindet), verschwand, ist verschwunden to disappear (12)
versetzen, versetzt to promote (*to next grade in school*) (3)
die **Versetzung, -en** promotion (*to next grade in school*)
versichern, versichert to insure
die **Versicherung, -en** insurance (5)
die **Version, -en** version
die **Verspätung, -en** lateness; delay (9)
versperren, versperrt to block; to obstruct
versprechen (verspricht), versprach, versprochen to promise (7)
die **Verständigung, -en** understanding; communication
das **Verständnis, -se** understanding
verstauen, verstaut to stow (7)
das **Versteck, -e** hiding place
(sich) **verstecken, versteckt** to hide (9)
verstehen (versteht), verstand, verstanden to understand (4)
der **Verstoß, ¨e** violation
verstummt speechless
versuchen, versucht to try, attempt (4)
verteidigen, verteidigt to defend
verteilen, verteilt to distribute
der **Vertrag, ¨e** contract (12)
vertrauen (+ *dat.*), vertraut to trust
vertreten (vertritt), vertrat, vertreten to represent; to plead for
verunsichert insecure; unsure of oneself
verurteilen, verurteilt to sentence; to condemn

vervollständigen, vervollständigt to complete
die **Verwaltung, -en** administration
verwandeln, verwandelt to convert, transform; **sich verwandeln (in** + *acc.*) to change (into) (9)
der/die **Verwandte, -n (ein Verwandter)** relative (2)
verwanzt (*p.p. of* **verwanzen**) bugged
verwechseln, verwechselt to confuse
verwenden, verwendet to use
verwundern, verwundert to surprise
verwunschen cursed, enchanted (9)
verwünschen, verwünscht to curse, cast a spell on (9)
verzaubert (*p.p. of* **verzaubern**) bewitched
verzeichnen, verzeichnet to list; to record
die **Verzeihung** forgiveness
verzichten (auf + *acc.*), **verzichtet** to do without, renounce (*s.th.*)
verziehen (verzieht), verzog, verzogen: keine Miene verziehen not to bat an eyelid
der **Vetter, -n** (male) cousin (B)
das **Video, -s** video (9)
der **Videorekorder, -** video recorder (A)
das **Videospiel, -e** video game (2)
viel (*sg.*) much, a lot (of) (A); **viele** (*pl.*) many (A); **ganz schön viel** quite a bit (3); **um wie viel Uhr ...?** at what time . . . ? (1); **viel Glück!** lots of luck! good luck! (3); **viel Spaß!** have fun! (A); **vielen Dank** many thanks (10); **wie viel ...?** how much . . . ?; **wie viel Uhr ist es?** what time is it? (1); **wie viele ...?** how many . . . ?
vielfältig diverse
vielleicht perhaps, maybe (2)
vier four (A)
viermal four times
viert- fourth (4)
das **Viertel, -** quarter; **um Viertel vor vier** at a quarter to four
die **Viertelstunde, -n** quarter hour (6)
vierundzwanzig twenty-four (A)
vierzehn fourteen (A)
vierzehnt- fourteenth
vierzig forty (A)
vierzigst- fortieth
die **Villa, Villen** mansion (6)
der **Villenbewohner, -** / die **Villenbewohnerin, -nen** mansion resident
die **Visakarte, -n** Visa card
die **Vision, -en** vision
visualisieren, visualisiert to visualize
das **Visum, Visa** visa (7, 12)
das **Vitamin, -e** vitamin
der **Vogel, ¨** bird (10)
volkseigen state-owned
das **Volksfest, -e** public festival; fair
der **Volkstanz, ¨e** folk dance
volkstümlich popular; of the people
voll full; full of; fully (10)
der **Vollbart, ¨e** (full) beard
vollenden, vollendet to complete, finish
der **Volleyball, ¨e** volleyball (1)
völlig fully, completely
vollkommen perfect(ly); flawless(ly); complete(ly) (12)
vollständig complete(ly)
voll·tanken, vollgetankt to fill up (with gas) (5)
vom = **von dem** of/from/by the
von (+ *dat.*) of; from (A, 10); by (*authorship*); **von allein** on one's own; **von außen** on the outside; **von der Arbeit** from work (3); **von nebenan** from next door (5); **von selber** by oneself; **was sind Sie von Beruf?** what's your profession? (1)
voneinander from each other
vor (+ *dat./acc.*) before; in front of; ago (4); because of; **um Viertel vor vier** at a quarter to four (1); **vor allem** above all; **vor Christus (v. Chr.)** B.C.; **vor kurzem** a short time ago; **vor Lachen** from laughing (so hard); **vor zwei Tagen** two days ago (4)
die **Voraussetzung, -en** prerequisite
voraussichtlich expected; probably
vorbei past, over (9); **an ... vorbei** past, by (10)
vorbei·gehen (an + *dat.*) **(geht ... vorbei), ging ... vorbei, ist vorbeigegangen** to go by (10)
vorbei·kommen (kommt ... vorbei), kam ... vorbei, ist vorbeigekommen to come by; to visit (3); **komm mal vorbei!** come on over! (11)
vorbei·schauen, vorbeigeschaut to drop in; to come over
(sich) **vor·bereiten, vorbereitet** to prepare
das **Vorbild, -er** role model, idol (9)
vorerst for now; for the time being
der **Vorfahre, -n** (*wk.*) ancestor (10, 12)
die **Vorfahrt, -en** right-of-way (7)
vor·finden (findet ... vor), fand ... vor, vorgefunden to find
die **Vorgängergeneration, -en** preceding generation
die **Vorgeschichte** prehistory
vorgestern the day before yesterday (4)
der **Vorhang, ¨e** drapery, curtain (6)
vorher before, previously
die **Vorhersage, -n** prediction
vor·kommen (kommt ... vor), kam ... vor, ist vorgekommen to occur; (+ *dat.*) to seem (to *s.o.*)
vor·legen, vorgelegt to present, produce (*documents*) (10)
vor·lesen (liest ... vor), las ... vor, vorgelesen to read aloud (9)
die **Vorlesung, -en** lecture (4)
der **Vormittag, -e** late morning (4); **am Vormittag** in the morning
vormittags in the morning(s)
vorn at the front; **nach vorn(e)** to the front, forward
der **Vorname, -n** (*wk.*) first name (A, 1)
vornehm noble, nobly
vors = **vor das** in front of the
der **Vorsatz, ¨e** intention
der **Vorschlag, ¨e** suggestion (5)
vor·schlagen (schlägt ... vor), schlug ... vor, vorgeschlagen to suggest, propose (5)
das **Vorschulalter** preschool age
vorsichtig careful(ly)
vor·singen (singt ... vor), sang ... vor, vorgesungen to sing (*s.th.*) to (*s.o.*) (5)
die **Vorspeise, -n** appetizer (8)
vor·spielen, vorgespielt to perform
(sich) **vor·stellen, vorgestellt** to introduce (*o.s.*); to present (*o.s.*) (6); **sich** (*dat.*) **etwas vorstellen** to imagine (*s.th.*) (6, 10)
das **Vorstellungsgespräch, -e** job interview
der **Vorteil, -e** advantage (7)
der **Vortrag, ¨e** talk; lecture; presentation
das **Vorurteil, -e** prejudice (12)
das **Vorwort, -e** preface
vor·zeigen, vorgezeigt to show
der **Vulkan, -e** volcano
der **VW** = **Volkswagen** *make of car*

wach awake; **wach werden** to wake up
wach·rütteln, wachgerüttelt to rouse
das **Wachs, -e** wax
wachsen (wächst), wuchs, ist gewachsen to grow (9)
der **Wachtmeister, -** (police) constable
wagen, gewagt to dare; to risk
der **Wagen, -** car (7)
der **Waggon, -s** train car (7)
die **Wahl, -en** choice; election
wählen, gewählt to choose, select; to elect
wahlfrei optional
der **Wahlpflichtunterricht** compulsory class
der **Wahn** delusion
der **Wahnsinn** insanity, madness
wahnsinnig crazy, crazily; insane(ly) (12)
wahr true (3); **nicht wahr?** isn't it so?
während (+ *gen.*) during (11); (*subord. conj.*) while
die **Wahrheit, -en** truth
wahrscheinlich probable, probably (1)
die **Währung, -en** currency (12)
der **Wald, ¨er** forest, woods (2, 7); **im Wald laufen** to run in the woods (2)
der **Walkman, Walkmen** Walkman (2)
die **Walpurgisnacht** Walpurgis Night (*the witches' sabbath, April 30*)
der **Walzer, -** waltz (3)
die **Wand, ¨e** wall (B); **das Bild an die Wand hängen** to hang the picture on the wall (3)
die **Wandergans, ¨e** migratory goose
wandern, ist gewandert to hike (1); **in den Bergen wandern** to hike in the mountains (1)
der **Wanderschuh, -e** hiking shoe (2)
die **Wanderung, -en** hike (7)
die **Wange, -n** cheek
wann when (B, 1); **wann sind Sie geboren?** when were you born? (1)
der **Wannsee** *lake in Berlin*

warm warm(ly) (B); (*of room/apartment*) heated, heat included (6)
warnen, gewarnt to warn (7)
(das) **Warschau** Warsaw
die **Wartburg** *famous castle in Thuringia*
warten (auf + *acc.*), **gewartet** to wait (for) (7); **ein Auto warten** to do maintenance on a car
das **Wartezimmer, -** waiting room
warum why (3)
was what (B); **was für** what kind of; **was sind Sie von Beruf?** what's your profession? (1); **was zeigen Ihre Bilder?** what do your pictures show? (A)
das **Waschbecken, -** (wash) basin (6)
die **Wäsche, -n** laundry (4)
(sich) **waschen (wäscht), wusch, gewaschen** to wash (*o.s.*) (2, 11)
der **Wäschetrockner, -** clothes dryer (8)
die **Waschküche, -n** laundry room (6)
die **Waschmaschine, -n** washing machine (6)
der **Waschsalon, -s** laundromat (10)
das **Wasser** water
der **Wasserhahn, ¨-e** faucet (5)
der **Wasservogel, ¨** water fowl (10)
der **Wechselkurs, -e** exchange rate
wechseln, gewechselt to change; **Geld wechseln** to exchange money
wecken, geweckt to wake (*s.o.*) up (9)
der **Wecker, -** alarm clock (2)
weg away; **wie weit weg?** how far away? (6)
der **Weg, -e** way; road; path; **den Weg beschreiben** to give directions; **nach dem Weg fragen** to ask for directions; **sich auf den Weg machen** to go on one's way, set off
weg·bringen (bringt ... weg), brachte ... weg, weggebracht to take out; to take away (5)
wegen (+ *gen.*) on account of; because of; about (6)
weg·fahren (fährt ... weg), fuhr ... weg, ist weggefahren to drive off, leave
weg·gehen (geht ... weg), ging ... weg, ist weggegangen to go away, leave (4)
weg·laufen (läuft ... weg), lief ... weg, ist weggelaufen to run away
weg·legen, weggelegt to put away; to put down
weg·nehmen (nimmt ... weg), nahm ... weg, weggenommen to take away
weg·stellen, weggestellt to put away (5)
weg·tragen (trägt ... weg), trug ... weg, weggetragen to carry away (9)
weg·trampen, ist weggetrampt to hitchhike away
weg·ziehen (zieht ... weg), zog ... weg, ist weggezogen to move away
das **Weh** pain; longing
wehen, geweht to blow
weh·tun (tut ... weh), tat ... weh, wehgetan to hurt (11)
(das) **Weihnachten** Christmas (4)
das **Weihnachtsgeschenk, -e** Christmas present (5)
weil (*subord. conj.*) because (3, 11)
die **Weile, -n** while
der **Wein, -e** wine (7)
weinen, geweint to cry (3)
der **Weinkeller, -** wine cellar (6)
das **Weinregal, -e** wine rack
die **Weintraube, -n** grape (8)
weisen (weist), wies, gewiesen to show; to point
weiß white (A)
die **Weiße**: die **Berliner Weiße** *light, fizzy beer served with raspberry syrup*
(das) **Weißrussisch** Byelorussian (*language*)
(das) **Weißrussland** Belarus (B)
die **Weißwurst, ¨-e** veal sausage
weit far (6); **wie weit weg?** how far away? (6)
weiter (*adj.*) additional; (*adv.*) farther; further; **und so weiter (usw.)** and so forth
weiter·erzählen, weitererzählt to continue telling
weiter·fahren (fährt ... weiter), fuhr ... weiter, ist weitergefahren to keep on driving (10)
weiter·gehen (geht ... weiter), ging ... weiter, ist weitergegangen to keep on walking (10)
weiter·helfen (hilft ... weiter), half ... weiter, weitergeholfen to help along
weiter·lesen (liest ... weiter), las ... weiter, weitergelesen to keep on reading
weiter·schreiben (schreibt ... weiter), schrieb ... weiter, weitergeschrieben to keep on writing
weiter·verfolgen, weiterverfolgt to pursue further
welch- which, what (B); **ab welchem Alter** from what age; **an welchem Tag?** on what day? (4); **welche Farbe hat ...?** what color is . . . ? (A); **welcher Tag ist heute?** what day is today? (1); **welches Datum ist heute?** what is today's date? (4)
die **Welle, -n** wave (10); **Wellen reiten** to ride the waves, surf
der **Wellensittich, -e** budgerigar
die **Welt, -en** world (7)
der **Weltkrieg, -e** world war; **im Zweiten Weltkrieg** in World War II
die **Weltkunde** *field of study encompassing history, social studies, and geography*
die **Weltmeisterschaft, -en** world championship
wem whom (*dat.*) (4)
wen whom (*acc.*) (4)
die **Wende, -n** change
(sich) **wenden (wendet), wandte/wendete, gewandt/gewendet** to turn
wenig (*sg.*) little; **wenige** (*pl.*) few; **am wenigsten** the least (8)
wenn (*subord. conj.*) if; when(ever) (2, 11); **wenn ja** if so
wer who (A, B)
das **Werbeplakat, -e** advertising poster
die **Werbung, -en** advertisement
werden (wird), wurde, ist geworden to become (5)
werfen (wirft), warf, geworfen to throw (3); **Bomben werfen** to drop bombs
das **Werk, -e** work; product (9)
die **Werkstatt, ¨-en** workshop; repair shop, garage (5)
das **Werkzeug, -e** tool (8)
der **Wert, -e** value
wertvoll valuable, expensive (2)
weshalb why
wessen whose
West west
westdeutsch West German (*adj.*)
(das) **Westdeutschland** (*former*) West Germany
der **Westen** west
(das) **Westfalen** Westphalia
westlich (*adj.*) western; **(von** + *dat.*) west of (7)
das **Wetter, -** weather
Whg. = die **Wohnung, -en** apartment
wichtig important (2)
widersprechen (+ *dat.*) **(widerspricht), widersprach, widersprochen** to contradict
widmen, gewidmet to dedicate
wie how (B); **um wie viel Uhr ...?** at what time . . . ? (1); **wie bitte?** excuse me?; could you repeat that?; **wie fühlst du dich?** how do you feel? (3); **wie geht es dir?** (*infor.*) / **wie geht es Ihnen?** (*for.*) how are you?; **wie heißen Sie?** (*for.*) / **wie heißt du?** (*infor.*) what's your name? (A); **wie schreibt man das?** how do you spell that? (A); **wie spät ist es?** what time is it? (1); **wie viel ...?** how much . . . ?; **wie viel Uhr ist es?** what time is it? (1); **wie viele ...?** how many . . . ? (A); **wie weit weg?** how far away? (6)
wieder again (3); **schon wieder** once again (3); **wieder hören** to hear again (6)
wieder·finden (findet ... wieder), fand ... wieder, wiedergefunden to find again; to regain
wieder·geben (gibt ... wieder), gab ... wieder, wiedergegeben to give back; to repeat; to render
wiederholen, wiederholt to repeat (10)
die **Wiederholung, -en** repetition
das **Wiederhören: auf Wiederhören!** good-bye! (*on the phone*); until I hear from you again! (6)
wieder·kommen (kommt ... wieder), kam ... wieder, ist wiedergekommen to come back (5)
das **Wiedersehen: auf Wiedersehen!** good-bye! until we see each other again! (A)
die **Wiedervereinigung, -en** reunification
(das) **Wien** Vienna
Wiener Viennese (*adj.*); **das Wiener Schnitzel** breaded veal cutlet
die **Wiese, -n** meadow, pasture (7)
wieso why
wild wild(ly)
die **Wildnis, -se** wilderness
der **Wildpark, -s** game park
das **Wildschwein, -e** wild boar (10)
der **Wille** will
willkommen welcome
die **Wimperntusche** mascara
der **Wind, -e** wind (9)
windig windy (B)

die **Windpocken** (*pl.*) chicken pox
windsurfen gehen (geht ... windsurfen), ging ... windsurfen, ist windsurfen gegangen to go windsurfing (1)
der **Winter, -** winter (B)
wir we
wirken, gewirkt to work, take effect (11); to look
wirklich real(ly) (B)
die **Wirklichkeit, -en** reality
der **Wirt, -e** / die **Wirtin, -nen** host/hostess; innkeeper; barkeeper (10)
die **Wirtschaft, -en** economy; economics (1)
die **Wirtschaftskunde** economics
wischen, gewischt to wipe (7); **Staub wischen** to (wipe) dust
wissen (weiß), wusste, gewusst to know (*as a fact*) (2)
das **Wissen** knowledge
die **Wissenschaft, -en** science
der **Wissenschaftler, -** / die **Wissenschaftlerin, -nen** scientist (9)
der **Witz, -e** joke (3); **Witze erzählen** to tell jokes (3)
wo where (B); **wo willst du denn hin?** where are you going? (A)
die **Woche, -n** week (1); **in der Woche** during the week (1); **jede Woche** every week (3); **letzte Woche** last week (4); **pro Woche** per week
das **Wochenende, -n** weekend (1); **am Wochenende** over the weekend (1); **letztes Wochenende** last weekend (4); **übers Wochenende** over the weekend (4)
das **Wochenendhaus, ¨er** weekend cabin/cottage
wochentags on weekdays
wodurch through what
wofür what for (8)
wogegen against what
woher from where; whence (B)
wohin where to; whither (3)
wohl probably (12); well; **sich wohl fühlen** to feel well (11)
wohlbekannt well-known
wohlig pleasant; with pleasure
der **Wohnblock, -s** residential block, apartment complex
wohnen (in + ***dat.*****), gewohnt** to live (in) (B)
die **Wohngemeinschaft, -en** shared housing (6)
das **Wohnhaus, ¨er** residential building
das **Wohnheim, -e** state-subsidized apartment building; dorm
die **Wohnmöglichkeit, -en** living arrangements (6)
der **Wohnort, -e** place of residence (1)
die **Wohnung, -en** apartment (1, 2, 6)
das **Wohnviertel, -** residential district
der **Wohnwagen, -** mobile home; travel trailer
das **Wohnzimmer, -** living room (6)
der **Wolf, ¨e** wolf (9)
die **Wolga** Volga (River)
wollen (will), wollte, gewollt to want (to); to intend (to); to plan (to) (3); **wo willst du denn hin?** where are you going? (A)
womit with what, by what means
woran at/on/of what
worauf on/for what
woraus from what, out of what
das **Wort, ¨er/-e** word; **Worte** words (*connected discourse*); **Wörter** words (*individual vocabulary items*) (A)
das **Wörterbuch, ¨er** dictionary (2)
der **Wortkasten, ¨** word box
der **Wortschatz, ¨e** vocabulary (A)
worüber about what
worum about/around what
wovon about what
wozu to/for what
die **Wunde, -n** wound (11)
das **Wunder, -** miracle, wonder; **kein Wunder** no wonder
wunderbar wonderful(ly)
wundersam strange
wunderschön exceedingly beautiful (10)
der **Wunsch, ¨e** wish
wünschen, gewünscht to wish (for)
der **Wunschzettel, -** wish list (*of things one would like to have*)
die **Wurst, ¨e** sausage; cold cuts (8)
das **Würstchen, -** sausage; frank(furter); hot dog (8)
würzen, gewürzt to season (8)
die **Wüste, -n** desert (7)
wütend angry (3)

das **Ypsilon, -s** the letter Y

z. B. = **zum Beispiel** for example (3)
die **Zahl, -en** figure, number (A)
zahlen, gezahlt to pay (for) (5); **Miete zahlen** to pay rent; **zahlen, bitte** the check, please
zählen, gezählt to count (A)
das **Zahlenrätsel, -** number puzzle
die **Zahlung, -en** payment
das **Zahlungsmittel, -** means of payment (12); **gesetzliches Zahlungsmittel** legal tender
zahm tame(ly) (10)
der **Zahn, ¨e** tooth (11); **sich die Zähne putzen** to brush one's teeth (11)
der **Zahnarzt, ¨e** / die **Zahnärztin, -nen** dentist (5)
die **Zahnschmerzen** (*pl.*) toothache (11)
die **Zange, -n** pliers; tongs (8)
zart tender(ly) (8)
der **Zauber, -** magic; charm
der **Zaum, ¨e** bridle; **im Zaum halten** to control
der **Zaun, ¨e** fence (9)
das **Zebra, -s** zebra (10)
der **Zebrastreifen, -** crosswalk (10)
die **Zehenspitze, -n** tiptoe
zehn ten (A)
zehnt- tenth (4)
die **Zeichensprache, -n** sign language
der **Zeichentrickfilm, -e** cartoon, animated film
zeichnen, gezeichnet to draw (3, 5)
die **Zeichnung, -en** drawing
der **Zeigefinger, -** index finger
(sich) **zeigen, gezeigt** to show (o.s.); **was zeigen Ihre Bilder?** what do your pictures show? (A)
die **Zeile, -n** line
die **Zeit, -en** time (4); **in letzter Zeit** recently; **lange Zeit** (for) a long time; **zu welcher Zeit** at what time; **zur Zeit** at present
der **Zeitgenosse, -n** (*wk.*) / die **Zeitgenossin, -nen** contemporary
die **Zeitung, -en** newspaper (2); **Zeitung lesen** to read the newspaper (1)
das **Zelt, -e** tent (2, 5)
zelten, gezeltet to camp (1)
der **Zeltplatz, ¨e** campsite
der **Zentimeter, -** centimeter
zentral central(ly) (10)
die **Zentralheizung, -en** central heating (6)
das **Zentrum, Zentren** center
der **Zeppelin, -e** zeppelin, dirigible (7)
zerbrechen (zerbricht), zerbrach, hat/ist zerbrochen to break into pieces
zerreißen (zerreißt), zerriss, zerrissen to tear (to pieces) (9)
zerstören, zerstört to destroy
das **Zeug** stuff
der **Zeuge, -n** (*wk.*) / die **Zeugin, -nen** witness (11)
das **Zeugnis, -se** report card
Zi. = das **Zimmer, -** room
der **Ziegel, -** clay tile
ziehen (zieht), zog, ist gezogen to move (2); (*p.p. with* **haben**) to pull (8)
das **Ziel, -e** goal; destination (10)
zielorientiert goal-oriented
ziemlich rather (2); **ziemlich groß** pretty big (2)
die **Zigarette, -n** cigarette (4)
die **Zigarre, -n** cigar (7)
das **Zimmer, -** room (1, 2)
die **Zimmersuche, -n** search for a room (*to rent*)
das **Zinn** tin
die **Zinsen** (*pl.*) interest (12)
zirka circa, about, approximately
der **Zirkus, -se** circus (9)
das **Zitat, -e** quotation
die **Zitrone, -n** lemon (8)
der **Zivilisationskritiker, -** / die **Zivilisationskritikerin, -nen** cultural critic
der **Zoll, ¨e** customs duty
der **Zoo, -s** zoo (10)
zool. Garten = der **zoologische Garten** zoological garden, zoo
zu (*adj.*) closed; (*adv.*) too (4); **zu schwer** too heavy (4); **zu viel** too much
zu (+ *dat.*) to; for (*an occasion*); for the purpose of (2, 10); (+ *inf.*) to; **bis zu** as far as; up to (10); **noch zu haben** still available; **um ... zu** (+ *inf.*) in order to (12); **zu Abend essen** to dine, have dinner (4); **zu Fuß** on foot (3); **zu Hause** at home (A, 1, 10); **zu Mittag essen** to eat lunch (3); **zu zweit** in pairs; **zum Arzt** to the doctor (3); **zum Beispiel (z. B.)** for example

(3); **zum ersten Mal** for the first time (4); **zum Geburtstag** for someone's birthday (2); **zum Mittagessen** for lunch (3); **zum Schluss** in the end, finally (8); **zur Arbeit gehen** to go to work (1); **zur Uni** to the university (1, 2); **zur Zeit** at present
zu·bereiten, zubereitet to prepare (*food*) (8)
die **Zubereitung, -en** preparation (8)
zu·betonieren, zubetoniert to cover with concrete
zu·binden (bindet ... zu), band ... zu, zugebunden to tie shut (8)
zücken, gezückt to take out, draw
der **Zucker** sugar (8)
zu·decken, zugedeckt to cover (*with a blanket*) (11)
zu·drücken, zugedrückt to squeeze shut; **ein Auge zudrücken** to look the other way
zuerst first (4, 7)
der **Zufall, ¨-e** chance; coincidence
zufällig accidental(ly) (9)
der **Zug, ¨-e** train (7, 10); draught
der **Zugang, ¨-e** access (12)
die **Zugfahrkarte, -n** train ticket (6)
die **Zugspitze** *highest mountain in Germany*
zu·hören (+ *dat.*), **zugehört** to listen (to) (6); **hören Sie zu** listen (A)
die **Zukunft, ¨-e** future
zukünftig future (*adj.*)
zulässig permissible
zu·legen, zugelegt: sich einen Künstlernamen zulegen to adopt a pseudonym
zuletzt finally (10)
zum = zu dem to/for the
zu·machen, zugemacht to close, shut (3)
zunächst at first
der **Zuname, -n** (*wk.*) surname, last name
die **Zunge, -n** tongue (11)
zu·ordnen (+ *dat.*), **zugeordnet** to relate (to); to assign (to)
zur = zu der to/for the
(das) **Zürich** Zurich
zurück back (9); **hin und zurück** there and back; round-trip (5, 10)
zurück·bekommen (bekommt ... zurück), bekam ... zurück, zurückbekommen to get back
zurück·bringen (bringt ... zurück), brachte ... zurück, zurückgebracht to bring back
zurück·geben (gibt ... zurück), gab ... zurück, zurückgegeben to give back, return; to reply
zurück·gehen (geht ... zurück), ging ... zurück, ist zurückgegangen to go back
zurück·kehren, ist zurückgekehrt to come back, return
zurück·kommen (kommt ... zurück), kam ... zurück, ist zurückgekommen to come back, return (6)
zurück·rufen (ruft ... zurück), rief ... zurück, zurückgerufen to call back
sich **zurück·ziehen (zieht ... zurück), zog ... zurück, zurückgezogen** to withdraw
zusammen together (2); **alles zusammen** all together, one check
die **Zusammenarbeit, -en** collaboration
zusammen·brechen (bricht ... zusammen), brach ... zusammen, zusammengebrochen to collapse
der **Zusammenbruch, ¨-e** breakdown; collapse
zusammen·falten, zusammengefaltet to fold up
zusammen·fassen, zusammengefasst to summarize
die **Zusammenfassung, -en** summary
zusammen·gehören, zusammengehört to go together; to belong together
das **Zusammenleben** life together
zusammen·packen, zusammengepackt to pack up
zusammen·passen, zusammengepasst to go together
zusammen·sitzen (sitzt ... zusammen), saß ... zusammen, zusammengesessen to sit together
zusammen·stoßen (stößt ... zusammen), stieß ... zusammen, ist zusammengestoßen to crash (11)
zu·schauen, zugeschaut to watch
zu·schnüren, zugeschnürt to tie up; to constrict
zuschulden: sich (*dat.*) **etwas zuschulden kommen lassen** to do something wrong
zu·treffen (trifft ... zu), traf ... zu, zugetroffen to be correct; **(auf** + *acc.*) to pertain to, apply to
die **Zutat, -en** ingredient (8)
(sich) **zu·wenden (wendet ... zu), wandte ... zu, zugewandt** to turn toward
zwanzig twenty (A)
der **Zwanzigeuroschein, -e** twenty-euro note (8)
zwanzigst- twentieth (4)
zwar to be sure
zwei two (A)
zweifeln (an + *acc.*), **gezweifelt** to doubt
zweimal twice (5)
zweit: zu zweit in pairs; **zu zweit leben** to live together (*two people*)
zweit- second (4)
zweiundzwanzig twenty-two (A)
der **Zwerg, -e** dwarf (9)
die **Zwiebel, -n** onion (8)
zwinkern, gezwinkert to blink; to wink
zwischen (+ *dat./acc.*) between; among (7)
zwölf twelve (A)
zwölft- twelfth (4)
(das) **Zypern** Cyprus

Vokabeln

Englisch-Deutsch

This list contains the words from the chapter vocabulary lists.

to abandon **verlassen (verlässt), verließ, verlassen** (11)
able: to be able (to) **können (kann), konnte, gekonnt** (3)
about **wegen** (+ *gen.*) (6)
above (*prep.*) **über** (+ *dat./acc.*) (4); (*adv.*) **oben** (10)
abroad **im Ausland** (6); center for study abroad **das Auslandsamt, ¨er** (1)
academic subject **das Fach, ¨er** (1); **das Schulfach, ¨er** (1); **das Studienfach, ¨er** (1)
access **der Zugang** (12)
accident **der Unfall, ¨e** (4, 11); accident report **der Unfallbericht, -e** (11); scene of the accident **die Unfallstelle, -n** (11)
accidental(ly) **zufällig** (9)
accordion **das Akkordeon, -s** (4)
account: bank account **das Konto, Konten** (5); to open a bank account **ein Konto eröffnen** (5); checking account **das Girokonto, -konten** (12); savings account **das Sparkonto, -konten** (12); on account of **wegen** (+ *gen.*) (6)
acquainted: to get acquainted with **kennen·lernen, kennengelernt** (1)
across **gegenüber** (+ *dat.*) (6); across from **gegenüber von** (+ *dat.*) (10); right across the way **gleich gegenüber** (6)
activity **die Tätigkeit, -en** (5); favorite activity **die Lieblingsbeschäftigung, -en** (5)
actor/actress **der Schauspieler, - / die Schauspielerin, -nen** (9)
actually **eigentlich** (3)
ad **die Anzeige, -n** (6); housing-wanted ad **die Suchanzeige, -n** (6)
addition: in addition **dazu** (8); in addition to **neben** (+ *dat./acc.*) (3)
address **die Adresse, -n** (1); **die Anschrift, -en** (11)
adhesive bandage **das Pflaster, -** (11)
admissions ticket **die Eintrittskarte, -n** (5)
advantage **der Vorteil, -e** (7)
advice **der Rat, Ratschläge** (5)
to advise (*a person*) **raten** (+ *dat.*) **(rät), riet, geraten** (5)
afraid: to be afraid **Angst haben** (3); to be afraid of **sich fürchten vor** (+ *dat.*), **gefürchtet** (10)
Africa **(das) Afrika** (B)
Afro-German (*adj.*) **afro-deutsch** (12)
after **nach** (+ *dat.*) (3); at twenty after five **um zwanzig nach fünf** (1)
afternoon **der Nachmittag, -e** (4); afternoons, in the afternoon **nachmittags** (4); good afternoon (*for.*) **guten Tag!** (A)
afterward **nachdem** (9, 11); **danach** (10)
again **wieder** (3); to hear again **wieder hören, wieder gehört** (6); once again **schon wieder** (3)
against **gegen** (+ *acc.*) (9)
age **das Alter** (1)
agent: train agent **der/die Bahnangestellte, -n (ein Bahnangestellter)** (10)
ago **vor** (+ *dat.*) (4); two days ago **vor zwei Tagen** (4)
agreement: in agreement **einverstanden** (12); to be in agreement with **einverstanden sein mit** (+ *dat.*) (12); prenuptial agreement **der Ehevertrag, ¨e** (12)
ahead: straight ahead **geradeaus** (10)
air **die Luft** (7); air mattress **die Luftmatratze, -n** (10)
airplane **das Flugzeug, -e** (7)
airport **der Flughafen, ¨** (6)
alarm clock **der Wecker, -** (2)
Albania **(das) Albanien** (B)
albatross **der Albatros, -se** (10)
Algeria **(das) Algerien** (B)
alive: to be alive **am Leben sein** (9)
all: all day long **den ganzen Tag** (1); all night long **die ganze Nacht** (3); all together **alles zusammen** (5); by all means **auf jeden Fall** (4)
allergic **allergisch** (11)
alley **die Gasse, -n** (10)
almost **fast** (5)
along **entlang** (10); to go along **entlang·gehen (geht ... entlang), ging ... entlang, ist entlanggegangen** (10)
aloud: to read aloud **vor·lesen (liest ... vor), las ... vor, vorgelesen** (9)
alphabet **das Alphabet** (3)
Alps **die Alpen** (*pl.*) (7)
already **schon** (2, 4)
also **auch** (A)
although (*subord. conj.*) **obwohl** (11)
always **immer** (3)
ambulance **der Krankenwagen, -** (11)
America **(das) Amerika** (B)
American (*person*) **der Amerikaner, - / die Amerikanerin, -nen** (B)
among **unter** (+ *dat./acc.*) (6)
amount (*of money*) **die Höhe, -n** (12)
ancestor **der Vorfahre, -n** (*wk.*) (10, 12)
and (*coord. conj.*) **und** (A, 11); and so forth **und so weiter** (5)
angry **wütend** (3); **sauer** (5); to get angry **sich ärgern, geärgert** (11)
animal **das Tier, -e** (3, 7, 9, 10)
to annoy **ärgern, geärgert** (3)
another: one another **einander** (3)
answer **die Antwort, -en** (A); to answer **antworten** (+ *dat.*), **geantwortet** (4, 10); **beantworten, beantwortet** (7)
any (+ *n.*) **irgendwelch-** (5); in any case **jedenfalls** (11)
anything **etwas** (5); anything else? **sonst noch etwas?** (5)
apartment **die Wohnung, -en** (1, 2, 6)
appendix **der Blinddarm, ¨e** (11)
appetizer **die Vorspeise, -n** (8)
apple juice **der Apfelsaft** (8)
appliance **das Gerät, -e** (8)
to apply for **beantragen, beantragt** (12)
appointment **der Termin, -e** (5, 11); **die Verabredung, -en** (11); appointment calendar **der Terminkalender, -** (11); to get an appointment **sich einen Termin geben lassen** (11)
apprenticeship **die Lehre, -n** (5)
approximately **ungefähr** (7)
April **der April** (B)
Arabic (*language*) **(das) Arabisch** (B)
architect **der Architekt, -en** (*wk.*) **/ die Architektin, -nen** (5)
area **die Gegend, -en** (10); **der Bereich, -e** (12)
to argue **streiten (streitet), stritt, gestritten** (9)
arm **der Arm, -e** (B); to break one's arm **sich den Arm brechen** (11)
armchair **der Sessel, -** (2, 6)
army: German army **die Bundeswehr** (5); in the German army **bei der Bundeswehr** (5)
around the corner **um die Ecke** (5)
to arrive **an·kommen (kommt ... an), kam ... an, ist angekommen** (1)

art **die Kunst, ¨-e** (1, 12); art history **die Kunstgeschichte** (1); ceramic art **die Töpferei** (12)
as **als** (5); as . . . as possible **möglichst** (+ *adv.*) (6); as far as **bis zu** (+ *dat.*) (10); as well **auch** (A); as what? **als was?** (5)
Asia **(das) Asien** (B)
to ask (for) **bitten (um** + *acc.*) **(bittet), bat, gebeten** (9); to ask a question **eine Frage stellen** (A, 5); to ask about **sich erkundigen nach** (+ *dat.*), **erkundigt** (10)
asleep: to fall asleep **ein·schlafen (schläft ... ein), schlief ... ein, ist eingeschlafen** (7)
aspirin **das Aspirin** (3, 11)
assignment **die Aufgabe, -n** (4); homework assignment **die Hausaufgabe, -n** (A)
at **an** (+ *dat.*) (2); **bei** (+ *dat.*) (2, 6, 10); **in** (+ *dat.*) (4); at a bank **bei einer Bank** (6); at home **zu Hause** (A, 1, 10); **daheim** (9); at Monika's **bei Monika** (2); at night **nachts** (4); at noon **mittags** (2); at six (o'clock) **um sechs (Uhr)** (1); at the café **im Café** (4); at the courthouse **auf dem Gericht** (5); at the gas station **an der Tankstelle** (5); at the moment **im Moment** (1); at what time . . . ? **um wie viel Uhr ...?** (1); at your parents' **bei deinen Eltern** (6); at your place **bei dir** (3)
athletic **sportlich** (B); athletic shoe **der Sportschuh, -e** (A)
to attack **an·greifen (greift ... an), griff ... an, angegriffen** (12)
to attempt **versuchen, versucht** (4)
to attend to **pflegen, gepflegt** (5)
attention **die Achtung** (7); to pay attention **auf·passen, aufgepasst** (3); to pay attention to **achten auf** (+ *acc.*), **geachtet** (11)
attitude **die Einstellung, -en** (12)
attractive **attraktiv** (6)
August **der August** (B)
aunt **die Tante, -n** (B)
Australia **(das) Australien** (B)
Australian (*person*) **der Australier, - / die Australierin, -nen** (B)
Austria **(das) Österreich** (B)
Austrian (*person*) **der Österreicher, - / die Österreicherin, -nen** (B)
authority: public authority **die Behörde, -n** (12)
automatic teller machine (ATM) **der Geldautomat, -en** (*wk.*) (12)
autumn **der Herbst, -e** (B)
available: is this seat/place available? **ist hier noch frei?** (8)
away: how far away? **wie weit weg?** (6); right away **gleich** (4); to carry away **weg·tragen (trägt ... weg), trug ... weg, weggetragen** (9); to go away **weg·gehen (geht ... weg), ging ... weg, ist weggegangen** (4); to put away **weg·stellen, weggestellt** (5)

baby **das Baby, -s** (7); baby carriage **der Kinderwagen, -** (7)
back (*n.*) **der Rücken, -** (B)
back (*adv.*) **zurück** (9); back then **damals** (9); there and back **hin und zurück** (10); to come back **wieder·kommen (kommt ... wieder), kam ... wieder, ist wiedergekommen** (5)
backpack **der Rucksack, ¨-e** (2)
bacon **der Speck** (8)
bad **schlecht** (2); **schlimm** (11); too bad **schade!** (3)
bag **die Tasche, -n** (1); (*paper or plastic*) **die Tüte, -n** (11); sleeping bag **der Schlafsack, ¨-e** (2)
baggage **das Gepäck** (10)
to bake **backen (bäckt), backte, gebacken** (5)
bakery **die Bäckerei, -en** (5); at the bakery **in der Bäckerei** (5)
balance: bank balance **das Guthaben** (12)
balcony **der Balkon, -e** (6)
ball **der Ball, ¨-e** (A, 1); soccer ball **der Fußball, ¨-e** (A, 1)
ballerina **die Ballerina, -s** (9)
ballet class **der Ballettunterricht** (9)
ballpoint pen **der Kugelschreiber, -** (4)
Baltic Sea **die Ostsee** (B)
banana **die Banane, -n** (8)
bandage **der Verband, ¨-e** (11); adhesive bandage **das Pflaster, -** (11)
bandanna **das Halstuch, ¨-er** (1)
bank **die Bank, -en** (5); at a bank **bei einer Bank** (6); at the bank **auf der Bank** (5); bank account **das Konto, Konten** (5); to open a bank account **ein Konto eröffnen** (5); bank balance **das Guthaben** (12); bank employee **der/die Bankangestellte, -n (ein Bankangestellter)** (5)
bar **die Kneipe, -n** (3)
barely **knapp** (6)
barkeeper **der Wirt, -e / die Wirtin, -nen** (10)
baseball team **die Baseballmannschaft, -en** (9)
basement **der Keller, -** (4, 6)
basin **das Waschbecken, -** (6)
basketball **der Basketball, ¨-e** (2)
bat **die Fledermaus, ¨-e** (10)
bath, bathroom **das Bad, ¨-er** (6)
to bathe **(sich) baden, gebadet** (3, 11)
bathing suit **der Badeanzug, ¨-e** (5)
bathrobe **der Bademantel, ¨** (2)
bathtub **die Badewanne, -n** (6)
bay **die Bucht, -en** (6, 7)
to be **sein (ist), war, ist gewesen** (A, 4)
beach **der Strand, ¨-e** (4, 7); beach chair **der Strandkorb, ¨-e** (10)
bean **die Bohne, -n** (8)
bear: teddy bear **der Teddybär, -en** (*wk.*) (A)
beard **der Bart, ¨-e** (B)
to beat **schlagen (schlägt), schlug, geschlagen** (8)
beautiful **schön** (B); exceedingly beautiful **wunderschön** (10)
because (*subord. conj.*) **weil** (3, 11); (*coord. conj.*) **denn** (9, 11); because of **wegen** (+ *gen.*) (6)
to become **werden (wird), wurde, geworden** (5)
bed **das Bett, -en** (1, 6); bed-and-breakfast (inn) **das Gästehaus, ¨-er** (10); to get up on the wrong side of bed **mit dem linken Fuß auf·stehen** (4); to go to bed **ins Bett gehen** (1)
bedroom **das Schlafzimmer, -** (6)
bedside table **der Nachttisch, -e** (6)
bee **die Biene, -n** (10)
beef **das Rindfleisch** (8); ground beef **das Hackfleisch** (8)
beer **das Bier, -e** (2)
before (*subord. conj.*) **bevor** (11)
to begin **beginnen (beginnt), begann, begonnen** (1); **an·fangen (fängt ... an), fing ... an, angefangen** (4)
Belarus **(das) Weißrussland** (B)
Belgium **(das) Belgien** (B)
to believe **glauben, geglaubt** (2)
belly **der Bauch, ¨-e** (B)
to belong to **gehören** (+ *dat.*), **gehört** (6); to belong to (*an organization*) **an·gehören, angehört** (12)
beloved female friend **die Geliebte, -n** (3)
below **unter** (+ *dat./acc.*) (6)
belt **der Gürtel, -** (2); safety belt **der Sicherheitsgurt, -e** (7)
beneath **unter** (+ *dat./acc.*) (6)
beside **neben** (+ *dat./acc.*) (3)
besides **außerdem** (5, 10)
best: like (*to do s.th.*) best **am liebsten** (7)
better **besser** (2)
between **zwischen** (+ *dat./acc.*) (7)
beverage **das Getränk, -e** (8)
bicycle **das Fahrrad, ¨-er** (2, 7); to bicycle **Rad fahren (fährt ... Rad), fuhr ... Rad, ist Rad gefahren** (6); bicycle helmet **der Fahrradhelm, -e** (5); bicycle path **der Radweg, -e** (7); bicycle tour **die Radtour, -en** (9); bicyclist **der Radfahrer, - / die Radfahrerin, -nen** (7)
big **groß** (B); pretty big **ziemlich groß** (2)
bikini **der Bikini, -s** (5)
bill **die Rechnung, -en** (4); (*of currency*) **der Schein, -e** (8); **der Geldschein, -e** (12)
biographical information **persönliche Daten** (*pl.*) (1)
biology **die Biologie** (1)
bird **der Vogel, ¨** (10)
birthday **der Geburtstag, -e** (1, 2); birthday card **die Geburtstagskarte, -n** (2)
bit: not a bit **gar nicht** (3); quite a bit **ganz schön viel** (3)
to bite **beißen (beißt), biss, gebissen** (9); to bite (*of insects*) **stechen (sticht), stach, gestochen** (10)
black **schwarz** (A); black-haired **schwarzhaarig** (9)
blackboard **die Tafel, -n** (A, B)
blanket **die Decke, -n** (11)
to bleed **bluten, geblutet** (11)
blond **blond** (B); blond hair **blondes Haar** (B)
blood **das Blut** (9, 11); blood pressure **der Blutdruck** (11); to have low/high blood pressure **niedrigen/hohen Blutdruck haben** (11); to take blood **Blut ab·nehmen** (11)
blouse **die Bluse, -n** (A)
to blow-dry (one's hair) **sich (die Haare) föhnen, geföhnt** (11)
blue **blau** (A); blue eyes **blaue Augen** (B); blue whale **der Blauwal, -e** (10)

boa constrictor **die Riesenschlange, -n** (10)
boar: wild boar **das Wildschwein, -e** (10)
to board **ein·steigen (steigt ... ein), stieg ... ein, ist eingestiegen** (3, 10)
boat **das Boot, -e** (2)
body **der Körper, -** (B, 11)
boiled **gekocht** (8); boiled eggs **gekochte Eier** (*pl.*) (8); boiled potatoes **die Salzkartoffeln** (*pl.*) (8)
book **das Buch, ¨er** (A, B, 2); to book **buchen, gebucht** (7)
bookcase, bookshelf **das Regal, -e** (2)
bookstore **der Buchladen, ¨** (6)
boot **der Stiefel, -** (A)
booth: telephone booth **die Telefonzelle, -n** (2); ticket booth **der Schalter, -** (5)
bored: to be bored **Langeweile haben** (3)
boredom **die Langeweile** (3)
boring **langweilig** (2)
born **geboren** (1); when were you born? **wann sind Sie geboren?** (1)
Bosnia **(das) Bosnien** (B)
bottle **die Flasche, -n** (5); bottle opener **der Flaschenöffner, -** (8)
boutique **die Boutique, -n** (6)
bowl **die Schüssel, -n** (8); salad (mixing) bowl **die Salatschüssel, -n** (5)
to box **boxen, geboxt** (1)
boyfriend **der Freund, -e** (A)
bracelet **das Armband, ¨er** (2)
brain **das Gehirn, -e** (11)
brake **die Bremse, -n** (7); to brake **bremsen, gebremst** (11)
brave **tapfer** (9)
Brazil **(das) Brasilien** (B)
bread **das Brot, -e** (8); farmer's bread **das Bauernbrot, -e** (5)
break **die Pause, -n** (1); to break **brechen (bricht), brach, gebrochen** (11); to break one's arm **sich den Arm brechen** (11)
breakfast **das Frühstück, -e** (2, 8); breakfast room **das Frühstückszimmer, -** (10); to eat breakfast **frühstücken, gefrühstückt** (1)
to breathe **atmen, geatmet** (11)
bride **die Braut, ¨e** (9)
bridge **die Brücke, -n** (10)
to bring **bringen (bringt), brachte, gebracht** (2); to bring along **mit·bringen (bringt ... mit), brachte ... mit, mitgebracht** (3)
broiled **gebraten** (8)
broken **kaputt** (A)
broom **der Besen, -** (6)
brother **der Bruder, ¨** (B); brothers and sisters **die Geschwister** (*pl.*) (B)
brown **braun** (A); to brown **bräunen, gebräunt** (8)
brush **die Bürste, -n** (6); to brush (one's teeth) **sich (die Zähne) putzen, geputzt** (11)
Brussels sprouts **der Rosenkohl** (8)
building **das Gebäude, -** (6); high-rise building **das Hochhaus, ¨er** (6); office building **das Bürohaus, ¨er** (6)
Bulgaria **(das) Bulgarien** (B)
bureau: tourist bureau **das Fremdenverkehrsamt, ¨er** (10)
burglar **der Einbrecher, - / die Einbrecherin, -nen** (9)
to burn **brennen (brennt), brannte, gebrannt** (11); **verbrennen (verbrennt), verbrannte, verbrannt** (11); to burn one's tongue **sich die Zunge verbrennen** (11)
bus **der Bus, -se** (2, 7); bus stop **die Bushaltestelle, -n** (6)
bush **der Busch, ¨e** (9)
business hours **die Öffnungszeiten** (*pl.*) (8); business letter **der Geschäftsbrief, -e** (10); business trip **die Geschäftsreise, -n** (7)
businesspeople **die Geschäftsleute** (*pl.*) (7)
busy **beschäftigt** (3)
but **aber** (A, 11); but (rather, on the contrary) **sondern** (A, 11)
butcher shop **die Metzgerei, -en** (6)
butter **die Butter** (8); herb butter **die Kräuterbutter** (8)
to buy **kaufen, gekauft** (1)
by **an ... vorbei** (10); by all means **auf jeden Fall** (4); to go by **vorbei·gehen (an + *dat.*) (geht ... vorbei), ging ... vorbei, ist vorbeigegangen** (10)
bye (*infor.*) **tschüss!** (A)

cabbage **der Kohl** (8)
cable railway **die Seilbahn, -en** (7)
café **das Café, -s** (4); at the café **im Café** (4); ice cream café **das Eiscafé, -s** (8)
cafeteria: student cafeteria **die Mensa, Mensen** (2)
cage **der Käfig, -e** (10)
cake **der Kuchen, -** (5)
calendar: appointment calendar **der Terminkalender, -** (11)
to call **rufen (ruft), rief, gerufen** (7, 11); to call on the telephone **telefonieren, telefoniert** (4); to call up **an·rufen (ruft ... an), rief ... an, angerufen** (1)
called: to be called **heißen (heißt), hieß, geheißen** (A)
calm **ruhig** (B)
calorie: calorie-conscious **kalorienbewusst** (8); low in calories **kalorienarm** (8)
camera **die Kamera, -s** (2)
to camp **zelten, gezeltet** (1)
camping **das Camping** (10)
campsite **der Campingplatz, ¨e** (10)
can (*n.*) **die Dose, -n** (8); can opener **der Dosenöffner, -** (8); garbage can **der Mülleimer, -** (8); watering can **die Gießkanne, -n** (6)
can (*v.*) **können (kann), konnte, gekonnt** (3)
Canada **(das) Kanada** (B)
Canadian (*person*) **der Kanadier, - / die Kanadierin, -nen** (B)
candle **die Kerze, -n** (3)
candy **die Süßigkeit, -en** (9)
canoe **das Kanu, -s** (10)
canoeing: to go canoeing **Kanu fahren (fährt ... Kanu), fuhr ... Kanu, Kanu gefahren** (10)
cap **die Mütze, -n** (5)
capital city **die Hauptstadt, ¨e** (3)
car **das Auto, -s** (A, 7); **der Wagen, -** (7); car phone **das Autotelefon, -e** (2); car radio **das Autoradio, -s** (7); sleeping car **der Schlafwagen, -** (4); train car **der Waggon, -s** (7); used car **der Gebrauchtwagen, -** (7)
card **die Karte, -n** (1, 2); birthday card **die Geburtstagskarte, -n** (2); Eurocheque Card **die Euroscheckkarte, -n** (12); identification card **der Ausweis, -e** (10); telephone card **die Telefonkarte, -n** (2)
care: to care for **mögen (mag), mochte, gemocht** (3); to take care of **sich kümmern um** (+ *acc.*), **gekümmert** (12); **sorgen für** (+ *acc.*), **gesorgt** (12); to be equally responsible for taking care of **mit·versorgen, mitversorgt** (12)
career **der Beruf, -e** (5); **das Berufsleben** (12); career counselor **der Berufsberater, - / die Berufsberaterin, -nen** (5)
carpet **der Teppich, -e** (2)
carriage: baby carriage **der Kinderwagen, -** (7)
carrot **die Karotte, -n** (8)
to carry away **weg·tragen (trägt ... weg), trug ... weg, weggetragen** (9); to carry out **aus·führen, ausgeführt** (12)
case: in any case **jedenfalls** (11)
cash **das Bargeld** (12); cash-free **bargeldlos** (12)
cast (*plaster*) **der Gips** (11)
to cast a spell on **verwünschen, verwünscht** (9)
castle **das Schloss, ¨er** (9)
cat **die Katze, -n** (2)
to catch a cold **sich erkälten, erkältet** (11)
cathedral **der Dom, -e** (10)
cauliflower **der Blumenkohl** (8)
CD **die CD, -s** (A, 3); CD player **der CD-Spieler, -** (2)
ceiling **die Decke, -n** (B)
to celebrate **feiern, gefeiert** (5)
celebration **die Feier, -n** (9); family celebration **das Familienfest, -e** (4)
cellar **der Keller, -** (4, 6); wine cellar **der Weinkeller, -** (6)
cellular phone **das Handy, -s** (2)
Celsius **Celsius** (B)
center: center for study abroad **das Auslandsamt, ¨er** (1); shopping center **das Einkaufszentrum, -zentren** (10)
central heating **die Zentralheizung** (6)
ceramic art **die Töpferei** (12)
certainly **bestimmt** (3); **sicherlich** (3)
chair **der Stuhl, ¨e** (B, 2); beach chair **der Strandkorb, ¨e** (10); deck chair **der Liegestuhl, ¨e** (4)
chalk **die Kreide, -n** (B)
chance **die Chance, -n** (12)
change: keep the change **das stimmt so** (8)
to change **ändern, geändert** (9); to change (into) **sich verwandeln (in + *acc.*), verwandelt** (9)
chaos **das Chaos** (5)
chapter **das Kapitel, -** (A)
character **der Charakter, -e** (12)

to charge **berechnen** (+ *dat.*), **berechnet** (8)
chauvinist **der Chauvi, -s** (12)
cheap **billig** (2)
check (*in restaurant*) **die Rechnung, -en** (4); **die Quittung, -en** (8); one check **alles zusammen** (5); separate checks **getrennt** (5); traveler's check **der Reisescheck, -s** (7)
to check the oil **das Öl kontrollieren** (5)
checking account **das Girokonto, -konten** (12)
cheese **der Käse** (8); (*type of*) creamy cottage cheese **der Quark** (8)
cheetah **der Gepard, -e** (10)
chemistry **die Chemie** (1)
cherry **die Kirsche, -n** (8)
chess **das Schach** (1)
to chew **kauen, gekaut** (11)
chic **schick** (2)
child **das Kind, -er** (B)
childhood **die Kindheit** (9)
chili **der Chili** (11)
China **(das) China** (B)
Chinese (*language*) **(das) Chinesisch** (B)
chisel **der Meißel, -** (12)
chocolate: hot chocolate **der Kakao** (8)
choir **der Chor, ¨-e** (1)
to chop **auf·schneiden (schneidet ... auf), schnitt ... auf, aufgeschnitten** (8)
Christmas **(das) Weihnachten** (4); Christmas present **das Weihnachtsgeschenk, -e** (5)
church **die Kirche, -n** (5); (*religious denomination*) **die Konfession, -en** (12); at church **in der Kirche** (5)
cigar **die Zigarre, -n** (7)
cigarette **die Zigarette, -n** (4)
cinema **das Kino, -s** (1)
circus **der Zirkus, -se** (9)
citizen **der Bürger, - / die Bürgerin, -nen** (10)
citizenship **die Staatsangehörigkeit, -en** (1)
city **die Stadt, ¨-e** (2, 6, 10); capital city **die Hauptstadt, ¨-e** (3); city limits **der Stadtrand, ¨-er** (6); city park **der Stadtpark, -s** (10); city street map **der Stadtplan, ¨-e** (10); in the city **in der Stadt** (6, 10); tour of the city **die Stadtrundfahrt, -en** (7)
class **der Kurs, -e** (A, 1); **der Unterricht, -e** (B); **die Klasse, -n** (5, 10); ballet class **der Ballettunterricht** (9); class reunion **das Klassentreffen, -** (9); tourist class **die Touristenklasse** (5); to travel first class **erster Klasse fahren** (5, 10)
classical **klassisch** (12)
clay **der Ton** (12)
clean **sauber** (B); to clean **putzen, geputzt** (3, 6); **sauber machen, sauber gemacht** (3); to clean (up) **auf·räumen, aufgeräumt** (1)
cleaner: dry cleaner's **die Reinigung, -en** (6)
cleaning: spring cleaning **der Frühjahrsputz** (6)
to clear **ab·räumen, abgeräumt** (3); to clear the table **den Tisch ab·räumen** (3)
clerk **der/die Angestellte, -n (ein Angestellter)** (7)
to climb **besteigen (besteigt), bestieg, bestiegen** (7); **klettern, ist geklettert** (9); to climb down **herunter·klettern, ist heruntergeklettert** (11)
clock **die Uhr, -en** (B); alarm clock **der Wecker, -** (2); kitchen clock **die Küchenuhr, -en** (5)
close (*adj./adv.*) **nah** (6)
to close **schließen (schließt), schloss, geschlossen** (A); **zu·machen, zugemacht** (3)
closed **geschlossen** (4)
closet **der Schrank, ¨-e** (6); clothes closet **der Kleiderschrank, ¨-e** (6)
cloth (*for cleaning*) **der Putzlappen, -** (6)
clothes **die Kleidung** (A, 2); clothes closet **der Kleiderschrank, ¨-e** (6); clothes dryer **der Wäschetrockner, -** (8)
clown **der Clown, -s** (9)
coast **die Küste, -n** (7)
coat **der Mantel, ¨** (A)
cocoa **der Kakao** (8)
coffee **der Kaffee** (1); coffee filter **der Kaffeefilter, -** (4); coffee grinder **die Kaffeemühle, -n** (8); coffeemaker **die Kaffeemaschine, -n** (5)
coffin **der Sarg, ¨-e** (9)
cold (*adj.*) **kalt** (B); ice-cold **eiskalt** (8)
cold (*n.*) (*head cold*) **die Erkältung, -en** (11); cold (*with a runny nose*) **der Schnupfen, -** (11); to catch a cold **sich erkälten, erkältet** (11)
to collect **sammeln, gesammelt** (10)
college prep school **das Gymnasium, Gymnasien** (4); college-prep-school degree **das Abitur** (5)
color **die Farbe, -n** (A, 1); color of eyes **die Augenfarbe, -n** (1); color of hair **die Haarfarbe, -n** (1); favorite color **die Lieblingsfarbe, -n** (A); what color is . . . ? **welche Farbe hat ...?** (A)
to comb **kämmen, gekämmt** (3); to comb (one's hair) **sich (die Haare) kämmen, gekämmt** (11)
to combine **kombinieren, kombiniert** (3)
to come (from) **kommen (aus** + *dat.*) **(kommt), kam, ist gekommen** (B); to come back **wieder·kommen (kommt ... wieder), kam ... wieder, ist wiedergekommen** (5); **zurück·kommen (kommt ... zurück), kam ... zurück, ist zurückgekommen** (6); to come by **vorbei·kommen (kommt ... vorbei), kam ... vorbei, ist vorbeigekommen** (3); to come in this way **herein·kommen (kommt ... herein), kam ... herein, ist hereingekommen** (10); come on over **komm mal vorbei!** (11); to come out this way **heraus·kommen (kommt ... heraus), kam ... heraus, ist herausgekommen** (10); to come this way **her·kommen (kommt ... her), kam ... her, ist hergekommen** (10); does it come with a . . . ? **ist ein(e) ... dabei?** (6)
comfortable **bequem** (2); **gemütlich** (12)
common **gemeinsam** (11)
company **die Firma, Firmen** (3); computer company **die Computerfirma, -firmen** (4)
to compare **vergleichen (vergleicht), verglich, verglichen** (7)
to complain (to) **sich beschweren (bei** + *dat.*), **beschwert** (8)
to complete **ergänzen, ergänzt** (4)
computer **der Computer, -** (2); computer company **die Computerfirma, -firmen** (4); computer science **die Informatik** (1)
concert **das Konzert, -e** (1); concert ticket **die Konzertkarte, -n** (5); rock concert **das Rockkonzert, -e** (9); to go to a concert **ins Konzert gehen** (1)
concrete **konkret** (12)
conductor (of an orchestra) **der Dirigent, -en** (*wk.*) / **die Dirigentin, -nen** (5)
to congratulate **gratulieren** (+ *dat.*), **gratuliert** (2)
to connect **verbinden (verbindet), verband, verbunden** (A)
to conquer **besiegen, besiegt** (7)
conservative **konservativ** (B)
to consider **nach·denken (über** + *acc.*) **(denkt ... nach), dachte ... nach, nachgedacht** (7)
conspicuous **auffällig** (10)
construction worker **der Bauarbeiter, - / die Bauarbeiterin, -nen** (5)
contract **der Vertrag, ¨-e** (12)
contrary: on the contrary **doch!** (4)
conversational situation **die Sprechsituation, -en** (A)
to converse **sich unterhalten (unterhält), unterhielt, unterhalten** (9)
cook **der Koch, ¨-e / die Köchin, -nen** (5)
to cook **kochen, gekocht** (1)
cooked **gekocht** (8)
cool **kühl** (B); **grell** (2)
copy shop **der Kopierladen, ¨** (10)
corkscrew **der Korkenzieher, -** (8)
corner **die Ecke, -n** (5); around the corner **um die Ecke** (5)
correct **richtig** (2)
to correct **korrigieren, korrigiert** (4)
cost: extra costs (*e.g. utilities*) **die Nebenkosten** (*pl.*) (6)
to cost **kosten, gekostet** (2, 6)
costume **das Kostüm, -e** (9)
couch **das Sofa, -s** (6)
cough **der Husten, -** (11); cough drop **das Hustenbonbon, -s** (11); cough syrup **der Hustensaft, ¨-e** (11)
counselor: career counselor **der Berufsberater, - / die Berufsberaterin, -nen** (5)
to count **zählen, gezählt** (A)
country **das Land, ¨-er** (B, 6); foreign countries **das Ausland** (6); in the country (*rural*) **auf dem Land** (6)
course **der Kurs, -e** (A, 1); course of studies **das Studium, Studien** (3); of course! **klar!** (2); **selbstverständlich** (10)
courthouse **das Gericht, -e** (5); at the courthouse **auf dem Gericht** (5)
cousin: female cousin **die Kusine, -n** (B); male cousin **der Vetter, -n** (B)
to cover **decken, gedeckt** (3); **zu·decken, zugedeckt** (11)
cozy **gemütlich** (12)

crash: stock market crash **der Börsenkrach, ¨-e** (12)
to crash (*airplane*) **ab·stürzen, ist abgestürzt** (11); (*cars*) **zusammen·stoßen (stößt ... zusammen), stieß ... zusammen, ist zusammengestoßen** (11)
crazy **verrückt** (B); **wahnsinnig** (12)
crisis **die Krise, -n** (12)
critically injured **schwer verletzt** (11)
Croatia **(das) Kroatien** (B)
crocodile **das Krokodil, -e** (10)
croissant **das Hörnchen, -** (8)
croquette **die Krokette, -n** (8)
crosswalk **der Zebrastreifen, -** (10)
cruel **grausam** (9)
to cry **weinen, geweint** (3)
Cuba **(das) Kuba** (B)
cucumber **die Gurke, -n** (8)
culture **die Kultur, -en** (12)
cup **die Tasse, -n** (2, 5); **der Becher, -** (9)
cupboard **der Schrank, ¨-e** (6)
to cure **heilen, geheilt** (5)
curious **neugierig** (12)
currency **die Währung, -en** (12)
to curse **verwünschen, verwünscht** (9); **fluchen, geflucht** (11)
cursed **verwunschen** (9)
curtain **der Vorhang, ¨-e** (6)
to cuss **schimpfen, geschimpft** (9)
custodian **der Hausmeister, - / die Hausmeisterin, -nen** (5)
customer **der Kunde, -n** (*wk.*) / **die Kundin, -nen** (5)
to cut **schneiden (schneidet), schnitt, geschnitten** (3); to cut hair **Haare schneiden** (3); to cut off **ab·schneiden (schneidet ... ab), schnitt ... ab, abgeschnitten** (8); to cut oneself **sich schneiden (schneidet), schnitt, geschnitten** (11); to cut through **durch·schneiden (schneidet ... durch), schnitt ... durch, durchgeschnitten** (8)
cutlery **das Besteck** (5)
cutlet **das Schnitzel, -** (8)
Czech Republic **(das) Tschechien** (B)

daily **täglich** (9); daily newspaper **die Tageszeitung, -en** (5); daily routine **der Alltag** (4)
damage **der Schaden, ¨-** (11)
to dance **tanzen, getanzt** (1)
dangerous **gefährlich** (10)
dark **dunkel** (6)
data: electronic data processing **die EDV = elektronische Datenverarbeitung** (12); personal data **die Personalien** (*pl.*) (12)
date **das Datum, Daten** (4); **die Verabredung, -en** (11); what is today's date? **welches Datum ist heute?** (4)
daughter **die Tochter, ¨-** (B)
day **der Tag, -e** (1); all day long, the whole day **den ganzen Tag** (1); day after tomorrow **übermorgen** (9); day before yesterday **vorgestern** (4); on what day? **an welchem Tag?** (4); to take the day off **blau machen, blau gemacht** (3); what day is today? **welcher Tag ist heute?** (1)
dead **tot** (9)
dear **lieb** (7); **geehrt** (10); dear Mr. **sehr geehrter Herr** (10); dear Ms. **sehr geehrte Frau** (10)
death **der Tod, -e** (12)
debt **die Schuld, -en** (12)
decade **das Jahrzehnt, -e** (4)
December **der Dezember** (B)
deception **die List, -en** (9)
to decide **entscheiden (entscheidet), entschied, entschieden** (10)
deck chair **der Liegestuhl, ¨-e** (4)
deep **tief** (7)
definitely **bestimmt** (3)
degree **der Grad, -e** (B); college-prep-school degree **das Abitur** (5)
delay **die Verspätung, -en** (9)
to deliver **aus·tragen (trägt ... aus), trug ... aus, ausgetragen** (5); to deliver newspapers **Zeitungen austragen** (5)
Denmark **(das) Dänemark** (B)
denomination: religious denomination **die Konfession, -en** (12)
dentist **der Zahnarzt, ¨-e / die Zahnärztin, -nen** (5)
to depart **ab·fahren (fährt ... ab), fuhr ... ab, ist abgefahren** (4); **ab·reisen, ist abgereist** (10)
department store **das Kaufhaus, ¨-er** (5); at the department store **im Kaufhaus** (5); fire department **die Feuerwehr** (11)
deposit: security deposit **die Kaution, -en** (6)
depressed **deprimiert** (11)
to describe **beschreiben (beschreibt), beschrieb, beschrieben** (11)
description **die Beschreibung, -en** (B)
desert **die Wüste, -n** (7)
desire **die Lust, ¨-e** (2)
desk **der Schreibtisch, -e** (2)
dessert **die Nachspeise, -n** (8)
destination **das Ziel, -e** (10)
devil **der Teufel, -** (12)
diary **das Tagebuch, ¨-er** (4)
dictionary **das Wörterbuch, ¨-er** (2)
to die **sterben (stirbt), starb, ist gestorben** (9)
different **verschieden** (8)
difficult **schwierig** (2); **schwer** (3)
to dine **zu Abend essen** (4)
dinghy: inflatable dinghy **das Schlauchboot, -e** (10)
dining room **das Esszimmer, -** (6)
dinner **das Abendessen** (8); to have dinner **zu Abend essen** (4)
diphtheria **die Diphtherie** (11)
direction **die Richtung, -en** (7)
director **der Regisseur, -e / die Regisseurin, -nen** (9)
dirty **schmutzig** (A)
disadvantage **der Nachteil, -e** (7)
to disappear **verschwinden (verschwindet), verschwand, ist verschwunden** (12)
disco **die Disko, -s** (3)
to discover **entdecken, entdeckt** (4)
to discriminate **diskriminieren, diskriminiert** (12)
to discuss **diskutieren, diskutiert** (4)
dish **das Gericht, -e** (8); dish of ice cream **der Eisbecher, -** (8); dishes **das Geschirr** (4, 5); to wash the dishes **Geschirr spülen** (4)
dishwasher **die Geschirrspülmaschine, -n** (5)
to disinfect **desinfizieren, desinfiziert** (11)
district **der Stadtteil, -e** (6); **das Stadtviertel, -** (6)
to disturb **stören, gestört** (3)
to dive **tauchen, hat/ist getaucht** (3)
divorce **die Scheidung, -en** (12)
to do **tun (tut), tat, getan** (A); to do sports **Sport treiben (treibt ... Sport), trieb ... Sport, Sport getrieben** (2)
doctor **der Arzt, ¨-e / die Ärztin, -nen** (3, 5, 11); doctor's office **die Arztpraxis, -praxen** (11); eye doctor **der Augenarzt, ¨-e / die Augenärztin, -nen** (11); family doctor **der Hausarzt, ¨-e / die Hausärztin, -nen** (11); to the doctor **zum Arzt** (3)
dog **der Hund, -e** (2); dog food **das Hundefutter** (5)
doll **die Puppe, -n** (9)
dollar **der Dollar, -s** (7); two dollars **zwei Dollar** (7)
dolphin **der Delfin, -e** (10)
dominant **dominant** (12)
door **die Tür, -en** (A); next door **nebenan** (5); from next door **von nebenan** (5)
dorm **das Studentenheim, -e** (2, 6)
double room **das Doppelzimmer, -** (10)
down (*toward the speaker*) **herunter** (11); to climb down **herunter·klettern, ist heruntergeklettert** (11); to fall down **hin·fallen (fällt ... hin), fiel ... hin, ist hingefallen** (11); to lie down **sich hin·legen, hingelegt** (11); to sit down **sich setzen, gesetzt** (A, 11)
downtown **die Innenstadt, ¨-e** (6)
dragon **der Drache, -n** (*wk.*) (9)
drapery **der Vorhang, ¨-e** (6)
to draw **zeichnen, gezeichnet** (3, 5)
drawer **die Schublade, -n** (5)
to dream **träumen, geträumt** (9)
dress **das Kleid, -er** (A)
dressed: to get dressed **sich an·ziehen (zieht ... an), zog ... an, angezogen** (11)
dresser **die Kommode, -n** (6)
dressing: salad dressing **die Soße, -n** (8)
dressing room **die Umkleidekabine, -n** (5)
to drink **trinken (trinkt), trank, getrunken** (1)
to drive **fahren (fährt), fuhr, ist/hat gefahren** (2); to drive off **los·fahren (fährt ... los), fuhr ... los, ist losgefahren** (4, 9); to keep on driving **weiter·fahren (fährt ... weiter), fuhr ... weiter, ist weitergefahren** (10)
driver **der Fahrer, - / die Fahrerin, -nen** (7); driver's license **der Führerschein, -e** (4); taxi driver **der Taxifahrer, - / die Taxifahrerin, -nen** (5)

driveway **die Einfahrt, -en** (11)
drop (*candy*) **das Bonbon, -s** (11); cough drop **das Hustenbonbon, -s** (11)
drugstore **die Drogerie, -n** (6)
drum **das Schlagzeug, -e** (12)
dry (*adj.*) **trocken** (11); dry cleaner's **die Reinigung, -en** (6)
to dry (dishes) **ab·trocknen, abgetrocknet** (6); to dry oneself off **sich ab·trocknen, abgetrocknet** (11)
dryer: clothes dryer **der Wäschetrockner, -** (8)
dumb **dumm** (6)
dumpling **der Knödel, -** (8)
during **während** (+ *gen.*) (11); during the week **in der Woche** (1)
Dutch (*adj.*) **holländisch** (8)
duty **die Pflicht, -en** (3)
DVD player **der DVD-Spieler, -** (2, 3)
dwarf **der Zwerg, -e** (9)

each **jeder, jedes, jede** (3, 5); each other **einander** (3); next to each other **nebeneinander** (8); with each other **miteinander** (3)
eagle **der Adler, -** (10)
ear **das Ohr, -en** (B)
earache **die Ohrenschmerzen** (*pl.*) (11)
early **früh** (1)
to earn **verdienen, verdient** (4)
earring **der Ohrring, -e** (A, 2)
earth science **die Erdkunde** (1)
easel **die Staffelei, -en** (12)
east (of) **östlich (von** + *dat.***)** (7)
easy **leicht** (6)
to eat **essen (isst), aß, gegessen** (2, 4); to eat (*said of an animal*) **fressen (frisst), fraß, gefressen** (9); to eat breakfast **frühstücken, gefrühstückt** (1)
economics **die Wirtschaft** (1)
educated **ausgebildet** (12)
education **die Ausbildung, -en** (9); **die Schulbildung** (5)
effect: to take effect **wirken, gewirkt** (11)
egg **das Ei, -er** (8); boiled eggs **gekochte Eier** (*pl.*) (8); fried eggs **gebratene Eier** (*pl.*) (8)
Egypt **(das) Ägypten** (B)
eight **acht** (A)
eighteen **achtzehn** (A)
eighth **acht-** (4)
eighty **achtzig** (A)
electric(al) **elektrisch** (8)
electricity **der Strom** (8)
electronic data processing **die EDV = elektronische Datenverarbeitung** (12)
elegant **elegant** (8)
elementary school **die Grundschule, -n** (4)
elephant **der Elefant, -en** (*wk.*) (9)
elevator **der Aufzug, ¨-e** (6)
eleven **elf** (A)
eleventh **elft-** (4)
embarrassing **peinlich** (12)
to emigrate **aus·wandern, ist ausgewandert** (4, 12)
employee **die Arbeitskraft, ¨-e** (12); bank employee **der/die Bankangestellte, -n (ein Bankangestellter)** (5); postal employee **der/die Postangestellte, -n (ein Postangestellter)** (5)
empty (*adj.*) **leer** (8)
to empty **aus·leeren, ausgeleert** (3)
enchanted **verwunschen** (9)
end **der Schluss, ¨-e** (8); in the end **zum Schluss** (8)
engaged: to be engaged **verlobt sein** (12); to get engaged to **sich verloben mit** (+ *dat.*), **verlobt** (12)
engineer **der Ingenieur, -e / die Ingenieurin, -nen** (5)
engineering: mechanical engineering **der Maschinenbau** (1)
England **(das) England** (B)
English (*language*) **(das) Englisch** (B); (*person*) **der Engländer, - / die Engländerin, -nen** (B)
enough **genug** (4)
to enrich **bereichern, bereichert** (12)
entertainment **die Unterhaltung, -en** (3)
environs **die Umgebung, -en** (5)
equal **egal** (6)
eraser (*for blackboard*) **der Schwamm, ¨-e** (B)
to establish **fest·stellen, festgestellt** (10)
euro **der Euro, -** (7)
Eurocheque Card **die Euroscheckkarte, -n** (12)
Europe **(das) Europa** (B)
even **noch** (B)
evening **der Abend, -e** (1, 4); evening meal **das Abendessen, -** (1); evenings **abends** (4); good evening **guten Abend!** (A); in the evening **am Abend** (4); this evening **heute Abend** (2)
ever: were you ever . . . ? **warst du schon einmal ...?** (4)
every **jeder, jedes, jede** (3); every week **jede Woche** (3)
everything **alles** (2); everything possible **alles Mögliche** (2)
everywhere **überall** (12)
evil **böse** (9)
exactly **genau** (B)
to examine **untersuchen, untersucht** (5)
example **das Beispiel, -e** (3); for example **zum Beispiel (z. B.)** (3)
exceedingly beautiful **wunderschön** (10)
excellent **ausgezeichnet** (3)
exchange: stock exchange **die Börse, -n** (12)
excited: to get excited **sich auf·regen, aufgeregt** (11)
to excuse **entschuldigen, entschuldigt** (5); excuse me **Entschuldigung!** (3); **entschuldigen Sie!** (5)
to execute **aus·führen, ausgeführt** (12)
exercise **die Übung, -en** (A)
exotic **exotisch** (7)
to expect **erwarten, erwartet** (12)
expensive **teuer** (2); **wertvoll** (2)
experience **das Erlebnis, -se** (4); travel experience **das Reiseerlebnis, -se** (7)
to experience **erleben, erlebt** (10)
to explain **erklären, erklärt** (5)
extra costs (*e.g. utilities*) **die Nebenkosten** (*pl.*) (6)
extremist: right-wing extremist **der Rechtsextremist, -en** (*wk.*) (12)
eye **das Auge, -n** (B); blue eyes **blaue Augen** (B); color of eyes **die Augenfarbe, -n** (1); eye doctor **der Augenarzt, ¨-e / die Augenärztin, -nen** (11)

face **das Gesicht, -er** (B)
factory **die Fabrik, -en** (6)
Fahrenheit **Fahrenheit** (B)
to faint **in Ohnmacht fallen (fällt), fiel, ist gefallen** (11)
fairy **die Fee, -n** (9); fairy tale **das Märchen, -** (9)
fall **der Herbst, -e** (B)
to fall **fallen (fällt), fiel, ist gefallen** (9); to fall asleep **ein·schlafen (schläft ... ein), schlief ... ein, ist eingeschlafen** (7); to fall down **hin·fallen (fällt ... hin), fiel ... hin, ist hingefallen** (11); to fall in love (with) **sich verlieben (in** + *acc.*), **verliebt** (9, 12); to fall over **um·fallen (fällt ... um), fiel ... um, ist umgefallen** (9)
family **die Familie, -n** (B); family celebration **das Familienfest, -e** (4); family doctor **der Hausarzt, ¨-e / die Hausärztin, -nen** (11); family member **das Familienmitglied, -er** (10); family name **der Familienname, -n** (*wk.*) (A, 1); single-family home **das Einfamilienhaus, ¨-er** (6)
famous **berühmt** (7)
fanatic **der Fanatiker, -** (12)
far **weit** (6); as far as **bis zu** (+ *dat.*) (10); how far away? **wie weit weg?** (6)
farmer's bread **das Bauernbrot, -e** (5)
farmhouse **das Bauernhaus, ¨-er** (6)
fast **schnell** (3); superfast **superschnell** (7)
fat **dick** (B); **fettig** (8)
father **der Vater, ¨** (B)
faucet **der Wasserhahn, ¨-e** (5)
favorite **Lieblings-** (A); favorite activity **die Lieblingsbeschäftigung, -en** (5); favorite color **die Lieblingsfarbe, -n** (A); favorite name **der Lieblingsname, -n** (*wk.*) (A); favorite subject **das Lieblingsfach, ¨-er** (5)
fax **das Fax, -e** (2)
fear **die Angst, ¨-e** (3)
February **der Februar** (B)
to feed **füttern, gefüttert** (9)
to feel **(sich) fühlen, gefühlt** (3, 11); do you feel like it? **hast du Lust?** (2); how do you feel? **wie fühlst du dich?** (3); I feel . . . **ich fühle mich ...** (3); to feel well **sich wohl fühlen** (11)
feeling **das Gefühl, -e** (3)
fellow student **der Mitstudent, -en** (*wk.*) **/ die Mitstudentin, -nen** (A)
fence **der Zaun, ¨-e** (9)
to fetch **holen, geholt** (9)
fever **das Fieber** (11)
few: a few **ein paar** (2)

field **das Feld, -er** (7)
fifteen **fünfzehn** (A)
fifth **fünft-** (4)
fifty **fünfzig** (A)
to fight **kämpfen, gekämpft** (9)
figure **die Figur, -en** (12)
to figure **aus·rechnen, ausgerechnet** (8)
to fill in the blanks **ergänzen, ergänzt** (4); to fill out **aus·füllen, ausgefüllt** (1); to fill up (*with gas*) **voll·tanken, vollgetankt** (5)
film **der Film, -e** (2); horror film **der Gruselfilm, -e** (2); TV film **der Fernsehfilm, -e** (12)
filter: coffee filter **der Kaffeefilter, -** (4)
finally **schließlich** (7); **zum Schluss** (8); **endlich** (9); **zuletzt** (10)
to find **finden (findet), fand, gefunden** (2)
fine **fein** (8)
finger **der Finger, -** (11)
fingernail **der Fingernagel, ¨** (11)
finished **fertig** (3)
Finland **(das) Finnland** (B)
fire **das Feuer, -** (9); fire department **die Feuerwehr** (11)
firm **die Firma, Firmen** (3)
first (*adj.*) **erst-** (4); (*adv.*) **zuerst** (4, 7); first name **der Vorname, -n** (*wk.*) (A, 1); first of October **der erste Oktober** (4); for the first time **zum ersten Mal** (4); on the first of October **am ersten Oktober** (4); to travel first class **erster Klasse fahren** (5, 10)
fish **der Fisch, -e** (8)
to fit **passen** (+ *dat.*), **gepasst** (6, 11); that fits well **das passt gut** (11)
five **fünf** (A)
flashlight **die Taschenlampe, -n** (9)
flat tire **die Reifenpanne, -n** (7)
flawless **vollkommen** (12)
flea market **der Flohmarkt, ¨e** (2)
to flee **flüchten, ist geflüchtet** (11)
flexible **flexibel** (5)
flight **der Flug, ¨e** (7)
to float **schwimmen (schwimmt), schwamm, ist geschwommen** (7)
floor **der Boden, ¨** (B); **der Stock, Stockwerke** (6); on the second floor **im ersten Stock** (6)
to flow **fließen (fließt), floss, ist geflossen** (7)
flower **die Blume, -n** (3); to water the flowers **die Blumen gießen** (3)
flu **die Grippe** (11)
flute: transverse flute **die Querflöte, -n** (12)
fly **die Fliege, -n** (8)
to fly **fliegen (fliegt), flog, ist/hat geflogen** (1)
food: dog food **das Hundefutter** (5)
foot **der Fuß, ¨e** (B); on foot **zu Fuß** (3)
for (*prep.*) **für** (+ *acc.*) (2); **seit** (+ *dat.*) (4, 11); **zu** (+ *dat.*) (2); (*coord. conj.*) **denn** (9, 11); do you have something for it (*illness*)? **haben Sie etwas dagegen?** (11); for example **zum Beispiel (z. B.)** (3); for lunch **zum Mittagessen** (3); for several days **seit mehreren Tagen** (11); for someone's birthday **zum Geburtstag** (2); for the first time **zum ersten Mal** (4); for two years **seit zwei Jahren** (4); what for? **wofür?** (8)
forbidden **verboten** (8)
foreign **ausländisch** (12); foreign countries **das Ausland** (6); foreign language **die Fremdsprache, -n** (9)
foreigner **der Ausländer, - / die Ausländerin, -nen** (12); hostility toward foreigners **der Ausländerhass** (12)
forest **der Wald, ¨er** (2, 7)
to forget **vergessen (vergisst), vergaß, vergessen** (2)
fork **die Gabel, -n** (8)
form **das Formular, -e** (12)
formality **die Formalität, -en** (12)
forth: and so forth **und so weiter** (5)
forty **vierzig** (A)
fountain **der Brunnen, -** (9)
four **vier** (A)
fourteen **vierzehn** (A)
fourth **viert-** (4)
fowl: water fowl **der Wasservogel, ¨** (10)
franc: Swiss franc **der Franken, -** (7)
France **(das) Frankreich** (B)
frank(furter) **das Würstchen, -** (8)
free (*adj.*) **frei** (3)
to free **erlösen, erlöst** (9)
freeway **die Autobahn, -en** (7)
freezer **die Gefriertruhe, -n** (8)
French (*language*) **(das) Französisch** (B); (*person*) **der Franzose, -n** (*wk.*) / **die Französin, -nen** (B); French fries **die Pommes (frites)** (*pl.*) (8)
fresh **frisch** (8)
Friday **der Freitag** (1)
fried **gebraten** (8); fried eggs **gebratene Eier** (*pl.*) (8)
friend **der Freund, -e / die Freundin, -nen** (A)
friendly **freundlich** (B)
fries: French fries **die Pommes (frites)** (*pl.*) (8)
frog **der Frosch, ¨e** (9)
from **von** (+ *dat.*) (A, 10); **aus** (+ *dat.*) (10); from next door **von nebenan** (5); from where **woher** (B); from work **von der Arbeit** (3)
frustrated **frustriert** (3)
to fry **braten (brät), briet, gebraten** (8); **bräunen, gebräunt** (8)
fun **lustig** (12); have fun **viel Spaß!** (A)
funny **lustig** (12); **komisch** (12)
furnished **möbliert** (6)
furniture **die Möbel** (*pl.*) (6); piece of furniture **das Möbelstück, -e** (6)

game: video game **das Videospiel, -e** (2)
garage **die Werkstatt, ¨en** (5); **die Garage, -n** (6)
garbage **der Müll** (6); garbage can **der Mülleimer, -** (8)
garden **der Garten, ¨** (4, 6); garden hose **der Gartenschlauch, ¨e** (6); in the garden **im Garten** (4)
garlic **der Knoblauch** (8)
gas station **die Tankstelle, -n** (5); at the gas station **an der Tankstelle** (5)
gasoline **das Benzin** (6)
gaudy **grell** (2)
gear **der Gang, ¨e** (7)
gentleman **der Herr, -en** (*wk.*) (A)
geography **die Erdkunde** (1); **die Geografie** (7)
German (*language*) **(das) Deutsch** (B); (*person*) **der/die Deutsche, -n (ein Deutscher)** (B); German army **die Bundeswehr** (5); German class/course **der Deutschkurs, -e** (A); German-speaking **deutschsprachig** (9); I am German **ich bin Deutscher/Deutsche** (B)
Germany **(das) Deutschland** (B)
to get **bekommen (bekommt), bekam, bekommen** (3); to get acquainted with **kennen·lernen, kennengelernt** (1); to get in this way **herein·kommen (kommt ... herein), kam ... herein, ist hereingekommen** (10); to get information about **sich erkundigen nach** (+ *dat.*), **erkundigt** (10); to get up **auf·stehen (steht ... auf), stand ... auf, ist aufgestanden** (A, 1); to get up on the wrong side of bed **mit dem linken Fuß auf·stehen** (4); to (go) get **holen, geholt** (9)
giant **der Riese, -n** (*wk.*) (9)
gifted **begabt** (9)
giraffe **die Giraffe, -n** (10)
girl **das Mädchen, -** (9)
girlfriend **die Freundin, -nen** (A)
to give **geben (gibt), gab, gegeben** (A, 6); to give (as a present) **schenken, geschenkt** (5); to give a paper / oral report **ein Referat halten (hält), hielt, gehalten** (4)
glacier **der Gletscher, -** (7)
gladly **gern** (1, 5)
glass **das Glas, ¨er** (5, 9); (*made of glass*) **gläsern** (9)
glasses (pair of) **die Brille, -n** (A)
glove **der Handschuh, -e** (2)
to go **gehen (geht), ging, ist gegangen** (A); **laufen (läuft), lief, ist gelaufen** (A); to go along **entlang·gehen (geht ... entlang), ging ... entlang, ist entlanggegangen** (10); to go away **weg·gehen (geht ... weg), ging ... weg, ist weggegangen** (4); to go by **vorbei·gehen (an** + *dat.*) **(geht ... vorbei), ging ... vorbei, ist vorbeigegangen** (10); to go canoeing **Kanu fahren (fährt ... Kanu), fuhr ... Kanu, Kanu gefahren** (10); to go for a walk **spazieren gehen (geht ... spazieren), ging ... spazieren, ist spazieren gegangen** (1); to go home **nach Hause gehen** (1); to go in this way **herein·kommen (kommt ... herein), kam ... herein, ist hereingekommen** (10); to go on a trip **verreisen, ist verreist** (3); to go out **aus·gehen (geht ... aus), ging ... aus, ist ausgegangen** (1); to go out (*power*) **aus·fallen (fällt ... aus), fiel ... aus, ist ausgefallen** (8); to go over that way **hinüber·gehen (geht ... hinüber), ging ... hinüber, ist hinübergegangen** (10); to go shopping **einkaufen gehen (geht ... einkaufen), ging ... einkaufen, ist einkaufen gegangen** (1, 5); to go that way **hin·gehen**

(geht ... hin), ging ... hin, ist hingegangen (10); to go to a party **auf eine Party gehen** (1); to go to bed **ins Bett gehen** (1); to go to the mountains **in die Berge gehen** (1); to go to the movies **ins Kino gehen** (1); to go to the swimming pool **ins Schwimmbad fahren** (1); to go to work **zur Arbeit gehen** (1); to go up that way **hinauf·gehen (geht ... hinauf), ging ... hinauf, ist hinaufgegangen** (10); where are you going? **wo willst du denn hin?** (A)

god **der Gott, ¨er** (12)

goldfish **der Goldfisch, -e** (11)

golf **das Golf** (1)

good **gut** (A); good afternoon (*for.*) **guten Tag!** (A); good evening **guten Abend!** (A); good luck **viel Glück!** (3); good morning **guten Morgen!** (A); it looks good **es sieht gut aus** (2); that looks / they look good on you **das steht / die stehen dir gut** (2)

good-bye **auf Wiedersehen!** (A); (*infor.; southern Germany, Austria*) **servus!** (A); (*on the phone*) **auf Wiederhören!** (6)

to grab **greifen (greift), griff, gegriffen** (11)

grade (*level*) **die Klasse, -n** (9); (*mark*) **die Note, -n** (3, 9)

graduation **der Abschluss** (9)

grammar **die Grammatik, -en** (A)

granddaughter **die Enkelin, -nen** (5)

grandfather **der Großvater, ¨** (B)

grandma **die Oma, -s** (3)

grandmother **die Großmutter, ¨** (B)

grandparents **die Großeltern** (*pl.*) (B)

grandson **der Enkel, -** (5)

grape **die Weintraube, -n** (8)

to grasp **greifen (greift), griff, gegriffen** (11)

gravy **die Soße, -n** (8)

gray **grau** (A); grayish green **graugrün** (7)

greasy **fettig** (8, 11)

great **toll** (2); great! **prima!** (6); that sounds great **das hört sich toll an** (4)

Great Britain **(das) Großbritannien** (B)

Greece **(das) Griechenland** (B)

green **grün** (A); grayish green **graugrün** (7)

to greet **grüßen, gegrüßt** (11)

greeting **das Begrüßen** (A); **der Gruß, ¨e** (10)

grill **der Grill, -s** (8)

grilled **gegrillt** (8)

grinder: coffee grinder **die Kaffeemühle, -n** (8)

grocery store **das Lebensmittelgeschäft, -e** (6)

gross **eklig** (9)

ground beef (or pork) **das Hackfleisch** (8)

to grow **wachsen (wächst), wuchs, ist gewachsen** (9); to grow up **auf·wachsen (wächst ... auf), wuchs ... auf, ist aufgewachsen** (12)

guidebook: travel guidebook **der Reiseführer, -** (5)

guided tour **die Führung, -en** (10)

guinea pig **das Meerschweinchen, -** (10)

guitar **die Gitarre, -n** (1)

hair **das Haar, -e** (B, 11); black-haired **schwarzhaarig** (9); blond hair **blondes Haar** (B); to blow-dry one's hair **sich die Haare föhnen** (11); color of hair **die Haarfarbe, -n** to comb one's hair **sich die Haare kämmen** (11); to cut hair **Haare schneiden** (3); (1); short hair **kurzes Haar** (B); with the short/long hair **mit dem kurzen/langen Haar** (A)

haircut **der Haarschnitt, -e** (2)

hairdresser **der Friseur, -e / die Friseurin, -nen** (5)

half **die Hälfte, -n** (10)

hall: town hall **das Rathaus, ¨er** (1, 6); at the town hall **auf dem Rathaus** (1)

ham **der Schinken** (8)

hammer **der Hammer, ¨** (8)

hamster **der Hamster, -** (10)

hand **die Hand, ¨e** (B); hand towel **das Handtuch, ¨er** (5); to shake hands **die Hand schütteln** (A)

handkerchief **das Taschentuch, ¨er** (3)

handy **handwerklich** (12)

to hang (*be in a hanging position*) **hängen (hängt), hing, gehangen** (3); to hang the picture on the wall **das Bild an die Wand hängen** (3); to hang (up) **hängen, gehängt** (3); **auf·hängen, aufgehängt** (12)

hangover **der Kater, -** (11)

to happen **passieren, ist passiert** (4)

happiness **das Glück** (3)

happy **glücklich** (B); to be happy about **sich freuen über** (+ *acc.*), **gefreut** (11)

harbor **der Hafen, ¨** (10)

hard **schwer** (3)

hardware store **das Eisenwarengeschäft, -e** (6)

harmful: to be harmful to **schaden** (+ *dat.*), **geschadet** (6)

harmonica **die Mundharmonika, -s** (12)

hat **der Hut, ¨e** (A)

to hate **hassen, gehasst** (9)

to have **haben (hat), hatte, gehabt** (A); to have to **müssen (muss), musste, gemusst** (3)

head **der Kopf, ¨e** (B)

headache **die Kopfschmerzen** (*pl.*) (11); headache tablet **die Kopfschmerztablette, -n** (11)

headband **das Stirnband, ¨er** (A)

to heal **heilen, geheilt** (5)

health **die Gesundheit** (11)

healthy **gesund** (11)

to hear **hören, gehört** (1); to hear again **wieder hören, wieder gehört** (6)

heart **das Herz, -en** (11)

heartache **die Herzschmerzen** (*pl.*) (11)

to heat **erhitzen, erhitzt** (8)

heated, heat included **warm** (6)

heating: central heating **die Zentralheizung** (6)

heavy **schwer** (3); **stark** (11)

height **die Größe, -n** (1); **die Höhe, -n** (12)

hello (*for.*) **guten Tag!** (A); (*for.; southern Germany, Austria*) **grüß Gott!** (A); (*infor.; southern Germany, Austria*) **servus!** (A)

helmet: bicycle helmet **der Fahrradhelm, -e** (5)

help **helfen** (+ *dat.*) **(hilft), half, geholfen** (6); help! **Hilfe!** (11); may I help you? **bitte schön?** (7)

her (*adj.*) **ihr(e)** (1, 2)

herb butter **die Kräuterbutter** (8)

herbs **die Kräuter** (*pl.*) (8)

here **hier** (A)

herring salad **der Heringssalat, -e** (8)

Herzegovina **(das) Herzegowina** (B)

hi (*infor.*) **hallo!** (A); (*Switzerland*) **grüezi!** (A); to say hi to **grüßen, gegrüßt** (11)

to hide **sich verstecken, versteckt** (9)

high **hoch** (6); to have high blood pressure **hohen Blutdruck haben** (11)

high school **das Gymnasium, Gymnasien** (4)

highlight **der Höhepunkt, -e** (7)

high-rise building **das Hochhaus, ¨er** (6)

highway: interstate highway **die Autobahn, -en** (7); rural highway **die Landstraße, -n** (7)

hike **die Wanderung, -en** (7); to hike **wandern, ist gewandert** (1); to hike in the mountains **in den Bergen wandern** (1)

hiking shoe **der Wanderschuh, -e** (2)

hill **der Hügel, -** (7)

him (*acc.*) **ihn** (2), (*dat.*) **ihm**

his **sein(e)** (1, 2)

history **die Geschichte** (1); art history **die Kunstgeschichte** (1)

to hit **schlagen (schlägt), schlug, geschlagen** (11)

to hitchhike **trampen, ist getrampt** (10)

hobby **das Hobby, -s** (1)

hole **das Loch, ¨er** (9)

holiday **der Feiertag, -e** (4); national holiday **der Nationalfeiertag, -e** (4)

Holland **(das) Holland** (B)

home **das Haus, ¨er** (2); **die Heimat, -en** (12); at home **daheim** (9); to be at home **zu Hause sein** (A, 1); to go home **nach Hause gehen** (1, 10); single-family home **das Einfamilienhaus, ¨er** (6)

homeland **das Heimatland, ¨er** (12); **die Heimat, -en** (12)

homemade **selbst gemacht** (8)

homemaker **der Hausmann, ¨er / die Hausfrau, -en** (12)

homesick: to be homesick **Heimweh haben** (3)

homesickness **das Heimweh** (3)

hometown **die Heimatstadt, ¨e** (6); **die Heimat, -en** (12)

homework (assignment) **die Hausaufgabe, -n** (A)

honey **der Honig** (8)

to honk **hupen, gehupt** (7)

honored **geehrt** (10)

hood **die Motorhaube, -n** (7)

hook **der Haken, -** (8)

to hope **hoffen, gehofft** (3)

horn **die Hupe, -n** (7)

horror film **der Gruselfilm, -e** (2)

horse **das Pferd, -e** (2, 9)

hose: garden hose **der Gartenschlauch, ¨e** (6)

hospital **das Krankenhaus, ¨er** (3, 5, 11); in the hospital **im Krankenhaus** (5)

host **der Wirt, -e / die Wirtin, -nen** (10)
hostel: youth hostel **die Jugendherberge, -n** (10)
hostility toward foreigners **der Ausländerhass** (12)
hot **heiß** (B); hot chocolate **der Kakao** (8); hot dog **das Würstchen, -** (8)
hotel **das Hotel, -s** (2, 5); at the hotel **im Hotel** (5)
hour **die Stunde, -n** (2); business hours **die Öffnungszeiten** (*pl.*) (8); office hour **die Sprechstunde, -n** (3); quarter hour **die Viertelstunde, -n** (6)
house **das Haus, ¨-er** (1, 2, 6); farmhouse **das Bauernhaus, ¨-er** (6); house key **der Hausschlüssel, -** (9); house number **die Hausnummer, -n** (1); row house, town house **das Reihenhaus, ¨-er** (6); tree house **das Baumhaus, ¨-er** (6); vacation house **das Ferienhaus, ¨-er** (4)
houseboat **das Hausboot, -e** (6)
household **der Haushalt** (8, 9); in the household **im Haushalt** (8)
housemate **der Mitbewohner, - / die Mitbewohnerin, -nen** (2)
housewife **die Hausfrau, -en** (12)
housing: shared housing **die Wohngemeinschaft, -en** (6); housing-wanted ad **die Suchanzeige, -n** (6)
how **wie** (B); how do you feel? **wie fühlst du dich?** (3); how do you spell that? **wie schreibt man das?** (A); how far away? **wie weit weg?** (6); how many **wie viele** (A)
humid **feucht** (B)
hummingbird **der Kolibri, -s** (10)
hundred, one hundred **hundert** (A)
hundredth **hundertst-** (4)
Hungary **(das) Ungarn** (B)
hunger **der Hunger** (3)
hungry **hungrig** (9); to be hungry **Hunger haben** (3)
hunter **der Jäger, -** (9)
hurry **die Eile** (3); to be in a hurry **in Eile sein** (3); **es eilig haben** (10); to hurry **sich beeilen, beeilt** (8)
to hurt **weh·tun (tut ... weh), tat ... weh, wehgetan** (11)
husband **der Mann, ¨-er** (B)
hygiene: personal hygiene **die Körperpflege** (11)

ice **das Eis** (2); dish of ice cream **der Eisbecher, -** (8); ice-cold **eiskalt** (8); ice cream parlor **das Eiscafé, -s** (8); ice skate **der Schlittschuh, -e** (3); to go ice-skating **Schlittschuh laufen (läuft ... Schlittschuh), lief ... Schlittschuh, ist Schlittschuh gelaufen** (3)
idea **die Idee, -n** (10)
ideal **ideal** (12)
identification card **der Personalausweis, -e** (1); **der Ausweis, -e** (10)
idol **das Vorbild, -er** (9)
if (*subord. conj.*) **wenn** (2, 11); **ob** (6)
igloo **das Iglu, -s** (6)
illegal **illegal** (12)
illness **die Krankheit, -en** (11)
to imagine (*s.th.*) **sich (etwas) vor·stellen, vorgestellt** (6, 10)
immediately **sofort** (3)
immigrant **der Einwanderer, -** (4, 12)
to immigrate **ein·wandern, ist eingewandert** (12)
impatient **ungeduldig** (11)
important **wichtig** (2)
in (*prep.*) **in** (+ *dat./acc.*) (A, 4); **an** (+ *dat./acc.*) (4); (*adv.*) **hinein** (9); in addition **dazu** (8); in any case **jedenfalls** (11); in it **drin/darin** (6); in January **im Januar** (B); in love **verliebt** (4); in order to **um ... zu** (12); in spite of **trotz** (+ *gen.*) (12); in spite of that **trotzdem** (9); in the afternoon **nachmittags** (4); in the city **in der Stadt** (6, 10); in the country (*rural*) **auf dem Land** (6); in the end **zum Schluss** (8); in the evening **am Abend** (4), **abends** (4); in the middle **mitten** (9); in the middle of the night **mitten in der Nacht** (9); in the morning **früh** (4); in the spring **im Frühling** (B); in this way **herein** (10)
included **inbegriffen** (10); (*utilities*) **inklusive** (6)
income **das Einkommen** (12)
incredible **unglaublich** (5)
indeed **ja** (4)
independent **selbstständig** (12)
industrious **fleißig** (12)
inexpensive **billig** (2)
infection **die Entzündung, -en** (11); kidney infection **die Nierenentzündung** (11)
inferior **minderwertig** (12)
inflatable dinghy **das Schlauchboot, -e** (10)
influenza **die Grippe** (11)
to inform oneself about **sich informieren über** (+ *acc.*), **informiert** (10)
information **die Information, -en** (4); biographical information **persönliche Daten** (*pl.*) (1); to get information about **sich erkundigen nach** (+ *dat.*), **erkundigt** (10)
ingredient **die Zutat, -en** (8)
injection **die Spritze, -n** (11)
to injure oneself **sich verletzen, verletzt** (11)
injured **verletzt** (11); critically injured **schwer verletzt** (11); injured person **der/die Verletzte, -n (ein Verletzter)** (11)
inn: bed-and-breakfast inn **das Gästehaus, ¨-er** (10)
innkeeper **der Wirt, -e / die Wirtin, -nen** (10)
insane **wahnsinnig** (12)
instead of **(an)statt** (+ *gen.*) (12)
to instruct **unterrichten, unterrichtet** (5)
instruction **die Aufforderung, -en** (A); **der Unterricht, -e** (B)
instructor **der Lehrer, - / die Lehrerin, -nen** (A, 1)
instrument **das Instrument, -e** (12)
insurance **die Versicherung, -en** (5)
integration **die Integration** (12)
intelligence **die Intelligenz** (12)
intelligent **intelligent** (B)
to intend (to) **wollen (will), wollte, gewollt** (3)
interest **das Interesse, -n** (5); (*money*) **die Zinsen** (*pl.*) (12); to be interested in **Interesse haben an** (+ *dat.*) (5); **sich interessieren für** (+ *acc.*) (5); to interest **interessieren, interessiert** (5)
interesting **interessant** (7)
intersection **die Kreuzung, -en** (7)
interstate highway **die Autobahn, -en** (7)
interview **das Interview, -s** (4); to interview **interviewen, interviewt** (12)
to introduce **vor·stellen, vorgestellt** (6)
introduction **die Einführung, -en** (A)
to invent **erfinden (erfindet), erfand, erfunden** (4)
to investigate **untersuchen, untersucht** (5)
invitation **die Einladung, -en** (2)
to invite **ein·laden (lädt ... ein), lud ... ein, eingeladen** (2)
inward **hinein** (9)
Ireland **(das) Irland** (B)
iron **das Bügeleisen, -** (6); to iron **bügeln, gebügelt** (6)
island **die Insel, -n** (7)
Israel **(das) Israel** (B)
it is . . . **es ist ...** (B)
Italian (*language*) **(das) Italienisch** (B)
Italy **(das) Italien** (B)
its **ihr(e)** (2); **sein(e)** (2)
ivory **das Elfenbein** (10)

jacket **die Jacke, -n** (A); sports jacket **das Sakko, -s** (A)
jail **das Gefängnis, -se** (6)
jam **die Marmelade, -n** (8); traffic jam **der Stau, -s** (7)
January **der Januar** (B)
Japan **(das) Japan** (B)
Japanese (*adj.*) **japanisch** (8); (*language*) **(das) Japanisch** (B); (*person*) **der Japaner, - / die Japanerin, -nen** (B)
jealous **eifersüchtig** (3)
jeans **die Jeans** (*pl.*) (2)
jewelry **der Schmuck** (2)
joke **der Witz, -e** (3); to tell jokes **Witze erzählen** (3)
journey **die Reise, -n** (7)
joy **die Freude, -n** (9)
judge **der Richter, - / die Richterin, -nen** (5)
juice **der Saft, ¨-e** (8); apple juice **der Apfelsaft** (8); orange juice **der Orangensaft** (8)
July **der Juli** (B)
to jump **springen (springt), sprang, ist gesprungen** (A)
June **der Juni** (B)
jungle **der Dschungel, -** (7)
just **knapp** (6); that's just it! **das ist es ja!** (4)

kangaroo **das Känguru, -s** (10)
to keep: keep the change **das stimmt so** (8); to keep on driving **weiter·fahren (fährt ... weiter), fuhr ... weiter, ist weitergefahren** (10); to keep on walking **weiter·gehen (geht ... weiter), ging ... weiter, ist weitergegangen** (10)
kettle: tea kettle **der Teekessel, -** (8)

key **der Schlüssel, -** (9); house key **der Hausschlüssel, -** (9)
kidney **die Niere, -n** (11); kidney infection **die Nierenentzündung** (11)
to kill **töten, getötet** (9)
kiln **der Brennofen, ¨** (12)
kilometer **der Kilometer, -** (2)
kind **die Art, -en** (2)
kindergarten **der Kindergarten, ¨** (6)
king **der König, -e** (9)
kiss **der Kuss, ¨e** (4); to kiss **küssen, geküsst** (9)
kitchen **die Küche, -n** (5); in the kitchen **in der Küche** (5); kitchen clock **die Küchenuhr, -en** (5); kitchen lamp **die Küchenlampe, -n** (5); kitchen scale **die Küchenwaage, -n** (5); kitchen table **der Küchentisch, -e** (5); kitchen work **die Küchenarbeit, -en** (5)
knife **das Messer, -** (8)
to knit **stricken, gestrickt** (3)
to knock over **um·kippen, umgekippt** (11)
to know **kennen (kennt), kannte, gekannt** (B); **wissen (weiß), wusste, gewusst** (2)
knowledge about a field **die Kenntnisse** (*pl.*) (5)

labor **die Arbeitskraft, ¨e** (12)
laboratory: language laboratory **das Sprachlabor, -s** (4)
lake **der See, -n** (7)
lamp **die Lampe, -n** (B); kitchen lamp **die Küchenlampe, -n** (5)
land mammal **das Landsäugetier, -e** (10)
landlord/landlady **der Vermieter, - / die Vermieterin, -nen** (6)
language **die Sprache, -n** (B); foreign language **die Fremdsprache, -n** (9); language laboratory **das Sprachlabor, -s** (4)
large **dick** (B)
last **letzt-** (4); last Monday **letzten Montag** (4); last night **gestern Abend** (4); last summer **letzten Sommer** (4); last week **letzte Woche** (4); last weekend **letztes Wochenende** (4); the last time **das letzte Mal** (4)
to last **dauern, gedauert** (4)
late(r) **spät(er)** (1); late morning **der Vormittag, -e** (4)
Latin (*language*) **das Latein** (1)
to laugh **lachen, gelacht** (3)
laundromat **der Waschsalon, -s** (10)
laundry **die Wäsche** (4); laundry room **die Waschküche, -n** (6)
lawn **der Rasen, -** (5)
lawnmower **der Rasenmäher, -** (6)
lawyer **der Anwalt, ¨e / die Anwältin, -nen** (5)
lazy **faul** (3)
to learn **lernen, gelernt** (1)
least: the least **am wenigsten** (8)
to leave **verlassen (verlässt), verließ, verlassen** (11)
leave-taking **das Verabschieden** (A)
lecture **die Vorlesung, -en** (4)
left **links** (4, 10)
leg **das Bein, -e** (B)
leisure time **die Freizeit** (1)
lemon **die Zitrone, -n** (8)
to lend **leihen (leiht), lieh, geliehen** (5)
to let **lassen (lässt), ließ, gelassen** (11)
letter **der Brief, -e** (1); business letter **der Geschäftsbrief, -e** (10)
lettuce **der Kopfsalat** (8)
liberal **liberal** (6)
librarian **der Bibliothekar, -e / die Bibliothekarin, -nen** (5)
library **die Bibliothek, -en** (2)
license: driver's license **der Führerschein, -e** (4); license plate **das Nummernschild, -er** (7); license plate number **die Autonummer, -n** (11)
to lie **liegen (liegt), lag, gelegen** (1); to lie down **sich hin·legen, hingelegt** (11); to lie in the sun **in der Sonne liegen** (1)
Liechtenstein **(das) Liechtenstein** (B)
life **das Leben, -** (9); professional life **das Berufsleben** (12); student life **das Studentenleben** (4)
light (*n.*) **das Licht, -er** (3); (*adj., color*) **hell** (6); (*adj., weight*) **leicht** (6); to light **an·zünden, angezündet** (3)
to like **mögen (mag), mochte, gemocht** (1, 3); I like it **es gefällt mir** (6); I would like . . . **ich hätte gern ...** (5); like (*to do s.th.*) best **am liebsten** (7); to be to one's liking **gefallen (gefällt), gefiel, gefallen** (6); we like to sing **wir singen gern** (1); would like (to) **möchte** (2, 3)
limit: city limits **der Stadtrand, ¨er** (6)
line **die Linie, -n** (10)
linguistics **die Linguistik** (1)
lion **der Löwe, -n** (*wk.*) (10)
lip **die Lippe, -n** (11)
list **die Liste, -n** (5)
to listen (to) **zu·hören** (+ *dat.*), **zugehört** (6)
liter **der Liter, -** (7)
literature **die Literatur, -en** (1, 12)
little: a little (bit) **ein bisschen** (B)
to live **leben, gelebt** (3); to live (in) **wohnen (in + *dat.*)** (B)
liver **die Leber, -n** (11)
living arrangements **die Wohnmöglichkeiten** (*pl.*) (6); living room **das Wohnzimmer, -** (6)
loathsome **eklig** (9)
lobster **der Hummer, -** (8)
locomotive **die Lokomotive, -n** (7)
lodge: ski lodge **die Skihütte, -n** (5)
lodging **die Unterkunft, ¨e** (10)
logical **logisch** (12)
loner **der Einzelgänger, -** (12)
long **lang** (B); all day long **den ganzen Tag** (1); all night long **die ganze Nacht** (3); long hair **langes Haar** (B); with the long hair **mit dem langen Haar** (A)
to look **schauen, geschaut** (A); **aus·sehen (sieht ... aus), sah ... aus, ausgesehen** (2); it looks good **es sieht gut aus** (2); to look at **an·schauen, angeschaut** (2); **an·sehen (sieht ... an), sah ... an, angesehen** (3); to look for **suchen, gesucht** (1); to look up **nach·sehen (sieht ... nach), sah ... nach, nachgesehen** (10); that looks / they look good on you **das steht / die stehen dir gut** (2)
to lose **verlieren (verliert), verlor, verloren** (7); to lose weight **ab·nehmen (nimmt ... ab), nahm ... ab, abgenommen** (8, 11)
lot: a lot **viel** (A)
lotion: suntan lotion **die Sonnenmilch** (10); to put lotion on **sich ein·kremen, eingekremt** (11)
lots of luck **viel Glück!** (3)
lottery **die Lotterie, -n** (5); to win the lottery **in der Lotterie gewinnen** (5)
loud **laut** (3)
lounge **der Aufenthaltsraum, ¨e** (10)
lovable **lieb** (10)
to love **lieben, geliebt** (2); to be in love **verliebt sein** (4, 12); to fall in love with **sich verlieben (in + *acc.*), verliebt** (9, 12)
lover **der/die Geliebte, -n (ein Geliebter)** (3)
lovesickness **der Liebeskummer** (11)
low: to have low blood pressure **niedrigen Blutdruck haben** (11); low in calories **kalorienarm** (8)
loyal **treu** (9)
lozenge **das Bonbon, -s** (11); throat lozenge **das Halsbonbon, -s** (11)
luck **das Glück** (3); lots of luck, good luck **viel Glück!** (3)
luggage **das Gepäck** (10)
lunch **das Mittagessen** (3, 8); for lunch **zum Mittagessen** (3)
lung **die Lunge, -n** (11)

machine: automatic teller machine (ATM) **der Geldautomat, -en** (*wk.*) (12); washing machine **die Waschmaschine, -n** (6)
magical **magisch** (12)
main point **der Stichpunkt, -e** (12)
makeup: to put makeup on **sich schminken, geschminkt** (11)
mammal: land mammal **das Landsäugetier, -e** (10)
man **der Mann, ¨er** (A, B); man! (*coll.*) **Mensch!** (2)
manager **der Geschäftsführer, - / die Geschäftsführerin, -nen** (8)
mansion **die Villa, Villen** (5)
many **viele** (A); many thanks **vielen Dank** (10)
map **die Landkarte, -n** (7); city street map **der Stadtplan, ¨e** (10)
March **der März** (B)
marital status **der Familienstand** (1)
mark (*former German monetary unit*) **die Mark, -** (7)
to mark **markieren, markiert** (11)
market **der Markt, ¨e** (10); flea market **der Flohmarkt, ¨e** (2); market square **der Marktplatz, ¨e** (6)
marmelade **die Marmelade, -n** (8)
marriage **die Ehe, -n** (12)
married: to be married **verheiratet sein** (1, 12); to get married to **sich verheiraten mit** (+ *dat.*), **verheiratet** (12)
to marry **heiraten, geheiratet** (5)

match **das Streichholz, ¨er** (8)
material **das Material, -ien** (12)
mathematics **die Mathematik** (1)
matter: it doesn't matter to me **das ist mir egal** (6); to be the matter with (*s.o.*) **fehlen** (+ *dat.*), **gefehlt** (11)
mattress: air mattress **die Luftmatratze, -n** (10)
May **der Mai** (B)
may (*v.*) **dürfen (darf), durfte, gedurft** (3); **können (kann), konnte, gekonnt** (3)
mayonnaise **die Mayonnaise** (8)
meadow **die Wiese, -n** (7)
meal **die Mahlzeit, -en** (8); evening meal **das Abendessen, -** (1); midday meal **das Mittagessen** (3)
mean **böse** (9)
means: by all means **auf jeden Fall** (4); means of payment **das Zahlungsmittel, -** (12); means of transportation **das Transportmittel, -** (7)
meat **das Fleisch** (8)
mechanical engineering **der Maschinenbau** (1)
medical **medizinisch** (11)
medicine **das Medikament, -e** (11); medicine for **ein Medikament gegen** (+ *acc.*) (11)
Mediterranean Sea **das Mittelmeer** (B)
to meet **treffen (trifft), traf, getroffen** (2); **begegnen** (+ *dat.*), **ist begegnet** (6); let's meet . . . **treffen wir uns ...** (2)
member **das Mitglied, -er** (6); family member **das Familienmitglied, -er** (10)
memory **die Erinnerung, -en** (4)
menu **die Speisekarte, -n** (8)
meter: square meter (m^2) **der Quadratmeter, - (qm)** (6)
Mexican (*adj.*) **mexikanisch** (8); (*person*) **der Mexikaner, - / die Mexikanerin, -nen** (B)
Mexico **(das) Mexiko** (B)
midday **der Mittag, -e** (3); midday meal **das Mittagessen** (3)
middle: in the middle **mitten** (9); in the middle of the night **mitten in der Nacht** (9)
mileage **der Kilometerstand** (7)
milk **die Milch** (8)
million **die Million, -en** (7)
mineral water **das Mineralwasser** (8)
mirror **der Spiegel, -** (6)
to miss (*not catch*) **verpassen, verpasst** (9); (*not notice*) **verfehlen, verfehlt** (10)
missing: to be missing **fehlen** (+ *dat.*), **gefehlt** (6)
to mix **vermischen, vermischt** (8)
mixed **gemischt** (8)
mixer **die Küchenmaschine, -n** (8)
modern **modern** (6)
Moldavia, Moldova **(das) Moldawien** (B)
moment **der Moment, -e** (1); at the moment **im Moment** (1)
Monday **der Montag** (1); last Monday **letzten Montag** (4)
money **das Geld** (2)
month **der Monat, -e** (B)
to mop (up) **auf·wischen, aufgewischt** (6)
more **mehr** (3)
morning: good morning **guten Morgen!** (A); in the morning **früh** (4); in the morning, mornings **morgens** (3); late morning **der Vormittag, -e** (4); until four in the morning **bis um vier Uhr früh** (4)
Morocco **(das) Marokko** (B)
mosquito **die Mücke, -n** (10)
mostly **meistens** (8)
mother **die Mutter, ¨** (A, B); Mother's Day **der Muttertag** (4)
motif **das Motiv, -e** (12)
motorcycle **das Motorrad, ¨er** (1, 7); to ride a motorcycle **Motorrad fahren** (1)
mountain **der Berg, -e** (1); to go to the mountains **in die Berge gehen** (1); to hike in the mountains **in den Bergen wandern** (1); mountain range **das Gebirge, -** (7)
mountaintop **der Gipfel, -** (7)
mouse **die Maus, ¨e** (10)
mouth **der Mund, ¨e** (B); (*of an animal*) **das Maul, ¨er** (9)
to move **ziehen (zieht), zog, ist gezogen** (2)
movie: to go to the movies **ins Kino gehen** (1); movie theater **das Kino, -s** (1); movie ticket **die Kinokarte, -n** (2); TV movie **der Fernsehfilm, -e** (12)
to mow **mähen, gemäht** (5)
mower: lawnmower **der Rasenmäher, -** (6)
MP3 player **der MP3-Spieler, -** (5)
Mr. **der Herr, -en** (*wk.*) (A)
Mrs., Ms. **die Frau, -en** (A)
much **viel** (A)
mug **der Becher, -** (9)
muscle: sore muscles **der Muskelkater, -** (11)
museum **das Museum, Museen** (1); to go to the museum **ins Museum gehen** (1)
mushroom **der Pilz, -e** (8)
music **die Musik** (1)
mussel **die Muschel, -n** (8)
must **müssen (muss), musste, gemusst** (3)
mustache **der Schnurrbart, ¨e** (A)
mustard **der Senf** (8)
my **mein(e)** (A, 2)

nail **der Nagel, ¨** (8)
name **der Name, -n** (*wk.*) (A, 1); family name **der Familienname, -n** (*wk.*) (A, 1); favorite name **der Lieblingsname, -n** (*wk.*) (A); first name **der Vorname, -n** (*wk.*) (A, 1); my name is . . . **ich heiße ...** (A); what's your name? **wie heißen Sie?** (*for.*) / **wie heißt du?** (*infor.*) (A)
named: to be named **heißen (heißt), hieß, geheißen** (A)
napkin **die Serviette, -n** (8)
narrow **eng** (12); narrow street **die Gasse, -n** (10)
national holiday **der Nationalfeiertag, -e** (4)
nationality **die Herkunft, ¨e** (B); **die Staatsangehörigkeit, -en** (1)
natural science **die Naturwissenschaft, -en** (9)
naturally **natürlich** (2)
nature **die Natur** (9)
near **bei** (+ *dat.*) (10)
neat **toll** (2); **grell** (2)
neck **der Hals, ¨e** (9)
necklace **die Halskette, -n** (2, 5)
to need **brauchen, gebraucht** (1)
neighbor **der Nachbar, -n** (*wk.*) / **die Nachbarin, -nen** (4)
neighborhood **der Stadtteil, -e** (6); **das Stadtviertel, -** (6)
neo-Nazi **der Neonazi, -s** (12)
nephew **der Neffe, -n** (*wk.*) (B)
nervous **nervös** (B)
nest **das Nest, -er** (10)
Netherlands **die Niederlande** (*pl.*) (B)
never **nie** (2)
new **neu** (A)
New Zealand **(das) Neuseeland** (B)
news **die Nachrichten** (*pl.*) (7)
newspaper **die Zeitung, -en** (2); daily newspaper **die Tageszeitung, -en** (5); to deliver newspapers **Zeitungen austragen** (5); to read the newspaper **Zeitung lesen** (1); university newspaper **die Unizeitung, -en** (4)
next to **neben** (+ *dat./acc.*) (9); next to each other **nebeneinander** (8); next door **nebenan** (5); from next door **von nebenan** (5)
nice **nett** (B); (*weather*) **schön** (B)
nickname **der Spitzname, -n** (*wk.*) (1)
niece **die Nichte, -n** (B)
night **die Nacht, ¨e** (3); all night long **die ganze Nacht** (3); at night, nights **nachts** (4); in the middle of the night **mitten in der Nacht** (9); last night **gestern Abend** (4)
nightshirt **das Nachthemd, -en** (2)
nine **neun** (A)
nineteen **neunzehn** (A)
ninety **neunzig** (A)
ninth **neunt-** (4)
no **nein** (A); **kein(e)** (2); no one **niemand** (2)
nobody **niemand** (2)
noise **das Geräusch, -e** (9)
none **kein(e)** (2)
nonsense **der Unsinn** (12)
nonsmoker **der Nichtraucher, - / die Nichtraucherin, -nen** (10)
noodle **die Nudel, -n** (8)
noon **der Mittag, -e** (3); at noon **mittags** (2)
normal **normal** (5)
normally **normalerweise** (8)
north (of) **nördlich (von** + *dat.***)** (7)
North Sea **die Nordsee** (B)
northeast (of) **nordöstlich (von** + *dat.***)** (7)
Northern Ireland **(das) Nordirland** (B)
northwest (of) **nordwestlich (von** + *dat.***)** (7)
Norway **(das) Norwegen** (B)
nose **die Nase, -n** (11)
no-stopping zone **das Halteverbot, -e** (7)
not **nicht** (A); not a bit **gar nicht** (3); not at all **kein bisschen** (3); **gar nicht** (9); not until **erst** (4); not until four o'clock **erst um vier Uhr** (4)

note (*of currency*) **der Schein, -e** (8); **der Geldschein, -e** (12); twenty-euro note **der Zwanzigeuroschein, -e** (8);
notebook **das Heft, -e** (B)
nothing **nichts** (9)
notice: not to notice **verfehlen, verfehlt** (10)
noticeable: to be noticeable **auf·fallen (fällt ... auf), fiel ... auf, ist aufgefallen** (12)
novel **der Roman, -e** (3, 5); romance novel **der Liebesroman, -e** (9)
November **der November** (B)
now **jetzt** (3)
number **die Zahl, -en** (A); **die Nummer, -n** (1); house number **die Hausnummer, -n** (1); license plate number **die Autonummer, -n** (11); ordinal number **die Ordinalzahl, -en** (4); telephone number **die Telefonnummer, -n** (1)
nurse **der Krankenpfleger, - / die Krankenpflegerin, -nen** (5); to nurse **pflegen, gepflegt** (5)
nut **die Nuss, ⸚e** (8)

obligation **die Pflicht, -en** (3)
o'clock: at six o'clock **um sechs Uhr** (1); until four o'clock **bis um vier Uhr** (4)
October **der Oktober** (B)
Octoberfest (*festival held yearly during late September and early October*) **das Oktoberfest, -e** (7)
of **von** (+ *dat.*) (A, 3, 10); **aus** (+ *dat.*) (10)
of course! **klar!** (2); **selbstverständlich** (10)
off: to cut off **ab·schneiden (schneidet ... ab), schnitt ... ab, abgeschnitten** (8); to drive off **los·fahren (fährt ... los), fuhr ... los, ist losgefahren** (4, 9); to take the day off **blau machen, blau gemacht** (3)
office **das Büro, -s** (5); at the office **im Büro** (5); doctor's office **die Arztpraxis, Arztpraxen** (11); office building **das Bürohaus, ⸚er** (6); office hour **die Sprechstunde, -n** (3); *office to register town residents* **das Einwohnermeldeamt, ⸚er** (12)
often **oft** (B)
oh boy! (*coll.*) **Mensch!** (2)
oil **das Öl** (5, 8); to check the oil **das Öl kontrollieren** (5); oil paint **die Ölfarbe, -n** (12)
old **alt** (A); old part of town **die Altstadt, ⸚e** (10)
olive **die Olive, -n** (8)
omelet **das Omelett, -s** (8)
on **an** (+ *acc./dat.*) (2, 4); on foot **zu Fuß** (3); on Saturday **am Samstag** (2); on the contrary **sondern** (11); on the first of October **am ersten Oktober** (4); on the phone **am Telefon** (2); on the road **unterwegs** (4, 9); on time **pünktlich** (4); **rechtzeitig** (12); on what day? **an welchem Tag?** (4); to turn on **ein·schalten, eingeschaltet** (11)
once **einmal** (4); once again **schon wieder** (3)
one **eins** (A); one another **einander** (3); one-way street **die Einbahnstraße, -n** (7); one-way trip **die einfache Fahrt** (10)
onion **die Zwiebel, -n** (8)
only **nur** (3)
open (*adj.*) **offen** (3); to open **öffnen, geöffnet** (A); **auf·machen, aufgemacht** (3); **eröffnen, eröffnet** (9); to open a bank account **ein Konto eröffnen** (5); out in the open (country) **in freier Natur** (10)
opener: bottle opener **der Flaschenöffner, -** (8); can opener **der Dosenöffner, -** (8)
open-face sandwich **das belegte Brot, die belegten Brote** (8)
opposite **gegenüber** (6)
optimistic **optimistisch** (B)
or (*coord. conj.*) **oder** (A, 11)
oral report: to give an oral report **ein Referat halten** (4)
orange (*n.*) **die Apfelsine, -n** (8); orange juice **der Orangensaft** (8)
orange (*adj.*) **orange** (A)
orchestra conductor **der Dirigent, -en** (*wk.*) / **die Dirigentin, -nen** (5)
order **die Reihenfolge, -n** (2); in order to **um ... zu** (12); to order (*food*) **bestellen, bestellt** (8)
ordinal number **die Ordinalzahl, -en** (4)
organ (*musical instrument*) **die Orgel, -n** (12)
origin **die Herkunft, ⸚e** (B)
other: each other **einander** (3); next to each other **nebeneinander** (8); other things **Sonstiges** (9); with each other **miteinander** (3)
otherwise **sonst** (B)
our **unser(e)** (2)
out: out of **aus** (+ *dat.*) (10); out in the open (country) **in freier Natur** (10); out this way **heraus** (10); to go out **aus·gehen (geht ... aus), ging ... aus, ist ausgegangen** (1); to go out (*power*) **aus·fallen (fällt ... aus), fiel ... aus, ist ausgefallen** (8)
outside **draußen** (11); outside of **außerhalb** (+ *gen.*) (12)
oven **der Backofen, ⸚** (5)
over (*prep.*) **über** (+ *dat./acc.*) (4); (*adv.*) **vorbei** (9); over that way **hinüber** (10); over the weekend **am Wochenende** (1), **übers Wochenende** (4)
overcoat **der Mantel, ⸚** (A)
overdraft protection **der Überziehungskredit, -e** (12)
overnight: to stay overnight **übernachten, übernachtet** (6)
own **eigen** (6)

to pack **packen, gepackt** (7); to pack up **ein·packen, eingepackt** (1)
package **das Paket, -e** (8)
pact **der Pakt, -e** (12)
page **die Seite, -n** (6)
pain **der Schmerz, -en** (11)
to paint **malen, gemalt** (12)
paintbrush **der Pinsel, -** (12)
painting **das Gemälde, -** (12); **die Malerei** (12)
Palestine **(das) Palästina** (B)
palm tree **die Palme, -n** (6)
pan **die Pfanne, -n** (5); **der Topf, ⸚e** (5)
pants **die Hose, -n** (A); sports pants **die Sporthose, -n** (2)
paper **das Papier, -e** (B); paper towel **das Papiertuch, ⸚er** (5); to give a paper **ein Referat halten** (4); toilet paper **das Toilettenpapier** (4)
parents **die Eltern** (*pl.*) (B)
park **der Park, -s** (1); city park **der Stadtpark, -s** (10); to park **parken, geparkt** (7); to walk in the park **im Park spazieren gehen** (1)
parking lot **der Parkplatz, ⸚e** (6); parking space **die Parklücke, -n** (7)
parlor: ice cream parlor **das Eiscafé, -s** (8)
parrot **der Papagei, -en** (10)
part **der Teil, -e** (7)
to participate **mit·machen, mitgemacht** (10)
particularly **besonders** (3)
partner **der Partner, - / die Partnerin, -nen** (12); work with a partner **arbeiten Sie mit einem Partner** (A)
partnership **die Partnerschaft, -en** (12)
party **die Party, -s** (1, 2); **die Feier, -n** (9); to go to a party **auf eine Party gehen** (1)
passenger train **der Personenzug, ⸚e** (7)
passport **der Pass, ⸚e** (7); **der Reisepass, ⸚e** (10)
past (*adv.*) **vorbei** (9); at twenty past five **um zwanzig nach fünf** (1)
pasture **die Wiese, -n** (7)
path: bicycle path **der Radweg, -e** (7)
patient (*n.*) **der Patient, -en** (*wk.*) / **die Patientin, -nen** (5)
patient (*adj.*) **geduldig** (12)
to pay **zahlen, gezahlt** (5); to pay (for) **bezahlen, bezahlt** (4); to pay attention **auf·passen, aufgepasst** (3); to pay attention to **achten auf** (+ *acc.*), **geachtet** (11); to pay off **ab·zahlen, abgezahlt** (12)
payment: means of payment **das Zahlungsmittel, -** (12)
pea **die Erbse, -n** (8)
peach **der Pfirsich, -e** (8)
pear **die Birne, -n** (8)
pedestrian **der Fußgänger, - / die Fußgängerin, -nen** (7); pedestrian mall **die Fußgängerzone, -n** (10)
pen **der Stift, -e** (A, B); ballpoint pen **der Kugelschreiber, -** (4)
pencil **der Bleistift, -e** (A, B)
penicillin **das Penizillin** (4)
peninsula **die Halbinsel, -n** (7)
people **die Leute** (*pl.*) (7)
pepper **der Pfeffer** (8)
per **pro** (3)
percent **das Prozent, -e** (4)
perfect **vollkommen** (12)
perfume **das Parfüm, -e** (5)
perhaps **vielleicht** (2)
perm (permanent wave) **die Dauerwelle, -n** (11)
permit: residence permit **die Aufenthaltserlaubnis, -se** (12); work permit **die Arbeitserlaubnis, -se** (12); to permit **erlauben, erlaubt** (7)

permitted: to be permitted (to) **dürfen (darf), durfte, gedurft** (3)
to persecute **verfolgen, verfolgt** (12)
person **die Person, -en** (A, 1); **der Mensch, -en** (*wk.*) (2); personal data **die Personalien** (*pl.*) (12); personal hygiene **die Körperpflege** (11)
pet **das Haustier, -e** (10)
pharmacist **der Apotheker, - / die Apothekerin, -nen** (11)
pharmacy **die Apotheke, -n** (6, 11)
photo **das Foto, -s** (1)
to photograph **fotografieren, fotografiert** (4)
physician **der Arzt, ¨e / die Ärztin, -nen** (3, 5, 11)
physics **die Physik** (1)
piano **das Klavier, -e** (2)
to pick **pflücken, gepflückt** (9); to pick (*s.o.*) up (from a place) **ab·holen, abgeholt** (1)
pickle **die saure Gurke, die sauren Gurken** (8)
picnic **das Picknick, -s** (4)
picture **das Bild, -er** (2); to hang the picture on the wall **das Bild an die Wand hängen** (3); what do your pictures show? **was zeigen Ihre Bilder?** (A)
piece **das Stück, -e** (8); piece of furniture **das Möbelstück, -e** (6)
piercing **das Piercing, -s** (2)
pig **das Schwein, -e** (9)
pigpen **der Schweinestall, ¨e** (5)
pill **die Tablette, -n** (11)
pillow **das Kopfkissen, -** (6)
pilot **der Pilot, -en** (*wk.*) / **die Pilotin, -nen** (5)
PIN: secret PIN **die Geheimzahl, -en** (12)
pink **rosa** (A)
piranha **der Piranha, -s** (10)
pizza **die Pizza, -s** (2)
place **der Ort, -e** (1, 4); **der Platz, ¨e** (3); **die Lage, -n** (10); at your place **bei dir** (3); is this seat/place available? **ist hier noch frei?** (8); to place (*in a sitting position*) **setzen, gesetzt** (7); to place (*in an upright position*) **stellen, gestellt** (3, 5); to take place **statt·finden (findet ... statt), fand ... statt, stattgefunden** (5)
plan **der Plan, ¨e** (3); to plan **planen, geplant** (7); to plan (to) **wollen (will), wollte, gewollt** (3)
plant **die Pflanze, -n** (3, 6)
plate **der Teller, -** (8); license plate **das Nummernschild, -er** (7); license plate number **die Autonummer, -n** (11)
play **das Schauspiel, -e** (12); to play **spielen, gespielt** (1)
player: CD player **der CD-Spieler, -** (2); DVD player **der DVD-Spieler, -** (2, 3); MP3 player **der MP3-Spieler, -** (5); soccer player **der Fußballspieler, - / die Fußballspielerin, -nen** (9); tennis player **der Tennisspieler, - / die Tennisspielerin, -nen** (9)
playground **der Spielplatz, ¨e** (9)
playwright **der Dramatiker, - / die Dramatikerin, -nen** (9)
pleasant **angenehm** (6)
please **bitte** (A); to please **gefallen** (+ *dat.*) **(gefällt), gefiel, gefallen** (6); yes please? **bitte schön?** (7)
pleasure **das Vergnügen** (2); **die Freude, -n** (9); with pleasure **gern** (1)
pliers **die Zange, -n** (8)
plum **die Pflaume, -n** (8)
pneumonia **die Lungenentzündung** (11)
pocket **die Tasche, -n** (1)
poem **das Gedicht, -e** (3)
point **der Punkt, -e** (3); main point **der Stichpunkt, -e** (12)
to poison **vergiften, vergiftet** (9)
poisonous **giftig** (9)
Poland **(das) Polen** (B)
police officer **der Polizist, -en** (*wk.*) / **die Polizistin, -nen** (5); police station **die Polizei** (5); at the police station **auf der Polizei** (5)
political(ly) **politisch** (4)
politics **die Politik** (5)
pool: swimming pool **das Schwimmbad, ¨er** (1, 5); at the swimming pool **im Schwimmbad** (5); to go to the swimming pool **ins Schwimmbad fahren** (1)
poor **arm** (9)
popular **beliebt** (3)
pork **das Schweinefleisch** (8); ground pork **das Hackfleisch** (8)
port **der Hafen, ¨** (10)
Portugal **(das) Portugal** (B)
Portuguese (*language*) **(das) Portugiesisch** (B)
position **die Lage, -n** (10)
possessions **der Besitz** (2)
possibility **die Möglichkeit, -en** (5)
possible: as . . . as possible **möglichst ...** (6); everything possible **alles Mögliche** (2)
post office **die Post** (5); at the post office **auf der Post** (5)
postal employee **der/die Postangestellte, -n (ein Postangestellter)** (5)
postcard **die Postkarte, -n** (2)
poster **das Poster, -** (6)
pot **der Topf, ¨e** (5)
potato **die Kartoffel, -n** (8); boiled potatoes **die Salzkartoffeln** (*pl.*) (8)
potholder **der Topflappen, -** (5)
potter's wheel **die Töpferscheibe, -n** (12)
poultry **das Geflügel** (8)
pound **das Pfund, -e** (5)
to pour **gießen (gießt), goss, gegossen** (8)
power **der Strom** (8)
practical **praktisch** (5); practical (career) training **praktische Ausbildung** (5)
to practice **aus·üben, ausgeübt** (12)
preference **die Präferenz, -en** (1)
prejudice **das Vorurteil, -e** (12)
prenuptial agreement **der Ehevertrag, ¨e** (12)
preparation **die Zubereitung, -en** (8)
to prepare (*food*) **zu·bereiten, zubereitet** (8)
prescription **das Rezept, -e** (11)
present **das Geschenk, -e** (2); Christmas present **das Weihnachtsgeschenk, -e** (5); to present **vor·stellen, vorgestellt** (6); to present (*documents*) **vor·legen, vorgelegt** (10)
president **der Präsident, -en** (*wk.*) / **die Präsidentin, -nen** (5)
pressure: blood pressure **der Blutdruck** (11); to have low/high blood pressure **niedrigen/hohen Blutdruck haben** (11)
prestige **das Prestige** (5)
pretty **hübsch** (A, 2); **schön** (B); pretty big **ziemlich groß** (2)
price **der Preis, -e** (7)
priest **der Priester, - / die Priesterin, -nen** (5)
prince **der Prinz, -en** (*wk.*) (9)
princess **die Prinzessin, -nen** (9)
principal **der Direktor, -en** (*wk.*) / **die Direktorin, -nen** (9)
prison **das Gefängnis, -se** (6)
prize **der Preis, -e** (12)
probably **wahrscheinlich** (1); **wohl** (12)
processing: electronic data processing **die EDV = elektronische Datenverarbeitung** (12)
to produce (*documents*) **vor·legen, vorgelegt** (10)
profession **der Beruf, -e** (1, 5); what's your profession? **was sind Sie von Beruf?** (1)
professional life **das Berufsleben** (12)
professor **der Professor, -en / die Professorin, -nen** (A, B)
progressive **progressiv** (B)
prohibition **das Verbot, -e** (7)
to promise **versprechen (verspricht), versprach, versprochen** (7)
to promote **fördern, gefördert** (12)
promoted (*to next grade in school*) **versetzt** (3)
protected **geborgen** (12)
protection: overdraft protection **der Überziehungskredit, -e** (12)
protector **der Beschützer, - / die Beschützerin, -nen** (12)
to protest **protestieren, protestiert** (12)
proximity **die Nähe** (7)
psychiatrist **der Psychiater, - / die Psychiaterin, -nen** (11)
public: public authority **die Behörde, -n** (12); public transportation **die öffentlichen Verkehrsmittel** (*pl.*) (7)
to pull **ziehen (zieht), zog, gezogen** (8)
pullover **der Pullover, - (der Pulli, -s)** (2)
punctual **pünktlich** (4)
pupil **der Schüler, - / die Schülerin, -nen** (1)
purchase **der Einkauf, ¨e** (5)
purple **lila** (A)
purse **die Tasche, -n** (1)
to put (*in a sitting position*) **setzen, gesetzt** (7); to put (*in an upright position*) **stellen, gestellt** (3, 5); to put (into) **geben (in** + *acc.*) **(gibt), gab, gegeben** (8); to put away **weg·stellen, weggestellt** (5); to put on **an·legen, angelegt** (10); to put on (*clothes*) **an·ziehen (zieht ... an), zog ... an, angezogen** (3)
puzzle **das Rätsel, -** (9)
python **die Riesenschlange, -n** (10)

to quarrel **streiten (streitet), stritt, gestritten** (9)
quarter: at a quarter to four **um Viertel vor vier** (1); quarter hour **die Viertelstunde, -n** (6)
queen **die Königin, -nen** (9)
question **die Frage, -n** (A); to ask a question **eine Frage stellen** (A, 5)
quick **schnell** (3)
quiet(ly) **ruhig** (B); **leise** (9)
quite **ganz** (2); quite a bit **ganz schön viel** (3)

rabies **die Tollwut** (10)
radio **das Radio, -s** (2); car radio **das Autoradio, -s** (7)
rag (*for cleaning*) **der Putzlappen, -** (6)
railroad **die Bahn, -en** (7)
railway: cable railway **die Seilbahn, -en** (7)
rain **der Regen** (7)
raining: it is raining **es regnet** (B)
rainy: in rainy weather **bei Regen** (7)
range of mountains **das Gebirge, -** (7)
rare(ly) **selten** (8)
rat **die Ratte, -n** (10)
rather **ziemlich** (2); **lieber** (2); **eher** (12); I'd rather go . . . **ich gehe lieber ...** (2)
rattlesnake **die Klapperschlange, -n** (10)
to reach **erreichen, erreicht** (12)
to read **lesen (liest), las, gelesen** (A, 1); to read aloud **vor·lesen (liest ... vor), las ... vor, vorgelesen** (9); to read the newspaper **Zeitung lesen** (1)
ready **fertig** (3)
real(ly) **echt** (2); really **wirklich** (B)
receipt **die Quittung, -en** (8)
to receive **bekommen (bekommt), bekam, bekommen** (3)
recently **neulich** (9)
reception **die Rezeption, -en** (10)
recess **die Pause, -n** (1)
recipient (*of a prize*) **der Träger, -** (12)
recorder **die Blockflöte, -n** (12)
recreation room **der Aufenthaltsraum, ¨-e** (10)
to recuperate **sich erholen, erholt** (11)
red **rot** (A)
refrigerator **der Kühlschrank, ¨-e** (5)
refugee **der Flüchtling, -e** (12)
regards **mit freundlichen Grüßen** (10)
to register **sich an·melden, angemeldet** (12); to get registered **sich registrieren lassen** (12); *office to register town residents* **das Einwohnermeldeamt, ¨-er** (12)
regularly **regelmäßig** (11)
relative **relativ** (5)
relatives **die Verwandten** (*pl.*) (2)
religion **die Religion** (1)
religious **religiös** (B); religious denomination **die Konfession, -en** (12)
to remain **bleiben (bleibt), blieb, ist geblieben** (1)
to remember **sich erinnern (an + *acc.*), erinnert** (9)
remembrance **die Erinnerung, -en** (4)
to remove **ab·nehmen (nimmt ... ab), nahm ... ab, abgenommen** (11)
rent **die Miete, -n** (6); to rent **mieten, gemietet** (6); to rent out **vermieten, vermietet** (6)
renter **der Mieter, - / die Mieterin, -nen** (6)
to repair **reparieren, repariert** (1); repair shop **die Werkstatt, ¨-en** (5)
to repeat **wiederholen, wiederholt** (10)
report **das Referat, -e** (3); accident report **der Unfallbericht, -e** (11); to give an oral report **ein Referat halten** (4)
reporter **der Reporter, - / die Reporterin, -nen** (4); TV reporter **der Fernsehreporter, - / die Fernsehreporterin, -nen** (5)
requirement **die Pflicht, -en** (3)
to rescue **erlösen, erlöst** (9)
to reserve **reservieren, reserviert** (7)
residence **der Wohnort, -e** (1); residence permit **die Aufenthaltserlaubnis, -se** (12)
resident: *office to register town residents* **das Einwohnermeldeamt, ¨-er** (12)
responsibility **die Verantwortung, -en** (12)
to rest **sich aus·ruhen, ausgeruht** (11)
restaurant **das Restaurant, -s** (2, 8); **die Gaststätte, -n** (5); at the restaurant **im Restaurant** (8); **in der Gaststätte** (5)
to return **zurück·kommen (kommt ... zurück), kam ... zurück, ist zurückgekommen** (6)
reunion: class reunion **das Klassentreffen, -** (9)
rice **der Reis** (8)
riddle **das Rätsel, -** (9); to solve a riddle **ein Rätsel lösen** (9)
to ride **reiten (reitet), ritt, ist geritten** (1); **fahren (fährt), fuhr, ist/hat gefahren** (2); to ride a motorcycle **Motorrad fahren** (1); to ride off **los·fahren (fährt ... los), fuhr ... los, ist losgefahren** (9)
right (*adj.*) **richtig** (2); (*adv.*) **rechts** (10); right across the way **gleich gegenüber** (6); right away **gleich** (4); that's right **stimmt!** (4); **das stimmt so** (8); to be right **recht haben (hat ... recht), hatte ... recht, recht gehabt** (2); to be right **stimmen, gestimmt** (8); to the right **rechts** (7)
right-of-way **die Vorfahrt, -en** (7)
right-wing extremist **der Rechtsextremist, -en** (*wk.*) (12)
ring **der Ring, -e** (2)
to ring **klingeln, geklingelt** (2)
to rinse **spülen, gespült** (4)
river **der Fluss, ¨-e** (7)
road **die Straße, -n** (6); on the road **unterwegs** (4, 9)
roast **der Braten, -** (8)
roasted **gebraten** (8)
rock concert **das Rockkonzert, -e** (9)
rocket **die Rakete, -n** (7)
role **die Rolle, -n** (4); role model **das Vorbild, -er** (9)
roll **das Brötchen, -** (8)
romance novel **der Liebesroman, -e** (9)
Romania **(das) Rumänien** (B)
roof **das Dach, ¨-er** (6)
room **das Zimmer, -** (1); bedroom **das Schlafzimmer, -** (6); breakfast room **das Frühstückszimmer, -** (10); dining room **das Esszimmer, -** (6); double room **das Doppelzimmer, -** (10); dressing room **die Umkleidekabine, -n** (5); laundry room **die Waschküche, -n** (6); living room **das Wohnzimmer, -** (6); recreation room **der Aufenthaltsraum, ¨-e** (10); single room **das Einzelzimmer, -** (5); TV room **das Fernsehzimmer, -** (10)
roommate **der Mitbewohner, - / die Mitbewohnerin, -nen** (2)
roundabout: traffic roundabout **der Kreisverkehr, -e** (10)
round-trip **hin und zurück** (5, 10); **die Hin- und Rückfahrt** (10)
routine: daily routine **der Alltag** (4)
row: in a row **hintereinander** (3); row house **das Reihenhaus, ¨-er** (6)
rump steak **das Rumpsteak, -s** (8)
to run **laufen (läuft), lief, ist gelaufen** (A, 2); **rennen (rennt), rannte, ist gerannt** (7); to run in the woods **im Wald laufen** (2); to run over **überfahren (überfährt), überfuhr, überfahren** (11)
rural highway **die Landstraße, -n** (7)
rushed **eilig** (10)
Russia **(das) Russland** (B)
Russian (*adj.*) **russisch** (12); (*language*) **(das) Russisch** (B)
rusty **rostig** (8)

sad **traurig** (B)
safety belt **der Sicherheitsgurt, -e** (7)
to sail **segeln, ist/hat gesegelt** (1)
salad **der Salat, -e** (8); herring salad **der Heringssalat, -e** (8); salad (mixing) bowl **die Salatschüssel, -n** (5); salad dressing **die Soße, -n** (8)
salesperson **der Verkäufer, - / die Verkäuferin, -nen** (5)
salon: tanning salon **das Solarium, Solarien** (11)
salt **das Salz** (8)
salted **gesalzen** (8)
salty **salzig** (7)
same **egal** (6)
sand **der Sand** (7)
sandcastle **die Sandburg, -en** (4)
sandwich: (open-face) sandwich **das belegte Brot, die belegten Brote** (8)
Saturday **der Samstag** (1); on Saturday **am Samstag** (2)
sauce **die Soße, -n** (8)
sauerkraut **das Sauerkraut** (7)
sauna **die Sauna, -s** (11)
sausage **die Wurst, ¨-e** (8)
to save (*money*) **sparen, gespart** (7)
savings account **das Sparkonto, -konten** (12)
to say **sagen, gesagt** (A, 5); to say hi to **grüßen, gegrüßt** (11)
scale: kitchen scale **die Küchenwaage, -n** (5)

scar **die Narbe, -n** (1)
scarf **der Schal, -s** (2)
scene of the accident **die Unfallstelle, -n** (11)
schedule **der Stundenplan, ¨-e** (1)
schilling (*former Austrian monetary unit*) **der Schilling, -e** (7); two schillings **zwei Schilling** (7)
scholarship **das Stipendium, Stipendien** (1)
school **die Schule, -n** (A, 1, 3, 4, 5); at school **in der Schule** (5); elementary school **die Grundschule, -n** (4); high school, college prep school **das Gymnasium, Gymnasien** (4); school principal **der Direktor, -en** (*wk.*) / **die Direktorin, -nen** (9) summer school **der Sommerkurs, -e** (3)
schooling **die Schulbildung** (5)
science: computer science **die Informatik** (1); earth science **die Erdkunde** (1); natural science **die Naturwissenschaft, -en** (9)
scientist **der Wissenschaftler, - / die Wissenschaftlerin, -nen** (9)
scissors **die Schere, -n** (8)
to scold **schimpfen, geschimpft** (9)
scorpion **der Skorpion, -e** (10)
to scream **schreien (schreit), schrie, geschrien** (3)
sculptor **der Bildhauer, - / die Bildhauerin, -nen** (12)
sculpture **die Skulptur, -en** (12); **die Bildhauerei** (12)
sea **das Meer, -e** (1, 7); to swim in the sea **im Meer schwimmen** (1); to the sea **ans Meer** (2)
seagull **die Möwe, -n** (10)
seasick **seekrank** (7)
to season **würzen, gewürzt** (8)
seasoning **das Gewürz, -e** (8)
seat **der Sitz, -e** (7); is this seat/place available? **ist hier noch frei?** (8)
second (*n.*) **die Sekunde, -n** (1)
second (*adj.*) **zweit-** (4)
secret (*n.*) **das Geheimnis, -se** (5)
secret (*adj.*) **heimlich** (9); secret PIN **die Geheimzahl, -en** (12)
secretary **der Sekretär, -e / die Sekretärin, -nen** (5)
sector **der Bereich, -e** (12); **die Branche, -n** (12)
security deposit **die Kaution, -en** (6)
to see **sehen (sieht), sah, gesehen** (2); see you soon **bis bald!** (A)
seldom **selten** (8)
to select **aus·wählen, ausgewählt** (8)
to sell **verkaufen, verkauft** (2, 5)
semester **das Semester, -** (1)
to send **schicken, geschickt** (2)
sentence **der Satz, ¨-e** (3)
to separate **trennen, getrennt** (7)
separately; separate checks (*in restaurant*) **getrennt** (5)
September **der September** (B)
sequence **die Reihenfolge, -n** (2, 4)
serious **ernsthaft** (B)
servant **der Diener, - / die Dienerin, -nen** (9)
service **die Bedienung** (8)
to set **decken, gedeckt** (3); **setzen, gesetzt** (7); to set the table **den Tisch decken** (3); to set up **auf·stellen, aufgestellt** (11)
seven **sieben** (A)
seventeen **siebzehn** (A)
seventh **siebt-** (4)
seventy **siebzig** (A)
several **mehrere** (10); several times **mehrmals** (5)
shade, shadow **der Schatten, -** (9)
to shake hands **die Hand schütteln** (A)
share (*of stock*) **die Aktie, -n** (12)
shared housing **die Wohngemeinschaft, -en** (6)
shark **der Hai, -e** (10)
to shave **sich rasieren, rasiert** (11)
shirt **das Hemd, -en** (A); T-shirt **das T-Shirt, -s** (2)
shock **der Schock** (11)
shoe **der Schuh, -e** (A); athletic shoe **der Sportschuh, -e** (A); hiking shoe **der Wanderschuh, -e** (2); shoe store **das Schuhgeschäft, -e** (6)
shop: copy shop **der Kopierladen, ¨** (10); repair shop **die Werkstatt, ¨-en** (5); to shop, to go shopping **einkaufen gehen (geht ... einkaufen), ging ... einkaufen, ist einkaufen gegangen** (1, 5)
shopping center **das Einkaufszentrum, -zentren** (10)
shore **der Strand, ¨-e** (7)
short **klein** (B); **kurz** (B); short hair **kurzes Haar** (B); with the short hair **mit dem kurzen Haar** (A)
shot **die Spritze, -n** (11)
shoulder **die Schulter, -n** (B)
to shout **rufen (ruft), rief, gerufen** (7)
to shovel **schaufeln, geschaufelt** (11)
to show: what do your pictures show? **was zeigen Ihre Bilder?** (A)
shower **die Dusche, -n** (5); to shower, to take a shower **(sich) duschen, geduscht** (1, 11)
shrill **grell** (2)
shrimp **die Krabbe, -n** (8)
to shut **schließen (schließt), schloss, geschlossen** (A); tied shut **zugebunden** (8)
shy **schüchtern** (B)
siblings **die Geschwister** (*pl.*) (B)
sick **krank** (3)
sickness **die Krankheit, -en** (11)
side **die Seite, -n** (6)
sidewalk **der Fußgängerweg, -e** (7)
to sightsee **besichtigen, besichtigt** (7)
sign **das Schild, -er** (7); traffic sign **das Verkehrsschild, -er** (7); to sign **unterschreiben (unterschreibt), unterschrieb, unterschrieben** (1); sign here, please **unterschreib bitte hier** (A)
signature **die Unterschrift, -en** (1)
sill: windowsill **die Fensterbank, ¨-e** (5)
silverware **das Besteck** (5)
similar **ähnlich** (A)
simple, simply **einfach** (2)
since **seit** (+ *dat.*) (4, 11)
to sing **singen (singt), sang, gesungen** (1); to sing (*s.th.*) to (*s.o.*) **vor·singen (singt ... vor), sang ... vor, vorgesungen** (5); we like to sing **wir singen gern** (1)
single room **das Einzelzimmer, -** (5)
single-family home **das Einfamilienhaus, ¨-er** (6)
sink **das Spülbecken, -** (5)
sister **die Schwester, -n** (B); brothers and sisters **die Geschwister** (*pl.*) (B)
to sit **sitzen (sitzt), saß, gesessen** (4); to sit down **sich setzen, gesetzt** (A, 11)
situation: conversational situation **die Sprechsituation, -en** (A)
six **sechs** (A)
sixteen **sechzehn** (A)
sixth **sechst-** (4)
sixty **sechzig** (A)
skate: ice skate **der Schlittschuh, -e** (3); to go ice-skating **Schlittschuh laufen (läuft ... Schlittschuh), lief ... Schlittschuh, ist Schlittschuh gelaufen** (3)
skateboard **das Skateboard, -s** (3); to skateboard **Skateboard fahren (fährt ... Skateboard), fuhr ... Skateboard, ist Skateboard gefahren** (3)
ski **der Ski, -er** (3); to ski **Ski fahren (fährt ... Ski), fuhr ... Ski, ist Ski gefahren** (3); ski lodge **die Skihütte, -n** (5)
skills **die Kenntnisse** (*pl.*) (5)
skin **die Haut, ¨-e** (3, 11)
skirt **der Rock, ¨-e** (A)
sled **der Schlitten, -** (2)
sleep **der Schlaf** (9); to sleep **schlafen (schläft), schlief, geschlafen** (2)
sleeping bag **der Schlafsack, ¨-e** (2); sleeping car **der Schlafwagen, -** (4)
slender **schlank** (B)
slice **das Stück, -e** (8)
to slide **rutschen, ist gerutscht** (9)
slim **schlank** (B)
to slip **rutschen, ist gerutscht** (9); **aus·rutschen, ist ausgerutscht** (11)
Slovakia **die Slowakei** (B)
Slovenia **(das) Slowenien** (B)
small **klein** (B); **eng** (12)
to smell **riechen (riecht), roch, gerochen** (11)
to smoke **rauchen, geraucht** (3)
smoked **geräuchert** (8)
smoker **der Raucher, - / die Raucherin, -nen** (10)
snail **die Schnecke, -n** (10)
snake **die Schlange, -n** (10)
sniffles **der Schnupfen, -** (11)
snow **der Schnee** (9)
snowing: it is snowing **es schneit** (B)
so **so** (A); **also** (2); and so forth **und so weiter** (5); so long **bis bald!** (A); so that (*subord. conj.*) **damit** (11)
soap **die Seife, -n** (6)
soccer: soccer ball **der Fußball, ¨-e** (A, 1); soccer player **der Fußballspieler, - / die Fußballspielerin, -nen** (9); soccer stadium **das Fußballstadion, -stadien** (10)

social studies **die Sozialkunde** (1)

sociology **die Soziologie** (1)

sock **die Socke, -n** (2)

sofa **das Sofa, -s** (6)

sold out **ausverkauft** (5)

to solve a puzzle/riddle **ein Rätsel lösen, gelöst** (9)

somebody, someone **jemand** (3)

something **etwas** (2, 4, 5); something interesting/new **etwas Interessantes/Neues** (4)

sometimes **manchmal** (B)

son **der Sohn, ¨e** (B)

song **das Lied, -er** (3)

songbook **das Songbuch, ¨er** (2)

soon **bald** (9); see you soon **bis bald!** (A); soon thereafter **bald darauf** (9)

sore muscles **der Muskelkater, -** (11); sore throat **die Halsschmerzen** (*pl.*) (11)

sorry: to be sorry **leid·tun (tut ... leid), tat ... leid, leidgetan** (5); I'm sorry **tut mir leid** (4, 5)

soul **die Seele, -n** (12)

sound **das Geräusch, -e** (9)

to sound (like) **klingen (wie) (klingt), klang, geklungen** (11); that sounds great **das hört sich toll an** (4)

soup **die Suppe, -n** (8)

sour **sauer** (8)

south (of) **südlich (von** + *dat.***)** (7)

South Africa **(das) Südafrika** (B)

South America **(das) Südamerika** (B)

southeast (of) **südöstlich (von** + *dat.***)** (7)

southwest (of) **südwestlich (von** + *dat.***)** (7)

souvenir **das Souvenir, -s** (7); **das Andenken, -** (10)

space: parking space **die Parklücke, -n** (7)

spaghetti **die Spaghetti** (*pl.*) (7)

Spain **(das) Spanien** (B)

Spanish (*language*) **(das) Spanisch** (B)

to speak **sprechen (spricht), sprach, gesprochen** (B)

speaking: German-speaking **deutschsprachig** (9)

specialized training **die Ausbildung** (5)

spell: to cast a spell on **verwünschen, verwünscht** (9)

to spell **schreiben (schreibt), schrieb, geschrieben** (A); how do you spell that? **wie schreibt man das?** (A)

to spend (*money*) **aus·geben (gibt ... aus), gab ... aus, ausgegeben** (3); to spend (*time*) **verbringen (verbringt), verbrachte, verbracht** (3)

spice **das Gewürz, -e** (8)

spinach **der Spinat** (8)

spite: in spite of **trotz** (+ *gen.*) (12); in spite of that **trotzdem** (9)

spoon **der Löffel, -** (8)

sports **der Sport** (1); to do sports **Sport treiben (treibt ... Sport), trieb ... Sport, Sport getrieben** (2); sports jacket **das Sakko, -s** (A); sports pants **die Sporthose, -n** (2)

spouse **der Ehepartner, - / die Ehepartnerin, -nen** (12)

spring **der Frühling, -e** (B); in the spring **im Frühling** (B); spring cleaning **der Frühjahrsputz** (6)

to sprinkle **bestreuen, bestreut** (8)

square: market square **der Marktplatz, ¨e** (6); square meter (m^2) **der Quadratmeter, - (qm)** (6)

squash (*game*) **das Squash** (1)

stadium: soccer stadium **das Fußballstadion, -stadien** (10)

stairway **die Treppe, -n** (6)

stairwell **das Treppenhaus, ¨er** (10)

stamp **die Briefmarke, -n** (5)

to stand **stehen (steht), stand, gestanden** (2, 6); to stand up **auf·stehen (steht ... auf), stand ... auf, ist aufgestanden** (A)

state **der Staat, -en** (10)

station: train station **der Bahnhof, ¨e** (4, 5); at the train station **auf dem Bahnhof** (5)

stationery store **das Schreibwarengeschäft, -e** (6)

to stay **bleiben (bleibt), blieb, ist geblieben** (1); to stay overnight **übernachten, übernachtet** (6)

steak: rump steak **das Rumpsteak, -s** (8)

to steal **stehlen (stiehlt), stahl, gestohlen** (9)

steering wheel **das Lenkrad, ¨er** (7)

stepfather **der Stiefvater, ¨** (9)

stepmother **die Stiefmutter, ¨** (9)

stereo system **die Stereoanlage, -n** (6)

still **noch** (B)

to sting **stechen (sticht), stach, gestochen** (10)

stock **die Aktie, -n** (12); stock exchange **die Börse, -n** (12); stock market crash **der Börsenkrach, ¨e** (12)

stomach **der Bauch, ¨e** (B); **der Magen, ¨** (11)

stomachache **die Magenschmerzen** (*pl.*) (11)

stone **der Stein, -e** (12); Stone Age **die Steinzeit** (12)

stop **die Haltestelle, -n** (10); bus stop **die Bushaltestelle, -n** (6); to stop **an·halten (hält ... an), hielt ... an, angehalten** (7); **halten (hält), hielt, gehalten** (7); to stop (*doing s.th.*) **auf·hören (mit** + *dat.***), aufgehört** (1)

store **das Geschäft, -e** (2); department store **das Kaufhaus, ¨er** (5); at the department store **im Kaufhaus** (5)

story (*of a building*) **der Stock, Stockwerke** (6)

stove **der Herd, -e** (5)

to stow **verstauen, verstaut** (7)

straight ahead **geradeaus** (10)

to straighten **gerade stellen** (3)

strange **komisch** (12)

strawberry **die Erdbeere, -n** (8)

street **die Straße, -n** (6); city street map **der Stadtplan, ¨e** (10); narrow street **die Gasse, -n** (10); one-way street **die Einbahnstraße, -n** (7)

streetcar **die Straßenbahn, -en** (7)

strict **streng** (9)

string **die Schnur, ¨e** (8)

stuck: to get stuck **stecken bleiben (bleibt ... stecken), blieb ... stecken, ist stecken geblieben** (11)

student **der Student, -en** (*wk.*) **/ die Studentin, -nen** (A, B); fellow student **der Mitstudent, -en** (*wk.*) **/ die Mitstudentin, -nen** (A); student life **das Studentenleben** (4)

study: course of studies, university studies **das Studium, Studien** (1, 3); to study **studieren, studiert** (1)

stupid **dumm** (6)

stylish **schick** (2)

subject **das Thema, Themen** (4); academic subject **das Fach, ¨er** (1); academic subjects **Schul- und Studienfächer** (1); favorite subject **das Lieblingsfach, ¨er** (5)

subway **die U-Bahn (Untergrundbahn), -en** (7)

to suck **lutschen, gelutscht** (11)

suddenly **plötzlich** (9)

sugar **der Zucker** (8)

to suggest **vor·schlagen (schlägt ... vor), schlug ... vor, vorgeschlagen** (5)

suggestion **der Vorschlag, ¨e** (5)

suit **der Anzug, ¨e** (A); bathing suit **der Badeanzug, ¨e** (5); to suit **stehen** (+ *dat.*) **(steht), stand, gestanden** (6)

summer **der Sommer, -** (B); last summer **letzten Sommer** (4); summer school **der Sommerkurs, -e** (3)

sun: to lie in the sun **in der Sonne liegen** (1)

to sunbathe **sich sonnen, gesonnt** (11)

sunbathing: to go sunbathing **sonnenbaden gehen** (10)

sunburn **der Sonnenbrand, ¨e** (10)

Sunday **der Sonntag** (1)

sunglasses **die Sonnenbrille, -n** (1, 2)

sunny **sonnig** (B)

sunshade **der Sonnenschirm, -e** (10)

suntan lotion **die Sonnenmilch** (10)

superfast **superschnell** (7)

supermarket **der Supermarkt, ¨e** (5); at the supermarket **im Supermarkt** (5)

supper **das Abendessen, -** (1)

supposed: to be supposed to **sollen (soll), sollte, gesollt** (3)

sure **sicher** (1)

surface **die Fläche, -n** (7)

surfboard **das Surfbrett, -er** (2)

surrounding area **die Umgebung, -en** (5)

survey **die Umfrage, -n** (4)

to swear **fluchen, geflucht** (11)

sweater **der Pullover, - (der Pulli, -s)** (2)

Sweden **(das) Schweden** (B)

Swedish (*language*) **(das) Schwedisch** (B)

to sweep **fegen, gefegt** (5)

sweet (*adj.*) **süß** (4); **lieb** (10); (*n.*) **die Süßigkeit, -en** (9)

to swim **schwimmen (schwimmt), schwamm, ist geschwommen** (7); to swim in the sea **im Meer schwimmen** (1)

swimming: to go swimming **schwimmen gehen (geht ... schwimmen), ging ... schwimmen, ist schwimmen gegangen** (1); swimming pool **das Schwimmbad, ¨er** (1, 5); at the swimming pool

im Schwimmbad (5); to go to the swimming pool ins Schwimmbad fahren (1); swimming pool attendant der Bademeister, - / die Bademeisterin, -nen (5); swimming trunks die Badehose, -n (5)
Swiss (*person*) der Schweizer, - / die Schweizerin, -nen (B)
to switch on an·machen, angemacht (3)
Switzerland die Schweiz (B)
symptom das Symptom, -e (11)
syrup: cough syrup der Hustensaft, ¨-e (11)

table der Tisch, -e (B); bedside table der Nachttisch, -e (6); to clear the table den Tisch ab·räumen (3); kitchen table der Küchentisch, -e (5); to set the table den Tisch decken (3); table tennis das Tischtennis (3)
tablet die Tablette, -n (11); headache tablet die Kopfschmerztablette, -n (11)
to take nehmen (nimmt), nahm, genommen (A); to take (*a course*) belegen, belegt (3); to take along mit·nehmen (nimmt ... mit), nahm ... mit, mitgenommen (3); to take away, take out weg·bringen (bringt ... weg), brachte ... weg, weggebracht (5); to take blood Blut ab·nehmen (11); take care (*infor.*) mach's gut! (A); to take effect wirken, gewirkt (11); to take off (*clothes*) aus·ziehen (zieht ... aus), zog ... aus, ausgezogen (3); to take on (*responsibility*) übernehmen (übernimmt), übernahm, übernommen (12); to take out (*loan*) auf·nehmen (nimmt ... auf), nahm ... auf, aufgenommen (12); to take place statt·finden (findet ... statt), fand ... statt, stattgefunden (5); to take the day off blau machen, blau gemacht (3)
tale: fairy tale das Märchen, - (9)
talent das Talent, -e (3)
tall groß (B)
tame zahm (10)
tank der Tank, -s (7)
tanning salon das Solarium, Solarien (11)
to taste probieren, probiert (3); to taste good to schmecken (+ *dat.*), geschmeckt (6)
tavern die Kneipe, -n (3)
taxi das Taxi, -s (3, 7); taxi driver der Taxifahrer, - / die Taxifahrerin, -nen (5)
tea der Tee (4); tea kettle der Teekessel, - (8)
to teach unterrichten, unterrichtet (5)
teacher der Lehrer, - / die Lehrerin, -nen (A, 1)
team die Mannschaft, -en (9); baseball team die Baseballmannschaft, -en (9)
teapot die Teekanne, -n (8)
to tear zerreißen (zerreißt), zerriss, zerrissen (9)
to tease ärgern, geärgert (3)
technology die Technik (12)
teddy bear der Teddybär, -en (*wk.*) (A); der Teddy, -s (9)
telegram das Telegramm, -e (2)
telephone das Telefon, -e (A, 2); on the telephone am Telefon (2); telephone booth die Telefonzelle, -n (2); telephone card die Telefonkarte, -n (2); telephone number die Telefonnummer, -n (1); to telephone telefonieren, telefoniert (4)
to tell erzählen, erzählt (3, 5); sagen, gesagt (A, 5); to tell jokes Witze erzählen (3)
teller: automatic teller machine (ATM) der Geldautomat, -en (*wk.*) (12)
ten zehn (A)
tender zart (8)
tennis das Tennis (1); table tennis das Tischtennis (3); tennis player der Tennisspieler, - / die Tennisspielerin, -nen (9)
tent das Zelt, -e (2, 5)
tenth zehnt- (4)
terrace die Terrasse, -n (6)
terrible furchtbar (4)
test die Prüfung, -en (1)
tetanus der Tetanus (11)
text der Text, -e (12)
thank you danke (A)
thanks: many thanks vielen Dank (10)
that (*dem. pron.*) dieser, dieses, diese (4); (*subord. conj.*) dass (11); that is . . . das ist ... (B); that sounds great das hört sich toll an (4); that way hin (10); over that way hinüber (10); up that way hinauf (10); that's right stimmt! (4); das stimmt so (8); that's why deshalb (4)
theater das Theater, - (4)
their ihr(e) (2)
theme das Thema, Themen (4); das Motiv, -e (12)
then dann (A); back then damals (9)
there da (2); dort (7); there (*to a specific place*) dorthin (10); there and back hin und zurück (10); there is/are . . . es gibt ... (6); is/are there . . . ? gibt es ...? (A, 6)
thereafter: soon thereafter bald darauf (9)
therefore deshalb (4)
these diese (2, 4); these are . . . das sind ... (B)
thing das Ding, -e (2); die Sache, -n (2); other things Sonstiges (9)
to think (about) nach·denken (über + *acc.*) (denkt ... nach), dachte ... nach, nachgedacht (7); to think (of) denken (an + *acc.*) (denkt), dachte, gedacht (4); to think of halten von (+ *dat.*) (hält), hielt, gehalten (12)
third dritt- (4)
thirst der Durst (3)
thirsty: to be thirsty Durst haben (3)
thirteen dreizehn (A)
thirteenth dreizehnt- (4)
thirty dreißig (A)
this dieser, dieses, diese (2, 4); this evening heute Abend (2); this is . . . das ist ... (B); this way her (10); in this way herein (10); out this way heraus (10)
thorn der Dorn, -en (9)
those diese (4); those are . . . das sind ... (B)
three drei (A); three times dreimal (3)
throat der Hals, ¨-e (9); sore throat die Halsschmerzen (*pl.*) (11); throat lozenge das Halsbonbon, -s (11)
through durch (+ *acc.*) (7); to cut through durch·schneiden (schneidet ... durch), schnitt ... durch, durchgeschnitten (8)
to throw werfen (wirft), warf, geworfen (3)
Thursday der Donnerstag (1)
thus also (2)
ticket die Fahrkarte, -n (4); admissions ticket die Eintrittskarte, -n (5); concert ticket die Konzertkarte, -n (5); movie ticket die Kinokarte, -n (2); ticket booth der Schalter, - (5); at the ticket booth am Schalter (5); ticket window der Fahrkartenschalter, - (7); train ticket die Zugfahrkarte, -n (6)
tie die Krawatte, -n (A)
to tie to binden an (+ *acc.*) (bindet), band, gebunden (12)
tied shut zugebunden (8)
tight eng (12)
tights die Sporthose, -n (2)
time die Zeit, -en (4); das Mal, -e (4); at what time . . . ? um wie viel Uhr ...? (1); for the first time zum ersten Mal (4); last time das letzte Mal (4); leisure time die Freizeit (1); on time pünktlich (4); rechtzeitig (12); several times mehrmals (5); three times dreimal (3); what time is it? wie spät ist es? wie viel Uhr ist es? (1)
timely rechtzeitig (12)
tip das Trinkgeld, -er (8)
tire der Reifen, - (7); flat tire die Reifenpanne, -n (7)
tired müde (3)
to an (+ *acc./dat.*) (2); zu (+ *dat.*) (2, 10); nach (+ *dat.*) (3, 10); to a specific place dorthin (10); to the doctor zum Arzt (3); to the sea ans Meer (2); to the university zur Uni (2); up to bis zu (+ *dat.*) (10); where to wohin (3)
toaster der Toaster, - (8)
today heute (B); what day is today? welcher Tag ist heute? (1); what is today's date? welches Datum ist heute? (4)
together zusammen (2); gemeinsam (11); all together alles zusammen (5)
toilet die Toilette, -n (6); toilet paper das Toilettenpapier (4)
tolerant tolerant (B)
tomato die Tomate, -n (8)
tomorrow morgen (2); the day after tomorrow übermorgen (9)
tongs die Zange, -n (8)
tongue die Zunge, -n (11); to burn one's tongue sich die Zunge verbrennen (11)
too auch (A); zu (4); too bad schade! (3); too heavy zu schwer (4)
tool das Werkzeug, -e (8)
tooth der Zahn, ¨-e (11); to brush one's teeth sich die Zähne putzen (11)
toothache die Zahnschmerzen (*pl.*) (11)
topic das Thema, Themen (4)

to total (up) **aus·rechnen, ausgerechnet** (8)
total(ly) **total** (4)
tour of the city **die Stadtrundfahrt, -en** (7); bicycle tour **die Radtour, -en** (9); guided tour **die Führung, -en** (10)
tourism **der Tourismus** (10)
tourist bureau **das Fremdenverkehrsamt, ¨er** (10); tourist class **die Touristenklasse** (5)
towel: hand towel **das Handtuch, ¨er** (5); paper towel **das Papiertuch, ¨er** (5)
town **der Ort, -e** (4); **die Stadt, ¨e** (6); old part of town **die Altstadt, ¨e** (10); town hall **das Rathaus, ¨er** (1, 6); at the town hall **auf dem Rathaus** (1); town house **das Reihenhaus, ¨er** (6)
track: train track **die Schiene, -n** (10); (set of) train tracks **das Gleis, -e** (10)
tradition **die Tradition, -en** (4, 12)
traffic **der Verkehr** (7, 11); traffic jam **der Stau, -s** (7); traffic roundabout **der Kreisverkehr, -e** (10); traffic sign **das Verkehrsschild, -er** (7)
tragedy **die Tragödie, -n** (12)
train **der Zug, ¨e** (7, 10); passenger train **der Personenzug, ¨e** (7); train agent **der/die Bahnangestellte, -n (ein Bahnangestellter)** (10); train car **der Waggon, -s** (7); train station **der Bahnhof, ¨e** (4, 5); at the train station **auf dem Bahnhof** (5); train ticket **die Zugfahrkarte, -n** (6); train track **die Schiene, -n** (10); (set of) train tracks **das Gleis, -e** (10)
training: practical (career) training **praktische Ausbildung** (5); specialized training **die Ausbildung** (5)
transfer (*of money*) **die Überweisung, -en** (12)
to translate **übersetzen, übersetzt** (9)
to transport **transportieren, transportiert** (7)
transportation: means of transportation **das Transportmittel, -** (7); public transportation **die öffentlichen Verkehrsmittel** (*pl.*) (7)
transverse flute **die Querflöte, -n** (12)
trash **der Müll** (6)
to travel **reisen, ist gereist** (1, 10); to travel first class **erster Klasse fahren** (10); travel agency **das Reisebüro, -s** (6); travel experience **das Reiseerlebnis, -se** (7); travel guidebook **der Reiseführer, -** (5)
traveler **der/die Reisende, -n (ein Reisender)** (10); traveler's check **der Reisescheck, -s** (7)
traveling: to be traveling through **auf der Durchreise sein** (7)
treasure **der Schatz, ¨e** (9)
tree **der Baum, ¨e** (9); tree house **das Baumhaus, ¨er** (6)
trick **die List, -en** (9)
trip **die Reise, -n** (7); **die Fahrt, -en** (10); business trip **die Geschäftsreise, -n** (7); one-way trip **die einfache Fahrt** (10); round-trip **hin und zurück** (5, 10), **die Hin- und Rückfahrt** (10); to be on a trip **auf Reisen sein** (7); to go on a trip **verreisen, ist verreist** (3)
to trip **stolpern, ist gestolpert** (9)
trouble **der Ärger** (9)
trout **die Forelle, -n** (8)
truck **der Lastwagen, -** (7)
true **wahr** (3); **treu** (9)
trumpet **die Trompete, -n** (12)
trunk (*of a car*) **der Kofferraum, ¨e** (7); (*of an elephant*) **der Rüssel, -** (10)
trunks: swimming trunks **die Badehose, -n** (5)
to try **probieren, probiert** (3); **versuchen, versucht** (4)
T-shirt **das T-Shirt, -s** (2)
Tuesday **der Dienstag** (1)
Tunisia **(das) Tunesien** (B)
Turk **der Türke, -n** (*wk.*) / **die Türkin, -nen** (12)
Turkey **die Türkei** (B)
Turkish (*language*) **(das) Türkisch** (B)
to turn **ab·biegen (biegt ... ab), bog ... ab, ist abgebogen** (10); to turn off **aus·machen, ausgemacht** (3); to turn on **an·machen, angemacht** (3); **ein·schalten, eingeschaltet** (11)
turtle **die Schildkröte, -n** (10)
tusk **der Stoßzahn, ¨e** (10)
tutoring **die Nachhilfe** (3)
TV movie **der Fernsehfilm, -e** (12); TV reporter **der Fernsehreporter, - / die Fernsehreporterin, -nen** (5); TV room **das Fernsehzimmer, -** (10); TV set **der Fernseher, -** (2); to watch TV **fern·sehen (sieht ... fern), sah ... fern, ferngesehen** (1)
twelfth **zwölft-** (4)
twelve **zwölf** (A)
twentieth **zwanzigst-** (4)
twenty **zwanzig** (A)
twenty-one **einundzwanzig** (A)
twice **zweimal** (5)
two **zwei** (A)
type **die Art, -en** (2)
to type **tippen, getippt** (3, 6)

U.S.A. **die USA** (*pl.*) (B)
ugly **hässlich** (2)
Ukraine **die Ukraine** (B)
umbrella **der Regenschirm, -e** (5)
uncle **der Onkel, -** (B)
unconsciousness **die Ohnmacht** (11)
under, underneath **unter** (+ *dat./acc.*) (5); under the window **unter dem Fenster** (5)
underpants **die Unterhose, -n** (2)
undershirt **das Unterhemd, -en** (2)
to understand **verstehen (versteht), verstand, verstanden** (4)
to undress, get undressed **sich aus·ziehen (zieht ... aus), zog ... aus, ausgezogen** (11)
unemployed **arbeitslos** (5)
unfortunately **leider** (B)
university **die Universität, -en** (1, 4, 5); (*coll.*) **die Uni, -s** (B, 1); at the university **auf der Universität** (5); to be at the university **auf der Uni sein** (1); to go to the university **zur Uni gehen** (1); university newspaper **die Unizei-tung, -en** (4); university studies **das Studium, Studien** (1)
unmarried **ledig** (1)
untalented **unbegabt** (12)
until (*prep.*) **bis** (+ *acc.*) (2, 4, 11); (*subord. conj.*) **bis** (11); not until **erst** (4); not until four o'clock **erst um vier Uhr** (4); until eight o'clock **bis acht Uhr** (2); until four in the morning **bis um vier Uhr früh** (4)
up to **bis zu** (+ *dat.*) (10); up that way **hinauf** (10)
upset: to get upset **sich auf·regen, aufgeregt** (11)
Uranus **der Uranus** (4)
urgent(ly) **dringend** (2)
use **der Gebrauch, ¨e** (12)
to use **brauchen, gebraucht** (1); **benutzen, benutzt** (7)
used: to get used to **sich gewöhnen an** (+ *acc.*), **gewöhnt** (11); used car **der Gebrauchtwagen, -** (7)
useful **nützlich** (10)
usually **meistens** (8)

vacation **die Ferien** (*pl.*) (1); **der Urlaub, -e** (4, 5); vacation house **das Ferienhaus, ¨er** (4)
to vaccinate against **impfen gegen** (+ *acc.*), **geimpft** (10)
to vacuum **Staub saugen, Staub gesaugt** (6)
vacuum cleaner **der Staubsauger, -** (6)
Valentine's Day **der Valentinstag** (4)
valley **das Tal, ¨er** (7)
valuable **wertvoll** (2)
various **verschieden** (8)
vase **die Vase, -n** (3)
vegetable **das Gemüse, -** (8)
vehicle **das Fahrzeug, -e** (11)
very **sehr** (B)
veterinarian **der Tierarzt, ¨e / die Tierärztin, -nen** (11)
vicinity **die Nähe** (6); in the vicinity **in der Nähe** (6)
video **das Video, -s** (9); video game **das Videospiel, -e** (2); video recorder **der Videorekorder, -** (A)
view **der Ausblick, -e** (6)
vinegar **der Essig** (8)
violence **die Gewalt** (12)
violin **die Geige, -n** (3)
visa **das Visum, Visa** (7, 12)
visible **sichtbar** (11)
visit **der Besuch, -e** (3); to visit **besuchen, besucht** (1); **zu Besuch kommen** (3); **vorbei·kommen (kommt ... vorbei), kam ... vorbei, ist vorbeigekommen** (3); **besichtigen, besichtigt** (7)
vocabulary **der Wortschatz, ¨e** (A)
voice **die Stimme, -n** (12)
volleyball **der Volleyball, ¨e** (1)

to wait **warten, gewartet** (7)
waiter/waitress **der Kellner, - / die Kellnerin, -nen** (8); **die Bedienung** (8)

to wake up **auf·wachen, ist aufgewacht** (4); to wake (*s.o.*) up **wecken, geweckt** (9)
walk **der Spaziergang, ¨e** (10); to go for a walk **spazieren gehen (geht ... spazieren), ging ... spazieren, ist spazieren gegangen** (1); to keep on walking **weiter·gehen (geht ... weiter), ging ... weiter, ist weitergegangen** (10); to walk **gehen (geht), ging, ist gegangen** (A); to walk in the park **im Park spazieren gehen** (1)
Walkman **der Walkman, Walkmen** (2)
wall **die Wand, ¨e** (B); to hang the picture on the wall **das Bild an die Wand hängen** (3)
waltz **der Walzer, -** (3)
to want **wollen (will), wollte, gewollt** (3)
wardrobe **der Schrank, ¨e** (2); **der Kleiderschrank, ¨e** (6)
warm **warm** (B)
to warn **warnen, gewarnt** (7)
wash basin **das Waschbecken, -** (6)
to wash **waschen (wäscht), wusch, gewaschen** (2, 11); **spülen, gespült** (4); to wash oneself **sich waschen (wäscht), wusch, gewaschen** (11); to wash the dishes **Geschirr spülen** (4)
washing machine **die Waschmaschine, -n** (6)
wastebasket **der Papierkorb, ¨e** (3)
watch **die Armbanduhr, -en** (A)
to watch **an·sehen (sieht ... an), sah ... an, angesehen** (3); to watch out **auf·passen, aufgepasst** (3); to watch out for **achten auf** (+ *acc.*), **geachtet** (11); to watch TV **fern·sehen (sieht ... fern), sah ... fern, ferngesehen** (1)
water: mineral water **das Mineralwasser** (8); water fowl **der Wasservogel, ¨** (10); to water **gießen (gießt), goss, gegossen** (3); to water the flowers **die Blumen gießen** (3)
watering can **die Gießkanne, -n** (6)
wave **die Welle, -n** (10)
to wear **tragen (trägt), trug, getragen** (A)
weather **das Wetter, -** (B); in rainy weather **bei Regen** (7)
Wednesday **der Mittwoch** (1)
week **die Woche, -n** (1); during the week **in der Woche** (1); every week **jede Woche** (3); last week **letzte Woche** (4)
weekend **das Wochenende, -n** (1); last weekend **letztes Wochenende** (4); over the weekend **am Wochenende** (1); **übers Wochenende** (4)
weight: to lose weight **ab·nehmen (nimmt ... ab), nahm ... ab, abgenommen** (8, 11)
well (*n.*) **der Brunnen, -** (9)
well (*adv.*): that fits well **das passt gut** (11); to feel well **sich wohl fühlen** (11)
well (*interj.*) **also** (2); **na** (3)
west (of) **westlich (von** + *dat.*) (7)
wet **nass** (3)
whale: blue whale **der Blauwal, -e** (10)
what **was** (B); at what time . . . ? **um wie viel Uhr ...?** (1); on what day? **an welchem Tag?** (4); what day is today? **welcher Tag ist heute?** (1); what do your pictures show? **was zeigen Ihre Bilder?** (A); what for? **wofür?** (8); what is today's date? **welches Datum ist heute?** (4); what time is it? **wie spät ist es? wie viel Uhr ist es?** (1); what's your profession? **was sind Sie von Beruf?** (1)
wheel **das Rad, ¨er** (7); potter's wheel **die Töpferscheibe, -n** (12); steering wheel **das Lenkrad, ¨er** (7)
when **wann** (B, 1); (*subord. conj.*) **als** (5, 11); when(ever) (*subord. conj.*) **wenn** (2, 11); when I was eight years old **als ich acht Jahre alt war** (5); when were you born? **wann sind Sie geboren?** (1)
whenever (*subord. conj.*) **wenn** (2, 11)
where **wo** (B); from where **woher** (B); where are you going? **wo willst du denn hin?** (A); where to **wohin** (3)
whether **ob** (6, 10, 11)
which **welcher, welches, welche** (B)
white **weiß** (A)
who **wer** (A, B)
whole **ganz** (2); the whole day **den ganzen Tag** (1)
whom (*dat.*) **wem** (4); (*acc.*) **wen** (4)
why **warum** (3); that's why **deshalb** (4)
wife **die Frau, -en** (B)
wig **die Perücke, -n** (11)
wild boar **das Wildschwein, -e** (10)
willingly **gern** (1)
to win **gewinnen, gewonnen** (4); to win the lottery **in der Lotterie gewinnen** (5)
wind **der Wind, -e** (9)
window **das Fenster, -** (B); ticket window **der Fahrkartenschalter, -** (7); under the window **unter dem Fenster** (5)
windowpane **die Scheibe, -n** (7); **die Fensterscheibe, -n** (9)
windowsill **die Fensterbank, ¨e** (5)
windshield wiper **der Scheibenwischer, -** (7)
windsurfing: to go windsurfing **windsurfen gehen (geht ... windsurfen), ging ... windsurfen, ist windsurfen gegangen** (1)
windy **windig** (B)
wine **der Wein, -e** (7); wine cellar **der Weinkeller, -** (6)
winter **der Winter, -** (B)
to wipe **wischen, gewischt** (7); to wipe clean **ab·wischen, abgewischt** (6)
witch **die Hexe, -n** (7, 9)
with **mit** (+ *dat.*) (A); **bei** (+ *dat.*) (2, 6, 10); does it come with a . . . ? **ist ein(e) ... dabei?** (6); with each other **miteinander** (3); with me **mit mir** (3); with your parents **bei deinen Eltern** (6)
witness **der Zeuge, -n** (*wk.*) / **die Zeugin, -nen** (11)
wolf **der Wolf, ¨e** (9)
woman **die Frau, -en** (A, B)
wood **das Holz, ¨er** (12)
woods **der Wald, ¨er** (2, 7); to run in the woods **im Wald laufen** (2)
word **das Wort, ¨er** (A)
work **die Arbeit, -en** (1); (*product*) **das Werk, -e** (9); from work **von der Arbeit** (3); kitchen work **die Küchenarbeit, -en** (5); to go to work **zur Arbeit gehen** (1); to work **arbeiten, gearbeitet** (1); to work (*take effect*) **wirken, gewirkt** (11); work permit **die Arbeitserlaubnis, -se** (12); work with a partner **arbeiten Sie mit einem Partner** (A)
workbook **das Arbeitsbuch, ¨er** (3)
worker **der Arbeiter, - / die Arbeiterin, -nen** (5); construction worker **der Bauarbeiter, - / die Bauarbeiterin, -nen** (5)
world **die Welt, -en** (7)
would like (to) **möchte** (2, 3)
wound **die Wunde, -n** (11)
to write **schreiben (schreibt), schrieb, geschrieben** (A); to write down **auf·schreiben (schreibt ... auf), schrieb ... auf, aufgeschrieben** (11)
writer **der Schriftsteller, - / die Schriftstellerin, -nen** (5)
written **schriftlich** (10)
wrong **falsch** (2); to be wrong with (*s.o.*) **fehlen** (+ *dat.*), **gefehlt** (11); to get up on the wrong side of bed **mit dem linken Fuß auf·stehen** (4)

to X-ray **röntgen, geröntgt** (11)

year **das Jahr, -e** (2)
to yell **schreien (schreit), schrie, geschrien** (3)
yellow **gelb** (A)
yes (*on the contrary*) **doch!** (4); yes please? **bitte schön?** (7)
yesterday **gestern** (4); the day before yesterday **vorgestern** (4)
you (*acc.*) **dich** (2)
young **jung** (B)
your (*infor. sg.*) **dein(e)** (B, 2); (*infor. pl.*) **euer, eure** (2); (*for.*) **Ihr(e)** (B, 2)
youth **die Jugend** (9); youth hostel **die Jugendherberge, -n** (10)
Yugoslavia **(das) Jugoslawien** (B)

zebra **das Zebra, -s** (10)
zeppelin **der Zeppelin, -e** (7)
zoo **der Zoo, -s** (10)

Index

This index is divided into three subsections: Culture, Grammar, and Vocabulary. The notation "n" following a page number indicates that the subject is treated in a footnote on that page. Reading titles are included in the Culture section.

Culture

Grammar

Vocabulary

Credits

Grateful acknowledgment is made for use of the following photographs, realia, and readings.

Photographs

Page 2, CAMPENDONK, Heinrich: *Young Couple*, 1915, oil on cardboard. 57.2 × 42.8 cm (CTB.1996.41) VEGAP, 2008. Provenance: Carmen Thyssen-Bornemisza Collection on loan at the Museo Thyssen-Bornemisza, Spain; *page 11*, Stephan Goerlich/ullstein bild - imagebroker.net; *page 13 bottom*, © Yavuz Arslan/Peter Arnold, Inc.; *page 24*, Photo: Blauel/Gnamm/Artothek; *page 28 left*, Ramesh Amruth/ ullstein bild - imagebroker.net; *right*, Ryan McVay/ Getty Images; *page 29*, www.globus-infografik.de; *page 33*, Hans Madej/Bilderberg/Peter Arnold, Inc.; *page 34*, Petra Wallner/ullstein bild - imagebroker.net; *page 36*, European Commission; *page 48*, Photo: Joachim Blauel/Artothek; *page 55*, © Stuart Cohen; *page 62*, Bahnmüller/ullstein bild - imagebroker.net; *page 65*, Fabrizio Bensch © Reuters/ Corbis; *page 78*, Universität Leipzig Kunstsammlung; *page 83*, © Stuart Cohen; *page 90*, http://outnow.ch/Media/ Img/2000/ImJuli; *page 108*, Hans Hinz/Artothek; *page 118*, © Christoph Becker/Blue Box; *page 120*, © Stuart Cohen; *page 138*, Kiymet B. Bock; *page 141*, © Stuart Cohen; *page 148*, KPArchiv/ullstein bild/Peter Arnold, Inc.; *page 153*, © AKG London; *page 156*, Zand-Vakili/ullstein bild/Peter Arnold, Inc.; *page 170* Artothek; *page 187*, KPArchiv/ullstein bild/Peter Arnold, Inc.; *page 202*, © J. Harel, Vienna. Photo: Artothek; *page 206 (all)*, © Stuart Cohen; *page 208*, © David R. Frazier/The Image Works; *page 210 left*, © Stuart Cohen; *right*, © Sandro Vannini/Corbis; *page 211 above*, © Lee Snider/The Image Works; *below*, © Hermann Bredehorst/Polaris Images; *page 214*, © Stuart Cohen; *page 219*, KPArchiv/ullstein bild/Peter Arnold, Inc.; *page 236*, Blauel/Gnamm/Artothek; *page 268*, AKG London; *pages 270, 271, 280, 281 top*, Dirk E. Hasenpusch; *page 281 bottom*, Jochen Tack/ullstein bild - imagebroker.net; *page 283*, KPArchiv/ullstein bild/Peter Arnold, Inc.; *page 287 top*, XAMAX/ullstein bild/Peter Arnold, Inc.; *page 287 bottom*, © Stuart Cohen; *page 302*, Royal Shakespeare Theatre Collection, London. Photo: © Erich Lessing/Art Resource; *page 306 above*, Ulrich Niehoff/ullstein bild - imagebroker.net; *below*, KPArchiv/ullstein bild/ Peter Arnold, Inc.; *page 308*, Rainer Drexel/ Bilderberg/Peter Arnold, Inc.; *page 336*, Ernst Reinhold/Artothek; *page 340*, © Ric Ergenbright/Corbis; *page 341*, DDP/ullstein bild/Peter Arnold, Inc.; *page 346*, © Jochen Kallhardt/BlueBox; *page 351 above*, Klietz/ ullstein bild/Peter Arnold, Inc.; *below*, © Hans Karl Prigge/www.schleswig-flensburg.city-map.de; *page 354*, Hechtenberg/Caro/ullstein bild/Peter Arnold, Inc.; *page 356*, Photofest; *page 372*, Kunsthalle, Bremen; *page 376*, Getty Images; *page 389*, Photofest; *page 402*, AKG/London; *page 405*, Unkel/ullstein bild/The Granger Collection, New York; *page 419*, Grabowsky/ullstein bild/Peter Arnold, Inc.

Realia

Page 6, "Beliebteste Vornamen ..." By permission of Gesellschaft für deutsche Sprache, Wiesbaden; *page 11*, "... mein Teddy Bear." Reprinted with permission of Suzy's Zoo, San Diego, California. © Suzy Spafford; *page 52*, Die häufigsten Freizeitbeschäftigungen der Deutschen (täglich, in Prozent). Source of data: www.bayervital.de/pages/presse/ patienten/meldung.jsp?PressID=127&Zielgruppe=Patienten (viewed January 24, 2007). Reprinted by permission of Bayer Vital GmbH, Leverkusen; *page 81*, Euro from www. euro.gv.at/ & Ratgeber Euro; *page 93*, Focus Frage: "Was ist Ihnen am Wochenende am wichtigsten?" Glotze total. © *Focus Magazin*. Used by permission; *page 153*, Focus Frage: "Wo verbringen Sie Weihnachten?" Ein Familienfest zu Hause. © *Focus Magazin*. Used by permission; *page* 175: Ladenschluss in Europa. Adapted from data in www.metrogroup.de/servlet/ PB/menu/1012244; sources: Informationszentrum Europa, Köln; Finnland: Deutsch-Finnische Handelskammer; Ungarn: Deutsch-Ungarische IHK; *page 252*, Focus-Frage: "Was ist für Sie im Urlaub besonders wichtig?" Ferien mit der Familie. © *Focus Magazin*. Used by permission; *page 274:* Ethnic Food: Multi-Kulti-Küche. © *Focus Magazin*. Used by permission; *page 341*, Fahrplan for Göttingen – München Hbf. © DB Vertrieb GmbH, Frankfurt. Used by permission; *page 351*, historischer Badekarren (bathing wagon) from city-map agentur nord, www.schleswig-flensburg.city-map.de; *page 381*, "Bravo Witze": Haarmoden. Cartoon by Raymond, reprinted with permission of *Bravo*, *page 406*, "Küss mich, ich bin ..." from *Vielleicht sind wir eben zu verschieden* by Eva Heller (Oldenburg: Lappan Verlag, 1980). Reprinted with permission of Eva Heller; *page 408 – 409*, "Leben in einer fremden Kultur." Adapted from *Aktuell 2003*, page 208. Copyright: Harenberg Lexikon Verlag in der Harenberg Kommunikation Verlags- und Medien GmbH & Co. KG, Dortmund, 2002; *page 416*, "Wie bezahlt man in Europa?" Kultur ... Landeskunde ... Informationen. Adapted from *Aktuell 2003*, pages 128–129. Copyright: Harenberg Lexikon Verlag in der Harenberg Kommunikation Verlags- und Medien GmbH & Co. KG, Dortmund, 2002.

Readings

Pages 113–114: "Das Geheimnis der Küchenbank" by Ulrike Kaup from *Ein Vampir vom Flohmarkt*. © Verlag Friedrich Oetinger, Hamburg, 1998; *page 122*, "Die PISA-Studie" adapted from www.schulentwicklung-plus.de "Schulleistungsstudie PISA"; *pages 143–144*, "Aufräumen" by Martin Auer from *Was niemand wissen kann* (Weinheim, Germany: Verlag Beltz & Gelberg, 1986). Reprinted with permission of Martin Auer; *pages 179–180*, Kinderarbeit: Schwitzen fürs Image. © *Focus Magazin*. Used by permission; *pages 244–245*, "Die Motorradtour," adapted from "Kurvenreiche Motorradtour" by Christine Egger from *Aufgepasst, Julia Falk!* (Düsseldorf: Patmos Verlaghaus, 1997). © Patmos Verlag GmbH & Co. KG, Düsseldorf; *pages 346–347*, "Husum" from *Der Große ADAC Reiseführer Norddeutschland*, reprinted with permission of Verlaghaus Stuttgart, München, 1986; *page 351*, Die deutschen Ostseebäder, adapted from *Baedeker Deutschland*, 1998. © Baedeker Verlag; *pages 410–413*, "Deutsche Kastanien" by Yüksel Pazarkaya, from *Heimat in der Fremde?* (Stuttgart: Ararat Verlag, 1979). Reprinted with permission.

Music (ancillary; *text on page 240*):

"Lorelei" from *Es flog ein klein's Waldvögelein* sung by Peter Schreier; guitar played by Konrad Ragossnig. Licensed from Edel Classics GmbH, Germany.

Videoblick Stills

Pages 13, 34, 62, 89, 115, 152, 181, 217, 243, 273, 312, 348, 378, 407 courtesy of ZDF, PICS, and VPG.

Videoecke Stills

Pages 16, 37, 66, 94, 127, 157, 189, 221, 252, 289, 323, 358, 391, 421 courtesy of Edge Productions.